索·恩 人物档案馆

014

他是"蛮族"之王，
也是"最后的罗马人"

König der Goten
Herrscher der Römer

蛮族之王
狄奥多里克与罗马帝国的黄昏

Theoderich der Große

〔德〕汉斯-乌尔里希·维默尔 著　　曾 悦 译
Hans-Ulrich Wiemer

社会科学文献出版社
SOCIAL SCIENCES ACADEMIC PRESS (CHINA)

汉斯 – 乌尔里希・维默尔 (Hans-Ulrich Wiemer) / 作者简介

德国古代史学家，主要研究希腊化时代和古代晚期历史，现任埃尔朗根 – 纽伦堡大学的古代史教授。

曾 悦 / 译者简介

南昌航空大学外国语学院德语系副教授、硕士生导师，北京大学德语语言文学博士。研究方向为德语
近现代文学，主持国家社科基金中华学术外译项目、江西省高校人文社科项目等各类科研教学类项目
若干项。已出版译著《最后的世界帝王：神圣罗马帝国皇帝腓特烈二世传》《古埃及史》《希腊史：从
开端至希腊化时代》，发表德语文学及教学研究相关论文及译文数篇。

纪念沃尔夫·利波许茨

（Wolf Liebeschuetz）90 岁诞辰

人物档案馆丛书序

斑驳的旧物埋藏着祖先的英勇事迹，典礼仪式上演的英雄故事传颂着古老的荣光。从司马迁的《史记》、普鲁塔克的名人合传到莎士比亚的历史剧，乃至今天风靡世界的传记电影和历史同人小说创作——我们不断切换视角、变换笔触，力图真切地理解当事者的生活时代，想象其秉性和际遇，勾勒更丰满的人物形象。无限还原的愿望与同样无限的想象力激烈碰撞，传记的魅力正蕴藏在真实性与艺术性的无穷张力之中。

今天我们仍然喜欢描写和阅读伟人的故事，一方面是因为他们的存在和行为对社会发展起了关键作用，塑造着历史潮流，其人生值得在"作为艺术作品的传记"中延续下去并承载教化的功能；另一方面，人们的思想、情感、需求很大程度是相通的，传记从一些重要人物的人生际遇中折射普遍的人性，有让读者感同身受的能力。置身新时代，今人和故人面对着同样的问题：如何决定自己的命运，如何改变世界。过去与现在的鸿沟被不变的人之本性和深厚的思想传统跨越，这使历史可与当下类比。

索·恩人物档案馆丛书和已推出的历史图书馆丛书一道坚持深度阅读的理念，收录由权威研究者撰写的重要政治人物、思想家、艺术家传记。他们有的是叱咤风云的军事领袖、外交强人、科学奇才，有的则是悲情的君主，或与时代格格不入的哲学家……无论如何，他们都是各自领域的翘楚，不仅对所生活的社会，而且对后世及世界其他地方也造成了深远持久的影响。因而，关于他们的优秀的传记作品应当包含丰富而扎实的跨学科研究成果，帮助我们认识传主性格、功过的多面性和复杂性，客观地理解个体映射的时代特征，以及一个人在其社会背景下的生活和行为逻辑，理解人与社会结构是如何相互联系的。同时，这些作品当以前沿研究为基础，向读者介绍最新发现的档案、书信、日记等一手资料，且尤应善于审视不同阶段世人对传主的认识和评价，评述以往各种版本传记之优劣。这样的传记作品既能呈现过往时代的风貌，又见证着我们时代的认知和审美旨趣。人物档案馆丛书愿与读者共读人物传记，在历史书写中思考人类命运和当下现实。

社会科学文献出版社

索·恩编辑部

索·恩 人物档案馆已出版书目

目　录

第七章 狄奥多里克的二重国家

第八章 违背意愿的扩张？狄奥多里克的对外政策

第九章 "黄金时代"？哥特人统治下的意大利

附　录

第一章

走近狄奥多里克大王

1
拉文纳，493 年 2 月末

　　对于拉文纳（Ravenna）的居民而言，493 年开始得分外艰难。城市同外界的联系被切断。食物奇缺，价格贵得令人难以承受；人们开始吃一切可以咬得动的东西，哪怕是杂草和皮革也不例外。饥饿和疾病夺去了许许多多或老或幼的生命。造成如此悲剧的原因是战争，是奥多亚克（Odovakar）和狄奥多里克（Theoderich）这两位国王为了争夺对意大利的统治权而发动的战争。那时这场战争已经进入了第四个年头。489年 9 月，在维罗纳（Verona）的一场会战中，奥多亚克败给了狄奥多里克。在这之后，奥多亚克便退至拉文纳，只因这座城市地理位置优越——它坐落于一处潟湖区内，被一片片沼泽包围，易守难攻。

　　490 年 8 月，奥多亚克国王反攻失败，在流经米兰（Mailand）的阿达河（Adda）畔的一次会战中折戟。491年 7 月，他意图突围，然而再一次失利。此后，奥多亚克和部下再也没有离开过拉文纳。拉文纳已经被围困了两年多，而在 492 年 8 月以后，通过海路补给的可能性也没有了，因为狄奥多里克在距离拉文纳不远的一个小岛——波特里欧纳（Porte Lione）附近驻扎了一支由轻型战舰，或曰快速帆船（Dromonen）组成的舰队，封锁了港口。一场大地震更是令情况雪上加霜。拉文纳人陷入了绝境。[1]

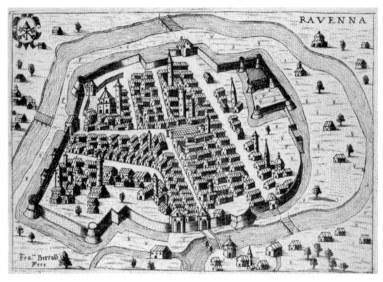

图 1　1600 年前后拉文纳及周边地图，弗朗切斯科·贝尔泰利
（Francesco Bertelli）所作铜版画

　　493 年 2 月，希望再次出现，因为统帅们开始谈判。很显然，狄奥多里克提出了一个条件：要想终止战事，奥多亚克要交出自己的儿子泰拉（Thela）做人质；作为回报，狄奥多里克将保障奥多亚克的人身不受伤害。奥多亚克接受了这个条件。2 月 25 日，泰拉被交出。一天后，狄奥多里克及部下进入了距离拉文纳城墙仅有数千米远的克拉赛港（Classe）。在随后的一周内，双方又进行了深入谈判，使节频繁往返于拉文纳和克拉赛之间。拉文纳天主教会主教约翰（Johannes）率全体僧众，高唱赞美诗。他们手持十字架、熏香炉和福音书，来到克拉赛，扑倒在狄奥多里克脚下，虔诚地祈求和平。最终双方达成一致。人们同意未来由狄奥多里克和奥多亚克共同统治西罗马帝国，并允诺将签署相应的协议。随后拉文纳将城门打开，狄奥多里克于 493 年 3 月 5 日进入了这座城市。[2]

　　拉文纳人松了一口气：战争结束了，城市又能获得食物供应了。意大利未来将由两名国王和谐共治，至少人们是这样期待的。狄奥多里克和奥多亚克如今都下榻于拉文纳，只不过不在同一座宫殿中，随后几天他们频繁走动。然而和平没能持续十天，当时已经六十岁的奥多亚克在一座名为"月桂林"的宫殿中做客时，突然被人杀死。凶手比死者大约年轻二十岁；此人不是别人，正是狄奥多里克。一位拜占庭编年史作者这样记录事情的经过：奥多亚克刚一踏入宫中，狄奥多里克的两名部下便以乞求的姿态走向他，抓住了他的双手——无论是逃跑还是自卫都绝无可能。随后从侧室冲出一群持剑者，但他们不敢杀死奥多亚克。这名编年史作者继续写道，因此，狄奥多里克亲自走上前，只用一剑便砍死了奥多亚克国王——这一剑从奥多亚克的锁骨一直砍到臀部。奥多亚克垂死呼喊："神明何在？"狄奥多里克回答道："你也曾这样对待我的亲人！"奥多亚克倒下死去后，狄奥多里克又说道："这浑蛋身上连根骨头都没有！"[3]

　　我们自然无法肯定他们是不是真的说了这番话；我们的消息人士——安条克人（Antiochener）约翰是在事情发生一个多世纪以后写下这些内容的，他的信息来源我们不得而知。但我们不能由此判定约翰提到的作者捏造了这些内容。但也有可能是狄奥多里克自己散布了这个故事；这也能解释狄奥多里克为什么指责临死的奥多亚克曾对狄奥多里克身份不明的亲人施暴：这一说法是要为谋杀行为辩护，因为在当时，复仇是一项道德方面的义务。但不管怎么说，无可置疑的是，狄奥多里克砍死奥多亚克的行为违反了誓约。约翰提到的这位拜占庭编年史作者的记载得到了多个彼此毫无关联的史料的证实，这些史料的产生年代大约在 6 世纪中叶，比拜占庭编年史作者的记载要早得多。通过这批证据可以得出结论：此次谋杀奥多亚克的行动，不过是精心策划的拉文纳大屠杀的序幕。奥多亚克的兄弟洪伍尔夫（Hunwulf）逃进了一座教堂，以为可以在那里避难，结果也被除掉；为了防止他进入受保护区域，人们用乱箭将洪伍尔夫射死。奥多亚克的儿子泰拉和妻子苏尼吉尔达（Sunigilda）虽然起初得以保全性命，但当被驱逐到高卢（Gallien）的泰拉和苏尼吉尔达为了返回意大利而从监禁地逃脱后，他们还是被杀害了。[4]

493 年 3 月并非狄奥多里克第一次手刃敌人。早在 18 岁的时候，他就已经亲自领兵作战，在辛吉度努姆（Singidunum，今贝尔格莱德）附近杀死了萨尔马提亚国王巴拜（Babai）；后来，狄奥多里克便开始以 471 年取得的这一胜利为起点，来计算自己担任哥特国王的年份。482 年，他又在君士坦丁堡（Konstantinopel）附近的波尼法提亚纳（Boniphatianae）郊外用剑刺死了一名哥特人首领——雷基塔克（Rekitach），当时雷基塔克沐浴完毕，正准备前去赴宴，而他的随从人数并不少于狄奥多里克的。在随后数年，狄奥多里克又多次率军投入战斗，并时常亲手杀死敌人。[5]

那么，这位除掉了奥多亚克及其部下，从而在 493 年开始独立统治意大利和达尔马提亚（Dalmatien），还夺取了西罗马帝国残存领土的狄奥多里克，是什么人呢？我们按照拉丁语文献的表达方式，称呼这名男子为狄奥多里克。他大约在 5 世纪 50 年代初，可能是 453 年，生于潘诺尼亚（Pannonien，今匈牙利地区）。他是一位名叫提乌迪米尔（Thiudimir）的哥特国王的儿子，出身于阿马尔家族（die Amaler）。狄奥多里克的名字中包含了某种意涵：他的名字在哥特语中叫作"提乌达里克斯"（Thiudareiks），由"thiuda"（大意为"人民"）和"reiks"（发音为"里克斯"）两部分组成，其中"reiks"一词虽与拉丁语中的"国王"（rex）一词相似，但在哥特语中通常意为"头领"。所以狄奥多里克（或曰提乌达里克斯）的意思是"人民的统治者"。提乌迪米尔有两个兄弟，他们同提乌迪米尔一样，都以国王的身份独立领导一支哥特军队；阿提拉（Attila）死后，他们三人都摆脱了匈人（Hunnen）的统治，投靠了罗马皇帝利奥（Leon，457~474年在位），并与皇帝立下盟约，从而换取年金。在签订盟约时，时间可能是461年，狄奥多里克被交出充当人质，因此狄奥多里克在博斯普鲁斯海峡附近的罗马帝国都城度过了他的少年时光。直到471年，狄奥多里克才从君士坦丁堡回到潘诺尼亚的哥特人身边，后来他通过成功击败巴拜及其手下的萨尔马提亚人（Sarmaten），迅速在哥特人中树立了威信。474年提乌迪米尔死后，狄奥多里克被手下拥立为新首领。

此时，提乌迪米尔统治的哥特人已经离开了潘诺尼亚，来到了马其顿（Makedonien）。在巴尔干半岛居住的随后数年里，这批哥特人同另一支已经在色雷斯（Thrakien，今保加利亚地区）定居下来的哥特军队不断发生冲突，而这支哥特军队的首领也叫狄奥多里克；为了避免混淆，现代学者通常会给他加上一个别称"斯特拉波"（Strabon，意为"斜眼的人"）。两位狄奥多里克都依赖战士，他们同自己的家人主要依靠战利品和勒索来的钱财生活，两人都努力寻求罗马皇帝的承认，因为这能给他们带来巨大的利益。反过来，皇帝则想方设法让哥特首领彼此牵制，尽力维护自身的独立。这场权力斗争的结果由罗马行省人民来承受，其经过极为曲折；正因为如此，双方军队规模及首领的力量也反复发生着激烈变动。

018

481年，斯特拉波失足坠马，不幸去世，两支军队由此走向联合。狄奥多里克成为罗马皇帝芝诺（Zenon，474~491年在位）的大元帅（magister militum），又在482年与芝诺达成一致，杀死了斯特拉波的儿子雷基塔克，并在484年担任罗马执政官一职。这个职位虽说有很长一段时间没有给狄奥多里克带来实权，但依然使他享有至高的威望。不过同芝诺皇帝的友好关系没能持续太久。很快，狄奥多里克便开始反抗自己的主人；487年，他一路烧杀抢掠，直逼君士坦丁堡近郊，甚至切断了一条给城市供水的管道。一年后，狄奥多里克同芝诺订立协议，双方同意狄奥多里克国王与部下前往意大利，罢黜从476年起便以国王的身份统治意大利的奥多亚克。如果狄奥多里克成功，便可以统治意大利，一直到皇帝亲自统治。493年3月中旬，当狄奥多里克劈开奥多亚克的上身后，他相信自己终于达成了这一目标。不久后，他便在拉文纳由部下拥立为国王。消息很快传开，称大屠杀纯属正当防卫，因为奥多亚克觊觎狄奥多里克的性命。

虽说由于缺乏合适的直接证据，我们无法探明狄奥多里克的内心，但这一系列事件仍为他的形象描摹出了一些轮廓：这位国王是一名好战的统治者，一名在战场上身先士卒的"军阀"，并且他被证实具有同任何一个对手较量一番的实力。狄奥多里克的行为符合那些追随者的期待，因为他们只能接受一名孔武有力且身手敏捷、无所畏惧又坚韧不拔的领袖，一言以蔽之：一名强悍的战士。如同自己的父亲提乌迪米尔那样，身为一名成功的领袖，狄奥多里克也要求战士们认可自己国王的地位，而在战争中经受住考验能极大地帮助自己在面对他人的威胁时保住国王的地位。在狄奥多里克成长的环境中，男性价值的衡量标准主要是他在战争中能取得怎样的成就。英勇与胜利为他带来荣誉，怯懦与失败则使他陷入耻辱。一位名叫恩诺迪乌斯（Ennodius）的天主教僧侣在一篇赞颂狄奥多里克国王的演说中，借狄奥多里克之口说出了如下一番话。这番话据说是狄奥多里克在一场对阵奥多亚克的战役之前说给母亲埃蕾列乌瓦（Ereleuva）的（《致狄奥多里克颂词》第43段）：

因孩儿在万民之中享有盛名而声名远播的母亲，你知道，在孩儿诞生的那一日，你便幸运地将一名男子带到了这人世间：就在这一天，战场宣告了你那孩儿的家族的降临。我必凭借武器锐意进取，以保我的先祖的荣光不致因我而陨落。我等若无法通过自身的奋斗获得支持，便无权获得父辈的荣誉。在我的眼前浮现着父亲的身影，他在战争中从未沦为受命运戏耍的一颗棋子，只因他凭实力夺取了胜利，从而亲手为自己争取到了命运的垂青。

我们无法断定狄奥多里克当时是否真的说过上述这番话或是发表过类似的言论，不过这段话依然准确地再现了适用于国王及战士们的荣誉准则。谁要想确保一批全副武装的随从支持自己，就不能躺在祖先的功绩上睡大觉，哪怕他是国王的儿子也是如此；他必须以行动证明自己作为战士至少能与随从们平起平坐。首领所承受的自我证明的压力尤为巨大，因为很显然会有其他人认为自己并不亚于首领，他们只需要静待首领展现出弱点。在狄奥多里克的少年时期，至少有四名哥特国王同时统治巴拉顿湖（Plattensee）和黑海之间的领土。让我们再来听一听恩诺迪乌斯的说法。他说狄奥多里克在维罗纳战役中几乎是单枪匹马取得了胜利（《致狄奥多里克颂词》第 45 段）：

　　顷刻间，一片片倒下死去的兵卒向敌人宣告了你的降临：铺天盖地的砍杀昭告了行刑者。然而敌人并不缺少惯常的出路：他们毫不迟疑地插上了带给他们恐惧的翅膀，由于惧怕死亡，他们在慌不择路中选择了灭亡。 020

这段文本显然做了艺术化的加工：狄奥多里克以史诗中英雄的形象出现，他卓越的战斗力决定了战局。荷马曾以完全类似的笔触描写过赫克托尔和阿喀琉斯。对于恩诺迪乌斯的描写尤其需要注意一点：这名天主教僧侣的意图是把这位国王赞颂成英雄。恩诺迪乌斯会按照史诗中的样板来塑造狄奥多里克，这是因为对于他来说，一个由军事才干占据核心地位的荣誉准则同样符合他的要求。这个荣誉准则并不一定要求必须毫不留情地杀死每一个敌人。一位姓名不详的匈牙利国王在被击败后投降，而狄奥多里克饶恕了他的性命。最为关键的在于要有能力通过武力手段将自己的意志强加给敌人，并避免自己的身体遭受攻击。这一点十分重要的一个原因是，一名战士的声誉尤其取决于他是否能够通过反击来为亲属或追随者遭受的暴力进行报复。没有能力复仇的战士很快就会失掉声誉。因此，对于首领而言，复仇绝对是巩固权力甚至是自保的必备条件。在这一问题上，恩诺迪乌斯也认识到了一名国王对自我身份所应有的认知，不过根据他的解释，狄奥多里克攻打奥多亚克的原因是奥多亚克谋害了狄奥多里克的亲戚。按照这一说法，征服意大利是一场复仇之战。[6]

如果在上述背景下来看待狄奥多里克，人们便更能理解，若是这位国王听闻后世之人以尸横遍野向敌人宣告他的逼近，他为何会十分乐意：手刃敌人对他来说是统治能力的明证。这与和他同时代的罗马皇帝有显著的不同。芝诺、阿纳斯塔修斯（Anastasius，491~518 年在位）和查士丁尼（Justinian，527~565 年在位）等皇帝当然在必要的时候也会处决、杀害或者偷偷除掉某些人，但他们会让其他人来进行杀戮，无论在战时还是和平时期都是如此。东罗马帝国的皇帝虽说名义上威力无穷且战无不胜，但世人对其认可并不取决于皇帝本人是一名出色的战士。皇帝委派将军承担起领兵对抗帝国之敌的责任，他则尽量避免自己身上被溅上死者的鲜血。反之，对于狄奥多里克而言，如果他想成功扮演统治者一角的话，那么从躯体上毁灭对手的能力便是这个角色的一部分；这个能力会增强他在亲随中的威望，并在敌人中间散布恐惧的情绪。在这个意义上，狄奥多里克和同时代的其他蛮族统治者，特别是被他杀害的奥多亚克，没什么不同。据文献记载，奥多亚克477年曾在拉文纳亲手杀死一个名叫布拉基拉（Brachila）的人，"以便向罗马人心中灌注恐惧"。勃艮第王子贡都巴德（Gundobad）早在年少时期就已声名鹊起，因为他在472年砍下了安特米乌斯（Anthemius）皇帝的头。贡都巴德在成为勃艮第人的国王后，又亲手杀死了兄弟希尔佩里克（Chilperich）和哥德吉塞尔（Godegisel）及其全家。法兰克国王克洛维（Chlodwig）尤为暴虐。据说他毫不怜悯地杀害了所有可能对他产生威胁的人，连至亲都不放过。法兰克国王西吉贝尔特（Sigebert）和拉格纳查尔（Ragnachar）是被克洛维亲手用斧子砍死的，其他对手则是他命随从杀死的。一名敢于公开批评克洛维的战士被他当着全军的面从背后砍掉了头。[7]

　　然而，功勋卓越的"军阀"只是狄奥多里克的一面。如果一名国王除了领兵打仗，其余什么都不懂，那他即便在军队的帮助下经过艰苦卓绝的战斗赢得了意大利，也绝不可能长久维护自己在那里的统治。事实上，除掉奥多亚克后，狄奥多里克可以说是毫不费力地统治了三十多年，直到526年他在拉文纳寿终正寝。若是没有所占领土地范围内那些重要群体的支持，这绝无可能。为了深入了解这一转变是如何发生的，让我们前往罗马城，这座城在500年的春季正等待着狄奥多里克国王的到来。此时距离除掉奥多亚克已经过去了整整七年。

022

2
罗马，500 年春

当狄奥多里克在 500 年春天来到罗马的时候，距离上一个统治者在这座"永恒之城"的城墙内停留已经过去了四分之一个世纪。474 年 6 月，尤利乌斯·尼波斯（Julius Nepos）在此地被加冕为西罗马帝国皇帝，但他很快离开了罗马前往拉文纳。475 年他又从拉文纳逃往萨罗纳［Salona，今克罗地亚的斯普利特（Split）附近］，一直在那里待到 480 年去世。直到死前，他都希望能以皇帝的身份重返帝国，但这一愿望最终没能实现。而从 476 年起以国王的身份统治意大利的奥多亚克似乎从未造访过罗马；他更愿意以拉文纳为都城，最终，十三年后末日也在拉文纳降临到了他的头上。狄奥多里克在建立起统治后的最初数年里也只待在北意大利，其中拉文纳是他的主要下榻处。可到了 500 年春天，狄奥多里克又打算造访这座台伯河（Tiber）畔的城市，并在那里庆祝自己登基三十周年纪念日。

经过 5 世纪发生的一系列灾难后，罗马城的居民总数缩减到了之前的零头，但罗马依然是地中海西岸最大的城市，拥有独一无二的广场、建筑和艺术品规模。最主要的是，罗马同过去一样，是意大利最富有和最有权势之人开展公共生活的舞台，因为元老院一直在这里召开会议，并且元老们也居住在此地。与此同时，罗马还是主教驻地，在天主教信徒中间，罗马主教在皇帝权力范围之外享有最高的威望，并且由于罗马拥有使徒彼得和保罗之墓，还是具有独特意义的朝圣地。一言以蔽之：罗马有意大利两股最为重要的势力代表——元老和彼得的继任者在等待着狄奥多里克国王。开展此次拜访的时机十分有利：数年前，一项以国王和当地精英之间的合作为基础的政策开始逐步成形；元老和主教听候国王的差遣，被国王委以重任。最终在497年，远在君士坦丁堡的皇帝也承认了狄奥多里克为意大利的国王。到了499年初，狄奥多里克的地位已经十分巩固，他威望极高，在498年11月22日教会选出了两位教宗后，他还被罗马神职人员和元老任命为仲裁法官。由此，狄奥多里克获得了君士坦丁大帝（Constantin der Große）以来由皇帝担任的角色，即便他本人所信仰的基督教派在那些将他任命为仲裁法官的人看来属于异端。狄奥多里克选择了教宗辛玛古（Symmachus），因为此人被更早选为教宗，并且选他的人数更多，而居于下风的教宗劳伦蒂乌斯（Laurentius）服从了国王的决定，让出了圣彼得的宝座。这样一来，一场教会大分裂的危险就被化解了，教会重新得以统一。当辛玛古教宗499年3月在圣彼得大教堂召集意大利全境的天主教神职人员召开宗教会议时，聚集在一起的僧众拼尽全力，高呼了三十多遍"基督垂听！狄奥多里克万岁！"。[8]

　　一年之后，罗马人激动地等待着狄奥多里克国王的到来，他将率随从取道弗拉米尼亚大道（Via Flaminia），从拉文纳来到罗马。为了迎接统治者的到来，人们需要进行细致的准备，绝不能有丝毫的侥幸心理。宫殿中的房间被布置一新，装饰得富丽堂皇，地窖和厨房塞满了食物和酒。此外还需要准备好随行人员的住处和马厩。虽然罗马人已经许久未曾接待过地位如此高的人物，但他们很清楚，准备工作的内容主要取决于统治者现身时的流程。统治者进入城市就是一场需要持续数个小时的仪式；若是涉及周年庆典，那么入城仪式就要延续多日。罗马可以说已经许久没有充当过帝都，因此罗马制作了一份皇帝入城记录。在这份记录中，罗马市民并非以无名群体的身份来面对皇帝，而是一个被有序划分的整体，即罗马元老院成员和罗马人民，并且元老们也被划分为不同的阶层，即"光荣者"（illustres）、"高贵者"（spectabiles）和"杰出者"（clarissimi）。这充分展示了社会的等级以及所有人的和谐共处。众人以恭顺的态度和略显造作的欢呼来迎接这位统治者，但也不乏诚恳的姿态。一名重视臣民支持的统治者，会以宽厚仁慈的姿态来参与这场仪式。

事实上，从流程上看，狄奥多里克的入城仪式虽说出现了少量重要的变化，但总体上还是遵循了5世纪上半叶罗马皇帝造访时需要遵守的程序。辛玛古教宗、全体元老院成员和一部分民众动身前往城外很远的地方等待国王，随后一边大声欢呼着，一边迎接他。不过此时领导接待团的并非元老，而是教宗；这一程序上的变化凸显了宗教领袖日益扩大的影响力。在狄奥多里克经哈德良桥①进入罗马城之前，还先行造访了君士坦丁大帝在梵蒂冈建造的大教堂，并向使徒彼得之墓表达了自己的敬意。5世纪信仰基督教的皇帝也是这样做的，只不过他们并非在进入罗马城之前，而是在之后才去拜谒圣彼得大教堂。狄奥多里克使自己同皇帝们比肩的行为是一种经过细致考量的，并且更值得高度评价的姿态，因为当时他所属的信仰共同体并不承认辛玛古为罗马主教及彼得的继任者。

国王走的是一条之前约定好的前往罗马广场（Forum Romanum）的路线；他穿过君士坦丁大帝和提图斯（Titus）两位皇帝建造的凯旋门，在神圣之路（Via Sacra）经过教堂、庙宇以及数不清的雕塑，最终到达元老院所在地，在那里有一

---

① 即今天与圣天使堡相连的圣天使桥。——译者注（如无特别说明，本书脚注均为译者注）

图 2　1611 年的圣彼得大教堂［多梅尼科·塔塞利（Domenico Tasselli）
绘图］：参观者进入前院便能看到门厅

位姓名不详的元老向这位高贵的客人致以颂扬之词。紧接着，
狄奥多里克前往附近一处叫作"到达荣光"（Ad Palmam）的
地方，并在那里对罗马民众发表了一番讲话。此次讲话被称为
"训示"（adlocutio），自古以来当罗马皇帝造访罗马时都要
做这么一番讲话，这是传统接待仪式的一部分。为了让听众能
够理解自己的话，狄奥多里克此次说的是拉丁语，他庄严地允
诺，将矢志不渝地维护过去罗马的统治者定下的事。国王绝不
是在许什么空头支票，而是作出了具体的承诺，特别提到了底
层人民的食品供应问题，这一点随后会进一步探讨。

　　在狄奥多里克发表讲话的时候，听众中间恰好有一个名叫
富尔根蒂尤（Fulgentius）的天主教僧侣——他因为躲避汪达
尔国王特拉萨蒙德（Thrasamund）的迫害逃到了意大利。和

026

在北非不一样，天主教徒在意大利无须害怕。富尔根蒂尤的传记作者强调了当时笼罩在全城的喜庆气氛；元老院成员和罗马人民对于狄奥多里克国王的到来欣喜不已。狄奥多里克致辞时，富尔根蒂尤看到了按照等级排序的元老们"衣饰呈现出柔和渐变的色彩"，听到了"自由的民众"的欢呼。不过富尔根蒂尤的传记作家认为富尔根蒂尤没有被尘世的繁华打动，他对同样在现场的其他教友们解释说，如果尘世的罗马就已是如此耀眼，那么天堂般的耶路撒冷该有多么辉煌！

在这里，富尔根蒂尤在不自觉的情况下被传记作家变成了这场世俗仪式所产生的激动人心效果的见证人。他描述这一场景的时候（如果他的说法不是捏造的话）其实还没有看到此次庆典的高潮部分，人们有理由怀疑，富尔根蒂尤作为僧侣可能并没有参加接下来的活动。因为在拜访了元老院、在"到达荣光"广场发表讲话后，典礼就进入了第三阶段，这一程序类似于胜利游行。狄奥多里克首先在罗马市民的欢呼声中进入自475年起就荒废的帕拉蒂尼山（Palatin）上的宫殿，罗马皇帝曾在那里居住了数百年。在接下来的六个月里将又有一位统治者在此居住。随后，国王在大竞技场（Circus Maximus）举行了一场赛车比赛，这一活动一如既往地吸引了大批观众，哪怕罗马的人口已经不够填满竞技场的所有座位了。我们可以想象一下狄奥多里克出现在昔日的皇帝们所坐的包厢时候的场面。这场盛大的活动从清晨持续到了傍晚，因为共举行了至少二十四轮竞赛。至于在入城仪式中狄奥多里克有没有组织过深受欢迎的人兽搏斗（venationes），这一点依然存疑。虽然在狄奥多里克的整个在位期间，元老们一直在弗拉维圆形剧场（Amphitheatrum Flavium）——从中世纪中期起这里就多被叫作"角斗场"（Colosseum）——举行斗兽比赛，但国王本人从未掩饰过自己对这种娱乐形式的厌恶之情；也许他把这一活动从仪式流程上划掉了。[9]

　　这样复杂的仪式程序，反映了一种以哥特国王与罗马主教及罗马元老院之间的合作为基础的统治理念。狄奥多里克扮演了在此之前罗马皇帝曾扮演过的角色，他首先会见了彼得的继任者——教宗，随后会见了罗马元老院成员和人民，并且是以一种符合各方高度期待的方式，在不同的地点完成这一系列会见：圣彼得大教堂、元老院、罗马广场、大竞技场，也许还有弗拉维圆形剧场。在这场所有罗马市民都多多少少参与了的仪式中，狄奥多里克和他罗马臣民之间的和谐关系以一种充分符合罗马传统的方式得到了演绎。

　　假如狄奥多里克只是用象征性的姿态和短暂的示好来敷衍罗马人，那么他同罗马人之间的和谐关系自然不会持续多久。然而事实并非如此。他通过给部分元老授予官职和荣誉的方式来表彰他们。例如以最重要的民事机关——总督府（Prätoriumspräfektur）领导的身份侍奉狄奥多里克多年的元老利贝留（Liberius）离任的时候，狄奥多里克借此机会赐予他臣属所能获得的最高地位——贵族官（patricius）。接替利贝留的是狄奥多鲁斯（Theodorus），他是罗马城势力最大的家族——德西乌斯家族的后裔。不过狄奥多里克首先批准罗马人可以不断获得物质支持。他将每年从国库中拨出十二万舍非尔（约合一百万升）粮食，用于养活平民和贫困人口。这些粮食中有七分之一被指定派发给每天聚集在圣彼得大教堂周围的乞丐。这一举措降低了气候环境不利的情况下食品供应不稳定的风险，并减少了底层人民对部分元老施舍活动的依赖。或许将来国库还会对给百姓派发肉类的活动予以补贴。可以肯定的是，后来酒库中的物资也被用于支持修缮宫殿和城墙的工程。最后，元老们也可免于支付组织各类比赛活动的高昂费用，因为国库每年可以为此拨出资金。斗兽比赛也被纳入资助范围。

028

很可能正是这一系列作为使得狄奥多里克在罗马人中获得了"新的图拉真"之名。皇帝图拉真（Trajan，98~117 年在位）为罗马城所做的事远超其他任何一位皇帝。有一事可以再清楚不过地证明狄奥多里克所做的事对罗马人而言有多么重要：人们正式恳请这位国王将自己在"到达荣光"广场的讲话中许下的诺言写在一块铜板上，并将其竖立在公共场合。狄奥多里克照做了。[10]

在 500 年，狄奥多里克如同一位罗马皇帝一般出现在了罗马人面前。罗马元老院成员和人民则为此向他表达了应有的感谢。元老院为国王制作了一尊镀金的立像，借以充当可以持久保存的可见的符号。元老卡西奥多（Cassiodor）在回忆中，用高昂的语气赞颂了国王的行为：

> 在这一年，我们的主人狄奥多里克国王来到了罗马，向所有人询问他们的愿望。他以令人惊叹的随和态度来对待他的元老院，并赠与罗马人民食物；此外他还每年资助一笔钱，用以修缮那令人叹为观止的城墙。

029　　人们只消读一下这篇颂词，便能感受到，这位七年前亲手杀死奥多亚克的好战的国王，已经全然变成了罗马皇帝的接班人了。然而这只是骗人的假象。虽然我们使用的史料完全忽略了国王的哥特随从，但我们依然能看出，狄奥多里克是以哥特国王的身份进入罗马城的，他的权力绝不仅仅依赖于罗马精英的支持。即便在造访罗马期间，狄奥多里克也展现出了他好斗的非罗马人一面。这一点从他拜访罗马的官方理由——纪念即位三十周年（按照罗马传统被称为"Tricennalia"）就已经可以看出来了。这是因为当时狄奥多里克在意大利并没有统治三十年，而是只有七年。他计算自己登基年份的开端是战胜萨尔马提亚国王巴拜，这还是来到意大利之前很久的事情，那时的狄奥多里克还只是巴尔干半岛上数个哥特军事组织中的许许多多的头领之一。按照罗马计数法，500年还不是狄奥多里克登基的三十周年；在这个时间庆祝不过是因为这是与国王一同征服意大利的军事联盟的传统。狄奥多里克在逗留罗马的六个月里，还成就了一桩王室婚姻：狄奥多里克将自己的妹妹阿玛拉弗里达（Amalafrida）许配给了汪达尔国王特拉萨蒙德（富尔根蒂尤就是为了躲避他而逃到了意大利）。遗憾的是关于这桩婚事我们能够获得的信息很有限。很可能是特拉萨蒙德通过使臣向阿玛拉弗里达求婚；狄奥多里克同意了这门亲事，并派了一支庞大的队伍——不少于一千名贴身护卫和五千名仆人——护送妹妹前往北非。虽然婚礼似乎是在迦太基（Karthago）办的，但汪达尔使臣的来访在罗马必然引发了轰动，因为通过这桩婚事，狄奥多里克与那名史无前例地耗尽西罗马帝国实力的国王盖萨里克（Geiserich，428~477年在位）的孙子结了亲。盖萨里克于455年5月占领了罗马，并下令抢劫了十四天。不管狄奥多里克在罗马表现得多么有罗马人的派头，他的亲族还是出身于蛮族王室：狄奥多里克本人早已与法兰克国王克洛维的一个妹妹奥德弗蕾达（Audefleda）成婚多年。他第一次婚姻留下的两个女儿中，其中一个，即奥丝特萝哥托（Ostrogotho），被他嫁给了勃艮第国王西吉斯蒙德（Sigismund）；另一个，即提乌迪哥托（Thiudigotho），则嫁给了西哥特国王阿拉里克（Alarich），此人是那位于410年8月24日占领了罗马（此前罗马已经在长达八个世纪的时间里成功抵御了外敌入侵），并任凭手下在那里抢劫了三天的国王的一位继承人，并且与他同名。罗马人在数十年后还在庆贺阿拉里克撤离的日子，这段梦魇般的记忆一直到狄奥多里克时代还是令人难以忘怀。[11]

030

在关于造访罗马的记载中，狄奥多里克的哥特随从仅出现了一次，但这并不说明他们是不可见的，也没有表现出他们事实上所具有的重要地位。对于罗马人而言，哥特人必须从国王的身边消失。狄奥多里克要想领受圣餐的话，就绝不能去罗马主教下属的任何一座教堂。他必须去那些与自己信仰一致的神职人员可以举行弥撒的少数几座教堂之一。他很可能在自己教友的簇拥下，从帕拉蒂尼山上的宫殿前往了位于苏布拉区（Subura）的那座当年被称为"哥特人的教堂"的教堂。如今那座教堂被称为"哥特之神圣阿加塔教堂"（Sant'Agata dei Goti），教堂拱顶的马赛克镶嵌画由 472 年去世的军事统帅李希梅尔（Rikimer）捐资完成。国王本人使我们的注意力转移到了他的随从身上，他在耶路撒冷圣十字教堂（Santa Croce in Gerusalemme）旁的塞索里宫（Sessorianischen Palast）中，审判了自己宫中一个名叫奥多因（Odoin）的人，并判处其斩首之刑。奥多因被指控密谋袭击狄奥多里克。此事背后有何隐情，我们不得而知。但无论如何值得我们注意的是，狄奥多里克是按照罗马人的方式将奥多因判处斩首之刑，并让他人行刑。因此在这个意义上，这位国王也遵循了这一原则：入乡随俗。[12]

031　　然而从表面上也能看出，狄奥多里克并不是皇帝。虽然狄奥多里克会使用表明自己国王身份的标志，而这些标志部分也曾被罗马皇帝使用过，特别是他在庄重的场合会身着紫色并镶嵌有宝石的长袍。但狄奥多里克放弃了真正的帝王象征物，也就是一种装饰有一枚或者多枚宝石的头饰——皇冠。恩诺迪乌斯通过下面的文字描写了狄奥多里克在 507 年的样貌（《致狄奥多里克颂词》第 90~91 段）：

身为统治者的你身形高大伟岸。你如雪花般洁白的面

图3　莫罗达尔巴纪念币，正面

颊透着红润之色，你的双眼清澈明亮，见之如沐春光。你的双手充满威严，给敌人带去灾难，为臣民带去所希冀的荣誉。没有人会不合时宜地赞扬他的发饰，因为当其他统治者头戴冠冕时，我的国王因得了上帝的帮助，头上只有自然的力量。

　　我们之所以能够更为明确地把握这一并不清晰的形象，还要归功于一件独一无二的出土文物，即一枚金币，1894年在安科纳省（Ancona）莫罗达尔巴（Morro d'Alba）附近的一座墓葬中发掘而出。这枚硬币被做成了圆形别针的样式，重量和价值都相当于三枚金币［当时的金币单位为苏勒德斯（solidi）］，其正面铸有狄奥多里克唯一一幅生前的肖像，因此这幅肖像肯定符合他本人的样貌。这枚纪念币很可能是在狄奥多里克到访罗马的同一年，甚至可能就是在罗马铸成，用来分发给狄奥多里克的随从的。在罗马帝国，以贵金属的形式分发的赠礼早已十分常见，狄奥多里克也延续了这一传统。不过在通常情况下，狄奥多里克会把皇帝的肖像铸在帝国境内制成的钱币上。而在专门铸造用于纪念一次性事件，或者用来分发给身边关系密切的忠臣的钱币时，他会不遵守这一规矩。

032

　　我们可以看到，在钱币的正面是国王的正面像：他身着胸甲，上面披着一件斗篷，斗篷在右侧用一枚别针别住。他右手举起作出演说的手势，左手持有一个地球模型，上面站着一个小小的胜利女神——她正在交给国王一个花环。钱币边缘的铸文写道："狄奥多里克国王，虔诚而不可战胜的君主。"钱币的背面还有一个胜利女神，她被如下铭文所环绕，"诸族的征服者"。乍一看，这些图像语言彻头彻尾是罗马式的。胸甲和战袍、演讲的手势、地球模型、胜利女神——这一切元素都可以从罗马皇帝的钱币上看到。然而狄奥多里克并不仅仅是通过自己的头衔来表明自己是个后罗马时代的统治者，因为罗马皇帝不会让头发一直长到肩上。此外，狄奥多里克胡须的样式也同罗马皇帝的不同，罗马皇帝通常没有胡须，或者以络腮胡的形象示人，而狄奥多里克则在上唇处留着小胡子，这和被他杀害的奥多亚克一样。[13]

3
从军阀到哥特人和罗马人的
统治者？

　　前文叙述的一系列事件描画出的是一个反差强烈的形象：狄奥多里克一方面是一名哥特"军阀"，另一方面是一名哥特人和罗马人的统治者。如此强烈的反差表明，狄奥多里克的一生贯穿着一股张力。由此产生的一系列问题构成了本书的主题。这一前后转变如何完成，并且完成得有多彻底？狄奥多里克及其部下的身世如何？他们是怎样来到意大利的？同样亟待解决的问题是：狄奥多里克这名哥特人的军事统帅，是如何在罗马帝国的发源地——意大利成功建立对哥特人和罗马人的统治，维持政局稳定长达三十年，并在 526 年去世后顺利将统治权传给了自己未成年的外孙阿塔拉里克（Athalarich）的？即为什么意大利当地的精英们——元老、城市显贵和主教会心甘情愿地接受征服自己的人为统治者？跟随狄奥多里克一同来到意大利的哥特人军事组织，是如何同国王新征服的罗马臣属共处的？狄奥多里克的统治给哥特人和罗马人造成了怎样的影响？最后，绕不开的问题是：狄奥多里克想要什么？他又得到了什么？即他作为国王是否有类似于施政纲领的某种设想？他意图在哪些领域有所作为？为此他采取了哪些措施？

　　直到今天，现代研究成果主要还是将狄奥多里克在意大利的统治解读为对罗马传统几乎没有间断的延续。这一解读路径可以追溯到特奥多尔·蒙森（Theodor Mommsen）。蒙森认为，狄奥多里克以一种东罗马皇帝代理人的身份在意大利实施统治；作为代理人，他的头衔是"贵族官"。古典史学家威廉·恩斯林（Wilhelm Ensslin）也持有相同的看法，他在 1947 年出版了一部狄奥多里克传记，该传记直到今天依然是扛鼎之作。在恩斯林看来，狄奥多里克是"受罗马精神影响的，同时又是为罗马世界注入日耳曼民族精神，并且鞠躬尽瘁的最后一名日耳曼人"；这个国王虽然"是日耳曼人，并且无论如何在他的内心深处依然保留着日耳曼人的本质"，但他推行的政策以维护罗马国家和罗马文化为目标；他"并不想成为国家的缔造者"，而是要成为"一份古老遗产的守护者"。同样，中世纪学学者赫尔维希·沃尔夫拉姆（Herwig Wolfram，生于 1934 年）在其 1980 年首次出版、而后又多次再版的哥特人"民族志"中，也广泛传播了一种基于国家法类型的解读模式。不过与蒙森和恩斯林不同，沃尔夫拉姆将狄奥多里克的王国理解为罗马和非罗马元素（或者说"异族元素"）的一种综合体，这是一种"独特的"创举。然而沃尔夫拉姆也还是认为罗马组织结构及罗马元素在狄奥多里克的意大利王国中占优势地位，狄奥多里克的意大利王国与奥多亚克的王国和西罗马皇帝的帝国之间存在未曾中断过的延续性。近年来，对于狄奥多里克的"罗马式"解读达到了顶峰，学术界提出了这样一个论点：狄奥多里克在意大利就是一个彻头彻尾的西罗马皇帝。根据这一解读路径，狄奥多里克便是在西方重建了罗马帝国，并以"罗马君主"的身份对其进行统治。本书所遵循的是另一种解读路径。本书首先相信，人们愿意接受狄奥多里克这样的统治者，并非因为他们遵循古已有之的观念，而是因为他们认为狄奥多里克的统治具有合法性。狄奥多里克以国王的身份在意大利统治的臣民群体，在很大程度上属于不同的社会阶层，同时在文化、宗教和民族属性方面也具有极大的多样性：他们中间有哥特战士和罗马元老，有城市显贵、手工业者和商人，有农民和牧人，有佃农和奴隶，有分属两支不同基督教派的主教和僧侣，甚至还有犹太人群体。狄奥多里克作为统治者，为什么会被接受？为什么会被支持，至少能够被容忍？对此，上述的每一个群体都会给出不同的回答。

在现代研究成果中，影响持续至今的狄奥多里克形象的第二个基本特征是：他的统治通常被给予积极的评价。恩斯林就曾盛赞狄奥多里克，称他"兼具一切真正的国王所应有的特质"。他对外推行的是以巩固已有成果为目标的和平政策，对内则为臣民谋福祉。他推行的经济政策有利于"生产阶级"，完成了哥特军人同罗马市民"和平共处、互利共赢"这一艰难的任务，还建造了许多宏伟的建筑。因此他在位的时期是意大利的"黄金时代"。类似的评价在当代并不鲜见。沃尔夫拉姆则认为狄奥多里克推行的是一种"在罗马人和哥特人、天主教徒和阿里乌派（Arianismus）信徒、拉丁文化和蛮族文化中细致权衡的政策"；他还称赞狄奥多里克国王施行了"理性的"经济政策，"实现了罗马皇权的现代化"，并且他的施工建设活动"虽然只是一些修补工作，但仍然力度很大"。其他研究者则干脆认为狄奥多里克建设了一个包含多元文化的社会。新近出版的一部关于狄奥多里克的专著将同时代人歌颂狄奥多里克的一首赞美诗不加评注地译成了现代的学术语言。根据这首诗，狄奥多里克为意大利和高卢城市的重建投入了巨额资金，由此带来了经济和文化上的繁荣，直到查士丁尼重新收复意大利，才残酷地中断了这一发展进程。在这一问题上，本书也会讲述一个完全不同的故事。[14]

035

第二章

同时代文献中的狄奥多里克

4

如实反映抑或任意歪曲？
作为史料的文学

过去意味着不复存在。只有留下踪迹的过去才可以为后人所认识，历史认知便是一个寻踪的过程。然而只有当一个人对自己所搜寻的内容有一定设想的时候，方能找到这些踪迹；只有能提出问题的人，才能得到答案。所以说，历史问题将过去留下的踪迹变为历史认知的源泉。当然我们还需要一些别的东西：如果说解读史料有什么应当注意的话，那当然就是要遵循一定的准则。这些准则视被用作史料的材料的特征而定：这些材料可能是建筑、墓葬或者工具等人工制品，也可能是不同体裁的文本，例如墓志铭、销售证明或者历史著作。根据所要解答的特定问题的情况，法律形式及法律习惯、语义场、人名及地名、城市地图及图像等都可以成为史料。无论材料的种类多么繁多，实事求是地解读的前提是，再现材料产生的背景。人们通常会问，是谁留下了这些踪迹，为什么他要这么做，他又是怎么做到的。问题的关键是了解意图和作用，了解目的、方法和意义。

上述论断适用于一切对过去的研究活动，无论研究的时代离我们近还是远。若有谁研究的时代的踪迹已有绝大部分甚至完全从我们现在这个世界消失（狄奥多里克无疑正是这样的情况），那么他所要面临的困难极大，因为可供我们用来重建狄奥多里克形象及其时代的史料已不再为我们所熟悉。

在这一背景下，以语言形式流传下来的证据意义尤为重

大，因为如果除去罗马帝国有关的史料的话，流传下来的关于
狄奥多里克以及他所统治的哥特人的文字材料，比关于他同时代
其他政权的更多。而在这些文字材料中，无论是从篇幅上还是从
表现力上来看，排第一的都是我们今天通常意义上的文学作品。
换言之，这些作品是语言的艺术作品，它们不仅受形式惯例的影
响，还受到作者本人在塑造人物形象时所怀有的意图的左右。在
撰写书信和草拟演说时，以及在讲述过去的事件和描述其他民族
时，作者会模仿一些被认为具有永恒意义的叙述模式，即使这些
叙述模式产生于基督降生之前，时间上早了好几个世纪。史书、
书信集和修辞书被看作具有悠久历史的文学体裁；因此，对修养
有要求的人就会试着去满足这类文本的接受者的期待。

　　文学材料只有在细致考量文本的生产及接受条件的情况
下才能得到准确理解，这一点在我们已经多次提到的天主教僧
侣恩诺迪乌斯所作《致狄奥多里克颂词》中可以尤为清楚地看
到。"Panegyricus"① 的字面本义为"节庆演说"，但到了古典
时代晚期也被用于指代不在节庆场合公开朗诵，而是以书面形
式传播的颂词。如果这篇颂词如同标题——《以圣父、圣子、
圣灵之名，这篇赞颂最为仁慈的国王狄奥多里克的颂词这样开
始，由上帝的仆人恩诺迪乌斯朗诵》②——所说的那样曾经被
公开朗诵，我们也无法更进一步地确定朗诵的场合，以及朗诵
的时候举行了怎样的仪式。但不管怎么说，这篇颂词写于 507
年，具体时间可能是这一年的上半年。

　　在这篇颂词中，恩诺迪乌斯把狄奥多里克塑造成一名接
受了罗马文化的、有教养的统治者。他是一位敬拜至高的上帝
的基督徒。他没有必要戴上皇帝的冠冕，因为他就算是没有这

---

① 即"颂词"的拉丁文。

② 即《致狄奥多里克颂词》的完整拉丁文标题的中文译述。

个帝王的象征物，也能够与任何一位统治者比肩，特别是他本人还出身于阿马尔家族。他将意大利从暴君奥多亚克手里解放出来，把自由还给了这片土地；现在他以国王的身份，在上帝的恩典之下，统治着罗马人和哥特人。恩诺迪乌斯还将狄奥多里克描绘成不可战胜的勇士和常胜之王，甚至超越了亚历山大大帝——对狄奥多里克英雄事迹的描述占据了这篇颂词的绝大部分篇幅。自从狄奥多里克开始统治意大利之后，他就让手下的哥特将领们来执行军事行动，但他在精神上依然与将领们同在。在哥特人的帮助下，狄奥多里克保卫意大利免遭一切外部威胁，维护了这片土地的和平，甚至他还夺回了过去曾属于西罗马帝国的多瑙河畔的锡尔米乌姆城（Sirmium），从而重建了意大利的古老边境。而在帝国境内占主导地位的是已经在各项法律中得到落实的法权〔这一状态被罗马人称为"文明"（civitas）〕，即使是哥特人也要服从该法权。而根据恩诺迪乌斯的说法，狄奥多里克也拥有和平年代统治者所应有的一切美德：他睿智、公正且慷慨大方；他只给有资格者以官职，并且会赏赐那些歌颂他的人。在狄奥多里克的治下，人民富足安康，原本满目疮痍的意大利诸城重现光彩，罗马城恢复了往日的青春。崭新的黄金时代到来了！¹

人们显然不能把上述说法完全当真。用于歌颂罗马皇帝的无数颂词中恰好也充满了许多同样的，或者至少是类似的套话。同时代的接受者也不会对此表示惊喜或恼怒：任何一个为统治者创作颂词的人都必须遵守这一规则，他们只能一味地谈积极的一面。不过适用于颂词体裁的规范并不仅限于禁止公开批评。用语谨慎或评价中肯也不符合人们对颂词作者的期待。在歌颂一名统治者的时候首先需要收集一大批主题、母题和论据方面的材料，而这些材料会失真。颂词这一体裁特有的遣词造句方式塑造的是一个理想中的统治者形象，但这一形象在细节上绝不会是固定的，而是必定会在特定的框架内有所变化。因此，像《致狄奥多里克颂词》这样的颂词绝不仅仅是某个既定标准或某篇前人文字的简单复刻，而是从某个特定人物或特定群体的视角出发，对王权的一种解读；在颂词的创作过程中，作者遵循的虽然是统治者本人对自我的表现模式，但他也会同时表达出个人的价值取向和要求，即便表达的方式更为间接、更为抽象。

具体到《致狄奥多里克颂词》，要想填平颂词作者和被歌颂者之间在文化上和社会阶层上的鸿沟绝非易事。狄奥多里克来到意大利的时候，恩诺迪乌斯只有 15 岁或 16 岁；他在 473 年或 474 年生于高卢南部地区，很可能是在阿尔勒（Arles）。他出身于一个元老家族，并且终其一生都为此感到自豪。由于双亲早亡，恩诺迪乌斯是在自己的一个姐姐的家中长大；姐姐去世后，他又在一个利古里亚（Ligurien）的富裕家庭落了脚。起初恩诺迪乌斯是帕维亚（Pavia）主教伊皮法纽（Epiphanius）手下的僧团成员之一，他后来还创作了伊皮法纽的传记。数年之后，大约在 499 年以前，恩诺迪乌斯又转到了米兰僧团，一直在那里待到 513 年或 515 年。在米兰期间，恩诺迪乌斯写下了大量的文学作品，其中大多数被保存了下来。除《致狄奥多里克颂词》和《伊皮法纽传》以外，他还写下了其他 8 部内容各不相同的杂著，另外还有 28 篇主要用于课堂教学的演说、297 封书信，以及 2 部兼具宗教和世俗风格的诗集。而在劳伦蒂乌斯分裂教会之际，恩诺迪乌斯选择了支持辛玛古教宗的阵营，还通过撰写声讨对手的檄文来表达自己的支持；当狄奥多里克 506 年废黜"对立教宗"劳伦蒂乌斯时，恩诺迪乌斯显然属于拍手称快的那些人中的一员。在 513 年底至 515 年夏，恩诺迪乌斯被授予帕维亚主教圣职，直到 521 年 7 月 18 日去世，他一直在担任这一职务。担任帕维亚主教期间，恩诺迪乌斯曾以教宗何尔米斯达（Hormisda）使节的身份两次前往君士坦丁堡。自从 484 年罗马与君士坦丁堡教会分裂，也就是所谓的阿卡西乌大分裂（das Akakianische Schisma）以来，教会再次恢复了统一，而恩诺迪乌斯在其中起到了关键作用。恩诺迪乌斯的墓志铭被保存了下来，人们可以借此清楚地认识到，对于他来说什么最重要：铭文赞颂了他高贵的出身，他的文化修养和雄辩的口才，以及在教堂修建过程中体现出来的慷慨大方，还有他那已得到使徒彼得认可的对信仰的拥护。[2]

所以说，有许许多多因素使颂词的作者和颂词的接受者及主题无法融为一体：恩诺迪乌斯作为僧侣，是意大利天主教会的一员；国王狄奥多里克则是平信徒，但他主要是个"阿里乌派信徒"，也就是被天主教会视为异端的一支基督教派的追随者。恩诺迪乌斯出身于元老贵族家庭，且终其一生都与元老们有着紧密联系，换言之，他是罗马人。国王则是哥特人，以哥特军队首领的身份夺取了对意大利的统治权。狄奥多里克深受好战君主的理想形象的影响；对恩诺迪乌斯而言，一个人的价值由下列因素决定：真正的信仰、贵族出身、价值的内化及拉丁文化修养。

如果人们想要知道狄奥多里克如何当上国王，如何打败奥多亚克，或是作为国王在意大利采取了哪些统治措施，那么《致狄奥多里克颂词》作为史料能给出的信息非常少。然而这篇颂词会向我们透露许多狄奥多里克如何向意大利本土精英表现自己，以及这些人对此作出了怎样的反应的信息。《致狄奥多里克颂词》给我们展示了使罗马元老及僧侣与哥特国王的统治能够相互妥协的话语策略：颂词在最大限度上省略了狄奥多里克作为巴尔干半岛军队统帅的过去，并且绝口不提他的"异端"信仰。人们赞美他作为军人和统帅的才干，因为他保障了意大利的和平，并且强调他心甘情愿地承担起了过去由罗马皇帝承担的重任。元老和僧侣可以安心了：这位国王尊重他们本人，尊重他们的理想与特权；此外他还懂得如何控制自己的军队。

同时代的人并不期望一篇颂词的作者在赞颂统治者时表露自己的心迹；同样，我们也不应当把《致狄奥多里克颂词》的每个字都当成恩诺迪乌斯个人信仰的表达。不过，毫无疑问的是，当恩诺迪乌斯赞扬狄奥多里克的统治对于意大利而言是福祉的时候，他是认真的，因为他在其他契机下也表达了同样的意思，并且在完全没有理由取悦国王的情况下他也曾这样说过。对于恩诺迪乌斯而言，狄奥多里克是"自由之主"，是一位悉心维护恩诺迪乌斯全心全意认同的文化传统和社会秩序的统治者。狄奥多里克是"异端分子"，这是恩诺迪乌斯可以忍受的一个小瑕疵，因为狄奥多里克并未积极传播自己的信仰，并且在少数几次插手天主教会内部事务的时候，他也选择了支持恩诺迪乌斯所属的阵营。[3]

自歌德时代以后修辞术在德国就与虚伪浮夸的空话这一恶名脱不开干系，加之恩诺迪乌斯文风矫揉造作，用词方面极尽铺陈之能事，并且语言晦涩难懂，给现代读者的阅读带来了不小的挑战，因此他的记载给19世纪初期之后人们对狄奥多里克的印象所造成的影响极为有限。另一篇在现代研究界被称为《无名的瓦莱西亚努斯》（*Anonymus Valesianus*）的文本，其可信度被认为要高得多，因为该文本在1636年由法国学者亨利·德·瓦卢瓦（Henri de Valois）首次出版；文本的作者及标题皆不详。准确地说这是两个在偶然情况下共同流传下来的文本，第一个文本是关于君士坦丁大帝的，第二个才是关于狄奥多里克的。下文再谈到《无名的瓦莱西亚努斯》的时候都指的是第二个文本。[4]

《无名的瓦莱西亚努斯》留下了许许多多的谜团。文本创作的时间及地点都无法确定，因而充满争议。通常人们认为这位不知名的作者是在 6 世纪中叶写下的这些文字，因为他提到了狄奥多里克的逝世，同时又是在哥特王权在意大利的覆灭之前，因为他一个字都没有提到过这一事件；写作地点可能是拉文纳，自 540 年起拉文纳又重新回到了皇帝的手中。文本作者也是一名天主教徒，他熟知东罗马帝国发生的事，并且对狄奥多里克在法律的层面上如何表现出皇帝的形象很感兴趣。与恩诺迪乌斯的作品不同，《无名的瓦莱西亚努斯》这一作品不是用与日常用语有极大出入、需要在学校花费大力气学习的语言写成，而是采用了一种在语言学上被称为"通俗拉丁语"（Vulgärlatein）的语言形式。作者的叙述不甚连贯，构句略显笨拙，逻辑思维常常不够清晰。从形式上看，这篇文本无法被归类到古典时代任何一种文学体裁中，即使它从某些角度看与苏维托尼乌斯（Sueton）的帝王传有细微相似之处。此外，该文本在形式上和内容上并不统一。

　　《无名的瓦莱西亚努斯》文本以 474 年为叙事开端，在这一年，被东罗马承认的最后一名西罗马皇帝尤利乌斯·尼波斯刚刚登基。随后，文本在不断观照同一时期发生在东罗马帝国的事件的同时，又叙述了导致奥多亚克废黜西罗马帝国皇帝的一系列事件，以及奥多亚克本人的出身及统治。这些内容占据了正文四分之一左右的篇幅（第 36~48 章），而狄奥多里克是直到芝诺皇帝委托他前往意大利推翻奥多亚克时，才正式出场的（第 49 章）。《无名的瓦莱西亚努斯》随后又不厌其烦地描绘了两位国王争夺意大利统治权的战争（第 50~56 章）。作者提到，东罗马帝国经过了一番犹豫，才最终承认了狄奥多里克，接着作者又给予了狄奥多里克的意大利政权以积极的描述（第 59~73 章），500 年狄奥多里克造访罗马是这一阶段的核心事件（第 65~70 章）。此外，文本还使用了一些常在颂词中用于形容"黄金时代"的套话：落在旷野的金银财宝犹如被城墙护卫着一般安全，城门从不关闭，粮食和美酒的价格不过是以往时代微不足道的零头，等等。在一段比较重要的文字中有如下内容：

> 他享有盛名，对一切都怀有善意；他统治了33年。在他的时代，意大利经历了长达30年的幸福时光，甚至外来的旅人都感受到了和平。他从不行不义之事。他同时统治着两个民族——罗马人与哥特人。虽然他本人是阿里乌派信徒，但他从不反对天主教。他要求帝国事务要同皇帝在位时一样，继续由罗马人处理。虽然他慷慨地赏赐金钱和食物，但他依然以一己之力将原本入不敷出的国库填得满满当当。他在大竞技场和弗拉维圆形剧场组织比赛，因此他被罗马人唤为图拉真和瓦伦提尼安（Valentinian），他以前者的时代为典范。哥特人则因为他为哥特人颁布的诏书，将他看作各方面都最为强大的国王。[5]

在这个文本中，作者与他所描述的对象之间存在的宗教和族裔方面的差异显而易见。然而在这里，狄奥多里克统治的头30年（493年至523年，在这个文本中，狄奥多里克的统治时间并非始于战胜巴拜，而是始于战胜奥多亚克）显得尤其受神明庇佑。随后的叙述凸显了这一印象，一直到作者将目光转向东罗马帝国（第74~79章）。然而到了文本的结尾（第80~96章），对狄奥多里克的评价几乎毫无征兆地变得消极起来；原本造福意大利的好国王如同被魔鬼附体一般，变成了正统信仰及罗马人的仇敌，他任意处决元老，迫害天主教徒，因此他还未来得及实施将所有教堂从意大利天主教徒手中夺走这一计划，上帝便公正地对他施加了惩罚。[6]

　　这样的转折让现代读者大为困惑，因此有人猜测，结尾部分一定同文本的其他部分不同，由另一个作者写成。但驳斥这一观点的首先是这样一个事实，那就是上文引用的颂词含蓄地将狄奥多里克统治的后三年（523~526 年）排除在外。但更重要的是，对于熟悉《圣经》的基督徒而言，这种从明智公正的国王到坏国王的突然转变并不陌生，《列王纪》第一章正记载了智慧的所罗门王在晚年因为受到妻子们的影响，最终背弃了上帝。当代研究界通常认为该文本消极的结尾不如文本其他部分那样可信；在对历史世俗化的理解中，魔鬼失去了自己的位置。与此相对，文本中间部分描绘的狄奥多里克的正面形象，反而极少得到应有的客观研究。然而文本公然使用歌功颂德式套话，这本身就在提醒人们要小心：彻头彻尾地对狄奥多里克的统治进行正面刻画，实际上复刻了君王颂特有的套路，这类套路与君王对自我的塑造保持一致，并且以其为源头的话语体系不足以充当现代人进行评价的基础。类似的话可以用来形容任何一位得到认可的皇帝。这些内容还提醒人们注意，在正面评价的部分中，那些具体的内容涉及的是狄奥多里克造访罗马前后这样一个短暂的时间段，其余那些泛泛而谈的评价只是借由一些背景信息不详的奇闻逸事及格言警句来得到佐证。

　　虽然《无名的瓦莱西亚努斯》的叙事风格对于现代读者而言有时会显得清新质朴，因此也被认为可信度更高，但该文本也绝对无法为我们开辟一条通往历史事实的通途。但无论如何需要注意的是，一位在狄奥多里克死后才进行写作，并且可能是查士丁尼皇帝臣属的作者，会将狄奥多里克的统治总体描绘为万民之福，且并未质疑他统治的合法性。不过这一切也支持了这样一种猜测，即《无名的瓦莱西亚努斯》是在查士丁尼皇帝夺回意大利期间或在这之后写成的，因为战争结束后，查士丁尼明确认可了狄奥多里克推行的所有措施，反过来查士丁尼

045

认可的举动也再一次承认了狄奥多里克统治的合法性。[7]

《无名的瓦莱西亚努斯》叙述时采用了一种不拘泥于古典拉丁语传记及史书写作规范的语言和形式，与之相对，普罗科匹厄斯（Prokop）则将自己看作公元前5世纪由希罗多德和修昔底德奠基的、具有数千年历史的希腊语历史书写传统的代言人。普罗科匹厄斯生于500年前后，比狄奥多里克年轻了一代有余。他来自第一巴勒斯坦省（Palaestina Prima，位于今天的以色列境内）的首府凯撒利亚港（Caesarea Maritima）。从527年至540年（一说至542年），普罗科匹厄斯担任了东罗马帝国军事统帅贝利萨留（Belisar）的顾问，并曾以这一身份陪同贝利萨留讨伐波斯人、汪达尔人，最终到了意大利讨伐哥特人。普罗科匹厄斯属于元老中的"高贵者"阶层，并且可能后来也成为君士坦丁堡元老院成员。551年，他出版了一部七卷本的著作，叙述了查士丁尼皇帝征伐波斯人、汪达尔人和哥特人的事迹。该书以战场来划分章节，如罗马东方、北非、意大利和西方，因此其中的部分章节常常以《波斯战纪》（*Perserkrieg*）、《汪达尔战纪》（*Vandalenkrieg*）和《哥特战纪》（*Gotenkrieg*）之名被引用，可事实上这些章节只是一部单一历史著作中先后简单排列在一起的各个部分，所叙述的事件一直延续到作者生活的时代。几年以后，普罗科匹厄斯又给这部书添加了第八卷，里面加入了后来发生的一些事；涉及西方的内容，该书一直叙述到552年底。与《战争史》（*Kriegsgeschichte*）同时诞生的还有一部被称为《秘史》（*Anekdota*）的著作，因为普罗科匹厄斯并未打算在生前发表此书：他在该书的前言里写道，自己在这部书中说出了在《战争史》中由于担心受人报复而不敢说出的一切。因此《秘史》被他看作《战争史》的补充和修正。事实上，这部书是一篇对查士丁尼皇帝充满仇恨的长篇檄文，查士丁尼被刻画成了一个彻头彻尾的"恶魔君王"。普罗科匹厄斯后来还撰写了一部歌颂查士丁尼时代建筑的作品，该书也得以流传下来，而此事有损他在现代人眼里史学家的名声。在这部作品中，普罗科匹厄斯遵照这类体裁的要求，对皇帝大加奉承。

　　普罗科匹厄斯的历史著作所属的传统，在他开始写作的公元6世纪40年代中期已有上千年的历史。普罗科匹厄斯采用了一些为历史书写这一文学体裁打下基础的作家的语言及写作风格、表现手法和思维模式，这使得他能够跻身于这一传统之中。希罗多德和修昔底德的著作正是他学习的榜样。普罗科匹厄斯在叙述过去的事件时决定采用这种古典的叙述模式，这暗示他放弃了基督教的历史解读模式，但这绝不像过去人们通常认为的，或是现在也偶尔有学者所持的观点那样，说明他皈依了古典时代的异教诸神。在一个罗马帝国众多人民都在忧心忡忡地思考最后的审判还有多久就要来临的时代，以及基督教神学家都在将一切尘世发生的事都归结于神的救赎计划的时代，普罗科匹厄斯这样的作者却试图在不询问上帝意志的情况下来理解人类的行为。他在叙述时采用了能够为人类行为提供解读和评价模式的古典大众哲学的范畴。根据这一哲学范畴，好的统治者拥有四种所谓的基本美德——勇气、正义感、审慎和智慧，坏的统治者则怯弱、不公、无度和愚蠢。在普罗科匹厄斯笔下，对行为方式的这样一种解读模式总是与一种天真的信念相伴而生，即好事最后总能成。虽然这样的信念在哥特战役局势反复、查士丁尼迟迟无法获胜的情况下受到了挑战，但这一信念的根基并未遭到动摇，因此这样的信念使得叙事呈现内在的矛盾。如果史学家再也无法解释所发生的事情，那就必须由被看作盲目的偶然性的命运来填补这一漏洞了。[8]

　　和刻画人物形象类似，作者在描述其他民族时往往也会受到偏见的影响。如果要描述的是某个看上去不那么熟悉的民族，那么古希腊罗马时期的历史书写便会采用传统的感知、解读和语用模式；作者会探究该民族居住的地理位置及民族起源，会探究该民族的语言和外貌、体质和精神状况，以及风俗习惯。同时，由于人们的看法较为程式化，对上述问题可能作出的回答也存在一定的局限性。这样的程式或者思维套路会使得作者克服现实，将新的信息转化为熟悉的信息，这常常意味着同样的内容会一再出现。古典主义风格的史学家直到公元 6 世纪还会彻底区分与罗马帝国一致的文明的世界与蛮族的世界，尽管它们自身的属性不再被描述为希腊的，而是被描述为罗马的。蛮族则是次一等的人：他们毫无节制，无法控制住自己，在野蛮残暴和怯懦卑下之间摇摆不定；他们既不能驯服自己的食欲，也无法约束自己的性欲，而且没有能力接受更为高级的教育。正因为如此，非罗马出身的主人公的政治策略及周旋常常被解读为性格缺陷，也就是不忠实的表现。古典主义风格历史书写的另一个特征是，人们在处理一些同时代的民族时，很可能会把他们等同于那些已为"经典"作家所熟知的民族。例如，出现在多瑙河下游的所有民族可能都被称为"斯基泰人"（Skythen），因为希罗多德曾将在这一区域出现的民族命名为"斯基泰人"。这样一种程式化的民族志书写限制了思考的范围，固化了已被广泛传播的偏见，但它并不会阻止人们去研究与自己存在密切联系的陌生民族的特征；而如果要研究的是一些好战的邻族，这反而是为了保存自己所必须要做的事。人们会关注特定民族与其他民族相比较为显著的特征，并且直到古典时代晚期，如果这么做有意义或者有必要的话，人们还会以这些民族在日常生活中较为常见的名字来称呼他们。普罗科匹厄斯绝不会想着用看待自己人的目光来描述陌生的民族，他主要是把这些民族看成皇帝潜在的敌人或者盟友。他并没有给所有蛮族以及他们的统治者以负面评价，而是仔细地记

下了他们在政治体制、武装和战斗方法方面与本民族存在的显
著差异。

　　当人们将普罗科匹厄斯的《战争史》当作狄奥多里克及
哥特人在意大利的历史资料来阅读的时候，都需要考虑到上
述情况。普罗科匹厄斯的民族志书写思维方式在他开始描述
哥特人的时候体现得尤为明显，他将哥特人描述成"哥特民
族"大家庭中的一员，而被包括在"哥特民族"大家庭中的
除了哥特人，还有汪达尔人、西哥特人（Visigoten）和格
皮德人（Gepiden）。普罗科匹厄斯将这些民族与希罗多德
笔下的撒乌罗玛泰伊人（Sauromaten）和美兰克拉伊诺伊人
（Melanchlainen）等同，但他又补充道，其他人又将这些民
族同希罗多德也曾提到过的盖塔伊人（Geten）等同。根据普
罗科匹厄斯的观点，这些民族都发源于同一民族，然而随着
时间的推移，他们根据自己首领的名字给自己取了不同的名
称，这些名称也就流传了下来。与这样一种民族志书写思维方
式相适应，普罗科匹厄斯从一整套共有的特征中推导出这些民
族具有同一起源的结论。他认为，所有"哥特民族"成员都高
大健壮，他们皮肤白皙、头发金黄。同时，他们说着同一种被
称作"哥特语"的语言，拥有同一信仰，这一信仰是由阿里乌
（Arius）所传播。起初这些民族居住在多瑙河下游的另一侧，
后来他们逐渐侵入帝国境内，首次入侵的时间是在皇帝阿卡迪
乌斯（Arcadius，395~408 年在位）统治时期。[9]

　　普罗科匹厄斯的《战争史》主题并非狄奥多里克在意大利
建立的王国，而是查士丁尼对狄奥多里克继任者发动的战争。
因此关于狄奥多里克的统治只在叙述哥特战争的开篇时有所
涉及。普罗科匹厄斯叙述了意大利最后一位罗马皇帝罗慕路斯
（Romulus）被奥多亚克废黜的经过，以及奥多亚克与狄奥多
里克的争斗，而狄奥多里克是奉芝诺皇帝之命前往意大利推翻

一名"暴君"。在详细记录了围困拉文纳直至奥多亚克被谋害的经过后，普罗科匹厄斯又从整体上给狄奥多里克的统治定了性，此处值得全文引用这段话：

> 他并不想篡夺罗马人皇帝（basileus）的象征物及称号。恰恰相反，他终其一生只自称"国王"（rex）——通常那些蛮族就是这样称呼自己的领袖。但他掌握了那天生被指定为专制统治者（basileus）之人的一切所需之物，以对臣民实施统治。他坚定不移地维护正义，有力地捍卫了法律；他有效地保护了国家不受周围蛮族的侵犯，并展现出了无与伦比的勇气。若人们忽略一件事，即哥特人曾瓜分了奥多亚克留给自己追随者的土地，那便可以说接受他统治之人几乎无一被他置于不义境地，并且若有他人试图加害臣民，他也会予以制止。

普罗科匹厄斯用这样一个评论将这段极为正面的赞誉修饰了一番：从名字上看狄奥多里克是一个暴君，但事实上他是一位真正的君王（basileus），在任何方面都不输给那些拥有君王头衔之人。因此哥特人和意大利人——普罗科匹厄斯笔下的罗马人只是皇帝的臣民——都十分爱戴他。此处，史学家普罗科匹厄斯利用希腊语单词"basileus"的多义性做了一番文章，这个词既可以指罗马皇帝，也可以指其他任何专制统治者，但这样的专制统治者是被合法承认的，因此并非暴君。根据普罗科匹厄斯的叙述，狄奥多里克是一个天生的专制统治者，他拥有君王的一切美德，即使他的合法性有些令人质疑。不过普罗科匹厄斯依然将对狄奥多里克的赞美控制在了一定的限度，因为随后他又补充道，狄奥多里克国王在自己长达 37 年（计算方法是从 489 年至 526 年）的统治最末期，曾毫无根据地处决了两名高等级的元老——辛玛古和波爱修斯（Boethius）。但不管怎么说，狄奥多里克后来后悔自己犯下了这样的错误，然而不久后他便与世长辞了。[10]

普罗科匹厄斯给狄奥多里克的统治施加的评判标准从本质上看也适用于《无名的瓦莱西亚努斯》：是否具有统治者应有的美德，以及是否得到了皇帝的承认。两位作者都没有在结尾部分延续自己通篇的赞扬，不过只有《无名的瓦莱西亚努斯》谈到了狄奥多里克采取的反对真正信仰的措施。虽然详细描述狄奥多里克的统治情形并不在《战争史》的写作计划中，但普罗科匹厄斯通过《战争史》中的人物之口，把狄奥多里克的统治变成了人物的对话内容，从而再一次讨论了这一话题。与古典时代的传统一致，普罗科匹厄斯的作品包含了许许多多对话和书信，这些内容往往是成对地编排在一起的；这些对话和书信部分来源于真实的信息，部分是作者杜撰的。其中一组对话便是以哥特人要求意大利的统治权为主题。谈话的背景是第一次围困罗马时，哥特国王维蒂吉斯（Witigis）与皇帝一方的统帅贝利萨留进行了谈判。普罗科匹厄斯首先让哥特来使开口。哥特来使解释道，狄奥多里克是奉芝诺皇帝之命，推翻了暴君奥多亚克，芝诺皇帝因此将意大利作为永久财产留给了哥特人。接着他说道：

> 我们就这样获得了意大利的统治权，忠诚地守护着律法与政制，我们同任何一位罗马皇帝一样正直可靠。无论是在狄奥多里克治下，还是在哥特王座上的他的任何一个继任者治下，都未曾颁布过任何一部成文或不成文的法律。就礼拜及信仰问题，我们细致考虑到了罗马人的感受，至今都没有意大利人出于自愿或非自愿的原因改变自己的信仰。正因如此，改变了信仰的哥特人也从未遭受过

滋扰。同样，我们也对罗马人的圣地致以最崇高的敬意。从未有任何一个逃往此处避难的人被任何形式的暴力侵犯过。这还不够，长期以来，整个国家职能都掌握在罗马人手中，从未有任何一个官职由哥特人担任。[11]

如同《无名的瓦莱西亚努斯》那样，狄奥多里克的统治在此处也被描述成以法制形式对哥特人和罗马人共同实施的统治。对天主教信仰的宽容以及罗马人对高级官职的垄断在此处也出现了一次。普罗科匹厄斯拒绝对哥特来使的论证作出任何明确的评价。同样，贝利萨留的回答也没有对上述关于狄奥多里克统治的说法提出反对。贝利萨留将军的回答仅限于说明皇帝的法律地位：狄奥多里克的确是奉芝诺皇帝之命前来除掉奥多亚克，但皇帝并未赋予狄奥多里克永久统治意大利的权力。他这样做便使得他本人变成了暴君。

普罗科匹厄斯想要记叙一场战争，并且采用的是古希腊历史书写的风格。他有能力做到这一点，因为直到贝利萨留540年或在这之前被免职，他都亲自参与了战争。在这段时间里，普罗科匹厄斯都在皇帝军队的"司令部"任职，这是一个细致研究敌军的部门；毫无疑问，他曾亲眼见过哥特人，包括来使、俘虏和前来投靠的人，并和他们交谈过。在这之后，他再没有以目击者和战争亲历者的身份进行过报道，但他在君士坦丁堡的地位较高，足以获得关于战争的信息。他的历史著作在某些方面类似于新闻报道，能够近距离地追踪事件经过，却不清楚最终结局。一直到540年的记载都十分详尽和生动，但之后的内容却大多简单乏味。同样，普罗科匹厄斯对行动者以及战争意义的评价也摇摆不定。对于看似会在540年取得的胜利，他先是欣喜若狂，但很快又冷静下来。战争持续的时间越长，他越发怀疑自己长期以来希冀的罗马一方的胜利究竟会不会给意大利人民带去福祉。

　　虽说普罗科匹厄斯高度评价了狄奥多里克，但他并没有　　
完全质疑皇帝是否有权要求意大利的统治权。他将哥特人看作
野蛮人，并且坚信哥特战士在技术和策略方面比不上皇帝手
下的精锐士兵。根据他的描述，哥特战士既不能以攻击城墙
的方式拿下一座城市，也没有什么势均力敌的手段可以抵抗皇
帝的骑射手。在海上作战方面，他认为哥特人也缺乏必要的
技能。按照这样的逻辑，对于己方在意大利战场上遭受的挫
折，普罗科匹厄斯的解释是罗马一方犯下了错误，特别是因为
皇帝没有下发军饷。与之相反，自从 542 年哥特士兵在国王托
提拉（Totila）的带领下重获胜利之后，他们的身价大涨。托
提拉是狄奥多里克的继任者中首个被普罗科匹厄斯多次给予高
度评价的；在普罗科匹厄斯的描述中，这位国王不仅以英勇无
畏著称，还是个宽厚正直之人。在他的映衬下，查士丁尼身边
那些被普罗科匹厄斯斥为贪婪残暴的官员，其行径就越发得以
凸显。普罗科匹厄斯怀着同情记录下了托提拉的死亡。意大
利最后一位哥特国王泰亚（Teja）被普罗科匹厄斯描绘为一名
视死如归的勇士，他的作战能力绝不逊色于任何一位古代的
枭雄。[12]

5

自我剖白抑或自我表现？
卡西奥多的国王公文

　　无论恩诺迪乌斯、《无名的瓦莱西亚努斯》的作者和普罗科匹厄斯作为写作者有何种不同，他们撰写的文本依然有一个共性，那就是他们都是从外部来描写狄奥多里克的；不管与自己的描写对象距离近还是远，他们都采用了一个旁人都会采用的视角来看待狄奥多里克国王。国王本人对自我的描述只是间

接地反映到这些文本中。正因为如此，如今能有超过240篇以国王名义撰写的文书流传下来，可以说是一大幸事了。不过这些文书并非由国王本人完成，他将这一任务交给了有文化的罗马人来完成。但这些文书依然可以被视为国王的自白，因为无论怎样他都是名义上为这些文书负责的作者；对于这些文书的接受者来说，它们就是君王之言。这样一批丰富的官方文书大多数具有国王写给特定收信人的书信的风格，因此与同时代其他蛮族统治者相比，这批文书能帮助我们更准确地描述狄奥多里克同臣属以及其他统治者交流时的方式。任何一种解读方式都必须首先考虑一个基本事实，那就是这些文书中的绝大多数（235篇）是由同一个人写成，此人在狄奥多里克身边担任多个高级官职，并且在狄奥多里克最早一批继任者统治时期也扮演了重要的政治角色。这个人我们再熟悉不过了，他的全名叫作弗拉维乌斯·马格努斯·奥勒留·卡西奥多鲁斯·塞纳托尔（Flavius Magnus Aurelius Cassiodorus Senator），在现代

研究中他通常被简称为"卡西奥多"（Cassiodor）①，但他自己
更偏向使用塞纳托尔 ② 一名。

　　这并不意外，因为卡西奥多出身于元老家族，并且带上这
个阶层的名字也能给自己增添无上荣耀。卡西奥多的父亲仕途
顺遂。他曾先后担任驻扎在宫中的两大最高财政机关的领导，
起初是担任负责管理王室地产的王室私产管家（comes rerum
privatarum），后来又担任神圣赠礼长官（comes sacrarum
largitionum），负责保障君主的库房一直能够金银充裕。卡
西奥多的父亲服侍的统治者自然不再是罗马皇帝，而是一位蛮
族国王，那就是在 476 年废黜了最后一位在意大利的皇帝罗
慕路斯的奥多亚克。然而，当狄奥多里克 489 年率军进入意
大利时，卡西奥多的父亲就归顺了狄奥多里克；为了奖赏他，
6 世纪初，获胜的狄奥多里克国王委派他领导意大利最重要的
民事机关——总督府，不久后又赐予他当时罗马帝国的最高殊
荣——"贵族官"称号。

054

　　卡西奥多的仕途始于担任父亲身边的顾问，那是 503 年
至 506 年，其父正担任总督府长官。卡西奥多凭借君王颂引起
狄奥多里克的注意时还不到 30 岁。不久后，在 506 年，他被
委以当时宫中级别最高的职务之一，即圣殿司法官（quaestor
sacri palatii），这一职务负责拟定由国王颁布的文书，他担任
这一职务有 5 年之久，一直到 511 年。到了 514 年，卡西奥多
又被狄奥多里克赐予了一个前所未有的殊荣，他可以以独任执
政官（consul sine collega）的名义单独用自己的名字为年份
命名。在此之后，卡西奥多归隐了十多年，过着富贵的生活。

---

①　本书涉及 Cassiodor 之名时，译名皆从德语写法译为"卡西奥多"，而未采用国内
　　通行的译名"卡西奥多鲁斯"，因为本书在此区分了这两个名字的写法。

②　"塞纳托尔"即拉丁语中"元老"的意思。

　　在狄奥多里克在位的最后数年，卡西奥多又一次担任了国王宫中的要职，以政务总管（magister officiorum）的身份领导宫中负责撰写国王与官员之间往来信函的各办公室。卡西奥多熟练掌握了罗马后期公文写作风格，并因此声望甚高，所以他同时承担了协助圣殿司法官拟定国王诏书的任务。526 年，狄奥多里克的统治权传给了他的外孙阿塔拉里克，而卡西奥多直到 527 年才卸任。代自己未成年的儿子阿塔拉里克处理国事的狄奥多里克的女儿阿玛拉逊莎（Amalasvintha），在 533 年又重新起用了卡西奥多，任命他为总督府长官。在总督府长官的位置上，卡西奥多至少服侍了三名哥特君主，这三名君主先后交替执政。起先是阿塔拉里克及其母亲阿玛拉逊莎，在阿塔拉里克死后便是阿玛拉逊莎和狄奥达哈德（Theodahad）共治。在狄奥达哈德于 535 年下令逮捕阿玛拉逊莎，随后又将其杀害之后，卡西奥多依然在任上；到了 536 年底，狄奥达哈德被推翻，并且被杀死，接替他的维蒂吉斯又接纳了卡西奥多。就在这一时期，查士丁尼皇帝发动的夺回意大利的战争正如火如荼地进行着。直到 537 年底，卡西奥多才真正卸任，不再服侍哥特国王。拉文纳向查士丁尼投降后（540 年），卡西奥多迁居到了君士坦丁堡。从此他开启了生活的新篇章，继续活跃于文学领域，但此时的他只创作宗教修身及指南方面的作品；后面我们将讨论这一点。[13]

　　不过就在上文所述的这段时间里，卡西奥多还出版了一部公文集，其中收录的文书是受哥特国王的委托而作，并且大多数也是以哥特国王的名义写成。这部公文集共分为十二卷，标题为《杂录》（*Variae*）。前五卷包含卡西奥多以狄奥多里克的名义撰写的文书，第六卷和第七卷则是定期举办的公务活动所需的书信模板（拉丁语中称为"Formulae"），第八卷至第十卷是以一直到维蒂吉斯为止的狄奥多里克继任者的名义拟定的文书，最后两卷收录的是 533 年到 537 年卡西奥多在担任总督府长官期间以自己的名义撰写的文书。这部公文集总共包含将近 500 篇文书。其中收录了给外国君主的书信、给官员下达的指令、司法裁决及法律法规，此外还有许多在任命高级官员时写给被任命的官员本人或者给其他人的文书，特别是给元老院的文书。文书领受者的范围囊括了罗马人和哥特人，元老院和单个元老，文职人员、军事将领和部门，以及教会要人，还包括蛮族国王和罗马皇帝。[14]

卡西奥多本人在《杂录》前言中表示，自己是在朋友的催促下出版的这部公文集，他们希望作者为了后世人民的福祉所作出的无私贡献能够为世人所知。这些朋友给卡西奥多详细列举了三条必须出版这部公文集的理由：第一，这些由他撰写的文书可以教导其他有志于投身国家事业的人；第二，这些文书能够使世人不会忘记国王们曾委任过哪些元老职务，赐予过哪些殊荣；第三，这些文书也能为卡西奥多本人留下纪念。

056

该公文集出版的时候，卡西奥多尚未放弃对哥特国王同罗马元老之间继续合作的希望，因此他在回望自己为了维护双方的合作而作出的努力时，丝毫不掩饰自己的自豪之情。此外，从选取编入公文集的文书以及文书编排的方式上可以看出，卡西奥多在努力让狄奥多里克的统治呈现这样一种面貌，即一位哥特国王在实施统治时毫不间断地延续了罗马制度及法规。反过来，卡西奥多坚信，这些制度和法规又根植于一个秉持不受人类所支配的永恒价值的超验世界。这部公文集通过将哥特王权刻画成一个遵循理想准则的政权，不仅再现了君主对自我的表现，还为公文集作者的政治活动进行了辩护，因为能够为一名适应了罗马传统的杰出统治者效力，对于一名元老来说也算是无上光荣。

这样一种文献的流传方式本身就有其特殊之处，因为我们只在极少数情况下才会仅通过文书来了解王室的书记处，而这些文书是卡西奥多在宫中任职的时候写成，并在卸任后将文书收录成册，这部公文集应当被视为他替自己积极参与到哥特国王对意大利的统治中的一份辩护词。但这样的定性显然不会改变这样一个事实：除了少量改动（主要是删去了问候语和落款日期），公文集中收录的单篇文书都保留了国王文书的原始文字。卡西奥多本人在第二篇前言中说，在前十卷中自己都是以国王的口吻说话，插入最后两卷，目的是让自己不再默默无闻。

身为国王文书起草人的卡西奥多，他的任务就是要将哥特国王的政治意图转化为一种符合罗马帝国晚期文牍传统的语言形式。这样一种同样影响到了罗马皇帝及官员公文风格的文牍风格，其特征是采用长套句和无人称句式，并且偏好使用名词而非动词。这种表达方式参照的是修辞学的样板，与日常拉丁语相去甚远；因此即便对于受过教育的同时代人而言，理解其意思也并不那么容易。

这种文牍风格的另一个特征是，君主公文的拟定者通常要遵循四步法，即首先是介绍基本原则的引言，紧接着是对主题的陈述，之后又是决议或指令，最后便是以处罚条例、劝诫性言辞及公文发布的命令为结语。这样一种步骤所反映的事实是，古典时代晚期的君主公文时常会保留大量关于统治者和／或臣民必须遵循的原则及价值的长篇大论；保留这些内容的目的是教导或告诫。与用法律术语写成、尽力追求表达上的精准和简洁的现代法律不同，古典时代晚期的君主公文的首要目的绝不只是，甚至从来都不是制定规则。这些公文更主要的是充当统治者与臣属之间沟通的媒介，通过一再重复一些套话，促进共同价值的确定。

卡西奥多的野心在于熟练驾驭这种文风，从而使之成为时人心目中文学技巧的象征。他不想成为官僚，而是想要成为文学上的大师。依照当时文风上的品味，卡西奥多竭力避免使用朴素自然的表达方式；他搜肠刮肚地选取让人意想不到的表达方式，堆砌各种文学修辞手法，例如对偶、比喻和文字游戏。在这些公文中，书信这一在古典时代晚期拉丁语文学中具有重要地位的体裁被当作形式和内容上的范式。为了符合古典时代晚期法律的说教和劝诫的基本风格倾向，国王的愿望往往被卡西奥多表达得极为简单，而对领受公文的对象的说教和劝诫常常会占据很大的篇幅；有时这些矜奇炫博的"题外话"甚至差不多构成了整篇文字。

058

　　有意将《杂录》当作哥特国王施政的史料来阅读的人，必然逃避不了这样一个问题，那就是卡西奥多个人在国王公文的起草工作中到底参与度如何。遗憾的是，我们不知道他在担任国王的"传声筒"时，从上级获得的指示细致到何种程度。对他而言，国王的决定和指令无疑已经确定了，同样，国王用来自我表现的指导性概念很可能也是定好的，对于其他作者以及其他传播媒介来说都是如此。但《杂录》中的语用形式，以及其中的引言、劝诫及说教段落中的许多思想无疑是卡西奥多本人的功劳。在这一方面，国王必定相信自己司法官的政治手腕以及臣僚的细致用心。

　　《杂录》的上述矫饰风格还引出了第二个问题，那就是不同公文的不同受众群体的接受情况。如果考虑到 6 世纪时罗马元老们依然十分重视古典教育，那么我们就很容易理解，当一名哥特国王向受过教育的罗马人发布了文字风格考究的文书时，他们必定会懂得欣赏这样的文书。可那些没有受过这方面教育的受众，也就是没能真正掌握拉丁语的那些人，例如许多哥特人，他们又会如何呢？这些书信中包含的信息又是如何被这些人接受的呢？

有一个例子可以清楚地说明这个难题。有一份508年夏天在出征高卢之初发布的通函（《杂录》第一卷，第24节），受函人部分写的是"狄奥多里克国王致所有哥特人"。紧接着是一段文字，宣布国王已经决定向高卢出兵，并提出了一些出兵的理由。以下是"引言"——

059

> 哥特人无须游说，只须直接知会一声，便会武装起来投入战斗；因为勇士的部族若能有机会试炼自己，定会欢欣鼓舞！渴求英雄之名者定不畏惧辛苦劳顿。因此，有了引领世人战无不胜的上帝的协助，为了众人的福祉，我决定，出兵高卢，一来使尔等有机会进取功名，二来可以向世人彰明，我之前所馈赠的乃是众望所归（之人）。在安宁中，可敬的强者没有试炼的空间，只得收敛锋芒，令往日耀眼的功勋蒙上尘土。

真正的通知内容在第二段才被简要叙述。以下是"指令"——

> 因此，我令高级指挥官南杜斯（Nandus）负责，由你们以上帝之名，照以往的方式，拿起武器，骑上骏马，竭尽所能装备自己，于罗马历七月初一之后的第八天（按照现代时间算法这一天是508年5月24日）带着所有物资，带着上帝的助佑，行动起来，让世人看到，你们既胸怀父辈的勇毅，又能成功执行我的命令。

第三部分和最后一部分便是繁冗的呼唤勇气的劝诫性言辞，不过此时着眼的对象是哥特的"青年人"，这一部分文字从动物世界借用了比喻，从而突出了青年群体。以下是

"结语" ——

> 教会你们的青年人作战的艺术吧，在你们的领导下，他们会亲眼看到自己将对后辈热切讲述的事迹！因为人在青年时代没有学到的，在壮年也不会（学到）。习惯以捕猎为生的雌隼，会不顾雏儿年幼体弱，就将它们赶出巢穴，以使幼雏不会软弱无力，懒惰成性；雌隼会用双翅拍打那些迟缓的雏鸟，逼迫弱小的雏鸟飞翔，以使它们能够按照慈爱的母亲所期望的那样成长。而你们，自然既给了你们高贵的地位，对得到世人崇敬的渴望又使你无所畏惧，当你们的子嗣从你们身上看到你们父辈的影子，且毫无疑虑时，你们却在努力将你们的子嗣留在身后！

这封书信，或者从事实上说这一纸出征令，显然有一个前提，那就是哥特军队驻扎的地方有人能够按照哥特士兵理解的方式转达这封信的内容。通常信的内容会被翻译成哥特语。与事件本身无关的修饰语，例如将年轻的哥特人比喻成隼的内容（信中会使用这样的比喻是因为卡西奥多偏爱从动物世界中选取事例）可能会被删去。然而这封信并没有包含收信人要执行的命令，也就是军队在 508 年 5 月 24 日这一天开拔所需要的所有信息，例如行军路线以及行军目的地。这些信息会以其他方式得到传达，例如通过列图表或者口头命令的形式。所以说，恰恰是那些给哥特人的书信常常体现了以多媒介形式，同时时常以双语形式进行交际的因素，而我们已无法再全方位感知这种交际方式了。

通常情况下，我们已经无法准确地判断卡西奥多在何种程度上参与到国王文书思想内容上的制定。即便如此，我们仍然应当强调一个基本事实，那就是在作为统治者与臣僚交际时，

060

狄奥多里克和他的继任者决定继续采用西罗马帝国皇帝惯于使用的，并且符合罗马精英在文化上的自我认知的交际风格。一个像卡西奥多这样的人能够多年来一再受到委托拟定国王公文，不仅说明了卡西奥多在宫中享有的威望和信任，还表明了这样一种政治决策：哥特国王用来统治意大利的方式，使得传统精英能够同这片土地的新主人团结协作。

第三章

谁是东哥特人？

6

德意志人、日耳曼人、哥特人：
流传至今的解释模式

让我们再回顾一下之前的观点：未能留下踪迹的，就只能永远消失，再也找不回来。过去的残余只有当我们向它提出问题时，才会变成历史认知的来源。而我们会提出怎样的问题，取决于对我们自身而言什么比较重要。在这个意义上需要遵循一个准则，那就是过去曾存在的事物，只有当人们将其与当下联系在一起时，方能被理解，因为只有从当下出发，才能判断一件事到底重要与否。因此，历史研究有赖于受制于时代变迁的文化条件。我们试图回答历史问题时所采用的智力手段，也绝非永恒不变、放之四海而皆准。谁若要理解和描述过去，就必须以意义观念及因果模型为准绳，通过猜测意图和缘由，阐明历史行为，在事件之间搭建联系。因此，历史书写观念与模式既与文化印记和需求有关，又与物质利益和政治选择存在紧密联系。历史书写能指明行为的目标，评价政治统治及社会不平等。如果不给所发生的事件赋予意义，那历史书写便绝无可能。在文化标准愈加多元化，并且这一多元化现象的转变速度越来越快的后现代，就科技进步问题不断进行争论的那一代人不难看到，之前世代提出的问题及对问题的理解是如何受时代左右的。

在狄奥多里克和哥特人的问题上，人们也一定会想到上述人所共知的真理，因为长久以来，狄奥多里克和哥特人在德意志民族的自我理解问题方面一直扮演着重要的角色，并且有时会被高度地政治化。在德国，一直到 20 世纪，狄奥多里克国王都被视为德意志的历史人物。这位哥特人的统治者被看作日耳曼的"民族之王"，他在意大利建立了一个虽然短暂但光辉灿烂的帝国。在学术领域之外，这一观点始终存在。哥特人、日耳曼人、德意志人，这三个概念会被当作同义词。这一看法的背后隐藏着这样的逻辑：哥特人就是日耳曼人，如果最早的德意志人是日耳曼人，那么哥特人肯定也是德意志人。事实上，即使在学术研究领域，长期以来哥特人也无所顾忌地被称为"德意志部族"。然而，作为"德意志部族"的哥特人只是德意志民族的早期阶段，也即日耳曼民族发展阶段的一个分支。

有一个例子足以说明这一事实：由路德维希·施密特（Ludwig Schmidt）撰写的日耳曼人研究手册长期被视为该领域的权威著作，并且直到今天依然不可或缺，他在该书中以《至民族大迁徙结束的德意志诸部族史》（*Geschichte der deutschen Stämme bis zum Ausgang der Völkerwanderung*）为题探讨了上文所述的问题。施密特的这一经典著作创作于威廉帝国时期，在第一次世界大战爆发前出版；在第三帝国时期，该书又经过修订再版。其代表的解读传统一直持续到两德统一前的联邦德国时期，因为该书在 20 世纪 60 年代末没有经过任何修订又重新加印。在历史学科之外的领域，例如在新闻媒体界和普通大众的历史观念中，将德意志人和日耳曼人相提并论的做法直到今天依然存在。

在现代史学诞生的 19 世纪，将德意志人和日耳曼人等同的做法背后是这样一种观念，即德意志民族拥有一个古老而坚不可摧的根本内核，这一内核成形于晦暗的过去，不惧后来的任何变化，一直保留到今天。人们口中谈论着"民族之魂"或"民族性格"，并且相信只有在最接近原初的地方才能感受到最为纯洁的民族特征。人们在"日耳曼的古代"寻找德意志民族的源头，这是因为日耳曼人是上古时期的民族，今天的德意志人发源于这一民族。日耳曼人是德意志人的先祖。[1]

认为日耳曼人是一个具有共同本质特征的民族，这一看法的根源可以一直追溯到古罗马时期。罗马元老及史学家塔西佗（Tacitus）就已经把居住在莱茵河和多瑙河对岸，也就是生活在罗马帝国疆界之外的欧洲中部地区的居民统称为日耳曼人。在创作于公元98年的《论日耳曼人的起源、分布地区和风俗习惯》（De origine et situ Germanorum）一书中［该书今天通常被称为《日耳曼尼亚志》（Germania）］，塔西佗将日耳曼人描绘为一支未被腐化的但也非常原始的民族，该民族一方面具有共同的本质特征，另一方面分化为多支部族。同时他将这个民族生活的地区称为"日耳曼尼亚"。[2]

塔西佗的《日耳曼尼亚志》对后世产生的影响非比寻常，然而这一影响来得有些迟；在古典时代晚期和中世纪，这部作品几乎无人阅读。经历了中世纪流传下来的唯一一部该书的手稿［藏于赫尔斯费尔德（Hersfeld）修道院］，直到15世纪中叶才被重新发现。然而在这之后不久，塔西佗就成了文艺复兴和宗教改革时期博学的古典文明之友，也就是人文主义者发起的德意志民族优缺点大讨论的主要证人。人们认为，《日耳曼尼亚志》一书可以证明，德意志人长期以来，或者说至少在过去就已经拥有了热爱自由、勇敢、忠诚和恪守道德准则等性格特征。被遗忘了上千年的《日耳曼尼亚志》此时被接受极大地促进了近代早期人们普遍将德意志人和日耳曼人等同的做法。相应地，巴塞尔人文主义者塞巴斯蒂安·明斯特（Sebastian Münster，1488~1552年）曾在自己的《宇宙志》（Cosmographia，1544年）中说，德意志的历史可以追溯到两千年以前。[3]

在欧洲的革命与复辟时代，日耳曼与德意志之间存在接续

064

关系的观念与浪漫派的民族概念相结合，成为历史研究的决定性范式。当人文主义者仅从古希腊罗马作家的作品中啜饮时，一门新兴学科——日耳曼学正试图将以日耳曼语言写成的文本解读为"日耳曼民族之魂"的表达与反映，从而理解日耳曼—德意志的早期历史。这一创造性的研究方向的创始人是雅各布·格林（Jakob Grimm, 1785~1863 年）和卡尔·米伦霍夫（Karl Müllenhoff, 1818~1884 年）。在这一学科领域，人们会研究法律词汇及法律习惯、人名与地名，以及童话和英雄传说；人们发现了《尼伯龙根之歌》（*Nibelungenlied*），发现了 13 世纪成文于冰岛的诸神及英雄歌集"诗体埃达"（Lieder-Edda），以及一部由宫廷诗人斯卡尔德（Skalden）创作的手册"散文埃达"（Prosa-Edda），其中"散文埃达"还系统地讲述了古代北欧神话。日耳曼学者还将成文于中世纪盛期的文本解释为更古老的、基督教化之前状态及观念的投射，并使这些文本与"日耳曼民族性"产生联系。[4]

在这一时期，一切使用从形态和语义上可以被归类为日耳曼语的语言的民族，都被视为日耳曼人。经过重新定义（这一定义方式在今天的语言学科领域依然适用），"日耳曼"这一概念在空间和时间上的运用范围被急剧扩大。如果人们将所谓的第一次辅音转移视为日耳曼语言诞生的标志，那么在公元前 500 年之后就可以说有日耳曼人了，这比古希腊罗马作家提到日耳曼人早得多。不过这主要是因为语言学领域的日耳曼人研究将斯堪的纳维亚地区包括在内，而这一地区在塔西佗及其他大多数古代作家的认知范围之外。人们期待能够研究斯堪的纳维亚地区的文化遗产，特别是研究两部"埃达"和"冰岛萨迦"（Isländersagas），并且尤为深入地探究"日耳曼民族性"。人们坚信，比起在欧洲大陆，纯粹的"日耳曼民族性"在这些地区保留的时间更长，因为基督教化在这些地区完成得更晚。基督教属性即使不会被视为与日耳曼属性相抵牾，也依然不属于日耳曼的本质特征。

历史学和日耳曼学并非唯二的关注日耳曼—德意志早期时代的学科。到了 20 世纪早期，第三个加入历史学和日耳曼学阵营的最新学科是史前考古学。为了与研究古希腊罗马艺术和文化遗迹的经典考古学进行区分，创始人古斯塔夫·科西纳（Gustav Kossinna，1858~1931 年）将这门新兴学科称为"德意志史前史"，因为科西纳及其信徒将对日耳曼人的考古研究看作"卓越的民族学科"，一份多次被再版的纲领性文献的标题就有同样的说法。德意志史前史要求能够为通往德意志民族的日耳曼早期时代打开一条直接的通道。人们希望能摆脱古希腊罗马作家为日耳曼人描画的那些虚妄的陌生画像，并且他们不再满足于从时间更为晚近的日耳曼语文本中推断出一些关于原始生活状态的不确定结论。此时人们想要研究的是祖先自己留下了什么东西，例如工具和首饰、单个墓葬和墓葬群、单个住所和聚落，物质文化被视为解开"日耳曼民族性"之谜的钥匙。

此外，人们还相信，一个仅有同一物质文化存在的空间一定与某一族裔的聚居区重合。因此人们基本上能够将一个由特定物质文化特征定义的"文化区"，同某一个"民族"或"部落"联系起来，而这个"民族"或"部落"的名字可以从文字资料中获知。研究者会选取哪些特征来充当这些"文化区"的"标准化石"（Leitfossilien）①，将导致不同关系的产生，而这些关系不仅大大超出了古希腊罗马作家的视野范围，还超越了语言学的定义。一方面，古希腊罗马作者所记载的民族的名称，比考古学发现的"文化群体"多得多。反过来，由考古学

066

---

① 即古生物学中可以用来确定地层地质年代的古生物化石。

划定的不同"文化圈"的分界线，常常不会与古代民族志的文化分界线相吻合。另一方面，在考古学家看来，日耳曼早期时代可以一直追溯到公元前 3000 年，而日耳曼语直到两千五百年后才产生。所以说，这一时期有三种不同的关于日耳曼人的概念，这三种概念以不同的方式形成，彼此之间无法达成一致，这三种概念即古希腊罗马作家的日耳曼人概念、语言学中的日耳曼人概念及考古学中的日耳曼人概念。[5]

当德意志史前史从制度上完全升级为一门固定的学科时，与日耳曼人有关的公共话语已被民族主义思想左右许久，并且种族主义理念引发的反响越来越大。科西纳认为，史前考古学的任务及特殊成就在于证明德意志人独一无二的"文化高度"是"古日耳曼种族才干的产物"。1940 年，科西纳的学生及学术衣钵的继承者汉斯·赖纳特（Hans Reinerth，1900~1990年）在负责纳粹党意识形态教育的"罗森贝格工作处"的领导下，出版了三卷本《德意志诸部落史前史》（*Vorgeschichte der deutschen Stämme*）。同一时期在日耳曼学界，奥托·霍夫勒（Otto Höfler，1901~1987 年）也定下了一个思想基调。他从冰岛神话中抽离出了日耳曼人的本质特征，而这些本质特征与纳粹组织在公众面前现身时作出的姿态，以及纳粹对自我的理解几乎如出一辙：政治方面极具创造力，由男性结成同盟，"狂热地抬高生命"，"对军人抱以至高的崇敬"。同样，在历史学领域，"种族理论"也侵入了对日耳曼人的研究中。1938 年，古典史学家格哈德·费特尔（Gerhard Vetter）根据纳粹思想家汉斯·F. K. 君特（Hans F. K. Günther，1891~1968 年）的"种族理论"，研究了"东哥特人和狄奥多里克"，进而得出了这样的结论——"无比的勇毅，对获取财富的无上渴求"，以及"坚忍的力量"，是"哥特人的根本特征"。[6]

不过即使是在第三帝国时期，"种族主义"研究视角也没能完全占领日耳曼人研究界。第三帝国轰然毁灭后，"种族主义"理论便被悄无声息地抛弃了。然而，之前认为德意志人与日耳曼人之间存在接续性的观点，即德意志历史的根在日耳曼人时代，并且对中世纪习俗的研究始于塔西佗的《日耳曼尼亚志》，在欧洲中世纪学领域的影响力一直持续到 20 世纪 80 年代，直到学术思想成形于 20 世纪二三十年代的那一代历史学家退出历史舞台。不过，在这之前学术界便已经有了同这一权威学说分道扬镳的趋势了。

早在 1961 年，中世纪学学者赖因哈德·文斯库斯（Reinhard Wenskus，1916~2002 年）便发展出了一套关于族群演化的全新动态的理解模式，这一模式使德意志民族的连续性理论失去了根基。文斯库斯称，在前现代时期，族裔身份的共同起源，也就是事实上的生物学亲缘关系通常并不存在，哪怕族群成员坚信或者至少会如此宣称，但这一要素也绝非必需的。根据文斯库斯的说法，族裔的共同起源是一种精神上的形式，早期社群在这一精神形式中想象自身的产生与再生产，不过当人们试图理解自己事实上究竟如何产生，并且解释他们为何一再消失时，这一精神形式便不再是可供使用的解释模式了。民族大迁徙时代的诸族并非同一民族，族群构成也不稳定，不同族群会在共同首领的领导下结成联盟，并且这样的联盟又常常会迅速瓦解，因此在这种情况下产生的族群形象往往也会瞬息不见。经历过数个世纪还能够依然存在的族群数量相对较少。文斯库斯认为，只有当一个族群的成员普遍相信自己的族群具有统一的起源时，才能保证族群的稳定和团结。他将这一过程称为"部族建构"（Stammesbildung）。不过"部族建构"这一概念很快就变得过时了，取而代之的是新概念"族裔生成"（Ethnogenese）。然而，人们试图回答的问题依然不

068

变，那就是一群人是在什么时候，又是怎样，以及为什么会将自身理解为一个具有共同起源的群体。

与此同时，认为族裔认同是一种社会建构的看法已经在历史学科领域得到了普遍接受。认为日耳曼人是一个具有共同起源并且本质特征从未发生过变化的族群，后来分化为多个不同的部族的观点已被摈弃，主张日耳曼人延续至今的观点也得到了超越。此外，我们有理由指出，"族裔生成"这一概念同样具有误导性，因为一个族群借用族裔术语对自我进行描述，这一行为是不断互动和交流的结果，不会完结。当然，上述共识主要还是通过否定的方式得到确定：如今人们认为自己知道，民族"不是"什么。然而依然存在争议的是，对于民族统一起源的信仰是如何产生的，以及这一信仰的基础是什么。文斯库斯认为，共同的语言和风俗习惯等特征是次要的。在他看来，最重要的是存在一定的人群，他们能使适于缔造对共同起源的信仰的传说得到流传。文斯库斯提出了"传统核心"（Traditionskern）概念，它指的是能够产生国王的贵族阶层。这种对"族裔生成"概念的理解为一种解读模式打下了基础，20 世纪 70 年代以来，在中世纪学学者赫尔维希·沃尔夫拉姆的影响下，哥特人的历史便通过这种模式得到了解读。根据这一解读模式，哥特人是一些团结在某个贵族家庭周围的人，这些人自称哥特人，无论这些贵族的追随者出身如何，都是如此。提出这一观点的学者，能够识别出阿马尔和巴尔特（die Balthen）这两个具有哥特人身份的王室家族。[7]

在研究界与上述解读模式分庭抗礼的是另一种观点，该观点认为哥特人身份的基础是由一些特征构成的整体，这些特征不容易由单个人全部具备，其中包括共同分享的经验、共同的语言、同样的风俗习惯，在皈依基督教后还包括以基督教一个分支作为共同信仰，这种类型的信仰者在皇帝狄奥多西一世

（Theodosius I，379~395 年在位）之后的罗马帝国被称为"阿里乌派"，并被当作异端遭到迫害。根据这一解读模式，哥特人身份业已根植于广大阶层的日常生活之中，因此这一身份非常容易为外人所察觉。这一观点并非在暗示对哥特人身份的信仰所依赖的那一整套特征时时处处毫无差别，但该观点的确表明，哥特人的身份认同绝不只是对某一位哥特首领的依附。[8]

关于哥特人身份的产生及内涵的争论之所以持续到今天，主要是因为人们难以获知史料中的族裔身份，也就是历史人物会将自己归属到哪一族群中。通常我们只能获得一些外人的描述，严格意义上的自述是完全缺位的。然而，族裔身份是一种变化多端的现象，它可以表现为多种形式，每一个特征也具有多种含义。一个特定人群会将哪些特征看作自己身份的符号，始终取决于他们所处的社会及文化背景，这一点对族裔身份来说和其他任何形式的身份一样。在早期社会，上述问题显得更加棘手，因为我们常常难以判断史料中出现的族裔归类方式在被归类人群中间接受度如何，并且这些归类方式对于相应的族裔成员有多少约束力。

对旧有的本质主义民族概念的瓦解，摧毁了许多过去看来确定无疑的事，也使整个理论大厦最终倾覆。今天人们在语言学领域之外已不知道该如何看待日耳曼人这一概念了，因为人们已经失去了一切过去曾充满脑海中的内容。从经验上来看，唯一能确定的所有日耳曼"部落"共有的本质特征是：他们使用的是一种按照现代语言学标准被归类为日耳曼语的语言。这种语言上的共性也没有逃过来自罗马的观察者的眼睛：历史学家普罗科匹厄斯曾提到哥特人、西哥特人、汪达尔人和格皮德人使用的是同一种语言，当然他没有将这种语言称为日耳曼语，而是称为哥特语。此外，人们也有充分的理由这样猜测，说日耳曼语的人在所谓的第二次辅音转移（这一过程开始于公

元 600 年前后，直到两百年之后才完成）之前，只要他们愿意
的话，是可以听懂彼此的话的，在某种意义上如同今天的西班
牙人、意大利人和法国人的情况。文化知识在这个圈子中能够
特别迅速地得到传播，因为人们无须克服语言上的障碍。[9]

　　然而，语言方面的共性对于语言学上被称为日耳曼人的人
群而言，既不能左右他们的政治行为，也不能决定他们对自我
的理解。在语言学意义上被认为属于日耳曼人的族群和国王，
他们从来不会因为彼此之间存在亲缘关系而结成政治同盟。因
此，那些说着某种形式的日耳曼语的人群并不会相信自己有共
同的祖先，同样他们也不会使用某个与日耳曼语言社群保持一
致的名称来称呼自己。不过，即便是塔西佗笔下用来指称生活
在莱茵河及多瑙河对岸族群的日耳曼人概念，也就是数百年来
日耳曼人研究者不断援引的概念，也很难与其本身所囊括的各
族群对自我的理解相适应。与空间有关的日耳曼人概念从未在
古希腊罗马民族志中得到普遍运用。即便在罗马帝国时代，希
腊作家依然继续坚定地区分生活在莱茵河流域的凯尔特人和生
活在多瑙河流域的斯基泰人。古典时代晚期，塔西佗笔下的日
耳曼人概念几乎已不再被使用，即便出现，也顶多是对古老时
代的追忆。普罗科匹厄斯和阿伽提亚斯（Agathias）等东罗
马帝国史学家使用日耳曼人这一族裔名称来称呼法兰克人。在
他们看来，哥特人属于斯基泰民族的一员。有时他们也会使
用"哥特诸族"这一名称来表明在现代研究中被归为日耳曼人
的多个族群所具有的共性。在狄奥多里克书记处的词汇表中，
"日耳曼人"一词从未出现过。不过，其他日耳曼君主也从未
将自己称为"日耳曼人"。[10]

　　虽说存在种种顾虑，但我们依然不能指望日耳曼人这一
概念从科学研究话语中消失，特别是这一概念已经在学术界之
外的领域牢牢地扎了根。还想继续使用这一概念的人必须时

刻谨记两点：（1）"日耳曼人"及"日耳曼人的"这一形容词是现代学科中的分类概念，而绝非这一概念本应指称的那些人群自我理解的范畴；（2）哪些特征会生产出日耳曼人或日耳曼特性，取决于使用日耳曼这一概念的学科。语言学理解中的日耳曼人同历史学或考古学所理解的存在一定的偏差。但无论如何，在历史学领域，日耳曼人这一概念带来的更多的是混乱而非秩序。研究哥特人历史的学者最好还是放弃使用这一概念。[11]

7

哥特人、西哥特人和东哥特人：
约达尼斯、卡西奥多和哥特人的
历史意识

想要论证狄奥多里克是一名日耳曼人统治者的人说不出太多东西，因为今天人们所使用的日耳曼人这一概念中包含的内容既不能在这名国王对自我的理解中找到对应之处，也不符合旁人对他的看法。关于这名统治者族裔身份的疑问一直没能得到解决。毫无疑问，狄奥多里克把自己看作哥特人，他以国王的身份统治着这些人。狄奥多里克是一名哥特国王。那么，谁是哥特人？他们为什么又被称为东哥特人？

现代学术界通常会区分西哥特人和东哥特人。西哥特人指的是 410 年在国王阿拉里克一世的率领下占领罗马，并于418 年在阿基坦（Aquitanien，即现在的法国西南部）定居下来的哥特人。这些哥特人的国王的统治区域从阿基坦逐步扩张到高卢和西班牙的大部分地区。493 年狄奥多里克获得对意大利的独立统治权时，"西哥特"国王阿拉里克二世正统治着从卢瓦尔河（die Loire）一直到科蒂安阿尔卑斯山脉（die Cottischen Alpen）的高卢地区以及西班牙的广大区域。507年，阿拉里克二世同法兰克国王克洛维之间爆发了战争，前者遭遇了毁灭性的失败。此后，这一批哥特人中的大部分便被赶出了高卢，但他们在伊比利亚半岛站稳了脚跟，一直到 8 世纪初那里都存在着一个哥特人的国家。与此相对，现代研究界将所有没有参与阿拉里克一世远征意大利，并且在 5 世纪中叶，也就是匈人王阿提拉权力达到鼎盛的时期，生活在巴尔干地区的其他所有哥特人都称为东哥特人。只要能时刻谨记上述民族性术语只不过是现代人的建构，那么对此就提不出什么异议。不过，当时人们又是如何描述哥特人身份的呢？[12]

狄奥多里克本人通过卡西奥多的文字，宣称自己在意大利、高卢和西班牙统治着哥特人和罗马人，但他并不会让人怀疑自己就是哥特人。相反，对于王室书记处的语用习惯而言，在现代研究领域已经被普遍使用的东哥特人这一概念是陌生的。同样，在现代研究界一般被称为西哥特人的那些生活在伊比利亚半岛上的哥特人，过去通常被简单地叫作哥特人。这批哥特人所专有的名字，即"西哥特人"，只出现在卡西奥多以狄奥多里克的名义草拟的一份外交信函中，那时西哥特国王阿拉里克二世还没在武耶（Vouillé，在普瓦捷以北 15 千米处）输了战争，丢了性命（507 年）。由于狄奥多里克在这之后不久就以国王的身份取而代之，王室书记处后来也就不再从名称上区分意大利的哥特人和伊比利亚半岛上的哥特人。自此，他们所有人都属于一支哥特民族的成员。直到狄奥多里克在 526 年去世后，情况才有所改变，因为伊比利亚半岛上的哥特人不愿意接受在拉文纳被扶植为继承人的狄奥多里克的外孙阿塔拉里克为国王，而是把王国交给了狄奥多里克的另一个外孙，他的名字叫阿马拉里克（Amalarich）。这样，两个王国便正式分裂，每一个哥特人必须决定自己从今以后属于这两支哥特民族中的哪一支。从此以后便有了两支哥特民族，并且最终也只有这两支了，不过这两支民族都会简单干脆地自称为哥特人。[13]

狄奥多里克的书记处将受狄奥多里克统治的所有哥特人都看作一个民族的成员，无论他们生活在哪里。生活在西班牙的哥特人和生活在意大利的哥特人属于一个民族，他们最初是一个统一的整体，但后来分裂了，这样的观念并非现代的产物，早在 6 世纪时这一观点就已经广为流行了。东罗马帝国史学家普罗科匹厄斯就持有这样的观点，他区分了西哥特人和哥特人，但他也将其他族群归在了"哥特诸族"中。除此之外，上述观点还出现在另一部值得注意的作品中。该作品成书于 552 年，即狄奥多里克去世之后，意大利最后一名哥特国王去世之前。这部书以《哥特史》（*Getica*）之名为今人所熟知，然而实际上这部书的全名为《论哥特人的起源和事迹》（*De origine actibusque Getarum*）。

这部作品的作者约达尼斯（Jordanes）曾以秘书的身份效力于一名蛮族出身的大元帅麾下，但后来他献身于上帝，开启了新的生活。不过，他究竟是以僧侣还是平信徒身份敬神的，这一点已经无法确定。他本人曾提到过让自己的生命获得了全新目标的"转折"（conversio）。约达尼斯以东罗马帝国皇帝查士丁尼臣僚的身份完成写作，写作地点可能在君士坦丁堡，不过他自称是哥特人。在这种情况下，他如同许多在皇帝军队中效力的蛮族出身的人一样拥有双重身份，即兼为哥特人和罗马人。约达尼斯说，哥特人最初生活在斯堪的纳维亚地区，后来又定居到了波罗的海对岸。他们以此为据点，逐渐向黑海沿岸扩散，从此分裂为两个分支民族，这两支民族最初仍是近邻。其中一支生活在西边，因此被称为"西哥特人"；生活在东边的人便获得了"东哥特人"之名。从那时起，这两支民族便分别接受不同的王室统治，统治西哥特人的是巴尔特家族，统治东哥特人的则是阿马尔家族。[14]

按照约达尼斯的说法，两个哥特人的分支民族长期分裂是在罗马帝国皇帝瓦伦斯（Valens）在位期间（364~378 年）。此次分裂的原因是匈人入侵了哥特人在顿河和多瑙河之间的聚居区：西哥特人为了逃离匈人的统治，跨过了多瑙河，经过一番波折，最终在高卢和西班牙定居下来。然而，随着阿拉里克二世 507 年去世，由巴尔特家族诸王统治的王国也陨灭了。曾被阿马尔家族诸王统治的东哥特人则被匈人征服，直到阿提拉 454 年死后才重获自由。这些哥特人在阿提拉死后迁徙到了潘诺尼亚，狄奥多里克从父亲那里继承了对他们的统治权，又带着他们前往意大利，在那里建立了一个国家，并在阿拉里克二世死后将自己的王国与西哥特人的王国统一。根据这样的一种叙事方式，哥特人在经历了漫长的分裂后，最终在狄奥多里克的治下重新统一。

上述对哥特人历史的叙述并非约达尼斯的创造。他在区分西哥特人和东哥特人的时候，也参考了一位名叫阿布拉比乌斯（Ablabius）的神秘的史学家的观点，此人之所以能为我们所知，是因为约达尼斯多次引用了他的作品。除此之外，约达尼斯还在《哥特史》的前言中解释道，这部作品并不是原创的，而是内容上更为翔实的由卡西奥多所著《哥特史》（*Historia Gothorum*）的一个节选，但也补充了一些他从其他作家那里找到的资料。事实上，在经历了人生的"转折"后，约达尼斯在短时间内同时写出了两部历史著作。他最开始写作的是一部"世界史"，标题为《论时间的整体，或罗马民族的起源与事迹》（*De summa temporum vel origine actibusque gentis Romanorum*），通常被简称为《罗马史》（*Romana*）。这部作品是一部典型的编年史，叙述了从创世一直到该作品的写作时期，以各大帝国先后更替的形式展开的世界历史：最初出现的是亚述人的帝国，紧接着是米底帝国、波斯帝国、托勒密帝国，最后是罗马帝国。罗马帝国将一直存在至最后的审判时刻。这样的叙述方式笼罩着一种悲观的基调，正如约达尼斯在前言中所说：如果读者看到不同民族的悲惨遭遇，便会放弃自己对尘世的爱，并将意识转向上帝。在作品的结尾，约达尼斯

075

列举了罗马帝国近些年来遭受的失败、起义和洗劫，将罗马帝国的现状比作一桩悲剧：目睹罗马帝国历史之人能够知道，它如何诞生，如何征服所有地方，又如何因为将领的无能一点点失去这些地方。[15]

当约达尼斯写作《罗马史》时，一位友人前来请求他，从塞纳托尔（这位塞纳托尔不是别人，正是《杂录》的作者卡西奥多鲁斯·塞纳托尔）所作的关于哥特人的起源和事迹的十二卷本中做一个节选。于是约达尼斯中断了《罗马史》的写作，借来卡西奥多的《哥特史》读了三天，随后写出了自己的《哥特史》。在该书前言，约达尼斯阐述了作品诞生的契机及方式：

> 当我正乘坐着一叶小舟，沿着宁静的海岸线航行，像有人所说，打算在几个老鱼塘里捞几条小鱼之际，你，卡斯塔里乌斯兄弟（Bruder Castalius），却强迫我把船帆转向那深不可测的水域。那时你诚恳地劝我说，我应该放下当前正在从事的工作，即从多部编年史中节选出一部小书，转而把塞纳托尔那套有关哥特人的起源以及描述他们从古至今在诸多君王和贵族率领下的行为的十二卷文集总结为一本小册子。乍看上去，这就已经是一份十分困难的工作了，但在真正着手进行之前，谁也猜不出，它的工作量到底会有多大。而且你也没有考虑到，我的气息太过微弱，无法吹响该书作者这神圣的号角：最主要的麻烦是，我手上甚至没有这套书，无法准确地理解塞纳托尔的思想。但为了至少不说假话，我在不久以前受他当年的一位下属的恩惠，花了三天时间再一次通读了一遍这部书。这部书的原话我现在记得不完全准确，不过我相信，其大致意思和所涉及的史实仍然清楚地保留在我自己的脑海里。

我又把希腊语和拉丁语历史文献里的一些资料补充进来，用我自己的语言加以润色，把这些资料加在开头、结尾和文中各处，以使文风保持一致。16

这段自述抛出了一系列问题，而对于这些问题的回答可以说是五花八门。《哥特史》真的只不过是业已佚失的卡西奥多《哥特史》的一个节选，还是说约达尼斯故意在前言中隐藏自己的锋芒，而他本人实际上是一位原创作家？换句话说，有多少卡西奥多的东西隐藏在约达尼斯的《哥特史》中？这个问题之所以亟待回答，是因为这两部作品处理的是同样的题材，但它们诞生于不同的历史时期，写作方法及目标都有不同。

约达尼斯创作《哥特史》的时间是 551~552 年，当时他是查士丁尼皇帝的一名臣僚，同时他认为自己也是一名哥特人，并亲眼看到了哥特王国在意大利的历史已经终结。他创作时并未遵循某个有意在现实政治领域得到推行的纲领，而是意图表明，哥特人和罗马人之间过去的合作关系对于双方而言是互利共赢的，但前提是彼此之间相互尊重。与之相反，卡西奥多是彻头彻尾的罗马人，他是奉狄奥多里克国王之名撰写《哥特史》的。533 年，这部以《哥特史》或《哥特人的历史》为题的作品便已问世，并且众罗马元老都已知道了这部书。卡西奥多的《哥特史》比约达尼斯的《哥特史》详尽许多，前者由十二卷合为一部书。根据卡西奥多本人关于这部作品主要内容的说法，这部书主要记载了哥特人的"起源、分布地区和风俗习惯"。《哥特史》描写了哥特人的起源和事迹，并突出了国王的形象。作品记叙了一直到狄奥多里克外孙及继承人阿塔拉里克共 17 代出身阿马尔家族的国王的事迹，每位国王都被赋予了自己专属的美德。17

077

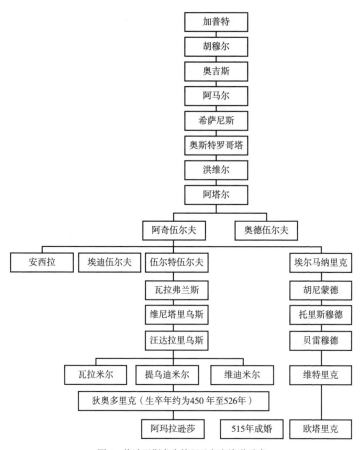

图 4　约达尼斯书中的阿马尔家族世系表

卡西奥多的阿马尔家族世系表同样出现在了约达尼斯的
作品中。更早一些的研究认为，这份世系表是根据一段可追溯
到成书前几百年的口头传说编成的，据此人们提出了这样的理
论：阿马尔家族构成了使哥特人的"族裔生成"得以成为可能
的传统核心。然而，事实上这是在狄奥多里克的王国中炮制出
的王室宣传的产物，其目的是在面对外来挑战时确保阿马尔家
族的唯一统治权。对与狄奥多里克同时代的人而言，狄奥多里
克的祖父就已经是一个谜一样的人物了，因此在狄奥多里克之

前不太可能已经有许多个出身于阿马尔家族的国王相继继位。这份世系表里被加入了一些根本不属于阿马尔家族的人，甚至还塞入了一些神话中或者纯属人为捏造的人物，这使得这份世系表被拉长了，其目的是超过古罗马文献中记载的罗马始建于拉丁姆（Latium）之前的十六君王谱系的长度。因此，卡西奥多的《哥特史》是一部与宫廷存在着密切联系的历史著作，它为阿马尔家族统治哥特人提供了合法性支持，并将阿马尔家族的统治追溯到了遥远的过去。[18]

在约达尼斯著作中的多处，还能清晰地看到上述基本倾向；他不仅重复了官方的阿马尔家族的世系表，还知道应该从总体上给予出身阿马尔家族的国王正面的评价；他反复地赞颂国王的英勇和胆量。除此之外，约达尼斯所采取的纪年法将510年（或511年）算作哥特史的第2000年。他之所以选取这一年，是因为在这一年狄奥多里克成为西哥特人的国王；哥特史的第2000年便是西哥特人和东哥特人在经过漫长的分裂后重新统一的一年。另一段文字也传递了同样的信息，这段文字叙述了阿拉里克二世去世后独立的西哥特人历史的终结。约达尼斯一定是从卡西奥多的书中找到的这段内容，因为在约达尼斯写作的时候，西哥特人和东哥特人早已再次分道扬镳；这段内容在狄奥多里克时代恰如其分，但在他的继任者时代已经不再是这样了。[19]

然而，证明阿马尔家族具有合法的统治权并非卡西奥多的《哥特史》在叙述时追求的唯一目标。对于卡西奥多而言更重要的是证明哥特人具有令人尊敬的古老历史，以及高度发达的文明。我们可以从卡西奥多这部作品的目标读者群看出他的叙述追求的这一目标，这个目标读者群就是罗马元老。在古代民族志中，拥有古老的历史显然是十分珍贵的民族特征，一个民族的历史可以追溯到的时代越久远越好。可是，如何才能给哥特人安上一段能够与希腊人和罗马人比肩的历史呢？根据主流观点，罗马建立于公元前 753 年。特洛伊战争发生的时间被认为比这还要早得多，即大约在公元前 12 世纪。而直到公元 3 世纪之后古代史料才首次提到哥特人。[20]

　　要解决这个问题很简单，因为古代民族志往往会将名字听起来相似的民族当成同一个，差不多出现在同一片地理区域的民族更是如此。历史学家希罗多德早在公元前 5 世纪就曾描写过一个生活在多瑙河下游的被称为盖塔伊人的民族。将哥特人同这个盖塔伊人等同再合适不过了。卡西奥多并非第一个想到这么做的人；将两个民族相互等同的做法出现的时间还要早得多，希洛尼摩斯（Hieronymus）、奥古斯丁和奥罗修斯（Orosius）都是如此。对于卡西奥多而言，这样将二者等同的做法有一个无与伦比的好处，那就是会使哥特人的历史向前一直推进到公元前。通过这种方式，卡西奥多给哥特人的历史增加了一千年，因为古代作家笔下一切提到盖塔伊人的内容都被用来为哥特人的历史提供证据。[21]

　　卡西奥多充分利用了这份历史材料。这部著作以一长段介绍哥特人起源的内容（第 4~46 节）为开端。这段内容包括对据称曾与哥特人生活的地方毗邻的多个国家的描写：不列颠尼亚（Britannien）、位于遥远的北方的神秘岛屿斯堪的亚（Scandia），以及一个位于黑海沿岸的名叫斯基提亚（Scythia）的国家。该段叙述了哥特人从北方迁移到黑海附近的历程，还讲述了哥特智者萨摩尔克西斯（Zalmoxis）、佐伊塔（Zeuta）和迪奇纽斯（Dicinneus）等人的故事，据说这些人在史前时期就已经使哥特人懂得了哲学。所以说，哥特人一直都比其他蛮族人更有文化，与希腊人相比也毫不逊色。[22]

　　紧接着又是一大段哥特人迁移到多瑙河下游之后的历史，这段历史以"匈人入侵"结束（第 47~130 节）。这部分历史的开端要远远早于罗马建立,这证明了一个大胆的论点,那就是哥特人的历史可以一直追溯到公元前2千纪中期。按照约达尼斯的说法,哥特人曾同埃及法老、亚马孙人和特洛伊战争爆发前的古希腊英雄作过战,结果当然是一直获胜。他们还曾战胜过波斯国王和亚历山大大帝手下的将领。在这部著作中,罗马人出现的时间相当晚,约达尼斯还强调,哥特人一直都忠诚地支持君士坦丁大帝和狄奥多西大帝这样的合法的皇帝。第二部分以对一个庞大王国的描述作结,这个王国被一位名叫埃尔马纳里克(Ermanarich)的国王所统治,其疆域从克里米亚半岛(Krim)一直延伸到多瑙河流域,然而这个王国最后在匈人的冲击下灭亡了。

随后,《哥特史》的第三部分(第131~246节)记录了为了躲避匈人而逃往西边,并最终在阿基坦定居下来的那批哥特人的事迹;这一部分详细地叙述了哥特人对抗匈人王阿提拉的战争,以507年被杀害的高卢和西班牙哥特人的王阿拉里克二世为结束,狄奥多里克后来正是继承了此人在高卢和西班牙的王权。第四部分,也即最后一部分(第247~314节)讲述了成为狄奥多里克兵力来源的那批哥特人的历史,并一直讲述到作者所在的时代,即552年。

虽然在个别情况下我们无法判定约达尼斯是亲自读过他所引用的作者的作品,还是只通过卡西奥多才知道的这些内容,但无可置疑的是,约达尼斯对哥特人早期历史的叙述呈现出一幅令人眼花缭乱的景象,他作品中的内容主要由古希腊罗马时代的史书、民族志和地理汇编中的资料组成;被他指名道姓地引用过的作者,从罗马帝国时代早期的李维(Livius)、塔西佗等拉丁语作家,到公元3世纪末期撰写了一部讲述罗马与多瑙河下游蛮族(即斯基泰人)之间战争的著作的雅典人德克西普斯(Dexippos),再到普利斯库斯(Priskos)、辛玛古和阿布拉比乌斯这样生活时代不太久远的拉丁语和希腊语史家。这样的工作方式很符合卡西奥多这样一位涉猎广博且乐于炫耀自己学识的作家的风格。[23]

　　不过，并非所有约达尼斯写的关于哥特人的事情都是参考自古希腊罗马时代的作家。如果仔细考察便会发现，一些约达尼斯作品中的元素此前从未出现在传统的民族志中。这些元素中有部分是没有被拉丁化的国王名、民族名和地名，并且这些名字完全不被古代作家所了解。约达尼斯会以目录的形式来进行列举，除此之外还有个别此前从未有过的论述。部分国王有故事被记载了下来，而其他一些国王在约达尼斯的作品中只留下了一个名字。这些国王中的有些人没办法被纳入阿马尔家族世系表，即便他们的名气很大。约达尼斯甚至知道其中一名国王的四代祖。[24]

　　此外，被约达尼斯采用的出现在民族志传统诞生前的材料包括日耳曼语中的名字和概念，这些名词的意义被解释给了读者，例如 "haliurunnae" 的意思是 "女巫"，"anses" 的意思是 "半神"。一部民族志的读者同样很难想到格皮德族名称的词源［形容词 "träge"（懒惰）］，或者巴尔特家族名的词源［形容词 "wagemutig"（勇敢）］。反过来，在狄奥多里克的王国十分常用的指哥特军的发型的概念 "capillati"，则被赋予了令人肃然起敬的悠久历史。[25]

　　约达尼斯还记载了哥特人在古希腊罗马史书视野远不能及的地方同其他蛮族之间爆发的战争，并且这些战争大多以胜利收场。对这些战争的描写表现出了一种特殊的哥特人的历史意识，包括在一处名为 "哥特斯堪德扎"（Gothiscandza）的地方与乌尔默鲁基人（Ulmerugen）和汪达尔人之间的战争，在斯基泰人的土地上与斯巴伦人（Spalen）之间的战争，还有对抗法斯提达（Fastida）国王统治的格皮德人、维斯马尔

（Vismar）国王统治的赫鲁利人（Heruler）及汪达尔人，或者博兹（Boz）国王统治的安特人（Anten）。对这些战争的记叙都会保留取得胜利的国王以及被战胜者的名字，有时也会记录下统帅的名字，但基本不会有战况的细节。这些战争的历史背景仍是一团迷雾，时间信息要么十分模糊，要么非常随意。不过埃尔马纳里克"大王"（这就是他名字的意思）生活的时代可以确定，因为罗马史学家阿米阿努斯·马色林努（Ammianus Marcellinus）曾提到过他。然而，和埃尔马纳里克的名字联系在一起的还有那段被匈人征服的噩梦般的记忆，这段记忆已经深深地印在了哥特人的脑海里。而对哥特人起源于斯堪的纳维亚半岛的叙述从未出现在古代史料中，由此可以看出这段叙述是哥特人自己的创造。[26]

这些未出现在古代民族志中的资料取自何处？卡西奥多不可能自己捏造这些内容，因为要自己臆造的话，文本中这样的内容数量太多，甚至会令文化程度很高的罗马人觉得混乱不堪或离题千里，原因是这些内容在罗马人的世界观中没有容身之地。可是过去从未有过用哥特语写成的历史著作。哥特族群的集体记忆依赖的是口头传说。约达尼斯曾多次提到，哥特人会吟唱讲述他们祖先事迹的歌；在一处地方他明确解释过，战胜斯巴伦人的记忆被保留在哥特人的歌中。哥特人不是通过书面记录来保存自己对共同历史的记忆，因此他们的集体记忆可以追溯的时代不会比他们族群最古老成员的记忆更早。三代人以前发生的事情就会被完全遗忘，或者变成不再有明确时间指向的英雄赞歌。[27]

实际上，在500年前后，关于狄奥多里克的祖父——"抗击汪达尔人的战士"汪达拉里乌斯（Vandalarius），人们只记录下他是"抗击文德人（Wenden）的战士"维尼塔里乌斯（Vinitharius）的儿子。然而这个维尼塔里乌斯就是一个传说中的人物，因为据说征服了此人的匈人国王巴兰比尔（Balamber）从未存在过。哥特人显然坚信自己很清楚自己民族的起源；关于这些遥远的过去，有一些历史故事能够解释它们是如何开始的。在原始时代和刚过去不久的时代（在东哥特人看来刚过去不久的时代不会早于狄奥多里克父辈的时代）之间存在着一个巨大的缺口，人们会用各种时间上或多或少有些随意的叙述来填平这个缺口。[28]

从结构上来看，在书写传统不够发达、不了解什么是历史书写的社会，哥特人的历史意识十分典型。近数十年来的研究成果发现，基于口头传说的历史意识能够满足集体对于意义建构及行为指导的需求，并且已经了解到这一过程是如何实现的。同样，在哥特人的例子上人们很容易看到，对大规模迁徙行为、对英勇国王的事迹，以及对辉煌胜利的叙述能够加强战士群体的团结，确认根本准则。人们对勇士美德大加赞颂，对祖先将叛乱的安特国王博兹连带着他的儿子和七十名贵族钉死在十字架上"以儆臣僚"的故事百听不厌。这种历史意识尤其存在这样一种危险，即被回忆的内容会遭到曲解，甚至完全丢失，因为这样的历史只能受制于同时代目击者的记忆。因此狄奥多里克时代的哥特人对于遥远过去的真相知之甚少，他们认为自己知道的事情往往是一团由传说和臆造编织成的解不开的乱麻。发生在公元5世纪中叶的事已经大部分从他们的记忆中消失了，名字、地点和事件在没有任何背景知识的情况下流传了下来，因此这些内容也无法逃脱被操纵的命运，卡西奥多才能轻而易举地将阿马尔家族的统治一直追溯到晦暗的史前时代。[29]

8

斯基泰地区的哥特人和罗马帝国：
冲突与合作

如果从约达尼斯作品中包含的民族志诞生之前的哥特元素中能够推断出狄奥多里克统治的国家中哥特人的历史意识，那么他们必定普遍相信哥特人是一个有共同起源的共同体，这个共同体起源于遥远的古代。人们会在自己的群体中述说，他们的祖先曾生活在极北之地，从那里出发，首先来到了波罗的海沿岸，接着又迁徙到了黑海旁，不久前他们才被匈人从黑海驱逐。

这段叙述的背后隐藏着另一个问题。在位于奥得河（Oder）与维斯瓦河（Weichsel）之间区域的考古活动没有找到任何可以明确证明大规模人群曾迁徙过来的痕迹。所谓的"维尔巴克文化"（Wielbark-Kultur）——该文化以位于波兰东北部的发掘地命名——自公元前 1 世纪起便已独立发展，没有受到外来文化影响。

不过，许多考古学家发现了清晰的证据，证明在古罗马帝国繁盛时期，维尔巴克文化的先民将自己的生活区域从易北河和维斯瓦河之间逐渐向南迁移，先迁移到沃里尼亚（Wolhynien），进入乌克兰腹地，并一路来到摩尔多瓦（Moldavien），考古学家在摩尔多瓦发现了一处产生于 3 世纪初的文化遗址，并根据这处位于基辅附近的发掘地，将该文化命名为"切尔尼亚霍夫文化"（Černjachov-Kultur）［根据另一处在特兰西瓦尼亚地区（Transsilvanien，德语名写作

"Siebenbürgen") 发掘出的遗迹, 切尔尼亚霍夫文化也被称为 "穆列什河畔的圣安娜文化"(Sîntana de Mureş-Kultur)]。切尔尼亚霍夫文化包含 2000 余处遗迹, 分布在多瑙河与第聂伯河(Dnjepr)之间的区域。与维尔巴克文化一样, 切尔尼亚霍夫文化区别于周围其他文化的主要特点是, 火葬与土葬习俗并存, 并且男性墓葬中缺少武器陪葬。如果将这些考古发现与这样一种观察结果联系起来, 即 "哥特人" 这个名称在古罗马帝国早期曾以不同的形式出现, 如 "Gotones" 或 "Gutones", 用来指称维斯瓦河流域的一支民族, 而自公元 3 世纪起, "哥特人" 便被用来称呼活跃于多瑙河下游的军队, 那么人们便能够为支持哥特人曾大规模迁徙这一理论获得新的依据。哥特人大迁徙的理论可以通过影像地图的形式表现出来, 地图上的箭头能够使人获得清晰的感受, 仿佛这些图像能够再现整个群体的迁徙过程。[30]

这种感觉是否正确, 目前尚存在争议。从实物发掘结果中识别出的手工技术及文化实践的传播, 既可以被解释为民族迁移造成的结果, 也可以被解释为民族扩散的结果。就民族扩散的情况而言, 只需要小规模的人群作为媒介就可以造成这一结果。即便的确出现了大规模人口从波罗的海沿岸迁移到黑海沿岸的现象, 也不能说明这批人把自己看作同一个民族, 也就是哥特人的一部分。考古发现完全没有说明这些人群的组织情况如何。文字资料只是告诉我们, 罗马帝国早期生活在维斯瓦河流域的这群人被其他人给安上的名字, 与哥特人的名称听起来十分接近。

所以说, 人们很难判断公元 3 世纪时的哥特人与生活在罗马帝国早期同他们有着类似名称的那批人有着怎样的联系。近年来出现了一个这样的观点: 作为一个具有集体意识和连续历史的族群的哥特人直到公元 3 世纪才产生, 并且在哥特族群产生的进程中，他们与罗马帝国之间的互动起到了很大的作用。当然这种解读模式依然只是一种假说。支持后来"族裔生成"学说的人，以及主张维斯瓦河流域的哥特人以某种形式继续发展的人，都难以提出合理的证据来证明自己的观点。人们唯独可以确定的是，公元 3 世纪之前不具备任何叙述哥特历史的前提条件。在这个意义上，这段时期就是并且也将永远是史前时期。[31]

　　自从罗马人开始感受到与自己毗邻而居的哥特人的威胁，并且哥特人也因此成为展现当时历史的著作所描述的对象后，对哥特人历史的叙述才成为可能。不过这些著作的原稿已全部遗失，流传下来的仅有一些极为简要且时常内容混乱的第二手甚至第三手资料，这些内容彼此间的衔接关系以及所记载事件发生的时间通常很不清楚，并且存在争议。例如，根据一名 4 世纪的不知名作者的叙述，哥特人在 238 年占领了位于黑海沿岸的今天罗马尼亚境内的希斯特里亚城（Histria）。此外，他还讲述了大约发生在 249 年的一系列由阿尔盖特（Argaith）和贡特里希（Guntherich）率领的哥特军队发动的袭击。这位无名作家的资料来源可能是德克西普斯详尽讲述罗马人与斯基泰人之间一系列战争的著作。

　　我们如今能够更加详细地知道德西乌斯皇帝（Decius，249~251 年在位）讨伐哥特人的情况，也要感谢德克西普斯。[32] 根据德克西普斯的说法，一支由哥特人率领的多民族联军于 250 年冲破了罗马在多瑙河下游的防线，袭击了达基亚（Dacia）、下默西亚（Moesia Inferior）和色雷斯（Thracia）等行省。首先是一支哥特部队入侵了多布罗加地区（Dobrudscha），包围了马西亚诺波利斯（Markianopolis，位于今天的保加利亚东北部），但在得到了赎金之后又撤离了。另一支哥特军队在一位名叫克尼瓦（Cniva）的国王的率领下，

086

地图 1　3 世纪时战争形势①

————————————

① 编者注：此书插图系原文插附地图。

先是在进攻诺维［Novae，位于今天的斯维什托夫（Svištov）附近］时遭遇了失败，随后又经由伊斯特河畔的尼科波利斯［Nicopolis ad Istrum，位于今天的尼基幼普（Nikyup）附近］前往菲利普波利斯［Philippopolis，即今天的普罗夫迪夫（Plovdiv）］。在前往菲利普波利斯的路上，克尼瓦手下的士兵在贝罗伊亚［Beroia，即今天的旧扎戈拉（Stara Zagora）］附近遭遇了一支由皇帝德西乌斯率领的罗马军队，并给了这支罗马军队以狠狠的打击；紧接着，这批哥特战士又成功占领菲利普波利斯，并血洗了这座城市。[33]

从不久前才刚刚被辨读出的德克西普斯著作的残篇中我们了解到，在这一系列战役中，这位克尼瓦国王可以说是厥功至伟，他带领大约 500 名精心挑选出的战士，向城墙发动了夜袭。而从同一份史料中我们又能知道，第二支哥特军队具体是由一个名叫奥斯特罗哥塔（Ostrogotha）的人指挥的，此人对于克尼瓦取得了一系列胜利并不开心。他手下的人对克尼瓦极尽赞美之能事，甚至将克尼瓦的事迹编成了歌曲，却指责奥斯特罗哥塔软弱无能、毫无成就，所以奥斯特罗哥塔认为自己必须做一件大事，才能在哥特军队面前给自己挣回脸面。他决定率大约 5 万名战士前去袭击德西乌斯的部队。对于接下来战况的叙述没有保存下来；不过，我们知道哥特军队是在罗马帝国境内度过的冬天。251 年春天，哥特人踏上回程的路，准备将获得的战利品运过多瑙河，德西乌斯认为时机成熟，可以报去年的一箭之仇，却在多布罗加境内的阿伯里图斯（Abrittus）附近遭遇了惨败；罗马军队大部分被歼，皇帝本人也消失得无影无踪。再也没有比这场战役更能清楚地证明哥特人实力的事件了。[34]

当这批哥特人从陆路进攻色雷斯的时候，另一批哥特人则加入了经海路掠夺的阵营。这批海上部队出发的时间大概是

088

255 年。在 255 年和 256 年，他们袭击了皮提乌斯［Pityus，在今天的阿布哈兹（Abchasien）］和特拉比松［Trapezus，即今天的特拉布宗（Trabzon）］等城市。257 年，这些入侵者又前往比提尼亚（Bithynien），进入普罗庞提斯海域（Propontis）①，在那里将迦克墩（卡尔西顿）、尼科米底亚（Nikomedeia）、尼西亚（Nikaia）、阿帕梅亚（Apameia）和普鲁萨（Prusa）等城市夷为了平地。在战争进程中断了十年后，哥特人又在 268 年发动了第二波攻势。这一次他们组织了一支庞大的船队驶向黑海西岸的诸城。在对托米斯［Tomoi/Tomis，位于今天的康斯坦察（Constanţa）］、马西亚诺波利斯、基齐库斯（Kyzikos）和拜占庭（Byzantion）等城市的进攻失败后，他们又兵分三路。第一路以塞萨洛尼基（Thessalonike）为进攻目标。第二路则毁灭了阿提卡（Attika）。第三路走得最远，他们绕过了小亚细亚南部海岸，一直来到了罗德岛（Rhodos）和塞浦路斯岛（Zypern）。在途中，他们袭击了多座海滨城市。他们一步步深入腹地，收获了丰厚的战利品，不仅有抢夺来的贵重物品，还有劫掠来的人。不久罗马便开始了反击。皇帝加里恩努斯（Gallienus，253~268 年在位）和克劳狄（Claudius，268~270 年在位）给撤退中的哥特人造成了重创。克劳狄 269 年在纳伊苏斯［Naïssus，即今天的尼什（Niš）］附近大胜哥特人，成为第一位由元老院赐予"哥特人的征服者"（Gothicus maximus）这一胜利称号的罗马皇帝，称呼授予时间是在克劳狄去世后的一年内。也就是说，罗马一方正式区分了日耳曼人和哥特人，因为"日耳曼人的征服者"（Germanicus Maximus）这一胜利称号早已十分常见，后来也一再被授予他人。[35]

---

① 即今天的马尔马拉海。

270 年，哥特人再一次越过多瑙河，入侵色雷斯，占领了安基阿卢斯（Anchialos，位于今天保加利亚境内的黑海沿岸）和尼科波利斯（Nicopolis，邻近多瑙河）等城市。不过一年之后，皇帝奥勒良（Aurelianus，270~275 年在位）发动了反击，战胜了哥特国王坎纳鲍德（Cannabaudes）。接着，奥勒良又下令撤出了位于今天特兰西瓦尼亚地区的达基亚省，使罗马与蛮族之地（Barbaricum）的边界退回到了多瑙河。多瑙河右岸便成了罗马人心目中的"哥特一岸"。最后一次有史可考的哥特人由海路向今天土耳其境内黑海沿岸城市的进攻是在276 年。[36]

这一系列战事使人们坚信，这些哥特人以统帅或战士的身份发挥了重要作用的军队，在 3 世纪下半叶成为罗马帝国危险的敌人；不管怎么说，克尼瓦毕竟战胜了一名皇帝以及他手下的军队。哥特人以多民族联盟中的一员的形象出现在世人面前，而联盟显然是专门为了实施军事行动组成的。除哥特人以外，史料还提到其中有赫鲁利人、卡尔皮人（Karpen）、皮欧西尼人（Peukiner）、勃艮第人（Burgunder）及博兰人（Boraner，"北方人"？）。一个能够囊括所有哥特人的稳固的政治秩序已不复存在，剩下的不过是许许多多首领之间的相互竞争。奥斯特罗哥塔和克尼瓦都在同皇帝德西乌斯的士兵作战，但同时这两人也是彼此的对手。在这些首领中，有一些人被用希腊语或拉丁语称为"basileus"或"rex"，这两个词都是君主的头衔，因此都可以被翻译成"国王"，而另一些人则没有这样的称呼。这些联盟的活动范围极大，这就需要很强的组织能力。哥特人的海上攻势以克里米亚半岛和塔曼半岛（Taman）为起点。这批海上部队显然同希腊的沿海城市进行了联合，后者向哥特人提供了航海技术及基础设施方面的援助。[37]

不过并非所有哥特人都是罗马人的敌人，确切地说，有
不少哥特人以个人的身份或者以团体的方式服务于罗马皇帝。
波斯万王之王沙普尔一世（Schapur I）在纳克歇－洛斯塔姆
[Naqsch-e Rostam，位于今天伊朗法尔斯省（Fars）境内的
波斯波利斯（Persepolis）附近] 的建筑"扎拉图斯特拉的色
子"（Ka'ba-i Zardušt）里用三种语言写成的"战功纪"中曾
提到，238 年罗马皇帝戈尔迪安三世（Gordianus III）在与自
己作战时，援军中除了有"日耳曼人"，还有"哥特人"。由
于这些雇佣兵后来返回了自己的故乡，他们在充当雇佣兵时学
会的一些词语，例如"军饷"以及用于指代军人的发型的拉丁
语等，便早早地被哥特语吸收。[38]

在关于 4 世纪的史料中，哥特人的形象则要清晰得
多。罗马人会在一个被总称为"哥特人"的大族群中区分出
两个民族，分别被称为瑟文吉人（Tervingen）和格鲁森尼
人（Greutungen）。早在 291 年，一名赞美皇帝马克西米安
（Maximianus）的演说家就曾提到瑟文吉人是哥特人的一个分
支。瑟文吉人居住的区域紧邻罗马帝国边境，他们的活动范围
可能一直延伸到德涅斯特河（Dnjestr）。德涅斯特河以东则
是格鲁森尼人居住的地方，其范围远至顿河。这两个民族的名
称显然是由哥特人传播开的，因为从这两个名称可以推断出它
们的日耳曼语起源："格鲁森尼人"的意思是"居住在沙滩上
的人"，"瑟文吉人"的意思可能是"林中人"，然而这两个词
的准确含义尚存争议。不过瑟文吉人也常用"维西"（Vesi）
这一名字来自称，不过这个词和"西"这个方向没什么关系，
而是"高贵之人"的意思。"奥斯特罗哥特"（Ostrogothae）
这个族名从 4 世纪末期就已存在，约达尼斯将该词的意思解释
为"东部的哥特人"。如果这一解释准确的话，那么这个名字
便是被其他人，可能是瑟文吉人，安在这个名字的主人头上

的。不过，更为可能的是，"奥斯特罗哥特"是格鲁森尼人的自称，因为我们已经知道，"奥斯特罗哥塔"作为一名哥特首领的名字，在3世纪中叶便已经存在了。"奥斯特罗哥特"这一族名的意思可能是"辉煌的哥特人"。[39]

由于地理距离遥远，罗马人对格鲁森尼人知之甚少。但罗马人至少听说过一个格鲁森尼人的国家，这个国家曾由一位名叫埃尔马纳里克的国王统治。人们只有关于瑟文吉人的更详细的信息，他们与罗马帝国的联系较为密切。因此几乎所有古罗马作家知道的信息都与瑟文吉人有关，哪怕他们从整体上谈论哥特人或斯基泰人时也是如此。[40]

在"四帝共治"时期（293~305年），四位皇帝分别统治罗马帝国的不同区域，彼此之间还算相安无事，多瑙河下游也可以算是和平稳定。297年，哥特人组成的后备部队跟随皇帝伽列里乌斯（Galerius）前去讨伐波斯人。皇帝戴克里先（Diokletian，284~305年在位）和马克西米安退位后（305年），四帝共治制度迅速瓦解。在紧接着的内战中，瑟文吉人被不同的阵营之间的争端裹挟。篡位者君士坦丁大帝（306~337年在位）在帝国的最西端不列颠夺权。到了312年，君士坦丁大帝的势力范围已经蔓延到了意大利和北非。316年，他又获得了原属帝国东部皇帝李锡尼（Licinius）的巴尔干半岛上的大部分行省。这样一来，君士坦丁大帝便获得了包围多瑙河边境的任务，而他很乐意完成这一任务，因为战胜蛮族能够强化臣民对自己的认可。所以，当一位名叫劳西莫德（Rausimod）的哥特国王入侵多瑙河下游的诸行省时，君士坦丁立刻迎战，全然不顾这样做会侵犯李锡尼的势力范围。在君士坦丁与李锡尼之间爆发的第二场战争中（这场战争于324年以君士坦丁的全面胜利告终），战败的李锡尼一方麾下有数支强大的哥特部队。获得了"哥特人的征服者"这一胜利称号的

091

君士坦丁，在此之后对多瑙河流域的蛮族推行的是强硬的政策。328年，他下令在多瑙河上建造一座石桥，这座桥将伊斯库斯城（Oescus）与对岸的桥头堡苏西达瓦（Sucidava）连接了起来。332年，君士坦丁又在萨尔马提亚人与哥特人之间的战争中支持萨尔马提亚人一方，并战胜了哥特人，迫使哥特国王奥里克（Aorich）和阿腊里克（Ararich）签订了协议，承认君士坦丁大帝对哥特人的统治权，并且哥特人有义务在皇帝需要的时候出兵，不过君士坦丁允诺会给哥特人支付年金。[41]

随着332年协议的签订，瑟文吉人和罗马帝国开始了相互合作的阶段，这一阶段持续了整整一代人的时间。瑟文吉人不断派出军队参加皇帝君士坦提乌斯（Constantius，337~361年在位）对波斯的战争，还会贩卖人口给加拉太的奴隶贩子。当363年皇帝尤利安（Julian）对波斯帝国发动进攻时，哥特战士一直跟随他到了今天伊拉克境内的泰西封（Ktesiphon）。[42]

在这几十年里，罗马商品输入的规模增大，并且由于哥特人向皇帝提供服务，大量罗马钱币流入了哥特人居住的地区。与此同时，罗马对哥特人在文化方面的影响也在加强。早在325年由君士坦丁大帝主持的尼西亚公会议（Konzil von Nikaia/Nizäa）召开时，就有一位有着希腊语名字的主教即狄奥菲鲁斯（Theophilos）出席，此人负责的正是哥特地区。到了公元4世纪40年代，担任哥特地区主教的是一个叫乌尔菲拉（Wulfila）的人，此人由同宫廷关系密切的主教尼科米底亚的尤西比乌（Eusebios）授予主教职位。乌尔菲拉一直担任该地主教一职，直到348年他被哥特显要驱逐。[43]

尤利安去世后没多久，罗马再次爆发内战，并进一步引发了军事冲突：366年，瑟文吉人给尤利安的亲戚普罗科皮乌斯（Procopius）提供了一支 3000 人组成的援军，此人在君士坦丁堡起兵反叛皇帝瓦伦斯。当瑟文吉援军刚刚到达指定地点时，瓦伦斯就已经战胜了篡位者普罗科皮乌斯。于是瓦伦斯借口瑟文吉人支持普罗科皮乌斯，向他们发动了战争。367 年，瓦伦斯皇帝经由位于多布罗加地区的要塞达夫尼（Daphne）附近的一座浮桥，横渡多瑙河下游，入侵了哥特地区，但他没能让哥特人走上战场作战，因为哥特人害怕遭到袭击，都逃走了。罗马军队在哥特地区大肆抢劫，掳走了那些没来得及躲藏的手无寸铁的平民。368 年，多瑙河暴发了一场洪水，阻挠了罗马军队继续进攻，但到了 369 年，又有一支罗马军队跨越了多瑙河［这一次是在诺维奥杜努姆（Noviodunum）附近］，入侵了哥特地区。这一次战争又没能打起来。由阿塔纳里克（Athanarich）指挥的瑟文吉军队在皇帝的大军逼近时撤退了，于是瓦伦斯皇帝只能彻底摧毁哥特地区。在 369 年与 370 年之交的那个冬季，瓦伦斯是在罗马帝国的土地上度过的。由于家园被摧毁，哥特人遭遇了饥荒，于是便派使臣前来求和，皇帝很爽快地应允了。罗马停止向瑟文吉人支付年金，边境贸易也被限制在两个地方。不过，这份和约也给哥特人带来了一些好处，因为他们不再负有协助皇帝作战的义务了。[44]

367 年和 369 年罗马人的进攻惊醒了哥特人，使他们觉得有必要进一步同罗马帝国划清界限。而那些接受了罗马皇帝的宗教的哥特人，则身陷勾结敌方的嫌疑。372 年，阿塔纳里克下令，所有瑟文吉人都必须供奉祖先信仰的神明，违令者必须被强迫改变信仰。很快，瑟文吉人政治上的统一瓦解，内战爆发，最终导致由弗里蒂根（Fritigern）率领的一支队伍分裂出去。因此，375 年匈人骑兵（这批人之前就曾击垮了埃尔马纳里克国王统治的格鲁森尼人的国家）进犯瑟文吉人前，瑟文吉人的力量就已经被极大地削弱了。阿塔纳里克试图抵御匈人在

地图 2　阿德里安堡战役及其结果

德涅斯特河的攻势，却徒劳无功，于是他退守到了一处位于普鲁特河（Pruth）与多瑙河之间的阵地。[45]

与此同时，大部分瑟文吉人已经丧失了对阿塔纳里克的信任，他们转而投靠了新的首领。在阿拉维乌（Alaviv）和弗里蒂根的共同领导下，瑟文吉人占领了多瑙河一岸，并派出信使，向远在安条克［Antiocheia，即今天的安塔基亚（Antakya）］的皇帝发出请求，希望他允许他们定居在罗马帝国境内。瓦伦斯同意了他们的请求，他认为蛮族人定居在帝国的土地上可以带来士兵、纳税人和其他额外的收入，因为入伍是帝国臣民的义务，如果不入伍，人们也可以用支付金钱的方式来履行这一义务。因此在过去，蛮族人经常被允许定居在罗马帝国境内，有时这一行为甚至会得到鼓励。然而，到了376年，局面开始变得有些失控。跨越多瑙河的哥特人数量比人们预料之中的多出许多，既有男人，也有妇女和儿童，但罗马官方没有办法立刻解除他们的武装。这些移民得不到足够的食物，因此他们只能任由无良商贩宰割，忍受他们的漫天要价。于是他们开始抢劫罗马人的庄园，在这一过程中产生了一批匪兵，领头的正是弗里蒂根。[46]

这些匪兵的队伍迅速壮大，因为他们从多方得到了支援，其中包括由阿拉透斯（Alatheus）和萨弗拉克斯（Saphrax）一同率领的格鲁森尼人，还有主要由泰伊法人（Taïfalen）组成的、由法尔诺比乌斯（Farnobius）率领的联军，他们不顾罗马人的明令禁止，横渡了多瑙河。早已率众在罗马帝国境内安顿下来，并在阿德里安堡［Adrianopel，即今天的埃迪尔内（Edirne）］越冬的哥特贵族苏埃利德（Suerid）和科利亚斯（Colias），也投靠了弗里蒂根。他们绕开了有城墙护卫的色雷斯境内的城市，转而洗劫了村庄。在这一过程中，有许多哥特人投靠了这些匪兵，这些人要么早先被奴隶贩子卖给了罗

095

马人，要么不久前刚被自己部落的同胞出卖为奴，如今他们抓住了机会，为自己赢回了自由。[47]

罗马人听到这些消息后忧心忡忡。瓦伦斯皇帝停止了与波斯人的战争，派出了普罗夫图卢斯（Profuturus）和图拉真努斯（Traianus）两位统帅前往色雷斯，并请求自己的侄子、西罗马帝国皇帝格拉提安（Gratian，367~383 年在位）给予支持。于是，将军李奇梅尔（Richomer）率领一支西罗马军队前往色雷斯，并在多布罗加境内的柳城（Ad Salices）附近同图拉真努斯和普罗夫图卢斯的军队会合。在离此处不远的地方，弗里蒂根的军队用战车搭建了一座要塞，即车营。罗马人企图从敌军手中夺回战利品，于是罗马一方的将领们不顾自己军队数量上的劣势，执意发动进攻，然而他们被击退了，只能逃入马西亚诺波利斯，李奇梅尔则返回了高卢。于是罗马人改变策略，试图在哈伊莫司山脉（Haemus-Gebirge）[①]中包围哥特人，将他们困在那里饿死。弗里蒂根应对的方法是，从多瑙河对岸争取到了阿兰人（Alanen）和匈人为盟友，并向他们许诺以丰厚的战利品为报酬。这样一来，罗马将领计划落空，只得下令撤军。不久前还被包围着的哥特人又可以继续掠夺了。在随后的战争中，法尔诺比乌斯的部队遭遇了惨败。法尔诺比乌斯本人丢了性命，而他手下的战士在意大利北部定居下来，变成了农民。[48]

378 年春，东西罗马帝国军队停止了联合进攻。皇帝瓦伦斯离开了他过冬的安条克，亲自指挥军队。378 年 5 月底，瓦伦斯到达了君士坦丁堡；7 月中旬，他率领一支至少由 3 万人组成的军队朝着阿德里安堡的方向进发。格拉提安首先在春天击退了入侵阿尔萨斯（Elsaß）的阿勒曼尼人（Alamannen），

---

① 即巴尔干山脉。

此时又率领一支西罗马帝国的机动部队急速行军，紧随其后。弗里蒂根意识到情况危急，决定在两支大军会合之前便迫使瓦伦斯应战。实际上，在 8 月 7 日，格拉提安的信使就已到达瓦伦斯的大本营，传达了战胜阿勒曼尼人的消息，并强烈要求瓦伦斯在西罗马帝国军队到达之前不要同哥特人开战。

　　然而，为何在经过了激烈争论之后，瓦伦斯仍在作战会议上决定不考虑格拉提安的请求？这个问题早已牵动了同时代人的心。瓦伦斯的探子来报，敌军人数不超过 1 万人，因此瓦伦斯可能大大低估了敌人的实力。此外，瓦伦斯可能不想与他人分享荣誉，以便在战争中唱主角，在格拉提安将战胜阿勒曼尼人都归功于自己的情况下更是如此。到了第二天，弗里蒂根派了一名长老前来宣布自己愿意同罗马人缔结永久和约，但条件是罗马人要将色雷斯省及其境内的牲畜和农作物都留给自己，这一做法可能更加坚定了瓦伦斯皇帝的决心，总之他拒绝了弗里蒂根的要求。弗里蒂根当然也有理由推迟战争开始的时间，因为他在等待离开了主力部队的阿兰人和格鲁森尼人骑兵返回。然而，还未待这些骑兵到达，8 月 9 日一早，罗马军队便已经朝着距离战场仍有八小时路程的哥特车营方向进发了。当两军能够看到对方时，太阳已经升到了最高点。

097

　　弗里蒂根又一次派出了使臣，这回瓦伦斯突然愿意接受谈判的请求，然而此时情况已经失控了：就在罗马一方的来使还在前往敌军阵营的途中，两支罗马的骑兵部队突然进攻，但被击退了。接着，阿兰人和格鲁森尼人组成的骑兵出现在了战场上，投入了战斗。自此之后便一发不可收拾了。就这样，阿德里安堡战役打响了，这场战役一直都被赋予划时代的意义，它标志着民族大迁徙的开端。随着夜幕的降临，阿德里安堡战役结束了，罗马军队遭遇了彻头彻尾的失败，经过长达八小时的行军，他们早已筋疲力尽，并且由于夏季阳光毒辣，天气炎热，他们甚至都很难驮动随身携带的装备，三分之二的罗马兵力被歼灭。就连皇帝本人也丢了性命，尸首都找不到了。

在此次阿德里安堡战役中，主要由步兵组成的罗马军队，败于一支哥特人占主力的多民族联军，在这支联军中，打头阵的是阿兰人和格鲁森尼人的骑兵。罗马史学家阿米阿努斯·马色林努曾在390年详细记录过此次战役的经过，当代所有对这场战役的复原工作都会以他的记叙为基础，他将阿德里安堡战役同五百年前罗马在坎尼（Cannae）与汉尼拔（Hannibal）的战争中遭遇的失败进行了比较，在回顾了过去蛮族的一系列入侵后，他依然表达了自己的希望，认为这一次只要罗马人能够重拾旧日的美德，必定会再一次战胜入侵者。这位史学家赞颂了大元帅尤利乌斯（Iulius）的果敢坚定，因为在阿德里安堡战役爆发后，一旦得到罗马战败的消息，他便毫不犹豫地下令杀死所有在小亚细亚地区的哥特人。阿米阿努斯尚无法预见到，罗马人后来再也没能彻底驱逐或征服入侵者。实际上，弗里蒂根的军队在数次尝试占领一些守备坚固的城池未果后，最终解体成了多支队伍。部分队伍朝着西边进发，一直来到了朱利安阿尔卑斯山脉（Julische Alpen）地区，另一些则在巴尔干半岛东部游荡，活动范围远至马其顿。[49]

皇帝狄奥多西一世是一位经验丰富的将领，379年1月19日，他在锡尔米乌姆被推举为东罗马帝国的皇帝，最初他在色雷斯取得了一些胜利。然而在380年，狄奥多西一世遭遇了一次失败，在这之后，即便有许多哥特人在为他服务，他也再没能够取得什么重要的战果。376年，哥特首领阿塔纳里克停在了多瑙河对岸没有继续前进，后来他投靠了罗马皇帝一方，可即使是这样，对罗马而言情况并无任何变化。381年1月11日，人们在君士坦丁堡接待了阿塔纳里克，然而14天之后，他却死在了那里。[50]

　　最终，狄奥多西不得不接受现实，同意与那些他战胜不了的弗里蒂根手下的哥特人签订和约，允许他们定居在帝国的土地上。哥特人则有义务为皇帝招募军队，但罗马允诺每年向他们支付金钱。尤为重要的是，罗马承认这些哥特人为完整的政治实体，他们可以同皇帝谈判，并且被允许任命自己的首领。这份和约开创了一种全新的法律身份，在现代研究界，拥有这种法律身份的群体被称为"联盟"，因为他们通过"盟约"的形式与罗马帝国联系在了一起。这里指的是以皇帝臣僚的身份定居在帝国境内的蛮族，而不是指罗马人。这种身份成为382年以后在罗马境内产生的日耳曼诸王国的萌芽。当然，还需要持续很长时间才会迎来这样的发展，当时的人们还预见不到这一点。与罗马宫廷关系密切的演说家狄米斯提厄斯（Themistios）曾大力宣扬382年签订的"盟约"，他将这份"盟约"赞誉为哥特战士融入罗马文化世界的开端。[51]

9

农民、战士与"法官"：
4世纪哥特人的政治与社会制度

阿塔纳里克曾经在公元4世纪60年代统领过瑟文吉人，381年在君士坦丁堡去世，在现代研究中，他通常被称为国王。然而，接近于他所生活的时代的文献，从未用拉丁语或希腊语中用来称呼国王或皇帝的词描述过他的身份，这些文献都称他为"法官"（iudex）。在当时，"法官"是由皇帝任命的行省总督的常见称谓。阿塔纳里克同时代的人想通过这一称谓表明，阿塔纳里克并非终身行使领导职能，也不能够随便将领导职能传给他人。很显然，在这一时期的瑟文吉人那里，国王是通过选举产生的，并且他的权力受到了限制，"国王"在哥特语中很可能是用"kindins"一词来表示。"kindins"受到一群有势力的人的委托来实施统治，而这些人的头衔是"reiks"，表示这一头衔的词与"rex"，也就是拉丁语中的"国王"相近，而在哥特语中，"reiks"的意思是"强大的人"，因此这个词可以被用在一群人身上。[52]

那么，选举阿塔纳里克这样的人为首领的那些人，他们生活的世界又是怎样的呢？考古发现能提供他们的居住环境与经济形态方面的信息。自20世纪初起，已有数百处墓地与聚居点被发掘，这些遗址中的一部分彼此之间仅相隔数千米。由此看来，居住密度相当高。村庄通常位于河流或溪流的上游，没有任何防御措施（黑海沿岸除外）。这些村庄中的房屋一般成排平行分布，占地面积共有10公顷至35公顷。村中没有石砌的房屋或者公共区域。房屋的建筑类型及大小不同，但主要可以被归类为两种基本类型：坑屋和人畜混居屋。坑屋是嵌在地里，只有一小部分露在地表之上。这种房屋占地面积只有 5 平方米到 16 平方米，因此只能供较少的人口居住。人畜混居屋则是坑屋的 10 倍到 12 倍大，房屋本身的地面与实际地面齐平，内室通常被分为人的居住区和牲畜饲养区。

　　村民们赖以生存的基础是农业，他们种植不同种类的谷物，饲养大牲畜、小牲畜以及马匹，狩猎在经济生活中的作用较为有限。不过，他们有专门的手工行业，尤为重要的手工业者是铁匠和陶匠。一些工具，如犁铧、镰刀和刀具，还有武器，如盾心、剑、矛和箭镞，都是用铁制成的。罗马钱币大量流入哥特人的聚居区，但这些钱币并非被用作日常的支付媒介，而是被当作贵重物品贮藏了起来。靠近边境地区的贸易规模尤为庞大，考古发掘出的宴席用全套餐具，以及用于运输葡萄酒和橄榄油的容器 [双耳陶瓶（Amphoren）] 表明，这里进口的绝不仅仅是奢侈品，主要还有大宗物品。与葡萄酒一同进来的还有希腊和罗马的饮酒风气，拉丁语中指"躺卧"（cubitus）的词在哥特语中被用于指代宴会。人们的日常交流不需要借助书面文字就能实现。当时的人们拥有文字，也就是所谓的如尼文（Runen），但这种文字只用于巫术和仪式。在科威尔（Kowel）附近（今乌克兰境内），人们发现了一枚矛头，上面刻有"tilarids"（有目标的骑兵）字样，这显然说明它是一件属于具有某种目标的骑兵的武器。一件发掘于彼得罗阿萨（Pietroasa，今罗马尼亚境内）的金环，上面刻有如尼铭文，意思很可能是"哥特人的遗产，神圣（且）不可侵犯"。[53]

　　哥特地区与罗马帝国之间存在着紧密的联系，这也是为什么我们能得到一份公元 4 世纪末期的文本。这份文本可谓独一无二，它使我们能够深入了解一座哥特人的村庄。372 年 4 月

101

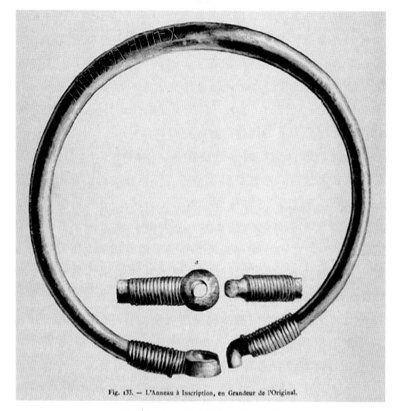

Fig. 133. — L'Anneau à Inscription, en Grandeur de l'Original.

图 5　刻有如尼铭文的彼得罗阿萨金环

12日，一位38岁的名叫萨巴斯（Sabas）的哥特基督徒殉道后，一批与之关系密切的基督徒用希腊语写了一篇关于他献身于上帝的一生以及死亡的报告。这篇报告即《萨巴斯殉难记》，以哥特地区教会致卡帕多西亚（Kappadokien）教会的书信的形式写成，萨巴斯的圣髑最终被葬在了卡帕多西亚。该报告意图通过将萨巴斯塑造为迫害时期乐于为了信仰走向死亡的勇敢信徒，论证为什么萨巴斯应当被封圣。当哥特贵族打算逼迫基督徒吃下用于献祭的肉时，村中其他居民则意图借助计谋，来保护自己的基督徒同胞免遭迫害，他们给基督徒端来了没有按照神圣仪式宰杀的牲畜的肉。萨巴斯没有参与到这一计谋中，而是大声喊道，谁要是吃了这些肉，就不再是基督徒了。于是，萨巴斯被驱逐出了村庄，但不久后他又返回，并被重新接纳。后来村民又得到了献祭的命令，于是村民们打算发誓，称村中已经没有基督徒了，然而萨巴斯再一次搅黄了村民们的计划，他在村民集会上承认自己是基督徒。数天后，一个名叫阿塔里德（Atharid）的人，据说是一位具有王族血统的人之子，带领一群"强盗"闯入了村庄。阿塔里德下令逮捕萨巴斯以及一个生活在村中的神父桑萨拉斯（Sansalas），折磨他们，最后把他们淹死在锡雷特河（Sereth）的一条支流布泽乌河（Buzau）中。报告的结尾是，萨巴斯的遗体被打捞出来，运过了多瑙河，送到了罗马帝国境内，随后从这里出发被送往卡帕多西亚。

《萨巴斯殉难记》将一个团结一致的村庄社群呈现在我们的眼前，这座村庄拥有自己的大会，并且当哥特贵族命令村中的基督徒食用献祭的肉时，村民们会将自己的基督徒同胞护卫在身后。直到由贵族们派来的外来者来到村中，对付了拒绝参加献祭的人，献祭的命令才被真正执行。在这座哥特人的村庄中，基督徒只占了一小部分，他们的名字也从未被提及，虽然他们同罗马帝国的基督徒有联系，但他们仍然被视为社群的一部分。桑萨拉斯神父曾因受到迫害而逃到了罗马帝国境内，直到被逮捕前数天才回到村中。

考古发掘结果以及圣徒传记描绘出了一幅乡村社会的景象，那里有定居下来的农民和牧人，并且具备农村特有的聚落结构。可是，在这样的一个社会中，又是如何产生出 3 世纪中叶的哥特军团表现出来的那种巨大军事潜力的呢？只有一种可能性，那就是并非所有哥特人都从事食品、日用品和工具的生产工作。哥特人中间有一个军事贵族阶层，这些人靠依附于他

103

们的人缴纳的贡物为生。在这些贵族身边聚集了一批自由人，这些自由人愿意追随贵族，前提是他们能够得到恰当的款待，并且被允许参与瓜分战利品。一名贵族的势力是根据他能够招募到的扈从数量来衡量的，而扈从数量又取决于一名贵族能够豢养得起多少扈从，以及能够将战利品分发给多少人。由于战利品的多寡主要由个人的能力决定，但也会由运气决定，贵族与自由人之间的界限是可以被打破的。一场战争的结果将决定一名贵族是否能够捍卫自己作为王侯的地位，或是能否扩大自己的权力，抑或他是不是会阵亡，或是被自己的扈从抛弃。塔西佗曾描述过这种构建共同体的方式，然而并不像早先的研究所认为的那样，这种现象绝非日耳曼人特有的。确切地说，这种共同体的构建方式存在于许多军事社会之中，遍布于欧洲、亚洲和非洲等地。[54]

当 376 年大部分瑟文吉人想方设法定居罗马帝国境内时，他们中间已有许多基督徒了。阿德里安堡战役前夕，弗里蒂根就曾派出一名神父前去找瓦伦斯谈判。不过当时的大多数哥特人似乎依然还是信仰多神教，而我们对于这种宗教知之甚少。哥特人供奉的神明的名字甚至都没能流传下来，只有一位战神的名字可以被准确地推断出来，这个神在日耳曼语中被称为提乌斯（Tius）。这种多神教也拥有宗教方面的专家（祭司），拥有探知未来的宗教仪式和自己的圣地。人们自然也会庆祝节日。最重要的圣事便是献祭牲畜，以及紧随其后的共餐。值得注意的是，哥特人的墓地中土葬与火葬的形式并存。也就是说，葬礼没有统一的标准。男性的墓葬中没有武器，也缺乏其他种类的随葬品；女性的墓葬中往往陪葬有带扣和别针等服装配饰以及首饰。[55]

104　　　基督教是通过多种渠道传到哥特人中间的。影响最大的中介人是小亚细亚地区的基督徒，3 世纪中叶哥特人在四处劫掠的时候，他们被掳到了哥特人居住的地方。前文提到的哥特主教乌尔菲拉也是这些战俘的后代。大约在 348 年，乌尔菲拉被驱逐出哥特地区，随后他在靠近多瑙河的尼科波利斯城内找到了新的落脚点，并召集起了一批信众，这个群体直到 6 世纪依然存在；约达尼斯称他们为"小哥特人"（Goti minores）。360 年，乌尔菲拉以这批定居在帝国境内哥特人主教的身份参加了在君士坦丁堡召开的一次公会议，不过他终其一生都与生活在多瑙河对岸的那些哥特人保持着联系。乌尔菲拉用哥特语、拉丁语和希腊语传教，并用这三种语言发表宣传性文字和评论。他最重要的成就便是将《圣经》翻译成了哥特同胞的语言；他翻译的《圣经》肯定包括了《新约》，但也很可能有《旧约》，这部《圣经》有部分内容被保存了下来。[56]

乌尔菲拉面对的是一项极为艰难的任务。由于当时尚未有用哥特语写成的长篇文本，他首先要发展出一套能够书写长篇文本的文字；他借助希腊字母，发展出了哥特字母，因此他是哥特文字的发明者。乌尔菲拉首先需要解决的问题是，将用希伯来语和希腊语叙述以色列民族命运、弥赛亚出现在巴勒斯坦及基督在罗马帝国宣扬福音等事迹的文本，用一种生活在完全不同的社会及文化环境中的人能够理解的语言转述出来；他必须在字词和现实事物之间建立起关系，还要在完成的过程中展现语言方面的创造力。通过这种方式，乌尔菲拉使所有使用或能够听懂哥特语的人感受到了语言表达上全新的可能性；同时，他使基督教信仰更为便捷地传播到那些没有参与到罗马帝国的拉丁—希腊文化世界的人群中。乌尔菲拉翻译的《圣经》在使用日耳曼语的诸民族中间得到了广泛传播，也由此获得了教会正统文本的地位。在发明了哥特文字后不久，又有了用哥特语写成的神学文本。与此相反，从未有过用哥特语写成的世俗文献。[57]

372 年基督徒被迫害的时候萨巴斯丢了性命, 然而在多瑙河对岸的哥特地区已经有了配备神职人员的稳定的基督徒社区; 人们相互之间保持着联系, 同时同罗马帝国关系密切。即便这样, 基督徒在当时依然只是少数。基督教是在何时、如何成为大多数瑟文吉人信仰的宗教的, 研究界对此争论不休。部分研究者认为, 这一转变在瑟文吉人踏上罗马帝国的领土之后才完成。然而, 更接近事实的或许是, 大部分瑟文吉人早在数年前就已经皈依了基督教。在前文提到的瑟文吉人内战期间, 阿塔纳里克的对手弗里蒂根就已经从罗马人那里得到了支持; 为了强化和巩固这一关系, 弗里蒂根及其扈从接受了瓦伦斯皇帝的信仰。不过瓦伦斯信仰的基督教派别被他神学上的对手称为阿里乌派, 在现代研究界则被称为"相像派"(homöisch), 因为这一派别将圣父与圣子之间的关系用形容词"相像的"(homoios)来定义。这种相像派信仰在当时是罗马帝国教会的官方信仰, 并且在瓦伦斯在位时都是如此。[58]

大多数瑟文吉人想必是在极短的时间内接受的基督教信仰, 因为他们与其他在 5 世纪皈依基督教的日耳曼族群接受的这种新宗教形式, 到了 381 年就因为 379 年登基的狄奥多西皇帝的大力支持, 在罗马帝国被斥为异端。罗马皇帝抛弃了阿里乌派后, 由于瑟文吉人依然坚持这种在罗马帝国被迫害的信仰, 他们便以基督徒的身份组成了一个自己的宗教团体, 该团体有自己的神职人员, 将哥特语作为仪式用语。这样就产生了社会学意义上的教会, 它与受罗马皇帝承认及支持的主教没有关系, 而是具备哥特宗教团体的特征, 即便这个教会和其他基督教会一样自认为是天主教会(这里的"天主教会"是"大公教会"的意思)。[59]

对于那些受到基督教影响的哥特人, 在罗马帝国境内定居给他们的生活带来了剧烈的变化, 这一点可以肯定。很显然，基督教在瑟文吉人中间迅速传播，并通过他们继续蔓延到其他哥特族群中。接受基督教信仰到底对他们产生了什么具体影响，这一点我们尚不清楚。人们可以假定，哥特战士将基督看作一位能在战争中保佑自己战胜敌人的神明；从本质上看，这在罗马皇帝的军队和宫中也没有什么差别。这种信念很可能还伴随着对免遭疾病和死亡的期望。人们很难想象哥特军人会理解《新约》中宣扬的"爱自己仇敌"的信条。《旧约》中的"以眼还眼、以牙还牙"原则更符合他们的荣誉观。对《圣经》文本的选择和解读必须考虑到这一点。然而，我们缺少相关资料来了解福音是如何被宣扬给哥特人的。

　　过去的研究认为，哥特人及其他日耳曼族群之所以会选择信仰基督教中的相像派，是因为该派别的神学符合日耳曼人的宗教观念；人们称这种信仰为"（东）日耳曼阿里乌派"。这一信仰包含两重内容：第一，相像派神学强调基督的人性；第二，这种观念与"日耳曼本质"相适应。这种在第三帝国时期遭到滥用，成为漏洞百出的"德意志基督教"学说之基础的假说之所以站不住脚，不仅仅是因为"日耳曼本质"早已被证明是一种幻想，更重要的原因是，在相像派看来，虽然耶稣基督从属于圣父，但他本身也是神，并且是人之主，是世界的创造者。对于基督身上的人性与神性关系如何这一问题，相像派神学家似乎在当时和之后都没有进行过研究。[60]

　　此外，毫无疑问的是，移居到帝国境内会使哥特人内部等级分化的情况加剧，因为首领通过与帝国之间的合作能够获得更多资源，从而有能力比过去拥有数量更多的扈从。领导者和被领导者之间的差距越来越大，各首领之间的竞争也开始加剧。另外，大批人群被调动起来，逐渐走向了军事化。在一个群体的内部，战士的数量逐渐增加，其重要性也日益凸显。特别是在阿德里安堡战役之后，又形成了一些全新的族群和政治

107

联盟。瑟文吉人的部落开始瓦解，他们归顺了不同的首领，再也意识不到彼此曾属于同一个族群。取代瑟文吉人地位的是许多不同的哥特族群，382 年与罗马帝国签订协议后定居在色雷斯的那批哥特人只是其中的一支。同样，格鲁森尼人在遭到匈人大举入侵后也不再是一支统一的族群，格鲁森尼人这一名称也在 5 世纪初消失。被保留下来的只有这样一种意识，那就是他们都属于一个被称作哥特人的更大的群体。

第四章
从阿提拉到狄奥多里克：巴尔干地区的东哥特人

10
哥特人与匈人

　　根据约达尼斯的说法，489 年至 493 年帮助狄奥多里克征服意大利的军团是哥特民族东部的一支，按照约达尼斯的描述，哥特民族早在几百年前就已经分裂为两部分，到了 4 世纪 70 年代，在匈人的压力之下，这两部分最终在地域上也分开了。据此，狄奥多里克手下的哥特人是 4 世纪迁移到德涅斯特河另一侧，并从此受阿马尔家族诸王统治的那批哥特人的后裔。然而实际上，奉狄奥多里克为王的这批哥特军团的形成要复杂得多，阿马尔家族诸王开始对其实施统治的时间不早于 5 世纪中叶。这支军团的历史发端于匈人王阿提拉的国家。

　　关于这支军团最早的可靠叙述是发生于 447 年的一系列事件。当时匈人王阿提拉率领一支由多族群组成的军队入侵东罗马帝国，在达基亚里潘西斯行省（Dacia Ripensis，今保加利亚北部）境内的乌图斯河［Utus，即今天的维特河（Vit）］附近击败了皇帝的将领阿尔涅吉泽尔（Arnegisel）；接着，他率领军队在整个巴尔干半岛一路烧杀抢掠，直至位于希腊中部的温泉关（Thermopylen）——1000 年前波斯人和希腊人曾在那里进行过一场战役。在这场战役中，阿提拉及其部下占领了 70 多座城市，并获得了丰厚的战利品。现在正是好时机，因为当时的东罗马帝国正多处告急。因此，皇帝狄奥多西二世（Theodosius II，408~450 年在位）别无选择，只能满足阿提拉的所有条件；他与阿提拉订下协议，交出所有叛逃到东

109

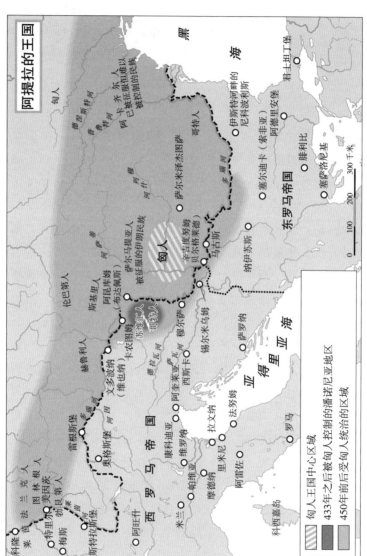

地图 3　阿提拉的王国

罗马的匈人，缴纳重量达 6000 磅的黄金作为贡赋，并在今后 110
每年支付 2100 磅黄金作为年贡。在这一系列大获全胜的战役
中，除阿提拉之外，还有两位领袖尤其引人注目：格皮德人的
国王阿尔达里克（Ardarich），以及狄奥多里克大王的一位大
伯、当时率领一支哥特军团的瓦拉米尔（Valamir）。这两人
都领导着武装族群，是阿提拉的封臣，在战争中一直追随着阿
提拉。[1]

　　后来新上任的东罗马帝马尔西安（Markian，450~457
年在位）停止支付 448 年约定好的年贡，于是在时隔四年之
后，当阿提拉集结军队攻打西罗马帝国时，阿尔达里克率领的
格皮德人和瓦拉米尔率领的哥特人又重新出现在了阿提拉的
队伍中。阿提拉的军队沿着莱茵河朝上游挺进，一直到了科
隆（Köln），接着又向西部进发，经图尔奈（Tournai）、亚
眠（Amiens）和巴黎来到奥尔良（Orléans）。这一次阿提拉
的军队沿途占领和洗劫了多座城市。然而，在这之后阿提拉
的军队停止了前进，因为皇帝一方的将领埃提乌斯（Aëtius）
集结了一支由多族群组成的军队，构成军队核心群体的是西
哥特人和阿兰人。于是，451 年在位于香槟沙隆（Châlons-
en-Champagne）和特鲁瓦（Troyes）之间的卡塔隆平原
（Katalaunischen Felder），两军对阵，战役打响。这两支军
队都是由来自不同民族的人组成：为西罗马皇帝瓦伦提尼安三
世（Valentinian III，425~455 年在位）作战的除了罗马人，
还有国王狄奥多里克一世（Theoderich I，419~451 年在位）
率领的西哥特人和国王桑吉班（Sangiban）率领的阿兰人，此 111
外还有许多规模较小的兵团，包括法兰克人和勃艮第人；在阿
提拉的军中，除匈人之外，文献还提到了格皮德人和哥特人，
此外还有其他族群参与。据约达尼斯记载，位居阵形中央的是
阿提拉和最勇敢的匈人，两翼则由"许许多多不同的族群"组

成，他们都臣服于阿提拉。在这些人中最为突出的是东哥特军队，由瓦拉米尔、提乌迪米尔和维迪米尔（Vidimir）三兄弟领导。同样，在约达尼斯笔下，"极其勇猛且负有盛名的国王"阿尔达里克及其率领的"数不胜数的"格皮德人也在其列；阿尔达里克和瓦拉米尔属于匈人王最信赖的人，他们也忠实地服务于他。因此，阿提拉毫不犹豫地派出他们来与"他们的亲戚"西哥特人作战。在两代人之后，新柏拉图主义哲学家达玛修斯（Damaskios）将瓦拉米尔看作"阿提拉身边之人"。2

在这场战役中，东哥特人可以说是没有辜负匈人王的信任。虽然阿提拉的军队在长达数小时的惨烈战斗中一度陷入了危急的境地，但将士们依然死守阵地，他们中一个名叫安达克（Andag）的人后来声称自己亲手杀死了西哥特国王狄奥多里克一世。狄奥多里克一世战死的消息如野火燎原一般传开，使阿提拉免遭惨败的命运，因为西哥特军队得到消息后急忙撤退，以保证狄奥多里克一世的儿子托里斯蒙德（Thorismund）继承王位。即便卡塔隆平原战役实际上没能决出胜负，但在狄奥多里克大王统治意大利的时候，这场战役依然被认为是西哥特人对阿提拉的胜利。事实上，匈人王停止了征伐，带着自己的封臣，其中包括瓦拉米尔、提乌迪米尔和维迪米尔，返回了自己的家乡，也就是多瑙河对岸的草原——匈牙利大平原（Große Ungarische Tiefebene）。3

在约达尼斯对卡塔隆平原战役的记载中，东哥特人是以一个灵活机动的作战群体的形象出现在我们面前的，他们从属于阿提拉，但也与他合作。在 447 年和 451 年，他们跟随匈人王游荡在欧洲的大片区域，从爱琴海一直到大西洋沿岸，并在短时间内就走过了数千千米的距离；很显然，他们和匈人一样都是骑兵。约达尼斯提到了三位首领，即瓦拉米尔、提乌迪米尔和维迪米尔，但也强调瓦拉米尔占主导地位，并且只给他加上了国王的头衔。这三兄弟之间的关系究竟呈现出一种怎样的格局，这一点很难说。但无论如何，瓦拉米尔的兄弟有自己的扈从，也享有较大的自主权。同样，对于这支军队是如何产生的，人们也只能作一番猜测。至少有部分证据表明，瓦拉米尔不是从他的父亲那里继承来的领导权，而是几年前经过一番夺位之争才赢得的。此外还无法确定的是，这些哥特人的居住地究竟在哪里。也许当时他们的亲人还在喀尔巴阡山脉（Karpaten）以东，但也有可能已经在多瑙河左岸的巴拉顿湖和萨瓦河（Save）之间定居了，在453年阿提拉死后他们的亲人更愿意留在那里。

在多瑙河与喀尔巴阡山脉之间有一处具有草原景观的平原，这就是普兹塔草原（Puszta），这里能为骑兵们提供良好的条件，是阿提拉发家的地方，当时也是他的权力中心。春季他会在那里集结军队，他家族的墓地也在那里，而且那里至少有他的一处"都城"。匈人王一直都在旅途中，因此他很少在一个地方长期停留，他的"宫廷"常常不过是一座用帐篷搭起来的城市。不过阿提拉也有固定在一个地方的"都城"，他会时常造访那里。我们可以对这些"都城"的外貌有一个相当细致的想象，因为一份关于东罗马使臣在449年拜访阿提拉的记录被保留了下来。这份史料的作者，帕尼翁（Paneion）的历史学家普利斯库斯本人也在现场。虽然普利斯库斯和阿提拉会面的地点尚存在争议［部分研究猜测地点在更东边的地方，也就是大瓦拉几亚（Große Walachei），即今天的蒙特尼亚地区（Muntenien）］，但这份史料的内容依然十分详尽。阿提拉的"都城"是一座大型村庄，那里只有唯一一座石制建筑。这是一座浴室，由阿提拉的一名亲信请一个被俘的罗马建筑师建造。

我们跨过了多条河流，来到了一座规模非常大的村庄。那里有一座宏伟的房子，它想必比其他所有阿提拉的住所都要壮丽。这幢房屋由多根大梁搭建而成，墙面装有护墙板，周围有一圈木制栅栏。旁边是奥内格修斯（Onegesios）的房屋，这座房子也有木栅栏，但和阿提拉的住所不同，它没有塔楼。离此处不远是一座浴室，那是仅次于阿提拉的最有权势的斯基泰人——普利斯库斯在这里称呼匈人为斯基泰人——奥内格修斯令人用从潘诺尼亚运来的石料修建的。这一地区既没有石头也没有树木，所有的建筑材料都必须进口。[4]

448年与罗马签订和约后，阿提拉到达了权力的顶峰。445年，他除掉了自己的哥哥布列达（Bleda），收编了他的部下。从此他开始统治在欧洲的大部分匈人军队，势力范围从东边的乌克兰，跨越瓦拉几亚，一直到西边的小匈牙利平原（Kleine Ungarische Tiefebene）。阿提拉的政权没有固定边界，人们服从国王命令的地方就是他政权所及之处。他正在停留的地方也是其统治力量最为深入的地方，他的影响力随着距离自己的所在地渐远而逐渐减弱。到了449年，在人们心目中已经没有什么阿提拉做不到的事情了，他的计划甚至牵动着远在欧洲西部的人们的心。一批西罗马帝国的来使与普利斯库斯所在的使团在阿提拉的"宫廷"碰了面，西罗马来使认为阿提拉下一步可能会讨伐波斯人，但也认为他会进攻西罗马帝国。两年后，一名统治一部分法兰克人的国王投奔了匈人王，以寻求帮助。[5]

阿提拉的权力依赖于多支不同族群对他的服从，这些族群有一个共性：他们都十分好战，生活方式也具备军事化特征。阿提拉扈从的核心力量是匈人，他们在4世纪70年代从欧亚

草原地区侵入了多瑙河下游。这批匈人属于游牧民族，他们带 114
着自己的牲畜，从一片草场迁往下一片草场。他们的生活方式
和风俗习惯与受过教育的罗马人理解的截然不同。罗马人眼中
的匈人就像野生动物一样，既没有在文明方面取得任何成就，
他们的语言也令人费解。匈人从来没有固定的居所，而是生活
在马背上；他们只食用肉类和乳制品。这些人不知道什么是法
律，也不懂得怜悯他人。自从希罗多德在一千年前记载过多瑙
河对岸的一支马背上的民族——斯基泰人以来，游牧民族的形
象都以这种方式得到表现。除此之外，当时罗马帝国境内有越
来越多的人改信了基督教，而匈人信仰的宗教却在基督教神学
家看来是极为野蛮的迷信。[6]

匈人的出现在罗马各城居民以及哥特农民中间都引发了
巨大的恐慌。在刻板印象及先入之见的加成下，这种恐慌愈演
愈烈，但这并非无缘无故。因为这些 370 年越过德涅斯特河
的匈人绝非什么逐水草而居的温和的游牧民族，而是一帮毫不
留情、暴力抢夺自己所需所想之物的骑兵。游牧的生产方式无
法给他们带来太多剩余财富，并且畜牧业的产出时常受到不利
的地理条件、恶劣的天气及传染病的影响；此外，游牧经济无
法大规模生产奢侈品。入侵定居农民的居住区使这些骑兵能够
通过抢劫和压榨的方式获取自己无法生产的食物及奢侈品。匈
人骑兵之所以会有这样非同寻常的实力，是因为他们将骑术及
射箭的本领发展到了出神入化的地步。他们出其不意地发动袭
击，又以同样的方式突然撤退，所以他们很难被敌人抓住。他
们能够在骑马的同时精准地射出三翼镞，而且他们的箭在 50 115
米开外仍能致命。他们的箭之所以会有这样的贯穿力，是因为
射手的弓由富有弹性的木材制成，弓的两端和中间都用骨板进
行了加固，这就是所谓的复合弓（Kompositbögen），又称反
射弓（Reflexbögen）。

图 6　携复合弓的游牧民族骑兵

　　当匈人骑兵入侵哥特人聚居区的时候，他们并没有清晰的计划，但他们会疯狂地对付阻拦他们的人，烧杀掳掠，将各聚居区洗劫一空。许多哥特人的统治者都曾试图抵抗匈人，然而都失败了。格鲁森尼人的国王埃尔马纳里克选择了自尽，他的继承人维尼塔尔（Vinithar）战死沙场。后来部分哥特人越过了多瑙河，来到了罗马帝国境内，他们在那里引发的一系列事件最终导致了阿德里安堡战役的爆发；另一些哥特人则留在了多瑙河另一岸，归顺了匈人。当时沦为匈人臣民的哥特人中间产生了后来被我们称为东哥特人的那批哥特人族群。[7]

　　376 年将瑟文吉哥特人驱逐到了多瑙河对岸，赶到了罗马帝国境内的匈人战士，并不是一支稳固的政治团体，他们是由多个独立群体组成的联盟，很快就会解体。直到 4 世纪末，才有一名匈人首领成功将一大批这样的军队长时间地稳固在自己的统领之下。400 年，多瑙河下游出现了一位名叫乌尔丁（Uldin）的匈人统治者，他维持了几年的统治，却在 408 年的一场战役中落败，随后便消失得无影无踪。下一次建立匈人政权的尝试则是在 5 世纪 20 年代。当时有一对兄弟，他们每个人手上都有一大批匈人军队。两兄弟中的一人名叫奥克塔尔（Oktar），也可能是叫奥普塔尔（Optar）；另一人名叫鲁阿（Rua）或鲁嘎（Ruga），有的史料记载的是他的昵称，即鲁伊拉（Ruila）或鲁吉拉（Rugila）。奥克塔尔死在了征伐勃艮第人期间，据说他是在大吃特吃之后撑死了。鲁阿则成功逼迫狄奥多西皇帝支付了 350 磅黄金作为年贡。这一次，这支联合军队没有在其建立者死前就解体。434 年在鲁阿死后，统治权落到了他弟弟蒙祖克（Mundzuk）的儿子们，也就是阿提拉和布列达的手上，不过统治权被一分为二。在这之前一直听从鲁阿命令的军队的一部分归阿提拉掌管，另一部分则划给了布列达。两位国王彼此独立，但进攻罗马帝国时他们会联手。两军分立的情况在 445 年结束了，阿提拉杀死了布列达。紧接着，阿提拉将自己的统治权拓展到了之前归顺自己哥哥的部落。由此，阿提拉成为首个将大部分（即使不是全部）匈人兵力统一到自己麾下的统治者。[8]

　　然而，并非所有为阿提拉作战的战士都是匈人。许多不认为自己属于匈人的其他族群的首领都归顺了匈人王，他们对自己族群的统治也因此得到了认可。这些族群中间有阿兰人、斯基里人（Skiren）、赫鲁利人、鲁基人（Rugier）、格皮德人和哥特人。这些族群一般都不是自愿加入匈人阵营的，史料明确记载，哥特人曾竭尽全力抵抗匈人的进攻。此外也有一些迹象表明，匈人并不受许多哥特人喜爱，甚至还遭到他们憎恨。约达尼斯根据哥特人的传说，称匈人是在远古时期由不纯洁的精灵和哥特女巫所生，女巫的哥特语名字是"haliarunnae"，派生自"halja"（意为"彼岸"）一词。因此在哥特人眼中，匈人是自己的亲族，然而他们又与自己不一样，因为他们终究是冥府的产物。这样的怨恨情绪根深蒂固。在 5 世纪 60 年代末期，也就是阿提拉死后十多年，一名罗马将领警告那些与匈人一起对皇帝发动战争的哥特人，要小心被自己的盟友奴役的危险。如果哥特人从皇帝那里夺取了土地，那么受益的不会是哥特人自己，而是匈人，因为这些不事农耕的匈人将会像对待奴隶一样对待哥特人，逼迫他们供养自己的主人。此外，哥特人还破坏了一个古老的誓言，因为他们曾在数代人之前发誓摆脱同匈人结成的联盟。这一警告极具说服力，哥特人听到后便立刻将武器对准了自己身边的匈人。直到皇帝的军队加入战斗，不加区分地将哥特人和匈人一同杀死，这两个族群才明白这是罗马人的诡计，于是便一同逃跑了。[9]

匈人的统治或许对于很多人而言是一场灾难，不过军队领袖能够通过与匈人统治者合作获得相当多的好处。格皮德人的国王阿尔达里克以及瓦拉米尔、提乌迪米尔和维迪米尔几兄弟都是如此。他们充当阿提拉的扈从，为阿提拉提供军队，和他一同前去作战。他们也因此成为阿提拉的亲信，能够分享荣誉和战利品，并得到丰厚的赏赐。阿提拉取得的成功提高了他在扈从中间的威望，使扈从能够获得让自己脸上有光的奢侈品，并且他们也可以给自己的手下分发礼品。拥有这些能够满足人们虚荣心的物品，特别是贵重的衣服和首饰，表明了一个人的地位：阿提拉的亲信身着绫罗绸缎，手持华贵的镀金刀剑，马上驮着装饰有黄金和宝石的器皿。正如阿提拉会通过慷慨赠予的方式来保证扈从忠实于自己一样，这些人也会将自己获得的一大部分资源用于赠送自己的扈从，以使他们满意，从而尽可能地扩充自己的队伍。扈从也可以分到自己的战利品，他们并不是完全依赖首领赠予他们的东西。不过，在瓜分战利品时绝大部分归首领所有。匈人王阿提拉生活比较简朴，他衣着朴素，饮食简单。据说他在 448 年与狄奥多西二世签订和约之后，又额外获得了 6000 磅黄金尾款，他将这批黄金的大部分分给了自己的亲信。他的亲信又将这批黄金分配给自己的手下，以巩固和提高自己的地位。[10]

阿提拉极为依赖自己扈从的忠诚，因为他手下没有听命于他的行政管理机构，他的"王国"没有官僚机构。阿提拉身边围绕着一批亲信，这些人受他的委托，可以随时插手任何事务——史学家普利斯库斯称这些人为"logades"（意为"获选者"），他们是一群完全依赖于国王信任的王国职能精英。之前提到过的奥内格修斯与阿提拉的关系尤为密切，他是国王的左右手。相应地，王国内也没有固定的且不依赖于具体人员的统治职能划分，无论从地域方面看还是从职能方面看都是如此。在阿提拉的王国内既没有官职，也没有行省，因此也就没有征收赋税的部门。匈人和受阿提拉统治的其他臣民都不需要按时向他缴纳固定金额的贡赋。阿提拉的"书记处"由少数服务于他的罗马人组成，这些书记员负责草拟阿提拉的书信，以及在与说希腊语的君士坦丁堡宫廷人员进行谈判的时候充当翻译。根据普利斯库斯的说法，阿提拉身边的人使用三种语言：匈人的语言、哥特人的语言和"西方人"（Ausonioi）的语言（也就是拉丁语）。哥特人的语言是阿提拉手下的日耳曼扈从彼此之间普遍使用的交际用语。希腊语反而没有被提到。很显然，阿提拉身边的人几乎不使用希腊语，因为来自罗马帝国说希腊语的地方的、因没有赎身而留在阿提拉身边的俘虏数量很少。[11]

以人治手段，而不是通过机构手段来统领一支由多族群混杂而成的武装扈从队伍，这样的统治形式天然就不可能稳固。阿提拉只能一再通过在战场上取胜，来维护自己的威望，并想办法不断赢得战利品、赎金和贡品。这样的前提条件很快就不复存在了。450 年，允诺每年付给阿提拉 2100 磅黄金的皇帝狄奥多西二世去世。他的继任者马尔西安拒绝继续履行和约。

于是阿提拉转身去对付西罗马帝国，然而他的高卢之征没有取得应有的成功，他获得的战利品远远低于预期。452年，匈人王率军前往北意大利，占领了阿奎莱亚（Aquileia）、米兰和帕维亚。后来阿提拉的部队人数因为饥饿和瘟疫锐减，这使得他只能返回，没能迫使西罗马皇帝屈服，他又一次没能充分满足扈从在物质上的要求。453年初，当阿提拉再一次举行婚礼时，他不可战胜的威名已经被大大地削弱了。婚宴后的第二天，人们发现国王死在了房中，他因为在睡梦中流了大量的鼻血而被活活呛死。他的尸体还没来得及下葬，争夺王位的斗争就爆发了。约达尼斯对此有如下记载（《哥特史》第259节）——

> 因为阿提拉的儿子们（由于阿提拉荒淫无度，他有一大群儿子）提出要求，要在他们中间平均分配部落臣民，如此一来，那些强悍的国王以及他们的族群，要和仆役一样撞大运了。格皮德人的国王阿尔达里克得知，人们要像对待最低贱的奴隶那样决定这么多部落的命运，于是率先愤怒地进行了反抗，他幸运地摆脱了受奴役的耻辱。通过叛乱，他不仅解放了自己的部落，还解放了其他受压迫的人，因为所有人都愿意造福他人。

大约在454年，在潘诺尼亚地区一条地理位置不详的名叫尼达欧河（Nedao）的河流岸边，阿尔达里克率领的反匈人联军遭遇了阿提拉的儿子们，而阿提拉的儿子们手下也不只有匈人，还有其他族群，这些人在阿提拉死后仍归他们统领。这场战役的结果是阿尔达里克的军队大获全胜，3万多名匈人以及与匈人结盟的部落成员战死。阿提拉的大儿子艾拉克（Ellak）也战死沙场。不过死者中也有许多哥特人，因为瓦拉米尔和他的兄弟们在尼达欧战役中没有反抗阿提拉的儿子们，而是在为他们作战。尽管卡西奥多以及他之后的约达尼斯做了大量的努力，来美化这一令人难堪的事实，但他们还是无法否认，将哥特人从匈人的桎梏中解放出来的荣誉应该归阿尔达里克和他手下的格皮德人所有。[12]

在尼达欧战役中惨败之后，匈人的王国瓦解了。多瑙河中游及下游的政治版图被重新规划。按照约达尼斯的说法，格皮德人定居在了达基亚［这里指的可能是蒂萨河（Theiß）、多瑙河及东喀尔巴阡山脉之间的区域］，萨尔马提亚人定居在了马尔蒂斯堡城（Castra Martis，位于今天保加利亚北部）附近，斯基里人、萨达加人（Sadagaren）和部分阿兰人定居在了多瑙河下游的小斯基提亚（Scythia Minor）和下默西亚等行省境内，鲁基人则定居在了色雷斯。他们都请求东罗马帝国皇帝准许他们在帝国的领土上定居，皇帝也应允了他们的请求，甚至有一部分归顺了罗马帝国的匈人也得到了接纳（他们定居在达基亚里潘西斯行省）。

阿提拉的儿子们在尼达欧战役中被击败后，东哥特人也脱离了他们的阵营。和其他许多人一样，瓦拉米尔和兄弟们也派出了使者前去面见马尔西安，请求皇帝安排一处地方供他们定居。皇帝同意了他们的请求，将潘诺尼亚的一块地方分给了他们，而这块地方很可能早就已经被他们占领了。根据约达尼斯的说法，这片区域的北部边界是多瑙河，南部紧邻达尔马提亚，西部靠着诺里库姆［Noricum，即今天的下奥地利州（Niederösterreich）］，东部毗邻上默西亚省（Moesia Superior）。这片地区从巴拉顿湖一直延伸到萨瓦河流域，包括了罗马帝国晚期的瓦莱里亚（Valeria）、第二潘诺尼亚（Pannonia Secunda）和萨维亚（Savia）等行省，还囊括了位于今天塞尔维亚境内的古老帝都锡尔米乌姆，也即今天的斯

地图 4　潘诺尼亚的哥特人，455~474 年

雷姆斯卡米特罗维察（Sremska Mitrovica）。[13]

　　当时双方缔结了盟约，瓦拉米尔手下的哥特人有义务为皇帝提供军队，哥特人由此获得了在现代研究中被称为"联盟"（Foederaten）的身份。作为回报，瓦拉米尔每年可以获得300磅黄金的年金，这一数额是阿提拉448年所获数量的七分之一。提乌迪米尔和维迪米尔显然也被纳入了盟约之中，因为在接下来的日子里，三兄弟都是同时出现在皇帝的面前。随着这份盟约的签订，哥特军事联盟的历史才算真正开始，该军事联盟后来由狄奥多里克大王接管。[14]

　　很显然，这支军事联盟并不包括所有生活在多瑙河流域的哥特人，特别是那些由匈人统治的哥特人。当时在巴尔干地区有多支哥特人族群。一个世纪前聚集在遭到驱逐的哥特主教乌尔菲拉身边的哥特人定居在了伊斯特河畔的尼科波利斯附近，此地在多瑙河以南 30 千米处，这些哥特人被认为是爱好和平的牧人和农民。匈人王国解体后，也出现了一些由各自的首领率领的军队，它们在哈伊莫司山脉以南的色雷斯平原活动。其中一支由一位名叫比格利斯（Bigelis）的哥特国王率领，关于此人我们只知道他在 466 年至 471 年间被人杀害。同样身世成谜的还有一个名叫乌利波斯（Ullibos）的人，他在 5 世纪 60 年代末因为反抗皇帝被处死。大约在同一时期，哥特人阿纳加斯特（Anagast）和奥斯特吕斯（Ostrys）在色雷斯担任高级军事统帅的职务，但他们似乎也有自己的扈从。到了 473 年，这支队伍以一种不为我们所知的方式，发展成第二个庞大的、具有统一领导的军事联盟，这支联盟内的成员被认为是哥特人。由于这个军事联盟在色雷斯地区活动，最好区分一下"潘诺尼亚的哥特人"和"色雷斯的哥特人"，虽然在约达尼斯看来，这两支队伍都是东哥特人。[15]

11
潘诺尼亚的哥特人
（454~473 年）

自瓦拉米尔兄弟与马尔西安皇帝签署协议后，东哥特人的历史便能够以连续的方式得到叙述了，而在这段历史中，潘诺尼亚的哥特人扮演了决定性的角色。体现了这批哥特人重要性的标准之一是，与作为政治行动主体的瓦拉米尔兄弟（罗马一方必须考虑到瓦拉米尔兄弟的这一角色）有关的史料开始增加。从这一时期开始，约达尼斯便更加详细地介绍东哥特人的情况。此外，还有一些普利斯库斯留下的文献残篇。不过关于474 年至480 年之间的历史，我们手上最重要的文献是同一时期由费拉德尔菲亚的马尔库斯（Malchos von Philadelpheia）用希腊语写成的，这份文献对东罗马和巴尔干地区的哥特人之间的关系给予了极大的关注。虽然马尔库斯的历史著作只以引文和段落的形式被保存下来，我们依然能够借此窥见这批哥特人的内部组织形式，而在这之前，这一切都无法为我们所知。[16]

根据约达尼斯的说法，潘诺尼亚的哥特人主要居住在三个区域：提乌迪米尔在巴拉顿湖附近，他的东南方是维迪米尔，最东边是瓦拉米尔。这片区域的哥特人究竟具体定居在何处，并且是如何到那里的，他们是全部或部分居住在城里，还是居住在城外，也就是在乡村，这一切都说不好。不过在他们定居的区域内有不少罗马城市，其中的锡尔米乌姆甚至曾经是帝国都城。此外还有许多规模极大的要塞，如位于巴拉顿湖以南

15 千米处的罗马帝国晚期修建的凯斯特海伊－菲尼克布斯塔
（Keszthely-Fenékpuszta）要塞，它的围墙围起来的面积有大
约 15 公顷。[17]

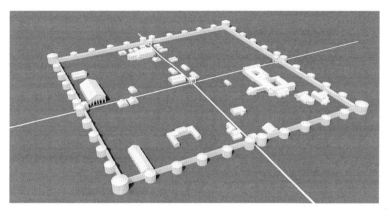

图 7　巴拉顿湖附近的凯斯特海伊－菲尼克布斯塔要塞模型（匈牙利）

　　约达尼斯没有提到哥特人聚居区是什么样子的，考古研
究也无法借助发掘出的实物来证明哥特人曾居住在潘诺尼亚地
区。但无论怎样，三兄弟所在地的空间分布表明，虽然身为国
王的瓦拉米尔地位最高，但他们每个人都享有高度的自主权。
事实上，最初瓦拉米尔必须得独自守护刚刚获得的独立地位。
在阿提拉的儿子们"像搜寻逃跑的奴隶"一般，发现了自己昔
日扈从的踪迹后，瓦拉米尔在没有自己兄弟们帮助的情况下，
成功抵御了匈人的进攻。据说他只通过一场小规模的战役，就
彻底击败了匈人，幸存者逃到了第聂伯河对岸。此次战役发生
的时间可能是 455 年或 456 年。[18]

　　紧接着瓦拉米尔战胜匈人的事迹便是狄奥多里克出生的故
事：战争结束后，瓦拉米尔立刻向弟弟提乌迪米尔派出了一名
使者；这名使者在提乌迪米尔那里得知，恰好在战争当天，提
乌迪米尔有了一个名叫狄奥多里克的儿子。两个事件在时间上

吻合，能够使人更容易地记住事件发生的时间，不过，如果一个人的出生日期很难或者完全无法确定，也可以通过人为的方式轻而易举地制造这种同步性。这个巧合很有可能是人为设计好的，狄奥多里克的生日被有意识地同一个重要事件联系在一起。事实上，这位后来的国王出生的时间还要更早，在453年或454年。他的母亲埃雷列乌瓦很可能不是提乌迪米尔的正室，而是小妾。如果这一切属实，那么母亲卑微的身份并没有损害到狄奥多里克的地位。他在父亲的眼中与嫡子地位相当，这一点体现在他的名字上——"狄奥多里克"在哥特语中的意思是"人民的统治者"。提乌迪米尔对自己的儿子们寄予厚望，他给二儿子取名为狄奥德蒙（Theodemund），意为"人民的庇护者"。在上一代人中间，他们的名字尚没有展现出这样的野心：提乌迪米尔的意思是"在人民中间享有盛名的"，瓦拉米尔的意思是"在战场上享有盛名的"，维迪米尔的意思则是"在林中享有盛名的"。任何一名重视自己荣誉的哥特战士都可以使用这样的称号。[19]

狄奥多里克的童年见证了一个充满激烈纷争的时代，各部族都在竭力填补阿提拉王国瓦解后出现的权力真空。多瑙河中游昔日的各个行省如今成了激烈混战的场所，无论是西罗马还是东罗马，都不能有效地管辖这片区域。因此，要在这个地方站稳脚跟可是一项艰难的任务。瓦拉米尔和他的兄弟们没有办法寄希望于远方的皇帝，因为马尔西安的继任者利奥（457~474年在位）在5世纪60年代初再次停止支付约定好的年金。于是，瓦拉米尔和兄弟们向君士坦丁堡派出了一批使者，然而他们的要求被拒绝了。当他们看到色雷斯的哥特人反而一直在领取年金时，更加怒火中烧。瓦拉米尔几兄弟不甘忍受这样的冷落。他们率军进入罗马控制的巴尔干地区，在那里洗劫并损毁了多座城市和广袤乡村，直到利奥皇帝派出使臣，表示愿意继续支付约定好的年金之后，他们才停手。普利斯库斯记录了此次事件——

> 斯基泰人瓦拉米尔撕毁协议，踩蹦了多座罗马城市和地区，于是罗马人向他派出了使者，这些使者谴责了他的反叛行径，并约定每年向他支付 300 磅黄金，以求得他不再洗劫这些地方。瓦拉米尔则解释称自己的手下是因为缺乏生活必需品才发动战争。[20]

普利斯库斯的记载表明了东罗马一方是如何看待瓦拉米尔他们洗劫罗马城市和各地区的：将这一行为看作对皇帝的背叛。然而，普利斯库斯也明确了一点，即哥特人之所以依赖抢劫来的战利品和年金生活，是因为他们自己无法生产足够的生活必需品。瓦拉米尔在为自己的行为进行辩护的时候提出这样一个论据，即生活的困顿促使他的人民发动战争。其他军队的首领也经常使用同样的论据。

潘诺尼亚的哥特人要与皇帝重新订立盟约，还需要满足一个条件，即他们必须交出一名王室成员充当人质。哥特人确定的人选是提乌迪米尔当时七岁的儿子。很显然，瓦拉米尔自己并没有儿子。于是，还是个孩子的狄奥多里克来到了这座位于博斯普鲁斯海峡附近的帝都。在那里，他整整待了 10 年。自395 年起，东罗马皇帝便常驻君士坦丁堡，这座城是当时整个地中海地区最大的城市，在那里，数十万名有着不同民族出身、操着不同语言的人一同居住在一个狭窄的空间里。在日常生活中，人们大多使用希腊语，不过拉丁语后来逐渐成为帝国行政部门及军队的官方语言。虽然目前没有关于狄奥多里克青少年时期经历的可靠史料留存下来，但毫无疑问，这个哥特少年在那儿有了许多对他产生了深远影响的经历，并且他能够深刻认识到一些他的父辈没有办法认识到的事情。在君士坦丁堡，狄奥多里克不仅学会了用拉丁语读写，甚至很可能还掌握了希腊语的基础知识；同时，他很早就熟悉了展示皇权的各种形式，并学会了皇帝与臣民之间进行交流的方法。他了解到了宫廷中复杂的等级体系，整个体系表现为分成多个层次的级别和头衔，不过他也遭受了许多一直都存在的偏见，这些偏见针对的是那些非罗马出身的人以及他们的信仰，因为这些人的信仰被城中的大多数居民视为异端。[21]

　　最终，一个带着清醒的感官，在君士坦丁堡审视着身边环境的少年清楚地意识到，皇帝虽然理论上仿佛无所不能，但实际上还是要依赖于自己身边的环境，并且绝不能够随意行事。因为在 5 世纪 60 年代，利奥皇帝与自己的最高军事统帅阿斯帕尔（Aspar）之间爆发了一场激烈的权力争夺战。阿斯帕尔的全名是弗拉维乌斯·阿尔达布尔·阿斯帕尔（Flavius Ardabur Aspar），他是一位有着阿兰人血统的将军之子，他的手下有一支由哥特人组成的扈从队。他信奉的是相像派信仰。阿斯帕尔从 5 世纪 20 年代起左右东罗马政局，他曾在 5 世纪 50 年代将自己手下的两个士兵扶上了皇位：451 年是马尔西安，457 年是利奥。在这场权力斗争中，阿斯帕尔得到了自己的儿子阿尔达布尔的支持，后者于 447 年成为执政官，并且在 453 年至 466 年担任了东罗马的最高军事统帅。根据一位同时代的人的记载，阿尔达布尔和父亲在自己控制的军队中拥有"皇帝一般"的尊贵地位。阿斯帕尔还可以仰仗另外两个小一些的儿子：一个是帕特里修斯（Patricius），他在 459 年成为执政官；另一个是赫尔米纳里克（Herminerich），他在 465 年获得了执政官一职。阿斯帕尔在为自己的家族谋求皇帝的尊位，并且他似乎也达成了这一凤愿，因为 470 年利奥将帕特里修斯任命为"恺撒"（Caesar），这样一来也就将帕特里修斯指定为继承人。可是一年后，皇帝却要了手段，在自己宫中谋杀了阿斯帕尔、阿尔达布尔和帕特里修斯。赫尔米纳里克当时不在君士坦丁堡，因而逃过了遭到屠杀的命运。这个蛮族出身的军事家族，原本距离皇位只有一步之遥，却在顷刻间覆灭了。[22]

狄奥多里克没有忘记这段经历。30年后他援引了一句阿 128斯帕尔在马尔西安皇帝死后（457年）在君士坦丁堡元老院说过的话，从而警告意大利的诸位主教不要重蹈这样灾难性的覆辙：当有人问到阿斯帕尔自己为什么不想当皇帝时，这位军队统帅回答说，因为他担心自己导致帝国内部出现一种不好的习惯。狄奥多里克这样做是想以这位阿兰人出身的统帅那明智的自我克制为榜样，此人自愿放弃皇位，以防止他人效仿自己，进而让国家陷入内战。[23]

在460年或461年，哥特人重新与皇帝签订盟约。盟约中约定支付的年金数额不够，抢劫周边地区可以给哥特人带来额外的收入。起初哥特人针对的是生活在潘诺尼亚"腹地"，也就是潘诺尼亚西部的萨达加人。在攻打萨达加人的时候，匈人在阿提拉的一个儿子邓吉西克（Dintzik）的率领下突袭了锡尔米乌姆附近的巴希阿那（Bassiana），这座城市是受瓦拉米尔统治的。于是瓦拉米尔手下的哥特人掉转回来，给了邓吉西克率领的匈人以迎头痛击。在东哥特人的记忆中，这场战役标志着他们最终从匈人的统治之下解放出来。很快，苏维汇人（Suaven）发动了一场掠夺战争，他们穿过了提乌迪米尔统治的哥特人地区，来到了达尔马提亚，并一直冲向了亚得里亚海（Adria）沿岸的克罗地亚地区，由此引发了一系列战争。苏维汇人在流窜的过程中盗窃了牲畜，提乌迪米尔便在他们回程的时候在巴拉顿湖附近攻击了他们，取得了胜利，还逼迫苏维汇国王胡尼蒙德（Hunimund）臣服，并通过一种特殊的收养形式确定了此事：提乌迪米尔隆重地赐予胡尼蒙德武器，将他收养为"军中义子"（Waffensohn），这样胡尼蒙德便有义务服从他所谓的"父亲"。然而，苏维汇国王不愿意长期忍受这样的地位，于是他联合了斯基里人共同对付潘诺尼亚的哥特人。大约在 5 世纪 60 年代中期，瓦拉米尔在对抗苏维汇人和斯基里人联盟的战争中死亡，他被敌人的长矛刺穿了身体。可是在狄奥多里克的王国，人们认为在这场战争中取胜的是哥特人。据人们说，哥特人后来基本上全歼了斯基里人，为瓦拉米尔的死报了仇。[24]

瓦拉米尔死后，提乌迪米尔被拥立为潘诺尼亚地区所有哥特人的国王。不过，我们不清楚他是否接管了瓦拉米尔所有的扈从，或是有没有将其中一部分人分给维迪米尔。当时哥特人急需一个统一的领袖，因为他们与苏维汇人的冲突逐渐升级为真正关乎生死的战争。胡尼蒙德依然不愿意承认自己被打败。后来，他又组织了一个规模更大的反哥特人联盟。这一次，加入胡尼蒙德领导的苏维汇人阵营的还有萨尔马提亚人、格皮德人、鲁基人及其他一些族群。埃迪卡（Edika）和他的儿子洪伍尔夫领导的斯基里人也想报复哥特人，并且他们得到了皇帝在军事上的支持。这一次，双方军队交战的具体地点依然不详。人们过去从未听说过博里亚（Bolia）这么一条河的名字。不过战争的结果十分清楚，这一战确保了潘诺尼亚的哥特人依然是多瑙河中游地区势力最大的族群。[25]

在接下来的日子里，提乌迪米尔开始在多瑙河另一岸的苏维汇人聚居区报复苏维汇人。当提乌迪米尔得胜后回到潘诺尼亚时（时间在 470 年或 471 年），他发现，当了十年人质的儿子狄奥多里克被释放回家，还得到了利奥皇帝赠送的丰厚礼品。这名十七岁的少年很快表明自己有能力，并且也愿意步自己父亲的后尘。据说他在父亲不知情的情况下招募了 6000 余名扈从，去讨伐萨尔马提亚国王巴拜，后者不久前刚刚占领了辛吉度努姆城（今贝尔格莱德）。年轻的王子击败了巴拜，并亲手杀死了他，还抢走了他的财产和仆人。他让辛吉度努姆归顺了自己。通过战胜巴拜这一事件，狄奥多里克传达了一个明确的信号：即使他以人质的身份在君士坦丁堡待了十年，他也有能力和自己的父亲及叔伯一样在战争中证明自己。在战士们的眼中，他也因此有能力当一个统治者。狄奥多里克本人将战胜巴拜的那一年定为自己王权的开端。[26]

130

只要抵抗反哥特联军的战争还在继续，提乌迪米尔的统治地位就牢不可破。然而不久后，提乌迪米尔兄弟俩闹翻了，因为众人一致决定朝着相反的方向离开潘诺尼亚。约达尼斯对此事的记载如下——

> 不久后，从邻近民族那里四处抢夺来的战利品数量减少，哥特人也逐渐开始缺衣少食。长期以来，战争能够给人们带来食物，而现在，和平状态已经不利于人们的生活了。这些人于是大吵大嚷地跑到提乌迪米尔国王面前，请求他率一支大军随便到什么他想去的地方。提乌迪米尔叫来了自己的弟弟，两人抽了签后，提乌迪米尔请求自己的弟弟率军前往帝国在意大利的领土，当时统治那里的是格利凯里乌斯（Glycerius）皇帝。提乌迪米尔因为实力更强，将前往更强大一些的东罗马帝国。后来的事情也是这样发展的。[27]

提乌迪米尔和维迪米尔究竟为何分道扬镳，这一点我们已经无从知晓了。但无论如何，两人都觉得自己在潘诺尼亚没有未来。那里没有，以后也不会再有足够的物资。就算哥特人在那里从事农业，出产的物资也不足以保障他们的基本生活。不过维迪米尔在意大利也没有给自己手下的哥特人带来足够的收获，他刚到那里就死去了。维迪米尔同名的儿子继承了他的王位，在与格利凯里乌斯打了几场失败的仗后，他拿了格利凯里乌斯赠送的礼品，撤退到了高卢地区。在那里，维迪米尔的军队与西哥特人融合在了一起。提乌迪米尔手下的哥特人则朝着东南方向进发，很快到达了属于东罗马帝国的领地。[28]

从多个角度看，潘诺尼亚哥特人不足 20 年（454~473 年）的历史十分具有典型性，它反映了在这样动荡的年代里，族群联盟是如何形成，又是如何瓦解的。最初在潘诺尼亚的三支彼此基本独立，却又因受到共同王权统治而被联系在一起的哥特军队，后来因为三名首领中的一名去世而变成了两支。剩下的两支起初共同行动，但不久又分开了，并且二者在空间上的距离也变得很远。很快，其中一支军队因为与另一支规模更大的军队融合，失去了自己的独立地位，最终只剩下了一支独立的军队，这就是提乌迪米尔手下的哥特人。

这一时期，潘诺尼亚的哥特人有多支队伍，它们又组成了一个联盟，这些队伍在军事上具有很大的潜力，并坚决地利用自己的军事实力获取各种资源。哥特人的军事行动带有抢劫的特征，他们可以通过这类行动，抢夺战利品，敲诈勒索，收取赎金，并且这些行动也并不总是由国王亲自领导的。在机缘巧合的情况下保存下来一份史料，称 5 世纪 70 年代初，哥特人一直来到了克恩顿（Kärnten），他们包围了特尔尼亚城（Teurnia），直到人们将一些原本被收集来送给穷人的衣服送给了他们，哥特人才撤退。除了抢夺物品、敲诈财物，哥特人追求的另一个重要目标是年金，他们通过使用暴力，来迫使他人支付给自己年金。对于东哥特人而言，施加暴力不仅是创造收入的一种方式，还是获得社会认可的途径。适用于哥特人的荣誉准则要求他们证明自己能够经受住战争的考验。这一点也

体现在哥特人的命名原则上，因为许多东哥特人名字的意思就
是战士的本领。谁要想以首领的身份被他人接受，他就要满足
这样的期待。[29]

所以说，潘诺尼亚的哥特人和匈人属于同一种类型的社会
群体，被称为"暴力共同体"，因为暴力共同体指的是这样一
类社会群体，对于其形成和再生产而言，实施暴力的能力起到
了决定性作用。不过，哥特人与匈人之间存在显著的区别。他
们的战斗方式全然不同，因为哥特骑兵并不使用匈人的复合
弓，而是使用一种很长的刺矛。所以长矛是哥特人的典型武
器，而箭是匈人的典型武器。此外，哥特人也会徒步作战。他
们很善于使用剑，但他们并非射箭方面的专家，所以就更谈不
上使用复合弓了。

所谓哥特人的"匈人化"，实际上是现代研究界想象的产
物。诚然，一部分哥特人接受了马上民族的战斗方式——这一
过程被称为"骑兵化"，但这一接受过程完成得更早，地点是
在俄罗斯南部的草原地区，并且他们学习的对象并非匈人。虽
然潘诺尼亚的哥特人是机动灵活的战士，但他们并非那种将
牲畜从一片草原赶往另一片草原的游牧民族。虽说他们也拥有
牲畜，但他们不像匈人那样基本不懂得农耕。定居是他们一直
都在追求的目标。他们会定居在有罗马城市的地区，虽说在 5
世纪 50 年代，这些罗马城市已不再是潘诺尼亚地区的行政中
心，但它们依然属于一片聚居区及经济区的核心。此外人们推
测，哥特人渡过多瑙河之后，并没有完全丧失切尔尼亚霍夫文
化影响下的手工技能；潘诺尼亚哥特人中很可能也有一些手工
艺人，他们能够打铁、加工皮革、制作陶土器皿，虽然他们的
产品无法充分满足当地人的需求。早在数代人之前，哥特人便
已经熟悉了罗马制度，因为在匈人来到欧洲之前很久，他们就
已经同罗马世界有了紧密的联系。最后，由于哥特人在渡过多

瑙河之前，基督教就已经传到了他们中间，并获得了广泛的信众，哥特人也更有能力和意愿融入古典时代的城市文化。至少潘诺尼亚的哥特人大多数是信仰相像派的基督徒，而阿提拉及其手下的匈人在基督徒看来都属于异教徒。跟随狄奥多里克四处活动的军队中还有基督教的神父。[30]

12
哥特人对哥特人：两位狄奥多里克间的战争（473~484 年）

    473 年，被我们称为潘诺尼亚哥特人的那批人开启了历史的新阶段。一部分人在维迪米尔的率领下向西走，首先来到了意大利，接着又去往高卢，并在那里同西哥特人融合。另一部分人则在提乌迪米尔的率领下离开了潘诺尼亚，不过提乌迪米尔选择往东南方向走。当时的队伍想必是浩浩荡荡，一眼望不到头；上千名男女老幼，有的乘车，有的骑马，还有的步行。提乌迪米尔起先带领他的人马走的是直通纳伊苏斯［Naissus，即今天位于塞尔维亚的尼什（Niš）］的大路。到了纳伊苏斯之后，他们又兵分两路。狄奥多里克首先经由乌尔皮亚纳（Ulpiana）来到斯托比（Stobi，在今天的马其顿境内），这两座城市都被哥特人攻占。接着狄奥多里克从此地出发，继续前往色萨利（Thessalien），他的人沿途占领并洗劫了赫拉克利亚林刻斯蒂斯（Herakleia Lynkestis）和拉里萨（Larissa）这两座城。狄奥多里克的父亲则直接攻向这一地区最大的城市塞萨洛尼基，并开始围困这座城。为了避免塞萨洛尼基陷落，利奥皇帝接受谈判，最终双方签订了一份协议。提乌迪米尔率领的哥特人在马其顿境内肥沃的欧耳代亚（Eordaia）地区获得了几处居住地，他们在 473 年底就搬到了那里。协议中提到的哥特人可以居住的城市有居罗斯（Kyrrhos）、佩拉（Pella）、欧罗巴（Europa）、佩蒂纳［Petina，即今天的彼得那（Pydna）］、梅迪亚纳［Mediana，即今天的迈索尼

（Methone）〕和贝罗伊亚。文献中没有记载这些新来者是搬入了城市还是只在城市的领地内定居。哥特人居住在此地会给当地人带来负担，因此当地人不可能对他们表示欢迎。几年后，哥特人要来的消息在第一马其顿省（Macedonia Prima）的首府塞萨洛尼基引发了恐慌。刚来到马其顿不久，提乌迪米尔就在居罗斯死于一场疾病，不过狄奥多里克在这之前就已经被指定为继承人。即便狄奥多里克早已作为军事统帅证明了自己的实力，但他能在不遇到任何阻力的情况下继承王位也着实令人惊讶。他年仅 21 岁，就已经独立领导一支庞大的队伍，这支队伍里面光士兵就有几千人，甚至可能有上万人，此外还包括这些士兵的家属。[31]

134

狄奥多里克面临着巨大的挑战。他能否通过让哥特人定居在马其顿，从而长久地满足扈从们的要求？对此人们还需拭目以待。事实上，哥特人并没有在马其顿扎下根，因为两年后他们又离开了那里；到了 476 年，他们出现在了马其顿以北数百千米处，即位于多瑙河右岸的诺维（即今天的斯维什托夫）附近。关于他们在那里的具体情况不详，不过一窥当时的总体政治形势可以使我们理解，为什么哥特人与罗马人在 473 年签订的协议很快作废。恰好在这一时期，情况发生了急剧变化，使得原本就较为复杂的局面变得更加矛盾重重。[32]

提乌迪米尔率领哥特人从潘诺尼亚来到马其顿时，进入的地界恰好属于东罗马帝国的核心区域。这样一来，提乌迪米尔便与"色雷斯的"哥特人有了正面冲突，这些色雷斯的哥特人数年前就已经在君士坦丁堡周围活动，不久前刚开始接受统一的领导，并以罗马帝国联盟的身份收取年金。领导这些哥特人的人和提乌迪米尔的儿子一样，也叫狄奥多里克，现代研究界通常以他的别名"斯特拉波"称呼他。这位狄奥多里克并不像约达尼斯记载的那样，属于阿马尔家族。他的父亲有一个拉丁语的军队专用名，叫作"特里阿留斯"（Triarius），除此之外人们对他一无所知。不过，斯特拉波与强大的军事统帅阿斯帕尔是姻亲关系，阿斯帕尔手下有很多哥特人。斯特拉波的一个姐妹，也有可能是某个姑姑或姨妈，是阿斯帕尔的第三个妻子。阿斯帕尔与这名妻子生育了一个儿子，他有一个哥特名字，叫作埃尔马纳里克。471 年阿斯帕尔被推翻并被杀害时，斯特拉波加入了反抗利奥皇帝的阵营，他前去攻打君士坦丁堡，但被击败，于是他摧毁了色雷斯的许多城市。最终利奥妥协了，授予斯特拉波帝国最高军衔——帝国大元帅（magister militum praesentalis），并保证每年向他支付 2000 磅黄金（这一数字与 448 年阿提拉获得的差不多），此外还干脆封他为哥特人的"总司令"（autokrator）。在提乌迪米尔手下的哥特人离开纳伊苏斯，来到塞萨洛尼基的同年，这份对于斯特拉波而言非常有利的协议正式缔结。提乌迪米尔定居马其顿后，他的情况可远没有斯特拉波那么安逸，因为他既没有担任那么高的官职，也没有拿到数额相当的年金（实际上提乌迪米尔根本没有获得任何年金）。[33]

　　474 年 1 月 18 日，利奥皇帝去世，各方势力重新洗牌。利奥的继任者是伊苏里亚人（Isaurier）芝诺，此人是一名高级将领，他是阿斯帕尔的敌人之一。芝诺起初与自己未成年的儿子利奥二世（Leon II）共同治国，而在 474 年 11 月利奥二世去世后，芝诺开始单独统治国家，他在宫中树敌众多。475 年 1 月，为了躲避皇室成员策划的阴谋，芝诺从帝都逃往自己的家乡伊苏里亚。从 475 年 1 月到 476 年 8 月，统治君士坦丁堡的是利奥皇帝的遗孀维里娜（Verina，她参与了反对芝诺的阴谋）的兄弟巴西利斯库斯（Basiliskos）。芝诺后来成功回到君士坦丁堡，因为受命前往伊苏里亚攻打逃亡的芝诺皇帝的两名将军——伊鲁斯（Illus）和阿尔马图斯（Armatus）投靠了芝诺。巴西利斯库斯在统治了二十个月之后被废黜，他被投入监牢，最终饿死在了那里。自此，芝诺成为东罗马帝国唯一的统治者，不过在随后的日子里，他在君士坦丁堡的地位并不稳固。[34]

宫廷中的权力斗争迫使两位狄奥多里克作出决定，选择自己支持的阵营。斯特拉波选择支持巴西利斯库斯。这一错误选择让他付出了惨痛的代价。芝诺在返回后罢免了斯特拉波，并将狄奥多里克任命为大元帅，这样一来，狄奥多里克的扈从也可以享受到固定收入。斯特拉波又去竭力争取芝诺的好感，却失败了。皇帝解释称，国库无法在维持罗马常备军的同时供养两支哥特联盟军。这样的格局奠定了接下来数年两位狄奥多里克之间的关系。两人都在为自己和扈从争取皇帝的认可。对于他们而言，融入是通过遴选的方法，这可以巩固他们的统治地位，并给扈从提供物质保障。皇帝则试图让两支哥特军队之间的竞争关系为自己所用，他让两名首领彼此牵制，不过与此同时，他也要注意化解自己同身边罗马统治阶层各成员之间的矛盾。[35]

在这场争端之中，狄奥多里克起初明显以胜利者的姿态出现。他不仅被宫廷任命为大元帅，甚至还被皇帝收养为军中义子，这和他父亲提乌迪米尔收养苏维汇国王胡尼蒙德如出一辙。然而，这样的和平局面没有持续多久。斯特拉波虽然失去了罗马联盟的身份，但他依然设法争取到了更多的扈从，于是芝诺命令狄奥多里克前去剿灭这支危险的势力，并允诺派出罗马常备军持续支持这一行动：当狄奥多里克为了攻打斯特拉波，从色雷斯的马西亚诺波利斯出发，来到哈伊莫司山脉之后，那里会有 2000 名骑兵和 1 万名步兵与他会合；在南边的阿德里安堡附近，又会有 6000 名骑兵和 2 万名步兵加入。于是，狄奥多里克命令自己的军队开拔，前往哈伊莫司山脉，然

地图 5　潘诺尼亚的哥特人和色雷斯的哥特人，474~483 年

而他却没有看到皇帝答应提供的援兵。恰恰相反，斯特拉波正率领部下在桑迪斯山（Berg Sondis）附近等着狄奥多里克的军队。双方都发动了突然袭击，相互抢夺对方的牲畜，但战争并没有打起来。斯特拉波劝说狄奥多里克停止攻打自己的亲族，狄奥多里克在扈从的压力之下同意了斯特拉波的要求。据马尔库斯记载，男男女女都在大声请求狄奥多里克同斯特拉波和解，否则他们就要为了自己的利益而离开狄奥多里克。最终两名狄奥多里克会面了，他们约定好不攻打对方，并且双方都向皇帝派出使臣。狄奥多里克向皇帝索要土地及过冬的粮食，斯特拉波则要求重新获得自己在利奥皇帝在位时拥有的地位。[36]

对于芝诺而言，两名狄奥多里克的联合极其危险，于是他答应给狄奥多里克一笔可观的报酬——1000 磅黄金和 1 万磅白银，此外还打算将罗马帝国的公主安妮西亚·朱莉安娜（Anicia Iuliana）嫁给他，条件是狄奥多里克要征服斯特拉波。狄奥多里克拒绝了芝诺的条件，于是芝诺向他宣战。与此同时，芝诺还与斯特拉波签订了和约，再次任命后者为罗马帝国大元帅；芝诺则承诺向斯特拉波支付一支 1.3 万人军队的津贴，并提供补给。[37]

478 年到 483 年这段时间对于狄奥多里克而言极为艰难。他从帝国显要变成了帝国的敌人，失去了一切物质上的支持。他对扈从的供养能力遭到严重削弱，他的首领地位也变得岌岌可危。由于狄奥多里克袭击君士坦丁堡长墙的行动失败，他只得率部从色雷斯前往马其顿。他摧毁了斯托比，接着在 479 年继续前往赫拉克利亚林刻斯蒂斯，随后又从那里出发，前往爱奥尼亚海（Ionisches Meer）沿岸的新伊庇鲁斯省（Epirus Nova，位于今天的阿尔巴尼亚）境内的底拉西乌姆［Dyrrachium，即今天的都拉斯（Durrës）］。狄奥多里克及他手下的哥特人逼近的消息传来后，底拉西乌姆的居民及当地的驻军都立刻逃离了城市。[38]

在这段时间里，狄奥多里克还在反复同皇帝谈判。狄奥多里克国王在赫拉克利亚的时候，皇帝派出的使臣阿达曼提乌斯（Adamantius）便上路了。据说他给狄奥多里克提供的条件是，他可以与部下在地中海达基亚省（位于今天的保加利亚西南部）的城市保塔利亚（Pautalia）定居。不过，这一目标没能达成，因为狄奥多里克还没等阿达曼提乌斯见到自己，就已经出发前往伊庇鲁斯了。很快，狄奥多里克就向皇帝提出了自己的建议，他将在 480 年春天率领 6000 名士兵前往色雷斯除掉斯特拉波手下的哥特人，但前提是自己再次被任命为大元帅，并以罗马公民的身份被君士坦丁堡接纳，并且如果芝诺皇帝愿意的话，他也乐意率军前往达尔马提亚，将被驱逐出意大利的西罗马帝国皇帝尤利乌斯·尼波斯重新扶上皇位。[39]

然而，这次谈判失败了，因为罗马将领萨宾尼亚努斯（Sabinianus）恰好同时袭击了狄奥多里克军队的辎重部队和殿后部队。狄奥多里克的兄弟和母亲费尽千辛万苦才逃了出来，大约 2000 辆战车和 5000 多名手下落到了罗马人的手中。马尔库斯对此次事件有如下描述——

> 有人对萨宾尼亚努斯说，这群蛮族人由于疏忽，从坎达维亚（Candavia）轻装前来，没有随身带着他们的辎重兵、大部分战车及殿后部队，狄奥多里克的兄弟狄奥德蒙和母亲也在其中，因此有希望夺取大多数装备和人员。萨宾尼亚努斯将身边的骑兵排好阵形，同时又派出不少骑兵沿着群山绕圈子，他事先已经交代了他们什么时候、在哪里现身……到了破晓时分，当他们（指蛮族人）上路后，他（指萨宾尼亚努斯）袭击了他们。狄奥德蒙和他的

139

母亲眼看受到袭击，便立刻突出重围，逃往平原地区。一座桥横跨在狄奥德蒙母子逃亡途中的一处深谷之上，他们过了桥后就将桥升起，这样就使得追兵没办法追上这两个下了山的人，但同时他们也使自己的手下无法逃脱。陷入绝境的手下只得不顾自己人数有限，同罗马骑兵打了起来。正如事先计划好的那样，步兵突然出现在了哥特人的上方，于是哥特人便被打得四处奔逃：一部分人闯入了骑兵的阵中，另一些人则撞向了步兵所在的地方，他们都被杀死了。萨宾尼亚努斯将哥特人的战车据为己有，大约有 2000 辆，还抓住了 5000 多名俘虏，缴获了不少战利品。要是在那些陡峭的山坡上拉战车有困难，他便会将其中一部分在山上烧毁。[40]

损失辎重部队对于狄奥多里克来说是一个沉重的打击，他的手下则在这场战争中失去了大部分财产和许多亲属。在这种情况下狄奥多里克还能保住自己的王位，说明了他深受自己部下的认可，但另一个原因是当时没有形成统一的对抗他的势力。芝诺皇帝虽然立刻对狄奥多里克开战，但他很快又转身去解决新的问题，因为他又要抗击新的篡位者了。这一次与他争夺王位的是安特米乌斯皇帝的儿子小马尔西安（Marcianus）。479 年底，小马尔西安在君士坦丁堡城中召集了一支军队，前去攻打皇宫。虽然叛军很快瓦解，但此次事件削弱了芝诺在帝都的地位。最主要的结果是芝诺与斯特拉波彻底决裂，因为斯特拉波与小马尔西安结成了盟友。斯特拉波晚来了一步，没能支持小马尔西安攻打芝诺，但小马尔西安通过求情和送礼说动了斯特拉波，让他将自己的军队从君士坦丁堡的城墙上撤下。于是芝诺皇帝罢免了斯特拉波的大元帅职务，改为任命一位在自己看来更可靠的伊苏里亚人，那就是伊鲁斯的兄弟特洛昆德斯（Trocundes）。让狄奥多里克和斯特拉波相互牵制的努力彻底失败了，如今皇帝使得两名哥特人领袖都变成了自己的敌人。[41]

480 年至 482 年这段时间的政治局势只能用"混乱"一词来形容。狄奥多里克手下的哥特人活动的区域是巴尔干半岛的西南部；482 年，他们又一次蹂躏了马其顿和色萨利，并洗劫了色萨利行省的首府拉里萨。斯特拉波则在 481 年重新进攻君士坦丁堡，他似乎计划跨越博斯普鲁斯海峡，可他后来却再次返回，率领他的部下朝着希腊的方向去了。他经过了马其顿的腓立比（Philippi），却在一处名叫斯塔布拉狄俄墨迪斯（Stabula Diomedis）的地方从马上摔了下来，并被一根长矛刺穿了身体。这位成功的首领突如其来的死亡引发了一场争夺继承权的战争，斯特拉波的儿子雷基塔克经过了一段时间的争斗，杀死了父亲的兄弟们，最终确立了自己的统治地位。在争夺领导权期间，斯特拉波一方几近瘫痪。在这种情况下，狄奥多里克重新占了上风。[42]

狄奥多里克是如何重掌局面的，史料中没有记载。在其中起到关键作用的可能是皇帝，他在斯特拉波死后试图重新与狄奥多里克结盟。483 年，狄奥多里克第二次被任命为帝国大元帅，同时被指定在 484 年担任执政官。这样，提乌迪米尔的儿子便得到了罗马皇帝的臣僚所能获得的最高荣誉，并且人们还为这位哥特国王在宫殿前立了一座骑像。最后，皇帝允许自己新任命的大元帅手下的哥特人定居在达基亚里潘西斯行省和下默西亚行省。芝诺需要狄奥多里克，这是因为芝诺正在准备同驻扎在安条克并指挥罗马帝国东方军队的大元帅伊苏里亚人伊鲁斯作战。同年，芝诺罢免了伊鲁斯，但伊鲁斯拒绝让出自己的职位。[43]

狄奥多里克很懂得如何借着皇帝的窘境为自己谋取利益。

484 年，他得到了皇帝的允许，当着众人的面亲手杀死了自己最大的对手斯特拉波的儿子雷基塔克。之后，雷基塔克的绝大多数扈从都归顺了狄奥多里克。这样一来，匈人王国瓦解后在多瑙河流域形成的两支最大的哥特人军队，第一次被统一在了共同的领导之下。从 484 年起，狄奥多里克以绝对的优势，成为东罗马皇帝治下最强大的蛮族军队首领。在此之后，他能调动的军队至少也有 2 万人，他实现了父亲的夙愿：他成为帝国大元帅和罗马执政官；他的军队有资格向皇帝要求支付酬金，获得补给。[44]

13
失败的融入（484~488 年）

　　狄奥多里克和芝诺之间的和谐关系仅维持了一年左右。
484 年夏季，伊鲁斯先后扶持了两名反帝，首先是小马尔西
安，接着是利奥提乌斯（Leontius），于是芝诺皇帝调集了一
支军队前去镇压。为了此次战争，芝诺也招募了狄奥多里克率
领的哥特人。双方军队于 484 年 9 月在安条克附近开战；伊鲁
斯战败，率部下逃到了伊苏里亚的群山中，在那里一直待到了
488 年。狄奥多里克和他手下的哥特人则在安条克战役结束后
就被遣散了，看上去皇帝已经没法确定自己是不是应该信任自
己的大元帅了。哥特国王则退回到了诺维，此地最晚从 483 年
起便充当狄奥多里克的都城。在这个地方，早在公元 3 世纪，
紧靠着多瑙河岸边的军营大门前就已经出现了一处拥有城市特
权的平民聚居点。据史料记载，这里从公元 5 世纪中叶起就有
了自己的主教。一直到 5 世纪 30 年代，这里的军营消费的生
活必需品都是来自爱琴海沿岸，当地负责的官员还在 430 年至
432 年建造了三座青铜雕塑。后来，平民开始进入军营的城墙
内生活。5 世纪末，诺维成了一座防御坚固的城市，拥有多座
教堂，包括一座三通道巴西利卡式教堂，长 46 米、宽 24 米，
并附有主教居所。该城的代表性建筑是一座被狄奥多里克充当
"宫殿"的房屋，该建筑的各个房间环绕着一个配有两座列柱
大厅的中庭分布。[45]

　　然而，狄奥多里克及其部下在那里并没感受到家的温

暖。皇帝似乎很快就停止给哥特军队支付酬金，或者时常不按时支付。486年，狄奥多里克洗劫了色雷斯，此举就是在反叛皇帝。次年，狄奥多里克率军攻打君士坦丁堡，洗劫了城郊，还切断了给城市供应饮用水的一根管道。直到芝诺释放了狄奥多里克一个在君士坦丁堡充当人质的妹妹，并支付了一大笔金钱后，这位哥特国王才撤军。[46]

143

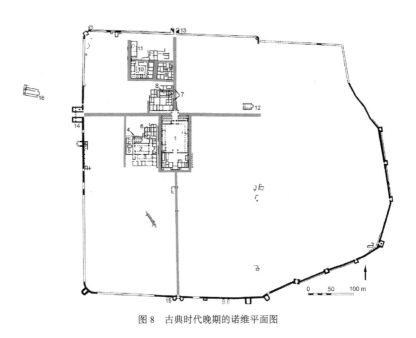

图 8　古典时代晚期的诺维平面图

　　最终各方找到了一条能够摆脱这一混乱局面的出路：488年，芝诺与狄奥多里克达成协议，狄奥多里克国王将前往意大利除掉奥多亚克（奥多亚克于476年废黜了罗慕路斯皇帝后便开始统治意大利）。如果狄奥多里克成功了，那么他便可以代替皇帝统治意大利，一直到皇帝本人前往那里。为了顺利完成这项任务，狄奥多里克被任命为大元帅，还被封为"贵族官"。[47]

　　有的史料认为主动提出这项协议的是狄奥多里克，还有的史料认为是芝诺，这些史料的不同立场取决于它们是否有意将狄奥多里克的统治权归结于皇帝的委托。在狄奥多里克死后，这个问题变得至关重要，但在 488 年的时候这一点还无关紧要，因为这项协议在双方看来都大有裨益。皇帝已经放弃让狄奥多里克和他的战士融入罗马的愿望，因此他抓住这次机会，让这样一支不可控的军事力量离开君士坦丁堡近郊。对皇帝而言这样做没什么风险。如果狄奥多里克失败，那意大利的局势依然如故。若是他成功，那么也不过是一个蛮族统治者取代另一个蛮族统治者罢了。

144

　　狄奥多里克作出率部前往意大利攻打奥多亚克的决定，可以说是冒了很大的风险。他不是第一次有这样的打算，因为早在 479 年他就曾谈到这一想法。他九年后才付诸行动，这表明在他看来，在芝诺皇帝的统治区域为自己及部下争得能够满足自己和手下各项权利需要的地位这一努力最终失败。战胜奥多亚克可以给他带来对意大利的统治权，以及对这一片富饶土地上出产的资源的稳定支配权。此外，此次行动可以被粉饰为给奥多亚克杀死的亲族报仇。不过狄奥多里克的扈从及他们的家人想必也认为自己在色雷斯已经没有什么好失去的了。他们把一切都抛在了身后，前往一处遥远的地方碰运气，那里有全副武装的敌人在等待着他们，而他们首先要打败这些敌人。[48]

　　狄奥多里克手下的哥特人会在 488 年作出这样的决定情有可原，因为在他们离开潘诺尼亚后 15 年里失去了一切与土地的联系。哥特人在潘诺尼亚的时候尚会从事农业生产，哪怕产出的作物不能满足他们生活所需，然而此时的他们已经基本放弃了定居农民和牧民的生活方式。一切关于长期定居的努力，无论在第一马其顿省、新伊庇鲁斯省还是达基亚里潘西斯行省，都以失败告终。狄奥多里克的扈从都是些无根之人，他们

145　同自己的家人带着所有的家当走过漫漫长路，常常无片瓦遮风挡雨，饱受饥馑之苦。即便在狄奥多里克484年将活动在巴尔干半岛的两支最大的部队统一在自己麾下后，这些军人的经济状况依然堪忧。皇帝只是不定期地支付一些津贴，战利品、保护费和赎金只能在短时间里带来比较高的收入。强盗经济同时是一种短缺经济。

第五章

西行之路：征服意大利

14

千种颓落，唯此最甚：
现代历史书写中西罗马帝国的衰亡

476 年 8 月 23 日，曾宣誓效忠罗慕路斯皇帝的数支部队，将一位名叫奥多亚克的蛮族出身的军官拥立为国王。紧接着，奥多亚克便率领这支大军前去攻打自己的最高指挥官欧瑞斯特（Orestes），并于 8 月 28 日在皮亚琴察［Piacenza，古称普拉森提亚（Placentia）］附近击败欧瑞斯特，将其杀死。在一周之后，也就是 9 月 4 日，奥多亚克进入拉文纳。他在那里杀死了欧瑞斯特的兄弟保卢斯（Paulus），并宣布废黜欧瑞斯特尚未成年的儿子罗慕路斯的皇位；接着，他慷慨地赐给了罗慕路斯一大笔钱，将他送往坎帕尼亚（Kampanien）了却余生。由于罗慕路斯是最后一个在意大利实施统治的罗马皇帝，这一事件无疑有着极大的象征意义。奥多亚克废黜罗慕路斯的行为，直到今天都在许多人的历史意识中标志着西罗马帝国的灭亡，而 476 年这个时间点，则普遍被视为一个时代的终结。自文艺复兴时代以来，欧洲的历史学家便一直在思考西罗马帝国灭亡的原因。[1]

谁要是想了解蛮族国王是如何取代了罗马皇帝，开始在意大利实施统治，那么他最好首先简单地了解一下研究史，因为 476 年究竟意味着什么这一问题已经被讨论了 200 多年。在这一问题上，我们绕不开一部经典作品，即英国学者爱德华·吉本（Edward Gibbon，1737~1794 年）于 1776 年至 1788 年出版的六卷本《罗马帝国衰亡史》（*The History of the*

Decline and Fall of the Roman Empire）。吉本将 476 年看作罗马帝国历史的一个重大转折点。不过他认为西罗马帝国的灭亡不过是一段漫长过程之中的一个阶段，并且他认为这一过程持续了上千年，从安敦尼王朝（Antoninen，96~192 年）的"黄金时代"一直到 1453 年苏丹穆罕默德二世（Mehmed II）攻占君士坦丁堡，终结了东罗马帝国。作为启蒙主义者以及古典文化的崇拜者，吉本将这一漫长过程解读为一个帝国和平秩序及法律体系的崩塌，以及文化上的倒退。因此，他将自己探讨的主题总结为"罗马帝国的衰亡"，这一表达方式深深印刻在了人们的历史意识之中。直到今天，"罗马的灭亡"都时常被当作典型，用以形容一个帝国的毁灭，"千种颓落，唯此最甚"。[2]

　　如果人们想要说明这一事件的后果远超政治的范畴，那么 19 世纪及 20 世纪初人们也会毫不犹豫地使用"古典世界的毁灭"这一说法。在这一点上，马克思主义者卢多·莫里茨·哈特曼（Ludo Moritz Hartmann，1865~1924 年）的观点与社会达尔文主义者奥托·泽克（Otto Seeck，1850~1921 年）并无区别。只要人们还一致认同古希腊罗马时代是欧洲乃至西方世界精神的基础，那么"衰落"或"灭亡"等概念中包含的消极评价便基本不会遭到质疑。这种观点产生了一种视角，人们从这一视角出发，来看待从古典时代到中世纪的过渡：人们会探寻古典时代遗产流传下来的路径；人们会根据对保护古典时代遗产所作出的贡献，来对帝国和统治者进行评价。研究的立足点是欧洲西部，也就是所谓的"西方世界"（Abendland）。因此人们并不关注帝制在东部的延续，而是只将重点放在帝制在西部的消亡，并将其等同于古典时代的终结。即使在两次世界大战期间出现了"古典时代晚期"这一概念，它也主要指罗马历史的最后一个阶段。直到 20 世纪 60 年代，"古典时代晚期"才被用来指代一个从时间和空间上看都超越了罗马帝国边界的历史阶段。[3]

而从古典时代到中世纪的过渡时期具有何种特征，这一问题一直存在争议。这一过渡阶段是一蹴而就还是缓慢发生？是持续性的还是跳跃性的？这一阶段开始于何时？又是在什么时候完成？威廉帝国时期的古典史学家泽克认为"古典世界的灭亡"是在 476 年，而维也纳中世纪学学者阿尔方斯·多普施（Alfons Dopsch，1868~1953 年）则在第一次世界大战结束后不久主张这样一个观点，即在欧洲从恺撒到查理大帝统治时期，文化发展的脉络具有延续性，从未间断。第二次世界大战爆发前不久，比利时中世纪学学者亨利·皮雷纳（Henri Pirenne，1862~1935 年）也与多普施持相同立场。他认为，地中海地区文化的统一并没有因日耳曼人的入侵而遭到破坏，而是直到伊斯兰教扩张才遭到摧毁。[4]

关于原因，人们也争执不下：外在原因起到了怎样的作用？内在原因又如何？罗马帝国是在外敌和外族——匈人、日耳曼人、波斯人和阿拉伯人——的冲击之下灭亡的，还是说内战和社会动荡导致了它的崩溃？使罗马帝国丧失了内在抵抗力量的是精神上的僵化以及道德上的堕落吗？政治上的专制主义和社会弊端摧毁了公民意识和反抗意志吗？与此同时，还有部分人认为，土地肥力的耗竭及气候变化、人口数量下降、"种族杂交"或者"精英人士遭铲灭"等原因应当为罗马帝国的衰亡负责。针对所有上述问题，人们都不遗余力地展开争论，并且往往将这些问题与现实联系在一起，因为西罗马帝国的灭亡会被欧洲以及西方世界看作带有警告意味的不祥之兆。[5]

同时，这项课题还在不断要求历史学家尝试新方法，提出新问题，检验新理论模型。历史学科的一些原则性问题不断得到讨论：人们一方面在争论军事和政治决策以及行动之间的关系，另一方面又会争论经济、社会及文化方面的长期发展问题，还会探讨历史延续性问题，也就是我们能否并且怎样借助概念来掌握历史发展进程，同时在历史发展过程中区分各个阶段。一直到第二次世界大战结束后，历史研究领域都还在大量使用生物学或医学领域的一些比喻（如疾病、年老和死亡），以及"颓废"或"灾难"等概念。[6]

在文化多元主义的时代，像之前数代历史学家那样不假思索地使用"罗马帝国衰亡"这样的表述已经变得问题重重。人们不仅已经失去了对古典时代模范地位的信仰，还从总体上试图避免对文化现象作出评价；已有很长一段时间，人们不再使用"罗马帝国的衰亡"这样的概念，而是倾向于使用"罗马世界的变形"这类说法。在这种情况下，人们看待古典时代晚期的视角也会有所变化：今天，人们往往将古典时代晚期视为一个介于古希腊罗马时期和欧洲中世纪之间的独立的时代，古典时代晚期的空间与时间上的界限虽然从细节上看有很大的不同，但无论如何绝非476年这个时间点能够涵盖的。从这一视角出发，先知穆罕默德和倭马亚王朝的诸哈里发同君士坦丁大帝及查士丁尼等罗马皇帝一样属于古典时代晚期。这种研究思路出自古典史学家彼得·布朗（Peter Brown，生于1935年）的文集，该思路拒绝将历史研究划分为稳固的且从制度上得到确定的分支学科。布朗及其追随者认为，在努力摆脱价值判断的影响，自由理解历史的同时，还应关注长时段内完成的文化发展。[7]

人们如何评价西方皇权衰落引发的一系列变化，也受到了上述范式转换的影响。过去的研究立足于毁灭帝国的民族大迁徙，而现在人们在"罗马世界的变形"这一关键说法的指导下，更倾向于关注可以被认为是合作、融入及文化适应的一些现象和进程。在这一视角下，帝制的消失像是一个仅发生在表面的事件，它几乎没有触及更深层次的经济、社会及文化，甚至行政管理结构——正如加拿大中世纪学学者沃尔特·戈法特（Walter Goffart，生于1934年）所表述的那样，这是"一个充满想象力的、有一些失控的实验"。因此，在新近的一些研究中，帝制消亡后罗马帝国依然在西方存在了许久。[8]

针对这种看待事物的方式，人们也有理由质疑。在这一背景下需要强调两个方面。其一，正如中世纪学学者彼得·希瑟（Peter Heather，生于1960年）强调的那样，由蛮族国王接替皇帝的地位，这一过程是伴随着相当大程度的暴力完成的。皇权的衰落是长期对外战争及内战、篡位与入侵的结果。在帝国土地上诞生蛮族诸王国之所以成为可能，是因为罗马帝国已表明自己没有能力长期控制大群全副武装的外来移民了。在这些新成立的王国中必定会产生当地族群与外来族群融合与文化适应的特殊形式，然而这种形式由一个基本事实决定，那就是外来族群拥有了军事实力。因此，当涉及权力及资源分配的时候，他们在谈判中通常属于占据优势地位的一方。[9]

其二，罗马帝制绝不只是一个政治理念，可以经历多次变形和复兴，从查理大帝一直延续到被视为第三个罗马的莫斯科。它是一种体制，与政治、社会及经济情况有着极为紧密的联系。正如英国中世纪学学者克里斯·威克姆（Chris Wickham，生于1950年）所强调的，皇帝是一个能够从几乎所有臣民那里征收赋税的机构的首脑。对于前现代的社会历史状况而言，罗马帝国晚期的国家就像是一台在资源的获取和分配方面高效得令人惊叹的机器。这种资源的再分配对经济和社会产生了深远的影响。军队、宫廷用度和官僚机构能得到经济支持，从而产生具有特权的空间与阶层。一个人的社会地位主要取决于他在为皇帝服务的时候承担了哪些任务。若有人想要进入元老阶层中最高的两个等级，那么一种方式是他所担任的

151

职务本身就能给任职者带来这样的级别，另一种方式是获得皇帝的恩赐。这样一种精英培养模式，算是给那些投入了大量金钱与时间来获取文化知识的人提供了一个褒奖。要想在罗马帝国承担高级别的行政职能，人们需要掌握的绝不是专业知识，而是应当具备很好的教养（以及优质的人脉）。承担罗马帝国晚期行政管理工作的人，所掌握的文化知识以精通古典文本为基础。这些人说话和写作的方式表明他们是一个小型学者精英群体里的成员，并将这些人与城市和乡村中的广大人群区别开来。因此，西罗马帝国瓦解为多个不同的王国，不仅使得原帝国境内几乎各个地方的国家结构被简化和削弱，还导致世俗教育丧失了其重要地位。与此同时，人们行动和交往的空间也收缩了。因此，皇权衰落间接导致了简化和压缩的现象，同时至少造成了精英群体社会活动的地区化。[10]

解答西罗马帝国如何以及为何灭亡的重要意义已经不仅局限于政制史的范畴。虽然从整体上看，即便许多细节不甚明晰，人们对于灭亡的经过还是达成了一致意见，但众人对于西罗马帝国为何及如何灭亡的回答仍有不同。人们一如既往地在研究和争论各种背景和缘由，讨论永无终结之日。395 年狄奥多西大帝去世时，罗马皇帝在西方的统治区域依然可以向西延伸到莱茵河，向北延伸到不列颠尼亚。八十一年后，罗马帝国的核心区域却已经再也没有了皇帝。这是如何发生的？人们首先争论的是，帝国的崩溃主要应当归结于内因还是外因。简单说来：边境上的压力难道已经升级到这样严重的程度，以至于罗马帝国都难以抵抗了吗，还是说内在的防御力已经减弱？罗马帝国是否主要是因为以内战的形式产生的内部冲突而瓦解？

两种基本立场一直都有各自的拥趸，然而事实上人们持有的具体观点还要更加多样。即便是那些支持内因是主要原因的人，也就是那些"内因论者"，通常也不否认那些从外部对罗马帝国施加影响的力量也起到了重要作用。那些主张危机是由外因引发的人，也就是"外因论者"，也绝不会否认外在压力导致了内在冲突，内在冲突反过来又影响到罗马人应对外部威胁的方式。所以说，"内因论者"和"外因论者"之间的鸿沟并不像双方有时发生激烈论战时显得那样深。两大阵营之间的鸿沟并非无法逾越，这是因为帝国组织结构瓦解的内因与外因之间的界限一再游移，且往往不是那么泾渭分明。总之，人们普遍赞同内因和外因持续相互影响。罗马帝国毁灭的过程要比表面看上去的复杂得多，一个单一的原因远不足以作出圆满的解释。

15

困境与退却：西方最后的皇帝

如果想要简单叙述一下西罗马帝国的终结，那最好从"叛教者"尤利安之死讲起。363年6月26日，尤利安在征讨波斯人时阵亡。他死的时候，罗马帝国的疆域从西北边的哈德良长城延伸至东南边的幼发拉底河。在欧洲大陆上，莱茵河和多瑙河是帝国与蛮族之地的分界线。这一局面一直持续到狄奥多西大帝去世（395年）。然而自364年3月28日起，这个帝国就基本上一直被多个皇帝同时统治，这些皇帝彼此之间的地位平等，都被称为"奥古斯都"。当时的瓦伦提尼安一世（Valentinian I，364~375年在位）将自己的弟弟瓦伦斯（364~378年在位）任命为共治皇帝。未来将由这两人分别治理帝国的一半，并分别定都在自己的统治区域，瓦伦斯统治东方，瓦伦提尼安一世统治西方。从此，东罗马帝国和西罗马帝国便分别成为独立的统一体，它们拥有自己的宫廷、军队和行政管理机构。法律要以两个皇帝的名义颁布，一个皇帝制定的每部法律都需要得到另一个皇帝的确认，以便在另一个皇帝统治的帝国区域生效。每个皇帝都将对方看成共同统治罗马帝国的同僚，而帝国则被看成一个包含了两大部分的统一体，皇帝们是在为整个帝国任命执政官。统一的币制和共同的公民权，也从经济和社会方面将帝国的两个部分黏合在一起。[11]

这样的状态在394年暂时中止了，当时狄奥多西击败了叛乱的欧根尼乌斯（Eugenius），后者从392年起便是法兰克人将领阿波加斯特（Arbogast）的傀儡。帝国两大部分的联合仅仅持续了数月，因为狄奥多西在395年1月19日去世。狄奥多西死后，西罗马帝国和东罗马帝国重新分离，这是因为皇帝留下了两个已经有了"奥古斯都"头衔的儿子，哪怕他们在父亲在世的时候还没有独立统治过。大儿子阿卡迪乌斯大约生于377年，接管的是罗马帝国的东部，小儿子霍诺留（Honorius）生于384年，接管了帝国西部。东西罗马在非洲的分界线是锡德拉湾（Große Syrte）附近的的黎波里塔尼亚（Tripolitanien）到昔兰尼加（Cyrenaica），在欧洲的分界线穿过今天的塞尔维亚和黑山境内，从隶属于意大利大区（italische Präfektur），因此属于西罗马帝国的伊利里库姆管区（Illyricum，包括达尔马提亚和潘诺尼亚各省），一直到自395年起属于东罗马帝国的伊利里亚大区（illyrische Präfektur）之间。[12]

　　狄奥多西王朝在东部的统治持续到450年，在西部的统治持续到455年，在这一时期，帝国西部和东部之间制度上的分离得到强化，即使人们坚持认为它们只是罗马帝国的两个部分也不例外。通常情况下，帝国的两部分独立行动，有时会为了追求自己的利益而牺牲另一方的利益。不过西罗马帝国很快就不再是东罗马帝国势均力敌的同伴了，因为在5世纪上半叶，西部的皇帝便已逐渐失去了对本帝国境内西部各行省的控制。西罗马帝国的瓦解始于高卢和不列颠尼亚地区。410年以后，皇帝的军队撤出了不列颠尼亚。自407年起，哥特人、汪达尔人和阿兰人的军队便在高卢地区流窜。哥特人在418年携自己的族人定居在了阿基坦，而汪达尔人和阿兰人则迁往了西班牙。429年，汪达尔人漂洋过海到了摩洛哥，并在十年之内占领了北非西部。在此之后，西罗马皇帝便失去了罗马帝国最

1 维埃纳西斯
2 纳博讷西斯
3 滨海阿尔卑斯
4 科蒂埃阿尔卑斯
5 利古里亚和艾米利亚
6 威尼提亚和希斯特里亚
7 弗拉米尼亚和皮西努姆
8 皮西努姆罗马管辖区
9 瓦莱里亚
10 巴勒斯坦

地图6　395年罗马帝国形势

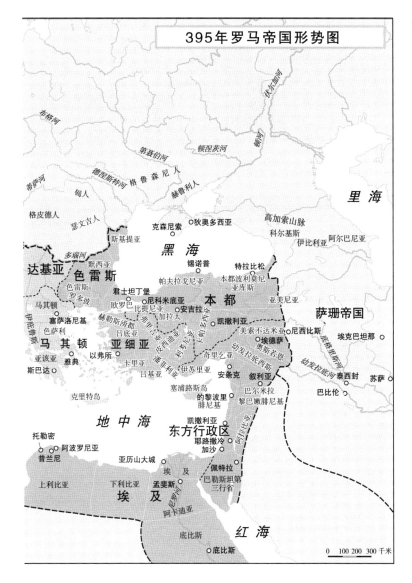

395年罗马帝国形势图

地图 7　475 年西罗马帝国形势

为富庶的几个行省。西罗马帝国疆域开始萎缩，并因此失去了一大部分财政收入来源。可供西罗马皇帝指挥的军队也开始以同样的程度遭到缩减，因为军队是要花钱的。[13]

因此，皇权在西方的发展走向与在东方的发展走向全然不同。一个根本区别就是皇帝与军队的关系不同。狄奥多西的儿子们在位期间，无论在东罗马还是西罗马，原本机动灵活、与军队紧密联系的皇权，逐渐转化成静止不动的状态。随之而来的是，皇帝角色的非军事化，因为对军队的指挥权被下放给了诸位将领。东罗马帝国皇帝可能差不多有两百年没有离开过君士坦丁堡，西罗马皇帝则自 408 年起便主要居住在拉文纳或罗马，同样远离各种军事行动。然而在西罗马，皇帝越来越依赖于高等级将领，士兵对大元帅显示出的忠诚度要高于对他们的最高上司的。这样的发展进程早在 395 年以前便开始了。上文提到的大元帅阿波加斯特逼死了尚未成年的皇帝瓦伦提尼安二世（Valentinian II），让欧根尼乌斯取而代之。狄奥多西死后，这一进程开始加速，造成的结果是机动军的所有部队第一次由一名总司令指挥。年轻的西罗马帝国皇帝霍诺留（395~423 年在位）处在最高元帅斯提里科（Stilicho）的阴影之中，直到 408 年斯提里科成为一桩宫廷阴谋的牺牲品。很可能斯提里科已经成功使之前仅能统领一支战斗力极强的军队的帝国大元帅拥有了对整个西罗马帝国陆军的最高指挥权，而我们可以确定大约从 420 年起，帝国大元帅已经具备了这样的职能。这样一位"最高统帅"的头衔是"显贵大元帅"（magister militum et patricius）。[14]

面对最高军事统帅的优势地位，西罗马帝国皇帝必然会反抗一番，然而在这场较量中，皇帝还是占了下风。霍诺留虽然除掉了斯提里科，但在此之后，他又成了大元帅弗拉维乌斯·君士坦提乌斯（Flavius Constantius）的附庸，并且依附程度毫不逊色于先前，后者是一名来自纳伊苏斯的罗马人，他担任大元帅一职十一年（410~421年），并在421年去世前不久以共治皇帝的身份正式参与统治。425年，六岁的瓦伦提尼安三世获得"奥古斯都"头衔，在他在位期间有二十多年大权旁落，即从433年到454年实权被掌控在一名来自位于多瑙河下游的下默西亚省杜罗斯托鲁姆（Durostorum）的罗马人埃提乌斯手中，此人至少三次担任执政官，直至454年被皇帝亲手杀死。此次谋杀也被看作一次自救行动，但这次行动没能达到原定目标。455年，瓦伦提尼安三世在罗马战神广场举行的一次阅兵式中被一名埃提乌斯的追随者杀死，他甚至都没来得及动手自卫。由此，狄奥多西王朝在西罗马彻底终结，而在东罗马，由于狄奥多西二世早在五年前便已去世，狄奥多西王朝早已在那里灭亡。此后，西罗马帝国的皇帝都不能将政权传给自己指定的继承人了。

西罗马帝国最后几位皇帝再也不能以自己出身皇室为借口，来为自己统治的正当性辩护了。这样一来，如果有臣民无法满足皇帝对他的要求，那皇帝就缺少了一个迫使臣民服从自己命令的理由。一名统治者的实力越弱，那么他就越需要凭借自己的出身来换取他人对自己统治合法性的信仰。正因为如此，瓦伦提尼安三世的继任者才迫切地需要人们怀有这样的信仰。皇帝犹如走马灯似地换个不停，没有一个人的统治时间能超过五年：佩特罗尼乌斯·马克西穆斯（Petronius Maximus）只统治了两个月（455年），埃帕基乌斯·阿维图斯（Eparchius Avitus）统治了一年（455~456年），马约里安（Majorian）在位四年（457~461年），利比乌斯·塞维鲁（Libius Severus）亦是如此（461~465年）。自457年起，最有权势的人是李希梅尔，他是一名苏维汇人和一位西哥特国王之女所生的儿子，在457年到472年担任大元帅，并在这一时期多次拥立或废黜皇帝。472年李希梅尔自然死亡，在此之前他刚在一场内战中击败了皇帝安特米乌斯（467~472年在位）。[15]

　　西罗马皇帝逐渐成为最高元帅的附庸的另一个原因是，构成陆军中坚力量的士兵的社会关系往往在帝国领土之外。在这些人成长的环境中，罗马非军事精英的沟通和交往方式，以及罗马的政治传统几乎起不到任何作用。他们中的很多人甚至都没有罗马的公民权，在罗马世界的非军事精英眼中，这些士兵都是野蛮人，哪怕他们服务的对象是皇帝。他们所在的世界是军队，他们效忠的对象不是遥远的皇帝，而是指挥他们的将领。因此，身为军事机构首脑的最高元帅也能在必要的时候调动军队对抗皇帝。也正因为这样，人们不能违反士兵的意愿，即使是身居高位者也要想办法获得他们的认可。很显然，这些最高元帅也并非无所不能，因为他们不能完全控制皇帝或宫廷，甚至不能控制非军事的行政机构。虽然他们有时是帝国的实际统治者，但他们的权力得不到法律保障。从法律上看，所有权力还是一如既往地掌握在皇帝的手中，皇帝有权根据自己的喜好随时罢免自己的代理人。然而在皇帝的宫中充斥着冷酷无情的竞争氛围，甚至常常会以杀人收场。由于军队的大本营与皇帝的宫廷往往存在空间上的距离，如果要对皇帝本人施加影响，军事统帅与担任宫廷要职者及其他宫中朝臣相比更具劣势。只有少数人，譬如斯提里科、弗拉维乌斯·君士坦提乌斯和埃提乌斯，才能维护自己的领导地位长达数年，能够活着卸任的人就更少了。

　　465年11月14日，利比乌斯·塞维鲁在罗马自然死亡，此后皇位空缺了一年半。后来在467年4月12日，在距离罗马城外3罗马里远的一处地方，有一个人被拥立为皇帝，此人被利奥皇帝派到西方来，几周前才随一支东罗马舰队到达罗马的波尔都斯港（Portus），他便是普罗科皮乌斯·安特米乌斯（Procopius Anthemius）。安特米乌斯是东罗马帝国元老院的高级别成员，还是东罗马皇帝马尔西安的女婿。他曾在455年成为执政官，还以东罗马军队大元帅的身份指挥对潘诺尼亚哥特人的战争。安特米乌斯到达后不久，人们便开始隆重地庆祝他的一个女儿阿吕皮娅（Alypia）和李希梅尔的婚礼。这桩婚事让大元帅与新皇室之间的关系变得尤为紧密。在468年初举行的一系列庆典上，新上任的执政官希多尼乌斯·阿波利纳里斯（Sidonius Apollinaris）指出，安特米乌斯有望借助东罗马帝国的有力支持，使西罗马帝国皇权摆脱最危险的外敌——汪达尔人王国的威胁。事实上，早在将安特米乌斯派往西罗马之前，君士坦丁堡就已经在计划组织一次海陆两军的联合军事行动。利奥为这次行动投入了大量资金，共计6.5万磅黄金和70万磅白银。468年春季，一支东罗马军队经陆路从利比亚前往西罗马，进入的黎波里塔尼亚地区。与此同时，大元帅马色林努（Marcellinus）率领军队将汪达尔人从撒丁岛（Sardinien）驱逐出去，保卫了西西里岛（Sizilien）。原本作为行动主力的是东罗马的舰队，该舰队由利奥的小舅子巴西利斯库斯指挥。然而，舰队遭遇了彻彻底底的失败，在距离迦太基50罗马里远的地方，舰队的大部被歼。因此，整个行动以失败告终。[16]

安特米乌斯没能从此次灾难性的失败中恢复过来。470年，李希梅尔背叛了自己的主子，他率领6000名士兵离开了罗马，前往意大利北部。帕维亚主教伊皮法纽试图调解此事，以阻止可能爆发的内战，却没有取得长期的效果。471年秋，李希梅尔向罗马进发，而安特米乌斯自从当了皇帝就一直居住在那里。李希梅尔攻占了波尔都斯港，切断了进入城市的各个通道。围城持续了九个月，居民们只得忍饥挨饿。472年4月，李希梅尔拥立元老安尼修斯·奥利布里乌斯（Anicius

Olybrius）为反帝，此后，罗马居民便分化成了两个敌对的阵营，彼此之间相互斗争。7月，李希梅尔的部队最后攻入了城市，他任凭部队洗劫了罗马14个区中的12个。安特米乌斯化装成乞丐逃进了位于特拉斯提弗列（Trastevere）的圣基所恭教堂（Kirche des heiligen Chrysogonus），然而他后来被发现了，并被斩首。杀死他的人是勃艮第国王的儿子贡都巴德，不久后贡都巴德就接替了李希梅尔的职位。李希梅尔只比安特米乌斯多活了20天。于是安尼修斯·奥利布里乌斯任命贡都巴德为最高元帅。李希梅尔死后16天，奥利布里乌斯便死去了。[17]

在这种局势下原本已经没有人可以阻止贡都巴德去获取罗马皇帝的紫袍了。然而，贡都巴德却决定让皇帝身边禁卫军的指挥官格利凯里乌斯扮演这个角色，此人于473年3月3日被拥立为皇帝。不久后，贡都巴德辞去了大元帅一职，回到了叔叔希尔佩里克的王国，并于480年继承了希尔佩里克的王位。格利凯里乌斯的皇位都没能坐满一年。他被推翻是由尤利乌斯·尼波斯一手策划的，此人当时是利奥皇帝手下的达尔马提亚大元帅（magister militum Dalmatiae），并与维里娜皇后的一名侄女或外甥女成了婚。尼波斯率领一支舰队前往波尔都斯港，在474年6月19日那天派人将格利凯里乌斯从宫中接出，任命为萨罗纳主教。紧接着，尼波斯便自立为皇帝。不过尼波斯的统治也没能维持很长时间。他在罗马停留期间，手下的大元帅欧瑞斯特叛乱了。尼波斯逃往拉文纳，又从那里乘船继续逃往萨罗纳，那里正是被他废黜的格利凯里乌斯担任主教的地方。在此之后，尤利乌斯·尼波斯一直待在萨罗纳，直到480年他在戴克里先皇帝建来供自己晚年居住的宫殿中被杀害。[18]

欧瑞斯特和自己的前任李希梅尔及贡都巴德一样，也没什

么兴趣自己当皇帝。他更愿意安排自己的小儿子罗慕路斯扮演
这一角色，475 年 10 月 31 日，罗慕路斯在拉文纳宣布称帝。
于是，皇权与军权分离的格局重新出现。不过，此时扮演这两
个角色的是一对父子。[19]

163

16
蛮族人统治意大利：
奥多亚克国王（476~493年）

在 476 年 8 月 23 日将奥多亚克拥立为国王的那些士兵并不是罗马人。史料中提到了阿兰人、赫鲁利人和斯基泰人，还有"部分哥特族群"。奥多亚克毫不迟疑地率领这支军队前去攻打欧瑞斯特，后者正指挥着罗慕路斯的一支军队。8 月 25 日，欧瑞斯特在普拉森提亚被击败，被俘后遭到杀害。紧接着，奥多亚克继续前往拉文纳，欧瑞斯特的兄弟保卢斯带着小皇帝驻守在那里。奥多亚克杀死了保卢斯之后，便让罗慕路斯提前引退，结束了他的皇权。引退后他每年可以领到 6000 枚金币的俸禄。罗慕路斯"与自己的亲族"退居到了那不勒斯附近的一座别墅——卢库勒斯城堡［Castellum Lucullanum，即今天的蛋堡（Castel dell'Ovo）］中，这座别墅是五百年前一位以生活方式奢侈而著称的元老卢库勒斯（Lucullus）修建的。罗慕路斯可能在那里一直生活到了狄奥多里克统治时期，在 507 年至 511 年间狄奥多里克国王曾确认了一个与罗慕路斯同名的人的财产。罗慕路斯引退之后，意大利再也没有了皇帝，即便 475 年逃往萨罗纳的尤利乌斯·尼波斯一如既往地坚持自己就是西罗马帝国的合法统治者，也不能改变这一事实。[20]

自狄奥多西王朝终结以来，这样的局面反复出现。456 年 10 月 17 日皇帝埃帕基乌斯·阿维图斯被废之后，大约有半年的时间皇位空缺，直到马约里安被拥立为西罗马帝国的皇帝，之后又过了八个月，马约里安才在 457 年 12 月 28 日获得了

"奥古斯都"头衔。465 年 11 月 14 日利比乌斯·塞维鲁死后，皇位空缺持续的时间更长。利比乌斯·塞维鲁的继承人安特米乌斯直到一年半之后，也就是 467 年 4 月 12 日才继位。从472 年 11 月 2 日安尼修斯·奥利布里乌斯去世到格利凯里乌斯即位，中间又隔了四个月。由于这一时期实权都掌握在最高元帅手中，人们也就习惯了皇帝迅速被拥立，接着又时常立刻消失；人们也懂得，西罗马帝国不会仅仅因为皇位有一段时间是空缺的，就会陷入混乱的无政府状态。皇帝们或许会来来去去，但是西罗马帝国的皇权一直都存在——至少从表面看上去是如此。

可是，奥多亚克做了先前没有人做过的，甚至许多人连想都没有想过的事。他让罗马元老院向君士坦丁堡派出一支使团，宣布西罗马帝制被废除。东罗马史学家马尔库斯对这桩闻所未闻的事件的记载如下——

> 当欧瑞斯特之子奥古斯都听闻芝诺在东方重掌皇权，并驱逐了巴西利斯库斯，他便逼迫元老院向芝诺派出一支使团，宣布他们不需要自己的皇帝，帝国的两个部分只要一名共同的统治者就足够了。他们选择了奥多亚克，因为他证明了自己有能力保卫元老们，具体说来，他具有政治理性，同时具备军事头脑。因此，元老们请求芝诺赐予奥多亚克"贵族官"的头衔，并委托他管理意大利。[21]

这支西罗马使团毫无顾忌地向东罗马帝国皇帝表示，西罗马帝国不再需要皇帝了，因为元老们选择的奥多亚克是一个聪明能干的人，他已经证明了自己有能力保护元老们的利益。芝诺应当授予他"贵族官"的头衔，并委托他管理意大利。很显然，这里指的是最高元帅之职，这一职务在西罗马帝国与"贵

165

族官"头衔绑定在一起，该职务很可能还被附加了一些其他
职权，特别是任命文官的权力。这样局势就很明朗了：奥多亚
克决定废黜西罗马的帝制，元老院也愿意支持这一决定。为了
避免误会，使者们将西罗马帝国皇帝的所有权力象征物都移交
给了东罗马帝国的皇帝。如果从今以后就只有一个罗马帝国皇
帝，并且他只常驻君士坦丁堡的话，那么意大利便已经不再需
要这些皇权的象征物了。如此极端地同传统决裂又是如何做到
的呢？ 22

　　如果人们想象一下 5 世纪西罗马皇帝与最高元帅之间形
成的特殊关系，那么人们就能够理解为什么对于大元帅而言皇
权会成为累赘。军权与皇权之间事实上和空间上的分离最终导
致皇帝会被用来对付最高元帅。由于宫廷与军队很少在同一个
地方，大元帅就需要防止廷臣和文官趁自己不在的时候拉拢皇
帝，甚至挑唆皇帝来对付自己。达到上述目的的前提是严格的
控制手段，而这一点又很难实现。此外还存在另一个风险，即
皇帝不满足于长期扮演傀儡的角色，他会试图剥夺大元帅的权
力，以便亲自掌权。在这样一种格局下，大元帅有失势的危
险，整个国家也有爆发内战的可能。就此而言，奥多亚克会想
到在西罗马帝国仅存的领土上不需要皇帝的统治，西罗马帝国
的元老们能够从奥多亚克的想法中看到一些可取之处，也就情
有可原了。不过，众所周知，从单纯的想法到付诸实践还有很
长一段路要走。无论奥多亚克之前考虑过什么，他最后都真的
做到了。23

　　那么，这位奥多亚克是什么人？为什么一支由蛮族人组
成的军队会在意大利拥立他为王？奥多亚克生于 433 年，在
匈人王阿提拉身边长大。从出身看，他的父亲埃迪卡是图林根
人（Thüringer），身为战士的他享有很高的威望。此人被"获
选者"这一上层圈子所接受，这批人是匈人王国中的军事及政

治精英，他甚至获得了阿提拉贴身侍卫的职务，拥有尊贵的地位，同时颇有势力。在阿提拉的宫中，埃迪卡认识了罗慕路斯的父亲欧瑞斯特，而欧瑞斯特当时正担任匈人王的秘书。449年，埃迪卡和欧瑞斯特一同出使君士坦丁堡。那个时候，东罗马帝国一方曾试图策反埃迪卡，让他刺杀阿提拉。埃迪卡假意答应下来，却在返回后将这一计划报告给了阿提拉。[24]

匈人王国瓦解后，埃迪卡和儿子洪伍尔夫一起加入了斯基里人的队伍，二人都获得了一定的领导地位。这些斯基里人是苏维汇人、萨尔马提亚人、格皮德人和鲁基人组成的联盟中的一部分，469年该联盟在博里亚河战役中被狄奥多里克的父亲提乌迪米尔摧毁。埃迪卡很可能在那时候阵亡了，从此以后他的名字就再也没有被提及。他的儿子洪伍尔夫则前往君士坦丁堡投身皇帝的麾下。在皇后维里娜的侄子阿尔马图斯的帮助下，洪伍尔夫在君士坦丁堡平步青云。477年，也就是罗慕路斯皇帝被废一年后，洪伍尔夫就已经是伊利里库姆大元帅了，恰好在此时，狄奥多里克和他手下的哥特人正在伊利里库姆活动。奥多亚克成了国王后，洪伍尔夫也前往了意大利。488年，他为了支持自己的兄弟，对鲁基人发动了一次战争。[25]

奥多亚克和洪伍尔夫是一个母亲生的，她是一位斯基里女性，名字不详。奥多亚克和自己同母异父的兄弟一样都有一个日耳曼名字，意思是"守卫自己财产者"。在史料中，奥多亚克被称为斯基里人、鲁基人或哥特人。这样的混乱并不奇怪，因为奥多亚克出身于匈人王国多民族的领导阶层。在他去意大利之前，他侍奉过多个主人。然而他什么时候，又是为什么去了意大利，这一点我们无法确定。可以肯定的是，

167 他在前往意大利的途中曾在诺里库姆拜访过一个名叫塞维里努斯（Severinus）的人，此人因其苦修的生活方式享有很高的威望，据说后来这位圣人预言当时还衣着寒酸的奥多亚克

会成为国王。不过这份史料没有说明日期，也没有透露奥多亚克当时是从哪里来。部分研究者认为奥多亚克就是一名叫作阿多亚克留（Adovacrius）的萨克森海盗首领，此人大约在463年占领了城市昂热（Angers），几年后又因为战败将这座城让给了法兰克人的国王希尔德里克（Childerich）。如果上述推断属实，那么奥多亚克早在博里亚河战役之前就已同父亲和兄弟分开，前往高卢北部。但更有可能这说的是两个不同的人。如果是这样的话，那么关于奥多亚克最早的有确切时间的记载是在李希梅尔471年到472年围困罗马时。当时奥多亚克正支持李希梅尔，反对安特米乌斯皇帝。随后，他加入了皇帝的御林军，甚至有可能在这之后不久，他就以御林军长官（comes domesticorum）的身份获得了对这支声望很高且势力很大的部队的指挥权，不过对于这一点我们仍然无法肯定。[26]

关于奥多亚克被拥立为国王的情况，只有一份记录给出了较为详细的信息。这份记录出自普罗科匹厄斯之手，不过他是在事件发生之后很多年才记录下此事。

> 芝诺在拜占庭为帝之时，奥古斯都正在西方掌权，罗马人也轻蔑地称呼他为奥古斯图卢斯（Augustulus）①，因为他获得皇权的时候还是个孩子，由他父亲欧瑞斯特，一个极为聪明的男子，来代他行使统治权。不久前，罗马人招募了一些斯基里人、阿兰人以及部分哥特族群来协助自己作战……蛮族人在他们中间的势力越大，罗马士兵的威望也就愈渐下降。这些异族人顶着援军这个冠冕堂皇的名号，如暴君一般对罗马士兵施暴。这些人强迫罗马人做了

---

① 即拉丁语中的"奥古斯都"（Augustus）的缩小化形式，意为"小奥古斯都"。

许多事情，最后甚至要求将意大利的所有耕地都分给他们。他们要求欧瑞斯特把第三份（土地）给他们，欧瑞斯特不同意这么做，于是这些人就干脆杀死了他。这些人中间有一个叫作奥多亚克的人，他是皇帝御林军中的一员。此人表示，只要大家能助他掌权，他就愿意实现对大家的承诺。他以暴君的身份获得统治权后，倒也没有对皇帝做进一步的坏事，而是让他以普通人的身份继续活下去。奥多亚克将第三份土地给了蛮族人，将他们变成了自己可以信赖的扈从。就这样，他巩固了自己的权力，以暴君的身份统治了十年。[27]

根据普罗科匹厄斯的说法，斯基里人、阿兰人和部分哥特族群拥立奥多亚克为王的原因是奥多亚克与欧瑞斯特不同，他愿意满足这些人要求获得意大利土地的愿望。而其他史料要么提及的是赫鲁利人和一个叫作托基林人（Torkilingen）的神秘族群，要么将这两个族群加了进来。尽管各种文献记载会将这些人群视为一个整体，他们依旧是一支由多个按照族裔标准被定义的群体组成的军队，也就是说，他们是不同的"族群"。这支军队出现在罗马常备军的左右，并且似乎已经在很大程度上取代了罗马军队的地位。无论如何，上述记载解释了欧瑞斯特为什么无法持续抵抗奥多亚克的进攻。

根据普罗科匹厄斯的记载，蛮族人获得了意大利至少三分之一的耕地。这一说法基本上不太可能是真的，因为士兵只占意大利居民中的一小部分，他们也不大可能对这些远离自己在北意大利活动区域的地产有什么兴趣。不过较为可信的是，罗慕路斯皇帝手下的蛮族军人的确想要成为土地主。土地是一切前现代社会中最为可靠也最受重视的收入来源。货币支付可以随时被叫停。而受到法律认可的并得到书面确认的土地所有权，能使军队的经济补给摆脱皇帝政策上的摇摆不定，确保获得稳定的收入，也能带来较高的社会威望。罗慕路斯的蛮族军队只需看看高卢和北非，就会了解，当军队一方获得了国家权力之后，会以何种方式变身为土地主。在两代人之前（418年），罗马将领君士坦提乌斯将阿基坦三分之二的土地赠送给了国王瓦利亚（Wallia）手下的哥特人，使他们定居在了那里。到了455年以后，汪达尔人的国王盖萨里克将位于今天突尼斯的阿非利加行省（Africa Proconsularis）的大部分土地分给了自己手下的汪达尔人。因此，我们没有理由像部分研究者那样彻底怀疑普罗科匹厄斯的记载。[28]

大规模的土地分封会导致原土地主的财产缩水。不只那些手中地产集中在一座城市的地方精英被剥夺了财产，领地分散在多个行省的元老也遭受了同样的命运。谁要是打算将这些人的土地分给士兵，就必须面对巨大的阻力。正因如此，欧瑞斯特不敢满足自己手下士兵对于土地的要求。奥多亚克会被选为国王是因为他没有这方面的顾虑。当然，他不太可能是唯一一个愿意满足士兵这种要求的"军官"。如果奥多亚克的确正在以御林军长官的身份统领皇帝的御林军，那么人们便更能理解为什么偏偏是奥多亚克被选为国王。马约里安（457~461年在位）和格利凯里乌斯（473~474年在位）在被拥立为皇帝之前，也曾担任这一声望很高并能陪伴在皇帝左右的职务。但由于我们不清楚关于奥多亚克地位的更详细的信息，上述说法只能算是一种猜想。

奥多亚克是被一支人员构成情况复杂的军队拥立为国王的。此后他的头衔便是"国王"，这一头衔的内涵既不能通过领土，也无法借助所统治的群体得到进一步确定。将奥多亚克拥立为王的士兵属于不同的族群，加之他本人变动频仍的生平事迹使得他与某个特定的族群之间不存在清晰固定的关系，因此对于他而言既不可能也没有必要将他的王权与一个特定族群联系在一起。虽说奥多亚克与汪达尔人盖萨里克或西哥特人尤里克（Eurich，466~484 年在位）是同样类型的国王，但和这些人不同的是，奥多亚克不能依靠一支人员构成相对单一并且在他为王之前就已经存在的队伍，即使这支队伍会因为具有共同的经历、曾同生共死而宣誓效忠于他。奥多亚克的军队不能被定义为民族。支撑他的王权的是一支由多族群战士组成的军队，而军队所提供的支持仅取决于奥多亚克是否有能力满足战士们对他的期待。奥多亚克不具有一位成功统帅的威望，也无法仰仗众人协调一致的合作，或是指望他们对自己怀有久经考验的忠诚。因此，他的政权会遭受来自自己队伍之中的攻击也就毫不奇怪了。477 年，国王杀死了一个名叫布拉基拉的人，此人反对他的统治。布拉基拉被称为"贵人"（vir nobilis），很可能以长官（comes）的身份掌握兵权。一年后，奥多亚克下令将一个名叫阿达里克（Adarich）的叛乱者同他的兄弟和母亲一同杀死。总而言之，有一些人相信自己能够并且也有权利和奥多亚克一样成为统治者。[29]

和奥多亚克的王权一样不确定的还有他与皇帝之间的关系。正如我们之前所看到的那样，奥多亚克在被拥立为国王后派出了一支由元老组成的使团，请求芝诺将意大利的治理权交给自己。然而，这一请求没有被应允。因为就在西罗马帝国元老组成的使团在君士坦丁堡按照奥多亚克的意思行事的同时，还有一支由尤利乌斯·尼波斯派出的使团在当地，该使团是来祝贺芝诺战胜巴西利斯库斯的，不过其主要目的是请求芝诺让尤利乌斯·尼波斯返回意大利。为此，芝诺应该给尤利乌斯·尼波斯提供钱和兵力。

皇帝陷入了难解的窘境之中。如果他应允了奥多亚克的请求，那他就要抛弃尤利乌斯·尼波斯了。这样做会大大损害芝诺的声望，因为尤利乌斯·尼波斯是在芝诺的上一任利奥的支持下获得西方的皇位的，和罗慕路斯不同，尤利乌斯·尼波斯一直都得到君士坦丁堡的承认。反之，如果芝诺应允了尤利乌斯·尼波斯的请求，那么他就得分给尤利乌斯·尼波斯一些资源，而芝诺才刚镇压巴西利斯库斯的暴动不久，尚难以割舍这些资源，并且这样一来也存在意大利完全脱离自己控制的风险。芝诺试图避免作出最终决定，双方都得到了他的答复，答复可以被他们看作芝诺对自己的允诺。芝诺派人告知西罗马帝国皇帝的使团，尤利乌斯·尼波斯返回意大利后应当得到友好的接待。对于奥多亚克，芝诺则表示，因为他做了好事，所以他从尼波斯那里获得了"贵族官"的头衔。要不是尼波斯抢在自己的前头这么做了，他定会亲自赐予奥多亚克这个头衔："他（指芝诺）赞赏他（指奥多亚克）以这种方式保障罗马应有的秩序，因此他相信奥多亚克会立刻收留曾给了他如此丰厚奖励的皇帝。"

　　这个答复给当代研究界出了一个谜题：如果尼波斯真的赐予奥多亚克"贵族官"的头衔，那么奥多亚克又怎么能够说西方不再需要皇帝了呢？尼波斯正在谋求的正是皇帝的尊位。还是说芝诺皇帝不过是在装模作样，就好像奥多亚克已经甘愿臣服于尼波斯，并被后者收入麾下一样。那样一来，芝诺皇帝就是在向两支使团撒谎。更让人困惑不解的是，马尔库斯在最后评论道，芝诺在给奥多亚克的信中称呼他为"贵族官"。这里所指的意思与奥多亚克所理解的并不相同。芝诺不愿意承认奥多亚克所渴求的"大元帅"及意大利管理人的地位。很显然，芝诺使用"贵族官"这个词的时候只把它当作一个没有实权的头衔，这在东罗马帝国十分常见。人们很难相信奥多亚克会对此感到满意。不管怎么说，他从来没使用过"贵族官"的头衔。他自己的书记处称呼他为"国王"，他的臣民称呼他为

"国王"或"主人"。[30]

172　　只要尤利乌斯·尼波斯还活着，任何一位东罗马皇帝就不能承认奥多亚克，否则就会颜面尽失。然而480年5月9日，尤利乌斯·尼波斯在自己位于萨罗纳附近的乡间别墅内被自己的两个扈从所杀。据说这是格利凯里乌斯指使的，此人曾是罗马帝国皇帝，在六年前被尼波斯废黜了，之后被封为萨罗纳主教。东罗马皇帝在480年又任命了数年以来的第一位执政官，这名执政官也是西罗马帝国元老院的成员。东罗马帝国的最高民事机关，即常驻君士坦丁堡的总督府，将担任西罗马帝国总督府长官一职的人记录在了历法表中。在罗马，人们开始使用芝诺和奥多亚克的名字来纪年，此二人都被称为"主人"，这样一来他们就有了同等的地位。很显然，君士坦丁堡最终妥协，承认了奥多亚克的统治，哪怕这只是暂时的。[31]

　　在狄奥多里克统治的意大利，奥多亚克被视为暴君。在恩诺迪乌斯为狄奥多里克所作的颂词中，这名被征服并遭杀害的敌人是胜利者光辉形象的黑暗衬托。这位僧侣将奥多亚克描述为胆小而奸诈的、惧怕自己手下士兵的懦夫，并把他写成了一个强盗，他为了能够恣意挥霍，会牺牲自己臣民的利益，为自己敛财。在他的统治之下，一切都可以买卖，有功之人得不到奖赏，整个意大利一蹶不振。在帕维亚主教伊皮法纽的生平传记中，恩诺迪乌斯甚至称奥多亚克为魔鬼的工具。我们不应当将这样的形象塑造当真。一名皇帝是好是坏，只能在他死后得到定论。如果掌权的继任者与已故的皇帝敌对，那么已故的皇帝通常得到的评价会是：他违背法律和传统，也就是以暴君的身份实施统治。为了诋毁他在后人心目中的形象，人们会借用大量常用的谴责话语，换言之，这是形容暴君的惯用语。因此，现代研究者有充分的理由对恩诺迪乌斯的说法持怀疑态度，他们通常对奥多亚克这位第一个统治意大利的蛮族人的评价要积极得多。多名研究者认为，奥多亚克的统治从本质上看已然预示了狄奥多里克王国的雏形。[32]

虽说由于缺乏足够的史料，要想具体描述奥多亚克的对内政策并非易事，但上文所述观点仍亟待修正。民事领域的罗马国家体制得到了保留，即常驻于宫廷的中央各"部门"以及各行省的行政机关仍继续由罗马精英群体把持，人们依然按照过去的方式缴纳税款和贡赋，并按照罗马皇帝颁布的法律进行司法活动。我们明确知道的唯一一项制度上的革新是统治者私人财产（patrimonium）与王室地产（res privata）被分开管理。从此以后，统治者的私人财产不再由王室私产管家管理，而是由统治者任命的君主代理官（vicedominus）负责。促成这项改革的事件是奥多亚克将自己的一部分势力范围，包括西西里和 481 年占领的达尔马提亚，从行省体系中分离出去，并将这些地区当作私产进行管理。这样一来，归统治者所有的领地数量急剧增长。[33]

原有的制度之所以能够延续得如此彻底，是因为人数虽少但富裕且强大的地方精英愿意与蛮族国王合作，这些人在罗马帝国元老院拥有自己的利益代言人。奥多亚克承认元老们的特权，甚至给予了他们额外的行动自由。他允许元老院铸造刻有"sc"［意为"根据元老院决议"（senatus consulto）］字样的铜币。由统治者任命的有一定任期的城市总督（praefectus urbi）身边还被安插了曾担任此职位时间最长的前总督，让他充当"元老院之首"（caput senatus），元老院之首的地位虽然也是拜统治者所赐，但他可以终身担任这一职务。罗马重新成为元老们钟爱的自导自演的舞台：弗拉维圆形剧场中位于最下方的两排座位上刻有元老们的名字，剧场在举行人兽博斗的演出时，这些元老曾出现在罗马人民面前。[34]

对于绝大多数罗马人，即那些手工业者、商贩、自由及非自由的农民而言，重要的事情主要有一件，即他们需要上交给中央政府的税收和贡赋有多少。在这个问题上，奥多亚克似乎也没有作出多少改变。奥多亚克去世 30 年后，有两支不知被哪个群体派来的使团向狄奥多里克抱怨，土地出产税加重了他们的负担，然而他们的土地并未变得更加多产，于是狄奥多里克吩咐总督府长官福斯图斯·尼格尔（Faustus Niger）不再向这两个群体征收多于奥多亚克时代的赋税。据恩诺迪乌斯记载，奥多亚克在总督府长官贝拉基（Pelagius）即将铲除利古里亚的地主之际阻止了他，因为贝拉基强迫这些地主将自己的产品贱价卖给国家。最后，如果我们审视一番奥多亚克的人事政策便会看到，声称意大利在奥多亚克统治时期被一些通过腐败的手段获得官职的人管理，并且他们通过征税的手段任意剥削民众的说法并不能得到证实。这些官员中有不少人（其中就包括总督府长官利贝留）后来被狄奥多里克接纳，并在狄奥多里克的统治时代继续自己的事业。[35]

在奥多亚克的统治时代，统治者与意大利天主教派主教之间的关系呈现一种全新的格局，因为在此之前意大利的统治者从来都属于由天主教派主教代表的宗教团体中的一员。奥多亚克是相像派教徒，也就是说，他所拥护的基督教派在敌人的眼中是危险的异端邪说，被称为"阿里乌派"。不过我们并不清楚奥多亚克同相像派团体之间的关系有多密切。教宗杰拉斯一世（Gelasius I，492~496 年在位）曾在奥多亚克国王死后宣称，国王违反了针对信仰的命令，但他没有说明细节。至少在奥多亚克死后免不了有人指责他曾尝试在臣民中间传播自己的信仰，或是迫害基督徒。就我们所了解的情况看，奥多亚克国王对待意大利的天主教派主教的态度是尊敬的，他允许罗马主教在"永恒之城"中举行宗教会议。不过天主教派的主教必须适应一种他们还不习惯的局面。由于奥多亚克属于另一教派，主教在面对他时不能以牧灵者及信仰导师的身份来彰显自己的权威。他们必须摆出超出信仰范畴且能让人接受的论据，从而证明自己所提的要求是合理的。所以他们更加不能指望这位统治者在他们与其他教派斗争时会支持他们。教宗斐理克斯三世（Felix III）原本无法像484年以前对待芝诺皇帝那样称呼奥多亚克为"真正信仰的守护人和捍卫者"，而到了484年，斐理克斯三世革除了君士坦丁堡牧首阿卡奇乌斯（Akakios，471~489年在位）的教籍，从而陷入了与芝诺及帝国教会主教的冲突之中。不过从此以后，斐理克斯三世便能够真正懂得赞赏奥多亚克了，因为他从未想过在自己的统治区域内推行芝诺的宗教政策。[36]

476年这个时间点对于部分现代研究领域而言意味着时代的转折。然而，这一观点早已出现在一部拉丁语的编年史中，这部编年史最开始记载的是395年至518年的历史，后来又增加了直到534年的历史。编年史的作者马色林努·科梅斯（Marcellinus Comes）担任了后来的皇帝查士丁尼的法律顾问。马色林努对于476年有如下论述——

> 哥特人的国王奥多亚克占领了罗马。接着奥多亚克立刻杀死了欧瑞斯特。欧瑞斯特之子奥古斯图卢斯则被奥多亚克流放到位于坎帕尼亚的一座城堡——卢库勒斯城堡中。第一位皇帝屋大维·奥古斯都在罗马城建立的第709年开始统治的罗马民族的西方帝国，在已故诸先皇统治的第522年，随着奥古斯图卢斯走向了灭亡。自此，拥有罗马的便成了哥特人的诸王。[37]

当然，这段叙述是在事件发生的两代人之后写成的，当时

176

地图 8　奥多亚克的王国（476~489 年）

东罗马帝国的人开始思考意大利是否会永远从帝国分离出去。这段叙述将哥特诸王的统治追溯至奥多亚克的叛乱，从而为皇帝对意大利的权力要求提供支撑。然而在以北意大利一系列事件发生之后不久便出现的记载为共同资料来源的那些编年史中，罗慕路斯被废及奥多亚克统治的开端被尽可能客观地记录了下来，以至于人们会认为只不过是换了个人罢了。

　　然而，人们是否可以由此得出结论，认为当时的人几乎没有感觉到西罗马帝国的终结，这一点尚存在争论。可以肯定的是，对于城市和乡村中劳作的人来说几乎没有什么变化。他们想必并不关心意大利的统治者是罗马皇帝还是蛮族国王。地方小城的主教可能也是这么认为的。可是教宗斐理克斯三世很清楚，教会的处境已经发生了根本性的变化。483 年，斐理克斯三世致信芝诺皇帝，称："帝国威名之残余，只剩下你来承担。"人们不得不提出这样的疑问：当元老们 476 年同意废除西罗马帝制时，他们究竟知不知道自己在干什么？此前并没有相关的经验，对所有参与者而言，奥多亚克的统治是一次没有范例的试验。不管怎么说，人们相信他能够终结无休止的内战，抵御外来的敌人。然而，一位出身蛮族、从未受过教育，甚至连字都不会写的军官，很不符合元老们心目中统治者的理想形象。看来只要奥多亚克能给意大利带来内外和平，人们就不会把这一点放在心上。[38]

　　在对外政策方面，奥多亚克只取得了较小的成绩。刚掌权不久，他就被迫将普罗旺斯（Provence）割让给西哥特国王尤里克。对于那些在这座富饶的行省有亲族和地产的元老而言，这是一个沉重的打击。一年后，奥多亚克国王设法补偿了此次损失，他让盖萨里克国王交出了几年前落入汪达尔人之手的西西里，从而换取一份年金。北非诸行省脱离了罗马的掌控后，西西里便成为罗马城食品供给的重要来源地，并且那里聚集了

177

178

元老们的大量地产，因此这份协议无论是从直接意义上看还是从间接意义上看都对元老们有利。尼波斯死后，奥多亚克终于可以亲自率军前往达尔马提亚，在那里他击败并杀死了一个名叫奥维达（Ovida）的人，此人在达尔马提亚自立为统治者。这样一来，奥多亚克便使得自己的统治区域急剧扩张，不过他没有让元老院派出总督管理占领区，而是任命了直接听命于自己的代理人。[39]

480 年以后，奥多亚克与皇帝之间的关系也没有得到明确规定，因此二人之间的关系较为紧张，很容易受到干扰。据说484 年叛乱者伊鲁斯曾希望奥多亚克支持他反抗芝诺皇帝，他将失败的篡位者小马尔西安派往了意大利充当使臣。芝诺皇帝据传在几年之后唆使支持自己对抗伊鲁斯的鲁基人进攻奥多亚克王国。这些鲁基人在匈人王国瓦解后定居在了滨河诺里库姆行省（Noricum Ripense，该地区位于多瑙河及东部阿尔卑斯山脉之间）对面的多瑙河左岸。458 年，他们为马约里安皇帝提供了军队，469 年他们又参与了攻打潘诺尼亚哥特人的博里亚河战役，但无功而返。473 年哥特人离开潘诺尼亚后，鲁基国王弗拉基泰（Flaccitheus）得以将自己的势力范围拓展到位于多瑙河对岸邻近罗马的行省，那里的居民要向弗拉基泰缴纳贡赋。罗马中央政府早已撤出了这一地区。因此当地居民只能自力更生了。在这种局势下，苦行僧塞维里努斯便以修道院建立者和罗马外省人民代言人的身份站了出来。大约在 475年，费莱特乌斯［Feletheus，又名费瓦（Feva）］继承了父亲弗拉基泰的王位，开始统治鲁基人。据说弗拉基泰和费莱特乌斯都十分重视塞维里努斯的意见，哪怕他们与塞维里努斯的信仰不同。如果塞维里努斯的生平传记可信（当然这份传记创作于整整一代人之后，地点在狄奥多里克的王国境内），那么费莱特乌斯会派驻军保护罗马外省人民就是这位圣徒的功劳了。

传说在塞维里努斯的请求下，费莱特乌斯禁止自己的妻子基索（Giso）强迫天主教徒重新接受洗礼，从而让他们改信相像派。然而我们应当怀疑塞维里努斯的求情是否真能时时奏效。塞维里努斯刚一死去（482 年），费莱特乌斯的兄弟费尔德鲁克（Ferderuch）便洗劫了一座位于法维亚尼斯〔Favianis，即今天的毛特恩（Mautern）〕的修道院。40

179

487 年冬季，奥多亚克从意大利出发前往下奥地利，他渡过了多瑙河，战胜了费莱特乌斯，于是这个多瑙河畔的鲁基人的王国走向了终结。国王、王后和一部分鲁基军队被掳往意大利。费莱特乌斯的儿子弗里德里希（Friderich）和部分鲁基战士成功逃走。当弗里德里希于一年后返回时，奥多亚克又派出了一支军队渡过了多瑙河，不过这一次指挥军队的是奥多亚克的兄弟洪伍尔夫。洪伍尔夫驱逐了弗里德里希，接着他命令两个诺里库姆行省的罗马居民迁往意大利。根据塞维里努斯的传记记载，当时所有罗马人都离开了多瑙河畔的城市，迁往了意大利，定居在了所有可能的地区。这位圣人的尸首也被挖出，同罗马人走上了同一条路：尸体先在拉文纳短暂停留，最后在那不勒斯附近的卢库勒斯城堡中找到了一处新的安息之地，而那里正是 476 年被废黜的罗慕路斯皇帝曾经居住的地方。不过当时诺里库姆行省的居民不大可能完全撤出，很可能有一部分罗马居民留了下来。41

可以肯定的是，奥多亚克认为既不可能也没有必要派出自己的兵力守卫这处位于阿尔卑斯山脉另一侧的行省。他会这么认为想必有一定的理由。或许他预料到了自己会成为皇帝下令组织的进攻行动的目标。在击败费莱特乌斯后，奥多亚克试图向芝诺表明自己的服从态度，他学着皇帝手下将领的样子，给芝诺送去了一部分战利品。然而这样的表示没起到什么作用。皇帝再也不愿意容忍奥多亚克统治意大利了。正当奥多亚克手下的"长官"皮耶留斯（Pierius）组织滨河诺里库姆行省的罗马居民迁往意大利的时候，芝诺委托曾在自己即位初期给自己带来了许多麻烦的狄奥多里克前去除掉奥多亚克，并让他代替皇帝统治意大利，直至皇帝将来亲临此地。[42]

17

争夺拉文纳的战争：狄奥多里克对战奥多亚克（489~493年）

488年秋季，有大约10万人，包括男女老少，准备随着首领狄奥多里克从诺维前往意大利。他们将要走过的路途超过了1000千米，沿途经过的地区只有一半左右是归顺皇帝的。人们需要花费数月才能到达目的地，并且在此期间他们几乎是毫无防护地暴露在冬季恶劣的环境中。沿途他们可能还会遭受敌军的进攻。在意大利已有一个敌人在等待，他的危险性无法估量。这是一次通往不确定的旅途。跟随狄奥多里克前往意大利的人已经是破釜沉舟了。我们能够理解为什么并非所有当时居住在巴尔干半岛的哥特人都愿意加入这支队伍。有些人宁愿在皇帝身边碰一碰运气。史料明确提到，有大约3000名生活在克里米亚半岛的哥特人拒绝跟随狄奥多里克前往意大利。[43]

不过，随同前往意大利的核心武装力量主要还是那些在斯特拉波死后（481年）被狄奥多里克统一在自己麾下的哥特人。有数千人已经跟随国王征战了十五年，与国王同甘共苦，陪伴他出生入死。另一些人则是近几年才加入狄奥多里克的队伍，但他们对于自己哥特人的名号怀有的自豪感毫不逊色于他人。此外，和弗里德里希一起从奥多亚克的军队逃到诺维的鲁基人也参加了此次行动。人们猜测还有其他族裔的战士也加入了狄奥多里克的队伍，甚至有人说狄奥多里克拥有的是一支多民族军队。不过，人们没有找到能够站得住脚的证据来证明这一说法。狄奥多里克的军队从本质上看还是一支哥特人的军队。[44]

狄奥多里克下达出发的指令后，必定有大约 2 万名骑兵和数千辆用牛拉的车开拔。队伍想必绵延了几千米长。可惜史料没办法给我们的想象力提供多少养分。根据普罗科匹厄斯的简要记载，狄奥多里克与哥特民族前往意大利，人们让妇女和儿童坐在车上，还拉上了尽可能多的家什。恩诺迪乌斯则用华丽的辞藻将人们的舟车劳顿和面临的危机渲染了一番：车辆被当成房屋使用；一切生活所需之物都被装在车上运走。没有任何文献提到行进的路线，但是所有记载都表明，狄奥多里克率领自己的民众从诺维出发，沿着多瑙河，走的是罗马的军用道路。在前往辛吉度努姆的途中最重要的站点有伊斯库斯［即今天的吉根（Gigen）］、拉提亚里亚（Ratiaria）、博诺尼亚（Bononia）和维米纳奇乌姆［Viminacium，即今天的科斯托拉茨（Kostolatz）］。[45]

当时皇帝的势力已经蔓延到了贝尔格莱德（即当时的辛吉度努姆）。由于是芝诺委托狄奥多里克前去攻打奥多亚克，芝诺应当负责沿途给这支民族准备好补给，否则这些人就得自己向各行省的居民征用粮草。芝诺甚至还在狄奥多里克前往西方之前赐予了他"贵族官"的头衔。不过，皇帝给狄奥多里克提供的物资应该不会很丰富，因为他手下的民众在离开皇帝的管辖区域后就开始挨饿了。离开辛吉度努姆继续往前走便是格皮德人的领地了，这是一支好战的民族，已经摆脱了皇帝的控制，并且同哥特人打过几次仗。格皮德人控制了从锡尔米乌姆［即今天的米特罗维察（Mitrowitza）］出发，沿萨瓦河朝着上游方向前进，再经过西斯奇亚［Siscia，即今天的锡萨克（Sissek）］和奈维奥度努姆［Neviodunum，即今天的德日诺沃（Drnovo）］，前往位于今天斯洛文尼亚境内的艾摩那［Emona，即今天的莱巴赫（Laibach）／卢布尔雅那（Ljubljana）]的道路。这样一支大军过境，格皮德人的首领特劳斯提拉（Thraustila）害怕自己的权威和对民众的掌控受到威胁，因此他拒绝狄奥多里克通过。有一条名叫乌尔卡（Ulca）的河流，这条河很可能就是武卡河（Vuka），此河在斯洛文尼亚境内的武科瓦尔（Vukovar）附近汇入多瑙河，488 年与 489 年之交的那个冬季，特劳斯提拉手下的格皮德人与狄奥多里克手下的哥特人在这条河附近大战了一场。[46]

182

此次战役的全过程已无法重现。恩诺迪乌斯在战争发生差不多二十年后在自己的《致狄奥多里克颂词》中用英雄史诗的笔法叙述了这一事件：哥特人必须渡过乌尔卡河，以进攻位于河对岸的格皮德人，然而他们起初被击退了。随着越来越多的哥特人阵亡，有遭遇失败的危险，狄奥多里克便亲自投入了战斗。在对自己的手下发表了一番简短的演讲后，他转身冲向战场，几乎是单枪匹马将敌人打得狼狈逃窜。

> 你怒吼着，就像湍急的洪水涌向秧苗，像雄狮扑向牲畜：若有人阻拦你的去路，或是迎面碰上了你，又或者当你在追击时，都无人能够抵挡你。你扑向各个方向，射击已逐渐停止，战斗的怒火却越燃越旺。格皮德人的状况很快发生变化：人们看到胜利者正在四处逃窜，因为局势发生了逆转。而可敬的你，起初孤身一人前去品尝战争的滋味，随后又在上千名战士的簇拥下阔步前来。大批大批的敌人被杀死，直到夜幕降临，才有少部分人保全了性命。人们还找到了巨大的粮仓，里面装满了供城市使用的储备粮。这些粮食不仅足够基本生活所需，还能够满足因富裕而挑剔的味蕾。[47]

虽说这段记载基本没有反映战争的实际过程，但它告诉了我们，乌尔卡河大捷在哥特人的记忆及狄奥多里克的自我展现中扮演了重要角色。国王提高了自己当时作为一名战无不胜的战士的声望，哪怕他彼时没能亲手斩杀敌军的首领，并借此获得荣耀。此外，这段记载还无意中让我们看到，乌尔卡河战役发生以前狄奥多里克的处境相当危急。"与敌军的冲突战胜了饥饿"，恩诺迪乌斯这样写道。虽然狄奥多里克手下的哥特人在前往意大利的途中需要面对的敌人并不只有特劳斯提拉手下的格皮德人，但自乌尔卡河大捷后便再也没人能阻止他们前进的步伐了。前往意大利的路途如今畅通无阻。[48]

我们完全不了解奥多亚克准备如何应对此次入侵。若是他试图争取盟军，那么他的努力并未带来成功。看来奥多亚克打算在自己国家的边境上拦截狄奥多里克。为此，他在伊松佐河（Isonzo）的一处河口——冷河 [Frigidus，即今天的维帕瓦（Wippach）] 附近的松提乌斯桥（Pons Sontii）旁搭建了一处坚固的营房。公元 394 年，狄奥多西一世曾在此地率哥特部队击败了欧根尼乌斯，限制奥多亚克的部下要在这里等候狄奥多里克的部队，阻止他们渡过伊松佐河。事实上，狄奥多里克于 489 年夏季率部翻过了朱利安阿尔卑斯山脉，朝着意大利北部进发，并在 8 月底到达了伊松佐河谷地。他让人员和牲畜在此地休整了几天。8 月 28 日，狄奥多里克下令进攻，将奥多亚克的部队击溃。接着奥多亚克退回到维罗纳，一个月后，即 489 年 9 月 27 日至 30 日，那里又爆发了一场战争。[49]

恩诺迪乌斯的《致狄奥多里克颂词》再一次成为对此次事件的唯一一份记录。这段记录由古代英雄史诗的经典场景引入：太阳升起，英雄披坚执锐，在走上战场前对至亲讲话。不过，在恩诺迪乌斯笔下，狄奥多里克告别的是母亲和姐妹，而非像荷马的《伊利亚特》中的特洛伊英雄赫克托尔那样告别妻儿。狄奥多里克国王声明自己有义务通过功绩维护祖先的荣誉并将其发扬光大，接着他快马加鞭冲向战场，幸运的天平已经向敌军一方倾斜了。狄奥多里克的出现再一次扭转了战局：敌军在他面前疯狂逃窜；被狄奥多里克杀死的敌人的鲜血将阿迪杰河（Etsch/Adige）的波涛染红，战场上尸首遍布。这段记录也不完全是真的，不过它向我们透露了不少信息，让我们了解狄奥多里克希望自己如何被旁人看待：他希望自己被看作一位无人能敌的英雄。[50]

这的确是一次重要的胜利，然而并非全胜：奥多亚克将土地留给了狄奥多里克，但他带着一部分军队成功逃脱了；他慌忙地撤往拉文纳，并在三天后，也就是 9 月 30 日那天到达。狄奥多里克则从维罗纳出发前往为他敞开大门的米兰。帕维亚主教伊皮法纽在那里等着他。很快，奥多亚克手下的大元帅图法（Tufa）也携部队投靠了狄奥多里克。狄奥多里克仁慈地接纳了这名叛徒，并立刻派他前去拉文纳围困自己昔日的主人。图法听从了命令，在狄奥多里克的扈从的陪同下前往法文提亚［Faventia，即今天的法恩扎（Faenza）］，开始围困拉文纳。此时的狄奥多里克在一些人看来已经是胜券在握了。[51]

我们并不完全清楚奥多亚克是如何摆脱已经绕在他脖子上的绞索的。据说他在法文提亚拜访了图法，图法再一次服从了奥多亚克，并交出了狄奥多里克的扈从。这样，奥多亚克便开始反攻，他从克雷莫纳（Cremona）出发直逼米兰。他重新夺回了这座城市，并惩罚了米兰居民，主教劳伦蒂乌斯则被监禁起来。狄奥多里克退到提西努姆（Ticinum，即今天的帕维亚），在那里被围困了一段时间。[52]

最迟在这个时候，奥多亚克将自己的儿子泰拉立为恺撒，从而撕毁了他迄今为止在皇帝面前遵守的政治准则。这一信息在流传下来时没有日期也没有上下文，因此有待商榷。不过这一信息让人看到奥多亚克有意重新引入 14 年前被自己宣告为

184

多余的西罗马帝制，哪怕首先只以皇帝所拥有的最小权利的形式实现。这一做法势必会被君士坦丁堡看作叛逆之举。

在这一阶段，奥多亚克似乎也下定了决心，下令铸造印有自己肖象和名字的钱币，在他之前从未有任何一名日耳曼国王做过这样的事情。他铸造的是重量为 0.5 西里克（Siliqua，折合约 1 克重）的银币；从银币的背面可以看出，这些钱币是在拉文纳铸造的。钱币的正面是奥多亚克身着铠甲和将领长袍的肖象。他蓄着长发和小胡子，但他没有佩戴任何统治者徽记。钱币上的铭文也不包含统治者头衔，铭文的字样是"Fl Odovac"（即弗拉维乌斯·奥多亚克）。弗拉维乌斯并非姓氏，而是所有服务于皇室之人的一个身份标识。奥多亚克的统治权直到最后都没有获得准确定义，他面对皇帝的态度是矛盾的。[53]

图 9　奥多亚克发行的 0.5 西里克钱币，正面与背面（图像经过高度放大）

狄奥多里克在意大利北部对奥多亚克发动的战争使得邻近地区的统治者也来到这里为自己谋取好处。勃艮第国王贡都巴德率领一支匪兵，回到了这片自己十五年前辞去格利凯里乌斯皇帝最高元帅一职后离开的土地。贡都巴德手下的战士在利古里亚获得了大量的战利品，还将数千名居民掳到了自己的国中。很可能在同一时期，汪达尔诸王也袭击了西西里。在这种情况下，狄奥多里克成功争取到了西哥特国王阿拉里克的支持。阿拉里克之所以会这么做，难道是因为473年曾有一部分潘诺尼亚哥特人与维迪米尔一同前往意大利，不久后又被阿拉里克的父亲尤里克的国家接纳了吗？不管怎么说，阿拉里克派出了一批人数不明的战士前往意大利北部，以协助狄奥多里克同奥多亚克作战。很快，奥多亚克就停止围攻帕维亚，退回到了米兰。490年8月11日，在阿达河［古称阿都亚河（Addua）］附近再一次爆发了一场大会战。这一次奥多亚克似乎将指挥权交给了自己的御林军长官皮耶留斯。双方都损失惨重，但胜利最终属于狄奥多里克。皮耶留斯阵亡，奥多亚克再一次退守拉文纳。虽然恩诺迪乌斯闭口不提阿达河战役，但狄奥多里克的胜利一定给他人留下了深刻的印象，因为在此之后不久，一位级别最高的元老，即费斯图斯（Festus）投靠了他。费斯图斯受命前往君士坦丁堡，请求芝诺皇帝赐予狄奥多里克国王的礼服，然而他没有等来芝诺皇帝的答复。[54]

与此同时，狄奥多里克继续追击被打败的敌人，他在拉文纳南边的一处松树林中搭建了一处守备坚固的营地，这样一来就切断了拉文纳城与内陆地区间的联系。本书开头描写的长达两年半之久的围攻拉文纳行动就这样开始了。491年7月10日，拉文纳城中军队突围的企图失败了。奥多亚克率领赫鲁利人夜袭狄奥多里克的营地，然而被击退了，其间他手下的元帅利比拉（Libila）战死。在此之后，奥多亚克再也不敢脱离拉文纳城墙的庇护了。此时的他只能寄希望于图法来为自己解围。事实上，当率部驻扎在帕维亚的鲁基国王弗里德里希出于不明的原因投靠图法之后，奥多亚克更加有望脱险了。然而，图法和弗里德里希这两人没能下定决心共同率军前往拉文纳，他们很快又闹翻了，并在 492 年与 493 年之交的冬季在阿迪杰河谷位于维罗纳和特里登图姆［Tridentum，即今特伦托（Trient）］之间的地方展开了殊死搏斗，在此次战役中，数千人失去了生命，其中就包括图法本人。而此时的狄奥多里克弄到了一批船只，以便同时从海上封锁拉文纳，这样一来，被围困在拉文纳城中的人陷入了绝境。[55]

493 年 2 月，以天主教会主教约翰为中间人，奥多亚克与狄奥多里克进行了一系列谈判，最终在 493 年 2 月 25 日签订了一份和约。两位国王达成协议，未来共同统治意大利。人们或许会怀疑狄奥多里克从来没有想过遵守这份和约。对他而言最重要的是能够不费一兵一卒就进入拉文纳城。3 月 5 日那天，他的目的达到了。仅仅几天后，狄奥多里克便违背了同奥多亚克签订和约时发下的誓言，并亲手杀死了奥多亚克。此次谋杀经过了精心策划。当奥多亚克在宫殿中惨死时，狄奥多里克的手下正四散在各处追杀奥多亚克手下的武装力量，这些人正和自己的家人相聚在城中。此次进攻对于他们而言可谓晴天霹雳。随之而来的是一场惨烈的大屠杀，究竟有多少人能从这帮刽子手的手中死里逃生，此事已无人知晓。奥多亚克的家人也没能幸免：躲藏在一座教堂中的奥多亚克的兄弟洪伍尔夫被乱箭射死；奥多亚克的妻子苏尼吉尔达被投入地牢，最终在那里饿死；只有奥多亚克的儿子泰拉活着逃了出去，他被驱逐到了高卢，后来也被杀害了，据说是因为他准备返回意大利。奥多亚克的尸体被埋在了城墙外面的一座犹太教堂旁。[56]

对于意大利的居民而言，拉文纳大屠杀意味着内战的结束，此次内战令意大利的广大地区饱受摧残。我们手上的史料之所以会描述此次战争中的恐怖景象，不过是想增加胜利者的荣耀，只在必要的时候才会顺带提及平民的苦难。然而，一些散见于别处的记载让我们感受到，此次战争不仅在意大利北部造成了毁灭性的影响。战争过去许多年后，恩诺迪乌斯还能够回忆起那些饿殍遍野、赤地千里的景象。在这四年半时间里，两名军阀的军队就在当地进行补给，他们会征用和抢劫物资。在先后有狄奥多里克率领的哥特人和弗里德里希率领的鲁基人驻扎的帕维亚，当地居民不得不让出住宅及其他房屋，以便给这些不速之客腾地方，即便主教伊皮法纽一直竭力阻止军队恣意妄为及横征暴敛，恐慌的情绪依旧蔓延开来。在爆发了多次大规模战役的意大利北部，农村居民都逃走了。许多家园被战争摧毁的人前往罗马，他们希望教会能够照料一无所有的难民。然而入侵者的掠夺范围一直蔓延到了意大利中部和南部。教宗杰拉斯一世曾抱怨，毗邻罗马的各个行省因为蛮族入侵和战事而化为废墟，损失最为惨重的是图西亚［Tuscia，即今天的托斯卡纳（Toskana）］。战争期间，掳掠人口是家常便饭，因为俘虏要么可以被卖为奴隶，要么能够被用来换取赎金。被俘虏或是被掳走的人数想必已经上万。当然，狄奥多里克的军队也不只从军人中间寻找俘虏。帕维亚的伊皮法纽曾成功说服狄奥多里克国王，将被俘的罗马人放回家乡，并且不要虐待被俘的蛮族人，伊皮法纽也因此闻名于世。[57]

　　奥多亚克和狄奥多里克之间的战争对于意大利的居民而言就是一场噩梦。继阿拉里克一世之后，人们还从未经历过时间跨度如此之长、破坏力如此之大的战争。在战争结束前不久，坎帕尼亚地区有一则预言流传开来，预言称敌基督即将降临。新任掌权者宣布的第一件事似乎印证了这一担忧：他预备毫不手软地同奥多亚克所有的党羽算账。狄奥多里克向所有人公开颁布了一道命令，所有在战争结束之前没有加入自己一方的人将被剥夺财产权，并且无权申诉。这道命令重创了富人，特别是那些想要将财产转移给自己的后代或亲属的元老，在这些人的眼中，这道命令产生的后果不亚于让他们失去罗马人的自由权。经过商议，人们决定让两名狄奥多里克认识的主教——米兰的劳伦蒂乌斯和帕维亚的伊皮法纽前去请求国王收回成命。狄奥多里克表现出了仁慈的态度。虽然他不愿意大赦天下，但他将制裁的范围限定在了那些被视为"作恶者"（malorum incentores）的人身上，这些人应当被流放，其他人则可以免于处罚。负责起草国王文书的宫廷官员圣殿司法官乌尔比库斯（Urbicus）受命以"大赦天下"（generalis indulgentia）的名义颁布这道特赦令。恩诺迪乌斯称狄奥多里克是因为受到了伊皮法纽影响才收回先前的命令。实际上，狄奥多里克可能本来就没打算像最初表面看上去的那样做得那么绝。他想要在元老们面前显示自己的实力，但如果人们表现出服从的态度，那他也愿意创造条件，向他们证明自己的宽宏大量。在新臣民的请求下撤回由自己亲自施加的惩罚，通过这种方式，狄奥多里克迫使元老们支持自己，而如果他想要保证自己通过军事手段攫取的权力永固的话，元老们的支持正是他迫切需要的。[58]

不久后，狄奥多里克又采取了新的措施来争取意大利居民的好感。他派都灵主教维克托（Victor von Turin）和帕维亚主教伊皮法纽去请求勃艮第国王贡都巴德允许以难民或俘虏身份来到他国中的所有人返回意大利，为此狄奥多里克愿意支付金钱。释放意大利人的行为应被看作给狄奥多里克之女奥丝特萝哥托的订婚礼物，她在不久前刚同贡都巴德的儿子西吉斯蒙德订婚。于是维克托和伊皮法纽启程前往贡都巴德的宫廷所在地里昂（Lyon），贡都巴德表示难民可以不受限制地返回，而俘虏则要出钱赎身。根据恩诺迪乌斯的记载，无须支付赎金便可返乡的有6000多人，但他没有说明用赎金赎回了多少人。两名主教从狄奥多里克手上拿到的钱显然远远不足以交赎金，因为他们为了赎人，还从维埃纳主教阿维图斯（Avitus von

Vienne）和居住在里昂的一位罗马妇女西亚格里娅（Syagria）那里募集了捐款。⁵⁹

两年后，一支由伊皮法纽率领的使团前来向狄奥多里克求 190
情，于是狄奥多里克免除了饱受战争摧残的利古里亚行省三分之二的土地税。通过这一决定，狄奥多里克国王也遵循了既定的行为模式，在同样的情况下，罗马皇帝往往也乐意放弃一部分税收。⁶⁰

狄奥多里克对奥多亚克开战是受芝诺皇帝之托。这一委托的意思是，推翻奥多亚克，代皇帝统治意大利，直至皇帝亲自来到意大利。为了顺利完成这一使命，芝诺赐予了狄奥多里克"贵族官"的职权与头衔。因此，当狄奥多里克国王到达意大利的时候，便已经对这片土地拥有了由皇帝赋予的并且得到书面确认的统治权。即便如此，狄奥多里克在阿达河附近战胜奥多亚克，并将其围困在拉文纳之后，仍然在490年秋季派出一支使团前往君士坦丁堡，请求皇帝赐予自己"统治者礼服"（vestis regia），使团的头领是最高级别的元老及472年的执政官费斯图斯。根据《无名的瓦莱西亚努斯》的记载，这一请求没有得到回应。狄奥多里克肯定已经拥有了能够表明自己哥特国王地位的标识物。难道说他想从皇帝那里得到藩王的象征物？还是说"统治者礼服"这一说法实际暗指的是"副皇"所穿的皇袍？唯一可以肯定的是，当芝诺在491年4月9日去世的时候，狄奥多里克的请求依然没有得到满足；接替芝诺之位的是宫廷官员［护安官（silentiarius）］阿纳斯塔修斯，此人当时已经有六十多岁了。人们无法确定阿纳斯塔修斯是否认为自己应当遵守前任与狄奥多里克的约定。因此狄奥多里克再次派出使臣前往君士坦丁堡，率领使团的是490年的执政官福斯图斯·尼格尔。《无名的瓦莱西亚努斯》宣称，使团在芝诺的死讯传到拉文纳之前便已出发，然而因为福斯图斯·尼格尔直到战胜奥多亚克之后才返回, 所以此次出使也就没有意义了。
191　很可能在福斯图斯·尼格尔出发的时候, 人们已经预见到了被
困拉文纳的奥多亚克没有办法脱险了, 也就是说使团实际出发
的时间是 492 年夏季。直到奥多亚克死后, 福斯图斯·尼格尔
才返回。[61]

　　福斯图斯之所以会在君士坦丁堡逗留那么久, 可能是因
为阿纳斯塔修斯皇帝不愿意在狄奥多里克彻底完成任务之前承
认自己前任缔结的和约。狄奥多里克在 493 年 3 月同奥多亚
克约定未来共同治理意大利, 这表明狄奥多里克自己也没有理
会同皇帝缔结的这份和约。在此之后不久, 狄奥多里克又杀害
了共治国王奥多亚克, 无可避免地做下了违背誓约之事。又
过了不久, 因为礼节方面的一个行为, 狄奥多里克与皇帝之
间的关系进一步恶化, 这一行为在君士坦丁堡被视为 "国王
的僭越"(praesumptio regni)。《无名的瓦莱西亚努斯》记
载道——

　　　　他踏上了拉文纳的土地, 击杀了奥多亚克。随后哥特
　　人在没有等待新皇帝的命令的情况下, 便确认狄奥多里克
　　为他们的国王。[62]

　　这一行为意味着什么? 对此人们有诸多讨论。为何要在这
个时候确认狄奥多里克为国王? 狄奥多里克本人将自己王权的
开端追溯到 471 年战胜萨尔马提亚国王巴拜。而且从 474 年
起, 先前听命于狄奥多里克父亲的所有哥特人都承认他为国
王。后来斯特拉波手下的 "色雷斯" 哥特人也臣服于他的统
治。部分研究认为, 在拉文纳的此次行为很有必要, 因为在此
之前, 狄奥多里克只是被潘诺尼亚哥特人看作国王。只有经过
这一行为, 他才能成为所有与自己一同征服意大利的战士的国

王。反对这一说法的人则认为，早在狄奥多里克接到废黜奥多亚克的任务的数年前，色雷斯哥特人就已经承认他为国王了。此外，人们也无法理解，如果发生在拉文纳的此次行为只涉及狄奥多里克与自己军队之间的关系，又为什么会被认为是"僭越"。这样一种谴责的前提是，狄奥多里克所要求的权利是在东罗马看来不属于他的权利，或者只要阿纳斯塔修斯还没有确认他与芝诺缔结的协议，这些权利便还不属于他。根据约达尼斯的记载，狄奥多里克在谋杀奥多亚克之后穿上了一身"统治者礼服"，"就好像他是哥特人和罗马人的统治者那样"。就此说来，狄奥多里克使自己被拥护为意大利的国王，从而也就成为同时统治哥特人和罗马人的国王。因为早在他出发前往意大利之前，这一权利就已被赋予了狄奥多里克，所以他不会将自己的行为看作谋反。同样他也很难相信，像皇帝一样统治意大利的权力必须通过某种建构性的行为才能获得，不然他就会想方设法让罗马人也参与自己的此次行动。为此他并不需要"贵族官"的职权和头衔。从今往后，"国王"的头衔便已足够。事实上，狄奥多里克国王已经通过大赦天下，对支持奥多亚克的大部分罗马人行使了皇帝手下的官员所不具有的权力，赦免整个群体正是皇帝所拥有的一种特权。[63]

　　很显然，当长达四年半的战争接近尾声之时，狄奥多里克正面临着比从法律上定义与皇帝之间的关系更为紧迫的问题。如果他希望自己在意大利的统治能够固若金汤、经久不衰，那他就需要这个地方的世俗精英及教会精英的支持，特别是主教和元老们的支持。为此，他需要迎合这些阶层对于一名优秀统治者的想象。然而狄奥多里克首先要满足战士们的期待，他能够战胜奥多亚克都要归功于这些人。他们任劳任怨，不惧艰险，甚至失去了亲人和朋友，此时的他们希望得到应有的奖赏。战士们要求让自己和家人获得稳定的收入，从而不必为未

192

来的生计发愁。对这些要求的满足刻不容缓，要是狄奥多里克失去了哥特人的好感，那他的权力也就烟消云散了。因此狄奥多里克首先要操心的便是满足哥特人的愿望，同时又不能激起新臣民对自己的不满。

第六章

权力的稳固

18

统治理念：借分成合

493 年 3 月，狄奥多里克实现了自己 489 年 8 月前往意大利时设定的目标，他除掉了奥多亚克，击溃了他的军队。现在，狄奥多里克是这片土地唯一的主人，拥有无限的权力，而这片土地曾被罗马皇帝统治了近五百年。因胜利而喜出望外的狄奥多里克听任扈从拥立自己为王。在这一刻，狄奥多里克权力的根基是跟随他一同前往意大利并为他作战的那些人对他的臣服。他们曾为狄奥多里克卖命，因此他们期待得到奖赏。正因如此，为帮助自己战胜奥多亚克的军队提供经济上的保障，成了狄奥多里克首先要关心的事，并且是最刻不容缓的事。然而，狄奥多里克很清楚，建立在赤裸裸的暴力基础上的统治极少能够长久，如果他想要永久统治一片像意大利这样的土地，他就需要在当地拥有财富及社会地位的那些人的支持。只有权威群体愿意接受一名哥特国王的统治，狄奥多里克的统治方能得到稳固。但是意大利的权威群体分属于两种全然不同的但又在很多方面存在千丝万缕联系的社会环境，那就是：世俗环境与教会环境。一方是元老，他们是意大利最富有的人，他们的地产散布在众多行省境内，并且他们在罗马元老院中拥有某种代表性地位。另一方是天主教会的主教，这些人的职权虽然通常仅限于一座城市的领土范围之内，但他们编织出了一张笼罩着整个意大利的密网，这张网听命于罗马、米兰、拉文纳和阿奎莱亚主教区。拥有一支 2 万至 2.5 万人军队的首领要想统治上百万名臣民，就必须争取意大利的元老和天主教会主教的支持。而城市和乡村中的广大居民，那些奴隶和佃农、手工业者和商人、鳏寡孤独和行乞之人，并非独立的社会力量，只要他们感受不到自己生活的环境受到什么影响，他们就几乎不会参与国家顶层发生的事。[1]

所以说，狄奥多里克面临着双重任务，一方面要确保跟随他来到意大利的战士们效忠自己，另一方面又要说服本地精英合作。要完成这一任务并不容易。战士们要求得到能够合理保障他们生计的奖赏。要想满足他们的要求，只能动用大批资源，这就会与当地精英的利益发生冲突，而当地精英希望自己的物质财富、法律特权及社会威望得到保障。另一件雪上加霜的事情是，狄奥多里克和他手下大部分战士信仰的宗教在意大利信仰天主教的居民看来是异端。狄奥多里克手下的哥特人不仅因其军事职能，还因其宗教信仰而与当地的罗马人存在隔阂。

195   狄奥多里克在战胜奥多亚克后面对的任务是艰巨的，但也是值得一做的。如果他解决了这个事情，那么他就会跃升为地中海沿岸这片曾属于西罗马帝国的地区内最富有且最有权势的统治者。即使在 5 世纪经受了战争的蹂躏，意大利按照当时的标准仍然是一片富裕的土地。通过农业和手工业获得的产品依然足够生活奢靡的城市精英享用，还可以供应给宫廷、军队，以及中央和地方民事管理机构的官僚。以前现代社会的标准衡量，罗马帝国晚期的国家在资源的调配方面可以说是一台效率高得惊人的机器，国家从意大利境内的所有自由民手里征收赋税及贡物，并且有能力组织远距离的物资及人员运输。当然，这样一种官僚机构得以顺利运转的前提是当地精英能够与狄奥多里克合作。如果当地精英愿意积极支持狄奥多里克的统治，那么狄奥多里克就有机会拥有源源不断的收入，而这笔收入之高是狄奥多里克的父辈从来都不敢想象的。[2]

狄奥多里克差不多不受阻碍地统治了意大利30多年，直到他526年去世，他的统治范围甚至拓展到了法国南部和伊比利亚半岛，因为他成功完成了上述任务。很可能早在统治的最初几年，狄奥多里克便发展出了一套从现代人的角度看可以被总结为"借分成合"的政治理念：国王将用于占领意大利的机动部队转变为一支常备军。为了实现这一目的，他赐给自己手下的军人们地产，土地的产出能确保他们不愁生计。所有属于"哥特军队"的人，只要有能力，都有义务以军人的身份服务于国王。不过，这支军队就等同于狄奥多里克王国境内的哥特人——只要这些人是男性，并且可以作战。他们是一个具有军事职能的精英群体，同时他们也可以被定义为一个族裔。这样一个等式是得到正式认可的：为国王拿起武器的人就是哥特人，只有哥特人才会为国王拿起武器。王室书记处一再宣称，狄奥多里克统治的是两支民族，即哥特人和罗马人。哥特人应当保卫王国不受内忧外患的侵扰，罗马人则享受和平，并按时交税。

这样的表述规则将复杂族裔状况简化为一种简单的矛盾对立关系：要么是哥特人，要么是罗马人，不存在第三种情况。事实上，在狄奥多里克军中效力的一定有一些人不认为自己是哥特人，或者至少认为自己不只是哥特人。这里主要说的是鲁基人，他们即使是生活在狄奥多里克的王国中也要求拥有独立地位，并且他们不愿意与外族通婚。在蒂罗尔（Tirol）地区则居住着布雷翁人（Breonen），这是一支好战的部族，控制着布伦纳（Brenner）山口，旁人难以解除其武装。后来赫鲁利和格皮德战士也在狄奥多里克的王国中落了脚，但我们不清楚这些人究竟是像鲁基人那样被编入"哥特军队"，还是继续以独立群体的形式存在。在个别情况下，一些受到狄奥多里克信任的罗马人也会被委以军事重任。[3]

然而，这种半官方的表述规则绝不是被随意扣在狄奥多里克的军队头上的。正相反，这支军队总体上的确是由一些对自己哥特人之名感到自豪的人组成。这些人因共同的经历、传统、语言及风俗习惯被联系在了一起。与此相反，并非所有的意大利居民都认为"罗马人"这一称谓具有同等的价值和意义。诸如犹太人这样的宗教少数群体，还有奴隶，他们在这种二元体系中根本没有自己的位置。以祖先为荣的元老们会将自己的家族历史追溯到罗马共和国时代的著名元老，而这样一种历史对于佃农或奴隶而言毫无意义。从未在罗马生活过的人终究也会属于意大利的某个拥有自己的行政体制及历史传统的城市，这些城市的体制和传统与罗马共和国及罗马帝国并不相同。尽管如此，意大利本地非奴隶身份的居民依然会结成一个适用于罗马法的统一体。4

　　将一个暴力群体转变为一个被定义为某个族裔的同时又负有军役义务的地主阶级，这是狄奥多里克能够长期统治意大利的必要前提。他手下的战士为集体承担起了一个任务，而这个任务也使得这些战士成为不可或缺的群体，同时也使他们与罗马非军事人口之间长期存在显著的区别。对于意大利的世俗精英及教会精英而言，最重要的是国王不会想要从根本上改变罗马帝国晚期传统的民事管理体系。狄奥多里克保留了行省和中央层面的行政机构，并全盘接手了这些行政机构中的工作人员。这样一来就形成了一种二元制政府。一方是按照罗马帝国晚期模式组织的民事管理机构，这种机构中的人员只能是有能力使用拉丁语的罗马人。对于狄奥多里克手下的哥特人而言，这些罗马人只负责民事管理，并且他们有缴纳赋税的义务。另一方是哥特人的军事管理机构，该机构中的工作人员来自军队。军事管理机构负责哥特人的法律事务，只有当哥特人与罗马人发生争执时，军事管理机构才会同罗马人发生关系。5

　　所以说，狄奥多里克的统治理念绝不像一些人认为的那样，以融合哥特人和罗马人为目标。哥特人的国王无意促成征服者和被征服者之间文化和社会方面的同化，甚至没有像亚历山大大帝那样，在精英群体中实现融合。反之，狄奥多里克尽力在征服者和本地人之间竖起一道高墙，他将臣民划分为两个族群，他们需要完成不同的任务，承担起不同的角色：哥特人充当战士，罗马人则充当文职人员。[6]

由于产生于卡西奥多开始担任圣殿司法官（506年）之前数年的有关狄奥多里克执政情况的信息保存得较为零散，我们无法从细节上追溯狄奥多里克统治理念产生的经过。当卡西奥多开始以司法官的身份将狄奥多里克的政治原则用形式化的语言表述的时候，这一理念已经完全成形。种种迹象表明，早在战胜奥多亚克后不久，国王便已经作出了关键性的决策。帮助狄奥多里克战胜奥多亚克的战士应当得到妥善安置。这一任务刻不容缓。

我们已经了解到，狄奥多里克的战士是携妻儿来到的意大利，有大约2.5万人带着家眷前来。其中的大多数人很少长时间生活在一个地方，许多人常年跟随狄奥多里克在巴尔干半岛上东奔西跑。在此期间，这些人几乎从未从事过农耕或手工业。当他们到达意大利时，所拥有的个人财产只有一些随身物品或者可以用车拉的东西，例如衣服、武器、日用品、首饰及其他贵重物品。有一定身份的人还拥有马匹、牲畜和奴隶。狄奥多里克的战士辛苦劳顿，在攻打奥多亚克的战争中出生入死，并且还有很多人战死。那些等到了胜利的人此时要求得到奖赏。他们不愿意像皇帝的士兵那样，为了每年一发的军饷而受制于一种有一定期限且随时可以终止的服务关系，并且像皇帝的士兵那样被派到数千千米以外的地方去。狄奥多里克手下的战士要求自己和家人能够生活得舒适，并且终身没有后顾之忧。在当时的条件下，最佳的物质保障就是拥有土地。当然，狄奥多里克手下的战士从未想过把自己的剑变成犁铧，他们想要像罗马贵族自古以来所做的那样以地租为生。在此之前，盖萨里克的军队实现了这一目标，在 455 年以后获得了罗马在北非最富庶的行省（即阿非利加行省）的土地。一代人的时间过去之后，一模一样的要求又在意大利被提出，并且满足这一要求的是奥多亚克。[7]

总之，狄奥多里克将手下的哥特人安置在意大利，让他们成为地主，从而给他们提供了物质上的保障。由于我们没能得到与这一重大事件存在直接关系的记载，我们对于这一过程是如何发生的认知存在很大的不足。在现代研究界，人们甚至怀疑狄奥多里克是否真的将自己手下的战士变成了地主。根据这一观点，狄奥多里克的战士并没有获得可供自己随意使用的地产，而是只得到了一部分由地主上交给国库的地产税。在此之前地主将他们收入的一部分上交给国库，而现在则要把这部分收入支付给他们的哥特"客人"（hospes）。由于这样做本身是在对国家资源再次分配，供养蛮族战士的开销实际上由国库单独承担。相应地，供养蛮族战士并不会使罗马地主的收入减少，这便是狄奥多里克的措施能够在没有遭到明显抵制的情况下得以推行的原因。[8]

许多著名的研究者都支持上述观点，然而这一观点根本站不住脚，其原因是多方面的。狄奥多里克手下的战士想要的是摆脱政治变局以及国家财政动荡的影响。此外，当时的一些文献清楚地提到了哥特人和罗马人之间曾进行过一次土地分配。卡西奥多曾受狄奥多里克之托，以国王的名义用以下文字赞颂了受命执行土地分配的元老利贝留——

> 我乐于讲述一下，他在分配三分之一（tertiae）的时候，是以何种方式将地产和哥特人同罗马人的想法结合起

来的。虽然人们常常会因为毗邻而居而陷入争夺，但共同拥有地产也使他们有了和平共处的理由。也就是说，两支民族中的任何一方因为生活在一起，会就同一个目标达成一致。看啊，这是件新鲜事，也是值得赞颂的事！通过分配土地，地主们的利益被捆绑在了一起，各族之间的友谊因损失而得到增进，用一部分土地便可换来一名护卫，财产安全也就得到了保障，不会损失一分一毫。[9]

200

这段文字针对的是元老院。从中我们可以看到，即便卡西奥多正竭力强调在哥特人和罗马人中间实施"土地分配"带来了不少好处，并且只在不经意间提到罗马地主必然遭受了一定的损失，但这段措辞讲究的文字依然使我们能够确定，通过利贝留的措施，狄奥多里克手下的哥特人获得了之前属于罗马人的地产，从而变成了土地主。正因如此，卡西奥多才强调罗马人用这种方式获得了哥特人这样的"护卫"，他们能保卫所有人的财产不受外敌侵犯。类似的委婉语也出现在了恩诺迪乌斯的一篇文字中，这份文字是献给利贝留的——

按照上帝的意愿，我们能够受一位极其强大且战无不胜的君主统治，无忧无虑地享受我们的财富，这都要感谢你。因为只有统治者没有短缺，臣民的财富方能得到保障。你是如何在罗马人几乎没有察觉的情况下，将那么多的地产转让给人数如此众多的哥特人，使他们变富的呢？因为这些胜利者没有再要求更多，而被战胜者也感觉不到损失。[10]

恩诺迪乌斯也承认罗马人因"转让地产"遭受了损失，即使他为了恭维收信人，立刻补充说损失几乎无法被察觉。恩诺迪乌斯还暗示，取得胜利的哥特人原本可以要求得到更多。文字中传达出的信息很清楚：罗马人能够平安脱险，要感谢利贝留。

目前可以肯定，狄奥多里克手下的哥特人变成了土地主，他们所拥有的土地之前归罗马人所有。但我们不太清楚土地分配是如何进行的。很可能狄奥多里克在战胜奥多亚克之后不久便颁布了一项普遍规定。上文提到的利贝留负责执行这项规定，而这位利贝留是一名年轻的元老，他不属于元老院望族中的任何一个。此前他曾服务过奥多亚克，在奥多亚克失势并且死后，他被狄奥多里克授予了民事管理机构总督府中的最高职位。利贝留出色地完成了这项棘手的任务，令狄奥多里克非常满意。他 500 年卸任时，又被赐予了"贵族官"的头衔。当然，当哥特战士被安置到自己的庄园时，利贝留并不会随时随地都在场，他会在当地安排一些自己手下的官员充当代理人，这些人被称为"代表"（delegatores），他们会给得到产业的人出具一份契书（pittacium）作为证明。只有能够出示这样一份证明的哥特人，才可以在后来被视为自己所拥有的土地的合法所有人。[11]

卡西奥多谈到，哥特人得到了"三分之一"。这一概念很可能指的是一种土地分配的比例，该比例适用于哥特战士定居的地方，因为他们的定居地绝不可能覆盖意大利全境。狄奥多里克手下的哥特人很可能主要定居在意大利北半部分。哥特人的核心聚居区分布在波河平原（Po-Ebene）及科蒂安阿尔卑斯山区，同时在意大利中部也有分布。在分配土地的时候，战略眼光或许起到了决定性的作用，因为哥特战士所拥有的地产和他们服役的部队所在地之间的距离不能太远。然而，驻防部队主要集中在北方的亚得里亚海沿岸，以及将里米尼（Rimini）和罗马连接起来的弗拉米尼亚大道沿线。与此相反，虽然意大利南部及西西里岛有少量部队驻守，但这些地区的土地全部或者至少有一大部分没有参与分配。同样，在位于阿尔卑斯山脉另一侧的行省第一拉埃提亚（Raetia I）、第二拉埃提亚

地图9 哥特人在意大利的驻防部队

203 （Raetia II）和地中海诺里库姆（Noricum Mediterraneum）则好像没有哥特人的家庭定居。狄奥多里克在将普罗旺斯并入自己的王国后，似乎放弃让哥特人定居在那里了。[12]

土地分配措施在意大利各行省的推行程度极为不同。很可能解决各地所承受经济负担不均等问题的方法是，只有那些没有让出土地的地主才需要缴纳一种同样叫作"三分之一"的特别税，并且这种税只在狄奥多里克的王国境内才被征收；该税种是由狄奥多里克创造的。我们只能猜测被转让给狄奥多里克手下战士的土地的原主人都是谁。无论如何可以肯定的是，元老们也要付出代价。不过他们能够想办法让自己位于西西里岛的那些极其广袤并且能带来大笔利润的产业不减少一分一毫。据普罗科匹厄斯记载，"罗马人"请求狄奥多里克不要往西西里岛派驻强大的驻防部队，"以保证他们的自由和财富不受损害"，狄奥多里克答应了他们的请求。毫无疑问，执行上述谈判的是元老们，他们想尽可能地保护"自己的"岛屿不受哥特邻居们的骚扰。或许狄奥多里克是通过废黜从君士坦丁大帝时代起元老们的产业就要承担的一项税种（collatio glebalis）的方式，哄着元老们吞下了割让土地这枚苦果。然而，我们无法确定这一税种是否之前就已经消亡。经济上同样依赖乡间产业的城市精英也不能幸免。与元老们不同，城市精英基本上没有能力借谈判的机会提出一些特殊条件来让自己脱身。除此之外，奥多亚克被战胜后，他的追随者要么被杀死，要么被驱逐，于是他们的土地也会在狄奥多里克的哥特人中间得到重新分配。最后，人们也不能排除城市所拥有的土地被纳入分配范围这一可能性。[13]

如果我们从哥特人一方的视角来看，文献记载的缺失显然令人十分痛心。例如，没有记载表明在土地分配过程中是否所有哥特人都得到了平等对待，每个人都可以要求得到同样数量、规模和质量的土地。可以肯定的是，狄奥多里克的家人会得到优待。狄奥多里克的妹妹阿玛拉弗里达死的时候留下了大片产业，狄奥多里克的外甥狄奥达哈德很可能拥有伊特鲁里亚（Etrurien）的大部分土地。关于非王室家族的哥特人的财产情况仅留存很少的信息。然而，人们很难想象，战斗力和威望都高于普通战士，因而身边环绕着扈从的那些哥特人，在土地分配时会同自己的扈从享受平等的待遇。[14]

　　哥特人在到达意大利的时候，已不再是一个内部平等的群体，当然与罗马帝国晚期社会相比，哥特人不同等级之间的差异相对较小，并且各等级之间可以相互渗透。并非所有哥特人都有条件将自己武装为骑兵。许多人都得依靠他人给自己准备好的马匹和武器，或者他们中的很多人会使用剑和弓徒步作战。例如，当时存在一个哥特贵族群体，当然在史料中这个群体要到狄奥多里克去世后才会脱颖而出。哥特人的社会分层反映在了普罗科匹厄斯的用词中，他通过使用具有鲜明特征的形容词，例如"logimos"（德高望重的和负有盛名的）、"dokimos"（能干的和受尊敬的）或"aristos"（杰出的和高贵的）等，来区分哥特人不同程度的能力和声望。而位于这个形容词谱系另一端的，是一些失去了自由，从而受到其他哥特人控制的哥特人。所以说，完全有可能在分配土地时根据每一个哥特人为国王作出的贡献，以及对国王的忠诚度进行了区分。因此，土地分配或许是在巩固并强化业已确定的社会等级。[15]

　　同样，我们几乎不了解哥特人利用自己的产业的情况。成年男性负有服兵役的义务，他们中的绝大多数被招募起来的目的是去占领散落在各地的驻防地和城堡，因此他们基本上不懂得从事农业生产。如果哥特人没有将土地租赁出去，那么他们很有可能将土地交给了自由或非自由的管理者；这和罗马贵族做的没有什么两样。不过大多数情况下，在意大利的哥特人仍然不算是连自己的地产都从来不看上一眼的"遥领地主"。有明确证据表明，哥特战士的妻子儿女都生活在这些土地上。也就是说，这些人的家人事实上已在领主的土地上扎根定居了。不过还有其他一些哥特人可能把自己的家室安置在了城市聚居区内，特别是那些将接近国王看得十分重要的人。[16]

19

战斗民族：哥特军队

在历史文献中，狄奥多里克手下的哥特人只有凭借其战士的身份方能被清楚地感知。这并非偶然，因为这正是他们要根据国王的意愿扮演的角色。作为一支战斗民族，哥特人要保卫狄奥多里克的王国免遭外敌的进攻。这样一种军事职能可以用来解释狄奥多里克为什么会将一个规模较小却拥有武装的少数群体视为与广大罗马非军事人口并立的第二座统治基石。正因如此，这些被他带到意大利的战士绝不能因为适应了非战争的环境而丧失了自己的军事能力。曾抵抗过汉尼拔、战胜过希腊诸王的意大利罗马人，在当时早已忘记怎样战斗了。战时号召平日里有其他职业的男子拿起武器，这种做法在罗马共和国时期很常见，然而在狄奥多里克时代，这么做从军事上看毫无意义。在罗马帝国晚期的意大利，非军事人口和军事人口之间有着严格的界限。非军事人口只在有限范围内或在特殊情况下才允许拿起武器。在狄奥多里克的王国，罗马人不能穿胸甲和戴头盔，也不能持盾牌或刺矛。发生在 5 世纪和 6 世纪的战争是由专业军人组织进行的。军队规模比罗马共和国时期要小得多，决定战局的不再是步兵，而是骑兵。为此，需要一些经过长期高强度训练，从而有能力骑马作战的男性。[17]

罗马皇帝招募的骑兵大多数来自罗马帝国统治区域之外。而狄奥多里克赖以征服意大利的骑兵和他一样都是哥特人，并且是他王国中具有军事职能的精英。虽然有一部分士兵会使用弓箭、标枪和长矛徒步作战，但狄奥多里克军队的主力是骑兵，这些人能够在疾驰的马背上用矛或剑给敌人以致命的打击。铠甲、盾牌和头盔则能够保护他们的性命或确保他们不受伤害。虽然在战争中双方首先要互射一段时间的弓箭，但人们依然要通过近身肉搏的方式才能锁定战局。射箭只能影响敌军的阵形，无法真正动摇他们，因此早晚都要实施进攻。在双人对战的过程中，最重要的是不能暴露自己的身体，同时要在正确的时机用剑或矛捅刺。人们主要攻击的目标是没有铠甲保护的身体部位，例如大腿、肩部、脖颈和脸部。这样就需要力量和灵敏的身手。要想具备这些素质，首先要拥有相应的天赋，但只有通过不断练习，才能真正获得并且完善这些素质。一名骑兵不仅要懂得使用武器，更重要的是，如果他想要利用马赋予他的力量和敏捷，就必须要与自己的马合为一体。由于当时马镫并不常用，骑兵在用矛或剑进行捅刺时所施加的力量大小，就完全依赖于他凭借纯粹的大腿力量在马背上坐得稳当程度。除此之外，骑兵还要训练自己的马，确保它完全服从自己的意愿，并且能够不惧怕危险，只有这样才能将马变成一个适合作战的工具。对于步兵的要求虽然没有那么高，但他们也需要通过学习和不断训练掌握特殊的能力，因为集体能否取得胜利，以及个人能否从战场上活着回来，都取决于战士身体素质的高低，他们运用刀剑、投掷标枪以及射箭的能力十分重要。击、刺、投、射的力量和命中率都事关生死。

狄奥多里克时期哥特战士的装备和作战方式与皇帝的士兵基本没有什么不同。二者最重要的区别是，具备在疾驰的马背上精准地射箭这一能力的哥特战士的比例远不如皇帝手下的精锐骑兵高。哥特军队作战时，发生在正式会战开始前的战斗任务通常会被交给步兵队伍中的弓箭手，由他们从远处射击。除此之外，狄奥多里克的战士从外表上看很难同皇帝的战士区别开来，因为他们的装备是相同的，并且无论是哥特人还是皇帝一方，战士的服装和装备都不统一。也就是说，哥特人并没有特殊的武器装备。同样，人们在意大利发现的那些华丽的且部分镀金的头盔（Spangenhelm）并非哥特军队所独有，哪怕戴这种头盔的肯定是有身份的哥特人。[18]（见彩图页，图 1）

狄奥多里克的军队由从孩提时期便开始练习使用武器的战士组成。只要一名哥特人长成了一个真正的战士，那他就被视为成年人了。当他无法再作战时，他对国王所负的义务便自然终止。哥特人在意大利也要按照狄奥多里克的意愿继续这样的生活方式。王室书记处会不遗余力地呼吁哥特人发挥他们的战斗力。在 508 年出征高卢的集结令中，书记处这样写道，一支战士的部落会很乐意在战场上证明自己。在狄奥多里克去世前几年，卡西奥多在写给总督府长官阿布恩丹提乌斯（Abundantius）的指令中以如下文字为开头——

> 此刻我们的青年人会在战争中展示自己在战术训练场上学到的本领。军事学校会成群结队地派出自己的学员，在闲暇时间也能勤加练习之人作战的时候将如做游戏般轻巧。[19]

也就是说，狄奥多里克期待的是自己手下的哥特人能够永远做好战斗的准备，而他在位期间取得的军事胜利，甚至他的继任者在位期间在面对查士丁尼皇帝的精锐部队时进行的顽强的抵抗，都表明狄奥多里克的这一期待没有被辜负。哥特人积极地按照军事化标准生活的做法给狄奥多里克的罗马臣民带来了深刻印象。恩诺迪乌斯盛赞国王，称他让哥特人不断练兵，从而维护了和平——

在你的监督之下，桀骜不驯的青年在快乐的和平年代就已经开始练习作战。你那战无不胜的手下仍老当益壮之时，新的一代便已经成长起来。青年人通过练习投掷来锻炼肌肉，当他们尚在练习的时候，会完成与勇士们所做之事相同的任务。同时，哥特人会上演一些被后世视为勇气之明证的故事。当少年还在用皮带甩出轻型标枪的时候（孩童们经常会这么做），当他们用每天都在给人带来死亡的弓箭不断地对准更远的目标的时候，城墙周围的整个区域都在一场模拟战争中被践踏一气。这些模拟战斗带来的结果是，真正危险的战争没有爆发。[20]

这样一种生活方式的心理驱动力是一种战士特有的美德。人们会根据一个人作为战士的能力来衡量他的价值，因此，只要敌人作战勇猛，他们也会对自己的敌人怀着崇敬之情。曾在罗马城墙前让哥特人一顿苦战并且最后阵亡的皇帝的士兵，他们的勇毅使得敌人不得不惊叹和佩服，这是普罗科匹厄斯的记载。打斗的情形、在战争中负的伤和英勇赴死的结局都被仔细地记录了下来。卡西奥多后来颂扬了哥特贵族图卢因（Tuluin），称他在抵御外敌的战争中所负的伤无可辩驳地证明了他的丰功伟绩，这些功绩能够为他代言，伤口是"军事才干所特有的表达"。在战场上体现出的才能被认为可以证明男性的卓越之处，因此在战争的前半部分总是会进行双人决斗。在两军正式提出要进行双人决斗后，会有战士自愿报名参加。战士们会抓住这一机会，在与自己地位平等的众人的注目之下崭露头角，因为他们认为用这种方式可以获得最高的荣耀。双方军队都会加入这一仪式中，丝毫不考虑自己战友的失败会给集体造成何种心理上的后果。战场变成了一座舞台，彼此敌对的双方军队成了一场以死亡为结局的演出的观众。只有当这场演出结束之后，真正的战争才会开始。[21]

　　公元 6 世纪时，交战双方的布阵方式少有差异，并且明显同军队指挥的组织结构一样较为灵活。哥特军队被划分为数个部队，每队的额定规模为一千人。这样一支"千人部队"的统帅的头衔为"millenarius"（千夫长），派生自"millenus"（意为"每一千"）这一数字表述。不过需要强调的是，每队的实际规模可能会小得多。我们不能确定这样一支"千人部队"会不会再分为更小的单位，但种种迹象表明，"千人部队"只在特殊情况下才会被进一步细分。军队中的等级或军衔情况没有被保留下来，各分队的指挥官只有一个模糊的头衔"dux"（意为"首领"），各城堡及驻防部队的指挥官的头衔则是同样模糊的"comes"（即"长官"）。与我们所知的罗马帝国晚期军团类似的那种固定且划分细致的等级秩序在哥特军队中极为罕见，这和东罗马皇帝的精锐部队情况一样。领导军事行动的是那些功勋卓越且深受狄奥多里克信任的人，这些人是根据具体需求选拔出的，他们没有固定的军衔或等级。自从狄奥多里克国王独立统治意大利后，他便不再亲自领兵作战，因此他需要依靠将领对自己的忠诚。这对于一位战斗民族的领袖而言并非不存在风险，因为在战场上取胜会带来威望，也会唤醒他人执政的野心。"过去你独自取胜，如今你有了听从你号令的胜利者"，恩诺迪乌斯在《致狄奥多里克颂词》中敏锐地觉察到了他人为狄奥多里克赢得胜利可能会带来的风险。为了不让他人觉得自己赞颂得胜的军队统帅皮奇亚（Pitzia）会有损国王尊严，恩诺迪乌斯让皮奇亚讲了一段话，以表明皮奇亚对国王的绝对忠诚：他们所有人都是在国王的命令下作战，仿佛国王在亲眼看着他们，因为一切行动都逃不过国王的眼睛。[22]

　　在狄奥多里克的王国，哥特人接受单独管理，管辖机构与罗马民事行政管理机构并立。哥特人定居或驻扎的地方有国王任命的官员，他们被统称为"哥特长官"（comites Gothorum）。这个由一个人担任的官职的职权范围通常只限于一座城市的管辖区之内。正因为如此，官职名称由"长官"头衔和城市名组成。有文献记载的有长官管辖的城市有列蒂［Rieti，古称"列亚特"（Reate）］、诺尔恰［Norcia，古称"努尔西亚"（Nursia）］、科莫（Como）、帕维亚、马赛（Marseille）和阿维尼翁（Avignon），以及位于达尔马提亚海岸附近的克尔克岛［Krk，又称"维格利亚岛"（Veglia）］。当然，还有管辖一片较大的区域乃至一整个行省的长官，不过这些官职也按照上述原则以城市命名，例如那不勒斯长官也负责监管整个坎帕尼亚海岸，叙拉古长官则负责管辖整个西西里。各城市的哥特长官也是哥特人，需要在哥特人爆发争端时主持公道。同样，当哥特人与罗马人之间爆发争执时，他们也要负责调停。[23]

211　　在一份用来向某座城中的居民宣告一位哥特长官的任命的公文模板中有如下文字——

　　　　我清楚，哥特人在上帝的赐福下与你等混杂而居，因此我认为有必要派 N. N. 这位高贵之人（迄今为止此人已凭借自己的优秀品质获得了我的青睐）来你处担任长官，以保证同住之人不会发生违纪行为。此人会依照我的旨意，调停两名哥特人之间的争端。可倘若在哥特人和罗马人之间发生诉讼，长官便会请来一位精通法律的罗马人，从而公正地结案。若是诉讼发生在两名罗马人之间，我会派出罗马人前往各行省充当法官了解案情，以确保每个人得到相应的公道，不同的法官遵循同一种司法原则。这样，两个民族将在上帝的保佑之下共享甜美的和平。

　　　　然而你等须知晓，我同等地爱惜一切人。而那些怀着

适度的热忱热爱法制的人，将更受我的青睐。我绝不尊重
任何不法之事，我厌恶无耻的僭越之行及其始作俑者。责
任感使我唾弃行使暴力之徒。在争端中一锤定音的应是法
律法规而非强有力的拳头。为何众人要寻求最终必定会招
致诉讼的暴行呢？因此，我付给法官薪水，拨付了多种款
项以供养一大批机构，从而确保你等中间不会产生孕育仇
恨的事。同一个生活的目标将你等这些接受同一位君主统
治之人团结在一起。两个民族中的任何一方要听好，我究
竟看重的是什么。因为手上所拥有的产业而同你等毗邻而
居的罗马人，你等也要怀着好感与他们团结。而你等罗马
人须怀着极大的热忱热爱哥特人，他们在和平年代保证了
你等人口的增长，在战争年代则保卫了整个国家。因此你
等要服从我任命的法官，要在方方面面完成法官为维护法
律而规定之事。只有这样，你等才能符合我的统治要求，
同时也可满足你等的利益。[24]

这份公文模板强调了"哥特长官"为了确保哥特人和罗
马人和平共处而需要承担的职责，但它没有进一步说明"哥特
长官"应当做什么来维护哥特人的和平。其他史料也只透露了
很少的关于"哥特长官"应负职责的信息。不过我们至少知
道，这些哥特长官与罗马总督没有什么不同，他们也有一个办
事处，领导该办事处的是一位官职名为"首席官"（princeps）
的官僚。与宫中大臣及各行省总督的办事处负责人一样，这名
"首席官"也是从其他机构调入该部门。然而与办事处负责人
不同，"首席官"并不是由政务总管所在机构派遣，而是由过
去服务于最高元帅、现在直属狄奥多里克国王的办公室委派。
卡西奥多曾留下了一份罗马首席官被王室书记处推荐给其哥特
上司的书信模板。书信敦促收信人遵守罗马法中的旧规章，并

212

提醒他注意，国王要求哥特人不仅能够使用武器，还应讲求公正，自我节制。"这是其他民族不具有的品质。如果你等能够习惯按照罗马人的法律生活，那这会是令你等独一无二的品质。"[25]

这种劝诫很有必要，由此我们可以猜想，哥特军官及法官同罗马书记处长官之间的合作关系并非不存在冲突。有迹象表明，罗马代理人和哥特长官理论上存在的职权边界在实际中并不总是得到遵守。叙拉古城的显要曾就此指责过长官吉尔狄拉（Gildila）：吉尔狄拉将原本应由罗马法官处理的案件揽了过来。有时一名长官会被要求介入这样的案件，因为如果涉及的是财产问题，那么诉讼双方很少会关心程序上的规则。我们从一封写给"高贵者"弗洛里安努斯（Florianus，此人可能正在管理某个行省）的书信中得知，哥特长官安纳（Anna）的法庭正在审理一桩与哥特人马扎（Matza）的地产有关的案件。败诉的罗马人一方对判决结果不满意，因此想要到行省总督那里重新起诉，而在哥特长官法庭上胜诉的哥特人一方向国王提出了申诉。国王吩咐弗洛里安努斯驳回罗马人的诉讼，了结了此次争端。此外，狄奥多里克还给自己保留了一定的权力。通常只在至少一个当事人是哥特人的时候，哥特法官才会负责审理案件，而狄奥多里克可以依照自己的意愿偏离这一基本原则，将案件交给自己信任的人。例如，他曾让长官玛拉巴德（Marabad）审理一桩普罗旺斯的两位罗马贵族妇女之间的诉讼，还曾授权显然与阿马尔家族有亲戚关系的属于"光荣者"阶层的妇女狄奥德贡达（Theodegunda），负责确保发生在一名罗马男子和一名罗马妇女之间的诉讼的判决结果能够生效，并且审理这起诉讼的法官也是由狄奥德贡达亲自任命的。[26]

哥特长官由国王任命，直接对国王负责。成为哥特长官的人自动获得"高贵者"或"光荣者"的头衔，这样一来，他们在自己任职的城市中地位居于当地议员之上。在国王的眼中，哥特长官的权力源于自己的任命，因此也可以被剥夺。为了判断此事是不是真是如此，人们就必须知道哥特长官是根据何种标准选拔出来的，以及他们的平均任职时间有多久。然而，关于这两点我们知之甚少。那不勒斯长官的任职时间为一年，但是这样的有限的任职时间是个例外，因为这座城市具有极高的战略意义。同样，我们也很难概括担任哥特长官的那些人的个人情况，并且这些信息也十分有限。狄奥多里克在去世前不久曾任命了一个名叫奎狄拉（Quidila）的人担任列亚特和努尔西亚地区哥特人的首领，而建议由此人担任这一职务的正是这一地区的哥特人。由此看来，奎狄拉是他将要领导的那些人的熟人，并且得到了他们的认可。狄奥多里克的外甥狄奥达哈德则以出身高贵且品性忠良为由任命了一位名叫维西巴德（Wisibad）的人为帕维亚长官。此人几十年前曾在攻打奥多亚克的战争中有过出色的表现。[27]

在一些边境地区的行省，国王会委任一些官员，他们的官职名由"长官"和行省名构成。因此，这一群体被称为"行省长官"（comites provinciarum）。不过，这些行省长官与各城市的哥特长官不同，他们同时负责管理哥特人和罗马人。在这些地区，哥特军队管理机构与罗马民事管理机构原则上的分立并不存在。行省长官也拥有一个办事处，负责人由国王的政务处（officium）委派。不过城市长官和行省长官之间存在的区别并不能掩盖这样一个事实，那就是两者的命名和职权划分并没有遵循严格的体系。达尔马提亚、萨维亚和潘诺尼亚西尔米亚（Pannonia Sirmiensis）行省的哥特军事总督被称为"行省长官"，而拉埃提亚两个行省的军事总督则被称作"首领"（dux）。此外，虽然那不勒斯和叙拉古两地长官的头衔派生

214

于城市名，但他们在管辖区域及职权范围扩大后就相当于行省长官。[28]

城市及边境行省的哥特长官要按照国王的指示管理自己的辖区，并且长官们要确保国王的意志可以在这些他本人无法亲临的地方得到贯彻。这是因为哥特人定居于意大利的行为带来的结果是，国王无法再像过去那样与自己的战士保持频繁而密切的联系。只要狄奥多里克手下的哥特人还在巴尔干地区四处游荡，这些战士便会构成一座移动军营，在这座军营中他们会经常见到国王；而在意大利，他们会分散在许多不同的行省。国王本人现在主要居住在拉文纳、维罗纳和帕维亚，并且他似乎很少离开意大利北部。这样一来，大多数人很少能够见到统治者，就算可以见到，时间也较为短暂。在这种情况下，对于国王而言最重要的事情就是防止地方形成能够脱离自己控制的权力中心。没有人能够保证由国王任命的长官会一直按照国王的意愿行使自己的权力，并且长官的命令也不一定会得到所有人的遵守。因此，狄奥多里克曾试图寻找并且也找到了其他将战士同自己捆绑在一起的方法。其中一种方法便是，狄奥多里克许诺会亲自保护那些向自己控诉恶行和弊端的哥特人。在这种情况下，王室书记处使用的一份公文模板被保留了下来。

> 向一位君主请求特殊保护纯属多余，因为君主的意图正是要保护所有人。但如果有可恶的暴徒胆敢威胁到你的安全，我乐于在你这深受其苦之人的控诉的触动之下，在这方面行一好事，满足请愿者的诉求，这也是我想要允诺对所有人做的事。
>
> 因此，我怀着宽厚之心，将控诉自己受到不同人伤害，从而遍体鳞伤的你，纳入我铜墙铁壁般的庇护之下，以使你不再需要像先前那样，与你的敌人在旷野中搏斗，

而是有了城墙的保护。这样，深受暴力压迫的你便可在国
王的支持之下得到内心的平衡。也正因如此，我的权威会
以我的名义为你提供坚固如高塔的保护，保护你免遭非法
袭击，使你免受诉讼之苦，不过你不得摆脱国王的权威，
拒绝以公民的身份接受质询，也不得毫无廉耻地践踏公
义，而是要压抑心中那自一开始就深受众人鄙夷的狂妄。
此外，我需要能够执行我的命令的仆人，并且一位君主说
出的事得不到执行是很不妥当的，因此无论上述命令是对
哥特人还是对罗马人发出，你都会受到忠诚和细致的保
护，这也是因为如果人们担心同意提供保护的君主毫不关
心此事，那么也就没有人全力守护可能会遭到攻击之物。
所以说，好好享受我的仁爱之心，为你获得的关照高兴
吧！因为倘若你在触犯法律的情况下还在继续因为他人而
愤怒，那么将会是你去完成对敌人发下的誓言。[29]

为了履行保护自己的臣民免遭地位更高之人强权的欺凌的
诺言，国王需要忠实地听命于自己并且行动力和执行力都很强
的助手。为此，狄奥多里克任命了独立于各级部门的特派员，
他们有权以国王的名义随时随地介入各类事务。这些特派员有
一个哥特称谓"saiones"，他们都是哥特人，只有当哥特人的
利益受到侵害的时候，他们才会有所行动。为罗马一方承担同
样责任的是"comitiaci"，这些人也是由国王任命的特派员，
他们要负责将那些拒绝面见法官的人带上法庭。与哥特特派员
不同，罗马特派员只能是罗马人，并且他们只负责罗马人的事
务。然而在现实中，哥特特派员和罗马特派员往往会共同行
动，因为哥特人和罗马人的利益时常会有交集。[30]

狄奥多里克国王通过设立哥特特派员，来防止那些帮助自
己获得对意大利的统治权的人脱离自己的控制。此外，哥特特

派员和罗马特派员还是国王控制那些位高权重之人以及民事和军事管理机构官员的手段。不过，国王无法确定那些请求得到自己保护的人是不是真的如他们宣称的那样是无辜的受害者。因此，每一个通过特派员获得国王保护的人都有义务发下誓言，若是此人的敌人因特派员的不合法行为遭受了损失，那么这个人就要支付罚金，并赔偿损失。

对于臣民而言，国王的保护同样是一把双刃剑。想要获得国王保护的人，首先要接受国王的审问。为此人们需要得到宫廷的支持，然而不花点力气和代价很难获得宫廷的支持。此外，特派员和所有其他机构一样会收取服务费，并且收取的金额是其他机构的两倍。最后人们无法保证国王给予的保护是否真的能促成满意的结果，因为大多数案件要么是让诉讼请求得到受理，要么是希望执行已有的判决结果。在前一种情况下，人们无法保证最终能够获得一个判决结果；而在后一种情况下，人们则只能指望国王任命的特派员，看他是否有意愿并且有能力让那些被审判的人听从自己的命令。诉讼请求能否得到受理，或是判决结果能否得到执行，不仅取决于争执双方的社会地位，还取决于每位特派员个人。特派员掌握了武装力量，并且他们有国王的委任状作为支持，因此他们有很大的行动空间。特派员完全有可能对自己本该支持的一方使用暴力。因此狄奥多里克曾威胁一名滥用职权的特派员，称要剥夺他享受的王恩，没收他从国王那里获得的赏赐。[31]

就像其他任何一位统治者那样，狄奥多里克少不了助手的帮忙，但即便在他开始以国王的身份统治意大利，并将战场上的指挥权交给了他人之后，他也总有其他办法保证自己与军队之间的联系不会被完全切断：狄奥多里克每年都会让所有负有兵役义务的哥特人来一次宫廷，通常他们去的是位于拉文纳的宫廷。国王会借着这一机会检阅自己的军队。国王通过赞赏和责备战士，通过问候所有人以及单独找人谈话，重申军队与自己之间存在的联系。所有能够服兵役的哥特人都会从国王那里得到价值为五枚金币的赏赐。无法再服兵役的人可以免除前往宫廷接受检阅的义务，但他也由此失去了得到赏赐的权利。除此之外，还有一批哥特贵族长期生活在宫中，他们以"高级门客"（maiores domus）的身份组成了一个顾问和助手的圈子，他们与由罗马人组成的传统的皇室顾问团（consistorium）并立。[32]

最后，狄奥多里克还可以通过给没有多少地产的哥特人配备武器和马匹的方式，来强化自己与战士之间的纽带。国王会大规模地为自己的军队驯化和购置马匹，并且会动用位于意大利的罗马帝国晚期留下的国有军工厂。一部大约成书于425年的名为《百官志》（*Notitia dignitatum*）的国家官阶表证实，在意大利境内有不少于七座军工厂，它们基本上都有自己专门生产的装备部件，这些军工厂位于克雷莫纳、维罗纳、曼托瓦（Mantua）、卢卡（Lucca）、康科迪亚（Concordia）和帕维亚。一座位于维罗纳的军工厂生产的是各种类型的武器和装备部件。即使我们不清楚狄奥多里克在位时期这七座军工厂是否都在生产，但我们可以肯定的是，狄奥多里克为了给自己的战士提供装备，动用了接受国家监管并且领取国家薪水的武器锻造师。国王可能会亲自检验这些武器锻造师的产品的质量。[33]

同样，原材料——铁的获取也被置于国王的监管之下。狄奥多里克命令达尔马提亚行省长官监督当地的铁矿区，这里的铁矿要被用于生产武器和农具。此外，可以肯定在狄奥多里克的国中有军械库，这使得国王能够将自己手下的人武装为骑兵。通过这种方式，国王使没有什么地产的哥特人对那些拥有扈从的贵族的人身依附关系更为松散，从而为这些哥特人创造出了额外义务。[34]

218

在统治意大利长达三十余年的这段时间里，狄奥多里克一直都能够信赖自己手下的哥特人。当国王对他们下达出战指令的时候，总是可以期待他们的付出。这些哥特人为他在塞尔维亚攻打格皮德人，在法国南部攻打克洛维手下的法兰克人和盖萨莱克（Gesalech）手下的西哥特人，后来还攻打了勃艮第人。当然，并非所有的哥特贵族都赞同狄奥多里克的统治。500年，狄奥多里克下令处死哥特长官奥多因。然而，我们完全不清楚此事的背景和结果。十四年后，国王又亲手杀死了哥特长官佩提亚（Petia）。如果这位佩提亚就是505年帮助狄奥多里克战胜东罗马帝国皇帝一方的将领宾尼亚努斯的那个皮奇亚（"佩提亚"和"皮奇亚"不过是同一个名字的两种写法），那么这桩谋杀便有了政治意涵。这样一来，佩提亚这位受害人很可能是狄奥多里克潜在的竞争对手。然而，我们无法确定这两人就是同一个人。推断二人为同一人的前提条件是狄奥多里克曾在皮奇亚死后为他平反，因为狄奥多里克在自己的统治末期满怀敬意地向皮奇亚表达了怀念之情。不管怎么说，狄奥多里克与皮奇亚之间的冲突也没有产生任何为我们所知的结果。[35]

哥特人转变为常备军，并且君主的执政方式也逐步转化为以稳固的政府机构来实施统治，这就释放出了不少具有离心倾向的力量，狄奥多里克能够成功控制住这些离心力，有一系列的原因。一方面，狄奥多里克掌握了大量可以分配给追随者的资源。多亏了狄奥多里克，跟随他一同来到意大利的哥特人才得以以地主的身份获得稳定的经济地位，此外他们每年还在继续从统治者手上获得源源不断的赏赐。狄奥多里克占领西哥特人的王国之后，还将在那里征收到的税款分给了西班牙和意大利的哥特人。这样做的出发点是让那些通过某种方式建立功勋的哥特人得到赏赐。我们意外得知，哥特统帅图卢因得到了狄奥多里克分封的地产。随着时间的推移，狄奥多里克的势力范围不断扩大，他能够支配的收入也不断增加。因此，资源的再分配也是一个行之有效的统治手段。

另一方面，狄奥多里克因其取得的无与伦比的成功而享有的威望也可以维持他的统治。在那些曾经为狄奥多里克的父亲或狄奥多里克·斯特拉波效力的人看来，征服意大利想必像是一个早已萦绕在心头的梦得到了实现。狄奥多里克的叔叔维迪米尔在473年出征意大利时遭遇了惨败。与维迪米尔不同，狄奥多里克将一支经历过大起大落，甚至一度存在瓦解危险的机动部队变成了一个庞大王国的军事支柱，并帮助那些曾经忠实地为自己效劳的人获得了财富和声望，并且在此之后，成功的锁链也不会断裂。到了狄奥多里克去世的时候，他统治的王国疆域从西面的葡萄牙延伸至东面的塞尔维亚。想必有许多人会认为（哪怕并非大多数哥特人会这么想），像狄奥多里克这样的国王前无古人，后无来者。[36]

狄奥多里克的军队由一些已经娶妻生子的战士组成。战士的妻儿也被算作哥特人，因此这支军队属于哥特民族中拥有武装的那一部分群体。当狄奥多里克率哥特人在巴尔干半岛上四处迁徙的时候，妇女和儿童都生活在自己的丈夫和父亲身边。在行军途中，她们骑在马上或坐在车上，身边有男子保护她们免遭敌人袭击，不过这一点有时无法保证。在478年的一次袭击行动中，有2000多辆车和5000多人落在了皇帝军队的手中。如果狄奥多里克没有办法让自己手下的人驻扎在城中，那么男女老幼便会一同居住在野外的一个或数个营地中。定居在意大利之后，哥特妇女的生活方式有了重大改变，因为她们的丈夫成了地主。如今哥特人的家眷大多居住在归丈夫和父亲所有的庄园中。在那里，妇孺常常要在没有男主人的情况下适应生活，因为哥特男子为了服兵役，必须与家人分开。哥特妇女是否承担起了女主人的角色，具体而言就是她们是否亲自掌握了农业生产知识，关于这一点没有相应的记载。

哥特战士的妻子并非亚马逊族女性。她们的一生大都围绕着妻子和母亲的身份展开。哥特战士和他们的妻子之间有着长期的、受到社会普遍承认的关系，这段关系会产生夫妻之间的义务，也有对共同生育的子女应负的义务。社会的主流是一夫一妻制。然而，人们绝不能由此推断哥特战士总是会忠于自己的妻子。对于妇女而言，对配偶忠贞不渝是一种女性的美德，这与罗马社会所在的广大地区没有什么分别。塔西佗曾解释，"通奸"（adulterium）在日耳曼人中间极为罕见，而塔西佗这么说是为了抨击那些在他看来品行不端的罗马妇女。通奸指的是同另一名男子的妻子发生性关系，因此塔西佗这位罗马道学家又加以补充，称若是日耳曼人中间发生了通奸行为，那么通奸的妇女会立刻被自己的丈夫施以严厉的惩罚。[37]

221 　哥特妇女的社会地位取决于自己的父母和丈夫。拥有元老头衔的哥特人的妻子本人也有元老头衔。在财产继承方面，妇女可以得到财产，当她们的丈夫和父亲在意大利拥有地产时更是如此。这一点会影响到婚姻行为。当狄奥多里克手下的哥特人在巴尔干半岛四处迁徙时，人们只有一些动产可以继承。在那个时候，除阿马尔家族之外，几乎找不到能够帮助自己的丈夫获得财富的女继承人。到了意大利后不久，那些想要有所作为的哥特人很快就有了好的和坏的结婚对象。相反，适龄的年轻姑娘、离异女性和寡妇会在婚姻市场上相互竞争。如果涉及一大笔可供继承的遗产，连国王本人都会去缔结一些符合自身利益的婚姻。史料明确记载，狄奥多里克的继任者狄奥达哈德及希尔德巴德（Hildebad）就曾经这样做过。[38]

在定居意大利之前，哥特男性与女性的共同生活会受到不成文的规定的制约，对此我们知之甚少。在战胜奥多亚克之后，狄奥多里克试图让手下的哥特人服从罗马法的有关规定。同样，夫妻的行为也要接受罗马法的评判。在一份很可能诞生于狄奥多里克在位初期的诏书中，狄奥多里克将通奸定为要被执行死刑的罪行：与他人的妻子发生性关系的男子也要和不忠的女人一样受死，提供房屋给他人通奸的人也要接受同样的处罚，教唆妇女实施通奸行为的人也是如此。按照这一定义，一名已婚男性同一位未婚女性发生性行为便不是通奸，而顶多被视为淫乱行为（stuprum），并且前提必须是参与淫乱的妇女并非奴隶，或者并非上层阶级眼中的不洁女性。也就是说，罗马法中既定的针对夫妻双方行为的双重标准得到了狄奥多里克的认可。在面对哥特人和罗马人的时候，国王扮演了婚姻道德捍卫者的角色。当他处理婚姻问题的时候，他会敦促妇女在婚姻中忠贞不渝，并且要求她们具备羞耻心（pudor）以及贞洁（castitas）等美德。在狄奥多里克看来，不言而喻的是，丈夫有权利或者说有义务训诫自己的妻子，作为一家之主，丈夫要为所有家庭成员的行为负责。如果一名法官判处一名将妻子与情夫捉奸在床并将情夫杀死的丈夫流放，狄奥多里克会宣布该判决结果无效，免除这名丈夫的一切罪名。[39]

222

虽然我们对于哥特妇女的日常生活知之甚少，但可以确定的是，男性与女性会结成某种命运共同体。当他们还在巴尔干半岛四处迁徙的时候，如果需要作出关乎整个群体生死存亡的决定，妇女们能够大声地表达出自己的想法。当540年维蒂吉斯国王向皇帝的将领贝利萨留投降时，哥特妇女强烈谴责了他的懦弱。很显然，她们完全认同自己所属的这个群体。

妇女被视作哥特族群的一部分，这一点清晰地体现在她们的名字上。哥特男性和女性只拥有一个能够将自己与他人相区别的名字。名字的选取来源于父母有意识的决定。这些名字能够为人们普遍理解，因此会表达出整个群体中的某种固定的美德。然而到了此时，大多数东哥特男性和女性的名字要么取自指称王朝或民族等某个集体的概念，要么指代的是在战争中或者行军途中自己具备的某种特性。例如，贡迪希尔德（Gundihild）的意思是"战争中的女斗士"，赞德法拉（Sendefara）指"在（行军）途中的女行进者"，拉尼伊尔达／拉尼希尔达［Rani（h）ilda］指"用长矛的女战士"。相反，在东哥特人中间并没有那些在西哥特方言中常见的由"年轻的"、"美貌的"或"温柔的"这些特征派生出来的妇女名字。东哥特妇女名字产生的语义场与东哥特男子名字产生的语义场的区别仅仅在于，男子名多包含狼、野猪、熊、鹰或乌鸦等的名称。[40]

223　　　此外，富裕的哥特妇女还会通过服饰来表明自己属于军事精英阶层。对一些墓葬的发掘结果显示，富裕的哥特妇女会佩戴昂贵的衣襟别针和带扣，此外还有耳环、手镯、珍珠项链和戒指。用于固定衣物的别针有多种类型，最为华丽的一种用镀金的金属和石榴石制成，其形状为一只具有某种固定造型的雄鹰，因此这一类别针被称为"鹰形别针"。最令人印象深刻的是一处 19 世纪末在圣马力诺共和国的圣多马尼亚诺（San Domagnano）发现的墓葬。在该墓葬里发现了一对鹰形别针、一副耳环、一条项链上的九枚吊坠、一枚头上呈圆盘状并装饰有石榴石的胸针、一枚金戒指和三枚腰带上的配饰（见彩图页，图 2）。

　　　上述类型的首饰是显示女性地位之物。身份高贵的哥特妇女通过这种方式来表现自己与地位较低的妇女之间存在的社会阶层上的差异，特别是要让自己同其他哥特妇女相区别。同时，哥特战士之妻的这种装扮也与那些父亲和丈夫属于狄奥多里克王国中非军事人口的罗马妇女有所不同。在这种情况下，便可以解释为什么妇女的衣襟别针要采用鹰的造型。在罗马帝国晚期哥特人的生活环境中，鹰这一象征物首先具有军事上的含义，它主要被用于标记战场上的各军团，也代表了皇帝在战场上大获全胜。也就是说，使用鹰形别针的哥特妇女采用了一种主要会唤起强大力量的象征。鹰绝不像早先的许多研究成果所猜测的那样，只是哥特人的象征，其意义也并非来源于中世纪时期的斯堪的纳维亚神话。在哥特人居住的意大利，鹰是识别那些意图表明自己属于军事精英阶层的妇女的记号。[41]

哥特男子主要通过战士的生活方式及军事职能来将自己同身边的罗马人区别开来。人们一眼就能认出谁是哥特战士，因为公开携带武器是军人的特权。与罗马帝国一样，在狄奥多里克的王国里，如果不是为了狩猎或自卫，非军事人口拥有和使用武器都是不被允许的。这一禁令特别针对刺矛、护胸、盾牌和头盔，标枪和剑不大被禁止。狄奥多里克曾多次明确提醒非军事人口要遵守武器禁令，很可能他只允许罗马人拥有短刀。早在西罗马皇帝在位时期就已经有了针对非军事人口的武器禁令，因此这并非狄奥多里克的王国特有的，查士丁尼也曾颁布一道禁止非军事人口拥有武器的法令。在狄奥多里克的王国内，武装是用来区分两个族群的，这两个族群不仅通过功能，还通过族裔出身得到界定。部分证据表明，狄奥多里克手下的哥特人还通过发型来与周围的其他人群相区分。"capillati"一词指的是哥特人喜欢留披肩发，莫罗达尔巴纪念币证明了狄奥多里克也留着卷曲的长发。上唇髭须在罗马人中间并不常见，因此这种胡须在意大利也属于哥特人的风尚，恩诺迪乌斯就曾经取笑过一个学哥特人留上唇髭须的罗马人。[42]

除宗教之外（我们将在后文进一步探讨这一话题），语言是哥特人和罗马人交流的最主要障碍。哥特人的交际用语一直都是哥特语。可以想见，生活在狄奥多里克王国中的许多哥特人也能够勉强听懂一些拉丁语。此外，还必定会有一些牢固掌

224

握拉丁语知识的哥特人，因为无论是在民事还是军事管理机构中，人们都是用拉丁语进行书面交流的。因此，每一个哥特军事单位里都至少得有一个人能够将对于许多罗马人而言也非常难懂的、风格极为矫饰的罗马帝国晚期拉丁语文牍翻译成哥特语。同样，在那些自视为"哥特法教会"一部分的意大利相像派神职人员中间，具有双语能力的也大有人在，至少在长老和助祭中间是如此。然而，我们很难想象哥特战士会去上罗马文法或罗马修辞术学校。他们既没有机会，也没有理由去花力气接受这样的教育，哪怕正如普罗科匹厄斯记载的那样，国王可能从未明确禁止他们去上罗马人的学校。对于哥特贵族而言，懂得读写绝不是一件理所当然的事。523 年，哥特妇女希尔德瓦拉（Hildevara）亲手签署了一份赠予证明书。然而，另一份证明了哥特贵族妇女拉尼洛（Ranilo）将在三十年后赠予拉文纳天主教会 50 磅银子和两块地产的文件却是由拉尼洛和她同样身份显赫的丈夫菲利唐克（Felithanc）一起通过画勾的方式签订的。也就是说，这对位高权重的夫妇不懂得写字。[43]

反过来，罗马人几乎不会去学习哥特语。罗马人西普里亚努斯（Cyprianus）懂得哥特语，并且还让自己的儿子们学习这门语言，这在通常情况下是个例外，因而这个例子才会被卡西奥多专门指出。此外，西普里亚努斯属于那些多次在宫中担任官职的罗马人之一也并非偶然，因为在狄奥多里克的宫中比在其他任何地方都需要充分掌握双语的能力。狄奥多里克的女儿阿玛拉逊莎，甚至还有其他一些家族中的女性，学习过拉丁语和希腊语文学。哥特男子学习拉丁语通常只是为了在日常生活中能够与罗马人交流，因此他们只需要可以听懂他人的话，并且能够造简单的句子就够了。这样一种以实用为导向的双语能力完全符合狄奥多里克的设想，他也因此不太看得上自己那名受过良好教育却并不骁勇善战的外甥狄奥达哈德。[44]

哥特战士与罗马非军事人口和谐共处的背后隐藏着巨大的爆发冲突的可能性。虽然王室书记处在极力掩饰冲突，但它依然免不了再三提醒双方遵守法律。在一份狄奥多里克死后不久就寄给列蒂和诺尔恰的哥特人的文书中，卡西奥多向收信人坦率地指出，哥特人和罗马人要想达成谅解，就需要共同遵守法律，并且双方达成谅解对哥特人自己也有好处。

令你等的威名在民众中间发扬光大的事迹也在装点着 ₂₂₆ 我的王国，只要你等做了我能够首肯的，并且为上帝所高度赞许的事。只有好的行为举止方能更持久地征服我的敌人，因为上天庇佑的人不会有成功的敌人。你等在外战功卓越，在家也积极维护公义。因此有两件事会相互交织、合为一体：维护公义者，定能享受胜利带来的果实。当你等喂饱了身边无土地之人，在上帝的帮助下使我的赠礼变得更加丰饶，又会有何种苦难去逼迫你等做下不义的行径呢？若有人想要要求什么，那此人应主要寄希望于君主的慷慨，而不应靠蛮力强取，因为罗马人平静生活对你等有好处：他们使我的国库充盈的同时，也会使你等获得的赏赐成倍增长。[45]

与许多其他文书一样，在这份公文中王室书记处假定，罗马非军事人口和哥特战士之间潜在的对立情绪随时会转化为激烈的暴力行为。事实上史料中不乏关于士兵洗劫非军事人口的记载。驻防部队的驻扎是不受欢迎的，军队的通行为人们所恐惧。狄奥多里克的外甥狄奥达哈德因一直谋求占有邻人的土地而臭名昭著，然而他并非个例。狄奥多里克的女儿阿玛拉逊莎在他死后立刻以自己儿子的名义颁布了一道诏书，禁止篡取他人土地。当然这项规定不只针对哥特人，同样针对渴望发财的元老们。不过那些通过损害罗马人的利益来使自己获得财富的哥特人并不会因此失去他人的拥戴。这些人作为军队的一员，只能够接受他们同类人的问责，因此他们自然会经不住诱惑，以暴力手段抢夺那些手无寸铁的罗马人的财富。如果这些人因此受到了控告，那他们也可以指望负责此案的法官驳回诉讼。在有众多哥特人居住的萨莫奈行省（Samnium），罗马人对哥特法官正义感的信任极低，这促使行省会议转而请求国王委派一名自己信任的人来裁决哥特人与罗马人之间产生的一批积案。显然要完成这一任务对于正式机构而言有些苛求了。随后，狄奥多里克派出了一名服务自己多年、久经考验的哥特人来到该行省。此人要裁决所有涉及哥特人和罗马人的案件。[46]

如果狄奥多里克想要哥特人和罗马人都接纳自己为国王，那他就必须想办法将侵犯非军事人口的行为控制在一定的限度之内。因此国王会想方设法给军队提供足够的给养，并且一再强调纪律。与此同时，对于那些能够证明自己的利益受到了哥特军队损害的罗马臣民，国王会用金钱来对他们的损失作出补偿，从而安抚他们。在刚即位的头几年里，狄奥多里克颁布了一部法律汇编，即所谓的《狄奥多里克诏令集》（*Edictum Theoderici*），这部法律汇编重点制裁了暴力犯罪和侵犯他人财产权的罪行。该诏令集适用于包括哥特人和罗马人在内的所有狄奥多里克的臣民。不过根据当时的具体情况，这份诏令集应当主要被看作用来控制民众中与狄奥多里克一同来到当地，并且拥有武装的那一部分人的一项措施。特别是当哥特人拒绝缴纳自己的地产所应负的税收时，狄奥多里克会显示出毫不退让的姿态。拒绝交税会危及哥特人和罗马人之间和平共处的局面，因为征税是城市行政机构的职责，而国库已经事先给这些机构定下了固定的税收数额。如果部分纳税人不缴纳自己的指定税额，那么这笔税款就要向其他人征收。[47]

　　若是狄奥多里克想要让自己手下的哥特人适应罗马法，那么他就要遏制军事化社会中常见的那种野蛮的解决冲突的方式。在军人中间，任何侵犯他人财产权和人身安全的行为，任何侮辱他人的行径都必须得到报复，复仇是一项关乎荣誉的事。要想结束由此产生的永无止境的复仇，有一个方法，那就是缴纳罚金。在毗邻的勃艮第王国，复仇的风俗已然根深蒂固，国王甚至都不去尝试着将这种风气完全压制下来，而只是想要尽力去限制复仇的规模。一部于501年以前由勃艮第国王颁布的、后来又经过多次补充的法典，即《勃艮第法典》(*Lex Burgundionum*)，还规定不愿承认罪行的被告可以偕同十一名亲属通过起誓来申明自己清白无辜，这样就能摆脱他人对自己的指控。若是原告一方反对这一程序，那么他便可以要求被告同自己决斗，决斗的结果即为对此案的裁决结果。[48]

　　狄奥多里克绝不能容忍这样的解决冲突的方式。他手下的哥特人既不可以在亲属誓言的帮助下免于诉讼，也不允许在法庭上进行决斗。国王公开要求哥特人服从由他任命的哥特长官作出的判决结果。锡尔米乌姆地区被并入狄奥多里克的王国之后，卡西奥多以哥特人的光辉形象为例子，训诫当地的"蛮族人和罗马人"——

　　　　你们拥有一位刚正不阿的法官，又为何要决斗呢？放下刀剑吧，你们没有敌人！没有什么事比向亲族伸出拳头更加恶劣，你们本应该为这些亲族光荣捐躯。如果拿着武器的双手就能够为自己讨说法，那人还需要舌头做什么？如果在存在法律秩序的情况下还需要决斗，那人们又如何相信和平是主流？向我的哥特人学习吧，这些人懂得在外浴血奋战，在内克制自我。我希望，你们的生活方式

228

能如你们所看到的，希望我的亲族能在上帝的保佑下繁荣昌盛。[49]

狄奥多里克手下的哥特人是否真的愿意放弃任何形式的自我防卫，来应对事实上的或自以为的不公正之举，对此人们有理由提出疑问。有证据表明，在哥特人群体中，为血亲复仇依然被视为一种荣誉。不过可以确定的是，国王不想承认起誓或决斗为了结争端的合法方式。除此之外，王室书记处还宣扬统一的实体法。虽然狄奥多里克手下的哥特人的管辖法院享有特权，因为这些法院的法官只能由哥特人担任，但哥特人必须与罗马人适用同样的法律准则。然而，只要还有一则诉讼只在哥特人中间了结，那上述声明就是一纸空文，因为在这种情况下，不管是诉讼双方还是法官都不可能坚持使用罗马法来断案，人们只有在法学家的帮助下才能把握罗马法复杂的思维方式。无论如何，只有当诉讼涉及罗马人时，才会有精通法律的罗马人参与到对案件的审理中。[50]

狄奥多里克的统治理念基于这样一个声明，即在他的统治之下，两个民族和谐共处、互惠互利，同时分别承担不同的任务。哥特军事人口与罗马非军事人口被认为是王国的两大支柱。然而事实上，直至狄奥多里克的王国瓦解，哥特人在意大利具有的一大特征一直都是享有特权的战斗民族。现实情况自然要比王室书记处使用的话语复杂得多。有一系列原因造成这种情况。首先，哥特人的地产分散在全国各地，被罗马地主的地产包围，由此双方便会产生经济和社会方面的联系。从一些人的名字我们可以看出，哥特军队中的成员会同罗马妇女通婚。其次，军事管理机构和民事管理机构之间并不存在严格界限，因为负责供养军队的是民事管理机构，即总督府。因此，总督府长官利贝留会因为军事上的贡献而为人称道也就毫不奇怪了。最后，意大利的哥特人接受了罗马人的文化实践和军事技术，而当他们还是巴尔干地区的散兵游勇时，他们从未运用过这些知识。狄奥多里克手下的哥特人在意大利定居下来之后，哥特人便开始为自己死去的家族成员设立墓碑，墓碑上的铭文是用拉丁语写成的。当罗马人和哥特人作战时，哥特人一方学会了使用可移动的攻城塔和扭力投石机，并且会给骑兵的马匹配备铠甲。狄奥多里克在去世之前曾下令建造一艘大型战舰。由此可见，当时在军事领域出现了文化适应的现象。[51]

　　狄奥多里克通过赐予那些拥有军职的哥特人元老头衔，将他们放在了一个同罗马元老群体相当的地位。部分哥特人甚至获得了"光荣者"的头衔，该头衔使他们有资格进入元老院。然而据我们所知，只有一位哥特人真的成了元老院成员，并且这是发生在极为特殊的情况之下：在狄奥多里克死后不久，战功显赫的军队统帅图卢因就因为支持未成年的阿塔拉里克即位而进了元老院。通常情况下，哥特贵族不会有兴趣迁居到罗马，在那里按照罗马元老的方式生活。[52]

　　相应地，狄奥多里克在少数情况下也会授予罗马人军职。罗马人西普里亚努斯在504年和505年参与过攻打格皮德人和保加利亚人的战争，并且他也是以战士的身份参与其中。后来他成为宫中的"传旨官"，并在524年至525年之间以"神圣赠礼长官"的身份获得了对两大"财政部"之一的机构的领导权。因此，西普里亚努斯属于深受狄奥多里克信赖的罗马人之一，这批人在宫中生活多年，地位举足轻重，不过西普里亚努斯仅在仕途初期享有军事职权。[53]

　　国王宫中的哥特人和罗马人之间的社会关系尤为紧密。在宫中，罗马元老和哥特贵族就像走马灯一样来来去去。谁若想在狄奥多里克身边得到些什么好处，那他必然要做的一件正事便是努力争取一些能够在国王耳边吹风的哥特人到自己身边。

除此之外，狄奥多里克还会雇用一些罗马人来到他宫殿中的某个区域里工作，这片区域被称为"寝宫"（cubiculum），这里远离公共区域。为了教育自己的女儿阿玛拉逊莎，狄奥多里克在 510 年招募了一位名叫芭芭拉（Barbara）的身份高贵的罗马妇女入宫。阿玛拉逊莎除掌握哥特语和拉丁语之外，还懂得希腊语，也就是说她接受的一定是罗马式的教育。同样，狄奥多里克的外甥女阿玛拉贝尔加（Amalaberga）虽然不懂得多门语言，但同样以受过良好的教育著称。不过，狄奥多里克绝没想过同样按照罗马模式来教育哥特男子。狄奥多里克的外甥狄奥达哈德曾沉湎于柏拉图哲学，并且在伊特鲁里亚的时候远离军队和宫廷，像一名罗马贵族那样生活，对此狄奥多里克完全不能认同，哪怕他自己也时不时地会与卡西奥多一同热烈地讨论自然现象，在当时对自然现象的解释也被视为哲学的一部分。狄奥多里克最亲密的顾问圈子由哥特人组成，这些人都是出色的战士，他们都有能力统领军队。[54]

当然，就像某些罗马人会嫉妒哥特人享有特权的战士身份那样，罗马元老奢侈而雅致的生活方式对于部分哥特人来说也极具诱惑力，这一切都没能逃过狄奥多里克的眼睛。然而，国王并不打算鼓励这样的趋势。《无名的瓦莱西亚努斯》安排狄奥多里克说出了下面这句话："一名贫穷的罗马人在模仿哥特人，而一名富裕的哥特人在模仿罗马人。"这句话绝不像有些人认为的那样，是在要求哥特人和罗马人彼此融合。如果这句话是一项准则，那么这里提到的对另一部分人的模仿就不应该仅仅局限于贫穷的罗马人和富裕的哥特人。这句话是在言简意赅地描述狄奥多里克不建议人们去模仿的一些行为方式。对于他来说，哥特人和罗马人是两个角色不同却又职责互补的民族，这样的民族分工绝不应该有任何的改变。[55]

20
财富与崇祖：元老院与元老

一位统治者若想长期维持自己在意大利的地位，就需要当地精英群体的支持。而影响力最大的社会群体是元老。这并非因为元老院参与执政。在罗马帝国晚期，元老院的决策权受到了严格限制，通常元老院只能批准由宫廷草拟的决议。奥多亚克时代和狄奥多里克时代元老院的政治意义主要在于，5世纪时的元老院已经变成了意大利最富裕且最有势力之阶层的代表。这些人在罗马拥有宫殿般的房屋，在地方上拥有数栋豪华别墅。意大利的大部分领土被掌握在这些少数的幸运儿手上，他们的地产通常遍布多个行省。在这些人的土地上有上千名自由和非自由的农民在劳作；在他们的住宅中有数百名奴隶在为他们提供服务。元老的追随者既有乞丐、雇工和手工业者，也有僧侣、议员和元老本身。因此这些人社会影响力极大。

467年，高卢元老希多尼乌斯·阿波利纳里斯来到罗马，想要在那里寻找能够帮助自己获得"光荣者"头衔的赞助人。于是他去找城市前总督保卢斯商量，并有了如下判断——

在元老院中的确有许多掌握了大批财富之人，他们出身古老家族，年高德劭，对待任何人都亲切友好，然而深受所有人敬重的——想必所有人都能够原谅我这么说——还是两位最高执政官根纳迪乌斯·阿维努斯（Gennadius Avienus）和凯奇那·巴西利乌斯（Caecina Basilius）。

虽然军队享有优先地位，但毫无疑问，在那身份显赫的群体中，这二位元老就是王侯，他们的地位仅次于君主……只要他们一离开自己的住所，他们中的任何一个身边都围绕着一大群追随者，可谓摩肩接踵、前呼后拥。不过，这两派追随者的政治目标和信条各不相同：阿维努斯会动用一切自己能够左右的因素来让自己的儿子、女婿和兄弟往上爬，并且由于他一直致力于为家族中的申请人谋取利益，他不太会满足外来申请人的需求。也正因如此，德西乌斯①的集团比科维努斯（Corvinus）②的朋党更受欢迎，身为官员的阿维努斯为自己人谋取的好处，巴西利乌斯则无须担任任何职务就能为外人谋取。[56]

希多尼乌斯·阿波利纳里斯很清楚自己在说什么，他的确在468年获得了城市总督的职位。因此他的证词很有分量。元老院是一个由富人组成的会议，由少数几大家族主导。在各大家族族长周围聚集着亲属、附庸和请愿者，这些人要么本身是各族长的追随者，要么希望自己能被这些追随者接纳。谁若想有所作为，最明智的做法便是确保自己能够获得元老院中各大家族及其追随者的青睐。不过这些人庇护的触手也会延伸至社会底层。小人物会寻求元老的庇护，以保证自己不受那些有官职或无官职的身居高位者的侵害，此外在同与自己同一阶层的人发生争执时他们也会这样做。这些底层人民需要有人替他们在行政机构和法庭上说情，并且希望在陷入危难之际有人能够提供物质上的帮助。反过来，庇护人希望自己的拥趸能够在公开场合簇拥在自己身边，并且在危急时刻能与自己同在，当

---

① 即巴西利乌斯。

② 即阿维努斯。

发生骚乱的时候，人们会在元老中间搜查幕后主使也就不奇怪了。因此，僧侣富尔根蒂尤听闻"贵族官"狄奥多里克选择过一种苦修的生活后，这样赞颂道：正如尘世的有权有势之人的权威是如何促使"众多信众与教友、拥趸与下属"贪恋尘世那样，他的皈依如今令许许多多的人舍弃了尘世。这段话只是一个虔诚的愿望，不过它让我们感受到了当时的人是如何评判一位"贵族官"的社会权力的。同样，在各地方行省，拥有地产的元老也拥有超乎一般的影响力。卡西奥多的父亲曾在去世后为人称道，据说当狄奥多里克进军意大利的时候，卡西奥多的父亲阻止了西西里行省抵抗狄奥多里克。一位名叫图里安努斯（Tullianus）的元老在卢卡尼亚和布鲁提亚行省（Lucania et Bruttii）的势力极大，甚至能够组织起一支由农民组成的军队来抵御托提拉的进攻。[57]

234

元老院与元老，在狄奥多里克的王国中显然不是相互重合的概念。当时在意大利生活着数千名拥有"杰出者"或"高贵者"头衔的人，这些人也因此属于元老阶层最低的两个等级。这些元老中的大多数在罗马之外的城市行政区中安了家；从此以后，即使他们仍然属于元老阶层，他们也不再是元老院这个组织中的一员。这些地方行省的元老通常是通过担任总督或承担宫廷职务而获得的元老头衔。这些人在定居的地方构成了当地精英群体中的最上层。在各省的城市中，他们的地位高于市议员，但他们又与议员一同分享活动空间。因此人们在提及城市时也会考虑到元老的作用。[58]

居住在罗马的元老也只有在拥有"杰出者"或"高贵者"头衔之后才能进入元老院这一组织机构。当一位住所登记在罗马的元老的儿子达到了法定年龄后，便会正式进入元老院，之后他便可以参加元老院的会议，也有可能获得发言的权利。这种发言权对于"杰出者"阶层的元老而言仅仅具有理论上的可能性。在元老中间询问众人的意见要遵循严格的制度，该制度不会让那些不属于"光荣者"阶层的人有任何发言的机会。第一位发言的是级别最高的元老，即"元老院之首"，在他之后是在元老院官方名册上居于第二位的人，接着又是居于第三位的人，之后就按照这样的顺序一直进行下去。此外，"贵族官"的地位居于其他"光荣者"之上。在"贵族官"群体中，任命的年份又起决定性作用。只有当所有在场的"光荣者"都表达了自己的观点之后，才轮到"高贵者"等级的元老——前提是会谈没有在此之前就结束。通常情况下会谈在轮到"高贵者"阶层元老发言之前就已经中断，而存在这种可能性的原因是元老院有 80~100 名"光荣者"；即使只有"光荣者"阶层的人表达了自己的立场，会谈也要持续数个小时。因此参加会议的"杰出者"或"高贵者"阶层的元老在多数情况下仅限于旁听。在表决环节中，"杰出者"或"高贵者"唯一的参与方式便是一同鼓掌喝彩，而这是罗马帝国晚期的元老院颁布决议的常用方式。59

所以说，5 世纪末至 6 世纪的元老院是由一群拥有"光荣者"头衔的高等级元老主导，这些人才是严格意义上的元老。"光荣者"头衔只能通过两种方式获得：一种是担任了与该头衔绑定在一起的官职，另一种则是得到了国王恩赐的特权。"光荣者"的官职由国王安排，除城市总督之外，所有人都居住在宫廷中。如果有人通过担任官职或者获得特权的方式获得了"光荣者"头衔，那么进入元老院就只是走个形式罢了——即便此前从未进入该机构也不成问题。当然，并非所有在狄奥多里克的王国中被称为"光荣者"的人都真的行使了进入元老院的权利。虽然哥特人也会被授予这一头衔，但他们通常不会申请加入元老院。因此只要狄奥多里克还在世，罗马人就可以继续将元老院掌握在自己手中。

想要爬到元老院最高等级的人必须通过担任宫廷职务来为国王提供一段时间的服务，或者通过其他方式赢得国王的青睐。这一点同样适用于"高贵者"阶层。要想获得"高贵者"头衔，也需要担任与该头衔绑定的官职，例如行省的总督。除此之外，唯一的途径也是得到国王恩赐的特权。而没有在王室行政机构担任官职，并且本人也没有被晋升为"高贵者"或"光荣者"的人，只能一辈子留在最低等级的"杰出者"阶层，哪怕他的祖先曾经是"光荣者"。所以说，即使元老身份可以被继承，但元老这一群体中的等级不是世袭的。元老群体中的等级由国王决定。此外，国王还会极大地影响元老院的人员构成，因为他能够赐予祖先并非元老的人"光荣者"的头衔，而这些人就能够以"光荣者"的身份要求加入元老院。因此，在元老院中，已定居在罗马多年、拥有众多具有元老身份的先祖的古老家族后裔身边，还会坐着"新贵"（homines novi），这些人是自己家族中首个进入元老院的人，他们的领地大多位于意大利北部。这些人全靠国王和他的宫廷才能飞黄腾达。新贵进入元老院之前往往会在宫中担任官职多年。因此，他们在宫中拥有强大的关系网，并深受国王信任。从两大传统的"财政部"的任职人员构成情况看，新贵从一开始就比"光荣者"家族更受青睐，在狄奥多里克在位的后半期，新贵也开始大量渗透进总督府。要服务国王就必须身在宫中，因此元老院的成员要想真正在元老院中发挥实际作用，就必须退出宫廷，将生活的重心转移到罗马。那些飞黄腾达的新贵显然不是真正意义上的亲哥特派，他们无意支持哥特人和罗马人这两个民族的联合，他们以罗马人的身份参与社会生活，接受教育，很重视自己的等级地位，并且他们绝不是官僚主义者。这些人效忠的对象是国王，而非国王的民族。不过新贵从与狄奥多里克及其继任者之间的合作关系中获得的利益比其他任何人都多。与此同

236

时，他们与罗马之间的联系要比"光荣者"阶层的家族成员更为松散。不过，如果人们认为古老家族与新贵群体会各自分立一方，形成组织结构稳定且谋求全然不同的利益的两大对立阵营，那就大错特错了。古老家族的后裔也需要国王的帮助，以跃升至元老阶层中的最高等级。哪怕对于福斯图斯·尼格尔这样的人来说，以总督府长官的身份服务狄奥多里克多年也没有什么坏处。反过来，像卡西奥多这样在宫中承担了多种职务，并且是家族中第一位担任执政官的新贵，也会迅速接受那些接纳了新贵的上层人士的价值观。由于所有元老的经济基础都是散落在各个行省的地产，他们不会形成地域利益集团，哪怕是那些主要生活在北意大利的人，他们虽然因为所在的地理位置更靠近宫廷而更容易出现在宫廷中，但不会以地域为基础形成利益集团。这绝不意味着在元老中间只存在着绝对的和平，竞争以及由此产生的冲突在所有元老看来是不言而喻的事。不过，元老之间形成的联盟与他们的动机一样复杂而多变。人们会因为担任罗马主教的人选发生激烈的争吵，也会为了争夺土地而提起诉讼。即便是像巴西利乌斯和普莱泰克斯塔（Praetextatus）那样极富声望的人，也没有什么招数能使自己免遭起诉。狄奥多里克委托了专门负责元老阶层的法庭来调查相关案件。[60]

在所有世代居住在罗马的家族中，影响力最大的是德西乌斯家族。480年至490年罗马帝国西部任命的十位执政官中，德西乌斯家族至少出了三位。这三位执政官都是凯奇那·德西乌斯·巴西利乌斯的儿子，而凯奇那·德西乌斯·巴西利乌斯本人也在463年成为执政官。480年西罗马的执政官名叫凯奇那·德西乌斯·马克西穆斯·巴西利乌斯（Caecina Decius Maximus Basilius），484年的执政官名叫德西乌斯·马里乌斯·维南提乌斯·巴西利乌斯（Decius Marius Venantius

Basilius），而486年的执政官名叫凯奇那·马沃提乌斯·巴西利乌斯·德西乌斯（Caecina Mavortius Basilius Decius）。在下一代人中间，英年早逝的马克西穆斯·巴西利乌斯（480年的执政官）的四个儿子也都获得了执政官的职位：493年是阿尔比努斯（Albinus），501年是阿维努斯（Avienus），505年是狄奥多鲁斯，509年是因波图努斯（Inportunus）。此外，这四人都从狄奥多里克那里获得了"贵族官"的头衔，这使得他们的地位高于所有其他"光荣者"。不过他们并非德西乌斯家族中唯一一批在狄奥多里克开始统治意大利之后的头二十年里成为执政官的家族成员。同样，巴西利乌斯·德西乌斯（486年的执政官）唯一为我们所知的儿子巴西利乌斯·维南提乌斯（Basilius Venantius）也获得了执政官职位，并且时间是在因波图努斯成为执政官的前一年。巴西利乌斯·维南提乌斯想必还亲眼看到了狄奥多里克死后自己的两个儿子又被任命为执政官：529年是小德西乌斯（Decius iunior），534年则是小保利努斯（Paulinus iunior）。527年的执政官维提乌斯·阿格利乌斯·巴西利乌斯·马沃提乌斯（Vettius Agorius Basilius Mavortius）则至少与486年的执政官凯奇那·马沃提乌斯·巴西利乌斯·德西乌斯有很近的亲戚关系。[61]

德西乌斯家族的财富和权势超过了同时代的其他任何一个元老家族，不过还是有其他一些世代担任最高官职的家族，因此他们一直是"光荣者"这一高等级元老群体的代表。属于这一类家族的有安尼修斯家族（Anicii）和辛玛古家族（Symmachi）。辛玛古家族在奥多亚克和狄奥多里克时代的族长是昆图斯·奥勒留·门缪斯·辛玛古（Quintus Aurelius Memmius Symmachus），此人是446年的西罗马执政官之子，并且他本人很可能也是执政官（485年）和城市总督。辛玛古有三个女儿，但他似乎没有儿子。三个女儿中的鲁斯蒂奇亚娜（Rusticiana）嫁给了安尼修斯·塞维里努斯·曼利乌斯·波爱修斯（Anicius Severinus Manlius Boethius），此人是487年的执政官之子，早年丧父，而我们将会在下文再次提到这位执政官。鲁斯蒂奇亚娜和波爱修斯的这桩婚姻的结晶是两个儿子，他们在522年同时成为执政官：其中一位以自己父亲的名字波爱修斯命名，另一位则以波爱修斯的岳父辛玛古之名命名。安尼修斯家族的影响力在研究界时常被夸大，但不管怎么说，在我们探讨的这个时期有两位元老出身于这个家族，由于这二人都叫作福斯图斯，人们分别给他们加上别名"尼格尔"（Niger，意为"黑色"）和"阿尔布斯"（Albus，意为"白色"）将他们区别开来。安尼修斯·阿奇利乌斯·阿吉南提乌斯·小福斯图斯·阿尔布斯（Anicius Acilius Aginantius Faustus iunior Albus）是438年西罗马执政官的一个儿子，奥多亚克统治时期他曾担任城市总督和执政官（483年），狄奥多里克在位的时候，他很可能第二次获得了城市总督的职位。安尼修斯·普罗布斯·小福斯图斯·尼格尔（Anicius Probus Faustus iunior Niger）是490年的执政官，后来他又获得了狄奥多里克宫廷中的高级官职，起先是担任圣殿司法官（503~505或506年），后来又担任政务总管（509~512年），这些职位为他带来了"光荣者"和"贵族官"的头衔。[62]

狄奥多里克最初想必会想方设法争取罗马城中古老家族的支持。奥多亚克就曾推行这样的政策，因此他会将这些家族的成员任命为执政官。狄奥多里克也认可这样的基本原则，即大家族的后裔对最高荣誉享有某种与生俱来的权利。因此，这些人不仅更容易被赐予执政官和城市总督的职位（担任这些职务的人要在罗马行使职权，他们享有很高的威望，但同时开销巨大），还时常被委以总督府长官的重任。卡西奥多曾以狄奥多里克的名义解释称，祖先是"光荣者"的元老可以免除对他们功绩的审查，因为这些人通过出身已经证明了自己有这样的资格。因波图努斯（509 年的执政官）被封为"贵族官"的时候，在一封写给元老院的书信中，卡西奥多阐述了"新贵"与德西乌斯家族成员之间的区别，原文如下——

> 诸位元老，你们很乐意带领新人走上荣耀的巅峰。你们乐于将出身与你们不同的人引向自由的怀抱，元老院也通过这种方式接纳种种优秀的品质。这样一批人会装点元老院，达官显贵的涌入会给元老院的公众形象增添光彩。不过若是我赐予那些出身于教会之荣光的人以荣耀，则会更加令人愉悦。这样一来，我就无须忙着考验你们，因为你们的才能可以传承下去，你们出生的时候自带的光芒证明了你们的功绩。家族出身便意味着名望，褒扬是贵族与生俱来的东西。在你们那里，头衔与生命拥有同一个开端。元老院的最高荣誉是随着你们而生的，而普通人需要全力以赴，直至年事已高，方能得到这样的荣誉。我指的是你们所有人，这一点毫无问题，元老们享有的恩惠覆及了整个阶层的荣光，但最为强烈地照耀着我喜悦的双眼的是德西乌斯家族的血，多年来，这个家族的血闪耀着同样的美德之光。虽说荣耀难得，可在这样一个绵延数代的家族中，荣耀从未有所改变：高贵的血脉在任何一代人中都会生出杰出人士。从这样的血脉中不可能产生平庸之辈，有那样多的人证明了他们符合自己的出身，他们是一批天选之人，也是极为少见的一批人。从一枚小芽中会生出一簇簇花朵，它们会给本国公民带来声望，给自己的家族带来荣耀，会让元老院走向壮大。

卡西奥多接着上面的话继续写下去，他将因波图努斯颂扬为罗马贵族的典范——

> 　　你们会看到一位年轻人，他优雅的外表讨人喜欢，但他精神方面的美更令人悦纳。他的面孔证明了他那光耀的血统，他的目光透露出他的本真思想，他充满活力的躯体甚至会驱散心头的阴霾。他以教养为标记，来装点这些自然的馈赠：他以高深的科学为试金石来细细打磨自己，他的内在精神闪着更为耀眼的光。他通过书籍认识了古老的德西乌斯家族及其高贵的后裔，这些后裔以无上光荣的死者的善行为生。对于这位年轻人而言，真正幸福的事情是不懈地学习，他有幸通过亲族来学习古人的诗作，通过他人对先祖的赞颂来教育自己最初的心灵。[63]

　　按照卡西奥多的说法，这位年轻人的贵族身份的部分基础是自然的馈赠：他外表优雅，表情庄重而又充满活力。此外，他还十分聪慧而有教养。因为他属于德西乌斯家族，学习文学的同时还会滋养他的崇祖情怀。由于提图斯·李维（Titus Livius）的《罗马史》（*Römische Geschichte*）在古典时代晚期被列为经典作品，并且要在课堂上进行选读，卡西奥多无须告诉元老们李维提到了公元前 4 世纪和公元前 3 世纪的多位拥有德西乌斯姓氏的执政官。根据李维的记载，德西乌斯家族的第一位执政官普布利乌斯·德西乌斯·穆斯（Publius Decius Mus，公元前 340 年的执政官）曾在一场和拉丁人的战争中自愿为罗马赴死。[64]

　　在公元 6 世纪，只有少数元老家族敢于像德西乌斯家族那样将自己的家族世系延长至罗马共和国时代。这些元老中就包括那些将自己的家族世系追溯到阿奇利乌斯·格拉布里奥（Acilii Glabriones）家族和科维努斯家族的人。在大多数情况下，家族世系结束得要早得多，这主要是因为只有极少数元老拥有李维曾提及的名字。不过那些元老院中的"光荣者"依然将自己视为罗马传统的捍卫者。对于他们而言，罗马国家，也就是罗马共和国的历史具有延续性，并且一直延续到当代。这段历史始于王政时代，又经过共和国时代一直绵延至帝政时代。然而，这段历史绝没有因为帝制在意大利的消亡而终结，哪怕统治权如今已经落到了蛮族国王手上，这是因为共和国已经和元老院一样，长期根植在了元老的观念之中。李维不是说元老院早在王政时代就已经存在了吗？国王和皇帝如走马灯般来来去去，而元老院一直都在，它的存在保证了在时代的风云变幻中依然有永恒的事物。[65]

　　6 世纪早期"光荣者"等级的元老依然非常富有，哪怕他们在 5 世纪已经失去了在北非、西班牙和高卢的大部分土地。他们在意大利境内的地产散布在多个行省。部分元老的地产规模无法用数字来衡量。像巴西利乌斯·德西乌斯这样的元老有能力自费给罗马南部的一处沼泽区排涝。他的财富当然是非同一般的，不过所有的元老都有条件保证自己在罗马的生活符合自己的身份地位。这样的生活包括拥有一幢华丽的房屋和人数众多的仆役。东罗马人奥林匹奥多罗（Olympiodor）曾在 5 世纪初造访罗马，在他看来，西罗马元老的房屋就像一座座中型城市，里面有自己的跑马场、广场、庙宇、泉水和浴池。到了 6 世纪初，罗马已不再拥有那样雄伟的面貌了：人口萎缩，许多土地空置，垮塌或荒芜的建筑亦不在少数。不过元老依然大手大脚。卡西奥多曾夸赞"贵族官"辛玛古在罗马修建的数座宏伟的房屋。而"贵族官"阿尔比努斯为了扩建私宅，曾请求狄奥多里克允许他在涅尔瓦广场（Forum des Nerva）上修建曲形门廊，并得到了应允。在这种情况下，国王将一座位于罗马中心地带的恢宏但有垮塌危险的公共建筑进行了私有化。

241

242

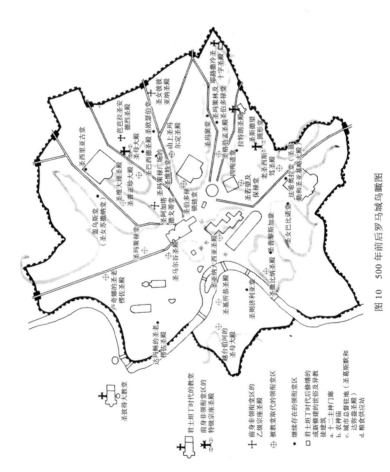

图 10　500 年前后罗马城鸟瞰图

阿尔比努斯的施工项目也表明罗马元老还是一如既往地定居在
这一地区。"罗马人,"普罗科匹厄斯这样评价道,"比我们所
了解的其他任何人都要热爱自己的城市。他们会维护先辈的遗
产,并竭尽全力来维持它们的面貌,从而保证罗马昔日的光辉
没有一丝一毫地褪却。"⁶⁶

　　同样在狄奥多里克治下,元老的生活中心还是在罗马。那
里有"光荣者"等级元老的正式住所,他们在那里度过一年中
大部分时光。经营地产的任务被留给了管家。如果一名元老打
算长期离开罗马,那他需要得到国王的允许,除非是因为国王
本人将这名元老召到宫廷任职,或者是这名元老得到了一项在
罗马无法完成的任务。自从统治意大利的不再是罗马皇帝,而
是蛮族国王后,罗马便不再是君主宫廷的所在地,因此元老不
再需要与君主共享公共空间。在剧院、露天剧场和竞技场中,
罗马元老只与罗马人民同在,在礼拜仪式和宗教游行活动中则
加入了罗马教会的僧侣。所有地方的最佳位置都预留给了元老
们,在竞技场和露天剧场中,好位置由父亲传给儿子。在人与
野兽搏斗的角斗场中,元老会让人将他们的名字以及头衔刻在
岩石上,从而标识出自己对专有座位所享有的权利,最晚近的
类似标识就产生于狄奥多里克时代。如同罗马共和国时期一
样,君主并不直接参与到元老与人民之间的互动中。人们会为
狄奥多里克建造立像,还会通过欢呼的方式来纪念他。然而当
元老与人民聚集在一起观看滑稽戏、哑剧、赛车和斗兽演出的
时候,国王并不会在场。

　　在这些舞台上,元老扮演着城市主宰与人民庇护者的角
色。他们会承担这些娱乐活动的大部分开支,并以彼此敌对的
各俱乐部(竞技场党,factions)——包括蓝党、绿党、红党
与白党——赞助人的身份出现,从而确保比赛能够顺利进行。
赛车和斗兽活动开销尤其大。5 世纪早期,元老为了庆祝自己

244 获得民选官职务，会举行体育赛事，为此他们支出的金钱高达4000磅黄金，他们为庆祝获得执政官职务的支出更高。在狄奥多里克的王国，人们对元老的慷慨程度的要求低得多，民选官完全不会举办演出和赛事。不过，执政官举行的演出和赛事还是会吞噬掉无数的金钱。想要在这方面节省的人会遭到国王的告诫，让他不要吝惜自己的财富。获得执政官职务的元老会趁此机会送给同僚用象牙制成的可对折的板，即执政官双联画（Konsulardiptychen），上面展示了充当赛事举办者的任职者的形象。在一尊老波爱修斯（Boethius senior）的执政官双联画上，人们可以看到这位487年的执政官，也是同样名叫波爱修斯的哲学家的父亲的形象，他左手持一根鹰杖，右手拿着一块织物（mappa），他的脚下躺着若干钱袋和棕榈枝。这些物体指明了执政官在赛车活动中的角色：执政官将织物丢下，从而开启整个比赛；比赛结束后，执政官会给胜利者分发棕榈枝和钱。[67]

接任执政官一职，并为此举行演出和赛事的人会借此赢得威望，令自己在其他同侪中间鹤立鸡群。这些演出和赛事对于维系元老同底层民众之间的关系也十分重要。人们对于戏剧表演和赛车的热情依旧不减。演员和驾驶战车的人是偶像，他们在所有阶层都有自己的粉丝。人们会让元老在剧院、露天剧场和竞技场中扮演主导性角色，以此来赞赏元老在经济上的投入及他本人的亲自参与。在演出和赛事中，社会等级秩序得到展演和确认。不过，这并非这些活动的唯一作用。演出和赛事还提供了一个表达诉求和不满的机会。这种行为可能会演变成在平日里被看作口头侮辱的举动，这在通常情况下会遭到严厉惩罚。普通百姓在平时被禁止做的事情，在演出赛事中却可以得到容忍。不过，公众的期待首先是向在场的元老，包括城市总督提出的，其次才是针对不在场的统治者。[68]

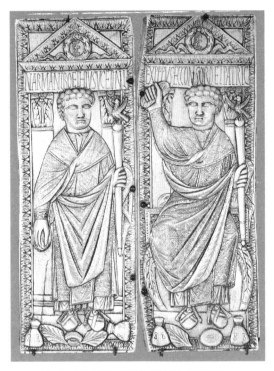

图 11　487 年执政官波爱修斯的执政官双联画

元老院和人民在演出赛事中的互动并不总是那么和谐。在所有仪式化的活动中，剧院和竞技场中人们的情绪很容易失控，尤其在蓝党和绿党这两大俱乐部之间存在着激烈的敌对关系。有时会出现骚乱，最终甚至会升级为大规模暴动。在 506 年至 509 年间，整座罗马城因为一个问题而分裂成了两大派别，即哑剧演员赫拉迪乌（Helladius）和狄奥多隆（Theorodon）究竟应当为绿党跳舞还是应当为蓝党跳舞。国王希望元老能让粉丝们克制一些，为此，他委派了"贵族官"阿尔比努斯和阿维努斯来平息此次争端。可是绿党不会那么轻易妥协；在竞技场中，咒骂声铺天盖地地涌向"贵族官"狄奥多鲁斯和执政官因波图努斯。狄奥多鲁斯和因波图努斯也无法忍受这样的侮辱，其仆人将绿党的追随者引诱到一处埋伏点，接着袭击了他们，导致其中一名绿党追随者死亡。于是在 509 年，绿党向狄奥多里克提起诉讼，国王让元老凯里亚努斯（Caelianus）和阿加皮图斯（Agapitus）调查这些指控。此外，国王还指派城市总督阿加皮图斯负责演出期间的安全工作。为了避免争执，哑剧演员赫拉迪乌今后将既不为绿党登台也不为蓝党登台，而是要为白党和红党演出。在一封写给元老院的信中，狄奥多里克要求元老将卷入这桩杀人案的仆人交给城市总督。同时，他还颁布了一份敕令，提醒罗马人民在观看演出的时候也要维持尊严和体面，对元老进行口头侮辱将会被城市总督严厉惩罚。[69]

6 世纪早期的元老不仅富裕，还很有等级意识。此外，他们还很看重自己的修养。一名元老要懂得骑马和格斗，恩诺迪乌斯曾讽刺哲学家波爱修斯"无缚鸡之力的右手"。不过军事经验或军事战斗力对于元老的自我认知并不重要。元老领兵打仗的时代已经过去了两个世纪。古典时代晚期的修养意味着能够灵活运用拉丁语文学的用语，了解被视为经典从而被列入必读书目的文本。有修养的人指的是那些能够用一种完全不同于日常用语的矫饰的措辞完美地进行表达的人。这种能力要通过多年勤奋地学习拉丁语语言及文学方能习得。当然前提是要有好的品行，学生都来自"更加上流的"社会。因此，教育的目标被定义为"vir bonus dicendi peritus"，意为"培养善于辞令的本分人"。在课程的第一阶段由被称为文法家的教师授课，人们在文法家的指导下学习经典作家的语言及文本。在第二阶段授课的是演说家，这些教师应传授在任何情况下都能发表合适的演说的技能。借助一些实例（通常这些例子还是会从神话中选取），人们会为各种生活中会遇到的情况练习演说，如起诉与辩护、建议与闲谈。为此人们必须学习理解其他的场景与人，学习寻找论据，并以令人印象深刻的方式表达出来。罗马和米兰都有这类学校，很可能在拉文纳也有。在罗马甚至还存在公开教职，担任教职的人由元老院选出，并从国王那里领取薪水。一名未来的元老在接受了这样的教育之后，便已经为自己在社会上的角色做好了准备。法律专业知识很受赏识，但不是必须的。学习医学不符合身份。希腊哲学和神学只有很少人懂得，并且大多数要借助翻译的方式才能了解。[70]

在狄奥多里克的王国，有部分元老的精神视野极大地超越了上述课程计划。波爱修斯在哲学的各个领域掌握了极为渊博的知识：他将亚里士多德的逻辑学著作译成了拉丁语，还针对部分作品撰写了评论；此外，他还撰写了逻辑学、数学及音乐方面的论著，以及神学方面的论文，同时还有演说文和诗歌。波爱修斯在担任执政官的那一年（510年）还在就亚里士多德的范畴学著作撰写论文。但波爱修斯是一个例外，他也因此在同时代人中享有很高的声望。波爱修斯的岳父辛玛古编撰了马克罗比乌斯（Macrobius）为西塞罗的《西庇阿之梦》（*Somnium Scipionis*）撰写的评论，还创作了一部七卷本的《罗马史》。卡西奥多不仅撰写了《杂录》和《哥特史》，还在担任总督府长官期间写了一本关于灵魂的小书，并开始了评注《诗篇》（*Psalmen*）的巨大工程。卡西奥多在《皈依》（*Bekehrung*）之后，紧接着又写了一部《圣俗学识入门》（*Einführung in die geistlichen und weltlichen Wissenschaften*），这是一部写给僧侣的学习手册。不时还有一些元老会吟诗作对。例如福斯图斯·尼格尔（490年的执政官）曾创作过一首描绘科莫风景的著名诗篇。在元老的圈子中，有一段时间里似乎马克西米安也受到了感动，此人留下了一些关于爱情和衰老的哀歌。不过，马克西米安后来加入了狄奥多里克的外甥狄奥达哈德在伊特鲁里亚的宫廷。[71]

248

　　探讨理论哲学和神学则是少数专业人士的工作。每一位元老都被要求能够发表适宜的演说，并能写出一封文采斐然的书信。对自己有一定要求的人都希望能拥有这样的教养。512年，两名出身高贵的年轻人请求恩诺迪乌斯给他们一些在罗马学习的建议。这位僧侣要求他们具备谦逊和纯洁的美德，还要检查自己是否拥有正确的信仰。此外，他还敦促他们勤奋地学习文法和修辞术。至于导师，恩诺迪乌斯向两位年轻人推荐了一批元老，他们以典范性的生活方式和修养著称。这些人会成为两个年轻人最好的老师。恩诺迪乌斯推荐的这九个人都身居高位，担任过执政官。除了波爱修斯（510年执政官）和辛玛古（485年执政官），还有当时正在狄奥多里克宫中因而不在罗马的福斯图斯·尼格尔（490年执政官）和福斯图斯·阿维努斯（502年执政官），此外还有费斯图斯（472年执政官）、普罗比努斯（Probinus，489年执政官）及他的儿子凯特古斯（Cethegus，504年执政官）、阿加皮图斯（517年执政官）和普罗布斯（513年执政官）。此外，恩诺迪乌斯还提到了两名出身元老阶层的妇女——芭芭拉和福斯图斯·尼格尔的姐妹斯特凡妮亚（Stephania），在她们身上，女性的美德与极高的修养同在。对于这些重视传统的元老而言，古典时代晚期基督教诗人的作品是奥古斯都时代文学在当代的延续。"光荣者"及"贵族官"阿斯特琉斯（Asterius）在担任执政官那年（494年）阅读并修订了维吉尔的一份《牧歌》（Eklogen）手稿，他还出版了基督教史诗作家塞杜里乌斯（Sedulius）创作的《复活节之歌》（Carmen Paschale）。罗马修辞学教席最后一位执掌者菲利克斯（Felix）与527年和534年担任执政官的元老马沃提乌斯一同编撰了贺拉斯（Horaz）的《长短句集》（Epoden）。恩诺迪乌斯的建议想必是非常有效的：这两名锐意进取的年轻人中的一个名叫安布罗修斯（Ambrosius），他后来在狄奥多里克的宫廷飞黄腾达了，起初他成为王室私产管家，后来又成为圣殿司法官。[72]

　　虽然 6 世纪早期的元老认为自己是那些曾经令汉尼拔和希腊诸王臣服的罗马人的后裔，但他们依然是天主教徒。因此卡西奥多在一本献给同时代出身元老阶层的作家的"小书"（Libellus）中这样评论波爱修斯的岳父，称他是"一位古代卡托的现代模仿者"，"但他因为自己可敬的宗教信仰超越了古人的美德"。在另一部 501 年撰写的用于为所谓的"棕榈宗教大会"（Palmensynode）辩护的作品中，恩诺迪乌斯更进一步，将信仰基督教的当代与信仰异教的过去进行了对比：昔日的那些伟大家族——库里乌斯（Curii）、托夸图斯（Torquati）、卡米卢斯（Camilli）、法比乌斯（Fabii）和德西乌斯——虽然对共和国作出了巨大贡献，但依然在地狱中受着煎熬，因为它们曾向异教神祇献祭。现在，对异教偶像的敬拜已经从元老院这处"自由的神殿"中消失。接着，卡西奥多让罗马城以拟人化的形象说了如下一番话——

　　　　荣誉的桂冠、寰宇的守护神、罗马之花，充满着神圣的光辉踏上了受到多年崇敬的祭坛。看啊，我的元老院已被天堂所召唤、赞赏和接纳，我绝不能说，经过洗礼之后，我失去了自己的后裔，哪怕突如其来的死亡将他们夺走。最高的主宰拥抱着众多执政官衣袍和交椅拥有者，不失去一分一毫的尊严和地位。尘世间凯旋者的慷慨大方也得到了天堂的悦纳。这一切都归于基督的恩宠，因为他们正不遗余力地让世人敬仰。如果不是有大群困顿之人正等待着你们执政官任期的到来，从而解救他们于危难之中，那我就是在说谎了。因为你们这些给年份命名之人，你们身上的紫红色衣袍，会通过赠送衣物，驱散困顿之人身上刺骨的严寒。[73]

　　在狄奥多里克的王国里没有元老会向先辈信仰的诸神祈祷，或是向诸神献牲。朱庇特、朱诺和密涅瓦，罗马城昔日的三大主神，此时已然谢幕。但这并不意味着所有元老都是教会心目中的好基督徒。如果一位元老想要成为一名真正的基督徒，却又要按照元老的方式生活的话，思想就会变得混乱。教宗杰拉斯曾指责元老安德罗马库斯（Andromachus），称他和其他元老崇敬异教偶像，因为他们在 2 月 15 日举办了古老的牧神节庆典，而该节日最初就是为了敬拜农牧神法乌努斯（Faunus）：任何接受过洗礼的基督徒都不允许参加这种无耻的节庆，只有异教徒方可庆贺该节日。这番指责是对这些元老先前对杰拉斯的批评的回应，因为杰拉斯手下的一名僧侣曾被指控生活放荡，但他却为这名僧侣脱罪。对于这些元老而言，牧神节并非偶像崇拜，而是民俗活动，哪怕有人真的会相信这些仪式会抵御灾难。人们庆祝牧神节，是因为先祖也是这么做的，因为这是百姓的愿望，还因为这不会造成什么损失。

　　元老把罗马主教看作自己城市的主教，因此他们也想在罗马主教的任命问题上插上一嘴。虽然元老作为一个单一的群体，关注的是自己作为平信徒和赞助人的利益能够得到保障，然而一旦涉及选举新任教宗的时候，他们的立场绝不会是一致的。501 年至 504 年，元老院一度分裂为两大阵营，大多数元老支持教宗劳伦蒂乌斯，少数人则支持教宗辛玛古，后者最终因为得到了狄奥多里克的帮助才成功上任。当然，这场发生在分别支持两位敌对教宗的元老中间的争端还涉及另一个问题，即究竟谁能够成功让自己的候选人上位，从而宣示自己的权力。然而元老与罗马主教之间的关系并不会因此停留在纯粹工具化的层面。元老会将罗马主教看作基督教神圣恩典的传递者。当然，大多数元老既不愿意也没有能力去聆听那些希腊神学家就基督兼具神性与人性的问题展开的让人捉摸不透的辩论，然而他们会参加对异端的审判，要列席宗教大会，还会向教宗请教神学问题。元老对苦修行为持保留态度。当"贵族官"狄奥多鲁斯（正是此人在509年派出自己的手下去袭击绿党的追随者）几年后决定将来要过一种谦卑而禁欲的生活时，这一消息虽说引起了众人对他的敬佩，但很长时间都没有效仿者。当卡西奥多后来也完成了同样的皈依行为时，意大利的哥特王国早已成为一片废墟。与此相反，元老家族中的不少女性成员早在狄奥多里克时代便已经发誓要将自己的一生献给上帝了。[74]

元老生活的中心依旧是共和国。他们将自己的一生理解为对一项伟大传统的服务，将自己的特殊地位看作自由的体现。因此，对于元老而言，元老院绝对是罗马自由的处所。而狄奥多里克在他们看来是"自由之主"、"自由之护卫"及"自由之看守"，因为他重视并保护自由，并且只要他继续这样做，元老就还是会这样看待他。即使狄奥多里克治下的元老不会愿意接受君士坦丁堡的皇帝的号令，他们也依然会将自己看作一种在罗马帝国东西两部分都能适用的秩序的一部分，他们也因此将东罗马帝国的元老看作自己的同僚。在530年欧瑞斯特为庆祝自己担任执政官制作的双联画中（见图30），人们可以看到，西罗马帝国的执政官被两个拟人化的形象——台伯河畔的旧罗马和博斯普鲁斯海峡旁的新罗马——所环绕。罗马帝国以一分为二的形式存在，这一想法的前提是罗马帝国事实上的分裂，因此只要皇帝不设法用暴力的方式结束哥特诸王在意大利的统治，并逼迫元老站队，那么执政官就绝不能背叛国王。狄奥多里克在世的时候从未出现过这样的情况，哪怕在504年到508年间东西罗马之间爆发的摩擦已经接近战争了。那时狄奥多里克手下的一名将领首先攻击了皇帝的军队，而几年后一支皇帝的舰队为了反击，又洗劫了意大利的亚得里亚海岸。西罗马元老与君士坦丁堡的皇帝之间的纽带依然没有被切断。这根纽带在未来又是如何变得更为紧密，只能停留在我们的想象之中了。[75]

21
两个政体：王制与帝制

狄奥多里克夺取意大利的独立统治权后，他与皇帝之间的法律关系就变得不那么明晰了。490年和492年派出的使团没有带回人们想要的皇帝对狄奥多里克统治地位的承认。狄奥多里克493年春季在意大利自立为王的做法在君士坦丁堡看来纯属叛逆行为。直到五年后双方才达成一致。498年，一支使团在490年就曾被狄奥多里克派往君士坦丁堡的费斯图斯的率领下，同阿纳斯塔修斯皇帝商定了一份协议，双方签署和约，狄奥多里克被明确承认为意大利的统治者。《无名的瓦莱西亚努斯》简明扼要地记载了此事——

> 在费斯图斯的代表下，（国王）与阿纳斯塔修斯皇帝就称王的大胆行径缔结了和约，接着，皇帝便将奥多亚克带到君士坦丁堡的所有宫廷标识物送给了国王。[76]

这段文字也给我们出了一个谜题。阿纳斯塔修斯给狄奥多里克送去了"宫廷标识物"，通过这种方式，他明确地承认了狄奥多里克为意大利的统治者。这一点似乎很清楚。可到底什么是"宫廷标识物"？这些东西对狄奥多里克又有什么用呢？如果这些东西就是西罗马皇帝的标识物，那么阿纳斯塔修斯的目的也不会是要狄奥多里克未来真的去使用这些物品。阿纳斯塔修斯并没有想过把狄奥多里克升格为西罗马帝国皇帝，狄奥多里克也完全没有要求获得这样的地位。然而对于同时代的人来说，这些标识物绝不是形式，而是权力和地位的视觉表征。将西罗马皇权标识物交还，不过是在说明东罗马帝国皇帝无意恢复西罗马帝制。大多数研究人员选择了另一种解读模式：如果狄奥多里克从阿纳斯塔修斯那里获得的统治者标识物同皇帝的标识物不同，那么在这种情况下，并且也只有在这种情况下他才可以真的使用这些物品。我们知道，东罗马帝国会举行隆重的仪式，册封愿意从形式上臣服于自己的外国统治者，并赐予他们统治者标识；举行这样的仪式的时候需要被册封为统治者的人亲自在场，并且仪式都是在君士坦丁堡举行。这些统治者被东罗马视为皇帝的附庸，即"藩王"。例如，522 年查士丁尼皇帝曾册封一个名叫察特（Tzath）的人为拉兹人（Lazen）的国王，他赐予了察特一套礼服，其中包括一顶细额环、一件白色大衣、一件丘尼卡、一双镶嵌着珍珠的红色高筒靴、一条点缀有珍珠和黄金的腰带以及一件紫红色的长袍。这身服装类似于皇帝的服装，最重要的区别在于藩王没有冠冕，即一种装饰有大块宝石的头带，而是在额头上戴上一顶细环。当然，藩王的统治区域通常都是在罗马帝国疆域之外，但正如我们将会看到的那样，狄奥多里克的统治区域却是在罗马帝国境内，至少在皇帝看来是这样，而这正是关键问题所在。[77]

因此，我们无法确定狄奥多里克的服饰和标识物的具体情况。我们唯一可以肯定的是，他在一些隆重的典礼上会身着紫红色长袍。在莫罗达尔巴纪念币上，国王身着罗马将领的服饰，从中看不出他头戴额环。不过狄奥多里克会被塑造为这样的形象可能是因为这枚纪念币是专门为军队铸造的。恩诺迪乌斯曾挖苦阿纳斯塔修斯，称狄奥多里克的发型能够带来与"其他君主"头戴的冠冕同等的效果。恩诺迪乌斯借此暗示，皇帝头戴冠冕是为了遮盖自己光秃的额头。如果狄奥多里克本人也头戴冠冕，那么这种攻击方式就相当不合适了。当然我们也不排除狄奥多里克国王在特定场合也会头戴额环的可能性，这种额环可以被看作一种冠冕。人们猜测，昔日的宫廷教堂新圣亚坡理纳圣殿（S. Apollinare Nuovo）里一幅表现头戴镶嵌有珍珠的额环的马赛克君主像最开始描绘的是狄奥多里克，后来才被改成查士丁尼的画像；画像上方的文字 IUSTINIAN 产生于 19 世纪。即使这幅画描绘的的确是狄奥多里克，人们也依然无法确定这顶冠冕是否是原画的一部分。但毋庸置疑的是，当狄奥多里克 513 年底在拉文纳的宫殿中欢迎阿尔勒主教凯撒里乌斯（Caesarius）时，他的确摘下了一顶带有装饰物的帽子。这顶带有装饰物的帽子外表如何依然不为我们所知。[78]（见彩图页，图 3）

　　一位想要被哥特人和罗马人接受的统治者需要统治标识物，以在臣民面前表明自己的身份，这是他要求众人臣服的象征。这样一种权力标识早在狄奥多里克时代之前的东哥特人中间应该就已经存在。要是皇帝能赏赐这样的标识物那就更好了，在这种情况下，标识物还代表了皇帝的认可。然而，狄奥多里克并不满足于此，他想要规范自己与皇帝之间的关系，使之清晰明了、有法可依。卡西奥多在将近三十年之后（526年）请求查士丁（Justin）皇帝给予狄奥多里克的外孙阿塔拉里克以和平和友谊，条件要参照查士丁的前任给予阿塔拉里克的外祖父狄奥多里克的条件，因此我们可以肯定，498 年曾签订一份和约，详细规定了狄奥多里克与皇帝之间的关系。但这份和约没能保存下来。正因如此，狄奥多里克的法律地位在研究界长期存在争议。《无名的瓦莱西亚努斯》在描写攻打奥多亚克的战争时，不断地给狄奥多里克加上"贵族官"的头衔。特奥多尔·蒙森因此认为，狄奥多里克统治意大利时的身份是某个由皇帝授予的官职的任职者。因此从法律上看，狄奥多里克在意大利的王国意味着西罗马帝国与东罗马帝国合并。这样的观点在今天的研究界依然有部分支持者。然而该观点不可能成立，因为自从狄奥多里克被他手下的哥特人推举为哥特人和罗马人在意大利的国王后，他就再也没有使用过"贵族官"这一头衔。[79]

狄奥多里克的官方名字是弗拉维乌斯·狄奥多里克国王（Flavius Theodericus rex）。"弗拉维乌斯"这个名称绝不像有些人认为的那样，说明狄奥多里克与君士坦丁大帝的家族存在所谓的"亲族关系"。弗拉维乌斯在 5 世纪和 6 世纪并非家族姓氏，而是一个在罗马军队中常见的表明地位的名称；狄奥多里克是在担任皇帝的大元帅的时候获得了这个名称。这个名称已经出现在了 484 年埃及的莎草纸上，这正是狄奥多里克担任执政官的那一年。他在意大利的统治者的身份只能通过"国王"这一头衔得到表达。这个头衔在狄奥多里克那里基本没有额外的附加物。由于他将自己的王权理解为对哥特人和罗马人的统治，他不会像汪达尔人的国王那样将王权与某个特定的族裔联系起来。"统治哥特人和罗马人的国王"，这个头衔无论对元老还是对皇帝来说都无法接受，而对哥特人来说更加不合适。狄奥多里克的臣民称呼他为"国王"（rex）、"首领"（princeps）或者干脆是"主人"（dominus），此外还会使用一些非技巧性的解释性概念。但他们绝不会用"贵族官"（patricius）这个由皇帝授予的官职名来称呼他，也不会使用一些让他同君士坦丁堡的皇帝具有同等地位的头衔。在这样的惯例中只有一个例外：507 年至 511 年受狄奥多里克委托给位于泰拉奇纳（Terracina）西北边的沼泽地排涝，从而将其变成耕地的元老及显贵巴西利乌斯·德西乌斯，曾为了纪念这一功绩，在泰拉奇纳树立了一座碑，在碑文中，狄奥多里克不仅被称作"享有无上荣光、威名远扬的国王"以及"胜利者及凯旋者",还被称为"永远的奥古斯都"。由于"奥古斯都"这一头衔通常只有皇帝才可以拥有,巴西利乌斯·德西乌斯在这里使狄奥多里克的地位发生了僭越,但是巴西利乌斯·德西乌斯是在一处坐落在彭甸沼地(pontinische Sümpfe)的偏远之地做的这件事,而这处地方是狄奥多里克国王为了奖赏巴西利乌斯·德西乌斯的投资而赐给他的。[80]

如何理解狄奥多里克在君士坦丁堡的地位?这个问题笔者将不在此处做过多探讨。很显然,在皇帝的宫中,人们认为意大利还是罗马帝国的一部分,并且由此进一步得出结论:狄奥多里克是因为得到了皇帝的恩典才得以实施统治的。不过,阿纳斯塔修斯在一封 516 年写给元老院的书信中干脆将狄奥多里克称为国王,并表示自己委托他统治意大利,也就是说,阿纳斯塔修斯放弃要求一种具有某种毋庸置疑之特征的宗主权。在这封书信中,皇帝更多的是使用了一种受到王室书记处影响的措辞模式,从而将两个国家事实上的分立局面与统一思想联系在一起。人们会使用"两个政体 / 国家"(utraeque res publicae)这一概念表达一种理念,即罗马帝国作为一种大范围的思想统一体由两个政体组成,这两个政体以"国家"(res publicae)的形式得到确立,虽然除这两个"国家"之外还可能存在其他"王制政权"(regna)和"民族"(gentes),然而并不存在其他的"国家"(res publicae)。狄奥多里克与君士坦丁堡之间的关系一度紧张,在这一时期写给阿纳斯塔修斯的一封书信中,狄奥多里克的书记处用以下颇具艺术性的辞藻改写了上述带有妥协色彩的措辞——

正因如此，作为一切皇帝（principes）① 中间最虔诚者，您的权力和声望应当使我去尽力追求同您和睦相处，在您的仁爱中，我才得以繁荣壮大至今。您是一切帝国（regna）② 最美的装饰，为整个寰宇带来福祉和庇佑，其余的统治者（dominantes）都有理由将目光向您投来，因为他们认识到，您的身上有某种独一无二的东西，而恰恰是我在上帝的协助下，在您的国家（res publica）中学会了如何以公正的方式来统治罗马人。我的统治（regnum）③ 是对您的统治的模仿，是对好意图的一种拓印（forma boni propositi），是一件绝无仅有的帝国范例（unici exemplar imperii）：只要我还在追随您，我就会领先于其他诸民族（gentes）。

您时常告诫我，要热爱元老院，要心甘情愿地遵循诸皇帝（principes）之法，从而令意大利各部分重新建立秩序。您又怎能够让没有背离您的行为做派者（如果这种行为做派确实是以您为榜样的）失去帝王赐予的和平呢？此外还有对罗马城的庄严的爱，那些因罗马这一统一的名字而被联系在一起的人割舍不掉这样的爱。

因此，我以为有必要将被告连同使团的任务一同送到您这位最尊贵最虔诚者处，澄清争议，以便让因为日益

---

① 此处拉丁语原文"principes"通常译为"首领"，而本书作者采用的德语词"Kaiser"译为"皇帝"，这说明狄奥多里克的书信采用了一些带有双关色彩的词语，似乎在有意模糊西罗马与东罗马帝国之间的关系，在承认阿纳斯塔修斯的帝位时有所保留，甚至试图将东罗马视为与自己国家平起平坐的"王国"。后注为同样情况的将不再赘述。

② 此处拉丁语原文"regna"通常译为"王国"，帝国则应是"imperii"，本书作者采用的德语词"Reich"则有"帝国"和"王国"两种译法，此处取"帝国"。

③ "regna"（王国）的单数形式，本书作者采用的德语词是"Herrschaft"，意为"统治"。

增长的控诉而受到玷污的纯净的和平局面，在未来得到重建，并永远稳固下来。我不相信您会容许两个政体之间（inter utrasque res publicas）存在任何嫌隙，众所周知，这两个政体在古代帝王（antiqui principes）的统治下一直构成一个躯体。它们不仅要借助积极的爱联合在一起，更要借助相互的力量彼此支持。罗马帝国（Romanum regnum）① 应永远怀有同一种意志、同一种立场。我力所能及之事，也定会获得您的赞许。[81]

　　在这封书信中，狄奥多里克认可皇帝在名义上享有优先地位，并承认自己的王国是罗马帝国的一部分。与此同时，他又以罗马帝国分立为两个"政体"的现状为前提，要求行使自己的统治权，并且自己的统治权完全等同于皇帝的统治权——"我的统治是对您的统治的模仿"。事实上，狄奥多里克498年与阿纳斯塔修斯签订的协议确保了狄奥多里克国王在意大利享有最大限度的自主权。因此我们能够较为准确地推断出协议的内容，因为狄奥多里克的外甥及继承人狄奥达哈德在535年向查士丁尼提出，自己将放弃舅舅在阿纳斯塔修斯的同意下享有的权利，而普罗科匹厄斯详细地记载了这段历史。在外交方面，协议不对国王作出任何限制，除非协议双方之间签订了和约，存在盟友关系。在内政方面，经皇帝同意，国王几乎可以不受限制地依照自己的意愿行事。皇帝特别承认国王拥有任命最高级别官吏以及两大执政官之一的权力，也就是说，皇帝委托国王全权掌管国家机器。同样，国王作为法官的权责也不受限制。然而，狄奥多里克有义务不损害皇帝的一些特权。虽然

258

---

① 罗马帝国的拉丁语"Romanum regnum"直译为"罗马人的王国"，德语原文"Das römische Reich"则兼有"罗马帝国／王国"之意，通常译为"罗马帝国"。

图 12 　印有阿纳斯塔修斯皇帝像的金币（苏勒德斯），
铸造于拉文纳（图像经过放大）

他可以颁布一些规章条例，但这些不能被称为法律，因此狄奥多里克颁布的命令的性质是敕令。不过敕令也可以由皇帝的高级官吏颁布。此外，狄奥多里克还放弃了在金银币上铸刻自己的名字和画像，这样一来，在狄奥多里克的王国境内铸造的金银币上都是阿纳斯塔修斯的名字和画像。因此在货币这一媒介上，皇帝在狄奥多里克的统治时代依然在场，并且这一现象还会一直保持下去。

除去上述情况不谈，皇帝也主动退出了狄奥多里克统治权展示的视觉和仪式场景。国王被允许在没有皇帝的画像的情况下展示自己的画像，也就是说，他能够通过清晰明了的方式，主动（或被动）地将自己描绘成意大利的独立且唯一的统治者。同时，人们还可以在不提及皇帝的情况下向国王欢呼。这样一来，对皇帝的记忆也从围绕着统治者展开的仪式中被剔除。很可能这份协议还包含了保护元老院及天主教会的权利的义务。关于这份协议的适用期限是如何规定的，这一点没有被记载下来。然而我们很难相信这份协议在狄奥多里克死后还会继续有效，因为对于皇帝而言，长期明确声明放弃西方绝无可能。[82]

凭借 498 年签订的协议，狄奥多里克被承认为一个王国中近乎不受限制的哥特人和罗马人的统治者，而这个王国在同皇帝进行外交时依旧被称为罗马帝国的一部分。凭借这份协议，狄奥多里克确保自己的统治不会受到皇帝的军事威胁，同时也让臣服于自己的元老无须将自己视为合法统治者，从而减轻了他们的不安情绪。当然，狄奥多里克也清楚，即便是双方经过起誓而签订的协议，也无法确保国家与统治者之间的和平及友好关系。事实上，狄奥多里克与阿纳斯塔修斯之间的关系并不缺乏张力，这一点在上文引用的书信中已经得到了体现，而在这封书信寄出之前已经发生了武装冲突。狄奥多里克国王上年纪之后，有一个问题开始变得紧迫起来，那就是他该如何将自己的地位转移给一个能够得到皇帝认可的继承人。

第七章
狄奥多里克的二重国家

22

宫廷：权力的中心与舞台

狄奥多里克的统治并非只有一个根基。他的臣民的社会地位和文化特性有很大不同，因而促使他们接受狄奥多里克为统治者的动机也不尽相同。正因如此，狄奥多里克的统治合法性的基础是什么，这个老问题会将人们引向歧途，也就是说，这个问题会让人们试图在统治的规范、象征与程序问题上达成基本一致的意见。与此相反，"接受"这一概念会让人们注意到行为主体本身、行为主体的兴趣和动机，并且不会让人产生这样的错觉，即人们会认为每一个臣属都心甘情愿地无条件执行国王的命令。恰恰是深受狄奥多里克依赖的那些群体会去谋求各自群体的利益。这些人在多大程度上支持国王，取决于国王在多大程度上愿意并且有能力满足他们的期待。在一些人看来，维护传统形式绝对有必要，但对于另一些人而言却不那么重要，或是完全没有必要。当然，要向一名在内战中夺权、不 愿意成为罗马人并且被看作异教徒的统治者妥协，不同人的接受程度也不同，从积极地合作到被动地忍受现状，人们的态度各不相同。[1]

对于手下的哥特人而言，狄奥多里克能当国王是因为其王室出身，但更主要的原因还是他取得的傲人成就。元老则将狄奥多里克看作西罗马帝国的继承人，哪怕他的状态无法用传统的罗马国家思想的概念来概括。地方精英既没有办法也没有理由去反对狄奥多里克，因为狄奥多里克手下的哥特人定居下来之后，他便按照地方精英习以为常的方式来实施统治，并且承认地方精英在社会上享有的特权。意大利境内及后来高卢地区的主教们十分高兴地看到，新任统治者怀着敬仰之情对待他们，并且不打算积极推广自己的异端信仰。对于大多数城市和乡村的居民，包括手工业者、小商贩、有地或无地农民、渔民和牧民而言，上层政权的变动几乎没有什么影响。在这些人看来，狄奥多里克不过就是那个战胜了奥多亚克的人，如今他也开始征收捐税，就像先前西罗马帝国皇帝所做的一样。而对于乞丐和奴隶而言，这一切自然也没什么很大意义。

对于任何一个君主政权而言，宫廷都是一座中央机构，因为宫廷构成了一个社会空间，在这个空间里，统治者对服从的要求与臣民的期待能够以一种互动的形式得到沟通。在狄奥多里克的宫廷，那些出于特定原因前去面见统治者的人，如信使、请愿者或使臣，会见到在统治者身边长期充当扈从的人。宫廷中有被算作国王家眷的人，还有那些在国王身边担任某种职务的人，或是皇室顾问团的成员。这些人可以被称作"宫臣"（palatini），因为他们是在宫殿（palatium）中服务国王的。另一个指代这一社会空间的概念是"朝堂"（aula）；根据这一概念，宫臣也可以被叫作"朝臣"（aulici）。不过最为常见的称谓还是"扈从"（comites），这一称谓产生于皇帝需要不断出行的时代。因此，作为社会有机体的宫廷也被称作"扈从队"（comitatus）。早在 4 世纪，君主的扈从便被划分为三个等级。第一等级的扈从有权在觐见的时候走在前面，以便能够亲吻君主紫袍的衣襟，人们称这种行为是"紫衣崇拜"（adoratio purpurae）。凭借自己的官职，那些担任宫廷要职之人位列第一等级。[2]

然而早在 4 世纪，以三大等级为基础的宫廷等级秩序就被另一种等级秩序替代，该等级秩序以元老阶层的划分为基础，分为"杰出者""高贵者""光荣者"。这样一种身份体系排挤掉了旧有的元老等级体系，在旧体系中，一名元老的等级是根据他所担任的职务在既定的罗马城职位晋升体系（cursus honorum，直译为"荣耀之路"）中的位置来衡量的：一名前民选官的等级高于一名前市政官，但是低于一名前执政官。自5世纪起，罗马城中的职位便与元老的地位无关了，只有执政官职位还一如既往地被视为最高官职，担任执政官的人的地位依然高于"光荣者"。最初，"高贵者"或"光荣者"等级只能通过担任直接服务于君主的官职获得。因此，元老的等级只能由统治者来决定。与此同时，一名元老身属的等级也会决定一名任职者在宫廷中担任的职位，因此早在4世纪晚期，元老等级就确定了一种新的宫廷等级秩序。要晋升至"高贵者"或"光荣者"阶层，唯一的途径便是获得与这两个头衔绑定在一起的官职，不过这一情况没能持续太久。那些成功获得统治者青睐的人由此得到了特殊的名望，而这种名望能够转化为社会资本，这就使得这些人无须花费力气去担任某个职务。统治者又通过一种无成本的方式来增加自己所能给予的恩典数量。然而很快，人们便不得不通过明确的方式，来确保那些没有担任职务却又获得"高贵者"或"光荣者"头衔的人，在书面记录中的位置排在那些以官员的身份真正服务过君主的人之后。到了5世纪，在前述的两个群体之间又崛起了第三个群体，这一时期，皇帝逐渐开始给予可能的任职者以相应的头衔。这些所谓的"挂空职者"（vacantes）在某种程度上算是等待征召的任职者。自此，"光荣者"等级又被分为三个群体：一是以纯粹荣誉的形式获得该头衔的人；二是待征召的"光荣者"职务的任职者；三是确实担任过或者尚在担任"光荣者"官职的人。[3]

　　早在少年时代，以人质的身份生活在君士坦丁堡的狄奥多里克就已经了解了这种复杂的等级体系，他本人也以大元帅和484年执政官的身份跻身东罗马帝国宫廷最高等级。狄奥多里克成为意大利统治者后原封不动地接受了这一套等级体系，不过他将"高贵者"及"光荣者"头衔也赐予了在宫廷或在地方上服务于自己的哥特人，从而使这套体系可以为自己所用。从表面上看，这些获得头衔的哥特人也与狄奥多里克宫中的罗马人具有同等的地位。与此同时，这些哥特人获得的头衔会使他们的地位高于地方精英，因为地方精英极少能够超越"杰出者"等级。以三级划分为基础的旧有的宫廷等级秩序在狄奥多里克统治时代依然存在，第一等级的扈从头衔还在继续被授予。卡西奥多在其《杂录》中补充进了一整套公文模板，用于将某人晋升至待征召的任职者等级，或是通过授予荣誉头衔来让某人进入相应的等级。[4]

狄奥多里克的宫廷完全有理由被称作"扈从队"，因为其宫廷完全是一个灵活机动的机构。5世纪和6世纪的东罗马皇帝很少离开君士坦丁堡，即便离开，时间也非常短暂，而与他们不同，狄奥多里克国王的出行活动属于常态化。不过他在意大利北部的活动半径有限，狄奥多里克在拉文纳、帕维亚（当时称"提西努姆"）、维罗纳和米兰附近的蒙扎［Monza，当时称"莫迪西亚"（Modicia）］有宫殿，并且也会使用这些宫殿，但他只去过罗马一次，同时他从未去过意大利南部。一座位于弗利（Forli）附近的加莱阿塔（Galeata）的城堡被狄奥多里克用作出游时的狩猎行宫。即使国王年复一年地在意大利北部四处巡游，依然会有一座城市作为都城更受偏爱，也因此被视作"君王之城"（urbs regia）：拉文纳是狄奥多里克在意大利的统治现实中的中心，也是象征性的中心。国王会定期在拉文纳度过一年中的大部分时光，同时那里也是民事管理部门核心机构的驻地。以宫廷为据点的各部门以及管理意大利的总督府分别有数以百计的工作人员，他们都被安置在拉文纳，同时这里也是各类重要卷宗的存放地。[5]

狄奥多里克有计划地将拉文纳扩建为自己的主要都城。他下令修缮、改建或新建拉文纳的数座建筑，其中包括一座宫殿和一条水管，到了6世纪20年代还修建了一座陵墓，最终他自己也被葬在那里。宫殿曾被皇帝霍诺留（395~423年在位）当作住所，此时则被扩建，周围被列柱大厅环绕。不过施工是在狄奥多里克去世后才完成的。宫殿旁矗立起了一座崭新的庞大教堂，它供奉的是救世主基督，由于所在的位置，该教堂被称作宫廷教堂。今天这座教堂以新圣亚坡理纳圣殿之名为人们所熟知。在教堂的后殿中有一篇铭文，公开说明狄奥多里克国王是"以我主耶稣基督之名从头修建"这座教堂的。不过这座"宫廷教堂"绝不是唯一一座狄奥多里克在位时期为他的教友修建的祭祀用建筑。在国王的资助下诞生了今天名为圣灵大教堂（Santo Spirito）的带有一座阿里乌派教徒的浸礼堂的相像派主教座堂，此外在城区内外还有六座其他的教堂，但如今这些教堂大多已消失得无影无踪。[6]

为了修建这些建筑，狄奥多里克会从邻近的城市调来一些材料，还有一部分会从很遥远的地方运来，例如法恩扎、罗马和君士坦丁堡。今天被称为哥特之神圣安德烈教堂（S. Andrea dei Goti）的教堂柱头上还刻有标识狄奥多里克的花押字（Monogramm）①。为了修建一座以赫拉克勒斯命名的大教堂，国王从罗马请来了擅长加工大理石的石匠。在拉文纳城郊外，狄奥多里克下令排干了一个沼泽，并在原址上开辟了一座花园，由他亲自料理。[7]

265

---

① 又称文织字母，是一种装饰图案，指重叠、结合两个或以上字素而形成的符号。它通常取个人或机构的首字母，拼制成易于辨认的代号或标识。

图 13　有古典时代晚期建筑的拉文纳鸟瞰图

267

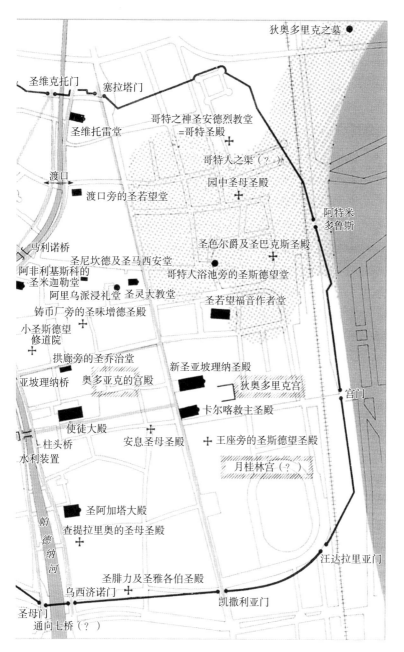

狄奥多里克之墓

圣维克托门　塞拉塔门

哥特之神圣安德烈教堂
=哥特圣殿

圣维托雷堂

哥特人之渠（？）

园中圣母圣殿

渡口

渡口旁的圣若望堂

阿特米
多鲁斯

马利诺桥

圣色尔爵及圣巴克斯圣殿

圣尼坎德及圣马西安堂
阿非利基斯科的
圣米迦勒堂

哥特人浴池旁的圣斯德望堂

阿里乌派浸礼堂　圣灵大教堂

铸币厂旁的圣味增德圣殿

圣若望福音作者堂

小圣斯德望
修道院

拱廊旁的圣乔治堂

新圣亚坡理纳圣殿

亚坡理纳桥　奥多亚克的宫殿

狄奥多里克宫　宫门

卡尔喀救主圣殿

使徒大殿

柱头桥
水利装置

安息圣母圣殿

王座旁的圣斯德望圣殿

月桂林宫（？）

帕德纳河

圣阿加塔大殿

查提拉里奥的圣母圣殿

汪达拉里亚门

圣腓力及圣雅各伯圣殿

乌西济诺门　凯撒利亚门

圣母门
通向七桥（？）

按照狄奥多里克的意愿，拉文纳应当以"君王之城"的身份与"永恒之城"（urbs aeterna）罗马平起平坐，后者是元老院的驻地，同时因其独一无二的历史而一如既往地被视为罗马世界名义上的中心，即便在博斯普鲁斯海峡有一个新罗马是它的竞争对手，这座新的罗马城在面积和影响力上都超过了旧的罗马城。不过，权力的中心是拉文纳。只要元老想与国王建立联系，那么即便是他们也要亲自前去面见国王，无论是国王要求他们出现在宫廷，还是他们在元老院的委托下前往宫廷提交申请，又或者他们是因为自己的原因、为了解决自己的事务才踏上旅途。在宫中任职的元老至少要在任职期间将住处搬到亚得里亚海边之后才能返回罗马。8

不仅是上文提到的那些建筑确凿无疑地表明了狄奥多里克将拉文纳看作自己王国的大本营，图像也传达了这一信息。在宫殿正门的门楣上，人们可以看到狄奥多里克身着铠甲，手持盾牌和长矛，站在罗马和拉文纳的拟人化形象中间，罗马手持长矛，头戴头盔，拉文纳右脚踏在海上，左脚踏在陆地上，正急忙朝着国王奔来。在这幅如今已经遗失的图像中，罗马和拉文纳成对出现，但前去迎接国王的却是拉文纳。罗马—拉文纳这对组合也出现在了铸造于罗马和拉文纳的铜币上。这些铜币的面值不高，但数量很多，被用于日常支付。在罗马，国王下令铸造的是价值为 40 努姆斯（nummus）的铜币，钱币正面是罗马的拟人化形象，并带有铭文"不可战胜的罗马"（Invicta Roma），背面是一只鹰的形象。价值为 10 努姆斯的铜币的正面则是一个头戴冠冕的女性形象，刻有铭文"幸运的拉文纳"（Felix Ravenna），背面是代表拉文纳城的花押字。同样的正面图像也出现在了拉文纳铸币厂铸造的价值为 5 努姆斯的钱币上，不过这种钱币的背面展示的却是被字母 R 和 V 环绕着的胜利女神维多利亚。9

图 14　"不可战胜的罗马"，价值为 40 努姆斯的铜币，正面及背面

　　通过将拉文纳升格为"君王之城"，狄奥多里克比他的前任奥多亚克走得更远。虽然奥多亚克也大多以拉文纳为都城，但没有任何迹象表明他曾试图通过修建一些宏伟的建筑来像狄奥多里克那样给这座城市打上自己的烙印，奥多亚克在拉文纳没有留下任何痕迹。不过，决定选择拉文纳绝非简单地延续某种由 5 世纪西罗马皇帝奠定的传统。虽然拉文纳城因为易于防守，曾是 408 年至 450 年深受西罗马宫廷偏爱的都城，但当时人们认为迁都只是暂时的。由于财政紧张，人们在拉文纳建造大型建筑时犹豫不决，行动迟缓，而在其他帝都，修建大型建筑是一件理所当然的事。直到瓦伦提尼安三世在位的时候（425~455 年），拉文纳城才建起了一面防御城墙，直到狄奥多里克时代才有了一条水渠。皇家陵墓不在拉文纳，而是在位于罗马的圣彼得大教堂。从 5 世纪 40 年代起，瓦伦提尼安三世就已经经常回到罗马居住了，安特米乌斯皇帝（467~472 年在位）甚至自始至终都居住在罗马。[10]

　　因此，将拉文纳升格为"君王之城"是有意识的决策。事实上，拉文纳能给一位像狄奥多里克那样的统治者提供的好处

图15 "幸运的拉文纳"，价值为10努姆斯的铜币，正面及背面

是显而易见的。这些好处一部分是战略方面的：拉文纳邻近哥特人聚居的核心地区，邻近阿尔卑斯山脉和亚得里亚海。选择拉文纳为王都也有政治方面的好处：狄奥多里克居住在远离罗马的地区，便可不必长期按照元老院和罗马城中居民期待的模式来实施统治。他无须让自己的行为符合罗马的节历和礼俗，也无须一刻不停地比照罗马帝国昔日的伟大来衡量自己的统治，而罗马帝国的历史会在罗马城中以纪念性建筑物的形式逐步得到展现。最后，狄奥多里克还可以通过将罗马留给元老和教宗，给他们创造一个不受打扰的自我展演的空间，从而避免让他人觉得是他占有了西罗马皇帝的位置。

　　除此之外，将拉文纳定为王都也使狄奥多里克有可能获得一种罗马城无法提供的形象，这是因为国王宣传的哥特人与罗马人之间的合作关系，以及与之联系在一起的两种信仰并立的局面只能够在拉文纳令人信服地得到推行。在一座有着5000名至1万名居民的城市中，狄奥多里克的宫廷单纯从人数上看就占据着举足轻重的地位，而在当时拥有5万名至10万名居民的罗马城情况则完全不同。在罗马，狄奥多里克手下的哥特人属于微不足道的少数派；而在拉文纳，罗马人和哥特人势均力敌已是一个客观存在并且可以感受到的现实。[11]

此外，拉文纳还缺乏可以同宫廷相抗衡的社会力量。拉文纳城市议会的成员都属于元老阶层中的最低等级，因此不能与"光荣者"等级的元老平起平坐。由于城市议会已将核心职能转让给了国王手下的官员，城市议会只能充当傀儡。市场活动由政务总管派出的专员监管，总督府长官负责安排用各个行省上缴的税收进口粮食。国王则亲自授权一个叫达尼埃尔（Daniel）的人垄断棺椁的销售。城市行政管理的普遍领导权同样被掌握在由国王任命的官员手中，5世纪时承担这项任务的时候是海军长官（praefectus classis），狄奥多里克在位的时候则可能是由拉文纳城市长官（comes Ravennatis）来负责。负责监督公共秩序的是同样由国王任命的治安长官（praefectus vigilum）。最后要说明的一点是，拉文纳与罗马不同，它并非一处能够展示罗马历史的纪念性建筑博物馆，哪怕拉文纳城中也存在数座能使人追忆起5世纪诸罗马皇帝统治时代的建筑。狄奥多里克能够通过实施自己的建筑计划，来切实影响拉文纳的城市形象。[12]

由于拉文纳是最受国王偏爱的都城，这座城市也充当了国王自我展示的空间。拉文纳不仅仅是权力的中心，还是展现权力的舞台。宫殿中矗立着国王的王座，他会在宫中会见臣属，接待使臣，在宫中召集国家议会，处理公务，听取手下官员的汇报，征求亲信的意见。同时，宫殿还是国王与家人生活的空间，这里会举行宴会，庆祝婚礼，并且人们也会在这里歇息。在所谓的宫廷教堂的马赛克砖上有一幅宫殿的图像（见彩图页，图5）。因此，即便原本位于侧翼处列柱之间的宫廷侍臣的画像在查士丁尼的统帅贝利萨留占领拉文纳后被移走，就像曾被放置在宫殿正前方中心位置的坐在王座上的狄奥多里克画

271

像那样，我们也大约知道了紧挨着列柱大厅的正门外形如何。立柱之间悬挂着帘子，拱门上方的拱肩上绘制着穿青绿色衣服的胜利女神。对于宫殿的内景我们知之甚少：平面图和空间布局已经无法复原了。负责维护和新建宫殿的是拥有"宫殿总管"（cura palatii）官衔的类似宫廷建筑师的人。[13]

我们更加了解王室的家政管理情况。王室成员居住的地方被称为"cubiculum"（意为"寝宫"或"房舍"），因此在王室工作的人就被称为"cubicularii"（意为"舍人"）。这些人负责保证让君主及君主的家人生活得舒适惬意，随时随地在一旁服侍君主及君主的家人。领导舍人的人，其官衔为"宫舍总管"（praepositus cubiculi），等级为"光荣者"。宫舍总管在任何时候都能与君主说上话，因此他的影响力很大。正因如此，宫舍总管会引起他人的嫉妒，这些人认为自己更有资格博得君主的青睐。在帝政时代晚期，"最高舍人"和其他许多或者大部分"舍人"一样，都是太监。他们通常来自帝国之外的地方，因此他们与罗马当地的精英不存在纽带，也没有办法组建自己的家庭。我们只知道狄奥多里克身边的两名舍人的名字。这两人都是哥特人。其中一人名叫则达（Seda），是太监，于541年去世，享年41岁，死的时候他的荣誉称号为"崇高者"（vir sublimis）。另一人名叫图卢因，他在宫舍之外的事业十分成功，这一点笔者还会在后文谈到。"最高舍人"誓与君主共存亡。"最高舍人"是社会边缘人，因此一旦不再受宠信，便会堕入深渊。如若王位易主，"最高舍人"便不得不担忧自己的性命。虽然我们不清楚具体情况，但狄奥多里克肯定没有给奥多亚克的仆从什么好果子吃。不管怎么说，狄奥多里克似乎将管理王室家政的领导工作基本都交给了哥特人，因为如果该职务也能由罗马人担任，那么卡西奥多肯定会在《杂录》中加入一份该职务的授职公文模板。[14]

事实上，唯一一个为我们所知的狄奥多里克的最高舍人使用的是哥特名字，这个名字流传下来的写法是特里瓦（Triwa）或特里维拉（Triwila）。波爱修斯对此人没什么好话，认为他对狄奥多里克产生了不好的影响；《无名的瓦莱西亚努斯》则认为此人对狄奥多里克的亲犹太政策负有责任。如果这名最高舍人就是恩诺迪乌斯所说的在 510 年前后在宫中很有影响力的那个特里古阿（Triggua），那么此人负责管理狄奥多里克的家政至少有十五年。特里古阿还以最高舍人的身份管理着国王的财宝。这些财宝一部分是铸币，另一部分是未经铸造的贵金属，并且会因为获得馈赠而不断增多。狄奥多里克将自己的统治区域扩大到西班牙的哥特人王国后，来自这一地区的收入也开始源源不断地流入他的府库，而狄奥多里克可以随意支配这些财宝。[15]

与皇帝宫中的妇女一样，哥特王室的妇女也拥有自己的侍从，即"宫女"（cubiculariae）。狄奥多里克的妻子奥德弗蕾达是法兰克国王克洛维的一个妹妹，然而在史料中几乎看不见她的身影。狄奥多里克与奥德弗蕾达应该是在狄奥多里克战胜奥多亚克之后不久成婚的，因为她在 495 年就为已经因第一次婚姻而有了两个女儿的狄奥多里克产下了第三个女儿阿玛拉逊莎。奥德弗蕾达看来是接受了丈夫的信仰。狄奥多里克的母亲埃蕾列乌瓦则能够进入我们的视野，因为她信仰天主教，还曾收到过杰拉斯教宗的书信。这样看来，埃蕾列乌瓦在宫中享有非常尊贵的地位。杰拉斯称呼埃蕾列乌瓦为王后，并请求得到她的支持，他认为埃蕾列乌瓦能够对自己的儿子施加一些影响。恩诺迪乌斯也在《致狄奥多里克颂词》中刻画了母子之间紧密的关系，他安排狄奥多里克国王在维罗纳会战前（489 年）对自己"神圣的母亲"和"可敬的姐妹"发表了一番讲话。[16]

273

　　狄奥多里克占领意大利之后没过几年，他的姐妹就离开宫廷去同日耳曼诸王成婚：奥丝特萝哥托在 494 年至 496 年间嫁给了勃艮第王位继承人西吉斯蒙德，提乌迪哥托则在 500 年之前嫁给了西哥特国王阿拉里克。① 已经在第一次婚姻中生下了两名子女的阿玛拉弗里达则在 500 年与汪达尔国王特拉萨蒙德成婚。这一系列结合将巩固狄奥多里克的政治联盟。王室书记处也曾开诚布公地表达了这样一种期待，即这些女性应该充当丈夫的顾问，为诸位国王之间的和平共处作出贡献。然而，这一愿望根本没能实现，这一点笔者将在后文详细说明。[17]

　　在宫中长大的还有狄奥多里克的外甥、外甥女和外孙。他的外甥女阿玛拉贝尔加大约在 510 年嫁给了图林根人的国王赫尔米纳弗里德（Herminafrid）。在两人成婚之际，王室书记处赞颂新娘"为宫廷与王室增光添彩，壮大了家族的力量，是忠诚的顾问之慰藉，又是夫君最为甜蜜的爱侣"。根据这段话，美貌、多子多孙、智慧及热爱自己的夫君被视为一名年轻王后的美德。狄奥多里克的女儿阿玛拉逊莎的老师是一位身份高贵的罗马妇女，阿玛拉逊莎在宫中除了母语还学习了拉丁语和希腊语，在后来的卡西奥多看来，她是一位学识很高的女性。狄奥多里克的外孙是在一群生活在宫中的年轻哥特人的陪伴下长大的。老狄奥多里克宫中最有势力的哥特人之一图卢因年轻的时候就曾在国王的宫舍中服务。[18]

274　　狄奥多里克的宫中肯定有 1000 多人，甚至可能有 2000 多人。因此，在一座像拉文纳这样的城市里，宫廷人口在总人口中会占据相当大的比例。如果国王要外出，那么跟随他的人虽说不会是宫廷各大部门的全体官员，但也肯定会有上百人。

---

　　① 根据本书前文内容及其他相关资料，奥丝特萝哥托和提乌迪哥托应当是狄奥多里克的女儿，此处疑为原书作者笔误。

因此，在这种情况下，通常供应给拉文纳的补给就要转移到国王新近停留的地方。所以在 507 年到 511 年，国王委托哥特特派员维利吉斯（Wiligis）将能够在拉文纳找到的所有运输船都装满税粮，然后经波河运往宫廷的所在地利古里亚，从而避免利古里亚地区出现粮食不足的情况。"拉文纳想要将平时从利古里亚获得的财富返还给利古里亚，"卡西奥多加入了这样的理由，"因为我的宫廷带来了一大群服侍我的人，而当地人为了表明自己的善意，必定会要求百姓提供大量物资。"

君主私产管家（comes patrimonii）负责保障君主所在地储备有必需数量的食品以供使用。拉文纳不仅通过海路从利古里亚获得粮食，还会从卡拉布里亚（Kalabrien）和阿普利亚（Apulien）获取粮食。人们要做的不仅仅是将必需数量的粮食准时送达，国王还想要给自己的宾客们提供上等的菜肴和饮品。卡西奥多明确指出，国王有意通过设下菜品丰盛的宴席，给别国君主派来的使臣留下深刻的印象。

> 如果来自世界各地的使臣开始参加我的宴席，那么他们必定会怀着讶异和欣美之情，发现自己身处何等的丰饶之中，因为他们很清楚，这样的景象在自己的家乡罕见。他们会震惊地看到，这样一场宴席剩下的菜肴能够让数量极为众多的仆人吃饱喝足，并且那些仆人都认为，在出产这些食物的地方又重新生长出了已经被消耗掉的那些食物的量。那样一来，这些使臣在自己的家乡就有了谈资，因为他们想要告诉亲族自己的所见所闻。[19]

当然，国王的宴席绝不仅仅是用来向外国使臣展示国王的财富，也是一处让国王能够同那些被遴选之人开开心心地坐在一起，无须受制于宫廷庆典的繁文缛节的场合。宴席给国王

提供了一个机会，让他确认获得自己宠信之人，并在众人面前
对他们进行表彰。与国王一同享用宴席是一件荣耀的事。宴席
的气氛较为愉快，但绝非人人平等。通过座次、国王与之交谈
的顺序及频率、谈话的语气及内容可以看出一位赴宴者享有多
大的恩宠。当然，狄奥多里克通过与臣僚共同吃喝，能够营造
出一种自己统治全宫廷的氛围。人们通常认为经常甚至是定期
收到赴宴邀请的正是那些哥特顾问。普罗科匹厄斯表示，在宴
席上众多哥特人，特别是那些贴身侍卫跟在国王身边是一项古
老的习俗。在国王的宴会上，罗马贵族与哥特战士同席。像卡
西奥多或波爱修斯这样以才学著称的人，会同皮奇亚或维蒂吉
斯那样以自己在战争中的功绩而自豪之人平起平坐。国王很
重视与卡西奥多和阿特米多鲁斯（Artemidorus）这样的罗马
人谈话。然而，聚集在狄奥多里克身边的这群人并不像那些出
席了 461 年马约里安皇帝在阿尔勒为帝国达官贵人举行的宴
会的人，通过共同的文化价值结合在一起。根据其中一名参加
了皇帝宴会的人记载，与会者争相在皇帝面前吟诗作对，妙语
连珠，以求压过他人一头，谁有能力即兴创作出一联巧妙的对
句，就会获得暴风骤雨般的掌声。[20]

　　狄奥多里克手下的哥特人无法参加这样的活动，并且他们
很可能对此完全没有兴趣，因此这样的文化密码在狄奥多里克
的宫廷中就是个问题了。它绝不能损害宴会上愉快的气氛。人
们必定会拼命饮酒，并且可能会很嘈杂。哥特语和拉丁语想
必会混杂在一起说。在汪达尔人统治的北非，一名罗马文人
曾这样嘲讽道："在哥特人'嗨！咱们吃起来喝起来！'（Eils!
scapia matzia ia drincan!）的叫嚷声中，没有人敢朗诵正经
的诗句。"这首讽刺诗将"野蛮人的宴席"（这就是该诗的标
题）描绘为喧闹的狂饮滥嚼盛会，宴会上的人不懂得欣赏拉丁
语诗作。这首诗无疑是在唱反调，它针对的也不是拉文纳。不

276

过，意大利的哥特人也有饮酒无度的名声。不管怎么说，这首
讽刺诗表明，高雅的、以平等的社会关系和教养为基础的罗马
贵族的礼俗，难以与狂饮的哥特人司空见惯的交际方式协调
一致。[21]

和其他地方一样，在拉文纳，诗句和歌曲也是为了娱乐宾
客。法兰克国王克洛维从狄奥多里克那里求来了一名弹奏基塔
拉琴（即一种竖琴）的歌手，因为克洛维的这位妹夫组织的宴
会的盛名也传到了高卢地区。人们希望这位说唱歌手能够歌颂
君王的荣耀，并且用基塔拉琴给自己的歌曲伴奏。同样的情况
在拉文纳也会发生。波爱修斯了解哥特人的音乐调式，并认为
这种调式受野蛮的民族喜爱。即便缺乏直接证据，人们也基本
上可以认为在狄奥多里克的宫廷会演唱哥特语歌曲。如果不是
在狄奥多里克的宫廷，那么卡西奥多又是在哪里了解到哥特人
的口头叙事传统，并将其写入自己的《哥特史》呢？[22]

不过，国王的宫廷也为拉丁语节庆演说提供了一个发表的
环境，这类演说词的作者都是从古希腊罗马文学遗产中汲取灵
感。赞颂国王的演讲，例如现存的恩诺迪乌斯的《致狄奥多里
克颂词》属于宫廷庆典的传统节目。536 年卡西奥多在维蒂吉
斯国王与狄奥多里克的外孙女玛莎斯温塔（Mathesuenta）的
婚礼上发表的演讲残篇被保存了下来。演讲者采用了"语象
叙事"（Ekphrasis）的演说风格，运用了各种视觉化的文学
表现手法，描绘了哥特诸王的宫殿，并将哥特诸王的宫殿与
传说中的巴比伦女王塞弥拉弥斯（Semiramis）及波斯国王
居鲁士（Kyros）的宫殿做了一番比较。王室家族也会委托
他人撰写史学著作。卡西奥多是在狄奥多里克的女婿欧塔里
克（Eutharich）的委托下撰写的《编年史》（*Chronik*），欧
塔里克则因为担任了 519 年执政官而被定为狄奥多里克的继
承人。狄奥多里克本人则可能在 6 世纪 20 年代委托卡西奥多

撰写《哥特史》，而这部作品是在狄奥多里克死后才完成。此外，拉文纳的人们对地理和医学尤为感兴趣。狄奥多里克有一名御医，此人拥有"首席治疗师"的头衔，可以自由出入宫廷，同时对王国境内的所有医生具有某种最高监管权。安提姆斯（Anthimus）很可能就是医生中的一员，此人曾献给法兰克国王提乌德里克一世（Theuderich I，511~533 年在位）一本关于营养学的小书。在宫廷里，人们将希腊医生奥雷巴修（Oreibasios）的著作译成了拉丁语，包括一部写给游医的手册和一份供非医学专业人士使用的指南。一位名叫阿塔纳里德（Athanarid）的哥特人写了一部关于西欧、中欧及北欧诸国及诸民族的作品。不过，书中没有提及此次撰写工作的委托人是谁。23

只有那些受到遴选的人才能参加国王举行的宴会。同样，这些能够入宫觐见的人属于极少数的名流。某人如果未在宫中任职，那么他就需要得到国王的邀请函，这样一份文件叫作"诏征令"（evocatoria）。有时候国王会主动邀请一些他希望看到出席宴会的人，而这样的邀请是不可以回绝的。此外，人们也可以去乞求得到一份这样的邀请函。卡西奥多为这两种情况留下了两份公文模板。在 509~510 年担任罗马城总督的元老阿特米多鲁斯曾乞求得到这样一份邀请函，并得到了如下回复——

我之宫廷应当有贵胄之人来装点，从而让我来满足他们的愿望，并让功勋卓越之人给我的统治增光添彩。因此，我用这份谕旨，将你召唤至我的面前，而你无疑会相当欢迎此事。已跟随在我的身边许久的你，我的在场定会让你甘之如饴、流连忘返。无论何人，哪怕只是有幸看一眼君主，他们也会匆忙地奔向君主。有资格与我交谈之

人，必定会视之为上天的赠礼。因此，我将毫不迟疑地满
足那些我想要见到的人的愿望。我相信你会怀着喜悦之情
前来，而我也会愉快地期待着你的光临。[24]

大多数人只能在特定的时机，也就是在一场或多或少有
些严肃的典礼之上见到国王。狄奥多里克每年会将他手下的哥
特人征召入宫一次，目的是检阅这些人的战斗力，并重新强化
自己与军队之间的纽带。同时，狄奥多里克还会大笔地分发黄
金。国王会问候他手下的战士，还会发表一番讲话，然而史料
从来没有提到过这些事。狄奥多里克 500 年来到罗马的时候，
曾在那里举行了一场隆重的入城仪式。同样，在其他的地方也
会举行这样的活动，例如当狄奥多里克造访一座城市（如维罗
纳或帕维亚）的时候，或者当他返回拉文纳的时候。然而，也
没有相关的史料流传下来。罗马皇帝会在特殊的契机之下，在
一个被认为是当地较为隆重的场合与城内的居民面对面。人们
主要能在赛车活动上等到皇帝的出席，有时皇帝也会借此机会
倾听臣民们大声表达出的抱怨和诉求。狄奥多里克在君士坦丁
堡充当人质期间，以及在后来多次拜访君士坦丁堡的时候有机
会体会到，当东罗马帝国皇帝为了观看赛车表演而走出自己守
卫森严的宫殿，在皇帝专属包厢中落座的时候，会将自己置于
怎样的压力之下。[25]

只要哥特诸王还在统治着巴尔干地区，这种类型的礼俗就
不会有存在的土壤。我们有理由怀疑身在拉文纳的狄奥多里克
会像君士坦丁堡的罗马皇帝那样行事。我们无法确定在拉文纳
究竟有没有赛车场。虽然有史料记载在狄奥多里克时代的罗马
和米兰曾举行过赛车活动，但没有明确而有力的证据表明拉文
纳也曾举办过这样的活动。狄奥多里克的统治理念以两个民族
的共存与合作为基础，这样的理念在观众分属不同粉丝阵营的

278

赛车场内几乎没有办法得到展现。相反，我们知道拉文纳有一座剧院，该剧院显然会定期上演节目。此外，在拉文纳和帕维亚还会举行血腥的人兽搏斗表演。为此，这两座城市中会建设竞技场。建在帕维亚的那座竞技场受狄奥多里克的委托才修缮一新，并且在狄奥多里克的继任者阿塔拉里克在位时期还在使用。一位由国王任命的"娱乐官"（tribunus voluptatum）负责组织这样的"节目"。观众来自各个阶层，甚至还包括僧侣。教宗斐理克斯三世曾在530年抱怨，自己听闻拉文纳天主教会的僧侣居然跑去欣赏这样的"把戏"。[26]

23

国王的权力与无力：
狄奥多里克的执政风格

当狄奥多里克决定在意大利取代皇帝，但是又要统治两个民族的时候，他所接手的任务范围要远远超出之前担任哥特军队之王时要承担起来的权责。当狄奥多里克只需为自己手下的哥特人负责的时候，他基本上无须像曾经的阿提拉那样，需要一个官僚机构来实施统治。不过，他还是需要一个类似于书记处的机构来供他差使。他要同东罗马皇帝的宫廷以及东罗马帝国的军方机构保持联系。人们需要登记收入和支出，也许还要制定人员名单和物资储备清单。但只要狄奥多里克的军队还在不断移动，我们便很难想象行政和司法体制会以书面文字为基础。国王在当时会一直待在自己的手下身边；他会在军营中、在行军途中以及战斗中出现在人们面前。他会征求自己扈从中的大人物的意见，会时不时地召集起军队，还会向那些不在大本营的人派出使臣。

在战胜了奥多亚克之后，狄奥多里克的执政风格有了根本性的转变。现在的国王还要为生活在他王国境内的400万到700万名罗马人负责。也就是说，他统治的臣民的数量增长了数倍。此外，狄奥多里克现在负责一台在官僚体系方面组织严密、以高度发展的书面文字为基础的国家机器。这些主要以书面的形式相互交流的地方及中央层面的国家机构会查明并收集财务数据，制作和存放文件，并且对于一个前现代社会而言，这些文件的数量可以说是令人瞠目。达到一定涉案金额的案子会通过向行省总督提交文字起诉书的方式开始，整个审讯过程会被记录，判决结果会以书面的形式发布，整个过程很有可能会涉及多个机构。不动产交易首先要被登记到城市档案中方能具有法律效力，如果这块地产属于当地议员所有，那就还需要得到国家的许可。[27]

西罗马帝国还在这样一台官僚机器中垂死挣扎，并且它几乎是毫发无伤地熬过了奥多亚克的统治。狄奥多里克没有办法亲自负责这台官僚机器，而在他亲自治理国家的 5 世纪他还偶尔会过问一番。如果狄奥多里克要这么做，那他就要忙着处理一大堆"下面"，也就是官员、组织和个人，反映上来的种种问题。在通过口头或书面的形式向狄奥多里克提出了控告、请求或质询后，人们期望得到回应。当然，一名统治者可以而且必须将一大部分的这类公事委托给他人处理。然而一旦臣民有了一种统治者遥不可及的印象，统治者就会有大权旁落的危险。因此，狄奥多里克要扮演的角色的要求更为苛刻，因为他还要满足自己手下哥特人的期望，而这些哥特人现在和其他所有臣民一样，要缴税，并且还要尊重罗马的法律。狄奥多里克既有意愿，也有能力承担起这一角色，这就成为他获得成功的前提条件。[28]

战胜奥多亚克之后，狄奥多里克成为意大利的独立统治者，并且权力不会受限。国王的意志即律法，这一基本原则不存在争议。与之前的罗马皇帝一样，狄奥多里克在位期间也承诺会永远将自己所拥有的不受限的权力用来造福臣民，并且会遵守罗马法的规定。王室书记处会用臣民熟悉的一些基本概念来解释狄奥多里克的行为，因为这些概念有着非常悠久的传统：无论统治者做什么，他都会一直想着公共福祉。他要求人们缴纳贡赋不是为了自己，而是为了国家。"服从国家"的意思就是：交税。因此，统治者需要臣民忠诚（fides）和奉献

（devotio）。"忠诚"本是古老的概念，指的是随从与恩主之间相互的义务，现在却变成了臣民对君主的忠诚。"奉献"最初指士兵愿意为皇帝牺牲自己的生命，到了狄奥多里克统治时期，这项美德被推广到了所有的臣民范围中。不过，对于罗马人和哥特人而言，"奉献"的定义不同：罗马人的"奉献"主要表现在他们十分乐于履行自己纳税人的义务；哥特人的"奉献"则表现为在战争中无条件地服从和毫无保留地投入。[29]

　　王室书记处会给狄奥多里克安上一些罗马皇帝的传统美德。它会不断强调狄奥多里克是出于虔诚（pietas），也就是以对神和人的义务为出发点来行事。他从不行事无度，以此来证明自己拥有"节制"（temperantia/moderatio）这一君主的美德。国王的行为仍在继续遵循"司法公正"和"合理正当"等基本原则：国王要惩罚违法行为，并且自己也要遵守法律，从而维护司法公正。不过，国王也会通过减刑或赦免来减轻法律的严苛程度，只要在他看来此举是公平且正义的。司法公正与合理正当并不矛盾，而是彼此补充。因此，以"clementia"（宽厚）或"mansuetudo"（温良）等概念出现的"宽容"是真真正正的君主美德。"宽容"一再被提及，因为这样能够消除人们恐惧的情绪，而人们都在无助地承受着不受制约的当权者的任性专断。一位好的君主不仅要公正和宽容，最重要的是要乐善好施。人们期待君主能够让臣民与他共享财富，绝不可以有任何一个曾经忠诚地服务过君主的人得不到赏赐。这种品质，也被称为"慷慨"（liberalitas）、"大方"（largitas）或"宽厚"（munificentia），同样被王室书记处用来形容狄奥多里克及其继承人。[30]

282

　　卡西奥多一再重复这套与罗马君主制的历史同样古老，却又不断以新的面貌出现的美德标准。在《杂录》的序诗中大量出现这样的主导概念，例如卡西奥多借狄奥多里克之口说出了如下的话——

> 我对不正当之利益毫无兴趣。这种利益与我的义务毫不相干，为了正义应当将其摈弃。在公平正义的作用下国家会不断壮大，若节制得到崇尚，利益必会接踵而来。

不过，在政治语汇中也出现了一些重要的革新。首先是"civilitas"这一概念，这个概念虽然有着漫长的历史，但如今它带着一个新的意义进入了政治话语的中心。形容词"civilis"［来源于"civis"（市民、公民）］在帝政时代早期会被用来形容那种在元老中间行为举止就像一个公民的统治者，也就是说，他没有强调事实上的权力反差。到了古典时代晚期，由此派生出的名词"civilitas"表达了这样一种期待，即皇帝能够和蔼可亲地对待接近他的人；它是高傲和自负的反义词。"civilitas"并非公文用语中的概念，因为这一概念没有出现在古典时代晚期皇帝发布的法律合集中。"civilitas"指的是人们期待统治者在与社会精英交往时采取的并且会被统治者有意识地去演绎的一种行为方式。到了狄奥多里克统治时代，这一概念发生了根本性转变：狄奥多里克的书记处会用"civilitas"来形容一种政治及社会理想，也即一种状态，在这种状态中通行的是罗马法，起决定作用的是文明得体的交往形式。在卡西奥多的用语中，"civilitas"指的是一种与暴行和专制相反的法律秩序，一种与野蛮相反的文明状态。符合这一规范的行为会被定性为"civilis"或"civiliter"，相反便是"incivilis"或"inciviliter"。[31]

"civilitas"这一概念在国王的话语中扮演的中心角色表明，"civilitas"的内涵符合狄奥多里克统治理念中保障法律和平局面的要求。外部和平和内部安定是哥特人与罗马人合作的前提。"civilitas"的理想情况适用于包括哥特人和罗马人在内的所有臣民。不过,这种理念首先被用来向国内的武装力量发出倡议:国王要求自己手下的哥特人承认罗马法,尊重民事法官。因此,卡西奥多在劝说叙拉古的哥特长官不要插手"正式法官"的职权范围的时候,又加入了这样的一句话:"维护法律秩序(civilitas)值得哥特人赞颂。"这完全符合狄奥多里克的意思。对于罗马臣民而言,"civilitas"话语带有一种允诺的特征,即国王会维护法律,并控制住自己手下的哥特人。因此像恩诺迪乌斯那样的人很容易受这样的理想感染。[32]

　　王室书记处主要在同罗马元老院对话时会提到"自由"。卡西奥多在征召元老院时,曾使用了大量词语来表明元老院是自由的处所和化身:它是自由的组织、自由的正厅、自由的礼堂或是自由的会堂。通过这种方式,哥特国王将元老进行自我理解的一个核心要素重新引回到了元老的面前:对于元老而言,自由绝非一句没有意义的空话,而是代表了元老的特权地位,因此与罗马法的效力存在不可分割的关系。人们已经感觉到这套秩序受到了威胁。恩诺迪乌斯曾记载,米兰修辞术教师多伊特里乌斯(Deuterius)通过培训律师来阻止"自由"的衰亡。塞维鲁和帕特琉(Paterius)这两位出身高贵的少年在入学的时候则说,"civilitas"在这样不利的环境下依然没有被动摇,这都要感谢他们的家族。正因如此,提及"civilitas"的举动十分重要。最后,王室书记处还一再强调,狄奥多里克将维护或重建公共建筑看作自己的任务。在这个问题上,书记处隆重宣告了一个能够通过"重建"一词得到唤醒的、实打实的关于修复的意识形态。卡西奥多曾为狄奥多里克表述过这样的原则:"旧城的重建在我的时代是一件值得赞颂的事。"在古典时代晚期的意大利,维护遗留下来的建筑实体后来变成了一个沉重的负担,因此像恩诺迪乌斯这样的人会满

284

怀欣喜地接受重建的计划。[33]

由于要顾及东罗马皇帝的感受，狄奥多里克放弃采用法律章程的形式来表达一般的准则，就像罗马高级官员所做的那样，他只满足于发布诏令。卡西奥多就在《杂录》中收录了多份自己在担任总督府长官期间发布的诏令。不过诏令与法律章程之间仅仅存在形式上的区别，因为狄奥多里克的诏令会立下法律，而这些法律在狄奥多里克的国中与罗马先帝颁布的律法同样适用（只要罗马先帝的律法没有被后来的规定废止或修正）。狄奥多里克明确承认曾经统治过西罗马帝国的罗马诸皇帝颁布的所有律法。至于东罗马皇帝颁布的律法，只有当它们被西罗马采纳后，狄奥多里克才会承认。阿纳斯塔修斯皇帝的律法在狄奥多里克的王国并不适用。[34]

罗马帝国长期没有一套类似于现代法典的法律。直到东罗马帝国皇帝狄奥多西二世在位的时候，人们才编订了一份具有优先适用性质的、由罗马帝国皇帝颁布的决议的官方合集。438 年，这份合集也在西罗马帝国以某种法典的形式生效。这份《狄奥多西法典》（*Codex Theodosianus*）有 16 卷，根据法律涉及的内容节选并整理了罗马皇帝在 312 年至 437 年之间颁布的章程。时间较晚近一些的章程带有"新法"［Novella（lex）］之名。唯一一份可供西罗马帝国使用的类似"新法"的合集诞生于马约里安皇帝在位时期（457~461 年），因此西罗马帝国最后几位皇帝颁布的律法没有被收录其中。《狄奥多西法典》在后罗马时代的各个王国中依然得到使用。不过，后罗马时代的诸王很快就开始颁布自己的法律规章集成了。第一个颁布法典的是西哥特国王尤里克（466~484 年在位），他的法典名为《尤里克法典》（*Codex Euricianus*）。这份法典中的大量残篇被保存了下来，它通过简化的方式使罗马法与业已发生变化的形势相适应，但法典中也补充了一些无法从罗马法

285

中推导出的规则，因而这些规则是适用于西哥特人的。5 世纪末，勃艮第国王贡都巴德发起了编撰由他自己以及他的前辈颁布的法律章程的工作。这部法典流传了下来，其名称为《勃艮第法典》。《勃艮第法典》也将罗马法和迁徙过来的部队带来的观念与习俗融合到了一起。另一部仅仅以罗马法为基础的法典，同样是《狄奥多西法典》的缩略及注释版，针对的是生活在西哥特王国境内的罗马人，这部法典名叫《阿拉里克法辑要》(*Breviarium Alaricianum*)，由国王阿拉里克二世于 506 年颁布实施。[35]

　　狄奥多里克也在这一时期颁布了法律规章总集，这些法规都是选自罗马法学家的著作以及罗马皇帝颁布的法令，这部法律总集名为《狄奥多里克诏令集》。可惜我们无法确定狄奥多里克是在何时颁布的这部诏令集。狄奥多里克国王曾在 500 年隆重地向罗马城中的罗马人民许诺将会原封不动地维持先帝们的指令，因此人们猜测，这部诏令集可能是在这一契机下被颁布。不过，该诏令集中的内容也有可能在此之前就已经流传开来了，狄奥多里克只不过是在对罗马人民的讲话中重申了该诏令集的效力。《狄奥多里克诏令集》形式上与罗马高级官员为了宣传法律基本原则所颁布的诏令一致，罗马高级官员意图按照这些法律基本原则来开展工作，和罗马官员的诏令一样，《狄奥多里克诏令集》没有经过系统分类，内容也不完整。[36]

　　《狄奥多里克诏令集》分为 154 章，涉及纷繁多样的法律内容。虽然暴力犯罪和侵犯他人财产罪出现的频率特别高，但这部法典涉及的问题从法官的职责，到通奸、纵火、叛乱、侵占土地、偷盗牲畜及奴隶逃亡，一直到施行巫术、亵渎坟墓和订立遗嘱。立法者在前言中解释，自己之所以会颁布这部诏令集，是因为收到了大量控诉：律法在地方上遭到了践踏。为了终结这类弊病，今后要根据这部诏令集中包含的条例来实施

286

裁决，而这些条例对罗马人和蛮族人具有同等的效力。在结语中，立法者再次强调，这份诏令集会给所有蛮族人和罗马人带来好处，同时他还威胁所有法官，特别是各行省的罗马总督，以及各城市与行省的哥特长官，如果他们违反诏令集中的条例，将会被判流放或被驱逐出境。若是有某个位高权重之人，无论他是蛮族人还是罗马人，有意阻挠诏令集的实施，那么法官就有责任出手干预，或是向国王汇报。[37]

《狄奥多里克诏令集》不具备任何的系统性，因此无法被当作法律汇编来使用，即使有目录可以帮助人们查找相关信息也无济于事。不过，这并非该诏令集的目的，《狄奥多里克诏令集》并不打算成为一部从整体上概括现有法规的法典。它主要的功能是像现在的政府声明那样被用来宣布统治当局的意图和执政原则。狄奥多里克试图通过向所有臣民再三强调现有法律规章的效力，来把自己塑造为法律的守护人。通过这种方式，狄奥多里克向罗马人传递了这样一个信号，即他能够控制住自己的军队，同时他又让自己手下的哥特人知道，罗马法也适用于他们。颁布《狄奥多里克诏令集》的方式也符合它的交际功能。根据前言，诏令集将被张贴起来。人们可以假定，这部诏令集会在各行省显要人士的集会上得到宣读，随后会在一处适合公示的地方张贴 30 天，有明确证据表明狄奥多里克的继承人阿塔拉里克颁布的一份诏令就是这样。当然这部诏令集也会在哥特人中间公布。按照《无名的瓦莱西亚努斯》中的说法，狄奥多里克"因其颁布的诏令"而被人们看作一名强大的，也即执行力强的国王。[38]

当然，诏令只不过是由王室书记处发布的公告中的一小部分。它受国王的委托，以国王之名给国外的统治者（包括皇帝）、罗马元老院和罗马元老、各中央机构的领导及各行省总督、各行省及城市的哥特长官、哥特军队将领、罗马及哥特特派员、各行省及城市居民、各城市行政机构、犹太人社区、两大教派的主教以及无官职罗马人和哥特人（虽然在显贵人士中哥特人占绝对优势，但他们并非都属于上层）发送文书。除《杂录》之外，还有一些给宗教大会的文书被保存了下来，并且这些文书并非由卡西奥多写成。被保存下来的 400 余份哥特国王和王后的文书中绝大多数是以罗马人为领受人，只有大约 60 份是写给哥特人的。不过国王书信的数量显然还要多上数倍。每一个获得元老称号的人都会收到一封国王的正式任命函。发送给获得"光荣者"头衔的人的任命函叫作"谕令板"，为象牙制双联画。在一份单独的文书中，国王会告知元老院自己任命某人为元老的理由，并要求元老院愉快地赞同已经作出的决定。考虑到领受人都是罗马贵族，这类文书的措辞是被精心考虑过的。对于外交信函的措辞，王室书记处花费的心力也不会少到哪里去，不过一封写给图林根人的国王的书信曾注明，国王已经告知送信人要使用父辈的语言，也就是哥特语。[39]

　　在狄奥多里克日复一日处理的事务中，大多数是回复臣民的申诉、请愿或质询。在这一过程中，他必定会去关心单个人的命运。盲眼的哥特人安杜伊特（Anduit）曾控诉，虽然他早就以自由人的身份在狄奥多里克军中服务，并且他的自由身份早已得到了认可，但古迪拉（Gudila）和奥帕纳（Oppane）依旧把他当作奴隶来对待，于是狄奥多里克国王委托位高权重的哥特人诺伊迪斯（Neudis）前去查明安杜伊特是否真的能够证明自己的自由身份。如果他的确是自由民，那么国王就要驳回古迪拉和奥帕纳的不合理要求。由于国王往往难以判断这类指控的真假，他通常会委托他人前去调查。受他委托的通常是哥特及罗马特派员，有时候也会是元老或王室成员。例如，狄奥多里克曾交给外甥狄奥达哈德一项任务，让他去审判一个拒绝接受一位名叫苏纳（Suna）的哥特贵族的审讯的人。[40]

不过，国王也会将原告和被告召入宫中亲自调查案件。一次，一个叫帕岑（Patzen）的人控诉，自己在高卢打仗的时候，妻子蕾吉娜（Regina）被布兰迪拉（Brandila）的妻子普罗库拉（Procula）暴力攻击了三次，于是国王写信给布兰迪拉，要求他要么管好自己的妻子，要么就带着她前来宫廷为自己辩护。最终事实表明，国王在作出决策的时候掌握的信息不够，因为后来他得知，受害人趁丈夫不在的时候与被告的丈夫通奸。也就是说，导致暴力攻击的是一场通奸行为。于是，国王命令哥特将领维利坦克（Wilitanc）将双方带到自己面前接受审讯。如果通奸行为确凿无疑，那么按照法律，违法者要接受处罚，也就是被判处死刑。[41]

对于国王而言，家庭矛盾及争夺继承权已是司空见惯了。为此，除了许多单独作出的裁决，还有许多模板文件被保存了下来。国王会根据申请批准他人的婚姻，从而认可婚生子的合法地位，允许未成年人免受监护，还免除了一个外甥女的婚姻禁令。[42]

289　　某人是否能够得到国王的保护，决策权无疑会被狄奥多里克掌握在自己的手中，因为如果他将处理这类请愿书的任务交给其他人，那他就是把自己的威信视同儿戏了。不过涌到狄奥多里克面前请愿的人想必极多，除了现存的公文模板，被记载下来的单个案件的数量也可以表明这一点。负责将国王的保护令贯彻下去的除了哥特及罗马特派员，还有其他一些官员。这些人可能是某个行省的长官，例如在主教欧斯托焦（Eustorgius）的请求下，一个叫阿迪拉（Adila）的人曾受命向米兰教会在西西里的地产提供保护。不过，有时狄奥多里克也会授权某个高级别的元老为另一名出使北非的元老的财产提供保护。[43]

　　国王也会处理那些臣民请求将公共建筑物转让给自己的申请。当某个城市无力翻修状态不佳或将要垮塌的公共建筑的时候，会启动该程序。在这种情况下，国王愿意将这类不动产转让给某个私人，前提是此人要承担起修缮公共建筑的义务。这种事情很常见，卡西奥多的《杂录》就收录了一份相关的公文模板。同样在这个问题上，国王的策略也相当被动，他总是依赖他人呈交给他的信息。他曾听人汇报，在科莫城有一尊青铜像失踪了，于是他命令哥特长官坦奇拉（Tancila）发布悬赏通告，如有人愿意检举偷盗该青铜像者，可奖励 100 枚金币。如果在此之后依然没有人前来汇报，那么坦奇拉就要对工匠用刑，以查明这桩盗窃案，因为国王认为，若是没有工匠的帮助，这尊雕像绝不可能被移走。[44]

　　国王还喜欢亲自作出免税方面的决策。一次，总督府长官向国王呈递了行省总督的报告，报告中称，元老产业的管理人拒绝足额缴纳元老应承担的赋税，于是狄奥多里克写信责备罗马元老院。在这封书信中狄奥多里克指出，那些被授权征收税款的元老的欠款要么被转嫁到其他纳税人头上，要么就由这些元老亲自承担，并且狄奥多里克要求他们必须彻底清偿所欠税款。不过他给予了元老一个特权，即他们可以直接将税款交给罗马城的总督，这样的话就无须再向税务官缴费了。在一份同时被寄往各行省的诏令中，狄奥多里克告知外省居民，自己因为上述不当行为已致信元老院，并表示自己愿意接见每一位有意控诉自己需要承担他人赋税的地主或元老。总之，狄奥多里克非但没有惩罚元老的逃税行为，反而对此进行了奖励。不过，他向元老重申了国库的要求，并在各行省范围内展示了一种体察民情的、能够保护臣民不受到非法要求伤害的国王形象。当狄奥多里克得知生活在皮西努姆（Picenum）、图西亚补给区（Tuscia Annonaria）和图西亚罗马管辖区（Tuscia

290

Suburbicaria）等行省的哥特人拒绝缴税时，他立刻命令哥特特派员格西拉（Gesila）前去逼迫他们缴税。若有人抗命，其财产将被充公。没有人会嫉妒格西拉得到了这项任务，因为国王并没有说明他应当如何让这三个行省服从命令。[45]

不过，狄奥多里克也会花一些时间在个别城市、教会或纳税人要求减轻赋税的请愿书上。例如，狄奥多里克曾批准特伦托城行政机构无须为他赠送给哥特长老布提兰（Butilan）的一块地产缴纳三一税（tertia）。如果一块地产的纳税能力被过分高估，国王也愿意给予补偿。卡西奥多同样为这种情况准备了一份公文模板。减轻赋税的前提是财产所有人只拥有这唯一的一处地产，并且所有人能够证明这块地产的收成完全不足以缴纳上级要求的税额。上述前提事实上是否成立，会得到严格审查。[46]

国王会定期从罗马城总督那里获得关于罗马城的报告。此外，至少在数年的时间里罗马城中有一名位高权重的名叫阿里戈恩（Arigern）的哥特人，此人在狄奥多里克的委托下在罗马城中活动，并且他同狄奥多里克保持着密切的联系。同时，由于元老会通过特殊的渠道同国王保持着联系，罗马城的利益一直会受到宫廷的特殊关注。同样，在罗马城的问题上，国王通常也会回应自己的臣民和代理人的申诉、请求和质询。[47]

不过，国王绝不会总是那么被动。有时他会主动去过问一些事情。王室书记处也会发送指令和通告给没有发起请求的领受人。发送这一类文书的起因大多是国王有施工计划，或者整个宫廷要出巡，又或者是军队调动。例如国王曾为了给拉文纳一座以希腊半神赫拉克勒斯命名的大教堂加工大理石，从罗马调用了一批石匠。而帕维亚城要给正在前往拉文纳的赫鲁利人准备一艘船和五天的口粮。国王决定在自己的王国内收留逃亡的阿勒曼尼人之后，便吩咐地中海诺里库姆行省的居民用自己的牛去换过境的阿勒曼尼人的牛。阿勒曼尼人的牛因为长途跋涉已经变得较为虚弱了，但它们的个头要比行省居民的牛大。同样的命令也被下达到了威尼提亚和希斯特里亚行省（Venetia et Histria）及利古里亚行省居民那里，那是在523年到526年间，当时有一大群格皮德人要迁往高卢。这两个行省的居民也应该安心，因为他们换得的牛虽然虚弱，但是体型更大。同样，为了保卫意大利北部，国王会主动采取措施，例如他命令生活在费尔特雷（Feltre）的哥特人和罗马人将坐落在多斯特伦托山（Doss Trento）上的维鲁卡城堡（Kastell Verruca）扩建成一处避难所。同样的命令还被下达到了托尔托纳（Tortona）的罗马人和哥特人那里。此外，费尔特雷的地主还要协助修建特伦托境内某座城市的防御工事。一道名为《致所有哥特人及罗马人》（*An alle Goten und Römer*）的命令大概也是在这一背景下发布的，它针对的很可能是某个特定城市，该命令要求人们将散落在各处没有用的石块准备好，并拿去修建一座城墙。[48]

同样，组建一支规模不小于1000艘轻型战舰的舰队的命令也归功于宫廷的战略部署。总督府长官阿布恩丹提乌斯负责执行该项命令，他需要搜寻到必要的木材，并且招募人员。这道引爆舰队组建计划的命令被保存了下来。同样参与到这项工作中的还有君主私产管家维利亚里特（Wiliarit）。由于人们很快发现这项计划实施起来难度很大，狄奥多里克又采取了一系列强化措施。他给了阿布恩丹提乌斯和维利亚里特另一些指令，并在阿布恩丹提乌斯和维利亚里特的请求下要求哥特特派员将招募来的海员送到拉文纳，还要继续置办造船所需的木材，并且让特派员负责排除通航河流上的障碍物。然而，直到狄奥多里克去世的时候，舰队组建计划只完成了一部分，此后便悄无声息地不了了之了。[49]

292

如果国王会因为某个行省向他呈递的诉状而觉得这个地方弊端横生，那么国王为了解决当地问题而派出的人员就会时常从他那里得到详细的指示。在这种情况下，王室书记处会给这类行省的居民发布一些文书，这些文书会推荐一些能够完美履行职责、革除深受人们诟病之弊端的新官员。卡西奥多就曾为潘诺尼亚、萨维亚、达尔马提亚和西西里这几个行省留下了相应的公文模板。那些饱受诟病的弊端会在这类公文中得到详细列举。为了让行省居民清楚地了解到，他们的控诉绝没有被国王当作耳边风，这类文书或许会像诏令那样被公开宣读和张贴。[50]

293

国王要想完成这样的工作量，就需要大批助手。狄奥多里克不仅需要回复书面呈文，还需要接见他人。他会接见其他国家、各行省及城市派来的使臣，此外还有元老和主教。如果他不想被这潮水般的例行公事所淹没，那他就要事先做好决策。此外，狄奥多里克还时常会就政治及军事方面的重大事务询问亲信们的意见，并且这样做非常合理。晚期的罗马帝国拥有正式的国家议会——皇室顾问团，那些加入了皇室顾问团的人叫作"皇室顾问团委员"（comites consistoriani）。在这些人中间既有宫中各部门领导，也有逗留在宫中的军队统帅和总督府长官，这些人是因为所任职位的关系才得以进入皇室顾问团。狄奥多里克没有废除该国家议会，并且他还在继续授予能够进入皇室顾问团的"第一等级扈从"的头衔。不过，狄奥多里克很少召集这一成员大多为罗马人的臃肿机构，因此在狄奥多里克在位期间，在皇室顾问团开会的现场维持会场安静的"护安官"一职成了闲差。[51]

在日常的统治中，狄奥多里克更愿意与那些向他递交呈文及案件卷宗的少部分官员共事。做这些事的官员被称作"汇报官"（referendarii）。他们在国王接见他人时提供协助，例如总结等待处理的案件，或者向诉讼双方说明国王的判决结果。他们会简明扼要地向国王汇报书面呈文的内容，并就如何裁决此事提出一个建议。担任汇报官多年的西普里亚努斯曾被任命为神圣赠礼长官，为此狄奥多里克向元老院发送了一份文书。在这份文书中，卡西奥多让狄奥多里克说了如下一番话——

> 因此，请诸位接受这样一位在我的宫廷经受了长期考验的男子为同僚。他曾英勇无畏地服务于王室的公文事务，多次为我草拟我（亲自发布）的命令，深受我的爱护和赞赏。你等定知晓我的心意：你们中间有谁曾被西普里亚努斯的顺从拒斥过？希望得到他支持之人，很快就能得到我的善意。当我出行时，得到西普里亚努斯支持之人也常会达到他人在旧皇室顾问团中通过协商方能达到的目标。若我想偶尔放松因操劳国事而疲惫不堪的精神，便会骑马出行，以令躯体在多种活动中重归强健，重获力量。此时西普里亚努斯便会以令人愉悦的汇报人的身份向我报告诸多事务，而此人的报告并不会引起将要厌倦的法官的反感。当这位心存好意的聪明人在阐述同意行善之缘由时，我的头脑也得到了放松，并深受那渴望向众人表明善意之心的鼓舞。

在这里，卡西奥多将皇室顾问团看作一个过去的机构，并且清楚地指出，狄奥多里克乐于摆脱宫廷的繁文缛节。像西普里亚努斯那样的汇报官可以随时进行汇报。在一份给西普里亚努斯的文书中，卡西奥多夸赞了他"将请愿者混乱的控诉用一份非常精准而清晰的报告加以陈述"的能力。这就使得国王能够迅速就呈递过来的案子作出裁决。文书中这样写道："由你陈述的案件能够迅速被人理解。既然你能够简明扼要地完成汇报，人们又为什么要拖着不去解决某件事呢？"[52]

除了以高级部门领导的身份在行政管理机构服务国王的元老，狄奥多里克身边还有一批哥特人，这些人从狄奥多里克那里获得了"长官"的职务和"光荣者"头衔。这样一来，狄奥多里克就使这些哥特人获得了与元老同等的级别，哪怕在狄奥多里克生前，没有任何一个哥特人曾申请加入元老院。部分哥特人还拥有"崇高者"这一荣誉头衔，不过该头衔并没有成为固定的等级称号，因此可以成为"光荣者"和"高贵者"的附加称号。国王称呼这些人为"maiores domus"，这或许可以译为"高级门客"。国王由此表明，这些哥特人之所以会拥有这样的地位，并非因为他们在罗马帝国担任了官职，而是因为他们是国王的门客。狄奥多里克成为意大利国王之后，会在这个群体里选拔军队将领，并将战争中的军事指挥权交给这些人，他还会委托这些哥特人管理边境行省，也会交给他们各种各样的特殊任务。遗憾的是，我们对于这些哥特长官中的大多数人所知甚少。只有少数几个人在史料中具有清晰的轮廓。其中一人叫作依巴（Ibba），此人在508年帮助狄奥多里克战胜了法兰克人，511年到513年还在与西班牙的战争中取得了一系列胜利。皮奇亚也是一名重要人物，恩诺迪乌斯称他为最高雅的哥特人之一。皮奇亚在504年和505年领导了一系列攻占锡尔米乌姆的军事行动。如果皮奇亚就是514年被狄奥多里克杀死的哥特长官佩提亚，那他一定是在死后得到了平反。[53]

形象最为清晰的是阿里戈恩和图卢因。阿里戈恩曾在502年与高级门客古迪拉和贝德伍尔夫（Bedewulf）一同出使罗马，以保障教宗辛玛古的安全，并同聚集在罗马召开宗教会议的众主教谈判。之后他在罗马待了许多年。在这段时间里，阿里戈恩受国王之托负责维护罗马的公共秩序，并且很可能定期向国王汇报。例如，狄奥多里克曾致信元老院，称自己从阿里戈恩那里得知，罗马出现了针对犹太人的暴力行为，并表示自己已委托阿里戈恩调查此事。而当罗马教会向狄奥多里克抱怨犹太人不恰当地要求得到一幢房屋时，狄奥多里克便委托阿里戈恩去裁决此事。在一次针对元老巴西利乌斯和普莱泰克斯塔的巫术审判中，阿里戈恩得到了一个任务，那就是监督元老法庭。在占领普罗旺斯后，阿里戈恩被狄奥多里克派去这个地方成立行省。当他在510年成功完成任务返回罗马后，国王又敦促元老像先前那样继续听从阿里戈恩的指令。很显然，阿里戈恩在那段时间里是罗马最有权势的人，也很可能是狄奥多里克最信任的亲信。在此之后不久，他便消失在了史料中。[54]

图卢因是狄奥多里克的哥特顾问中唯一一位生平经历在一定程度上为我们所了解的。图卢因出身高贵，却很早就离开了家，前往"寝宫"服侍狄奥多里克。当他还很年轻的时候，就在攻打锡尔米乌姆之战（504~505年）中崭露头角。从战场上返回后，他便在国王的家中获得了一个机要职位，身份很可能是高级门客。几年后（508年），图卢因以军队将领的身份与其他众多将领一同出征高卢，并在一场夺取阿尔勒附近的罗讷河桥（Rhône-Brücke）的战斗中负伤。当法兰克人在狄奥多里克统治末期攻打勃艮第王国时，图卢因再次被派往高卢。其间他在没有参与战事的情况下成功为国王赢得了普罗旺斯位于勃艮第的土地。狄奥多里克在他返回后奖励给了他若干地产。狄奥多里克去世时，图卢因由于权势太大、威望太高，甚至被认为有可能继承狄奥多里克的王位。他拒绝继位之后又获得了哥特军队的最高指挥权，并且成为第一个，也是唯一一个进入元老院的哥特人。借着这个机会，卡西奥多为图卢因写了一封信给元老院，图卢因在这封信中夸耀自己，称自己一直为了元老的利益在对狄奥多里克施加影响——

296

如果有人前来求取功名，那么我会在众王之君狄奥多里克（永远怀念他的英名！）面前将我的愿望同你们的愿望结合，这样我便通过某种影响力，先行（为你们）效劳，而我是凭借着你们的厚爱才顺利跻身受该影响力左右的圈子。因为只有怀着更大的自信心，方能达至在他人好意的支持之下急忙赶往的境地。我常代人美言，提拔了不少执政官、贵族及总督，我曾尽力为你们争取我从未想过给自己争取的好处。如今你们，诸位元老，请与一直关照着你们的荣誉的我一同为我人生的新开始而高兴吧！[55]

24
在君王的眼皮底下：中央行政机构

　　拉文纳不仅是狄奥多里克最为钟爱的都城，是真正的"君王之城"，也是狄奥多里克王国中央政府机构的所在地。这些机构不能跟随着它们的统治者踏上旅途，因为它们的组织结构过于复杂，人员规模过大，工作方式太过于依赖书面文件及通信。五大"殿"（palatinen），也就是驻扎在宫廷中的五个"部"中都有数百名工作人员，总督府的工作人员可能更多。因此，这些机构需要带有办公室和档案室的固定办公场所。同样，在这些部门的领导中，只有政务总管和圣殿司法官才会一直在君王的左右。所以，与三大"财务大臣"不同，政务总管和圣殿司法官虽然会得到任命书，但他们的任命书并非用文牍风格写成的指令。

　　上述部门的职权范围各不相同，但会在多个领域存在交叉。此外，各部门的职权范围本身并不统一，它们实际上是将全然不同的任务整合到了一起。所有民事管理机构都由具有"光荣者"头衔、是罗马元老院正式成员的罗马人领导，只有一个部门例外，这个唯一的受哥特人领导的部门负责管理国王的家产。此外，该部门是对最后几任罗马皇帝在位时存在的行政管理结构唯一的革新，其他所有机构早在 4 世纪初时就已经出现了。

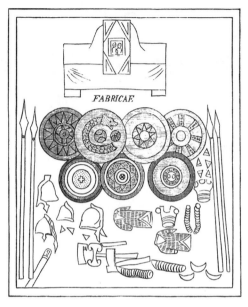

FABRICAE.

图 16　政务总管的职务标识（重制画）：后方的桌上有一块绘有
皇帝画像的谕令板（任命函）

　　由国王任命的"部长"中，级别最高的官职名为"政务总管"，从官职名可以看出，担任该职务的人是所有驻扎在宫廷中的办公室（officia）的主管（magister）。不过政务总管实际的任务和权限要比官职名体现的更加多样。政务总管依旧是皇家骑兵卫队（scholae palatinae）总指挥。皇家骑兵卫队的成员过去曾是宫殿守卫，但到了狄奥多里克在位时期，皇家骑兵卫队成员就成了待遇丰厚的闲职。政务总管有时会被简称为"总管"，他掌握着对所有宫中下级官员的惩戒权和司法权。政务总管会带领重要人物以及外国使臣前去觐见国王、列席国家议会（也即皇室顾问团）的会议，因此他能够影响到人们与国王的接触。同时，他还要在上述场合引导整个仪式的进程。政务总管还会与领导各行省管理机构的总督府长官一同负责国家邮政及运输事务，并出具使用邮政运输服务所需的许可证。

另外，在狄奥多里克的王国还出现了一项新任务，那就是控制 299
拉文纳城内的食品价格。为此，狄奥多里克任命了名为"估价
官"的官员。

　　不过，政务总管主要领导的还是特派员办公室（officium
comitiacum），该部门成员的任务是在国王本人无法到达的
所有地方贯彻国王的意志。隶属于这一部门的是将国王的命令
转达给罗马官员及臣民的特派员，这些人还要确保国王的命令
得到执行。特派员最重要的任务是迫使被告前去面见法官，通
过庭审程序化解冲突，同时执行已经作出的判决。这些特派
员通常被称为"comitiaci"，有时也会被叫作"magistriani"
（本义为"长官从人"）。这一类的特派员职务早已存在，不过
在狄奥多里克执政之前他们仍被称作"情报员"（agentes in
rebus）；在狄奥多里克的王国，与情报员并存的自然会有负
责哥特人事务并且直属于国王的另一些特派员，也即哥特特派
员（saiones）。经过竞争，隶属于政务总管的特派员作为统
治者、官员及臣民之间通信和监督者的影响力逐渐减小，因为
"comitiaci"只负责罗马人的事务。[56]

　　然而，罗马特派员的"部门"在民事机关的组织中占据
了核心地位，因为中央及地方行政机构的大多数高级部门的领
导是从罗马特派员中间招募的。总督府的总书记也是由政务总
管指定。被称作"政务处总长"（princeps officii）的官员从
来都是从外部被调入某个部门。政务处总长需要联合签署所有
公务活动，因此这个职位同样具有很大的影响力，不仅为该职
位指定人选的政务总管能够获得相当大的好处，任职者也可从
中获利。前者因为提拔某人担任政务处总长，可以捞到一笔被
称为"遴选金"（Suffragium）的钱财；后者则可以因为自己
完成的每一项公务而收取高额的费用（sportulae，意为"赠
礼"）。其他部门被任命为部门领导的"总长"是否继续受政

300

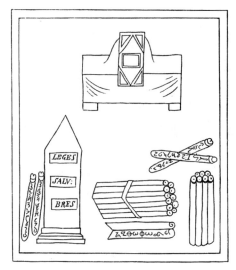

图 17　圣殿司法官的职务标识

务总管统辖，这一点尚存在争议。即使这些部门领导过去曾受政务总管统辖，也要小心翼翼地到前上司那里去检举揭发新上司的渎职行为，尽量不与新上司为敌，特别是这些部门领导的任职时间只有一年。[57]

　　与其他宫廷核心官职不同，圣殿司法官手下没有自己的工作人员，而是需要从其他部门借调人员。司法官的主要任务是用话语来修饰国王的意志。他要草拟所有以国王的名义发出的文书，也包括那些写给哥特人的文书，因为王室书记处只使用拉丁语。司法官的职务标识是卷轴以及一个类似柜子的物品，上面带有"有治愈功能的律法"（leges salubres①）字样。曾担任司法官多年的卡西奥多给我们留下了一份任命司法官的公文模板，在这份文书中他让国王说了如下的话——

---

　　①　原文如此，与图 17 中略有不同。

301

　　如果威望能够通过其享受的我的目光之多寡得到彰显，如果频繁地现身能够揭示统治者的好感，那么没有任何一位司法官能够像那位被允许参与到我的思考之中的人那样拥有如此多的荣誉。我委托一些人管理公共财政收入，让另一些人听取诉讼，还有一些人则获得了管理我的财产的权力。司法官却得到了我全心全意的认可，他是我的喉舌。他与我的思想将无可避免地以紧密的方式联系在一起，他可以用自己的语言说出他所认为的我的想法。他摆脱了个人意志的评判，使自己充分贴合我内心的意愿，从而使得人们相信这些话出自我之口。[58]

　　卡西奥多强调，司法官充当的角色是国王的传声筒。出于这一原因，卡西奥多在《杂录》的最后两卷（这两卷仅收录了他以总督府长官的身份撰写的文书）前面附上了一份自己的前言。在这份前言中，卡西奥多强调自己只是在最后两卷收录的文书中才以自己的名义说话。事实上我们可以断言，担任司法官的人需要用一种得到国王认可的方式来表述国王的想法。在这一过程中使用的底本多是由国王口述的命令的速记稿。虽然命令的提纲和官方正式版本之间的关系只被查验过一次，但是此次查验充分证明了这样一种印象，那就是对国王命令的官方正式版本的修订仅限于形式方面的修改。[59]

　　司法官必须具备很强的语言能力，并且精通拉丁语文学。罗马帝国晚期书记处使用的矫饰的语言风格要求掌握的语言虽然符合古典时代晚期的教育理念，但在宫中却绝非理所当然的事，因此当司法官偶尔被召去做别的事情的时候，卡西奥多也要起草国王的文书。除此之外，司法官还必须掌握扎实的罗马法知识，因为国王的大部分书信涉及的是棘手的诉讼案件。因此司法官的工作压力很大，他要起草布告，对官员和臣民的呈

302 文作出回复。此外，他还要草拟官员的任命文件，以及国王发送给元老院的文书，国王要用这类文书告知元老院自己任命了某人担任某个职务，而此人可以凭借该职务加入元老院。国王的所有书信往来都是在一个人的书桌上完成，这一事实当然也表明此时的书信往来的规模无法同现代早期的国家部门相比。担任司法官的人深受国王的信任。没有司法官的支持，狄奥多里克绝不可能用符合罗马帝国晚期习惯的方式来传达自己的统治理念。因此人们可以猜测，像卡西奥多这样的人会很熟悉国王的想法和意图。此外，由于可以定期与国王交往，这些人有机会向国王提出一些建议。不过，司法官要同国王身边的其他许多人竞争，因此他们难以长期对特定的人事或事务方面的决策产生影响。

三大"财务部门"的领导——神圣赠礼长官、王室私产管家及君主私产管家——虽说也属于"光荣者"阶层，但在宫廷中的等级排在政务总管和圣殿司法官之后。神圣赠礼长官之所以得名，是因为他要负责确保统治者拥有必要的资金，来向自己的臣民，特别是士兵赠送礼品，赠礼的形式是经过铸造或者未经铸造的贵金属。这些礼品之所以被加定语"神圣"，是因为长久以来在罗马帝国一切与统治者有关的事都被视为神圣的。到了狄奥多里克统治时代，这一点也没有改变，哪怕"神圣的"这个形容词除被用来形容皇帝之外在其他情况下很少被使用。军队也会在狄奥多里克王国中年复一年地获得数额高达 5 枚金币的赠礼，因此仅这方面就要消耗掉超过 10 万枚金币。[60]

神圣赠礼长官要管理所有不在总督府管辖范围内的税
303 收和贡赋。其中包括每五年由手工业者和商人以黄金的形式为自己的经营性资产缴纳的赋税，这种税因此被称作"五年金税"（auri lustralis collatio），或者干脆被叫作"金税"

图 18　神圣赠礼长官的职务标识

（auraria）。该税种在狄奥多里克及其继任者的王国中还在
继续征收，而在东罗马帝国则被阿纳斯塔修斯皇帝废除。同
样，由西罗马帝国皇帝瓦伦提尼安三世引入的数额为商品价值
二十四分之一的流转税西里克税（siliquaticum），也是西罗
马境内的专属税种。该税种的名称来源于一枚苏勒德斯金币被
分为二十四枚西里克币（siliquae）。征收这一税种的前提条
件是商品流转范围集中在能够得到监管的地区。这种赋税的
征收任务被承包给一些称为"西里克包税商"（siliquatarii）
的生意人。这些包税商接受西里克包税长官（comes
siliquatariorum）的管辖，这类官员的任职地在各行省，他
们反过来又接受神圣赠礼长官的领导。属于神圣赠礼长官管辖
范围的还有另一种税，这种税取代了先前为军队上交服装的贡
赋，也即"军装贡"（canon vestium），这一新税种名为"二
抽一及三抽一税"（exactio binorum et ternorum）。该税的
新名称反映了从实物税到货币税的转变，不过在该种货币税中

会用到两种估价参数。[61]

　　然而，神圣赠礼长官的职权范围远不止管理上述三种赋税。他要领导关税部门，管理盐业专营，还要监督铸币厂。狄奥多里克在位时期的金币和银币在罗马、拉文纳和米兰铸造而成，此外罗马和拉文纳也会铸造铜币。铸币厂负责人由国王亲自任命。国营制造厂也受到神圣赠礼长官监督，神圣赠礼长官下属的一个官员——司服官（comes vestiarii）负责宫廷的衣物供应。最后，神圣赠礼长官还要承担起一个与国王私人寝宫中的职务——最高总管（primicerius）有关系的任务。他要管理支付给在宫中当差的舍人的款项，这笔款项用来奖赏那些在分配能够领取工资的职位时给予了支持的舍人。[62]

　　在国王通过上述渠道得到的收入中，还包括从他的私人领地中流入他腰包的收益。与在此之前的罗马皇帝一样，狄奥多里克也是意大利最富有的地主。不过在狄奥多里克的王国，对国王私人领地的管辖权分属两个机构。一个叫作"王室私产处"（res privata），受王室私产管家领导。"res privata"本义是"私人财产"，但在这里实际上指的是王室的地产，王室地产的收益会被用在许多公共事务上，而绝不是仅仅被用于国王的家庭支出。王室地产由数个以永佃的形式被转让给大佃农（conductores）的领地组成。王室私产管家的任务一方面是征收地租（canones），另一方面是负责将那些地产所有人在没有法定继承人的情况下去世后留下的地产，或者地产所有人被判处没收财产的地产充公。如果国库对上述无主地产的权利存在争议，那么将由王室私产管家进行裁决。由于王室私产管家集法官和当事人身份于一身，他自然会倾向于优先保障国库的利益，而不会按照规定秉公办事。当恩诺迪乌斯试图为自己的侄子卢皮奇努斯（Lupicinus）拿回被没收的财产的时候，哥特长官坦奇拉告诉他，一旦国王想要拿走什么东西，其他人要

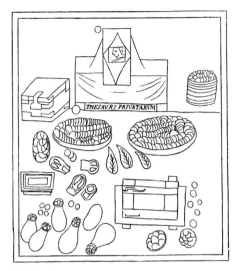

图19　王室私产管家的职务标识

想再拿回来可就相当难了。狄奥多里克完全清楚其中存在的利
益冲突，但他并没有想过去解决这一结构性问题。与罗马诸皇
帝一样，他绝不会将行政权和司法权分开。因此，神圣赠礼长
官在乱伦或亵渎坟墓行为引发的诉讼中担任最高法官并不会招
致任何人的不满。[63]

　　国王的另一部分私人领地是"君主私产"，由君主私产
管家管理。这个职务的任职者会不断同君王接触，因此也可
以由哥特人来担任。该职务早在奥多亚克在位时期就已经
出现，奥多亚克曾任命一名长官兼君主代理官（comes et
vicedominus）管理他在西西里和达尔马提亚的领地。这些领
地是在奥多亚克在位时才重新划归了西罗马帝国，而到了狄奥
多里克统治时期，这名长官兼君主代理官也会在上述行省征收
地产税，也就是说只要这些地方的税收不在神圣赠礼长官的职
责范围内，长官兼君主代理官就要负责整个税收体系。而在意
大利，君主私产管家过去并且直到此时一直都只负责管理君主

306

的领地，这些领地包括那些和王室地产一样被租赁出去的土地，以及由君主代理官负责经营的地产。我们并不清楚当时是如何划分王室地产以及君主私产的，也不知道这些产业的规模有多大、具体位置在何处。由于君主私产管家在奥多亚克和狄奥多里克在位时期得到了对重新被夺回的几个行省的管辖权，他的管辖范围势必得到了急剧扩张。他负责管理的收入被用于支付那些哥特长官以及其他拥有官职的哥特人的薪水。至于那些生活和工作在受到君主私产管家直接管理的君主领地的人，君主私产管家可以任意差使他们，让他们服劳役，例如他会让这些人充当船夫。此外，君主私产还会为国王设下的宴席提供农产品。和王室私产管家一样，君主私产管家也对自己职权范围内的事务享有司法权，也会对大佃农和小佃农提出的控告进行裁决。[64]

没有任何文献记载说明流入神圣赠礼长官管理的账户的收入有多少。受神圣赠礼长官管理的税款征收工作也会伴随着大规模的支出，人们可以由此推测，维持这一必需且耗资巨大的机构想必是值得的，因为在狄奥多里克的王国中还在征收一些在东罗马帝国已经被废除或者从未被引进的税种。关于王室私产处和君主私产处，我们也缺乏准确的数据。人们只能姑且接受这样一个论断，那就是已有的收入足以维持国王宫廷的运转。

上文提到的这五大"部长"都因为职务的关系而属于国家议会的成员，这是一个具有顾问职能的组织，同样是由奥多亚克和狄奥多里克从前任皇帝那里接受而来的。该机构被称为"consistorium"①（译为"皇室顾问团"），因为当君主在场的时候所有人必须起立。除了拥有"光荣者"头衔的宫廷官员，

---

① 该词来源于拉丁语动词"consistere"，本义为"站起"。

还有许多其他的人也有权利参加该机构的会议，因为狄奥多里克将"长官"（或曰"扈从"）头衔及称号赐给了许多人。按照传统，这一群体被分为三个等级，也即第一等级扈从、第二等级扈从和第三等级扈从。然而在狄奥多里克统治时代，皇家顾问团的影响力远不如帝政世代。一方面是因为狄奥多里克更愿意接受司法官或汇报官的意见，而不愿意召集高度缺乏灵活度的皇家顾问团。另一方面则是因为狄奥多里克身边聚集了一批哥特扈从，该群体虽然没有正式的名称，但如果狄奥多里克要就具有重大政治影响的事情作出决策时，往往会咨询他们的意见。不过，在进一步考察狄奥多里克的执政风格之前，首先要介绍一下最重要的民事机关，那就是总督府。

25

中心与外围：地方管理

古典时代的罗马帝国被划分为行省（Provinz）、管区（Diözese）和大区（Präfektur）。其中有两个大区位于西罗马帝国境内：一个是高卢大区，西班牙也属于这一大区；另一个是意大利大区，它也负责管辖北非。随着西罗马帝国在 5 世纪逐步丧失了对西班牙、北非及高卢的最终控制权，西罗马就只剩下了一个大区，其管辖范围包括整个意大利和西西里岛，但不包括萨丁岛和科西嘉岛，这两个地区已经落入了汪达尔人之手。剩余的这一区域又被划分为十三个行省：威尼提亚和希斯特里亚、利古里亚、科蒂埃阿尔卑斯（Alpes Cottiae）、艾米利亚（Aemilia）、弗拉米尼亚（Flaminia）、皮西努姆、图西亚和翁布里亚（Tuscia et Umbria）、瓦莱里亚、坎帕尼亚（Campania）、萨莫奈、阿普利亚和卡拉布里亚（Apulia et Calabria）、卢卡尼亚和布鲁提亚、西西里（Sicilia）。位于阿尔卑斯山脉另一侧的行省第一拉埃提亚和第二拉埃提亚也属于意大利大区。[65]

狄奥多里克控制了普罗旺斯之后，高卢大区才在 510 年重新建立。不过高卢大区只包括三个行省——维埃纳西斯（Viennensis）、第一纳博讷西斯（Narbonensis I）[①] 和滨海阿

---

① 根据原书后文内容以及罗马帝国及狄奥多里克在位时期的实际行政区划，此处疑为作者笔误，应为第二纳博讷西斯。

地图10 古典时代晚期意大利的行省区划

尔卑斯（Alpes Maritimae）——的部分地区，因此在重要性方面远不如意大利大区。反之，位于意大利东部的曾属于伊利里库姆管区的各行省并不隶属于任何大区，而是受国王代理人直接管辖。[66]

领导这些大区的是一名等级为"光荣者"的罗马人。此人的头衔为"总督府长官"，这说明他的官职是从军营指挥官一职演变而来。到了古典时代晚期，从这一最初由两人担任的军职中演化出了最重要的民事管理机构。卡西奥多在自己漫长的职业生涯中最后担任的便是这一官职（533~537年），他主张总督府长官一职起源于约瑟夫（Joseph）在埃及法老身边所任的官职，并认为该职位的任职者地位只比国王的地位稍低一点。在一份文书模板中，卡西奥多让国王说出了如下的话——

> 这样的显赫人物同我共享某些权利：任职者可以传唤身在遥远地方的人，被传唤者不得抗命；他可以判处犯错者高额罚金；他可依照自己的判断来分配国库中的所有资源；他同样拥有（为国家邮政服务）出具许可证的职权；他还可以没收无主之地，可惩罚行省总督的过失，可口头宣布判决。其言论本身就是一项判决的人，又有什么事情不会交给他呢？他几乎可以亲自颁布法令，因为人们对他的尊敬可以了结一切案件，任何人都不得因不服从判决而上诉。若他踏入宫殿，那他时常会和我一样受到众人的敬拜。这样一个官职的任职者习以为常之事，却会让其他人受到指责。其他任何官职的职权都无法与之相比。在任何地方，他都可以代替君主来作出判决。没有任何一名官员能够免于受到他所具有的司法权的支配，唯独一名在大元帅（magister militum）手下当差的（官员）可免受其管辖。[67]

310

图20　总督府长官的职务标识：前方是一辆公务马车，桌边是一个巨大的墨水瓶

　　实际上，总督府长官的职权范围非常大。和国王一样，总督府长官能颁布诏令，诏令中包含给下级部门的指令，也包含对商品的最高定价。总督府长官对行省总督享有监督权，同时是负责管理行省政府所有工作人员的最高法官。此外，如有人不服下级法院的判决而要提出上诉时，总督府长官还是受理案件的最高法官。案件可以从意大利北部各行省总督法庭直接被移交至总督府长官处；而在意大利南部那些联合为意大利罗马管辖区的各行省，意大利代理长官充当了行省和大区之间的中介。一旦总督府长官作出判决，当事人原则上不可再次上诉。如若有人在庭审中败诉，或许可以指望君主撤销判决结果，进而重新对案件进行审议。尚未得到东方大区审理的案件数量极多，并且案情也十分重大复杂，因此被允许进入大区法庭的律师人数一再被限制在150人。即使到了狄奥多里克统治时代意大利大区面积已经缩小了许多，出现在意大利大区法庭的律师

311

人数也应该有好几十人。[68]

然而，比司法领域的任务更为重要的是财政方面的职责。总督府长官掌管着一种叫作"地产税"（annona）的税，该税种带来的收入远超其他税种和贡赋，因为所有可用于农业生产的土地都要缴纳地产税，无论这些地产归谁所有。不论罗马人、哥特人还是国王，都有义务向总督府长官的财政缴纳这种地产税。所有民事机关人员的薪水都要从总督府长官的财政中支出。除此之外，总督府还要负责君主私产管家不承担的军队和宫廷支出。因此卡西奥多曾说，总督府长官供养着宫廷，维持着服务国王人员的开支，甚至还要支付法官薪水，"并通过自己的安排来满足那些贪婪的蛮族使臣的需求"。

总而言之，只有当总督府长官的财政收入连年充裕，足以覆盖上述支出时，整个国家机器方能运转起来。为了确保这一点，首先就要核算需求，接着将需求分配到纳税人头上。在这一过程中的处理方法是，人们会以相当粗放的方式考虑应纳税的土地规模大小、肥瘠和利用方式，以及现有的能够耕种土地的劳动力的数量和性别，一名充当劳动力的妇女仅被算作半个男人。根据上述指标可以构建出抽象的纳税单位，即"轭"（iugum）①和"人头"（caput）。正因如此，确定好的税额分别被称作"轭税"（iugatio）和"人头税"（capitatio）。总督府的职责是将估算出的财政需求摊派至各省的纳税人头上，总督府会计算出每个纳税单位要上缴多少款项。这就需要涵盖整个王国并需要不断更新的土地登记册。土地登记册每 15 年更新一次，被称为"财产评估公告"（indictio），而该公告也被用于纪年。不过人们不会去数财产评估公告的周期，而是会去计算该周期中的年数，也就是一个财产评估公告周期的第一年、

312

---

① "轭"是土地计量单位，即一对同轭的牛一天耕的土地面积。

第二年及第三年等。

一旦整个大区的应缴税额被核算出，行省总督便会得到一份"纳税公告"，这份公告也叫作"财产评估公告"（indictio）。反过来，行省总督的任务是在办公室的帮助下将分配给行省的税额摊派到本行省境内的各城市。在这一过程中行省总督要接受隶属于总督府长官办公室的官员的监督，这些官员分别叫作"法定税额征收官"（canonicarius）和"掌门官"（cancellarius）。法定税额征收官要监督摊派给各行省的应缴税额，也即法定税额的征收工作。掌门官的名称则来源于"门栏"（cancelli）一词，门栏将法官同案件当事人隔离开来。该职务最初是一个在总督府长官办公室工作的助理职务。被派往各行省的法定税额征收官需要监视行省总督，并监督行省总督的账目。地产税的征收工作本身是城市议会的任务，议会则会委托专门的官员，也即"征税员"（exactores）和"收税员"（susceptores）去执行征收税款任务。[69]

每个纳税年度始于 9 月 1 日，被分为三个时间段，这是因为地产税要分三期支付。如果城市征税员没有完成应缴税额的征收工作，那么总督府便会派出自己的官员，以强调国家财政对于应收款项的要求。这类官员叫作"强征官"（compulsores），因为他们要强迫纳税人履行自己对国家财政应负的义务。部分地产税以实物的形式上缴，但主要还是以黄金的形式缴纳。当生产的物资数量足够生产地消费时，实物缴税的方式便更受推荐，这样可以节约交易成本。只要税款以实物的形式被征收，那么这些物资就要被存放到库房，负责看管这些物资的也是各个城市。将实物税送到库房是纳税人的工作。而大多数情况下人们会以收取黄金的形式征收税款，因为这种征收方式可以减轻物资转运的负担。人们首先向纳税人征收黄金，接着将黄金运送到需要开支的地方。为了进行换算，人们会根据市场价格制定出一套税率表。国家具有优先购买权，因此国家一直可以以便宜的价格在当地采购，这一过程被称为"国家采购"（coemptio）。在采购时并不一定需要黄金，国家可以将自己采购的商品价格算在商品生产者所欠的税款中。这样的操作方法使大区能够以无现金的形式运送物资，但与此同时，这种做法会让下级部门有多种机会从纳税人身上牟利，因为商品的市场价格可能会因为地区和季节的不同而有着极大的差异。也正因如此，时常有人控告政府强买。[70]

地产税金额由国家需求而非纳税人的生产力决定。如果人们预见到国家下一年的需求要高于上一年，那么税率就要相应地提高。国王之所以会夸赞总督府长官利贝留，是因为他有能力想办法避免提高税率。如果到一个纳税年度即将结束的时候才发现来自地产税的收入不够支付由大区承担的支出，那么纳税人就要承担一种叫作"补充税"（supraindictio）或"附加税"（augmentum）的额外赋税。狄奥多里克在位期间也出现了这种额外征税的情况，不过我们不知道这种情况出现的频率有多高。在这样一个前现代的农业社会里，人们需要承担的赋税只会在有限的程度上增加，因为从长期看农业产量是停滞不前的，同时会出现不可避免且不可预见的波动，主要产生影响的是自然因素，其中最主要的是气候因素。当发生自然灾害或战争时，只得放弃足额征收应缴税额。不过，人们一定会严格注意不要对纳税人作出超过必要程度的退让，同时又不会毁坏纳税人的生存基础。坎帕尼亚行省曾在维苏威火山喷发后请求减轻税负，于是狄奥多里克委托总督府长官福斯图斯·尼格尔前去查访火山喷发实际上造成了多大损失。国王应当将这项任务交给一个可靠之人，"以给遭受损失之人带来帮助，且不给虚假的诉求留有任何余地"。[71]

最后，总督府长官的职权范围还包含在意大利的哥特人聚居区征收一种此前未曾得到过证实的税种，其名称为"三一税"。很有可能这种赋税针对的是那些没有割让土地供哥特人居住的地产。该税种的名字或许给出了解释，即地租的三分之一要上交给大区财政。[72]

在一个前现代社会，总督府长官可以动用的人员数量相当大。我们对于总督府长官下属的行政机关的熟悉程度要高于其他任何一个机构，这是因为卡西奥多在《杂录》第 11 卷和第 12 卷中收录了自己在担任总督府长官时候的通信。除此之外，在二十年之后，东方大区一位高级官员约翰·吕杜斯（Johannes Lydus）出版了一部关于罗马国家官职的书籍，他所在的部门在这部书中扮演了极为重要的角色。另外，我们还史无前例地掌握了大区机构的规模、组织结构及薪金的具体线索，因为查士丁尼皇帝于 535 年在北非新成立的大区的编制计划被保存了下来。由于查士丁尼有节俭的意图，而意大利大区的管辖区域要比非洲大区大得多，人们可以推测，狄奥多里克王国最重要的民事机关的人员配备明显还要更加完善。在非洲大区的编制计划中有 400 个职位，意大利大区行政机构配备的人员显然比这要多，甚至很可能超过 1000 人。[73]

总督府共有两个职能部门，其中一个负责司法，另一个负责财政。两大职能部门又分别由若干个"文书室"（scrinia）组成。除了在上述两大职能部门工作的官员，还有一些辅助人员隶属于大区行政机构，这些人要被委派去执行各种任务。从事这些工作的人无须接受任何教育，因此这些辅助人员被统称为"文盲官员"（officiales illiterati）。财政部门的文书室由"会计官"（numerarii）主持。尚未被接纳入任何一个文书室的簿记官（chartularii）和会计官会根据需求得到任用，这些人组成了簿记组（schola chartulariorum）。同样，在司法部门，除了有多个承担特殊任务的文书室，还有一个由抄写员

315

（exceptores）组成的小组，该小组不属于任何文书室，而是可以被自由调用。

在行政人员内部存在严格且僵化的等级。级别最高的是总督府长官的两名顾问，其中一名必然从政务总管办公室调出，另一名则依照总督府长官的意思随意指定。排在两名顾问之后，并且从行政机关外部招募而来的是其余的文书室工作人员，这些工作人员自称"执行长官"。大区行政机关的所有工作人员都被纳入了人员名单之中，负责领导工作的官员与被派来监督总督的总督府长官办公室成员一样，也叫作掌门官，并且由总督府长官自由指定。其中一部分工作人员有机会在行政职务上有所晋升。晋升的前提是要接受更高的通识教育，这种教育的目标并非获得与职业相关的专业知识，而是掌握语言及文化能力，这样的官员被称作"学养官员"（officiales literati）。

在司法部门的有晋升资格的官员中享有最高级别的是"佩角官"（cornicularius），该官职得名于一个被称为"荣誉之角"（corniculum）的标志。此官为总督府长官秘书，当总督府长官以法官的身份作出判决时，佩角官要编辑庭审记录并在上面签字。排在第二位的是"第一文书"（primiscrinius），
负责签发判决结果。该官职名称表明他是所在文书室的"第一号人物"（primus）。"记事官"（commentariensis）得名于被称为"记事录"（commentarii）的工作日志，该官职负责看管监狱。此外还有其他若干高级别官吏，其中包括："大事文书"（scriniarius actorum），此官领导的是出具庭审记录和大事记（acta）的文书室；"通信监察"（cura epistularum），其所在的文书室负责与其他部门通信；"御导官"（regendarius），该官职负责出具使用国家邮政运输服务所需的许可证。在财政部门工作的大区文书可以晋升为高级会计官或者是总督府长

官的私人顾问，也就是掌门官。司法部门的高级职务任期只有
一年，而财政部的高级职务也很少有多年任期，因此国王会定
期提拔一些官员。然而若是没有得到特殊提携的话，官员的职
务晋升速度就会非常缓慢。通常情况下助理人员不能被提拔为
"学养官员"。[74]

古典时代晚期的总督府等"政府部门"的工作人员通
过一种特别的"集体精神"被捆绑在一起。当有庆典的时
候，全体办公室工作人员会陪同他们的领导。"执行长官"
（praefectiani）、"长官从人"（magistriani）或"私人事务
官"（privatiani）等集体名词强调了对特定机关的归属。人们
会将自己看作孜孜不倦的国家公仆，为此他们会要求得到相应
的报酬。在机构内部，人们会小心翼翼地确保等级秩序得到遵
守。司法部门的公职人员会用猜忌的眼光看待财政部门的公职
人员。每年圣诞节的时候，当总督府长官隆重地宣布司法部门
得到晋升的工作人员名单，并向卸任的官员告别的时候，官员
中间存在的等级体系便可让人一目了然。 9月1日财政部门新
一轮的任期开始的时候也会举行同样的典礼。[75]

总督府长官的年薪为 7200 苏勒德斯，相当于他手下两名
顾问加起来收入的十倍。掌门官的年薪为 252 苏勒德斯。其他
所有人的收入远不及这些高薪人士。有资格晋升的官员被分为
六个薪金等级：最低等级年薪为 9 苏勒德斯，第二级为 11.5
苏勒德斯，第三级为 14 苏勒德斯，第四级为 16 苏勒德斯，第
五级为 23 苏勒德斯，第六级也即最高等级为 46 苏勒德斯。换
言之，有资格晋升的官员中级别最高的官员收入不及掌门官收
入的零头，更别说与总督府长官的差距了。此外，在所有有资
格晋升的官员中，有四分之三的人属于最低薪金等级。总而言
之，走到职业生涯终点的收入能达到起薪的五倍还多，然而从
最低薪金等级升到最高薪金等级的过程极为漫长，并且只有少

317

数人才能做到。[76]

倘若有晋升资格的官员除了获得年薪再没有其他收入来源，特别是每次职务晋升都要向上级支付一笔费用，那么在大区或其他中央行政机构任职对于城市中上层家庭出身的人来说自然就没什么吸引力。但实际上，每次执行公务都要收取一笔不菲的费用，例如开具起诉书和传票、出具庭审记录和审判结果副本需要收费，就连开具税票也要收费。这些服务费能够从根本上改善官员的收入状况，可以轻轻松松超过官员年收入数倍。这些费用并非由中央行政机构收取，而是由各级民事管理机构征收。在收费条例中已经规定了某项公务活动要收费多少。不过，最高机关的领导往往需要不失时机地告诫下级遵守收费条例。与现代官员不同，古典时代晚期的国家公职人员没有退休金，只能在结束职业生涯之后拿到一笔双倍的年薪被遣散，无法提出任何的赡养要求。要想给自己的晚年生活提供保障，在此之前就要存储足够多的钱，以便老了能靠积蓄过活。[77]

总督府长官在上任的时候没有任何储备知识，并且通常只在任期上短短几年。相反，一名大区官员的职业生涯要持续至少 20 年，在多数情况下还会更长。官员以年轻人的身份进入办公室任职，离开的时候已是白发苍苍的老者。在如此漫长的任职期中，官员逐渐掌握处理公务所必需的专业知识，这样一来他们便在能力方面远胜于"诸位部长"。与此同时，在财政和司法两大部门的种种竞争中，官员会逐渐产生强烈的归属感。也正因如此，在法律上，一名总督或者"部长"办公室的全体人员往往会有受到集体处罚的危险。反过来，人们会要求办公室工作人员检举部门领导的过失。不过我们没有掌握任何一个办公室工作人员检举揭发领导的案例，这说明操纵办公室人员对抗领导的企图是失败的。[78]

卡西奥多以总督府长官的身份出版自己的公务信函，因此关于他执行公务的情况我们了解的要比其他总督府长官多得多。不过卡西奥多在很多方面都算是一个特例。他领导总督府的时候恰好是一个危机四伏的时代，那时的统治者如走马灯一般换来换去，并且与查士丁尼之间的战争已经爆发。因此，议会、意大利天主教会诸位主教以及教宗的支持对于他而言尤为重要。卡西奥多出版《杂录》的时候一直在竭力将自己塑造成罗马国家公仆典范，无论统治者是何人，自己都会履行义务。与此同时，卡西奥多还想方设法让自己在总督府长官福斯图斯·尼格尔阴暗的形象衬托之下如星星一般熠熠生辉，因为福斯图斯·尼格尔在卡西奥多受狄奥多里克委托，以狄奥多里克之名撰写的书信中多次受到指责。在一份卡西奥多刚就任总督府长官后不久便在所有行省张贴的诏令中，他郑重许诺会公正清廉地履行自己的职责，同时他还敦促纳税人毫不迟疑地履行自己对国家财政所负有的义务。卡西奥多还教导自己手下的总督明确自己在课税方面的职责，并提醒他们追求公平正义，拒绝不当得利——

> 当人们寻求久经考验的正义时，你们就要如此行事，仿佛自己已时日无多。人们会更愿意向你们致以敬意。若是你们能使自己与行省人民的愿望相伴，那你们也就没有必要扭曲自己的职责了。我们不会让任何人监视你们的行为，也不会让一名法官的情操在私人的看法面前低头。请一直如此行事，从而不会让现在被我们视为最大的耻辱的事情发生。若是你们凭良心做事，便会享有与我们同等的威望。请抵制恶行，还要支持无辜之人。但倘若有人胆敢不知廉耻地反对你们的权柄，使你们无法贯彻正义之事，那就写一份报告，将原告转到我们手上吧。若是原告无法

319

前来我处，那么请在报告中说明案情并将其递交至我处，因为你们已经获得了使用国家邮政服务的许可证，我们也乐于听取这类案情。这样一来，你们也就没有任何申辩的理由，因为你们要么可以凭借自己享有的威望来做正确的事，要么可以在必要的时候向我们汇报。[79]

卡西奥多以总督府长官的身份，用多种不同的形式一再宣告同样的基本原则：他要求正义、清廉和尽职尽责。过错必须接受惩罚，无辜者必须受到庇佑，弱者必须免受专横跋扈之强者的欺凌。国家要为了实现自己的目标而征税，哪怕臣民并没有参与到这些目标的制定工作中来。卡西奥多认为国家毫无疑问必须征税，这是因为在他看来罗马国家是符合神的意志的世界秩序的一部分。缴税对于卡西奥多而言是道德上的义务，而反抗当权者是犯罪。同样，社会等级是这个受神明悦纳的世界秩序的一部分。卡西奥多带着鄙夷但又同情的复杂眼光，居高临下地看着那些以自耕农或依附农的身份靠着土地苦苦维持生计的人。人们不能让这些人挨饿，但是又不能太把他们当回事。一个元老阶层的人不会与这些人交往，除非以地主的身份。[80]

各行省总督具有不同的头衔，并且属于不同的阶层及等级，但他们总体上拥有同样的任务。有些总督的头衔是"主席"，这一类总督的阶层是"杰出者"。属于"高贵者"阶层的是拥有"领事"或"督察"头衔的总督。某个特定行省的总督拥有哪种头衔、属于哪个阶层，只能由该行省的历史传统而非具体职能方面的区别来确定。意大利北部各行省通常由头衔为"领事"的总督治理，位于边境的科蒂埃阿尔卑斯、第一拉埃提亚和第二拉埃提亚等行省则是例外，这些地方的总督称号为"主席"。意大利南部各行省主要由"领事"治理，但阿普利亚和卡拉布里亚以及卢卡尼亚和布鲁提亚这两个行省的总督头衔是"督察"。在达尔马提亚行省任职的是"领事",反之在萨维亚行省的很可能是"督察"(见彩图页,图4)。[81]

行省总督主要有两项任务:裁决罗马人之间发生的争端,组织和监督赋税的征收工作。由于司法裁判工作占据了总督绝大多数的时间和精力,总督常常被唤作"法官"。与总督府一样,每一个总督办公室也允许一定数量的熟悉法律的律师参加庭审,这些人靠为诉讼双方提供服务来赚取酬劳。[82]

总督要巡视自己管理的行省,因此没有生活在总督办公室所在地的臣民一年也有一次机会提起诉讼,而无须前往总督办公室所在地。在巡游的路途中,总督会在所有的城市设立驻点,帝政时代晚期的总督也曾这样做。在旅途中总督通常会遵循传统的路线,这样做可以让一个行省的各个城市能够为如此高规格的造访做好准备。当总督进入一座城市的领地时会受到隆重的欢迎。他会问候当地显要人士,包括当地主教,并在公共广场或公共建筑中设立法庭。想要借此机会提交诉讼的人首先要有能力并且愿意缴纳相应的费用。农村的居民若想起诉必须进城,因为行省总督的巡游路线是从城市到城市。不过人们很高兴总督及其随行人员不久后就会离开,因为食宿开销要由接待的城市来承担。萨维亚行省的地主们曾抱怨,总督的逗留给他们带来了极大的负担,于是狄奥多里克在其执政的最后几年(523~526年)修改了马约里安皇帝的规定,要求一座城市接待总督的时间每年不得超过三天。卡西奥多在担任总督府长官期间认为有必要重申这项规则。此外,他还提醒总督不得向自己在巡游途中造访的城市征收贡赋,也即所谓的"尘土税"(pulveraticum)。[83]

总督的第二个主要任务是确保贡赋能够准时足额地上缴。在这项工作上,总督可以得到一个拥有50名到100名公职人员的办公室的支持。关于该办公室规模的数据可以在查士丁尼为东罗马帝国各行省编撰的法典中找到。总督办公室的内部组织结构与中央行政机构办公室类似，领导办公室的是一名"总长"和一名"佩角官"。办公室有两名被称作"簿记官"的首席会计官，其中一名负责管理上交至总督府财政的税款，另一名负责监督被计入神圣赠礼的税款的征收工作。两名簿记官共同的职责是每四个月向上级机关提交一份关于已经收取到的税款以及尚待征收的税额的详细报告。在这一过程中，簿记官会受到由大区派到总督办公室的法定税额征收官的监督。此外，在每个总督办公室还有一名看守监狱的官员，也就是记事官。一名总督的办公室会坐落在行省境内最大也最重要的城市，即省会，这里也是各类档案室的所在地，里面保存了案件卷宗、土地登记册和往来书信。当不需要在行省境内巡游的时候，总督或许也会在这座城市里度过剩余的时光。[84]

罗马帝国晚期总督的任期很短。卡西奥多认为在任时长超过一年的总督都是特例。为此，卡西奥多提出的理由是更长的任职时间会导致权力的滥用，而职务晋升的人员数量会因此减少。正因如此，将任期延长到一年以上会被看作特殊的表彰。卡西奥多绝不认为如此短暂的任期不利于改革创新，因为在他看来习惯才是久经考验之事物的保障。在狄奥多里克的国中治理行省的总督大多属于"高贵者"阶层。这样一来，总督的地位便在那些顶多属于"杰出者"阶层的议员之上，但总督的地位不一定高于那些居住在某座城市中的前国家官员。不管怎么说，"高贵者"依然无法与罗马元老院中属于"光荣者"阶层的成员比肩。所以说，一名总督的职权是有限的。这样一来，在城市和市议员看来，总督庇佑的价值因其短暂的任期而受到了削弱。维那弗鲁（Venafrum）的议会和人民曾给予萨莫奈行省的总督弗拉维乌斯·皮乌斯·马克西穆斯（Flavius Pius

Maximus）一项在 5 世纪末期极为罕见的殊荣，即为他打造了一尊铜像，此举想必有极为特殊的原因。很有可能马克西穆斯在担任总督之前就已经同维那弗鲁城保持着一定的关系。[85]

关于狄奥多里克及其继任者在位时期总督的社会特征，我们知之甚少。主要原因是，到了 5 世纪末，用铭文来纪念某人生平，从而向此人表达敬意的习惯在意大利已经完全消亡。因此，不同于帝政时代早期及中期的总督（我们已经通过数以千计的记载总督生平事迹的铭文了解了他们的出身和事迹），哥特人统治的意大利的总督形象十分模糊。在大多数情况下，人们无法断定一名总督来自何方，在成为总督之前曾担任过何种职务，或者他卸任总督之后又担任了什么官职。不过，究竟存不存在某种既定的职位晋升体系尚不得而知。没有任何迹象表明必须先担任行省总督才能以"光荣者"的身份获得宫廷职务。虽然一再有来自"光荣者"家族的成员担任总督，但他们的任职地通常为自己的封地。总督可以通过这种方式保护自己的经济利益，维护地方关系网，同时可以履行自己成为部分城市或整个行省保护人后需要承担的职责。卡西奥多的父亲在攻打奥多亚克的战争中想办法让卢卡尼亚和布鲁提亚行省的统治者归顺了狄奥多里克，之后卡西奥多的父亲便成为该行省的总督，他绝大部分的地产都位于该行省。卡西奥多在卢卡尼亚和布鲁提亚行省有很大的影响力，但我们不清楚他是否因此也获得了该行省总督的职位。卢卡尼亚和布鲁提亚行省督察维南提乌斯（Venantius）很有可能也是来自他治理的行省，因为普罗科匹厄斯曾提到过一位名叫图里安努斯的富有地主，此人是维南提乌斯的儿子，546 年他曾在卢卡尼亚和布鲁提亚行省动员农民起兵抵抗哥特人。[86]

人们同样可以清楚地看到，过去的并且在查士丁尼的国中依然有效的规定，即一省总督不得出自其治理的行省，在狄奥多里克的王国已不再适用。卡西奥多在担任总督府长官的时候曾在一份写给一个名叫瓦莱里亚努斯（Valerianus）的人（此人可能是卢卡尼亚和布鲁提亚行省总督）的书信中强调，官员对与自己关系密切的人负有特殊的责任——人们面对同僚应当沉稳节制，对父辈应当谦恭有礼，应给所有同乡以优待，对子女应特殊关照："亲属纽带的力量如此强大，使得某人不会发现陌生人的后代比自己更受青睐，从而感觉自己受到了侮辱。因此，特殊关照自己的家乡并非不义之事，当人们前来帮助陷入危难的家乡时更是如此。因为人们相信，他们尤其热爱自己积极前去拯救的那些人。"[87]

324　　总督的职务同民事管理机构的所有职位一样都是有薪水的。然而，我们又一次缺乏与狄奥多里克国中总督收入有关的数据。如果从查士丁尼法典中记载的数字来看，一名"高贵者"阶层的总督每年收入为700~800苏勒德斯，即一名总督府长官收入的十分之一左右。若是考虑到如果不向能够对职务任免施加很大影响的人赠送大笔钱款就几乎难以得到这样一个职务，这样的年薪实在算不上太高。总督任期通常只有一年，因此只有在这一年里获得数额超出年薪的额外收入，担任总督才比较值。从事各种公务活动产生的费用，尤其是庭审收费，为提高个人经济收入提供了一个合法途径。除此之外还有其他可能性，这些手段虽然可能会受到惩罚，但却很难被控制住。这类获取额外收入的手段包括：使用错误的度量衡来计量上缴的实物，操纵将实物支付换算为货币支付的基准价格，贪污已上缴的税款，要求支付不当款项从而进行敲诈勒索，等等。所有这些总督滥用职权的手段在狄奥多里克的王国依然会出现，因此也就成为卡西奥多以狄奥多里克及其继任者的名义撰写的书信的一个常见主题。腐败绝对是一种需要得到制裁的违法行为。但因为富有影响力的人给求助者提供的帮助理应得到回报，酬谢支持者的做法很常见，并且这绝对不是什么有失体统的事，甚至可以说是人人都期望求助者去做的事，所以该违法行为难以得到清晰的定义。被视为腐败的行为是，某人要求得到的东西超过了恰当的数量，或者说某人没有遵守诺言，又或者是某人为了自己的个人利益支持一件坏事。[88]

但不管怎么说，狄奥多里克时代总督的活动空间十分有限，总督府派往总督办公室的监察官会跟随在总督左右。这些监察官，即法定税额征收官和掌门官，与总督府长官有着密切的联系，他们需要监督赋税的征收工作，以确保不发生不符合规矩的事。反过来，如果城市的征税人无法按照国库的要求完成征税任务，总督也可以要求总督府提供支持。此时出动的便是强征官，他会用严厉的刑罚来威胁恫吓。但如果哥特军中的成员或罗马元老拒不从命，那么总督的执行能力便立刻被逼到了极限，这是因为哥特军人完全不受总督的司法管辖，而罗马元老的级别和影响力远在总督之上。[89]

边境行省的情况则完全不同，因为在那里任职的是兼有民事职能的军事总督。在两个拉埃提亚行省，军事总督的头衔为"首领"。唯一一个为我们所了解的该职位的任职者是名叫塞瓦图斯（Servatus）的人，此人拥有的是拉丁文名字，但他并不是罗马人，因为军队指挥权基本上都由哥特人把持，而并不是每个哥特人都会有一个哥特名字。在 504 年以后新成立的达尔马提亚、萨维亚和潘诺尼亚西尔米亚行省，军事总督的头衔为"长官"（comes，也有"扈从"之意），这表明他们是宫廷中的成员。卡西奥多撰写的一份用于任命这类"行省长官"的公文模板突出表明，行省长官的职务违背了民事和军事职能严格分离的基本原则，并敦促担任行省长官的人谨慎处以死刑。由于行省长官也要监督税收工作，罗马总督的职责很可能也会被缩减到只负责罗马人的司法裁判工作，这一现象至少也会存在于狄奥多里克统治末期才被并入的达尔马提亚和萨维亚行省。这些地方的总督也不像其他总督那样受总督府长官管辖，因为狄奥多里克已经放弃复兴这些行省曾隶属的伊利里亚大区。[90]

26
一个好的政权？
狄奥多里克王国的管理手段

如果人们根据现代法治国家及社会福利国家的标准来衡量狄奥多里克王国的管理手段，便会认为后者低效、腐败和残忍。一部分赋税进入了原本应当征收税款的人的口袋里。地方司法机关服务价格昂贵且难以接触到。能上总督法庭的必须是财产型犯罪，或者是涉案价值很高的案件。只有极少数人才有能力向总督府长官提起诉讼。负责管理王室地产及统治者私人财产的人可以自己裁决自己被卷入其中的案件。要进行司法判决总是需要看他人的眼色；有地位、有影响力的人显然受到偏袒。

要想历史地去理解这一切，就要考虑到古典时代晚期的国家行为追求的是极为有限的目标，并且遵循的原则与今天完全不同。就算是罗马帝国晚期的皇帝也不会想到去操心全体人民的生存状况。帮扶穷人是教会的任务，这一点包含在教会的准则中：每个教区都要关心自己教区内的鳏寡孤独和行乞之人。有这么一件事例说明了上述职责分工：有一名主教被人指责占了一名孤儿的便宜，从而让自己发家致富，于是狄奥多里克提醒这名主教，教育人们不得忽视穷人的声音的正是主教们自己。[91]

与东罗马帝国一样，在狄奥多里克的王国内，征收的赋税主要用于维持国家行政和军事机构以及国王宫廷的开支，除此之外的收入则被国王依照自己的喜好分给受自己宠信的人。国家会进行赈灾，但方式主要是在一定时间内降低或者免除应向国家上缴的赋税。但不管怎么说，狄奥多里克依然会像罗马皇帝一样需要保护自己的臣民免遭外敌进犯，对内则需要维护法律秩序。狄奥多里克在位期间，意大利的外部环境虽说不能算是完全稳定，但在很大程度上依然可以说是不太受外敌的侵扰。然而中央和地方行政管理机关是否有能力贯彻国王的意志，从而保障社会安宁与秩序，这一点尚有待商榷。《致狄奥多里克颂词》以及《无名的瓦莱西亚努斯》刻画了一位睿智君主的形象，他会负责让居住在城市和乡村的臣民高枕无忧地享受自己的财富。恩诺迪乌斯这样赞颂国王——

> 国家的财富随着王室地产规模的壮大而增加。在你的宫中从未出现过卖官鬻爵的现象，财富则被播散到了各处。不会有任何一人在离开时两手空空，没有人会因为被下发至地方从而有所损失而悲叹。

《无名的瓦莱西亚努斯》声称，狄奥多里克在位期间，人们都无须关闭城门，金银财宝在乡村与在城中一样安全。据说小麦的市价比五十年前瓦伦提尼安三世在位时规定的卖给军人的小麦价格还要便宜三分之一，即过去 1 苏勒德斯可以买 40 磨狄（modii，相当于 40 舍非尔）麦子，而现在可以买 60 磨狄。这当然是赞颂统治者的惯用说法，将理想情况当作现实来说明。在《杂录》中有一份给城门守卫的公文模板，也就是说城门守卫是必须配备的人员，他们的任务是在夜晚保证城门紧闭。卡西奥多还向我们透露，国王的行政管理部门在物资短缺时期以每苏勒德斯 25 舍非尔的价格售卖小麦，而在自由市场上 1 苏勒德斯则可以买到 10 舍非尔小麦。因此，在现代研究界依然有人对狄奥多里克在位时期的统治作出与恩诺迪乌斯类似的评价，这一点着实令人惊讶。[92]

　　如果批判地阅读《杂录》或《狄奥多里克诏令集》，人们反而会得到这样一个印象，即狄奥多里克王国中的民事管理机构没有能力贯彻当前的法律法规，甚至民事管理机构本身都在很大程度上失控了，因为上述文本反复提及暴力与胁迫、抗税、滥用职权以及渎职行为。然而，这种阅读方式或许是片面和肤浅的。国王的中央机构只有当控诉呈交到它们面前时才会介入。如果事情是按照流程进行，那么它们就完全没有出手干预的契机。负责解决地方冲突的主要是地方势力，即城市显要人士，包括主教。同时代人绝不会将国王中央机构的话语看作纯粹的意识形态：如果卡西奥多预料到自己的读者会将狄奥多里克的二重国家视为低效、腐败和残忍的，那他想必不会将那些在哥特国王的委托下以他的名义撰写的文书结集出版。卡西奥多肯定是一名满脑子阶级自豪感的罗马贵族，他绝不是那种会公开支持自己暗地里鄙夷的事物的犬儒。[93]

　　然而，卡西奥多的文集也让人们认识到，被狄奥多里克宣扬的"维护法律秩序"，以及哥特战士与罗马百姓按照罗马法的规定和平共处的局面，必定已经受到了威胁。哥特臣民在法律上享有优先地位，因此冲突是早已预定好的。此外，哥特长官集军事指挥权和司法裁判权于一身，这就导致他们可以真正介入罗马总督的管辖范围。事实上，国王的文书列举了狄奥多里克统治末期在西班牙、达尔马提亚和西西里行政管理体制中出现的重大弊端。在占领普罗旺斯后，王室书记处宣布，普罗旺斯的居民首先要重新学习如何在法庭上解决争端，根据书记处的描述，在潘诺尼亚西尔米亚主要适用的是武力自卫权。不过，这些行省都位于意大利半岛之外。但同样在意大利，由于行省总督任期较短，加之总督地位相对较低，他们的执行能力不如几百年前。狄奥多里克的外甥狄奥达哈德很可能控制了托斯卡纳的大部分地区，此举不仅侵犯了当地地产主的利益，还有损王室尊严。然而，狄奥多里克并没有阻止此事的发生，恰恰相反，他甚至还委托自己的外甥充当法官。中央必须时常派出特派员来推动庭审，执行已经作出的判决。地方常规管理机构的弱势地位也体现在国王对其臣民的保护所具有的重要意义上。"贵族官"阿格内鲁斯在被派去出使北非之前，曾请求国王保护自己的财产不受侵犯，国王将这一任务交给了当时没有担任任何职务的"贵族官"费斯图斯，而这绝不是一个好的信号。如果一个来自最高层的人在无法亲自照管财产的情况下还需要担心自己的财产，那么普通的议员或地位低下的农民又该怀着怎样的恐惧呢？ 94

第八章

违背意愿的扩张？狄奥多里克的对外政策

27
"诸王组成的家族"？506年
与507年之交的外交和危机管理

486年与487年之交，法兰克国王克洛维占领了位于法国西北部的西亚格里乌斯（Syagrius）的王国后，便成为西哥特国王阿拉里克二世的邻居。他们的和平关系没能持续多久，5世纪90年代不断发生武装冲突。到了506年下半年，克洛维和阿拉里克二世之间再次爆发争端。通过谈判的方式解决争端的努力失败了。克洛维不久前才赢得了一场对阿勒曼尼人的重大胜利，因此他不愿意作出任何让步。此时双方已全副武装，准备开战。[1]

而在拉文纳，人们怀着忧虑关注着事态的发展。为了避免这场一触即发的战争，狄奥多里克派出了使臣，他们首先要去拜见阿拉里克，随后是勃艮第国王贡都巴德以及其他一些国王，最后是克洛维。其中一名使臣名叫塞纳留斯（Senarius），他是罗马人，狄奥多里克曾多次将外交任务托付给他。卡西奥多留下了一些使团临行前要交给使臣的书信。狄奥多里克要求西哥特国王谨慎行事：阿拉里克不应当无缘无故地前去承受军事冲突带来的风险，特别是他手下的人民因为长期没有作战，战斗力已经不太强了。在卡塔隆平原战胜阿提拉已经是很久以前的事（451年）。狄奥多里克不希望自己的亲戚相互攻讦。阿拉里克不应任由第三方煽风点火，"这些人心怀恶意，乐于看到旁人相斗"，而是应当坚持休战，让狄奥多里克的朋友组成的仲裁法庭来化解争端。一支使团也会向克洛维提出同样的

331

地图 11　506 年的西欧

建议：如果克洛维看到，狄奥多里克以及与狄奥多里克结盟的 332
诸民族都反对自己，那么他也会愿意服从仲裁法庭的决议。[2]

见过阿拉里克后，使臣们继续前去面见贡都巴德。他们请
求这位勃艮第国王，希望他可以加入狄奥多里克及其盟族的阵
营，从而让"在他们中间存在争议的事情能够通过友好的仲裁
法官以理性的方式得到了结"。在写给贡都巴德的书信中有如
下理由——

> 看到尊贵的君王中间存在冲突的意图，并一同目睹
> 惨痛之事发生在其中一人身上，这是一桩极大的恶事。若
> 是有人在我们的纵容下战胜了亲族，那必定会有人对我们
> 产生恶意。你们人人都享有巨大恩惠之种种保障，没有任
> 何一人可以脱离另一人存在。若你们彼此侵犯，那你们就
> 让自己背负起巨大的罪孽，而这会令我痛心疾首。我们应
> 当借理性之缘由来提出抗议，从而约束王族少年，因为若
> 这些少年感觉到我们十分不喜他们用不当之法追求到的事
> 物，他们便不能再保留自己放肆的愿望了。少年们尊重长
> 者，哪怕他们会因为自己如花的年纪而变得易于激动。他
> 们应知晓，我们反对他们怀有的敌意，并且我们想要确保
> 双方中无任何一方突破限度。我们应当使用强硬的言辞， 333
> 以确保我们的亲族不至于过分到极点。[3]

离开贡都巴德后，狄奥多里克的使臣又去面见赫鲁利人、
瓦尔尼人（Warnen）和图林根人的国王，这些国王的名字我
们并不知道，这是因为卡西奥多在出版《杂录》的时候对他们
的名字秘而不宣。这三名国王收到的书信内容完全一样，只有
收信地址不同。我们同样无法确定使团的出使路线。这一时期
为人们所知的赫鲁利人的国王名叫鲁道夫（Rudolf），他的王

国位于多瑙河中游。当然，这些赫鲁利人居住的地方离法兰克人和西哥特人的居住地不远。有部分人认为狄奥多里克的收信人所在的位置在莱茵河下游，然而我们没有听说过这个地方有赫鲁利国王。根据史料，6 世纪时期由一名国王统治的瓦尔尼人所在的区域是莱茵河下游的右岸。出使的第三站显然是一位图林根国王的宫廷，这位国王要在易北河（Elbe）中游与萨勒河（Saale）之间的地区寻找。狄奥多里克向这三位国王强调，克洛维一旦战胜了阿拉里克，也会对他们造成威胁。有能力对这样一个庞大的王国下手的人，自然会毫不犹豫地进攻更小的国家。因此他们应当与狄奥多里克和贡都巴德一同向克洛维派出使臣，阻止克洛维进攻阿拉里克。[4]

最后，使团还拜见了克洛维本人，当时克洛维的主要驻地还是苏瓦松（Soissons）。卡西奥多也将写给克洛维的信流传了下来。狄奥多里克严重警告克洛维，要他不得对阿拉里克开战，"他人的恶意"不应当在他们中间播撒下不和的种子。狄奥多里克还在信中援引了"关于亲族的神圣律法"，说明阿拉里克和克洛维是兄弟，狄奥多里克是他们共同的父亲。

> 我想要坦率地、满怀好意地说出我的想法：根据第一次派遣使团的结果就要立刻诉诸武力，这是缺乏耐心的表现。但愿那向父辈亲属要求之事可以通过受到遴选的法官获得。因为你们想要的仲裁法官人选也乐于在你们这样的人中间作保。若是你们看到我们对你们的争端置若罔闻，又会对我们有何想法？但愿武力冲突可以避免，在这样的冲突中，你们中的一位一旦失败，便很可能要承受苦痛。放下刀剑吧，你等相斗会令我蒙羞！我以一位父亲和饱含爱意者的权力警告你们：认为自己应当轻视我们的警告之人（当然我们并不相信有人会这么做），会让我们和我们

334

的盟友成为他的仇敌。[5]

这些书信展现出，狄奥多里克是一个政治关系网络中的核心人物，这个网络囊括了欧洲大陆西部所有有影响力的君主：克洛维、阿拉里克和贡都巴德，以及赫鲁利人、瓦尔尼人和图林根人的国王。这些统治者通过多种方式与狄奥多里克捆绑在了一起。赫鲁利人、瓦尔尼人和图林根人的国王与狄奥多里克订下了盟约，勃艮第国王也是如此。面对阿拉里克和克洛维，狄奥多里克提到了由亲属关系产生的权利与义务：阿拉里克是狄奥多里克的女婿，因为他娶了狄奥多里克的女儿提乌迪哥托为妻。自从克洛维的妹妹奥德弗蕾达与狄奥多里克成婚后，克洛维就成了狄奥多里克的大舅子。也就是说，他们存在以姻亲关系为基础的家族纽带。

不过，狄奥多里克从政治等级的角度来解读这种家族纽带：他要求自己扮演起一个慈爱父亲的角色，他有资格并且也必须告诫自己的儿子，使他们免于犯错。在这一过程中，他将自己置于一个提出忠告者的位置上，无论是年龄还是生活经验他都要优于那些性急的年轻人。狄奥多里克想要以一个由诸位国王组成的家族之首的形象示人。当然，这里实际上是一种自我标榜，因为狄奥多里克事实上并没有比阿拉里克或克洛维年长太多。值得注意的是另一件事：王室书记处以个人为范畴来进行论证，书记员将政治关系表述为亲属关系。这种思维方式是狄奥多里克同日耳曼诸王打交道时所特有的。在与君士坦丁堡进行外交的时候，他会使用超个人的国家概念，如"国家"或"帝国"，这些概念的内容由罗马传统来确定。对于一个 5 世纪在地中海地区西部出现的全新的、由多极国家组成的世界而言，这些概念已经没有用了，这是因为在这里有多位国王在相互竞争，而这些国王不受罗马的国家理念制约，哪怕他们还

335

在使用罗马头衔。

同样值得人们注意的还有国王们企图通过仲裁法庭来阻止军事冲突。狄奥多里克动员了自己的盟友，因为他想要两名对手放弃武力，由第三方来对他们的争端作出裁决。也就是说，他既不想眼看着克洛维和阿拉里克相互争斗却无动于衷，又无意加入任何一方。他的目的是维持现有的强权政治。这种强权政治自然不是利他主义的：对于狄奥多里克而言，要维持的现状等同于这样一种秩序，即他本人要在日耳曼诸王中间占据领导者地位；通过维持现状，狄奥多里克也能够维持自己的霸主地位。不过，他这一时期的政策并不以扩张为目的。狄奥多里克接受了多个不依附于皇帝的王国在西欧的并立存在，并将此视为业已存在且不可改变的事实；在这个意义上，狄奥多里克彻底同罗马诸皇帝普遍的统治要求决裂了。狄奥多里克试图通过婚姻和盟约来保障这一秩序不受到个别有意争夺霸权的统治者的威胁。但与此同时，他在其他国王面前所要求的主导地位并非源于自己在意大利的统治，或是因为他在罗马担任了官职，而是基于一些与他本人密不可分的事实。

卡西奥多的《杂录》中记载的（并且只有这份史料记载了）阻止克洛维和阿拉里克之间一触即发的战争的努力，使得狄奥多里克以一个和平秩序的缔造者和守护者的形象出现在西欧日耳曼诸王中间，而这一和平秩序正因克洛维的扩张欲而受到威胁。这也恰恰是卡西奥多将上述书信收录到自己文集中的原因。在一个东罗马已经不愿意再继续容忍哥特国王统治意大利的时代，卡西奥多的目标是将狄奥多里克刻画为一名虽然十分强大但无意扩张，而是试图在诸王中间维护和平的统治者。许多描述狄奥多里克对外政策的现代研究也传达了同样一种印象。当然，《杂录》的读者知道，狄奥多里克调和的尝试失败了，克洛维不愿意放弃自己的计划。这位法兰克国王率领着自己的部队前往波尔多(Bordeaux),并于507年夏末在普瓦捷(Poitiers)附近给予阿拉里克致命一击。开战的具体地点被命名为沃格拉登旷野(campus Vogladensis),该地可能位于武耶附近。西哥特国王阿拉里克在战斗中阵亡。以亲属关系以及盟约为基础的政治联盟系统被证明无法缓和由好战的国王之间的竞争引发的潜在冲突,人们对狄奥多里克的警告充耳不闻。那么,如何解释这样的失败呢? 在回答这个问题之前,首先必须看一看危机开始之前的那段时期,因为只有这样我们才能理解这一联盟系统是如何产生的。[6]

28

"同侪之首"：506年至507年危机爆发前狄奥多里克的对外政策

当狄奥多里克于488年踏上前往意大利的旅途时，他将要进入的是一个东罗马皇帝只能借助外交手段方能影响到的区域。西罗马帝国皇帝被多名国王接替。自476年起，统治意大利的是奥多亚克。他在西边最为强大的邻居是西哥特国王阿拉里克二世，此人位于高卢的王国疆域从卢瓦尔河一直到科蒂安阿尔卑斯山脉，此外还有勃艮第国王贡都巴德，他统治的王国疆域从卢瓦尔河一直延伸至瑞士西部。在博登湖（Bodensee）畔则出现了阿勒曼尼人的聚居区，聚居区的北边一直延伸到美因河（Main）乃至更远的地方。法兰克国王克洛维几年前就已经吸引了众人的目光，他战胜了罗马元帅之子西亚格里乌斯，后者以苏瓦松为首都，统治着卢瓦尔河和索姆河（Somme）之间的区域。自此，克洛维的势力范围便延伸至了比利时和法国北部［布列塔尼地区（Bretagne）除外］。然而，他的王国当时距离意大利还很遥远。[7]

位于北非西部的汪达尔人的王国是罗马帝国之外唯一一个海上强国。即使是奥多亚克的王国也害怕盖萨里克的舰队，这支舰队曾不断洗劫意大利各处海岸及附近岛屿。盖萨里克在死前不久（476年）将西西里割让给了奥多亚克，换取了一笔贡赋，不过他留下了利利俾（Lilybaeum）作为舰队基地。当狄奥多里克和奥多亚克之间的战争开始后，盖萨里克的继承人贡塔蒙德（Gunthamund，477~496年在位）嗅到了机会，认为趁机可以将西西里夺回来。起初贡塔蒙德似乎取得了一些胜利，但他不久后就被迫向狄奥多里克求和。491 年，双方签署了一份协议，这份协议促使贡塔蒙德放弃了贡赋，也放弃了对西西里任何形式的宗主权。或许当时他也割让了利利俾，此地在 500 年似乎已经被哥特人占领。这份协议的签署对于狄奥多里克而言是一次重大胜利，因为该协议强化了狄奥多里克对一座岛屿的控制，而这座岛屿是罗马城重要的粮食供应地，并且使狄奥多里克不必为了保护意大利南部不受外来侵犯而设防。贡塔蒙德表现得如此顺从，哪怕当时的狄奥多里克尚没有以奥多亚克征服者的身份站稳脚跟，其原因我们并不清楚。[8]

很显然，在与奥多亚克开战之后不久，狄奥多里克就同阿拉里克建立了联系。在 490 年 8 月 11 日爆发的阿达河战役中，曾有一支西哥特军队为狄奥多里克一方作战。可惜的是我们所了解的仅限于此。双方是如何结成同盟的？诚然，狄奥多里克的堂兄弟维迪米尔大约在 475 年带着自己的部下加入了西哥特人一方，但这已经是很久以前的事了。阿拉里克与狄奥多里克的女儿提乌迪哥托则是直到阿达河战役之后才缔结的婚姻，时间大约在 494 年，当时狄奥多里克已经是公认的意大利之主了。在此之前，狄奥多里克的权势和威望都无法与阿拉里克这位西班牙及南高卢之主匹敌。直到战胜奥多亚克之后，西哥特国王阿拉里克才把狄奥多里克看作与自己平起平坐的人。[9]

同样，我们对狄奥多里克向克洛维的妹妹奥德弗蕾达求婚并迎娶她的情况或许也能做一番推测。双方很可能是在同奥多亚克开战之初建立起的联系。贡都巴德在意大利北部烧杀抢掠的时候，克洛维在背后偷袭了他；随后贡都巴德仓皇逃回了自己的王国，并在位于欧坦（Autun）与欧塞尔（Auxerre）之间的屈尔河（Cure）畔同克洛维缔结了盟约。有共同的敌人也就有共同的利益，这一点克洛维和狄奥多里克想必也很清楚。

338

战胜奥多亚克不久后，狄奥多里克的使臣便来到了克洛维的宫廷向奥德弗蕾达求婚，据说克洛维十分高兴。对他而言，与新的意大利之主结亲意味着自己能够获得巨大声望。狄奥多里克想从这桩亲事中得到什么，就没那么清楚了。当时的克洛维还没有将所有法兰克人统一在自己的政权之下，他只不过是众多法兰克国王中的一位，还是个异教徒，他统治着高卢的一部分，而这片区域离狄奥多里克的王国还很遥远。也就是说，这桩婚事不会直接帮助狄奥多里克保障意大利的安全。有可能狄奥多里克是希望借此巩固自己在勃艮第人面前的地位。在同一时期，克洛维迎娶了勃艮第国王贡都巴德的侄女克罗德希尔德（Chrodechilde）。不同于贡都巴德，克罗德希尔德信仰的是天主教，她成功让自己与克洛维所生的儿子们洗礼为天主教徒。[10]

这一时期的贡都巴德则得到了多方争取，就连狄奥多里克也在494年与勃艮第王室攀上了亲戚关系。对于狄奥多里克而言，与贡都巴德的结盟并不只是因为空间距离的邻近而具有相当重大的意义。与奥多亚克的战争结束后，北意大利地区大约有1万名居民以难民或者俘虏的身份留在了勃艮第人的王国。此时人们希望狄奥多里克能够想办法帮助这些人回乡。正如我们所看到的，两名天主教会的主教带着这项任务去见贡都巴德，贡都巴德也同意让难民回乡，允许俘虏赎身。这件事情可能是真的，因为贡都巴德和狄奥多里克一致同意结盟，贡都巴德已成年的儿子西吉斯蒙德与狄奥多里克的女儿奥丝特萝哥托订下了婚约。不久后，大约在494年举行了婚礼。在主教伊皮法纽的传记中，恩诺迪乌斯暗示，狄奥多里克曾允诺，如果自己没有儿子，便会立西吉斯蒙德和奥丝特萝哥托的一个儿子为自己的继承人，这样的许诺使得双方的联盟正中勃艮第国王的下怀。如果这是真的，那么人们就要问了：为什么这个诺言后来再也没有被提到？难道这个诺言就这么模棱两可吗？在507年的《致狄奥多里克颂词》中，恩诺迪乌斯将494年结成的同盟解读为贡都巴德臣服于狄奥多里克的意志。这样一种解读方式反映了哥特宫廷看法上的转变，而哥特宫廷当时认为贡都巴德这位盟友的实力更胜一筹。当贡都巴德同意结盟时，他想必有很好的理由认为自己与狄奥多里克有同等的地位。[11]

　　最后在500年，狄奥多里克的妹妹阿玛拉弗里达嫁给了汪达尔国王特拉萨蒙德。这桩婚事似乎是一个结盟政策的高潮，该政策通过婚姻将地中海西岸所有重要统治者统一成了一个"诸王组成的家族"。继法兰克人克洛维、西哥特人阿拉里克和勃艮第人贡都巴德之后，汪达尔人特拉萨蒙德也加入了狄奥多里克的家族关系网中。与此同时，政治格局发生了显著的变化，这主要是因为狄奥多里克在498年得到了东罗马的正式承认。当特拉萨蒙德向狄奥多里克求娶其妹阿玛拉弗里达的时候，他的地位明显低于哥特国王，阿玛拉弗里达给丈夫带去了利利俾基地作为嫁妆。这位阿马尔家族的女性在到达迦太基的时候有不少于1000名贴身侍卫和5000名全副武装的仆人。这是一支常规的私人军队，而特拉萨蒙德手下的战士数量恐怕不超过这支军队的两倍。狄奥多里克给自己的妹妹配备了重要的权力工具，因为她要在汪达尔人的宫廷扮演独立的角色。恩诺迪乌斯毫不掩饰地表达出了这样的期待，他在《致狄奥多里克颂词》中对汪达尔人发表了如下的看法："他们理当被称作亲戚，因为他们没有拒绝服从。"[12]

　　恩诺迪乌斯的《致狄奥多里克颂词》传达了这样一种表象，即狄奥多里克成功通过通婚及结盟政策消除了日耳曼诸王之间的敌意。然而这一表象却具有欺骗性。自从法兰克国王克洛维在486年至494年成功将统治疆域拓展至布列塔尼之后，阿拉里克和克洛维之间就多次爆发冲突。西亚格里乌斯则在被克洛维击败后逃到了阿拉里克那里，经过双方谈判后才被交出。法兰克人的势力在 496 年已经推进到了桑特（Saintes），498 年则推进到了波尔多。两年后，克洛维便与勃艮第国王哥德吉塞尔合作，后者在此之前一直与哥哥贡都巴德一同治理国家，然而此时他想要获得独立统治权。三支大军齐聚第戎（Dijon）。哥德吉塞尔在克洛维的帮助下战胜了自己的哥哥，随后几乎占领了整个勃艮第王国，贡都巴德退回到了阿维尼翁。克洛维将军队撤回到自己国中之后，贡都巴德才得以重新集结自己的兵力。他将哥德吉塞尔围困在了维埃纳。由于他人叛变，贡都巴德重新夺回了城市，并将弟弟与其妻儿一同处死。为哥德吉塞尔效力的法兰克战士则被他交给了在危难时刻提供了帮助的阿拉里克，此举使得阿拉里克能够通过收取赎金或者将这些法兰克人贩卖为奴获利。或许贡都巴德还将阿维尼翁城割让给了阿拉里克。阿拉里克和克洛维之间的冲突在两年后（502 年）才正式得到调停，两名国王在卢瓦尔河上的一座位于昂布瓦斯（Amboise）附近的岛屿上缔结了和约。[13]

而这一时期的克洛维侵犯的不仅仅是西哥特国王和勃艮第国王的领土。通过取得的一系列成功，这位法兰克国王释放了自己既没有能力遏制，也不愿意遏制的战斗的活力。由于每一名战士都能分得一部分战利品，战争对于每一个人都是有利可图的，当整支军队战绩斐然时更是如此，不过并非只有这样人们才能在战争中有所斩获。此外，在战争中经受住考验可以提高一个人作为战士的声望，也就是他的"荣誉"，并让他有了效忠国王的可能性，从而出人头地。这样的前景十分诱人，这是因为在一个军人社会中社会等级相对扁平，并且不同等级之间具有渗透性。克洛维手下的战士们每个春天都要聚在"三月原野"上接受检阅，他们期望国王能够继续给他们创造赢得战利品和名誉的机会。出兵的机会很快就会找到，这是因为各方

都有强烈的用暴力来解决冲突的意愿。大多数情况下多名法兰
克国王会联合起来一同出兵作战。[14]

然而,受克洛维统治的法兰克人聚居区的东南边与阿勒曼
尼人的聚居区接壤,阿勒曼尼人的聚居区从莱茵河上游一直延
伸至美因河畔。4世纪的时候在这一地区同时有多位"小"国
王统治各阿勒曼尼人部落,有时候国王数量不少于七位。这些
国王虽然偶尔会联合起来一同出战,但通常都是各走各的路。
部分研究认为在5世纪末情况依然如此。相反,另一些研究者
认为,在缺乏可靠史料的过渡时期,阿勒曼尼人中间出现了一
个"大"王国:与克洛维存在冲突的阿勒曼尼人受一位国王统
治。根据这一观点,当时大约存在一个阿勒曼尼王国,它是居
于克洛维、贡都巴德和狄奥多里克统治的领土之间的一支重
要力量。470年前后在帕绍(Passau)附近在塞维里努斯的劝
说下释放了俘虏的"阿勒曼尼人的国王"吉布尔德(Gibuld)
是第一位也是唯一一位被提到了名字的阿勒曼尼人的"大"
国王。[15]

事实上,图尔的格列高利(Gregor von Tours)在他的历
史著作中记载,克洛维在位第十五年的时候,也就是496年
与497年之交,"针对阿勒曼尼人"发动了一场战役。在这场
战役中,克洛维的军队陷入了巨大的困境。于是法兰克国王呼
唤了自己的妻子克罗德希尔德敬拜的上帝,并发誓,如果上帝
能够帮助他抵御进逼的敌人,他就会以上帝之名接受洗礼。于
是,阿勒曼尼人转身逃走,最后当他们看到"他们的国王"被
杀时,便投降了。[16]

法兰克主教格列高利是在上述事件发生差不多一个世纪以
后才讲述这个故事(当然他参考了更早一些的资料),因为
他想要解释克洛维如何并且为什么成为第一位改信基督教的法
兰克国王,并且在叙述者看来,克洛维是一名天主教徒,也即

342

持正统信仰的教徒。他并不关心此次战胜阿勒曼尼人的战争细节。正如被杀的国王的名字不详一样，格列高利也没有提到战争发生的地点。人们大多认为战场位于曲尔皮希［Zülpich，在科隆和奥伊斯基兴（Euskirchen）西边］附近，因为格列高利在别的地方顺便提过，另一位法兰克国王在那里与阿勒曼尼人作战的时候受了伤。然而，人们绝不能够因此肯定这两处地方提到的是同一场让阿勒曼尼人失去了"他们的国王"的战役。经过第二次胜利后，克洛维得以将势力范围拓展到阿尔卑斯山南麓，并在那里首次与狄奥多里克的王国发生了直接接触。[17]

496 年到 497 年的这次击败阿勒曼尼人的战争影响了诸王的力量对比。根据格列高利的记载，此次战役是克洛维宣誓接受洗礼的原因，事实上克洛维也的确遵守了这项诺言。克洛维在兰斯（Reims）由主教雷米吉乌斯（Remigius）施洗。格列高利没有提到举行洗礼的年份，因此学界对此存在争议。部分人认为格列高利的编年史是一部伪历史著作，并且认为洗礼与战胜阿勒曼尼人无关，而洗礼则被认为发生在 508 年。反之，如果接受格列高利编年史中的说法（这么做也有充分的理由），那么战胜阿勒曼尼人便与洗礼之间存在因果关系，而洗礼必定是在 498 年或 499 年举行，这是因为之前要进行漫长的准备。总之，克洛维早就已经挑战了狄奥多里克谋求的霸权主义和平秩序，并且不仅仅是通过政治和军事手段，更多的是通过宗教信仰来疏远其他国王。也就是说，克洛维所接受的基督教信仰使他与狄奥多里克以及贡都巴德、阿拉里克和特拉萨蒙德区分开来，同时又与自己的罗马臣民，或至少与远方的罗马皇帝有了潜在的联系。不同于西哥特人、东哥特人、勃艮第人和汪达尔人的国王，克洛维从此与王国中的罗马居民同属一个宗教团体，并且由于克洛维手下的法兰克人很快也接受了罗马居民必须信仰的基督教，克洛维能够统管一个不会因为信仰差异而分裂的臣民联合体。[18]

克洛维决定皈依天主教并接受洗礼，因为他在战场上寻求了上帝的帮助。与此有关的记载往往会受到质疑，但这样的记载完全是可信的。一方面，克洛维皈依的决定并非突如其来，克罗德希尔德以及其他一些人早就在催促他皈依了。另一方面，一个神明通过在危难时刻提供帮助来证明祂的力量和真实性，这样的想法在当时的人看来是十分合理的。日耳曼诸王和罗马皇帝都会祈求神明帮助自己战胜敌人。然而，这样的想法并不能解释克洛维为什么决定皈依基督教里的天主教派而不是相像派。他必定认为作出皈依天主教的决定能够给自己带来不止于作战那一天的好处。一部分好处是显而易见的。首先，克洛维可以在自己的家庭内部促进宗教和平。其次，他完全有理由期待能够通过这种方式让高卢—罗马精英与自己更紧密地联系在一起。不过克洛维还有可能将洗礼理解为与天主教派各主教的结盟，这使得他能够与主教们更加高效地合作并可以更有效地控制他们。如果克洛维加入同一教会，那他就可以更加方便地左右神职人员的任免、召集宗教会议并决定宗教会议的日程。这样一来，国王便能不受约束、毫无保留地充当自己国中各个天主教派主教的保护人及主人。此外，通过洗礼，克洛维也在自己的王国之外唤起了人们的希望，在那些地方，天主教派的主教们必须服从信仰相像派的国王。克洛维改宗天主教开启了新的前景，哪怕勃艮第王国和西哥特王国中的高卢—罗马精英所怀有的政治忠诚绝不仅仅取决于信仰问题。[19]

当时属于勃艮第王国的维埃纳主教阿维图斯在一封文笔优美的书信中对克洛维的洗礼致以祝贺，并向他作出了如下的提示——

　　各种教派的追随者都在以蒙昧的基督徒的身份，试图用他们那目的各不相同、五花八门却不具备任何真理的学说蒙蔽您那深刻的心灵。我们将一切交付给永恒，听凭未来的考验，无论在那样的思想中有多少正确之处，即使在当代，真理之光也会闪现，使得神意为我们这个时代找到了一名决策之人！您为自己作出了选择，也就对所有人作出了判决：您的信仰便是我们的胜利。

　　阿维图斯强调，克洛维通过洗礼与自己的先祖决裂，但与此同时他也为自己的后代制定了一条必须遵守的规定。这一决定不仅对克洛维的臣民具有重大影响，还对所有持正统信仰的基督徒具有重大意义，只要他们还生活在皇帝的势力范围之外。这样一来，真正的信仰在西方也就有了克洛维这样一根支柱。主教将目光望向东罗马帝国，并说了如下的话——

　　至少希腊还是会为一名君主能接受我们的律法感到欣喜，然而仿佛仅有希腊方能得到如此大的恩典的状态已经一去不复返了。恩典的光芒也会在这里使大地熠熠生辉。一位早已光芒万丈的君主身上的光正照耀着西方。

　　阿维图斯将洗礼行为描绘成一项给予国王胜利姿态的仪式："曾赠予幸运之物，如今将由神圣给予更多。"阿维图斯提醒克洛维，称他只能通过主教分享恩典。最后他敦促克洛维，说他作为基督徒国王有义务在异教民众中间传播真正的信仰——

　　请从您心灵的富饶的宝藏中将信仰的种子也播撒到居住在远方的部落中间吧，这些人直到现在还生活在自然的无知状态，没有被异端邪说的萌芽败坏。[20]

这段呼吁显然只针对异教徒。这位精明世故的主教没有要求克洛维在相像派基督徒中间传教；他不想让人觉得自己是在邀请法兰克国王插手勃艮第国王或哥特国王的事务。尽管阿维图斯的书信表明，通过洗礼，克洛维已经成为信仰相像派的国王无法满足的天主教臣民的那些期待的接收者。

保护狄奥多里克在意大利的统治免遭外部势力威胁的联盟系统并非在任何方面都无懈可击。在 500 年，狄奥多里克国王成功将汪达尔人也纳入了"诸王组成的家族"中。克洛维以及他手下的法兰克人没有兴趣维持现状，他们作出一番事业的野心不会因为婚姻和盟约而被遏制住。贡都巴德只能煞费苦心，同时在西哥特的支持下，在自己的弟弟哥德吉塞尔及法兰克盟友的威胁下维持自身的地位。在随后的数年里，这样的紧张局势还会继续加剧。

正如我们所看到的那样，狄奥多里克一定意识到了他试图在诸王中间建立的秩序受到了威胁，并且他采取了措施来稳固这一秩序。这类措施之所以变得很有必要，是因为狄奥多里克国王并不能长期满足于统治奥多亚克曾经控制的地区。504 年，狄奥多里克派出了一支由"将军"皮奇亚和赫尔杜伊克（Herduic）率领的军队前往锡尔米乌姆地区。那里一直居住着格皮德人，而狄奥多里克在前往意大利的路途中曾与他们发生冲突，不过这个时候已经由特劳斯提拉国王的儿子特拉萨里克（Thrasarich）继承了王位。狄奥多里克的军队将特拉萨里克打跑了，还俘虏了他的母亲。特拉萨里克被君士坦丁堡收留，在那里他被皇帝封为荣誉御林军长官。在不久前刚被发现的特拉萨里克墓碑上，该头衔被写在了格皮德国王头衔之前。

特拉萨里克曾经统治的区域被并入了狄奥多里克的王国，

地图 12　489 年至 524 年狄奥多里克的占领地

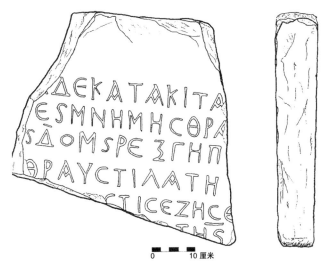

图 21　格皮德国王特拉萨里克的墓志铭（重制画）

成为潘诺尼亚西尔米亚行省。该行省由一名具有"长官"头衔的官员治理，这名官员同时拥有军事和民事职权，虽然他的名字科洛塞乌斯（Colosseus）是从希腊语"kolossos"（意为"巨人"）派生而来，但他很有可能是哥特人。[21]

在狄奥多里克的宫廷，人们大肆庆祝锡尔米乌姆这处古老帝都被并入王国，他们认为从法律角度看这里本是意大利的一部分，只是由于最后几任西罗马皇帝的疏忽才丢了这处地方，如今它又被重新夺回。卡西奥多在他的《编年史》中记载道，504 年，"由于我们的主人及国王狄奥多里克骁勇善战，意大利大胜保加利亚人，夺回了锡尔米乌姆"。恩诺迪乌斯在《致狄奥多里克颂词》中也使用了类似的说法。在这里，"意大利"（Italia）代表了一个罗马帝国的西半部分，与之相对的概念则是"希腊"（Graecia）。"意大利"和"希腊"即为一个罗马帝国的两个部分，它们也被狄奥多里克的书记处称为"两个政体 / 国家"。如同这种表达方式一样，为意大利夺回锡尔米乌姆的说法考虑的也是罗马的接收者。在一封卡西奥多写给负责管理新行省的军事长官的书信中，却突然闪现出了事情的另一面，信中将锡尔米乌姆地区称为"哥特人从前的住所"。这一说法指的是473年以前的时代，那时候狄奥多里克的父亲和叔叔曾统治着潘诺尼亚。从哥特人的角度出发，从这处昔日的产业显然可以引申出对当下的权利要求。[22]

从君士坦丁堡的角度看，对特拉萨里克手下的格皮德人的征服之战超越了狄奥多里克应有的职权，君士坦丁堡有充分的理由感觉自己受到了挑衅。但事情并不止于吞并了一座古老的帝都。最主要的是，在这一系列行动的过程中，哥特人与皇帝手下的将军萨宾尼亚努斯率领的军队发生了武装冲突，当时萨宾尼亚努斯正带领着保加利亚盟友前去攻击一个名叫蒙多（Mundo）的人。蒙多是格皮德国王特劳斯提拉的一个侄子，此人在488年抵抗过狄奥多里克。然而特劳斯提拉死后，蒙多不得不离开了特拉萨里克，后来在他身边聚集了一批靠烧杀抢掠勉强度日的人。在这些人的帮助下，蒙多建立起了一个小型政权，其政治中心是一座位于摩拉瓦河（Morava）河口的名叫赫尔塔（Herta）的塔楼。从罗马的角度看，蒙多绝不仅是一名成功的强盗头子。当皇帝的军队前去攻打蒙多的时候，他便立刻向狄奥多里克的"将军们"寻求帮助，而后者毫不犹豫地支持蒙多抵抗萨宾尼亚努斯。蒙多此前曾与狄奥多里克攀上了关系，这或许起到了一些作用。在摩拉瓦河河谷的玛吉仓库（Horreum Margi）附近，大战爆发。狄奥多里克手下的军事统帅皮奇亚率领2000名步兵和500名骑兵，将皇帝的保加利亚盟友打得四散奔逃。狄奥多里克一方的胜利毋庸置疑，即便没有人去数在战场上死无葬身之地的尸首有多少。随后蒙多臣服了狄奥多里克，并发誓，只要狄奥多里克还活着便会永远忠于他。[23]

　　狄奥多里克或许有很多理由发兵攻打特拉萨里克。恩诺迪乌斯只是泛泛地指责特拉萨里克"成天挑衅",并暗示他与"另一群格皮德人"的国王贡德里特(Gunderith)过从甚密,而后者的统治区域位于蒂萨河畔。很显然,狄奥多里克想要阻止两支格皮德人结合成一股会威胁到他的军事力量。据说皮奇亚和赫尔杜伊克接到命令,只有当特拉萨里克拒绝臣服后才对他发动攻击。但狄奥多里克显然认为特拉萨里克会拒绝这道最后通牒,因为他手下的统帅没有洗劫特拉萨里克的领土,很显然狄奥多里克事先已经计划好占领锡尔米乌姆了。人们无法不得出这样的结论,即狄奥多里克从一开始就有意占领锡尔米乌姆,即使他因此侵入了一处皇帝自认为享有权利的地区。狄奥多里克或许认为此举主要是一项保卫意大利的措施,也即防卫性扩张。这种防卫方式指的是通过牺牲他人,谋求自身的安全利益的行为,因而通常被他人视为侵略。谁若是决定采用这种防卫方式,便要承受极大的风险。

350

　　然而,风险更大的是与由皇帝号令的军队发生直接的军事冲突,不管这支军队是不是盟友。可以想见,人们决定支持蒙多对抗萨宾尼亚努斯之前并没有同狄奥多里克商量。前往拉文纳的路途十分遥远,而且当蒙多的求援信送达的时候时间已经很紧迫了。然而,即使皮奇亚真的擅自行事,狄奥多里克也在事后赞同了他的做法。正如恩诺迪乌斯强调的那样,皮奇亚的胜利也是狄奥多里克的胜利。国王从没想过将责任推卸给他人,同时,他也将荣耀归于自己。同样在这个意义上,攻打格皮德人的战争也是一次实验。在此之前狄奥多里克手下的哥特人从未在另一名统帅的领导下取得过重大胜利。这次试验成功了,皮奇亚为自己的国王赢得了胜利,就好像他是在为一名罗马皇帝效力。狄奥多里克可以信赖自己手下的人。

　　狄奥多里克下令攻打特拉萨里克的时候,或许也希望这一时期皇帝的兵力都投入攻打波斯人的战争中了。阿纳斯塔修斯只要在东边陷入困境，就无法在西边开辟第二条战线。事实上，皇帝起初放弃了对狄奥多里克的进攻进行报复性军事打击，但他使用了外交手段来牵制狄奥多里克的力量。那么，还有什么比同克洛维结盟更容易想到的方法呢？这位法兰克国王既有意愿又有能力挑战狄奥多里克的霸主地位，同时他与帝国之间的距离非常遥远，不必担心会与他发生激烈的利益冲突。[24]

351　　事实上，克洛维手下的战士们在 506 年夏初时分进行了一次远征，他们到了意大利边境，构成了威胁。卡西奥多以狄奥多里克的名义祝贺法兰克国王取得了对阿勒曼尼人的一次重大胜利，但同时要求他适度地对待被战胜者。在书信中，狄奥多里克区分了阿勒曼尼人的首领，也就是理应接受惩罚的"不忠的始作俑者"，以及逃到了狄奥多里克领土内的阿勒曼尼人。后者应当被宽恕——

> 这是一次值得纪念的凯旋，它使这样一个勇猛无畏的阿勒曼尼人陷入了这般恐惧之中，你迫使他向你乞求饶恕他性命。将那位国王及其民众的傲慢一同打倒就已经足够。将这规模无比庞大的民族部分通过武器、部分通过奴役的方式征服就已经足够。因为若是你还要同剩下的人作战，人们将不会相信你已经战胜了所有人。[25]

与格列高利一样，卡西奥多也没有提及被战胜的国王的名字以及战役发生的地点。很显然，十年前被战胜的阿勒曼尼人曾奋起反抗法兰克国王的统治，因此卡西奥多提到了应当接受惩罚的首领的不忠。领导此次起义的国王想必统率着一支庞大的部队，因为恩诺迪乌斯在《致狄奥多里克颂词》中称，狄奥多里克将"整个阿勒曼尼亚（Alamannen）"包围"在了意大利的国境线内"，当然"没有因此给罗马人的产业造成损失"。通过这种方式，阿勒曼尼人变成了自己先前洗劫过的王国的守卫。只有当狄奥多里克为一支数千人的队伍提供了避难所，让他们在阿尔卑斯山北麓的第一拉埃提亚行省和第二拉埃提亚行省定居时，这种说法才是有意义的。在那里这些人听从一名头衔为"拉埃提亚首领"的军事总督的指挥。不过，史料没有对这些阿勒曼尼人的定居地作出进一步的说明。在523年至526年之间，这群阿勒曼尼人中的一部分得到了狄奥多里克的许可，穿越了诺里库姆。由于朝着东方前进，他们很可能定居在了王国的边境地区，也就是潘诺尼亚。直到536年，维蒂吉斯国王才正式将对阿勒曼尼人的宗主权移交给了法兰克人。26

　　狄奥多里克的书记处绝不会在接收阿勒曼尼难民的问题上运用人道主义的语言主题，书记处是在请求宽恕被战胜者。同时，人们也没有理由去揭露狄奥多里克这样一种政治考量，即通过让阿勒曼尼人在阿尔卑斯山北麓避难，国王在意大利和克洛维的势力范围之间设立了一处缓冲区。卡西奥多将胜利中的克制视为一种外交原则，认为这是狄奥多里克行为的普遍准则。

　　　　听一听在这个问题上有诸多经验之人的意见吧：我顺利完成了那些战争，最后的结局都恰到好处。懂得节制的人永远都会是胜利者，只要令人愉快的财富能够取悦那些不会坚持采取残酷无情的手段之人。27

　　起初，狄奥多里克的劝告看似起了作用。克洛维没有继续追击受到狄奥多里克保护的阿勒曼尼人。然而，消除危机的喜悦之情没能持续多久。因为就在同一年，也就是506年夏

352

末，本章开头谈到的克洛维与阿拉里克之间的冲突爆发。正如
我们所看到的那样，狄奥多里克想要迫使敌对双方接受由同自
己交好的诸位国王组成的仲裁法庭的调解，反抗者将会惹怒狄
奥多里克及其盟友。然而，这项倡议却彻底失败了。克洛维的
军队在507年夏季横渡了卢瓦尔河，在普瓦捷附近与一支由贡
都巴德的儿子戈多马尔（Godomar）和西吉斯蒙德率领的勃艮
第军队会师。这支法兰克—勃艮第联军在武耶附近遭遇了阿
拉里克的军队。战役以克洛维的全面胜利结束，据说克洛维亲
手击杀了自己的对手阿拉里克国王。被击败的军队逃往了纳博
讷（Narbonne），并在那里推举了阿拉里克的私生子盖萨莱克
为国王。但是盖萨莱克无力保卫城市免遭贡都巴德的进攻，于
是他越过了比利牛斯山脉（Pyrenäen），退守到了巴塞罗那
（Barcelona）。狄奥多里克的女儿提乌迪哥托为阿拉里克所生
的未成年的儿子阿马拉里克被安全送到了西班牙。克洛维及其
盟友继续前往波尔多，并在那里过冬。一年后，也即508年，
他们攻占了西哥特诸王的都城图卢兹（Toulouse），抢走了国
王留在那里的财宝。接着，克洛维经昂古莱姆（Angoulême）
返回到了自己的王国，并以胜利之姿在图尔举行了入城仪式，
我们还会在下文谈到此事。率领法兰克军队的是克洛维的儿
子提乌德里克。提乌德里克夺取了阿尔比（Albi）、罗德兹
（Rodez）和克莱蒙－费朗（Clermont-Ferrand）。与此同时，
一支由贡都巴德率领的勃艮第军队将盖萨莱克赶出了纳博讷，
随后便开始围困古老的帝都阿尔勒。后来，在508年夏季，一
支由依巴率领的东哥特军队出现在了战场上。[28]

29

侵入西边：狄奥多里克
与西哥特人的王国

    法兰克—勃艮第联军攻打阿拉里克手下的西哥特人的战争彻底推翻了狄奥多里克的对外政策方案。"诸王组成的家族"开始武装争斗。狄奥多里克的盟友们不愿意在他的领导下想办法维护和平。在狄奥多里克看来，贡都巴德的行为尤其令人失望：勃艮第国王不仅无意阻止一触即发的战争，甚至亲自参与进攻西哥特王国的行动。可是为什么狄奥多里克会等到阿拉里克已经吃了败仗且丢了性命之后才进行军事干预呢？显然与狄奥多里克生活在同一时期的人也提出了这个问题。西哥特国王想必一直到最后都希望得到狄奥多里克的帮助，并且他是在自己手下战士的逼迫下才同意作战的。[29]

    要将意大利的哥特人动员起来，必须有数个月的准备时间，人们必须规划行军路线，准备好营地和补给。然而，对于准备不足的暗示只不过是将问题拖延了一番。克洛维绝不是突然发动的进攻，狄奥多里克也曾威胁要实施军事干预。人们猜测，他之所以犹豫不决，只能说是因为他不确定皇帝的态度如何。波斯战争于506年底以和约的签订而告终，这使得狄奥多里克不得不认为皇帝第二年将会再次获得兵力对西边采取行动，因此他预计皇帝会发动进攻。阿纳斯塔修斯会染指克洛维和阿拉里克的争端，这样的猜测是比较准确的。正因如此，狄奥多里克警告克洛维不要受到"他人恶意"（aliena malignitas）的煽动而发动战争。不过阿纳斯塔修斯是在法兰克—勃艮第联军胜局已定的情况下才选边站的。508年底，克洛维来到图尔，打算探访圣马丁（heiliger Martin）之墓，一支皇帝的使团在等候着他，使团交给克洛维一封荣誉执政官的任命书，并且可能还将他封为"贵族官"。很明显，皇帝以此承认了克洛维的征服行动。然而，入城仪式却几乎不可能是同君士坦丁堡商量好的，因为仪式要用一种违背其最初意义的方式来将姿态和标识物结合起来：国王骑着马，身穿紫红色丘尼卡和军大衣，从圣马丁教堂前往图尔大教堂；他还头戴冠冕，而这根本就是一件皇帝的身份标识。因此，阿纳斯塔修斯是否在图尔将克洛维封为某种形式的藩王，这一已经被多次探讨的问题实际上提得不对。想要在图尔当着新占领区代表的面，以胜利、虔诚及慷慨的国王的姿态示人的实际上是克洛维本人。[30]

355　　当狄奥多里克意识到自己已经被西欧的盟友抛弃了之后，首先便想要巩固汪达尔舰队对自己的支持。出于这一原因，他向迦太基的特拉萨蒙德的宫廷派出了一支使团。很可能大约在同一时间，他还收养了赫鲁利国王鲁道夫为军中义子。如果这个时间是准确的，那么狄奥多里克当时就在多瑙河中游获得了一个盟友。不过鲁道夫能帮到狄奥多里克的地方很少，因为他本人在此之后不久便被此前一直听从于赫鲁利人的伦巴底人（Langobarden）击败。[31]

　　事实上，狄奥多里克的担忧绝非没有道理。当高卢正在发生战争的时候，一支拥有200艘船只、装载着8000名士兵的皇帝的舰队洗劫了意大利的亚得里亚海岸，一直向南进攻到了塔兰托（Tarent），阿普利亚受到的损失尤为严重。此次行动带有报复性质，其目标仅限于尽可能地给对手造成大的损失，并没有正式宣战。狄奥多里克对从海上出其不意发动的进攻几乎做不了什么。由于他手上没有舰队，当要守卫海岸线的时候，他的军队总是来迟一步。可是特拉萨蒙德会避免派出自己的舰队去迎战皇帝的舰队，对他而言，与阿纳斯塔修斯保持良好关系比履行对狄奥多里克负有的同盟义务更为重要。而这不会是狄奥多里克的妹妹阿玛拉弗里达的丈夫做的最后一件让狄奥多里克失望的事。[32]

　　大约在同一时间，对高卢进行军事干预的准备工作正在展开。508 年 6 月 24 日，远征军被召集起来了。到目前为止，所有参战的军团都集结在了出发地。这一次狄奥多里克也留在了意大利，将最高指挥权交给了他人，军队很可能是在依巴的率领下开拔。东哥特军队沿着里维埃拉（Riviera）海岸旁的尤利亚奥古斯塔大道（Via Iulia Augusta）前进，跨越了科蒂安阿尔卑斯山脉，经弗雷瑞斯（Fréjus）来到了马赛。军队冲破了阿尔勒的包围圈，经过几场艰难的战斗之后，迫使法兰克—勃艮第联军撤退。

　　我们不太清楚军事行动过程中的细节。关于此次行动缺乏连贯的记载，散见的信息无法给出和谐一致的画面。军事行动似乎持续了多年，即从 508 年一直到 511 年。攻打阿尔勒的战争发生在 508 年。一年后似乎有两支东哥特军队在高卢行动。依巴率领自己手下的战士向南走，将法兰克人赶出了阿基坦。在此期间，在一处不知名的地方爆发了一场大规模战役，在此次战役中很可能有不少于 3 万名法兰克战士被杀死。拉文纳隆重庆祝了此次胜利。在 519 年卡西奥多受宫廷之托撰写的《编年史》中有关于此事的记载，即狄奥多里克将"受法兰克人蹂躏的高卢并入了自己的王国中"。这个说法过于夸张了，因为法兰克人保留了大部分的占领地，但上述文字符合狄奥多里克想要在大范围内极力证明的印象。在依巴夺取塞普提曼尼亚（Septimanien）的同时，一个叫马莫（Mammo）的人正率领着一支东哥特军队进入了勃艮第王国。一份当地的编年史对此事作了一番简要评论,称"哥特将领"(dux Gothorum)马莫"毁掉了一部分高卢的领土"。[33]

人们的立场决定了他们认为谁要对高卢被毁负责。对于非军事人口而言,法兰克人、勃艮第人和哥特人之间的差异极小。同样,信仰差异在这场战争中也居于次要地位。虽然克洛维试图拉拢阿拉里克手下信仰天主教的臣民,但没有取得太大的成功,奥弗涅地区(Auvergne)的高卢—罗马元老为西哥特人作战。阿尔勒的居民承受的苦难尤为深重,阿尔勒城被争夺了许久,时间很可能长达数月。一座位于城墙之外的修女院变成了废墟,部分城墙和塔楼受到了严重破坏,周边地带一片荒芜。田地已无法再耕种,所以因难民涌入而大量增长的城市人口不仅在围城期间,甚至在随后的一年里一直在遭受饥荒,瘟疫也随之而来。[34]

阿尔勒主教凯撒里乌斯在围城结束后不久举行的一次布道中描绘了战争带来的恐怖,目的是让教区中的人民清楚地认识到此世价值的虚无。

357 　　　　　你们曾经如此珍视、不愿意放手之物,如今在何方? 那么多繁华的土地,那么多夺目的城市,如今又在哪里? 只要听一听这些事便会使人感慨万千。可现在,映入我们眼帘的首先是围困之苦,接着是瘟疫之难。活着的人似乎都不够埋葬死者。整个行省都被拖入囚牢。我们不得不一同目睹,母亲们是如何被人从家中拖走。人们从正在哺乳的母亲怀中夺走小儿,并将他扔在地上。人们既不允许留下活着的孩子,也不允许埋葬死去的孩子。[35]

阿尔勒并非个例。可以证明这一点的是这样一个事实,即狄奥多里克放弃了向新臣民征收地产税。战争带来的损失极大，地产税几乎征不上来。绝大多数作物都被毁了，为来年耕种准备的种子数量非常有限。法兰克人和勃艮第人抓走了数千人，包括自由人和奴隶，只有支付了赎金，这些人才可以回到故乡。即使狄奥多里克任命的普罗旺斯行政管理部门为维埃纳主教阿维图斯准备好了给这些人赎身的钱财，也只有一部分人得以返乡。同时，狄奥多里克手下得胜的哥特人至少也能获得同样丰厚的战利品。大批俘虏到达了阿尔勒，在这里，凯撒里乌斯用自己教会的财产为其中一部分人赎了身。对于剩下的人而言，阿尔勒或许只是一个中转站。许多俘虏被迫跟随哥特军队前往意大利。数年后，凯撒里乌斯在拉文纳遇见了这群难民，阿维图斯请求米兰和帕维亚主教帮忙给这些俘虏赎身。一名来自阿维图斯管辖的教区的神父曾亲自前往意大利，寻找一个叫阿乌鲁斯（Avulus）的人，此人是这名神父一个亲戚的儿子，几年前被一名叫贝唐克（Betanc）的哥特长官当作人质抓走了。[36]

　　狄奥多里克毫不迟疑地将普罗旺斯并入自己的王国中。他下令不得把占领区当作敌国来对待。阿维尼翁的哥特指挥官接到指令，不得纵容针对当地居民的暴力行径，哥特军队应当把罗马人当作公民来对待。依巴应当亲自负责，使通过不正当手段落入他人之手的田产被归还给纳博讷教会。为了避免征用当地粮食，狄奥多里克下令从意大利运送粮食到马赛供应自己的军队，随后将粮食运送到有哥特军队要塞的迪朗斯河（Durance）边成了行省人民的任务。狄奥多里克还提供了钱款用来修缮阿尔勒城的城墙。一种销售税——西里克税的征收对象暂时是粮食、酒类和油，目的是让海外贸易商人对进口食品到高卢更加感兴趣。王室书记处尤其关心有产者的权利：持剑近侍乌尼吉斯（Unigis）奉命按照罗马法的要求，将逃走的奴隶交还给原主人；一名"自由的守护人"不得包庇"低贱的奴隶"。有一位交战期间被送到法兰克人身边安全的地方的富裕地主，乌尼吉斯曾根据罗马法中关于返乡的规定使他重新获得旧有的权利，包括他名下的所有财产，如土地、农村和城市中的奴隶。[37]

大约在 508 年之前，狄奥多里克委托一个名叫格美鲁斯（Gemellus）的罗马人负责组建高卢各行省的民事管理机构。格美鲁斯因此获得了代理长官的职位。王室书记处将狄奥多里克执政的开始描述为脱离野蛮状态、回归罗马文明。在一封写给高卢各省所有人民的书信中，王室书记处用以下文字描绘了这样的过渡——

> 因此，我将代理长官（vicarius praefecturae）派到你们这里，以彰明我也怀着高度庄严的情绪，送来了公民生活的准则。现在请享受你们先前仅限于听说的事物吧！要明白，男性不完全是因为体力，更是因为理性才受到喜爱，那些能够保障他人权利的人方能茁壮地成长。[38]

359

狄奥多里克如此急迫地占领普罗旺斯，这就抛出了一个问题：他入侵高卢究竟有何目的？当他的军队出现在战场上的时候，西哥特人已经又有了一个自己的国王，那就是前文已经提到过的盖萨莱克。盖萨莱克是阿拉里克与一名情妇所生，西哥特人选择了他而不是阿拉里克与狄奥多里克之女提乌迪哥托所生之子阿马拉里克当国王，是因为盖萨莱克的年龄足够大，他可以统率一支军队。盖萨莱克在纳博讷被推举为王，但在与贡都巴德手下的勃艮第人交战失败后又从这里逃往了巴塞罗那。狄奥多里克起初似乎承认了盖萨莱克。他认为今后还会继续存在两个哥特王国。据此，他这一时期入侵高卢的目的绝不是要将所有哥特人都统一在自己的领导之下。但他也绝不会平白无

故地向盖萨莱克提供帮助。事实上，狄奥多里克要求占有现法
国境内位于地中海沿岸的富饶而多产的各省。国境线是否沿
着 526 年罗讷河的流向划定，这一点我们并不清楚，但这个问
题是多余的，因为狄奥多里克很快就认为自己有必要改变计划
了。盖萨莱克的王位只能坐几年，因为他没有能力扭转战局。
盖萨莱克的失败使得他的弱点暴露无遗。510 年，盖萨莱克下
令在巴塞罗那的宫中杀死了几年前受阿拉里克之托为国中的罗
马臣民编制一部法典的"光荣者"戈亚里克（Goiarich）。这
暗示着宫中出现了反对派，特别是在第二年先前不为我们所知
的长官维拉（Veila）也被除掉了。[39]

　　在这种情况下，狄奥多里克使盖萨莱克垮台了。510 年，
依巴率领一支东哥特军队越过了比利牛斯山脉，将盖萨莱克赶
跑了。接下来发生的事情听上去就像是一部冒险小说：盖萨
莱克逃到了迦太基的汪达尔宫廷，从国王特拉萨蒙德那里获得
了金钱，随后又返回了自己的宫廷。他在阿基坦招募了一支军
队，511 年在距离巴塞罗那 12 罗马里处重新与依巴交战，却
第二次遭遇了失败。这位不幸的国王只得前往勃艮第人的王国
避难。然而就在逃亡的路上，他在迪朗斯河附近，也就是在距
离边境不远处，被人抓住并被杀死。[40]

　　进攻盖萨莱克的前提条件是狄奥多里克改变了自己对于西
哥特王权的计划。可是应该由谁来接替盖萨莱克的王位呢？狄
奥多里克的外孙阿马拉里克还太年轻，没有办法独立统治，直
到狄奥多里克去世后他才有了一显身手的机会。在一系列史料
中都有着这样的说法，即狄奥多里克除掉盖萨莱克之后，一
直以阿马拉里克监护人的身份统治着西班牙。或许是狄奥多里
克本人在自己统治西班牙的初期将这一照顾了西哥特人自我意
识的说法传播开来的。但他必然很快就要求获得西哥特国王的
全部权力了，因为无论是西哥特王表，还是塞维利亚的伊西

多（Isidor von Sevilla）撰写的《哥特史》，都认为狄奥多里克以西哥特国王的身份统治了 15 年，也就是说，从 511 年盖萨莱克去世后起算，一直到狄奥多里克 526 年去世。在此之后，阿马拉里克才以西哥特人国王的身份出现在史料中。同时代的宗教会议记录根据狄奥多里克的在位时间纪年。这样，狄奥多里克统治伊比利亚半岛的时间就前推到了 511 年，他因而成为整个地中海地区最富有且最强大的国王，远胜于其他任何君主。[41]

盖萨莱克国王的结局后来以一桩外交事件收场。在狄奥多里克看来，特拉萨蒙德给盖萨莱克提供的支持明显违背了保障汪达尔人和东哥特人之间和平关系的盟约。因此，狄奥多里克在一封书信中严厉责备了自己的妹夫特拉萨蒙德——

> 虽然我在多名国王的请求下，为了巩固和睦的局面，献出了我的外甥女，还将女儿们许配出去，正如上帝所要求我做的那样，但我依然认为，没有人享受到了我将自己的妹妹，阿马尔家族唯一的荣光，许配给您为妻这样同等的待遇。这名女性配得上您的英明，她不仅应当受到尊敬，也因为她有能力给予建议而值得人们的赞美。
>
> 我很不安，虽然您因为上述善举负有一定义务，但您却将那个在受到我恩惠的时候与我的敌人结盟的盖萨莱克置于您的保护之下，此人的财产被掠夺一空，不名一文地逃到了您那里，却又突然得到了大量钱财，被送到了外方的民族那里。虽说在上帝的帮助下此人没有造成什么损失，但他显然昭示了您的态度和想法。
>
> 如果亲族关系都会得到这样的下场，那么与外人订立法律关系又能得到什么呢？当此人因为受到同情而被收留在您的国中时，他本应该在那里被抓住。如果他因为我

361

的原因遭到驱逐，那他本不可以带着财富被送到其他国度去，而要不是我们在同这些国家作战，这些国家原本会对您构成威胁。[42]

当特拉萨蒙德收到这封信的时候，狄奥多里克不仅已经要求克洛维和贡都巴德节制，还爬上了伊比利亚半岛之主的位置。于是这位汪达尔国王立刻前去同自己的内兄和解。特拉萨蒙德表现出悔恨的姿态，并请求狄奥多里克的原谅。他派出的使团送去了用黄金制成的贵重礼品。狄奥多里克展现出了和蔼的态度。他接受了道歉，却拒绝收下黄金。在一封由使臣带回迦太基的书信中，狄奥多里克显示出了非凡的气度以及高人一等的姿态：他很高兴特拉萨蒙德这么快就改正了自己的错误，因为谦卑深受君主的赞颂，正如狂妄深受普通人的厌恶那般。同时，他敦促汪达尔国王从自己的错误中吸取教训，将来要更加谨慎行事，并重申了彼此的盟友关系。特拉萨蒙德直到自己 523 年去世都不敢再激怒狄奥多里克，500 年缔结的和约继续生效。后来他的继任者锡尔德里克（Hilderich）与狄奥多里克决裂，召回了被驱逐的天主教派主教，并谋求与皇帝结盟。[43]

30
站在权力的巅峰：
克洛维死后的狄奥多里克

　　史料没有记载狄奥多里克手下的将领对法兰克及勃艮第军队发动的战争是否正式得到了调停。不过可以肯定的是，战事逐渐平息，尽管法兰克边境上依然动荡不安。对于贡都巴德和西吉斯蒙德而言，对西哥特王国的进攻以重大失败而告终，他们不得不交出所有已经占领的地区。与贡都巴德和西吉斯蒙德以及他们手下的战士带走的战利品形成鲜明对比的是狄奥多里克的军队在他们的领土内留下的满目疮痍。年满七十岁的贡都巴德已经完全失去了对战争的热忱，他的名誉受到了重创，他的统治也需要得到巩固。

　　而克洛维可以将这场战争当作一次胜利来庆祝。他不仅为自己和手下的人赢得了战利品，还极大地拓展了自己的统治疆域。虽然他没能保住包括纳博讷和罗德兹在内的塞普提曼尼亚地区，以及阿尔比和雅沃尔（Javols），但他保住了阿基坦的大部分地区，包括曾经是西哥特诸王最重要的都城的图卢兹。克洛维在将后续的战事交给了自己的大儿子提乌德里克负责后，便于508年秋季返回了卢瓦尔河对岸的地区。接下来的数年充斥着狂热的行动。如果我们可以相信图尔的格列高利的说法，那么克洛维就是在短短几年里通过谋杀和误杀先后除掉了莱茵地区法兰克人的三位国王，从而成为所有法兰克人的王。他将都城迁到了巴黎，搬入了法兰西岛（Île-de-France）上的一座宫殿中，并在附近修建了一座供奉使徒彼得和保罗的教堂，后来这座教堂得名圣女日南斐法教堂（Sainte-Geneviève），因为它保存了圣女日南斐法的圣髑。克洛维还学着尤里克、阿拉里克二世和贡都巴德等国王的样，出版了一部法典，即所谓的《萨利克法典》（*Lex Salica*），该法典部分以法兰克习惯法为基础，部分以君主章程为基础。如同 506 年，也就是战争开始前不久阿拉里克二世将自己王国中高卢地区的天主教派主教召集到阿格德（Agde）那样，克洛维也召集了所有在他看来是自己臣民的主教前来召开一场王国宗教会议，这些主教于 511 年 7 月聚集在了奥尔良。然而在这场宗教会议上克洛维行使了远远超出阿拉里克曾经要求过的权限：克洛维制定了会议日程，并让人把宗教会议上作出的决定呈交给自己批准。主教赞同自己信仰天主教的君主统领教会，并明确宣布平信徒要成为僧侣必须得到国王的同意。在一代人的时间里，由此逐步发展出了一种针对主教选举的普遍否决权。此次宗教会议结束后仅过去了数月，511 年 11 月 27 日 45 岁的克洛维去世。[44]

克洛维的死使得狄奥多里克摆脱了一名无法受到控制的对手。在自己在位的三十年里，克洛维从第二比利吉卡（Belgica II）行省的法兰克诸王之一，跃升为统管高卢大部分地区的所有法兰克人的王。他挑拨西哥特国王前来和自己一决雌雄，并维持了胜局，还使大部分占领区不被狄奥多里克夺走。当狄奥多里克得知自己的法兰克内兄的死讯后，想必松了一口气。毫无疑问，克洛维的王国被他的四个儿子瓜分的消息正中他的下怀，因为此举使得法兰克人刚刚建立起来的政治军事统一领导局面再一次消失。此后，法兰克人就有了四位有着独立宫廷和军队的国王。关于瓜分方式的具体细节我们并不清楚，不过基本情况还是足够清楚的。绝大部分领土落到了长子提乌德里克手上：他得到了曾经的行省第

地图 13　克洛维及其子领导下法兰克的扩张

一比利吉卡［Belgica I，首都为特里尔（Trier）］、第一日耳曼尼亚［Germania I，首都为美因茨（Mainz）］以及第二日耳曼尼亚（Germania II，首都为科隆），此外还有兰斯、沙隆及阿基坦东部。他定都于兰斯。以巴黎为都城的希尔德贝特（Childebert）获得了从索姆河到布列塔尼的沿海地区。克罗多米尔（Chlodomer）得到了卢瓦尔河两岸的地区，包括图尔、普瓦捷和布尔日（Bourges）。不过，他的都城位于奥尔良。最后，克洛泰尔（Chlothar）的份额包括了被他定为都城的苏瓦松，以及北边位于索姆河和煤炭森林（Kohlenwald）之间的区域。无论这种特殊的瓜分方式该如何解释，都迎合了狄奥多里克的需求：克洛维在生命即将结束的时候掌握的权力工具在他死后依然会在统一的领导之下得到运用，这样的风险如今已被排除。事实上，这四兄弟很大程度上在接下来的十年里放弃了外出征伐的行动。[45]

在狄奥多里克的宫廷，人们将征服南普罗旺斯塑造成重新夺回一片自古以来就属于罗马帝国的领土的行动。卡西奥多用如下的话语来颂扬狄奥多里克："你有福了，永不枯竭的胜利者，在你的斗争之下，国家业已分裂的肢体得以重组，昔日的福祉又回到了我们的时代。高卢曾属于罗马，这一点我们只能在编年史中读到了。"此番言论中暗含的看法是现在高卢又属于罗马了，这一看法在多重层面上有些大胆，毕竟被占领地区只包括三个行省，并且这些行省甚至都不是全境被占。不过按照狄奥多里克的命令，这一地区要像476年以前那样，重新由一名"高卢大区诸省总督府长官"（praefectus praetorio Galliarum）掌管。狄奥多里克任命的511年执政官是一名元老，此人虽然生活在罗马，但他的祖先是高卢人，并且他本人也是出生于高卢，这个人名叫阿卡迪乌斯·普拉西德·马格努斯·菲利克斯（Arcadius Placidus Magnus Felix），其父

365

马格努斯·菲利克斯（Magnus Felix）在四十多年前，也就是 469 年，曾领导过高卢大区。狄奥多里克书面通知了皇帝阿纳斯塔修斯这一任命决定，同时提醒他高卢元老在罗马元老院的悠久传统，并请求皇帝同意这一任命。然而，这不过是走个形式，因为狄奥多里克同时通知了菲利克斯他被任命为执政官的决定，但他并没有提到皇帝。国王向元老院推荐元老菲利克斯，他高贵的出身、渊博的学识、庄重的姿态以及"贵族官"保利努斯的支持使得他完全赢得了这份执政官的职位。

> 高兴起来吧，行省将执政官级别的人当作贡赋上缴给你们，这种人你们已经很久没有得到了，请将这一开始视为更伟大的未来吧！开始往往意味着更好，因为它从小处发生，随后会在大声赞叹中愈加精进。在高卢法纪空悬的情况下，贵族的出身已堕入尘埃，他们的荣誉被剥夺，如生人一般游荡回故乡。最终，神明从尘土中扶起了受压迫者。他们拿回了带着荣耀的罗马，从教廷的荣誉之林中采撷下祖辈古老的桂冠。[46]

从 511 年起，狄奥多里克就正式成为意大利、高卢和西班牙的统治者，同时还是所有哥特人的国王，因为 511 年他在西班牙王权的开端被塑造成了经过多年分裂的哥特民族的重新统一。卡西奥多很可能后来在他的《哥特史》中宣称，这一事件发生于哥特历史的第两千个年头。将狄奥多里克塑造为"永不枯竭的胜利者"是宫廷的宣传，但是在许多同时代人看来这种说法听上去并不空泛，因为狄奥多里克的成功有目共睹。似乎没有任何一名其他的君主能够像狄奥多里克那样担得起"invictus"，也即"未被打败"，从而也是"不可战胜"这样一个别名。他不仅控制住了克洛维、贡都巴德和特拉萨蒙德，还完全掌控了西地中海的北部沿海地区。通过将普罗旺斯并入王国，并让伊比利亚半岛臣服于自己的统治，狄奥多里克获得了额外的资源，为了满足自身的利益，他可以将这些资源进行再分配。505年至511年的一系列战事给予了身为军事统帅的狄奥多里克极大的威望，使他成为后罗马时代西方最为富有的国王。通过这种方式，他为自己赢得了外国君主的尊重，特别是他巩固了意大利的罗马精英对自己的支持，强化了手下哥特人对自己的忠诚。

就狄奥多里克的对外政策而言，对法兰克人和勃艮第人的战事意味着一次重大的转折。通过婚姻和盟约缔造一个霸权主义和平秩序的努力失败了。战争结束后，由狄奥多里克统治的从大西洋延伸至亚得里亚海的地中海大国，如今在其西欧与中欧的内部空间中要面对许许多多规模更小但在很大程度上独立的力量。不过自506年起，行动框架发生深刻变化的原因还包括莱茵河东岸人口稀少的区域以及巴尔干地区民族与政治状况正处于不断的变动当中。得胜的军团规模会壮大，遭遇失败后又会收缩，或者是完全瓦解。这些人外出作战，四处游荡，或者遭到驱赶。即使住所稳定下来，活动半径也会大大超越居住范围，几乎没有办法划定疆界。人们为了有限的资源相互竞争，众人都在渴望着皇帝给的津贴以及年金。没有经受住考验的统帅很快就会失去人们的支持，他们会被赶走，或者被杀死。传位给儿子总是十分困难，争夺权力的斗争是家常便饭，为此人们会动用一切手段。政权几乎不能算是制度化的，因此在极端情况下会受制于统治者的个性及成就。

谁若是想在这一区域推行能够产生深远影响的政策，就必须适应急速变化中的格局，同时还要对博斯普鲁斯海峡旁的超级大国时刻保持警惕。正如我们所看到的那样，狄奥多里克早在506年就已经同一位图林根人的国王结盟。此人可能是赫尔

367

米纳弗里德，他先前是统治图林根人的三兄弟之一，后来他首先杀害了贝尔塔哈尔（Berthachar），接着又在法兰克人的帮助下除掉了巴德里克（Baderich）。至少当赫尔米纳弗里德于510 年向狄奥多里克的外甥女阿玛拉贝尔加求婚的时候，巴德里克还活着。在拉文纳，人们对这场婚礼抱有极大的期望。大家希望赫尔米纳弗里德能够让自己的妻子参与统治，并且能够对此进行公开表态。[47]

368   尤其不能被忽视的是多瑙河中游地区，也就是狄奥多里克掌管的诸王国及皇帝统治区域前沿地带的局势。鲁基人在下奥地利的王国瓦解后，伦巴底人进入了这个地区，并且他们很快又继续推进到了维也纳（Wien）以东的马希费尔德地区（Marchfeld）。他们有自己的国王，但又依附于居住在更东边，也即潘诺尼亚北部的赫鲁利人。在多瑙河另一岸，也即马洛斯 - 穆列什河（Maros-Mureş）与汇聚成克勒什 - 克里什河（Körös-Criş）的数条源流之间的区域，则居住着格皮德人。狄奥多里克战胜特拉萨蒙德之后，这些格皮德人已经无法再构成威胁了，哪怕他们依然拥有自己的国王，并且因此依然以独立军团的身份活动。蒙多是哥特人所在的潘诺尼亚前沿地带的一名忠实的盟友，此人正牵制着格皮德人。大约在 523 年，狄奥多里克甚至成功将格皮德军队调往高卢戍边。这或许暗示了格皮德人内部出现了冲突与分裂，但也表明格皮德人与狄奥多里克达成了协议或者缔结了盟约。哥特人与格皮德人之间的旧仇直到狄奥多里克死后才复苏，此时的蒙多转投了皇帝一方。大约在 530 年，格皮德人第一次试图夺回丢失的锡尔米乌姆，但他们被击退了。直到查士丁尼进攻意大利的哥特王国之后，他们才成功夺回失地。[48]

赫鲁利人是格皮德人的邻居，拥有多支部族，其中包括了接受他们管辖的伦巴底人。因此，狄奥多里克可以将他们当作抗衡格皮德人的力量来利用。收养赫鲁利国王鲁道夫正是出于这一目的。然而，赫鲁利人没能维持住他们的强大地位。510 年前后，狄奥多里克的军中义子鲁道夫在同一支由塔托（Tato）率领的军队交战时遭遇了一次毁灭性的失败，鲁道夫在战争中阵亡。幸存者分裂成了多个队伍。一部分人加入了获胜的伦巴底人一方；另一些人可能回到了斯堪的纳维亚地区（Skandinavien）。大多数人首先逃到了格皮德人那里，后来又请求皇帝阿纳斯塔修斯收留他们，并于 512 年定居在了贝尔格莱德地区（Belgrad）。此后，这些赫鲁利人便身处狄奥多里克势力范围之外了，但他们并非直接威胁，这是因为他们被证实无法为皇帝所信任。只有一小部分赫鲁利人到狄奥多里克的王国避难。510 年刚过不久，国王就让帕维亚城准备了一艘船只和五天的口粮，提供给了一队想要前往自己宫中的赫鲁利人。[49]

伦巴底人或许是通过战胜鲁道夫的军队，摆脱了赫鲁利人的统治；从此以后，这次战役就被他们看作伦巴底壮大的开端。不过，塔托国王没能长久地享受自己的荣耀，不久后他便被自己的侄子瓦科（Wacho）杀害。之后瓦科自己当了伦巴底人的国王，而由于塔托的一个孙子活了下来，并逃到了格皮德人那里避难，瓦科的合法性受到质疑，可即便如此，他依然统治了整整三十年。瓦科是一位拥有自觉意识的统治者，他不愿意受制于狄奥多里克的计划。这一点在瓦科选择妻子的时候就已经体现出来了：他首先迎娶了一位图林根国王的女儿拉妮贡达（Ranigunda），后来又娶了格皮德国王的女儿奥斯特莉古萨（Austrigusa），最后娶的是赫鲁利人的一位国王的女儿萨琳伽（Salinga）。瓦科国王在多瑙河畔战胜了苏维汇人，由此将自己的统治范围扩大到匈牙利北部，他在波西米亚拥有一座宫殿。狄奥多里克死后，瓦科将自己的一个女儿嫁给了法兰克国王、提乌德里克的儿子提乌德贝尔特（Theudebert），将另一个女儿嫁给了提乌德贝尔特的儿子提乌德鲍德（Theodebald），又在539年之前与皇帝缔结了盟约。[50]

狄奥多里克在没有离开过意大利的情况下掌控住了506年到511年这段危机时期。这有可能实现，因为他拥有可信赖的帮手，这些人在他的委托下执行外交任务，领导军事行动。不过，这些人及其所作所为大多很难在史料中找到。诸位哥特将领，如皮奇亚、马莫、依巴和图卢因，尤其如此。代替狄奥多里克进行前期谈判的使臣们通常更加为我们所知，这是因为这些人往往是元老，而我们是从《杂录》中了解这些人的。不过在我们看来，其中一名使臣让其他所有人都黯然失色。这名使臣就是塞纳留斯，他曾试图阻止克洛维与阿拉里克之间的战争，然而失败了。不过，狄奥多里克依然对塞纳留斯很满意。370 他将其任命为509年至510年的君主私产管家。借着这一机会，卡西奥多以国王的名义唱了一曲符合事实的赞歌——

> 长期以来，面对我的指令，你表示出了双倍的服从：你参与了磋商，怀着可称颂的热情执行了命令。你常常承担起艰难的出使任务。面对诸王，作为不辱使命的代表，你毫不退让，哪怕你被迫要向那些顽固不化、无法理解理性的人证明我的公正。诸王在争吵中爆发出的威力没有把你吓倒，而是让狂妄臣服于真理，按照我的指令，将野蛮人驱逐到他们的良心之中。

塞纳留斯显然是受到狄奥多里克信任的罗马人群体中的一员。卡西奥多后来赞颂他，称他总能够保守秘密，虽然知晓许多事情，但并没有变得高傲自满。关于这个人的出身，我们只知道他是罗马人，并且是天主教徒。看起来他是居住在拉文纳，516 年的时候他在当地依然有较大的影响力，但他死在了狄奥多里克之前。塞纳留斯在以君主私产管家的身份接手管理王室地产的工作之前，曾以汇报官的身份服务了狄奥多里克多年。与此同时，他也时常受命出使。根据塞纳留斯的墓志铭，他出使的次数不下 25 次，他到过东罗马帝国和极北的北方，还去过伊比利亚半岛和非洲，他甚至一年之内在大西洋与本都（Pontos）之间往返了两次。[51]

　　作为狄奥多里克的使臣，塞纳留斯的出访目的地并不都是意大利之外的地区，有时出访的对象是元老院或者教宗。不过，塞纳留斯的经历也清楚地表明了狄奥多里克的外交关系覆盖了整个地中海区域，同时拓展到了欧洲北部，一直到波罗的海，或许还要到更远的地方。拉文纳宫廷的地域视野远至斯堪的纳维亚以及黑海沿岸。我们并不知道，当时在今天的丹麦地区居住在中央广场旁大殿中的君主是否曾亲自或是通过使臣觐见过狄奥多里克。同样，克里米亚地区的人前来拜访哥特人也是有可能的，但这无法得到证实。可以明确被证实的是，居住在维斯瓦河以东的波罗的海沿岸的爱沙尼亚人（Esten）的一支使团曾在 523 年到 526 年之间给狄奥多里克送来了一枚琥珀作为礼物，并带回去了一封感谢信。相反，狄奥多里克早已听闻过的新波斯帝国似乎并不在国王派出的使团会造访的地区之列。很可能皇帝对这一地区提出了独家代表要求，而狄奥多里克对此表示了尊重。直到很晚以后，即查士丁尼正在全力出兵攻打从而夺回意大利的时候，一位哥特国王才试图与波斯的万王之王结盟，以共同对抗皇帝。[52]

31
扩张与融合（一）：
狄奥多里克王国中的普罗旺斯

在一份致普罗旺斯占领区居民的诏书中，王室书记处将狄奥多里克统治的开始比作人们经过漫长的荒蛮时代之后又重归罗马秩序。从此以后，这些居民将再次按照罗马法的习惯受到统治，进而重获自由。

> 你们务必心甘情愿地遵守经过多年之后重归其怀抱的罗马法之惯例，这是因为回归让你们祖先获益良多的环境是合适的。所以，请按让你们重获自由的古老罗马习惯生活，褪去野性，抛去残忍的思想吧，因为在我的时代，不适宜按照对这个时代而言陌生的习惯来生活。[53]

这份公告是写给"高卢诸行省居民"的，这些地方从511年起就隶属于一个"高卢大区诸省总督府长官"管辖。然而事实上该大区只包括三个罗马帝国晚期的行省，即维埃纳西斯、第二纳博讷西斯（Narbonensis II）和滨海阿尔卑斯的部分地区。狄奥多里克治下的高卢大区西接罗讷河，河的另一侧是第一纳博讷西斯。在城堡的守卫之下免受勃艮第王国侵犯的边境沿着迪朗斯河分布。所以说，高卢大区在面积上完全无法与意大利大区相比，甚至远远赶不上先前的七省管区（Septem Provinciae）。高卢大区的名称反映了一种帝国的要求，这个要求完全无法反映现实情况。[54]

　　然而，对上述地区的占有对于狄奥多里克而言之所以具有极大的价值，不只是因为他可以借此加深这样一种幻觉，即他为罗马帝国夺回了整个高卢。500 年前后的普罗旺斯是一个繁荣的地区，拥有许多城市，以及发达的交通运输业。诞生于 5 世纪中叶的行省目录《高卢志》（*Notitia Galliarum*）总共列举了行省维埃纳西斯、第二纳博讷西斯和滨海阿尔卑斯的 29 座城市。这些城市通常会放弃一部分公共建筑，这些建筑在帝国全盛时期曾深刻地影响了城市的面貌：除了异教诸神的庙宇，主要还有剧院和竞技场，而这些地方已经很长时间没有定期上演剧目和举行比赛了；还有一部分建筑是广场，这里过去曾是市民活动的中心。城市保留了自身区域中心的职能，因此会有许多教堂出现在城墙的内外。这一地区通过罗讷河与内陆相连，同时又通过福斯（Fos）和马赛等港口与西班牙西海岸、北非和黎凡特地区（Levante）连成网络。人们会从北非进口带有红色涂层的餐具酒具（即所谓的"红釉陶"）和油。古典时代晚期，高卢、地中海西岸以及黎凡特之间绝大部分的海外贸易通过马赛来开展。正因如此，这座城市的港口设施在 5 世纪多次得到改善，还有一部分甚至得到了扩建。475 年前后修建了一座外墙，强化了防御设施。城内以及城墙前建起了宏伟的教堂。马赛大教堂的浸礼堂是整个高卢地区最大最华丽的，远胜于其他任何教堂，它甚至能让帝都米兰和罗马的浸礼堂都黯然失色。当内陆的其他城市在 3 世纪后丧失了大量人口及财富的时候，古典时代晚期的马赛却呈现光辉的面貌，赢得了至高的地位。[55]

　　同样大有裨益甚至还能带来更大声望的还有对阿尔勒的占领，该城横跨罗讷河两岸，因此它占据着通往内陆最重要的水路。4 世纪初，阿尔勒成为帝都，由此迎来了它的第二个繁盛期。人们扩建了温泉浴场，建造了一座宫殿。一座长 58 米、

373

374

图 22　古典时代晚期阿尔勒的城市模型

宽 20 米的长方形大会堂充当了王座室及会见厅，该厅外观类似特里尔大殿，但很可能建于 5 世纪。5 世纪初，人们将城墙环绕的范围缩小，以便能够更好地保卫城市。剧院、竞技场和赛马场在狄奥多里克时代依然存在，不过它们再没有得到过维护，只是偶尔被用来上演一些戏剧。赛车和斗兽活动变得十分少见。人们在赛马场的拱廊里建起了私人住所，手工业者在剧院的一排排座位上干活。城市中的精英阶层自 4 世纪起便持续资助基督教祭祀用建筑的建设工作。阿尔勒比高卢其他任何城市都更早地拥有规模庞大的教堂，在狄奥多里克时代，它都以一座基督教城市的形象示人。6 世纪初，阿尔勒的东南方建起了一座巨大的教堂，其长度至少有 55 米；该教堂或许就是供奉圣司提反（heiliger Stephanus）的那座大教堂。[56]

阿尔勒拥有一片大到超乎寻常的领地，还控制了罗讷河上的航运交通。当高卢大区在 400 年前后从特里尔转移到阿尔勒的时候，这座城市也就一跃成为一处帝国行政机构的驻地。418 年，皇帝霍诺留将阿尔勒升格为大区首都，并规定每年七个南高卢行省的代表要聚集在阿尔勒，这七个行省联合为"七省管区"。455 年，高卢元老阿维图斯在阿尔勒被立为皇帝；459 年到 461 年皇帝马约里安以阿尔勒为都。西哥特诸王曾多次试图占领阿尔勒，但他们一再被击退。直到 476 年，尤里克才最终长期占领了该城。在接下来的 30 年里，阿尔勒都受西哥特统治。高卢大区被废除，铸币厂关闭。即便如此，阿尔勒依然具有重大的政治影响力，这是因为该城被新任君主当作除图卢兹和波尔多之外的另一座都城。484 年，尤里克在阿尔勒去世。[57]

在阿尔勒和马赛居住着富裕的地主，他们的先祖曾担任皇帝手下的高级官职。这些人还保持着罗马帝国晚期贵族的生活方式，在城中及自己的庄园内拥有奢华的房屋，学习过世俗

375

文学及基督教文学，彼此还会交换措辞考究的书信。希多尼乌斯·阿波利纳里斯和恩诺迪乌斯这样的对自己接受的教育怀有自豪感的僧侣认为，这个群体中的人与自己志同道合。不过到了500年前后，上述知识就不再在公共学校传授了，而是在家中由亲属和家庭教师来教授。这些地主所属的家族早在一代人以前就再也没有机会通过担任皇帝手下的官员来恢复自身的地位了，这是因为自476年起普罗旺斯就受西哥特人统治。但他们并没有因此脱离元老阶层，并且在阿尔卑斯山的另一侧，也就是在利古里亚，还有身为传统意义上的元老的亲属。对于6世纪早期的高卢—罗马贵族而言，一个人是不是元老，仅取决于此人的出身。这一时期有不少人认为主教职位符合自己身份，哪怕该职位要求任职者的行动范围只能局限于一座城市。[58]

376　　当狄奥多里克任命在高卢有深厚基础的元老菲利克斯为511年执政官的时候，他宣布很快就会有其他来自高卢的元老紧随其后。但事实上菲利克斯是唯一一位在狄奥多里克在位期间获得了"光荣者"头衔的高卢元老。高卢元老在5世纪初就已经很少离开自己的家乡，即使离开，大多时间也较为短暂，他们显然没有什么兴趣像意大利的那些元老那样，通过服务于一位居住在意大利的国王来维持自身的地位。[59]

　　当狄奥多里克对地中海沿岸曾经的西哥特高卢领地的占有权得到巩固之后，他便决定将这片区域整合为一个独立的大区。因此，早在508年就受狄奥多里克委托领导民事行政机关的格美鲁斯起初以代理长官的身份受意大利大区总督府长官福斯图斯·尼格尔领导。不过格美鲁斯并非单独负责新行省的组织机构。狄奥多里克还将自己的亲信阿里戈恩派往高卢，并在阿里戈恩没有担任任何职务的情况下赋予他广泛的权力。510年，狄奥多里克将阿里戈恩召回，以便将他派往罗马，在此之

后，狄奥多里克为高卢诸行省任命了自己的总督——利贝留，
正是此人在十年前主导了土地分配工作。利贝留在阿尔勒就
职，在那里，他可以将前文提到的大会堂当作办公地。自此，
格美鲁斯便受利贝留领导，至少在一段时间里与利贝留共事。

　　罗马帝国晚期，介于总督府长官与各城市之间最基层的管
理层是行省总督（以及代理长官），哥特人所在的意大利也是
如此。目前没有证据表明在东哥特人统治的高卢设立了行省总
督。高卢大区管辖的范围不比罗马帝国中期一个行省的范围大
多少，因此人们可能放弃设立这一管理层，早在西哥特人统治
高卢时，行省总督这一职位就已经被取消了。同样在这一意义
上，高卢大区总督府长官与意大利大区总督府长官只不过是官
职名称相同。高卢的军事指挥权主要由哥特人把持，这一点与
意大利没什么不同。除了将领依巴和马莫，阿里戈恩在高卢期
间似乎也一直在指挥军队。有记载称，战争期间在马赛和阿维
尼翁有头衔为“长官”的将领，战争结束后在阿尔勒也有这样
的人。这些人指挥着驻扎在城市里的军队，他们的身份对应着
意大利的“城市长官”，并且很可能也叫这样的名称。[60]

　　现有的与东哥特人统治的高卢的行政管理情况有关的资
料，几乎涉及的都是战争时期以及战争刚刚结束后一段时间里
的紧急状态。王室中央机构试图将供养军队所需的实物税控制
在一定的限度内，因此书记处会从外面运来粮食，不过在运送
这些粮食的时候要动用新臣民。王室书记处还同意给遭受了巨
大损失的地区减税，并出资修缮阿尔勒的城墙。很显然，国王
也一同承担了为俘虏赎身的开销。为了实现这一目的，利贝
留将钱送给了维埃纳的阿维图斯，他的代理长官格美鲁斯似
乎也做了同样的事。所有的这一切措施都被限制在一定的空间
内，要么就是有时间限制。在此之后便照例开始征税了，但
史料丝毫没有提及此事。只有少数人可以长期享受免缴贡赋和

免于承担责任的权利。人们似乎不太信任国家法庭：王室中央
机构要求新臣民重新习惯到法庭上去解决争端。格美鲁斯和
利贝留受命按照罗马法来实施审判，并且要依照公平正义原
则清正廉明地进行裁决。事实上，520 年前后在普罗旺斯出现
了一批法律文书，里面包含了对《尤里克法典》的补充，这
些文书根据其发现者，被命名为"高登齐残卷"（Fragmenta
Gaudenziana）。也就是说，在普罗旺斯依然有掌握了罗马法
的法学家。[61]

378　　　民事和军事司法权之间绝没有严格的界限，哥特军队和
高卢—罗马非军事平民之间充斥着冲突。居住在马赛的"光荣
者"阶层女性阿尔科塔米娅（Archotamia）指控自己的前儿
媳埃特莉亚（Aetheria），称后者剥夺了自己头婚所生子女的
财产，于是狄奥多里克吩咐格美鲁斯和玛拉巴德在三名熟悉法
律的罗马人参与的情况下共同调查这桩案件，并依照法律进行
裁决。狄奥多里克的这项命令违背了一项基本原则，即只有当
至少一方当事人为哥特人的时候，哥特法官才可以负责审理案
件，但不管怎么说，该命令确保了罗马法可以得到正确运用。
然而，玛拉巴德是独立审理此案。当埃特莉亚的第二个丈夫也
针对判决结果提出了控告时，国王便委托玛拉巴德妥善处理此
事。如果这么做不可能，那么双方当事人应该派全权委托人去
宫廷，以平息争端。民事法官的参与或罗马法的运用也就不可
能了。军队对非军事平民的攻击在东哥特人统治的高卢也是一
个问题，因此国王敦促驻阿维尼翁哥特军队的指挥官严格注意
纪律。但如果指挥官与自己手下的人沆瀣一气，那又该怎么办
呢？时常会被哥特长官及其手下殴打的阿尔勒教会的农民去向
主教求助。即使是天主教僧侣也难免受到干预，哥特首领阿拉
（Ara）曾下令将一名尼姆（Nîmes）教区的副主教押解到阿尔
勒。后来阿拉又释放了这名副主教，这是因为抓错了人，据说

后来又将此人推荐为尼姆教区的主教。关于这一推荐人选是否符合教区的意愿，这一点没有被记载下来。[62]

关于狄奥多里克与普罗旺斯天主教会的关系，史料中有较为明确的记载。还在战争期间，狄奥多里克就命令自己手下的将领依巴按照阿拉里克二世的规定，归还纳博讷教会被非法剥夺的所有财产。这一决定是否具有优先性，自然还有待证明。其他教会也从尤里克那里得到了特权，例如阿尔勒教会便是如此。为了消除人们与此有关的疑虑，恩诺迪乌斯当时致信刚被占领的地区的一名天主教会主教，很有可能是阿尔勒的凯撒里乌斯，用书信体撰写了一篇赞扬狄奥多里克的短小颂词。恩诺迪乌斯向收信人保证，国王绝不会侵犯天主教徒的权利，甚至会增加他们的财产，人们只需要祝愿基督能够赐给他一名家族继承人，以使他的善行可以彪炳千秋。[63]

在东哥特人统治的高卢地区的天主教派主教中，有一位尤其出类拔萃，他就是阿尔勒的凯撒里乌斯。阿尔勒的凯撒里乌斯在勃艮第王国境内索恩河畔的沙隆（Chalons-sur-Saône）长大，486 年与 487 年之交，18 岁的他进入了位于戛纳（Cannes）附近的莱兰（Lérins）修道院。不久后，他又前往阿尔勒，499 年被任命为一所修道院的院长，502 年被授予主教圣职。凯撒里乌斯是一位出色的传道士和教会改革者，他要求僧侣过苦修的生活，他本人也身体力行，并且他在宣扬改革的过程中不在意教区的边界。如果有必要，他会毫不犹豫地将教会的财产用于慈善及修道事业。正因如此，他在当地僧侣和同僚中间都极具争议。由于一名教会书记员污蔑称，凯撒里乌斯支持勃艮第国王，而他家人就居住在勃艮第，他不得不到阿拉里克国王面前为自己辩护。凯撒里乌斯被贬到波尔多，过了一段时间之后才被允许回到自己的主教之位上。不过凯撒里乌斯得到了平反，这是因为他主持了在西哥特人统治的高卢召开的有天主教派诸位主教参加的第一次也即最后一次宗教会议（此次会议在国王的允许下于 506 年 9 月在阿格德召开），并且他本应该一年后在图卢兹召开的全国宗教会议上扮演同样的角色，然而此次会议因为战争而取消。法兰克人和勃艮第人围困阿尔勒期间，凯撒里乌斯被捕，这是因为他被怀疑有意交出城市。后来，当被俘的勃艮第人被带到阿尔勒，并被关押到城中的各座教堂中时，凯撒里乌斯违反了不久前刚在阿格德作出的决议，变卖了教会地产，其目的是为这些勃艮第人赎身。此举虽然为他赢得了勃艮第国王的感激，却使他在阿尔勒受到众人谴责，称他令教会蒙羞。512 年，当凯撒里乌斯从教会财产中拿出一部分收入赠给由他建立的修女院时，他的反对者再也无法忍受了。我们不知道这些反对者的检举信是如何被送到拉文纳的，但可以确定的是，狄奥多里克本人接下了这个案子。[64]

　　512 年底，凯撒里乌斯被逮捕，并被送到狄奥多里克的宫廷。人们能够从凯撒里乌斯的学生在他死后不久为老师写的传记中读到，当凯撒里乌斯踏进王座室的时候，狄奥多里克立刻站了起来，取下了自己头上的冠冕，热情地问候了这位主教。国王询问了旅途是否顺利，并打听了自己手下的哥特人及阿尔勒居民的情况。国王释放凯撒里乌斯后，便在自己的朝臣面前公开明确承认了此人的神圣性，并称他是使徒般的人物。后来，狄奥多里克派人将一个 60 磅重的银碗和 300 枚金币送到凯撒里乌斯的住所，当凯撒里乌斯将这批国王的赠礼用于赎买俘虏时，狄奥多里克也没有怪罪他。这段描述的目的显然是要再现这位已故主教的圣洁，同时这一点可以在一位著名国王的见证下得到确证，因此对于上述描述不应过于当真。凯撒里乌斯从拉文纳继续前往罗马，并在那里得到了元老和罗马主教的接待，因此可以推断，狄奥多里克开恩释放凯撒里乌斯完全是

地图 14　古典时代晚期南高卢地区的行省划分

出于自己的利益考量。他这么做必定会让人觉得，这位充满争议的阿尔勒主教是一位颇有能力，同时也值得信赖的臣民，他可以放心将东哥特人统治的高卢地区天主教会的领导权交给此人。然而，这并不代表狄奥多里克只是出于这一目的才下令将凯撒里乌斯带到拉文纳。国王想要在宣判之前认识一下此人。当与宫廷有着密切联系的恩诺迪乌斯得知凯撒里乌斯通过了此次考验后，想必是松了一口气。[65]

382　　凯撒里乌斯非自愿的意大利之旅开启了阿尔勒主教、罗马主教管区与哥特王权之间合作的阶段，这个阶段一直持续到狄奥多里克死后。要想让大家理解这一利益共同体，那就说来话长了。4 世纪下半叶，高卢教会内部也出现了等级式的组织形式，其基础是帝国被划分为多个行省，而当时的惯例是总督所在城市，也即所谓的首府的主教，会得到大主教的头衔，从而获得对所在行省所有主教的惩治权，人们称之为"大主教制度"。但当时在维埃纳西斯，总督驻地维埃纳与帝都阿尔勒正在相互竞争。因此从 4 世纪末期开始，就如何区分阿尔勒主教和维埃纳主教的司法裁判权这一问题一直存在争议。然而，阿尔勒主教的权力要求还延伸到了邻近行省，有时候阿尔勒主教的权力要求似乎也得到了满足。在这一过程中，445 年，教宗大利奥（Leo der Große，440~460 年在位）在皇帝的支持下严厉地拒绝了阿尔勒主教的企图，原则上高卢的每个行省都应当拥有自己的大主教。五年后，教会将维埃纳西斯行省分为两个大主教管区。瓦朗斯（Valence）、塔朗泰斯（Tarentaise）、日内瓦（Genf）和格勒诺布尔（Grenoble）所在的北部应受维埃纳主教管辖，该行省的其他城市则受阿尔勒主教管辖。在如何解读这一决策上存在争议。在阿尔勒，人们的理解是，不只维埃纳西斯的南部，维埃纳西斯的两个邻省也要归阿尔勒主教管辖。当迪朗斯河对岸的地区变成了勃艮第王国的一部分后，阿尔勒主教被迫承受了猛烈的打击。他们的司法管辖区被缩减到维埃纳西斯在迪朗斯河这一岸的领土，而这部分区域起初依然归西罗马皇帝管辖，自476年起便受西哥特国王统治。教宗辛玛古在500年再一次明确将维埃纳主教的司法权限定在大利奥提到过的几个城市，然而这样也无济于事，因为他的决议无法在勃艮第王国得到执行。对于一位像凯撒里乌斯这样想要在高卢实施教会改革，并清楚自己需要克服重重阻力的主教而言，上述情况令人难以忍受。[66]

凯撒里乌斯若是想在承认自己是大主教的少数主教管区之外推行自己的改革计划，就需要狄奥多里克的支持。否则，将两个邻省主教都置于自己的控制之下的努力都将宣告失败。不过，只有国王的宠信还不足以做成这件事。凯撒里乌斯还需要罗马主教的支持，而罗马主教在南高卢地区享有很高的威望。因此，凯撒里乌斯在到访拉文纳之后又立刻去了罗马，目的是要拜访教宗辛玛古，后者曾在十三年前承认阿尔勒对维埃纳西斯大部分地区的权力要求。辛玛古很愿意支持一位受到狄奥多里克宠信，并且无条件承认罗马最高权力的高卢大主教。自从日耳曼君主统治高卢和西班牙以来，这些地方就已经大多脱离了罗马教宗的直接控制。因此，辛玛古同意了凯撒里乌斯重新确认阿尔勒主教的特殊地位的请求，即便是位于迪朗斯河对岸勃艮第王国境内的主教管区也应当受到身为大主教的阿尔勒主教的管辖。此外，辛玛古还赐予凯撒里乌斯一件具有象征性的标识物——"披带"（pallium），这是一条点缀有小十字架的羊毛带，可以从肩上垂至胸前和背上。[67]

凯撒里乌斯将辛玛古的这一决定解读为命令东哥特人统治地区所有天主教派主教都接受自己的司法管辖。当第二纳博讷西斯行省首府普罗旺斯艾克斯（Aix-en-Provence）主教拒绝承认凯撒里乌斯的最高权力时，辛玛古便在514年重申了自己

384 先前的决定，此外还授予凯撒里乌斯监督一切"高卢和西班牙地区"教会事务的权力。为了实施监督，凯撒里乌斯应当召集宗教会议，调查处理争议事件。反过来，任何"来自高卢或西班牙"的人都不得在没有告知凯撒里乌斯的情况下前来面见教宗。通常人们认为，教宗的书记处理解的"西班牙"并非伊比利亚半岛，而是西哥特王国在高卢最后的领土塞普提曼尼亚。然而，这一说法并不止确，因为这样一种不同于普遍语言习惯的概念的使用方式需要得到进一步解释。但不管怎么说，阿尔勒主教的职权因为辛玛古的决定得到了极大的扩展。作为教宗的代理人，阿尔勒主教要对远方行省境内天主教派主教进行监督，无论他们生活的地方是受法兰克国王、勃艮第国王还是哥特国王的统治。[68]

凯撒里乌斯是否真的相信自己能够贯彻这一权力要求，这一点暂且不谈。但不管怎么说他势必很快意识到，自己的权力无法超出东哥特人统治的高卢地区。因此在长达十年的时间里他都没有召开过任何一次宗教会议。后来，当他在524年邀请大家前来阿尔勒召开宗教会议，以颁布受圣职者的选举条例时，只有14名主教应邀出席了会议，然而当时东哥特人统治的高卢一直延伸至伊泽尔河（Isère）。在接下来的数年里，凯撒里乌斯得以更加频繁地召集起自己手下的主教，即使这些宗教会议从来没有超过15名与会者：527年在阿尔勒，527年在卡庞特拉（Carpentras），529年在韦松（Vaison），529年在奥朗日（Orange），533年在马赛。凯撒里乌斯曾是并且一直都是教宗在东哥特人统治的高卢诸主教的代理人。[69]

正如凯撒里乌斯统领东哥特人统治的高卢地区所有天主教派主教那般，利贝留也领导着民事行政管理机关。这二人的驻地都是阿尔勒，并且双方紧密合作。这种合作关系的基础是个人的信任，同时得到了公开演绎。当维埃纳的阿维图斯

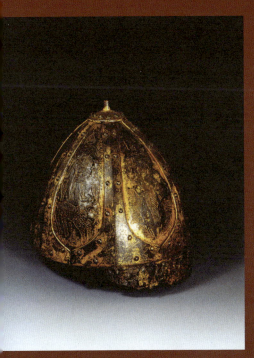

蒙特帕加诺（位于意大利阿布鲁佐大区）
出土的巴尔登海姆式箍盔。

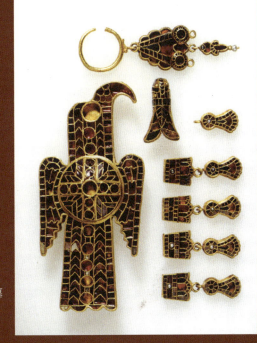

圣马力诺共和国的圣多马尼亚诺墓
葬出土的首饰。

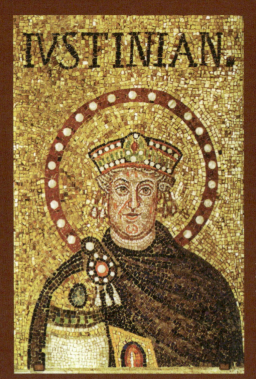

上方写有"IUSTINIAN"（查士丁尼）字样的统治者画像，新圣亚坡理纳圣殿（位于拉文纳）。

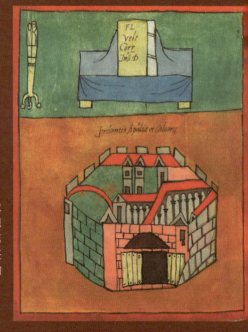

阿普利亚与卡拉布里亚行省总督的职权象征物，出自《百官志》的16世纪摹本（现藏于巴伐利亚国家图书馆，拉丁文手稿第10291号，第104页）：图中可见放着任命状的桌子，其左侧为三足底座上饰有胸像的墨水瓶，图下方为城市全景微缩画。

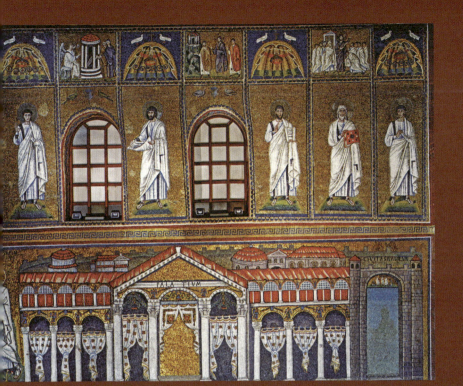

拉文纳新圣亚坡理纳圣殿南天窗上的马赛克壁画：最下方的区域画的是狄奥多里克宫殿建筑群，包含王座室与双层列柱大厅，背景为拉文纳城市景观，右侧城门有铭文"civitas Ravennas"（拉文纳城）；中间区域画的是头顶光环、身着丘尼卡与长袍的男子，他们手持卷轴或手抄本；最上方的区域展示的是圣经中的场景。

拉文纳阿里乌教派浸礼堂的马赛克穹顶画：基督受洗，画面中央为基督，其右侧为约旦河河神，左侧为施洗者约翰，头顶上方为鸽子形态的圣灵。

拉丁文圣经手抄本，即"阿米亚蒂努斯抄本"（约公元 700 年），第 V 页正面：《旧约》中的祭司厄斯德拉在打开的书柜前书写的场景。上方题词为："Codicibus sacris hostili clade perustis, Esdra Deo fervens hoc reparavit opus"（圣典毁于战火，以斯拉虔心重缮此卷）。

哥特语圣经手抄本，即著名的"银色圣经抄本"（约 6 世纪早期），第 97 页正面。

拉文纳圣维大理圣殿中的马赛克壁画：查士丁尼大帝与拉文纳主教马克西米安、非军事权贵及禁卫军在一起。

的兄弟瓦朗斯主教阿波利纳里斯为了瞻仰当地殉道者日纳西（Genesius）的圣髑而造访阿尔勒时，凯撒里乌斯和利贝留一起前来迎接他，主教是在全体教众的陪同下，总督则由自己手下的办公室工作人员前呼后拥。对于描写了这一场景的阿波利纳里斯的不知名传记作家而言，凯撒里乌斯和利贝留共同代表了阿尔勒这座城市。哥特驻防部队只会破坏这一和谐的画面，这主要是因为它完全或大部分由信仰其他教派的人组成。[70]

即便如此，关于接待阿波利纳里斯的记录也不仅仅是一种圣徒传记式的理想。一份529年，也即狄奥多里克死后三年，在凯撒里乌斯的主持下在奥朗日召开的一次宗教会议的会议记录证明了这一点。凯撒里乌斯之所以会将手下的主教召集在奥朗日，是因为这个地方有一座由利贝留资助建设的大教堂即将落成。会议的主题是，人的天性中是否隐藏着尚未败坏的残余以使人能够得到上帝的恩典，或者上帝的恩典是否如希波的奥古斯丁（Augustinus von Hippo）所教导的那样，更多地在没有任何人干预的情况下发挥作用。这样的观点会引发人们的质疑，如果灵魂的救赎只能依赖于任意且不可探明的神恩之选择，那么对完满的追求又有何意义，因此主要是神职人员群体对此持保留意见。而奥古斯丁的追随者指责对手传播早已被判为谬误的贝拉基（Pelagius）的学说。529年，凯撒里乌斯将这一问题重新摆上台面，这么做的原因是不久前维埃纳主教尤利安努斯（Iulianus）在凯撒里乌斯不在场的情况下在勃艮第境内的瓦朗斯主持召开的宗教会议质疑了凯撒里乌斯信仰的正统性。摆脱这一指控的最好办法就是召开一场支持凯撒里乌斯立场，并将他对手的观点斥为异端的宗教会议。凯撒里乌斯手下的13名主教也是这么做的。此次宗教会议颁布的教规不仅由在场的主教签署，连利贝留和另外七名拥有"光荣者"头衔的平信徒也在上面签了字。这些人的签名后还有一条附注，即他们同意上述决议。这份会议记录一方面表明利贝留及其他世俗精英中身份最高贵的成员对复杂的神学问题也抱有兴趣，另一方面彰显了对于凯撒里乌斯而言让教会和世俗精英接受自己的神学立场有多重要。[71]

386 　　利贝留是东哥特人统治的高卢地区最有权势的罗马人。他在任整整 24 年，比古典时代晚期的其他任何一个总督的在任时间都长。狄奥多里克任命的意大利的总督府长官只在任短短几年，这符合古典时代晚期的实际情况。利贝留在狄奥多里克去世的时候接到指令，确保狄奥多里克的外孙及继承人阿塔拉里克能够在东哥特人统治的高卢地区得到承认，而利贝留也完成了这项任务。在他的领导下，高卢—罗马非军事平民和哥特军人相继对新国王起誓。直到 533 年，也就是阿塔拉里克在位末期爆发危机的时候，利贝留才被调回，并被任命为拉文纳的"显贵大元帅"（patricius praesentalis），一年后又作为使臣被派往君士坦丁堡。利贝留在高卢超乎寻常的任期向我们抛出了一系列问题：他为什么没有早点被解职？是什么让他在这个职位上如此不可撼动？为何这个远离权力中心的职位对于利贝留来说如此具有吸引力？一种可能的解释是，利贝留在这个地区拥有根深蒂固的关系。不过他本人的产业似乎在里米尼，他死后埋葬在这个地方。因此较为准确的猜测是，利贝留的妻子阿格蕾提娅（Agretia）来自高卢行省。这样的话，利贝留便可以利用阿格蕾提娅带来的经济资源和社会关系。[72]

32
扩张与融合（二）：
狄奥多里克统治下的西班牙

自 511 年起，狄奥多里克不仅是意大利哥特人的国王，还是在西班牙的哥特人的国王。他接替了 507 年在武耶战役中阵亡的女婿阿拉里克的位置。狄奥多里克首先使用暴力，将阿拉里克死后被指定为国王的阿拉里克的儿子盖萨莱克驱逐出自己的王国，后来当盖萨莱克想要率军夺回王位时，又派人将他除掉。那些被征服的盖萨莱克的支持者很难接受一位他们完全不熟悉的国王。而狄奥多里克也完全没有顾及阿拉里克的另一个儿子，也就是阿拉里克与狄奥多里克的女儿提乌迪哥托所生的阿马拉里克的权利。狄奥多里克从 511 年起就是西班牙地区哥特人唯一的国王，并且他在活着的时候一直都是如此。阿马拉里克能够或者应该扮演怎样的角色呢？狄奥多里克要求对阿马拉里克行使某种监护权，但他并没有派人将这名少年送到拉文纳。阿马拉里克继续留在西班牙，很有可能在纳博讷。这样的格局隐藏着潜在的冲突。监护权天然具有时间上的限制。一旦阿拉里克的儿子到了可以拿起武器的年龄，那么无论对于他身边的人而言，还是对于他自己而言，他都可以被看作国王了。[73]

狄奥多里克通过建立某种共主邦联的形式，将伊比利亚半岛上的占领区同自己在意大利的王国以及普罗旺斯结合在了一起。因此，在西班牙 511 年被算作狄奥多里克王国的元年。这样一来就会出现一个问题，那就是这两个王国是否可以再次分开。如果分开,西班牙就不会受刚设立的高卢大区总督府长官管辖,塞普提曼尼亚也就不在利贝留的管辖范围之内了。人们很难确定狄奥多里克的西哥特王国的疆域究竟有多大,但无论如何其范围远至法国西南部,到了阿基坦和塞普提曼尼亚。与法兰克诸王领土之间的边界线走向一直处于摇摆不定的状态,因而我们也无法确定。哥特人在西班牙的政权边界更加不清晰。这一方面是因为相关史料贫乏,另一方面是由于当狄奥多里克手下的将领依巴翻越比利牛斯山时,对伊比利亚半岛的征服行动远没有结束,更不用说对当地行政管理机构的组建工作了。早年的研究通过一些篇幅仅为数行的信息,建构出了一个在西班牙的西哥特王国,该王国的疆域覆盖了整个半岛,其内部也十分稳固。事实上对伊比利亚半岛的征服行动是在阿拉里克的前任尤里克的领导下才开始的。狄奥多里克二世(Theoderich II)曾将苏维汇人的王国排挤到了半岛的西北部,并强迫苏维汇人承认自己的最高统治权,465 年国王雷奇蒙德(Rechimund)曾被狄奥多里克二世收养为军中义子。不过一直到 585 年,苏维汇人都保留了自己的国王。直到尤里克时代,西哥特才占领了东北部的城市,在西南部一直侵入梅里达(Mérida),并在那里安插了一名军事指挥官。不过这片领土的大部分地区依然没有受到尤里克的统治。瓜达尔基维尔河[Guadalquivir,古称"巴埃提斯河"(Baetis)]以南地区已经许久没有中央政权了。直到阿拉里克二世在位期间才开始强化对占领区的控制。此次控制行动集中在塔拉科嫩西斯行省(Tarraconensis),其间伴随着反弹。《萨拉戈萨编年史》(*Chronik von Zaragoza*)简明扼要地记载了 496 年和 501 年可能在这一地区爆发的起义。该编年史还记载,494 年哥特人占领了西班牙诸行省,497 年他们在当地居住了下来。这些单调的记录使得人们普遍认为,尤里克的征服进程结束后,西班

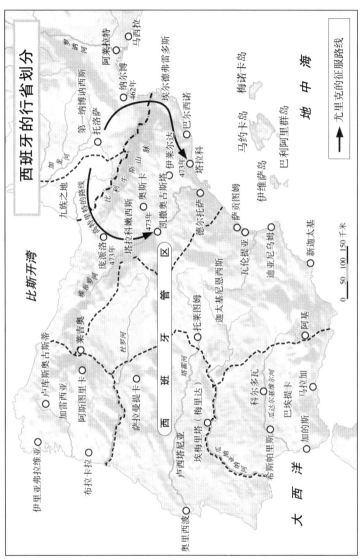

地图 15　西哥特人在西班牙的扩张

牙东北部便开始了一段西哥特人的迁徙史。然而，我们对于此次迁徙的形式和规模却完全不清楚。大规模的人口迁出可能是在与克洛维作战失败后才开始的，并且这一过程持续了数十年。普罗科匹厄斯记载，531 年后有许多哥特人从阿基坦迁往了西班牙。[74]

500 年前后的西班牙是一个权力纷争的地带，不以某个组织化的中心为纲。在对外战争和内战的影响下，罗马帝国晚期地区及行省行政管理机构在 5 世纪最后三十年逐渐消失。5 世纪初，伊比利亚半岛被分为五大行省：东北部是塔拉科嫩西斯，首府是塔拉科［Tarraco，即今天的塔拉戈纳（Tarragona）］；西南部是迦太基恩西斯（Carthaginiensis），首府是新迦太基［Carthago Nova，即今天的卡塔赫纳（Cartagena）］；西南部还有卢西塔尼亚（Lusitania），首府是埃梅里塔（Emerita，即今天的梅里达）；南部是巴埃提卡（Baetica），首府是科尔多瓦（Cordoba）；西北部是加雷西亚（Gallaecia），首府是布拉卡拉（Bracara）。这五个行省与位于摩洛哥（Marokko）西部的廷吉塔纳行省（Tingitana）一同构成了西班牙管区，而西班牙管区又是高卢大区的一部分。领导西班牙管区的是一名西班牙代理长官，其驻地与卢西塔尼亚总督一样都是梅里达。当罗马帝国中央机构丧失了对伊比利亚半岛的控制权时，这些复杂的行政机构便随同它们的专门人员纷纷瓦解；420 年后，西班牙便被证实不再拥有掌握民事职能的罗马官员了。439 年之后，苏维汇国王雷奇拉（Rechila）开始常驻梅里达。自此，罗马帝国晚期的行省划分仅对天主教会还有一定意义。西哥特"总督"的职能范围小得多，只要有空间限制，那么他们的职能范围往往会同城市领土重合，因此这些"总督"被称为"城市长官"。阿拉里克的法典被用于规定城市长官的职权。[75]

帝国上层结构瓦解后，城市也就变成了多个自治的权力中心。但城市也因此成为一处有利可图的产业，这是因为精英们在城市中积累和投入了大量的财富，而这些财富主要是通过农业生产获得的。与在意大利一样，精英们的地产主要由小佃农经营，这些人的人身自由受到法律限制，但他们不是可以被买卖的奴隶。当然，不是所有地方的经济水平同样高。在内陆地区，商品交换的范围和规模都有所缩减。那里的城市精英更加贫困；不少地区会失去城市的特征，甚至会被彻底放弃。相反，面向地中海的沿岸地区一直维持着跨区域的贸易关系；巴塞罗那和卡塔赫纳这样的城市保留了经济中心的功能。位于大型河流谷地的城市也是如此，例如坐落在埃布罗河（Ebro）旁的塔拉戈纳和瓜达尔基维尔河旁的梅里达。在塔拉戈纳，5世纪的人们废弃了剧院、竞技场和广场，但保存下来了城墙，还建造了多座教堂。在梅里达，人们修缮了亚纳河（Ana）上受损的桥梁，并加固了防御城墙；另外，城墙内外还出现了数座教堂。我们不确定位于西边的规模更小但所处位置在数条交通要道交叉点的托莱多（Toledo）在何时落到了哥特人的手上，这座城市直到狄奥多里克死后几十年才被定为王都。[76]

狄奥多里克只是在表面上让西班牙的民事管理机构适应了意大利现有的管理结构。王室书记处将狄奥多里克在伊比利亚半岛的整个统治区域称为"西班牙行省"（provincia Hispaniae）就已经表明了这一点。"行省"这一概念基本上不太可能继续被用来指称下级行政单位了。人们只能从史料中得到关于三名官员的记载，他们代替狄奥多里克在西班牙执行领导任务，他们是：狄奥迪斯（Theudis）、"高贵者"李维利特（Livirit）和"光荣者"安佩利乌斯（Ampelius）。狄奥迪斯是东哥特人，他指挥着狄奥多里克在伊比利亚半岛的军队；我们不清楚狄奥多里克是何时解除依巴的这一职务的。狄奥迪斯还统领着一支类似于私人军队的队伍，其规模足足有 2000 人。此外，根据约达尼斯的记载，狄奥迪斯还扮演着阿马拉里克"看护人"的角色。

安佩利乌斯和李维利特在任期间共同收到了狄奥多里克的两封信，这两封信使得我们可以推断出他们的任务。安佩利乌斯以法官的身份执行司法审判，并监管税费的征收工作。也就是说，他承担了之前由西班牙代理长官履行的职责，但他并不像西班牙代理长官那样在行省总督与总督府长官之间充当中介。安佩利乌斯的名字可以证明他是罗马人，他在西班牙显然有着与在普罗旺斯的利贝留同样的职责。与利贝留一样，安佩利乌斯的上一级只有国王，并且他在自己手下的帮助下直接插手城市一级的事务。安佩利乌斯手下有专人（即"强征官"）负责征收未上缴的欠税，当城市征税员无法执行税收任务时，这些强征官便会出手。安佩利乌斯还可以享受国家邮政及运输服务，下属需为此准备好马匹。不过，我们不确定安佩利乌斯是否和利贝留一样也拥有"总督府长官"头衔。狄奥多里克去世后没几年，史料首次并且也是唯一一次证实存在一名西班牙诸行省总督府长官。因此人们有充分的理由认为，狄奥多里克赐予安佩利乌斯的头衔是传统的"代理长官"。最后是李维利特，他的名字是哥特名，他负责管理国王在西班牙拥有的土地，而这些土地被分配给了大佃农经营。李维利特很可能领导了统治者私人财产在西班牙的分配工作，他的头衔可能是"君主代理官"。[77]

税收管理工作在某种程度上似乎是西班牙行省的核心业务。人们会编制土地登记册和纳税登记表［统称为"国家账目"（polypticha publica）］。最重要的税种由可用于农业生产的土地承担，但此外也会征收过境税和出口税。收入会流入名为"私房账"的国王特殊账户上，部分会被转移到意大利。

392

总之，西班牙的地产也能在很长一段时间里有利可图。

若是从纳税的臣民的角度出发，事情就完全不一样了。在一封狄奥多里克在位最后几年里写给安佩利乌斯和李维利特的书信中，他列举了一系列受害者控诉的弊端。国王解释，有人向自己汇报，在西班牙行省有许多人因为一些微不足道的争端丧生，同时他命令收信人巡视"整个西班牙"，严惩杀人犯和盗贼。他们还要逼迫大佃农足额缴纳租金，阻止铸币工中饱私囊，制止地产管家违背他人的意愿让他人成为自己的附庸。城市中驻扎着哥特人，他们的任务本是为了自由而战，他们应当停止把自由人当作奴仆，来为自己提供服务。最重要的是，国王还列举了许许多多给有纳税义务的臣民带来负担的恶行，包括：使用被做过手脚的度量衡、无理要求使用国家邮政运输马匹、征收关税及贡赋数额过高等。正如有人向国王汇报的那样，有人向行省居民要求的税额比后来送到国王寝宫的数额还要多。狄奥多里克下令仔细核查人们负有的纳税义务，并将应缴税额减少到阿拉里克和尤里克时代的标准。卡西奥多将这封书信收录到了《杂录》中，一方面是因为他想要说明狄奥多里克的政权覆盖的范围有多广，但更主要的原因是他想要将狄奥多里克刻画成一名关心臣民的国王，无论这些臣民离自己的都城多么遥远。事实上，罗马帝国晚期的皇帝也一再被迫应对各种弊端，正如史料中记载的狄奥多里克为西班牙所做的那样。然而不法行径的数量、种类和在王国中发生的范围超乎寻常，尤其是这封书信最初并不是写给某个通常意义上的公共群体的，而是被当作一份工作指示来看待的。如果安佩利乌斯和李维利特真要严肃对待国王安排的任务，那么当他们想到自己要如何执行任务的时候，心中势必会充满忧虑和不安。[78]

狄奥多里克给予了西班牙的天主教会与阿拉里克在位时期同样的自由度。教会的司法裁判权继续不受限制。不过与阿拉里克不同，狄奥多里克没有想过将西班牙和高卢的天主教派主教组织成某种地方教会。狄奥多里克在位时期只召开过行省范围内的宗教会议。塔拉科嫩西斯行省的诸主教曾在516年和517年召开宗教会议，会议由塔拉戈纳主教主持。第一次宗教会议就在塔拉戈纳召开，第二次则在赫罗纳（Gerona）。与会者讨论了教规及仪式方面的问题。会议记录按照西罗马总督及狄奥多里克在西班牙的在位年数来纪年，但除此之外就再也没有明确提到这位远方的国王了。不过这并不意味着参会人员没有在祈祷的时候提到远方的国王。某次行省范围的宗教会议于531年在托莱多召开，会议记录的结尾是祈求上帝的恩典："保佑我们显赫的主人，国王阿马拉里克，愿他的统治千秋万代，保障我们可以自由地行一切有助于推动信仰之事。"[79]

西班牙与意大利在政治上的统一使得西班牙教会无法被隔绝成一个地方教会，这就让西班牙教会变得开放，进而使之能够心向罗马主教区。狄奥多里克也深知这一点。517年春，一位来自迦太基尼恩西斯行省的名叫约翰的主教致信教宗何尔米斯达，告知教宗自己将要前来拜访，并请求教宗的支持。何尔米斯达于517年4月2日亲自给约翰回了一封信，此外还写了两封信给"西班牙的全体主教"。教宗任命约翰为自己在西班牙的代理人，委托他监督教会法的遵守情况，并向教宗汇报。然而，何尔米斯达的这项决议并没有得到西班牙众主教的一致同意。巴埃提卡行省大主教塞维利亚的撒路斯提乌斯（Sallustius）向教宗指出，他的一名前任，也就是教宗辛朴力西乌（Simplicius，468~483年在位）已经将教宗在西班牙的代理人一职授予了塞维利亚大主教。疏忽了这一点的教宗何尔米斯达立刻改正了自己的错误，他在519年让两名主教共享代理人职位：撒路斯提乌斯负责巴埃提卡行省和卢西塔尼亚行省，约翰则负责迦太基尼恩西斯行省。教廷似乎不关心西班牙的代理人职位与阿尔勒的凯撒里乌斯的代理人职位如何兼容。
当狄奥多里克的地中海王国在他死后瓦解时，上述问题也就失
去了实际意义。521年，何尔米斯达通知西班牙的同事们，要
解决罗马教会和君士坦丁堡教会分裂的事宜。然而在此之后，
信函交流中断了两代人之久。[80]

令人惊讶的是，一直到去世，狄奥多里克在西班牙的统
治都从未受到过公开挑战。国王从未到过伊比利亚半岛，因此
只有在紧急情况下他与自己的西哥特臣民之间才会存在人身关
系。西班牙的哥特人听命于一位只通过口耳相传才了解的国
王。他们没有参与过他的胜利，恰恰相反，他们中间至少有一
部分人曾被狄奥多里克手下的将领击败。正因如此，西哥特军
人很难对狄奥多里克怀有与意大利的哥特人同样的忠诚度。然
而，对于西哥特贵族而言，与国王之间存在的空间上的距离意
味着他们很难有机会享受到国王的慷慨待遇及保护，并且几乎
晚期被排除在宫廷的权力游戏之外。有自我意识的贵族很难长
时间满足于这一状态。毕竟在此之前他们曾有过一位自己的国
王和一座自己的宫廷。不过，西哥特贵族比东哥特贵族享有更
多的自主权。豢养武装扈从队在贵族中间十分盛行。狄奥迪斯
手下有2000名扈从，此事之所以那么引人关注，是因为扈从
队伍庞大。475年前后，扈从制度在尤里克国王颁布的法典中
得到了明确认可。[81]

那么，是什么将西班牙的哥特人与他们在拉文纳的国王捆
绑在了一起呢？狄奥多里克安排了一支军队驻扎在西班牙。很
可能由依巴带到比利牛斯山另一侧的一部分军人再也没有返回
意大利。一些军人让自己的家人跟随过来，另一些人娶了西哥
特妇女。然而，有军队驻扎在当地并不足以回答上述问题，特
别是人们通常认为长期居住在西班牙的东哥特人会随着时间的
推移逐渐对当地产生认同感，并维护当地的利益，同时代的普

罗科匹厄斯也持有这一观点。狄奥迪斯迎娶了一名出身于元老家族的富有的罗马妇女,并在西班牙挣得了大笔财产。同样可以确定的一点是,狄奥多里克将一部分从西班牙收得的税款分给了西哥特军人。因此,西班牙的哥特人与意大利的哥特人一样,都是有组织的资源再分配行为的受益者。不过,他们只能获得一部分在伊比利亚半岛征收的税款,另一部分则要分给意大利的哥特人。在西哥特人还拥有自己的国王的时候,情况则完全不同。阿拉里克在位时只有生活在西班牙和高卢的哥特人才能享受到国王的慷慨待遇。一些西哥特人也许更能接受本族王权的消失,因为狄奥多里克将一名生活在西班牙的西哥特人吸收到了自己的宫中,有计划地将他培养为自己的继承人,此人就是欧塔里克。515 年,欧塔里克迎娶了狄奥多里克的女儿阿玛拉逊莎,并在 519 年与查士丁皇帝一同担任执政官。这似乎保证了两大哥特王国能够在狄奥多里克死后依然联合在一起,然而欧塔里克死在了狄奥多里克前头。[82]

即便在立储计划失败之后,狄奥多里克依然将自己在西班牙的统治维持到了他去世之后。这一点不仅有他在执政的最后几年里写给安佩利乌斯和李维利特的两封书信可以证明,还有另外一个事实可以说明,那就是直到狄奥多里克的继任者登基后,被送到拉文纳的西哥特君王珍宝才被交还。对于狄奥多里克而言,占有西哥特的君王珍宝(至少有一部分没有落到法兰克人手中的珍宝被狄奥多里克占有)在某种程度上可以防止他人篡位,谁要想被承认为国王,就需要一笔"财宝",即需要一大批金银珠宝。不过与狄奥多里克王国中的其他任何一处地方一样,理想与现实在西班牙依然是撕裂的。虽然税款及贡赋的征收工作在王国东北部的完成情况尚可,并且国王私产的管理情况也差不多,但狄奥多里克委任的官员显然没有办法保障法律和平的局面。首先是狄奥迪斯,他担任西班牙军队指挥的

时间越长，越不肯听从他人调遣。据普罗科匹厄斯记载，狄奥
多里克不敢革除狄奥迪斯的职位，这是因为他担心西哥特人会
因此反抗自己。所以身份最高贵的东哥特人以狄奥多里克之名
致信狄奥迪斯，要求他来拉文纳。然而狄奥迪斯虽然继续向狄
奥多里克纳贡，但他拒绝离开西班牙。事实上，狄奥迪斯再也
没有回到意大利，这一点和利贝留不同。狄奥多里克死后，狄
奥迪斯便侍奉他的外孙阿马拉里克，后者在外祖父死后得到了
西班牙王国。531 年，阿马拉里克与希尔德贝特手下的法兰克
人作战时遭遇失败，最终被自己人所杀，于是狄奥迪斯便将王
位据为己有。他作为第三个也是最后一个有着东哥特出身的西
哥特国王，一直统治到 548 年。[83]

第九章

"黄金时代"？哥特人统治下的意大利

33

乡村社会：生态环境与人口

　　哥特人统治下的意大利的罗马精英都定居在城市里，即便他们会在自己的农庄里度过一些时光。他们的经济基础是对土地的所有权。这些人拥有土地，收取地租。城市与乡村之间的经济关系也因此较为密切，但并不平等，在城市被消费的财富最主要的来源是农业生产。反之，大部分人口生活在乡村，他们从事着食品生产。城市与乡村之间的联系也表现为乡村始终被归为某座城市的领地，并由城市管理，乡村人口需要缴纳的税款由城市机构来征收。然而，那些生活在乡村并通过自身的劳动创造了古代文化的人，很难被囊括到我们的史料中。古典时代晚期意大利的农民，无论是自由民还是奴隶，是有产者还是佃农，都没有留下书面的自述。曾经存在的文件，主要是书信和租契，已完全遗失。考古研究目前只能部分填补这些空白，这是因为古典时代晚期意大利的乡村聚落直到近三十年才开始得到研究。这些研究虽然就聚落形式及土地利用情况给予了我们一定的启发，但很难让人深入了解社会状况。只要观照乡村的生活世界，我们便会从靠自由或非自由佃农缴纳的地租生活的地主的视角来看，或者从关心乡村人口的国家的视角来看，因为即便乡村土地得到了开垦，国家也只有关注乡村人口，才能向土地征税。

　　但不管怎么说，与古典时代晚期意大利农业史有关的书面记载还是比罗马时代以及后罗马时代西欧其他地区的记载丰富得多。地租也是狄奥多里克最重要的收入来源（此外还有国王私产带来的收益），因此王室重要机构会定期处理农业及乡村社会方面的问题。此外，《狄奥多里克诏令集》也收录了一批与乡村社会有关的决议。古典时代最后一部用拉丁语写成的农业手册是"光荣者"阶层元老帕拉狄乌斯（Palladius）的著作，此人很可能来自高卢，但他在意大利拥有多处田产，并且也有可能生活在意大利。帕拉狄乌斯这部根据"农历"编排的著作撰写于 5 世纪，他详细描述了一座农庄的结构设施，更主要的是，他按照一年的季节更替，为农业生产的实施提供了有序的指导。不过大多数关于大型田庄管理的信息还是出自教宗的书记处。此外还有一部分文件，大多数是赠予书、销售证明以及遗嘱，这些文件的原件或副本得以保留下来。[1]

400 　　由于史料的数量有限，并且内容较为单一，我们很难从书面记载中了解到乡村生活世界的重要方面。这些空缺一部分可以通过将从其他语境获得的数据移置到古典时代晚期的意大利得到填补。实现这一过程的前提是，人们有足够的理由证明，在这些被联系在一起的社会中存在着类似的条件。当人们探寻人口预期寿命时，上述假设似乎能够得到确证。对于前现代社会而言，儿童死亡率通常很高。出生时的预期寿命不到 30 岁，男性的预期寿命比女性稍微高一些。30% 的新生儿会在出生后的第一年内死亡，将近一半的儿童不会活过 10 岁。成功熬过儿童疾病没有死亡的人有机会活到 50 岁甚至更大的年龄。一名二十岁的男子的平均预期寿命是 50 岁。

　　要解释这些可怕的数字很简单。当时的饮食大多内容单一，并且往往数量不够。没有针对细菌和病毒的保护措施，并且传染病也不可能得到治愈。此外，害虫和寄生虫等其他致病原也四处泛滥。瘟疫因此一再暴发，许多居住在城市和乡村的人都患有慢性疾病。古典时代晚期的地主也考虑到了这一情况。帕拉狄乌斯建议元老在购买一处田产之前仔细评估居民的健康状况。如果他们的肤色正常，目光清澈，听力没有减弱，声音清脆，那么空气质量便很好。如果他们有肺部疾病或者膀胱问题，那么他们便会受到腹部、内脏、身体侧部及肾脏处的疼痛及肿块的折磨，接着水质就会变坏。在上述情况下，一个聪明的地主必须远离这样的买卖。在死亡降临得如此频繁又如此早的社会中，生育调控会伴随着巨大的风险。因为死亡率很高，所以需要高出生率，以保证家庭能够存续（父母的养老也就有了保障）。可如果食物不足（这在农民家庭算是常态），拥有一大堆孩子也会是个负担。²

401

　　古典时代晚期意大利的前现代农业社会的特征也体现在农业收成主要依赖于自然条件，例如土地肥沃度、供水情况、气候以及天气情况。帕拉狄乌斯说，选择一块耕地，并将其开垦好，要考虑四个因素——气候、水资源、土地和辛勤劳作。这四个因素中有三个是自然的，只有辛勤劳作是能力和意愿的问题。没有化肥，就只能投入大量的劳动来很有限地提高一些产量；没有农药，就很难有效地防止作物受到害虫侵害。然而，自然条件会发生特别剧烈的变化。水源充沛的波河平原不适合种植橄榄，但适合种植庄稼和葡萄。由于河湖密布，淡水河鱼捕捞也占有重要地位。阿尔卑斯山麓为绵羊、山羊和牛提供了丰茂的夏季牧场。与之相反，亚平宁山脉阻隔了东西之间的交通，产生了多个小型聚落。几乎每个聚落都位于山脚下，山坡则会被用作夏季牧场。北方是亚热带气候，冬季凉爽，夏季炎热潮湿；南方是地中海气候，冬季温和，夏季炎热干燥。不过，这样的气候差别却不太能够解释当地特殊的状况。农业经济的生态空间十分狭小，人们从事生产生活的地方是一个微型区域，这里的气候、水资源、土地条件及其对于人和动物而言的可接近程度有着鲜明的特色。但也正是在这样的框架下，一块田地的地理位置、供水情况、土地肥沃程度及土地的利用方式总是起到决定性作用。正是因为环境的多样性，生态危机可以在很大程度上得到分散：干旱、冰雹、畜疫或虫灾导致的农业歉收会一再发生，但很少会在一整个行省范围内产生同样程度的影响。[3]

402　　每一项劳作都通过人力和畜力完成。只在极少数情况下才有一些比较重要的特例：帆船会利用风力，水磨会利用水流。帕拉狄乌斯是第一位推荐使用水磨设施的农业作家。在水磨的协助下，人们无须借助人力或畜力，就可以碾磨粮食。在陆地上从一处地方到另一处地方最快的方式便是骑马、骑骡或骑驴。教宗格列高利（Gregor）曾斥责管理教会在西西里的产业的官员："你给我们送来了一匹驽马和五头好驴子。我不能骑这匹马，因为这是匹驽马，但我也不能骑这些好驴子，因为它们是驴。"[4]

　　人扛不了的东西会用牛车拉或用牲口来驮。因此，走陆路运输货物既慢又贵。有人计算过，如果用车运输粮食的距离超过了300罗马里，那么每一车粮食的价格就要翻倍。因此，走陆路将粮食、酒和油等货物从一个行省运到另一个行省很不划算。即使将道路铺设得较为平整也改变不了什么，而狄奥多里克在位期间，至少意大利中部的铺石路面还是得到了一定程度的维护。连接罗马和里米尼的弗拉米尼亚大道以及从罗马通往布林迪西（Brindisi）的亚壁大道（Via Appia）得到了重点维护。狄奥多里克命城市总督凯奇那·马沃提乌斯·巴西利乌斯·德西乌斯重建十九段（Decemnovium），这是一个19罗马里长、旁边带有一条运河的路段，这条路从特里蓬提乌姆（Tripontium）通往泰拉奇纳。一代人的时间过去之后，普罗科匹厄斯对铺路石依然完好无损的亚壁大道致以溢美之词。铺设好的道路使人们可以在恶劣的天气出行和使用车辆。尽管如此，陆路出行的速度依然很慢，此外只有一小部分城市被连接进了道路网络。[5]

　　大宗货物的长途贸易因为成本只能通过水路进行。将粮食从地中海这一端用船运到另一端的开销比走 75 罗马里以上的陆路还要少。正因如此，水路是最为重要的交通命脉。所以，长途贸易会集中到靠海或邻近可以行船的河流的城市。卡西奥多强调，卡拉布里亚的城市靠近海岸，定期会有货物通过海路运来，"所以这一地区本身出产巨量的果品，同时又因为邻近海岸，可以得到其他地方库存的供应"。在意大利北部，波河及其支流是最重要的交通线路。波河平原构成了北意大利交通网络的中心。台伯河和阿尔诺河（Arno）在伊特鲁里亚和拉丁姆也有着同样的功能。在距离海洋或可行船的河流较远的地方，货物运输只能局限于当地，或者顶多覆盖某一地区。[6]

34

世纪之争：奴隶制经济的终结
以及从古典时代过渡到中世纪

　　100多年来，意大利乡村社会的发展问题，例如从古典时代的奴隶制经济到中世纪封建领主土地所有制的过渡是如何完成的，一直都是学界争论的焦点。无论在何种情况下将古典时代的结束或封建制度的产生当作社会史领域的问题来探讨，意大利总会是开端，因为古典时代关于使用奴隶进行地产经营的手册［例如加图（Cato）、瓦罗（Varro）及科鲁迈拉（Columella）等人的著作］探讨的都是意大利的情况。帝政时代早期，至少在罗马以南的地区，由集中居住在营地的奴隶为市场生产大宗商品的经济方式的确占主导地位，这是一种巴西、加勒比地区及美国南部在现代重新开始从事的种植园经济。20世纪70年代，在伊特鲁里亚境内的科萨（Cosa）附近的赛特菲奈斯特勒（Settefinestre）别墅，人们发掘出了一处由奴隶经营的专门生产葡萄酒的庄园，并且将获得的优秀成果发表出来。

404　　　　中世纪早期则完全是另一番景象。加洛林（Karolinger）时代法国北部以及莱茵河右岸的日耳曼尼亚出现了一种大规模的、彼此之间存在联系的庄园集合体，这种庄园集合体只有一小部分由地主亲自经营，大部分则分配给独立经营的农民。这些农民有义务上缴捐税，并定期为地主的庄园提供劳务，即所谓的徭役，频率为每周数天，地主的庄园因此被称为"徭役庄园"（Fronhof）。由于在史料中会用多义词"villa"来指代徭

役庄园，在研究领域也会使用"庄园集合体"（Vilikation）和
"庄园集合制度"（Villikationssystem）这两个概念。[7]

　　长期以来，甚至在今天一直有这样一种观念占主导地位，
即加洛林时代的庄园集合体直接脱胎于罗马帝政时代的种植
园。1896 年由社会学家马克斯・韦伯（Max Weber，1864~
1920 年）提出的理论影响最为深远：当罗马不再发动能够获
取更多领土的战争时，奴隶的来源也就枯竭了。种植园奴隶
制却依赖于外部源源不断的奴隶供应，因为这种经济制度为子
女养育留有的空间十分有限，机会也十分渺茫。随着帝政时代
走向终结，货币经济及长途贸易逐渐萎缩，直至丧失地位，一
种以满足地主个人需求为目的，同时能够保障劳动力的自我再
生产的生产方式得到普遍确立，这就是中世纪早期的封建领
主土地所有制。在庄园集合体内建立起了一种自给自足的自然
经济。[8]

　　同样地，法国历史学领域的年鉴学派创始人马克・布洛赫
（Marc Bloch，1886~1944 年）在一篇他去世之后（1947 年）
出版的文章中，将加洛林时代的庄园集合体称为罗马帝政时代
由集中居住在营地的奴隶经营的种植园的直接后裔。与韦伯一
样，布洛赫也认为奴隶来源的枯竭是种植园经济被放弃的一个
原因。然而不同于韦伯的是，布洛赫强调了农民经济的经济理
性。但他换了一个视角，韦伯追问的是"古典文化终结的社会
原因"，而对于中世纪学学者布洛赫而言重要的是解释农民阶
级的产生，这个阶级的成员虽然有缴纳捐税和服徭役的义务，
但他们仍然属于自由人。根据布洛赫的观点，这些人主要是之
前的奴隶，他们获得自由身的前提条件是继续向主人缴纳捐税
并服徭役。[9]

　　美裔英籍古典史学者摩西・芬利（Moses Finley，1912~
1986 年）在 1980 年也遵循了这一解读传统，他试图为下列问

题找到答案：在古希腊和早期帝政时代的意大利典型的、通常借助购得的并集中居住在营地的奴隶来实施的劳动组织形式，在什么时候，以什么方式，并且为什么会消失？芬利认为，附庸农民群体开始大规模产生的时间是帝政时代晚期，并认为其原因是战俘供应量的下降。但芬利强调，奴隶购买的需求量也在下降，而在同一程度上，小农首先开始在经济上，随后又在法律许可的范围内陷入对大地产者的附庸。因此，在古典时代晚期，无人身自由的、受土地束缚的农民［芬利用一个多义的概念"永佃农"（Kolonen）来称呼这类农民］代替了被购买的奴隶的角色。永佃制（Kolonat）代替了种植园制，成为最主要的生产方式。差不多在同一时期，英国古典史学家杰弗里·德·圣·克鲁瓦（Geoffrey de Ste. Croix，1910~2000年）从马克思主义理论出发，得出了与芬利相似的结论：当战俘供应来源枯竭时，从前以自由佃农的身份耕种土地的附庸农就代替了他们的位置。德·圣·克鲁瓦认为这是贫困公民丧失政治参与可能性造成的间接结果。[10]

　　然而近三十年的论争也表明，上述解读模式基于的是错误的前提，即使直到今天这种解读模式在部分研究中依然根深蒂固。一方面，没有任何迹象表明古典时代晚期意大利的奴隶数量出现了明显减少的情况，至少与总人口相比没有，而当时的总人口比帝政时代早期要少。由于缺乏统计材料，我们只能像计算总人口数一样粗略估计一下古典时代晚期意大利的奴隶数量。这个数字可能是一百万。不过我们也可以从史料中看到，古典时代晚期的农业劳动往往由奴隶来从事。此外，这些史料还表明，前文所述在帝政时代早期意大利中部及南部十分典型的农业经济的法律地位在古典时代晚期已经同样传播到了整个意大利。也就是说，即使在狄奥多里克时代的意大利，奴隶制不仅普遍存在，而且在农业领域扮演着相当重要的角色，以至于许多农民的法律身份是奴隶。另一方面，几乎没有证据表明，自由或非自由佃农有义务定期且大规模地前往某个地主的庄园提供劳务。唯一为我们所了解的例子是拉文纳教会的地产，据我们所知，这些地产位于帕多瓦（Padua）境内。这个例子出自 6 世纪中叶，不能被普遍化。换言之，古典时代晚期意大利农业经济特征并不由庄园集合体决定。[11]

古典时代晚期意大利的农业生产情况展现出了一种特殊的形式，这种形式既不同于帝政时代早期和中期那种以买卖奴隶为基础的生产方式，又区别于中世纪早期的庄园集合制度。一方面，这种农业生产形式的特点是土地所有权集中在上层阶级手中，即便小农所有制并未完全消失。比起帝政时代早期，此时的土地所有权集中的程度或许更高，但这一过程也伴随着生产的分散化。也就是说，在通常情况下，大地产不再是接受统一领导的生产单位。准确地说，大地产被分散开来，划分成了多个小型农庄，这些农庄由自由或非自由的佃农经营，自负盈亏。生产的基本单位是农民家庭，他们租赁了一块土地，为此他们要将一部分收成上交给地主，并且根据需求，在有条件的情况下他们还会得到短工或长期雇用的仆役的帮助。从经济角度看，佃农与有地农民的区别仅在于佃农有缴纳地租的义务（当然，佃农与有地农民这两种身份可能会合二为一）。所以说，这是一种农民家庭经济形式，俄国经济学家亚历山大·恰亚诺夫（Alexander Tschajanow/Chayanov）在 20 世纪 20 年代首次深入分析了这种经济形式。[12]

407

35

"土地的奴隶"：农民的法律地位、
经营方式及社会地位

要用直观的具象来充实上述抽象的模型，就要区分三个层面，即劳动组织形式及经营方式、受到一系列因素影响从而存在细微差别的社会地位，以及受到国家规范性法令定义的法律地位。首先，我们来看一下法律地位。

罗马法严格区分自由人身份和奴隶身份。奴隶就好比一件物品，他不是能够享受公共及私人权利的人。因此，卡西奥多曾这样反问道："在奴隶中间寻找公共权利有什么用？根据法律他们完全没有人的地位。"奴隶几乎任由自己的主人处置，主人可以依照自己的喜好，随意出售、出租和责罚奴隶。类似的支配权也适用于一名男奴隶和一名女奴隶所生育的孩子，奴隶的孩子还是奴隶。男女奴隶共同生活虽然可以被接受，但这种关系不会被视为婚姻关系，并且从中不会产生家庭法方面的权利。人们对待奴隶共同生育的孩子的方式就好像孩子和自己的父母没有血缘关系一样。一名奴隶经主人同意后获得的"特殊财产"在死后依然是自己的财产。自由人与奴隶在法律地位上的区别也得到了教会承认，奴隶不得担任神职人员，除非这名奴隶的主人已经给了他自由。[13]

上述原则也适用于狄奥多里克的王国，并在《狄奥多里克诏令集》中得到了明确强调。将一名自由人变成奴隶是重罪。将某名自由人当作自己的奴隶，但是又无法在法律上证明此人是奴隶的人，会被指控中伤和侮辱罪。诱拐人口用于贩卖或供自己驱使之人应被处死。如果自由人和奴隶结合生下孩子，那就要由母亲的法律地位来决定孩子的身份，原则上无论父亲的法律地位如何，女奴的孩子都是奴隶。由于奴隶在法律上相当于一件物品，当一名奴隶被杀害后，主人可以依照自己的意愿决定要不要追究杀害奴隶者的刑事责任。《狄奥多里克诏令集》允许奴隶的主人在刑事诉讼和民事赔偿之间二选一——

> 若一名他人的奴隶或农民被杀，其主人可以因为依附于自己之人的死亡选择提起刑事诉讼，起诉杀人者害命，也可以因为失去一名奴隶而遭受的损失提出民事诉讼，并要求获得相当于被杀的奴隶价值的双倍的赔偿。[14]

然而，自由身份和奴隶身份之间存在的根本性区别绝不意味着所有在法律上被视为自由人的罗马人都有权利自由迁徙，或者自由选择职业。军人、议员和手工业者有义务为国家提供特定的服务。为了防止人们逃避这些义务，古典时代晚期的国家宣布上述阶层是世袭的。出于类似的考虑，国家推动了在现代研究界被称为"Kolonat"（永佃制）的机制的产生。这一概念派生自拉丁语词"colonus"，该词可以用来指称任何农场主或农民，也就是说并不固定指代某个特定的法律身份。当人们开始在整个王国范围内征收地产税时，除了考虑土地面积和产量，还要考虑在土地上劳作的人数，因此人们要将土地上的人口列在纳税清单上。自己没有土地的佃农会同土地所有人的庄园一起被登记在土地所有人名下，而自己本身就拥有土地的佃农则与自己的土地一同被登记在自己名下。

为了确保纳税系统可以运转，必须防止被登记在册的人员因为迁徙而逃避纳税。因此，自君士坦丁大帝起，皇帝们陆续颁布了一系列法令，其基本原则是农民（coloni）不得离开自

己的土地。"虽然从法律地位上看他们是自由民（ingenui），
但人们可以将他们归为自己为之而生的土地的奴隶（servi
terrae）。"一部 393 年的法令中这样写道。在这部法令的影
响下逐渐出现了依附于土地的农民这一法律身份，直到查士
丁尼皇帝在位时期，该法律身份才在法律上得到系统化，并
可以世袭，这类农民虽然是自由身，但又与自己租赁的田地
捆绑在一起。这类农民叫作"（永佃）补登农"［（coloni）
adscripticii］，这是因为他们的名字被"补登"（adscripti）
在了纳税清单上，或者他们也会被称为"（永佃）原住农"
［（coloni）originarii］，这是因为他们不得离开自己被登记在
册的地方，即原住地（origo）。皇帝立法的动机如上文所述，
是出于财政考量：国家限制佃农自由迁徙，以便向他们征税。
然而，这项法令还有可能只是在法律上确定在一些帝国特定地
区事实上业已存在的状况。土地依附制度在某种程度上迎合了
大地主的利益，即使其他地方条件更为优渥，地主也可以禁止
某个佃农离开租赁的土地。当劳动力短缺的时候，佃农总是会
有其他的选择。反过来，上述法令自然也会限制地主对佃农的
支配权，为佃农提供保护，防止租约到期后被赶出田庄。[15]

410

　　然而随着时间的推移，永佃农的法律地位越来越接近奴
隶的法律地位，罗马帝国晚期的法令逐渐开始让依附于土地的
原住农承受施加给奴隶的责罚。不过这也适用于一般的底层民
众，因为在 3 世纪初以后，帝国所有的自由民基本上都获得了
公民身份，公民身份差不多形同虚设，早就不足以支持在法律
面前拥有平等的地位的要求了。刑法会根据社会声望区分高阶
层者（honestiores）及低阶层者（humiliores）。在《狄奥多
里克诏令集》中，依附于土地的农民干脆被称为奴隶，这两类
人都世代依附于一个主人，他们只有通过逃走的方式才能摆脱
这种人身依附关系。

比如说，在一部君士坦丁大帝为了解决奴隶逃走的问题而颁布的法令中，《狄奥多里克诏令集》的编撰者在奴隶旁额外添加了"永佃农"字样，用以指代依附于土地的农民。

> 故意收留或藏匿他人逃跑的奴隶或永佃农之人，应将奴隶连带该奴隶生产的产品及特殊财产一同归还给原主人，并赔偿一个与该奴隶同等价值的奴隶。如果收留逃跑奴隶的那人认为自己还要再次或第三次收留同一名奴隶，那他在交还这名奴隶及其生产的产品的同时，还要赔偿给原主人另外三名奴隶。

> 如果奴隶（mancipium）①不是被自己的主人恶意派往收留自己的那个主人那里，以牟取利益的话，那么该奴隶本人要在庭审中接受拷打。如果经过调查人员的严密审讯，查明该奴隶是被自己的主人派往另一个主人那里，而其原主人隐瞒了自己的真实意图，那么该名奴隶应当立刻被充公。[16]

411

根据法律，蓄意收留逃跑的永佃农和奴隶所受的处罚一样：若有人在永佃农试图第三次逃跑的时候再次收留他，那收留者就要转让给原主人三名永佃农。一方面是个人自由，另一方面是土地依附关系，二者之间概念上的张力在狄奥多里克的王国也没能解决，哪怕永佃农已经被正式称为奴隶。更确切地说，上述根本性差异在狄奥多里克的王国依然继续存在。在《狄奥多里克诏令集》中，依附于土地的农民的法律权能在一个对于这类农民而言最重要的范畴内得到了明确承认：当有人偷盗农作物时，地主和佃农都可以提起诉讼。[17]

---

① 该词本义为"财产、被购买来之物"。

在经济层面上，古典时代晚期意大利的农业特征是：地产高度集中，生产组织形式分散，以市场为导向，货币化程度高。不过，所有这些结论都只能说明基本倾向，因此还需要进一步甄别。即使土地中面积更大、价值更高的部分肯定是由精英阶层占有，为农民所有的地产也从未消失。虽然为农民所有的地产的规模和重要性没有办法量化，但史料依然传递了这样一种印象，即拥有自己的土地的小农和中农在古典时代晚期的意大利也能够生存下来。除了偶尔散见于 6 世纪的一些论述，有一个事实更具说服力：卡西奥多记录下了一个公式，通过这个公式，只拥有一块田庄（casa）的土地所有人可以获得一定的税收减免，前提是该土地所有人可以证明这块田庄生产的产品比他应当为这些产品缴纳的税额少。[18]

412 在哥特人统治的意大利，最富有的人是国王，他拥有的土地覆盖了整个意大利半岛和西西里。在他之后的是"光荣者"阶层的元老，他们同样在许多行省拥有地产。391 年执政官昆图斯·奥勒留·辛玛古在意大利中部和南部、西西里及北非拥有土地和庄园。410 年，元老夫人梅拉尼娅（Melania）和她的丈夫皮尼阿努斯（Pinianus）为了过苦修生活，决定变卖他们在意大利半岛、西西里、北非和不列颠的产业。西罗马帝国在意大利的领土面积萎缩后，意大利元老失去了他们的部分产业，这些土地如今已经接受日耳曼诸王的统治了。即便如此，意大利的元老们在狄奥多里克的时代依然拥有非常大规模的地产，这些地产通常分布在多个行省。此外，很有影响力的主教，如罗马主教或米兰主教也属于大地主之列。[19]

我们掌握的私有大地产管理方面的信息几乎只涉及元老、宫廷官员、高级军人以及罗马教会。城市精英群体中的土地所有者很少进入我们的视野。大地产由被称为"地块"（fundi）的单位组成。一处地块的面积、组成部分及产量很不稳定。根据资料，一处地块每年的收益从 20 枚到 400 枚金币不等。通常一处地块本身由多个田庄（casae）组成，而这些田庄大多不会构成封闭的整体。总的说来，地块并非经济单位，而是管理单位。虽然有可能存在一处主要充当地块管理中心的地主庄园，但这处庄园也会被用作土地所有人在乡村的宅邸。帕拉狄乌斯曾描写过这样一处地主庄园：这里应当有粮仓、酒窖、葡萄酒压榨机、榨油机、马棚、牛圈、养蜂场、鸟舍、打谷场，如果可能的话，还应当配备水磨，为了让地主可以生活得舒适，还应当有浴池。正如帕拉狄乌斯描写的那样，一处作为管理中心的地主庄园主要是为佃农上交的实物地租提供存放地，而自主经营只在有限的范围内进行。[20]

　　一处地块的绝大部分区域由被租赁出去的农业点组成。这些农业点被称为"田庄"。如果佃农自己将产品拿到市场上去售卖，那他们便会用金币来缴纳地租。否则他们就要上缴一部分收成，这么做应当也是惯例，这部分收成首先要被存放到地主庄园中，随后就要被售卖。地块的管理者总是需要将一笔固定数量的金子送到地主那里。正因如此，在做记录的时候，一处地块的价值，也即年产量会被折算成金币。不过在规模更大的产业中，地块又会被编入一个被称为"大地块"（massa）的上级单位。这些大地块将许多散落在彼此间距离较远的地方，并且相互不存在联系的地产纳入统一管理。罗马教会的一处位于拉丁姆境内塞尼［Segni，拉丁语称为"西格尼亚"（Signia）］领地的大地块包括不少于 31 处完整的地块。另一处位于亚壁大道旁的大地块则只包括 10 处地块。梅拉尼娅作出皈依宗教这一惊人决定之前，在坎帕尼亚拥有不少于 40 座村庄（villae），这些村庄都属于同一个庄园集合体。根据为梅拉尼娅作传的作者的说法，每一座村庄中都生活着 400 名身份为农民的奴隶。[21]

413

管理规模如此庞大的财产是一项十分复杂的工作。曾担任霍诺留皇帝（395~423 年在位）的最高司库大臣，也即"神圣宫舍总管"（praepositus sacri cubiculi），并在皇帝死后退休，长期居住在拉文纳的劳里奇乌斯（Lauricius），除了三处单独的地块，还在西西里拥有三处大地块。据估算，这三处大地块的年收益分别为 756 枚、500 枚和 445 枚金币。加上另外三处地块，每年应收地租为 2050 枚金币。劳里奇乌斯将这些庄园集合体委托给了大佃农管理。大地块"法蒂利亚纳"（Fadilliana）租给了一个人，"恩波里塔纳"（Emporitana）租给了两个人，"卡西亚纳"（Cassiana）则租给了三个人，这三个人中的一人还是直接租赁"恩波里塔纳"大地块的两名大佃农之一。此外，劳里奇乌斯还委托了主管人（actores）来监管自己在西西里的产业。在这些主管人之上，劳里奇乌斯又安排了一名军官，即副官皮洛士（Pyrrhus），担任某种类似经理的职务，此人负责监管西西里的所有产业。可是皮洛士没能满足他人对自己的期望。他回到拉文纳向劳里奇乌斯汇报，称 444 年至 445 年与 445 年至 446 年的地租没有足额上缴，原本应缴数目为 6150 枚金币，实际缴纳数目为 4216 枚金币。于是，也来到了拉文纳的大佃农西昔尼乌斯（Sisinnius）便受托追缴欠款。西昔尼乌斯最终是否完成了任务，这一点我们不得而知。[22]

从一份赠予证明中人们可以了解到一处分布更为分散、收益更低的庄园集合体，这份证明也在 489 年出具于拉文纳。奥多亚克国王允诺赠予御林军长官皮耶留斯的一处价值为 690 枚金币的土地，国王首先将位于达尔马提亚的梅利特岛［Melite，即今天的姆列特岛（Mljet）］送给了皮耶留斯，这处岛屿能带来 200 枚金币的年收入，之后将位于叙拉古（Syrakus）领地内的大地块"彼拉米塔纳"（Pyramitana）

里的一处年收益为 450 枚金币的土地赠给了他。但是因为距离 690 枚金币的收益总数还差 40 枚金币，于是皮耶留斯便再次去找奥多亚克，而奥多亚克最后又从大地块 "彼拉米塔纳" 中拿出了地块 "埃米利安努斯"（Aemilianus）、"杜布利"（Dubli）缺失的部分和 "普塔克西埃"（Putaxiae）的一部分送给了皮耶留斯。[23]

狄奥多里克的外甥狄奥达哈德的地产集中在伊特鲁里亚。然而，据说他将那里的大部分土地据为己有，这使得人们怨声载道。狄奥达哈德的母亲阿玛拉弗里达死后，他便立刻获得了原属于阿玛拉弗里达私产的大地块中的一部分土地。狄奥达哈德任命的主管人负责处理这些土地。一个名叫狄奥多西（Theodosius）的人行使了主管整个家政的职能（这是否就是高级门客？）。人们可以据此判断这些土地的收益有多高：狄奥达哈德移居到君士坦丁堡后曾向查士丁尼皇帝申请一笔每年数额为 1200 磅黄金的养老金，这相当于 86400 苏勒德斯。根据 5 世纪初希腊史学家奥林匹奥多罗的估算，这笔钱相当于掌握了中等财富的罗马元老的收入。[24]

元老与其他大地主通常会将这类庄园集合体长期留给大佃农，大佃农则保证会缴纳固定的地租。随后这些大佃农又会向各个农业点的小佃农收取地租。这么做的好处是地主不需要亲自从事生产就能获得固定的收入，但这种经营方式的弊端是如果出现物价上涨（例如农业歉收便会导致这一情况），地主便无法盈利。正因如此，地主想办法获得了对农产品的优先购买权，以保障在有利润可赚的情况下，通过自己的主管人将这些产品立刻转卖。[25]

大佃农本身就是很有影响力的人物，他们享有数量极为可观的财富。然而他们并不总是自由人，有部分人也是奴隶。教宗杰拉斯曾宣布罗马教会的一名奴隶兼大佃农的遗嘱无效，理由首先是此人作为奴隶完全没有立遗嘱的资格，此外他还欠了教会一大笔钱。如果他去世，他的儿子就要得到他的财产，接手他租赁的土地，并且还要承担起父亲的债务。主管人（actores/procuratores）甚至主要来自奴隶阶层，哪怕帕拉狄乌斯曾警告人们不要把这项任务交给供他人取乐的奴隶，因为奴隶可能会任意胡来，从而造成很大的风险。在对大型产业进行管理的过程中，自由人和非自由人并立存在的现象尤为清楚地表明了这样一个事实，即法律身份和社会地位之间存在的差别可以如此悬殊。[26]

无论是从纵向还是横向看，农庄都被纳入了市场关系之中，一部分农产品会被当作地租上缴。农民通常会将这部分收成交给大佃农。大佃农负责将农产品出售，以便获得因直接租赁地主的土地而要付给地主的黄金。大佃农要么就地或者在本地区内的市场上处理掉那些农产品，要么将农产品转卖给专业的大贸易商（negotiatores）。皇帝的舰队袭击亚得里亚海岸后，阿普利亚的大佃农请求减免地租，他们从农产品贸易中获取的利润降低了，这是因为在敌军的劫掠下庄稼被烧毁了。王室中央机构将为军队和宫廷购置食品的任务交给了大贸易商。曾有阿普利亚和卡拉布里亚的大贸易商控告，自己在已经将约定数目的粮食交给总督府的情况下，仍被迫用黄金缴纳一笔手续费（interpretium），于是狄奥多里克严厉训斥总督府长官福斯图斯·尼格尔：如果大贸易商送来的粮食不够，那总督府应当自己把粮食卖掉，从而换取钱财。高卢战争期间，国王命令坎帕尼亚、卢卡尼亚和伊特鲁里亚的船主（navicularii）将食品运送到高卢，并在那里按照市场价将食品出售。[27]

在这些船主中间不乏一些同时掌握了大片地产的人。地主也会亲自从事粮食、葡萄酒和油等大宗产品的贸易，他们会委托主管人在当地开展经营。由于大地主拥有自己的粮仓，他们可以充分利用有利的商机。如果因为收成不好，消费中心的物价上涨，那么销售粮食换取的利润就远比收取固定数额的地租多。例如，上文提到的最高司库大臣劳里奇乌斯便和许多元老一样，在罗马拥有自己的粮仓，这使得他可以将自己在西西里的土地生产的一部分产品拿到罗马的市场上去售卖。[28]

农产品的流转在集市上完成，而各个集市的开设频率各不相同：有的是日市，有的是周市，有的是月市，还有的是年市。集日大多一月一次，在那一天整个地区的商品都会出现在集市上。但也有年市，可以吸引远道而来的商人。卡西奥多曾描绘过一处这样的集市，该集市每年会在卢卡尼亚的孔西利努姆城（Consilinum）内的马尔切利亚努姆（Marcellianum）举行。在圣西普里安节（heiliger Cyprianus），也即9月16日那天，集市上会搭起小屋和帐篷，以出售来自整个卢卡尼亚以及从周边行省运到当地的商品。

417

> 对于周边行省而言，该集市不仅是一次隆重的盛会，还可以带来高额的利润。不管勤奋的坎帕尼亚人送来什么，不管富有的布鲁提亚人、拥有海量牲畜的卡拉布里亚人、精明的阿普利亚人或是卢卡尼亚人本身有什么，这些东西都会被摆出来装点这处极其漂亮的集市，这样人们便可以合理地判断，规模如此庞大的人群是从各个地区聚集到这里来的。在那里，人们可以看到精美的摊位点缀着一个个宽阔的场地，还有快速用随便什么树叶拼搭出来的房屋，熙熙攘攘的欢乐的人们在歌唱着。[29]

不过，农民经济不仅在纵向上被纳入市场关系中，农民自己还会将部分产品拿去售卖。只要地租还在以货币的形式缴纳，这一点就不难理解。在缴纳货币地租的情况下，市场价的波动会直接影响到农民。如果收成很好，那么就有丰盛的食物，不过结余的产品只能带来很少的收益。如果收成很差，物价便会上涨，然而收成基本上无法满足个人所需。夹在这两种极端情况之间的人们只能勉强维生。不上缴固定数目的金钱，而是以一定份额的收成作为地租上缴的半佃农能够更好地承受市场价格波动带来的影响，这是因为地主分担了风险：如果收成减少，能支付的钱财或上交的产品也会更少。不过，半佃农绝不会因此完全与市场行为脱节。他们能售卖的收成的多少取决于一系列因素，如根据国家需求确定的土地税数额、地租的数额、收成，以及人们要供养的家庭人口数，而半佃农受这些因素的影响很有限甚至几乎没有。不过人们可以推测，在一般或好的年景会有一部分产品结余下来，并会被拿到当地市场，通常是距离最近的城市中售卖。[30]

　　然而，总是会出现坏的年景。农民的家庭经济绝不是只为满足自身需求进行生产的自给自足的经济。正如我们所看到的那样，事实正好相反。对于一个家庭来说，保障食品供应是最为紧迫的目标。由于农作物产量会出现强烈波动，人们绝对无法预见到上述目标在来年是否能够实现。饥饿是一位固定伴侣。对于严寒酷暑、干旱洪涝以及雹灾虫害，人们做不了什么，但是人们学会了如何分散与此相关的风险，以便借此防范灾害。在古典时代晚期的意大利，人们了解并践行了一系列防止地力衰竭的方法。例如，总是保证一部分土地休耕的两田轮作制，同时在一块耕地上种植多种植物的混作制，以及在一块耕地上多次轮换播种不同作物的轮作制。帕拉狄乌斯建议，1月播种大麦，3月播种小米，9月播种普通小麦（triticum）和二粒小麦（adoreum）。此外，对于自给自足经济而言，蔬菜和豆类也十分重要，不同于粮食作物，蔬菜和豆类需要其他的生长条件。人们生产葡萄酒和油主要是为了出口。能够买得起牛的人则可以把牛粪当作肥料来使用。[31]

同样地，将地产分割成多块也是一个分散农业歉收风险的行之有效的方法。然而，我们对于意大利农民的地产情况知之甚少，没有办法评估分割地产的方法在那里扮演了什么样的角色。由于佃农要赚取税款和地租，他们不能仅以满足个人消费需要为生产目标。只有在的确出现大规模农业歉收的情况下，国家才会降低税收要求。半佃农制度虽然可以将风险均匀分摊到佃农和地主身上，但小农群体居于社会金字塔的最底层，几乎无法与国家的财政要求和大佃农、主管人及地主的经济压力相抗衡。由此便出现了一种在现代概念中十分荒诞的局面，即在农业歉收的情况下，食品的生产者要忍饥挨饿。[32]

419

在这一过程中发生作用的机制在一封通函中展现得极为清楚，这封通函是在狄奥多里克死后不久由卡西奥多替阿塔拉里克国王写给某个未知行省的主教及显要人士的。

> 通过诸位领地上一些土地所有人的控诉，我得知，除了年景不好带来的困难，庄园主们还在忍受着一些同乡那可诅咒的残酷行径，这是因为这些同乡将早已买下的小米藏了起来，只等物价上涨，涨到让拥有中等数量财产的人感到有压力的程度，从而可耻地使那些存了一笔钱的人变得不名一文，有挨饿威胁的人要苦苦哀求着将食物提供给他们，而他们清楚这些人有能力把自己的钱财搜刮干净。在物资匮乏的苦难中不会有人就物价进行争执，因为人们会任由自己被欺骗，以求不会因延迟而被击垮。[33]

在这个编辑《杂录》时名称被删去的未知行省，大地主买去了所有收获的小米，并将其存放在自己的仓库中，因为他们打赌物价很快就会上涨。然而，这种行为受到了"拥有中等数量财产的人"的反对，这些人转而去向国王寻求帮助。随后王室书记处便写了一封信给当地的主教和世俗显贵，告知他们在这种艰难的情况下每名地主只能保留自己和家庭所需的物资。超出这些需求的物资要按照"公道的价格"拿去售卖，而这个价格会高于通常的价格，但必须低于当时的市场价。国王书信的收信人被要求心甘情愿地执行这一命令。"因为诸位在这个方面要彼此关心，不要因为追求高价而使自己做下可耻的事。上帝保佑此事不会发生！"同时，书信中还写道，送来书信的人受托监督王命的执行情况。在这种情况下，王室中央机构会插手，以保护拥有中等数量财产的地主免于陷入对大地主的经济依赖。这些农民显然债务缠身，否则他们不会在小米刚一收获（时间在 9 月）就立刻将它们全部卖掉。降低物价的规定符合那些在市场上购买小米的人的利益，这些人主要是城市居民。人们有理由怀疑该规定是否有利于小佃农。如果收成不好，小佃农的购买力便会不足以在市场上购买食品。[34]

　　自由农因农业歉收或负债而陷入的困境究竟有多严重，有这样一个事实能够再清楚不过地说明这一点：父母们总是会一再地将自己的亲生子女卖给他人为奴。这种做法原本是被禁止的，但还是屡禁不止。奥古斯丁曾表示，北非的奴隶贩子会在帝国行政机构的眼皮底下收买奴隶。皇帝颁布的法令在对待奴役儿童的问题上不过是敷衍了事。但人们还是会不厌其烦地强调自由是绝不能被出售的至高财富。《狄奥多里克诏令集》也一再强调这一基本原则——

　　　　出于迫不得已的原因，为了生计而卖掉自己子女的父母，没有因此损害子女们自由的出身，这是因为自由人不会被估价。[35]

然而，人们不会真的打算惩罚买家。恰恰相反，450 年一场饥荒席卷了整个意大利，一家之主会将自己的子女和亲属卖为奴隶，从而使他们免于挨饿。皇帝瓦伦提尼安三世发表了一番长篇大论来反对这一行为，他认为这样的合约破坏了正义和法律，并会导致自由的缺失。但与此同时皇帝也规定，如果将原售价再加上售价的五分之一的费用退还给买家，那么买卖合同便可以作废。而皇帝并没有说明因为陷入困境而出卖自己的子女和亲属的人应当如何筹集到这笔资金。

明确规定要接受惩罚的只有将人口贩卖给蛮族或贩卖到海外的行为。卡西奥多也将买卖儿童为奴看作正常现象，甚至认为这对被贩卖的儿童有好处。从上文中提到的对马尔切利亚努姆年市的描述中我们得知，市场上可以买到男童女童。卡西奥多认为，这些父母有充分的理由卖掉自己的子女，因为子女前去服务某个主人是可以从中获利的。"毫无疑问，那些先前从事田间劳作，后被送到城里，以奴隶的身份去服侍他人的人会过得更好。"这番评论在我们看来纯属挖苦讽刺，但它也清楚地说明了自由状态并非永远，并且也不是在任何情况下都比为奴的状态更受青睐：在主人家中提供服务的奴隶无须担心自己在收成不好的时候挨饿。这样的保障也能惠及那些以佃农的身份从事农业的奴隶，哪怕程度十分有限。[36]

古典时代晚期意大利的史料没有办法让我们深入认识农民家庭经济的内部情况。因此我们完全无法想象一座由农民与自己家人共同经营的农庄是什么样子。教宗格列高利一世在自己的《对话录》（*Dialogen*）中描绘了这样一个场景：一个名字不详的永佃农在萨莫奈山中租了一处庄园，他邀请邻居们来做客。这名永佃农并不是穷人，因为他拥有一名奴隶，还能用肉食款待邻居们。当他的儿子决定出家时，这人还需要得到地主的允许，而这名地主是一个名叫维南提乌斯的元老，出身于德西乌斯家族。

422　　　这段逸事完全符合一个农民家庭经济的模式，人们可以借助俄国革命爆发前俄国地区的数据推导出这一模式。不过，我们不应过于狭隘地理解"家庭"这个词。在一座农庄中劳作的人并非都是亲戚。如果一座农庄要进行生产，就还要雇用仆役。有能力的人还可以在收获的时候雇短工。土地和财富绝不是平均分配。格列高利一世区分了罗马教会在西西里的地产上的"贫农"与"富农"。虽然农民家庭的生活较为艰难且不稳定，但在他们的生活中绝非只有劳动。劳动的强度主要是随着季节规律有所波动：长达数月的高强度劳动过去之后，又会迎来一段无事可做的时光。地租通常会依照惯例得到确定，数目是稳定的，所以劳动强度主要受家族周期影响：起主要作用的是能参与劳动的人数与只会饭来张口的人数之间的比例。如果一个家庭需要供养许多年幼的子女、老人、病人或残障者，那么其劳动力就要比代际关系较为平衡的家庭的劳动力更加辛勤地劳作。据说诺里库姆的塞维里努斯应一名长期忍受病痛折磨的妇女的近亲要求，用祈祷治愈了这名妇女。塞维里努斯传记的作者说，三天后，这名妇女便开始"按照农村的习惯"，再一次用自己的双手从事田间劳作。[37]

　　　同样地，关于古典时代晚期意大利的农民的居住方式我们也知之甚少。过去人们往往以为那时候的农民主要散居在一个个单独的农庄中。后来越来越多的关于农村聚落的考古证据表明，农村聚落由多个农庄组成，因此根据它们的构造可以看出，这些聚落就像一些小村镇或小村庄。在皮埃蒙特（Piemont）、阿普利亚和西西里都被证实存在这一类聚落。尽管如此，人们依然有理由认为，村庄作为一种社会组织在古典时代晚期的意大利最多只是扮演着边缘性的角色。在书面记载
423　　中我们从未看到像埃及、叙利亚及小亚细亚地区的村庄那样与

地主或国家机构进行磋商，或是彼此之间爆发争端的意大利村庄成为行为主体，而这一现象绝非偶然。在古典时代晚期的意大利，地产并非按照村庄进行登记，而是根据地块进行登记。在对人进行身份识别时，起到决定性作用的并非一个人属于某座村庄，如同罗马帝国东部那样，而是一个人属于哪个私人主管单位。这表明村庄作为地域身份的基点所具有的意义很有限。[38]

在古典时代晚期意大利的农民经济中，自由佃农（哪怕他们实际上依附于土地）与受地主之命耕种庄园的奴隶耕种的方式完全一样，并且他们时常在空间距离较近的地方一同劳作，因此他们的生活条件基本上是类似的。无论是永佃农还是奴隶，他们都自主经营土地，并得到家庭成员的帮助，但同时他们又有义务向某个主人缴纳捐税，而通常这个主人无论是在权力还是名望方面都远胜于永佃农和奴隶。[39]

一封格列高利一世的书信尤为明显地表现了农民与奴隶之间的这种逐渐趋同的现象。格列高利一世曾得知，鲁尼（Luni）境内的犹太地主在自己的土地上使用了信仰基督教的奴隶。于是格列高利指示当地主教要按照法律的要求，确保这些奴隶被释放，因为犹太人禁止拥有基督徒奴隶。但格列高利又赶忙补充道，这些奴隶在被释放后还应当继续耕种自己前主人的土地，他们应当"缴纳地租，做一切法律规定永佃农和原住农应当做的事"。不过，他们的主人也就不再有权将他们的佃农任意派往另一个地方，而在此之前只要这些佃农的法律地位还是奴隶，主人就可以这么做。[40]

所以说，一名农民的社会地位首先并不由他的法律地位所决定，而是主要取决于一些经济及社会因素，如该农民经营的土地的规模及肥力、他需要向地主缴纳的地租数额、国家向他的土地征收的税额、能够帮助他劳动同时他需要养育的家庭人口数等。为自己的主人管理地产的奴隶，要比享受着自由身份但只能经营一处小型农业点的佃农更富有也更有势力。由于社会地位并不一定与法律地位完全一致，罗马法在自由人和奴隶之间建立起的屏障在现实中并非完全不可逾越。有这样一个事实可以表现出上述融合的现象，那就是自由人和非自由人共同生活的现象显然比较常见。虽然罗马帝国晚期的法律一再禁止自由人与非自由人共同生活，但假若地主同意的话，禁令也就收效甚微，正所谓"不告不理"。此外，《狄奥多里克诏令集》还确定了一项古老原则，即女奴所生子女应再次为奴，无论父亲本人是奴隶、依附于土地的永佃农，还是自由人，都是如此。但假如母亲是一名依附于土地的永佃农（原住农），那么她的法律身份就要转移到子女身上。[41]

所有这些决议都很难实施。如果有奴隶因为没有办法再忍受自己的主人，或是希望可以在其他地方过得更好，而从主人那里逃跑，并不会引起多大的轰动。贵族之间相互帮助寻找逃走的奴隶是一件理所应当的事。恩诺迪乌斯曾高兴地向总督府长官福斯图斯·尼格尔汇报，称自己应该是认出了一名三年前从福斯图斯·尼格尔身边逃走的奴隶，并给他送来了一份人物肖像供他辨认。曾有一个人为了寻找逃跑的奴隶来到了勃艮第人的王国，当地的天主教僧侣给这人写了一封推荐信带上，让他去找宫廷重臣拉科尼乌斯（Laconius）。[42]

对于非自由的农民而言，易地搬迁之所以会有吸引力，主要是因为他们没有自己的土地，并且他们知道其他地主正在寻找更多佃农。否则逃跑的永佃农和奴隶会有变成短工或乞丐的危险，更别提他们还要承受被抓住接受惩罚的风险。虽然国家一再明令禁止，但仍有不少大地主不顾农民的法律地位收留陌生农民，因为他们可以借此获得额外的劳动力。在这个问题上狄奥多里克也延续了罗马帝国晚期皇帝的政策，正如我们所看到的那样，《狄奥多里克诏令集》明确反对那些有意藏匿逃跑的奴隶或永佃农的人。只有过了 30 年之后前主人的权利要求才失效。另一个藏身处是僧侣身边。教宗杰拉斯曾多次批评那些违背主人的意愿给奴隶或依附于土地的佃农授予圣职的主教。在这个问题上，杰拉斯支持那些处于最高元老等级的人。同样，如果奴隶受到了虐待，教会也只会在很有限的程度上给奴隶提供避难所。《狄奥多里克诏令集》表述了这样一条规则，即如果主人允诺会宽大处理，也即他不会惩罚逃走的奴隶，那么逃到教堂里的奴隶就必须被立刻交出。恩诺迪乌斯曾因为被人指责在自己的教堂里收留他人的奴隶而不得不为自己辩护，并且他自己也要求追回一个逃到一位名叫塞纳托尔的主教那里的奴隶。[43]

只有在战争年代，奴隶和永佃农的逃亡会威胁到社会秩序。狄奥多里克在占领普罗旺斯后曾下令将逃走的奴隶交还给他们的主人。同样地，在罗马人与哥特人交战期间，有大量非自由人离开了他们的主人，有一些人归顺了托提拉的部队，还有一些人为了自己的安全干脆逃走了。因此，查士丁尼皇帝在《国事诏书》(*Pragmatische Sanktion*) 中规定，在被夺回的意大利领土境内奴隶和永佃农要被交还给原主人，不过他还是勉强承认了战争期间自由人和奴隶之间缔结的婚姻。反过来，狄奥多里克在高卢和西班牙发动的战争则将无数战俘带到了意大利。[44]

平坦的土地即使在和平年代也绝非没有暴力的空间。在《狄奥多里克诏令集》中列出了移除土地界标、偷盗牲畜、武力袭击他人及纵火等典型的违法行为。卡西奥多之所以会写下上文提到的关于马尔切利亚努姆年市的书信，是因为来拜访他的商人遭受了抢劫，而人们认为始作俑者是农民。卡西奥多以国王的名义吩咐卢卡尼亚和布鲁提亚行省总督，要他同地

426

主和经营周边大地块的大佃农一起采取防卫措施：有嫌疑的
农民和附庸者应当被抓起来接受鞭笞，随后再被拉去游街示
众。在另一起案件中，王室中央机构应"高贵者"尼姆法迪乌
斯（Nymphadius）的请求，吩咐卢卡尼亚和布鲁提亚行省总
督派一名执法人员在斯奎拉切（Squillace）地区追捕盗马贼，
而搜寻的范围也是农民群体。尼姆法迪乌斯向拉文纳的宫廷求
助，以期要回自己在卡拉布里亚被偷走的马匹。上述例子揭示
了一个结构性的困境和一种社会行为模式：由于总督手下能够
履行治安任务的人员有限，如果没有地方精英的支持就基本上
无法有效地打击土匪强盗。这种形式的合作通过让富有影响力
的私人参与到打击违法犯罪行为的工作中，巩固了社会等级体
系，然而只有当地方精英没有以任何形式参与到违法犯罪活动
中的时候（当然这种事情并非不会发生），这种合作关系才能
够令各方都满意。《狄奥多里克诏令集》中有多处考虑到附庸
者会受地主、主管人或大佃农委托，或是在他们同意的情况下
做出违法犯罪行为。[45]

面对地主、主管人、大佃农、征税员、官员和士兵，农民
只有很有限的协商权。因此有影响力的人可以提供的保护对他
们而言很宝贵。这样一个保护人可以控制住征税员，对行政机
427 关施加影响，调停邻里或村民之间的争端。他的庇护具有威慑
力，可以保护人们不受敲诈、偷盗和抢劫的侵害。此外，人们
还可以期望这名保护人在困难时期给他们提供借款，或者宽限
还款期限。保护人的权力越大，他的附庸者就越受尊敬。在卡
西奥多看来，在国王私有土地上工作的佃农的行为方式近乎厚
颜无耻。不过，这样一位保护人对于普通农民而言是可遇而不
可求的。国王作为地主在农民看来是遥不可及的。元老出身的
地主很少光顾自己的地产，因此他们可能基本不认识自己的农
民。相反，当地的精英阶层无论在空间距离上还是在社会关系

上都与自己土地上的佃农走得更近。同样地，人们也会考虑以在城市中定居的哥特人为保护人。《狄奥多里克诏令集》的出发点是，罗马人和"蛮族人"都可以受人之托，在法庭上为自己的附庸者辩护，为他们说情，或者代他们提起诉讼。[46]

然而，农村居民与地主以及地主在当地的代言人之间的纽带依然十分紧密。罗马—哥特战争爆发之初，布鲁提（Bruttium）的地主及大佃农便动员自己的农民起来反抗四处劫掠的哥特军队。战争期间，虽然有不少非自由人加入了托提拉的军队，但并没有发生社会颠覆的现象。元老图里安努斯甚至可能招募自己的佃农入伍来反抗托提拉的军队。在日常生活中，没有自己土地的农民主要与大佃农和主管人有接触。许多事情都有赖于这些人的个性及履职情况。他们可能会让佃农的日子很难过，会折磨和剥削农民，但他们也会负责确保地主的羊毛不至于被薅得太狠。在这种条件下不会有太多空间留给集体抗议行动或乌托邦社会。农民的希望与恐惧总是会指向具体的人，社会关系高度个人化。[47]

古典时代晚期的罗马精英以城市为据点，但他们十分熟悉农业，因此出自农业领域的比喻会立刻从他们的笔尖里流淌出来。卡西奥多曾专业地描述了卡拉布里亚的雷焦（Reggio di Calabria）附近干旱土地的情况与利用方法。然而，他是用一名地主的眼光去看待土地的，而这位地主不过是从城市对着自己的土地扫了一眼：在卡西奥多位于卡拉布里亚的家乡斯奎拉切周围，人们可以看到"劳作的人们组成的优美风景"，看到富饶的葡萄园、堆得满满当当的打谷场和正在一点点变绿的橄榄树。人们以居高临下的姿态看着农村的居民。卡西奥多建议自己手下的维瓦里乌姆（Vivarium）修道院的僧侣要教育农民品行端正，不要通过要求他们上缴额外的贡赋来压迫他们。众所周知，偷盗行为与树林崇拜一样在农民中间很常见，然而

428

维瓦里乌姆的农民应该无辜、单纯地生活着。同样的说法不仅出现在《杂录》中，还从恩诺迪乌斯或凯撒里乌斯等僧侣的口中说出：农民和农村在城市上层看来就是没有文化和迷信的代名词。[48]

实际上，在古典时代晚期，基督教是一个城市宗教，每座城市都有自己的主教，而主教就居住在城市中。布道和牧灵的目标群体是城市居民。基督教在农村的传播要晚得多。直到 5 世纪农村教区的网络才逐渐变得更加密集。往往是大地主在自己的领地内建造教堂，并给教堂提供收入。例如杰拉斯教宗在位期间（492~496 年）城市前长官特里吉提乌斯（Trygetius）便在波坦察（Potenza）附近的地产塞克斯提里亚努斯（Sextilianus）上为大天使米迦勒和圣马可修建了一座教堂。总督府长官福斯图斯·阿尔比努斯（493 年执政官）则在辛玛古教宗在位时期（498~514 年）以一座供奉圣彼得的大教堂的赞助人著称，他将这座大教堂建在自己位于台伯里纳大道（Via Tiberina）旁的领地上，距离罗马 27 罗马里。考古证据表明，在萨莫奈境内的沃尔图诺河畔的圣温琴佐（San Vincenzo al Volturno）和阿普利亚的圣朱斯托（San Giusto）附近也出现了一些小礼拜堂，这些小礼拜堂远离城市，坐落在某座农庄中。不排除赞助人在这些教堂要求特殊权利的可能，而这在世俗领域早已十分常见。教宗杰拉斯反对这样的企图，他强调，赞助人不应该在其他教区成员面前要求优先权，并坚持建造这类教堂需要得到教宗的许可。[49]

我们很难评估 500 年前后的基督教对农民生活的渗透程度有多高。成书于哥特人统治的意大利的诺里库姆的塞维里努斯生平传记试图传达这样一个印象，即居住在诺里库姆这处罗马帝国前哨的农民将全部希望都寄托于基督：在一次蝗灾中，以农民为主要居民的小城库库里斯（Cucullis）的教众聚集在了教堂里；当秆锈病将要毁掉作物时，教众开始斋戒和祈祷。虽然这位圣徒传记作者想要借这些例子形象地展现出圣徒的力量，但人们依然有理由怀疑他是否描绘出了诺里库姆地区农民宗教信仰的真实面貌。[50]

在从未接受过哥特人统治的撒丁岛，农民直到6世纪末还依然顽强地坚持着他们传统的宗教仪式。为了能够不受阻碍地继续举办这些仪式，撒丁岛的农民贿赂了皇帝的官员，以换取这样的权利。在同一时期，丁达里斯（Tyndaris）主教曾请求他人帮助，以令受到有权有势之人保护的异教徒皈依。[51]

关于6世纪早期农民的宗教信仰是什么，我们只有通过普罗旺斯才能进行某种具体的想象，因为阿尔勒的凯撒里乌斯作为阿尔勒大主教曾毫不留情地对所有在他看来属于异教因而应受到谴责的行为发起了一场征伐。在布道文中，他将阿尔勒的腹地描绘成异教习俗的庇护所：本教区的农民在被视为神圣的小树林中、在树旁、在泉边举行宴会。男男女女不在星期日，也即主日（dies dominicus）停止劳作，而是在星期四，也即朱庇特神之日（dies Iovis）休息。有些人会在月食的时候用号角、铃铛和叫喊制造噪音，以驱散黑暗。为了保护自己不遭受灾祸，农民会贴身佩戴护身符。当患病时或者想要求子而不得时，农民会寻求治疗师的建议，治疗师会开草药和汤剂方子，还懂得咒语。为了避开灾祸，农民们很看重兆头，他们会请占卜师预测未来。如果要作出一些艰难的决定，他们便希望能够通过抽签或偶然翻看到的《圣经》段落来获得建议。他们会通过与友人互赠礼物（而不是向穷人施舍）、设宴和举行放纵的游行活动来庆祝新年，其间男子会装扮成鹿或牛，或者乔装成妓女的样子。[52]

不过，大多数被凯撒里乌斯指责行异教之事的人认为自己是基督徒。对于居住在阿尔勒腹地的农民而言，罗马的狩猎、

430

月亮及分娩女神狄安娜是一个恶灵，她会进入人的身体，致使人们生病。凯撒里乌斯曾在一次布道中提到，一些人不仅拒绝捣毁异教神庙，还将已经被毁掉的神庙重新建起，或者当基督徒想要点燃神庙里的树木或推倒祭坛时，这些人还殴打他们。这里提到的人显然不愿意成为基督徒，但当凯撒里乌斯针对他们发表讲演时，这些人自然也不在场。布道的对象是教区信众，这些人来到教堂聆听凯撒里乌斯布道，但他们绝不愿意为此放弃传统的仪式。

> 亲爱的兄弟们，虽然我们很高兴你们能够忠诚地来到教堂里，但我们依旧感受到哀伤与沉痛，因为我们知道，你们中的一些人还时常会去敬拜偶像，就像那些不信神、没有接受过洗礼的恩典的异教徒所做的那样。我们听说，你们中的一些人向树木宣誓，在泉边祈祷，看重魔鬼的预兆。[53]

在另一篇布道文中，凯撒里乌斯预想了一些自己想象会遇到的质疑：当他要求人们远离巫师和占卜师时，人们会这样反驳他："要是预兆、巫师和占卜师向我们预告了真相的话，我们该怎么办呢？""在许多时候如果没有咒术师的话，许多人便会因为被蛇咬伤或者患上了某种疾病而陷入生命危险。"就算是凯撒里乌斯也不敢断言这些行为就是骗人的把戏，魔鬼可能会做这样的事来考验基督徒。但一名真正的基督徒不会与这些事扯上关系。[54]

普罗旺斯的农民顽固地坚守着传统的实践和仪式，这些仪式因为十分古老，所以被视为神圣的，此外这些仪式还被证实是有效果的。在一个充满了不可预知的风险的世界里，放弃那些用来被动避开或积极防御灾祸的久经考验的方法似乎并不明智。但这并不是农民拒绝听从自己牧灵人的话的唯一理由。神父的赐福与治疗师的咒语、祈祷与护身符、教堂与圣林，在他们看来并不存在不可调和的矛盾。许多人坚信自己无须完全抛弃先辈的习俗也可成为基督徒。如果这些事情还能给人们提供乐趣，那又有什么不合适的呢？每年 6 月 23 日与 24 日之交的那个夜晚，也就是施洗者约翰纪念日的前夜，人们会在被先祖视为圣地的河湖中洗浴。在凯撒里乌斯看来是偶像崇拜的事情，对于他们来说不过是能够确保自己抵御超自然力量的诸多途径之一。[55]

我们只能猜测基督教对于 6 世纪意大利的农村居民究竟意味着什么。据同样认为农民倾向于崇拜树林的卡西奥多记载，在他生活的时代有一处举行于圣西普里安节那天的年市曾与海洋女神琉科忒亚节（Leucothea）有关。这个节庆是在一处洞穴中举行，在这个洞穴中有一个装满鱼的水池。后来这个鱼池的功能发生了变化：卡西奥多写下那封书信的时候，鱼池已经被用作了洗礼池。我们之所以会知道泰拉奇纳地区的树林在 6 世纪末还继续得到人们的宗教敬拜，是因为教宗格列高利曾指责当地主教，说他没有采取必要的严厉措施来打击这种行为。[56]

为了提高粮食产量、抵御灾害，意大利也保留了一项在许多乡村社会都能找到的古老习俗。帕拉狄乌斯的《农事书》（*Bauernkalender*）中列举了大量据说能够保护庄稼、果实、人和牲畜免于遭受灾祸的自然及超自然的药剂和方法。为了不受冰雹伤害，人们会用一块血红的布盖住一块磨石，或者对着天空威胁地举起血淋淋的斧头。人们在苗圃周围种一圈白泻根，将猫头鹰双翅张开钉在门柱或墙上，或者用熊的脂肪涂抹铁器。另一些人为了同一目的则会穿着鳄鱼皮、鬣狗皮或海豹皮绕自己的庭院走一圈，随后将皮挂在大门处。防治毛虫、蜗

432

牛、蚂蚁、蚊子、老鼠和蝗虫等的方法更是五花八门。这些方法与魔法之间的界限同样十分模糊。

如果将所有准备撒在苗圃和田地里的种子事先浸泡在捣成泥的野黄瓜根里，那么就可以预防各种虫害。效果更好的做法是，将一匹母马的头骨（这匹母马之前应怀有身孕）立在苗圃中，而使用母驴的头骨效果尤佳；人们相信，只要有头骨在，头骨的眼睛看到的一切都会被赋予生产力。

兽医同样离不开魔法。当马匹或其他动物生了寄生虫时，帕拉狄乌斯给出了如下建议：人们应在日出之前蹲下，首先用左手，然后用右手将灰或粪土丢到身后，最后再用左手做一遍，每丢一次的同时还要说下面一番话——"如我丢此物，某人的马所生之虫亦被丢弃"，并且人们一定要说出动物的颜色。"这种方法能够治愈牛、马或其他任何动物。"帕拉狄乌斯肯定地说。[57]

36
从废墟中重生？
狄奥多里克王国中的城市

恩诺迪乌斯在507年为狄奥多里克写下颂词的时候，不仅将国王誉为战无不胜的军阀，还夸赞他是一位在和平年代关心臣民幸福的统治者。在他的统治下，意大利享受到了一段"黄金时代"。恩诺迪乌斯还将诸城市的重新繁荣归结为狄奥多里克带来的福祉。

> 我看到，壮丽的城市如何在不经意间从灰烬中冉冉升起，在繁荣的市民秩序中处处可见宫殿的屋顶闪耀着红彤彤的光芒。我看到，在我还未得到开始施工的消息时，建筑就已然完工。诸城之母——罗马变得年轻了，她因年事已高而变得松垂无力的四肢被重新截短了。请原谅，牧神圣的开端：更要紧的不是创造开端，而是阻止衰亡。[58]

在这里，恩诺迪乌斯将狄奥多里克与神话中罗马城的建立者进行了对比。根据传说，在帕拉蒂尼山上的一处名为卢佩卡尔（Luperkal）的洞穴中，罗慕路斯和雷慕斯（Remus）被一头母狼养育。正如罗慕路斯和雷慕斯曾建立罗马城那样，如今哥特国王阻止了罗马的衰亡：早已沦为废墟的诸城在狄奥多里克的统治下又重新焕发光彩，新的建筑在各处拔地而起。这样的描述手法完全符合人们看待国王的方式。《杂录》中随处是将维护城市现有建筑称为国王使命的警句。例如，"我无论如何都会保卫任何能够装点城市面貌之物"，"修复旧城会让我的时代受到褒扬"，或"虽说我有意开展新工程，但我更想保留旧建筑"。卡西奥多还在他 519 年撰写的《编年史》中将狄奥多里克的统治时期歌颂为一个君王建设及城市翻修的时代——

434　　　　在他带来福祉的统治下，许多城市被修缮一新；宏伟得令人惊叹的宫殿拔地而起；人们建起了一座座无比坚固的城堡。昔日的奇迹被他伟大的工程所超越。[59]

国王宫廷的宣传也体现在了《无名的瓦莱西亚努斯》中。在该书中，狄奥多里克被歌颂为"建筑的爱好者与诸城市的修缮人"，为了证明这一点，书中还列举了北意大利拉文纳、维罗纳和帕维亚的工程。

　　　　他在拉文纳重建由图拉真皇帝建造的高架引水渠，时隔多年重新将水引入了城市。他建成了一座宫殿，但没能为它举行落成典礼。他还建成了宫殿周围的列柱大厅。他还在维罗纳建造了多个温泉浴场和一座宫殿，并加建了一条从其中一座城门通往宫殿的柱廊。他翻修了一座早已被毁的高架引水渠，把水引了进来。他给城市建起了新围墙。他也在帕维亚建了一座宫殿、多处温泉浴场、一座竞技场和新的城墙。但他也为其他城市做了许多善事。[60]

上述材料将狄奥多里克誉为建筑所有人和城市修缮人。它们借此将国王置于一种可以追溯到罗马帝制开端的传统之中。早在奥古斯都时代便有恢宏的建筑装饰着罗马城，君士坦丁大帝都在积极模仿奥古斯都，他在罗马这座永恒之城中建起了温泉浴场，此外还有教堂。然而到了 4 世纪，皇帝在意大利及其他地方的工作就转移到了对现有建筑的维护上，到了 5 世纪则几乎完全停滞了。这一点也清楚地表现在了狄奥多里克被赞颂为建筑所有人的方式上：新建工作让位于修缮工作。此外，还值得我们注意的是上述材料宣称的狄奥多里克开展的施工项目内容：除了修建宫殿，他主要修筑的是高架引水渠、温泉浴场、竞技场、城墙和城堡。也就是说，国王的施工项目集中于供水、洗浴设施、娱乐场所及防御设施。相反，上述被引文献没有提到在前几个世纪里构成罗马城市的中心，并且与大教堂、列柱大厅和神庙等宏伟的建筑一同装点着城市的广场。我们还需要注意，得到施工方面资助的只有城市，哪怕大多数居民生活在农村。不过《致狄奥多里克颂词》也让人们看到，并非所有的城市都享受到了同等程度的待遇。这些文本只明确提到了意大利北部都城——拉文纳、帕维亚和维罗纳的新建筑；恩诺迪乌斯强调了罗马，但他没有提到这是不是受到了国王的资助。[61]

435

卡西奥多和恩诺迪乌斯将狄奥多里克的施工行为描绘为修缮工作，描绘为对一个业已失落或至少有毁灭危险的建筑物的重建。修缮工程的前提是衰亡："更要紧的不是创造开端，而是阻止衰亡。"实际上，王室书记处也反复提到公共建筑的衰败。在一封写给某城［可能是塞斯蒂诺（Sestino）］显要人士的书信中，国王说他听闻在该城随处散落着"从坏掉的古老建筑上拆下的"无用的石块和柱子，因此他下令将这些石块和柱子运往拉文纳。同样，一座位于罗马的皇家别墅平齐亚纳之家（domus Pinciana）也是在狄奥多里克的命令下被用作采石场，采下的石料被用来装饰拉文纳。类似的例子不胜枚举。[62]

在现代研究界长期盛行着这样一种观念，即狄奥多里克的统治再次阻止了古代城市的衰亡。人们将 6 世纪早期解读为一个经过 5 世纪侵略行动和灾难之后的恢复阶段，而这一恢复阶段产生的影响被罗马哥特战争以及随之而来的法兰克人与伦巴底人的入侵毁于一旦。同样，那些将狄奥多里克和哥特人看作闯入古典文化核心地区的蛮族侵略者的研究者，也因为在狄奥多里克的统治下城市出现了最后的繁荣而原谅了狄奥多里克，哪怕人们对狄奥多里克在这次发展中起到的作用有着完全不同的评价。在人文主义理想的背景下，狄奥多里克以一个阻止了意大利古典文化毁灭的形象出现在了世人面前，直到民族大迁徙带来的灾难与伦巴底人一同席卷而来。[63]

　　上述解读模式并非没有受到争议，近几十年里该模式逐渐丧失了说服力，这是因为人们学会了批判地阅读《杂录》，此外考古研究结果揭示出当时明显出现了贫困化的迹象。古典时代晚期的意大利在今天已经不再被孤立地观照，而是被放置在了罗马帝国晚期及其后继国家中城市发展的总体背景之下。这样的争论常常以"衰亡还是变迁"为主题展开。其中反映了"正统"古典时代的相对化过程，但也折射出了在面对各种价值判断时一种后现代式的审慎。即便在讨论过程中人们会迷失在徒劳无功的论战之中（因为人们在研究遥远的过去时能够就价值判断的意义和正当性好好争执一番），但他们给研究工作提供了深刻的启发，也取得了重要的成果。在这一过程中人们达成了广泛的共识，即 4 世纪意大利及北非诸城市制度和城市建设发展具有持续性，甚至存在有意识的保守主义。明显的变化直到 5 世纪初才出现，到了 5 世纪末这一变化速度开始加快。因此最重要的工作便是将这一被称为古典时代晚期的时间段进行细分。我们要想准确把握 6 世纪，就只能在长期的发展中来对其进行观察。这样的探察方式也意味着我们要弱化罗马哥特战争对于城市发展的意义。早在 500 年前后，意大利的城市就已经不再是 4 世纪时候的那个样子了。[64]

此外，关于古典时代晚期城市状况变迁的争论会让人们清楚地看到，最关键的问题是要准确区别这一百年进程的各个范畴。罗马城市是一个高度复杂的现象。这是一个拥有自己领土的政治和行政管理中心，一个拥有自治权同时又是帝国统治据点的社群，一处经济区位及消费中心，同时是一个建筑构造的空间，在这里形成了一种特殊的生活方式——以上仅列举出几个最为重要的方面。上述不同方面并不会在所有地方都以同等程度显示出来，也不会同时得到发展，因此在空间和时间层面进行区分至关重要。各个城市在面积、建筑设施、人口数量、富裕程度、经济基础及社会结构方面都有着巨大的差异。南部存在许多从未达到过帝政时代繁荣期城市水平的小城市。奥西莫（Osimo）和乌尔比诺（Urbino）的居民要从唯一一处泉眼里汲取饮用水。反之，米兰和阿奎莱亚在前现代属于大城市。城市之间的等级尤其取决于它们的行政功能：省会在多个方面享有优先权，都城更是如此，而罗马本来就算一个特例。此外，城市发展情况会受到外部事件的强烈影响。在 3 世纪发生的对外战争和内战中几乎毫发无伤的地区（例如北非），或者至少没有遭遇重大损失的地区（例如意大利），它们的发展进程一直到 4 世纪都没有中断。因此，对于这些地区的城市而言，5 世纪才是一个停滞期。[65]

若有人试图描绘狄奥多里克时代城市的面貌，就必须考虑到许多因素，同时要克服这样一种诱惑，即用一把概念性的梳齿刀去修剪诸多现象构成的桀骜不驯的多元性。早在帝政时代繁荣期，意大利就已经是一片拥有众多城市的土地：准确的数据不详，但 400 这个数字应该是比较准确的。当然，这些城市无法满足现代城市至少要拥有 10 万名居民的标准。在 500 年前后只有罗马符合这一标准，但我们也无法确定。许多城市只有几千名居民，还有一些城市的居民数更少。起决定性作用的是城市作为地方自治政权的特征，哪怕城市法律规章方面的细微差异早在 4 世纪就已经消失。这一由城市组成的网络被证明具有令人讶异的稳定性。大约有 70% 的北意大利城市幸存到了中世纪中期，作为世俗当权者或某名主教的驻地，它们依然是周边地区的中心。在威尼提亚和希斯特里亚行省大约有 26 个城市行政区，这些城市被证实出现在 4 世纪初，其中大多数直到 6 世纪末还依然存在。意大利南部的城市数量缩减得更为明显，因为那里的小城市和微型城市的数量很多，它们的经济基础尤为薄弱。随着时间进入古典时代晚期，在图西亚和翁布里亚行省的 70 座城市中大约有 1/5 衰败了。我们并不了解绝大多数城市衰败的具体经过，但仍有少数衰败的城市得到了充分的研究，例如艾米利亚的维莱亚（Veleia）、利古里亚的卢纳（Luna）、伊特鲁里亚的鲁塞莱（Rusellae）和阿普利亚的赫尔多尼亚（Herdonia）。[66]

总之，狄奥多里克占领的是一片就前现代社会而言高度城市化的土地，并且这里也还是跨区域交流网络的一部分。在罗马哥特战争爆发前，从海外进出口货物的主要是拥有海港或借助可通航的河流与水道相连接的城市。文献中明确提到的进口商品有粮食、葡萄酒、油、腌猪肉和建筑用木材，奴隶也会被卖到其他地方。在狄奥多里克及其继任者在位期间，商船往返于意大利、高卢、西班牙和北非之间。不过文献没有办法让我们确定商船往返各地的频率。航行的目的地大多是临时选择的，不大可能存在固定的航行路线。反过来，意大利的商人似乎经常前往博斯普鲁斯海峡。530 年，查士丁尼皇帝废止了一种针对动产质押引起的纠纷的诉讼时效抗辩权。此后，只有当动产质押发生在意大利时，方能进行诉讼时效抗辩，这是因为对这一权利的运用会造成旷日持久的争端。[67]

相反，意大利会向帝国进口各种奢侈品。作为官方文件

书写材料的必不可少的莎草纸来自埃及。柱头等昂贵的建筑
部件由宫廷向君士坦丁堡的工棚订购。500 年前后，人们还
在从北非大量进口日常消费品，主要是价格昂贵的餐具和酒
具（即非洲红釉陶）以及橄榄油。自从北非开始被汪达尔人
统治后，进口规模就显著缩小，这是因为从此以后再也不可
能从那里征收油和粮食为赋税。北非与意大利之间货物交换
的财政动力也由此消失。不过贸易关系并未完全被切断。500
年至 515 年间，一个位于拉文纳的港口克拉赛港的商店被烧
毁，随后便被废弃。在发掘这处遗迹的时候，人们发现了大量
希腊双耳陶瓶、全套贵重餐具和灯具，这些东西都是从北非进
口的。[68]

大宗货物的远洋贸易规模无法得到量化。大宗货物远洋
贸易需要承担关税，将收税权转包出去无论如何都是有利可图
的。西里克包税商付出一定数量的金钱以竞得收税任务，他们
征收的超出税收之外的财物便会被据为己有。征税工作要耗费
大量人力物力，因为卖家和买家会试图偷税漏税。但我们并不
知道国家的税收需求或是实际征得的税款有多少。[69]

不过，从海外进口大宗商品并不意味着整个意大利半岛都
被纳入了这一商品交易网络中。上述看法并不符合当时的交通
条件，也无法在文学作品或文献资料中寻找到支撑。长期以来
人们只得满足于这一本质上属于否定性的论断，这是因为手头
缺乏能够让人更准确地了解经济情况的数据。然而自 20 世纪
70 年代起，人们能够比较精准地确定罗马帝国晚期陶器生产
的时间和地点，于是上述情况有了改变。这样，制陶业便成为
古典时代晚期经济史的标准化石。对制陶业的分析表明意大利
内陆的人主要使用的是本地区生产的器皿。从波河平原到巴西
利卡塔（Basilicata）主要是本地生产的无彩绘的器皿，此外
还有红色彩绘器皿。北非还出现了彩釉细陶（即罗马釉陶）。

440

这种类型的陶器的传播是衡量意大利半岛经济一体化程度的一个标准：大宗货物在地区范围内流转，而不是在整个半岛内。此外还有迹象表明波河流域构成了一个自成一体的经济区域。南方则依然围着罗马转，哪怕卢卡尼亚的养殖户已经不再年复一年地将猪从自己的庄园赶到罗马了，因为皇帝瓦伦提尼安三世在 452 年将这种贡赋改成了货币支付，而在 535 年之前这笔贡赋由 6400 枚金币降到了 1200 枚。在阿普利亚也有大量国王私产。狄奥多里克在位期间会有粮食从卡拉布里亚运到拉文纳。[70]

不仅古典时代晚期意大利的城市网络在根本上继续保持着稳定的状态，而且有一种观念依旧存在，即只有在城市中才能形成开化的生活方式。精英的交流及应酬方式曾经是并且一直都是着眼于直接且交替的互动，这种交流及应酬方式的前提是邻近的地理距离以及公共空间。只有城市才能为这样一种富人及权贵的社会提供合适的框架。但他们也并非不会定期去自己的庄园里逗留，在描述有"光荣者"头衔的人挂空职（vacantes）的状态时有这样一句话："还有什么事情能比从事农业，同时又在城市中熠熠生辉更使人愉悦的呢？"元老和城市显贵的地产会被建设成华丽的避暑胜地。卡西奥多曾赞美分布在科莫湖（Comer See）沿岸的精美别墅，恩诺迪乌斯则称维护这些别墅需要高昂的费用，最终带来了毁灭性的后果。不过这些别墅并不是权贵们的主要住所，他们的生活中心在城市。到了 6 世纪早期，许多别墅失去了它们作为权贵府邸的功能，被废弃或者被分割成了若干个更小且不那么宏伟的单位。[71]

对于精英和权贵而言，城市生活始终都是理想的生活。一直到 6 世纪都有许多证据可证明这一点。卡西奥多曾用动人的辞藻在一封为狄奥多里克的外孙阿塔拉里克撰写的书信中表达出了一种理性。他以国王的名义对布鲁提（也即卡拉布里亚）诸城的权贵作出了如下劝诫——

> 因此，城市会重获它们的光彩！没有人会爱乡间的可爱胜过古人的城墙！人们如何能够在和平中逃避他们为了不让它被毁而不得不为之发动战争之物？谁会不愿意遇到举止高雅之人？谁不爱同与自己同一等级之人交谈，不爱前去会场参会，不爱欣赏高雅的艺术，不爱让法律解决自己的事，不爱时不时地做一下帕拉墨得斯（Palamedes）[①]的算术，不爱与友人一同去浴场，不爱相互举办早餐会？那些总是想要在仆役的环绕下度过一生的人才会放弃所有的这一切。[72]

卡西奥多将城市描绘为这样一个空间，在这里，人们会在公共场合与同一等级的人交往，培养文化兴趣，前往浴场沐浴，举行宴会。他将这种城市中的社交生活与那些居住在乡间、身边围绕着自己仆人的人的离群索居的生活相对照。150年前，安条克修辞家黎巴尼俄斯（Libanios）也曾用同样的口吻赞美了叙利亚大城市安条克的生活。如果城市生活这一理想对于所有人都有着同等的吸引力，那么卡西奥多自然也就不会写下这首对城市生活的赞歌了。他在书信结尾要求权贵今后将一年中的大部分时间重新用于驻留城中。卡拉布里亚的权贵显然更喜爱乡村生活而非城市生活。不过我们不应该将这种情况套用到所有地方。卡拉布里亚的城市比较小，地位也不重要，这些城市能提供的设施很有限。在意大利的其他地方精英会以

442

---

① 帕拉墨得斯，希腊神话中的英雄，被认为发明了字母、数字、度量衡、钱币和历法等。

城市为主要住所，即使城市中的设施和城市的面貌在 5 世纪和 6 世纪有了明显变化。但如果人们首先将古典时代晚期的城市看作一个政治机构和社会有机体，那么城市面貌的变迁才能够得到更好的理解。[73]

37

权贵、城市议员和平民：
古典时代晚期意大利城市的体制

想要理解古典时代晚期意大利的社会及政治结构的人必须立足于上层社会。上层社会手握控制的缰绳，并且只有他们留下了痕迹，人们才能够清晰地了解自己。构成城市上层社会的人彼此之间在等级、社会声望、财产、权利、生活方式和对自我的理解方面有着显著的不同。5世纪，主教在意大利的许多城市逐渐变成了一个强大的力量，在地方政治中扮演着重要的角色。他可以支配教会的人员和收入，给穷人布施，还免费替人仲裁，即所谓的"主教裁定"（audientia episcopalis）。本书将在另一处探讨这一制度。

世俗精英则由在一城之领土内拥有地产的人组成。他们的社会地位有极大的差别。王室书记处区分了三个群体：国家前官员（honorati）、土地所有人（possessores）和城市议员（curiales）。城市议员即城市议会（curia）的成员。城市议员有为国家提供服务的义务，他们会在当地组织税收工作，对不动产的转让进行登记。该群体的身份是世袭的，这些人的名字会被收录在一本官方名录中。土地所有人是所有在一城之领土范围内拥有地产的人。国家前官员指的是居住在一座城市中的曾经服务过统治者从而获得了元老身份的人，这个称呼使人们注意到，服务于统治者的官职被视为一项荣誉。[74]

在帝政时代早期和中期，城市上层与城市议员群体在很大程度上是重合的，这是因为只有相对少数的人因为具有骑士或

443

元老身份可以免于承担对行省中某座城市的义务。不过自 4 世纪早期起，服务于统治者并获得元老身份的人数便增长了数倍。这些从 5 世纪下半叶起便属于"杰出者"或"高贵者"等级的人离任之后定居在了自己出生的城市，在那里他们构成了当地上流社会的顶层，却又不属于当地议会。狄奥多里克及其继任者的书记处适时地考虑到了这种地方权力结构的转变，它写给城市的书信不是仅仅以市议员为收信人，而是以国家前官员、土地所有人和城市议员为通信对象。书记处在写信时总是将国家前官员放在第一位，因为这些人是当地最有影响力且最有声望的群体。土地所有人在这类书信的收信人中大多也位居城市议员之前，而城市议员通常会在第三位，也即最后一位才出现。[75]

与帝政时代早期和中期相比，古典时代晚期议员的地位有了明显下降。获取议员阶层的身份早已不是那些平步青云者追求的最高目标。议员需要履行一定的义务，因此议员身份可能会变成一种负担。总是有人在试着摆脱这种负担，他们会想方设法获取一个能够让他们免于承担服务义务的职位，例如他们会去当僧侣，或者去当君主手下的官员。这两种行为虽然受到法律禁止，但很难杜绝。罗马帝国晚期的皇帝总是被迫重申法律规定，即议员只有将自己的财产转让给另一个能够接替他位置的人方可离任。这条法律意在保证作为行政管理及税收工作最基层的城市议会的工作效率。由于帝国行政管理机构没有办法也不愿意承担起这一任务，城市议会的配合不可或缺。因此马约里安皇帝曾直截了当地表示，城市议会是"国家的肌理"（nervi rei publicae）和"诸城的五脏六腑"（viscera civitatum）。[76]

狄奥多里克及其继任者延续了这一政策。萨尔西纳城（Sarsina）的城市议员曾抱怨，称同僚躲到了主教古迪拉手下

的僧侣中间，于是狄奥多里克便和先前的皇帝作出了同样的决
定：如果指控属实，相关人员必须返回故乡的城市议会。同
样，议员只能在能够证明自己不能通过其他方式履行经济义务
的情况下出售自己的土地这一规定继续有效。只有国王才能颁
发土地出售许可证。为此，卡西奥多留下了一份模板。狄奥多
里克死后不久他的外孙阿塔拉里克便颁布了一份诏令，以保护
议员不受王室特派员及工作人员的攻击：任何要求议员做超出
其义务范围之事的人，应处罚金 10 磅黄金。在这份诏令中，
议员们被呼吁——

> 你们这些被压迫者，抬起你们的头吧！重新鼓起勇气
> 吧，你们这些因受到恶的压迫而忍受着沉重负担之人！请
> 再次试着去获取你们知道的、那些你们曾因恶的方式失去
> 之物！对每一位公民而言，他的城市便是共同体。请怀着
> 和睦的意愿来管理这公义吧！你们同等级的成员应和谐共
> 处！不要压迫拥有中等数量财产的人，更有权势之人便无
> 法因此理直气壮地压迫你们！那是因犯错而受到的惩罚，
> 每个人都会亲身体会到自己曾厚颜无耻地强加给其他人
> 的事。[77]

445

阿塔拉里克的诏令将议员称为一个依靠国王保护的阶层。
然而，国王告示中展现出的雄辩的激情，不应让我们错误地认
为议员在古典时代晚期城市的社会等级体系中的位置极为低
下。在王室书记处的认知中，虽然议员位居"更有权势之人"
之下，但他们的地位仍居于那些非城市议会成员中"拥有中等
数量财产的人"之上。在另一封书信中，王室书记处干脆将退
出城市议员阶层描述为"身份降级"，这是因为土地所有人会
受到城市征税员骚扰。即使上述论断只能适用于小地主，但不

管怎么说，城市议员的财富、声望和权利还是远在城市底层人员之上。因为议员会在征税工作中起到一定的作用，地位较低的人都要尊重他们。普罗旺斯僧侣萨尔维安（Salvianus）将议员看作自己同胞的苦难之源。他认为，在许多地方，暴君的数量同议员的数量一样多。议员一直在同彼此或是同城市中的其他土地所有人争权夺利。

阿尔勒的凯撒里乌斯在一篇布道文中十分直观地描述了上述机制。如果有人的邻居有钱有势，那他便不会去算计人家的土地。但若是邻居较为贫穷或是正处于经济危机中，那么人们便会让城市征税员来教训邻居，或是想办法逼邻居为城市承担一项开销巨大的任务，从而强迫邻居卖掉自己的那一小块地产。如果邻居来求借一笔钱，那么人们便会宣称自己手头没有余钱；反过来，如果邻居愿意卖地，那么人们便会立刻拍板同意。凯撒里乌斯在这里提到的贫穷的邻居可能是小农，但也可能是议员。总之，王室书记处有充分的理由敦促议员和谐共处。[78]

500 年前后的意大利几乎每座城市都拥有一个城市议会。狄奥多里克的诏令要求，转让地产时需要有三名城市议员及市政官员在场，并将转让记录登记在地方档案中。如果没有市政官员，那么转让记录应当被登记在邻市档案中。立法者的出发点是，虽然有些城市没有或者并未常设市政官员，但每座城市都有议员。莎草纸上记载的资料证实，在哥特人统治期间及之后，拉文纳和法恩扎拥有这类市政官员。在拉文纳的梅尔米尼乌斯家族（Melminii）和弗拉维乌斯家族中有三代以上的人担任过市政官员。担任该职务的人一直被称为"双人官"（duumviri）或"五年官"（quinquennales）。[79]

不过，上述传统官职在影响力上远不如两种晚近一些时候设立的官职。一个是城市监察官（curator civitatis），另一个是城市护卫官（defensor civitatis）。城市监察官这一官职设立于 2 世纪初，最早是皇帝的特派员，是为了监督某个特定城市的议员的履职情况而专门任命。随着时间的推移，监察官变成了一个城市的常设高级职务，任职者由城市议会选举，并由统治者批准上任。在狄奥多里克时代的意大利依然如此。《杂录》中便收录了一份工作流程的模板，指导如何指派监察官去引导城市议会、调节物价。监察官偶尔也会出现在铭文里。在图西亚和翁布里亚行省的塔尔奎尼亚（Tarquinia），监察官奥勒留在 504 年自费修复了一座仅供该城议员使用的浴池，而此人的父亲普罗耶克提修斯（Proiecticius），一名"杰出者"，则负责领导这项工程。一块 522 年的墓碑纪念了一个名叫马梅尔修斯·马色林努（Mamercius Marcellinus）的人，此人曾在贝内文图姆（Beneventum，位于今坎帕尼亚）担任过城市监察官。[80]

　　监察官在 4 世纪初是一城之政府的首脑。然而当 368 年皇帝瓦伦提尼安和瓦伦斯在帝国全境设立"城市护卫官"一职后，城市监察官便迅速失去了其领导地位。护卫官应作为法官裁决案值在 50 苏勒德斯以下的案件，也就是负责审理容易处理且公务收费低廉的日常事务。同时，护卫官会作为某种"申诉专员"来为普通民众办事。他拥有以皇帝的名义颁发的委任状，可以以"护民官"（defensor plebis）的身份干预征税和城市司法领域的事务。护卫官的任期最初为五年。和监察官一样，护卫官也由城市议会提名，但与监察官不一样的是，护卫官本人不能是议员。护卫官的职位主要由服务过皇帝并在服务期满后定居在自己出生地的人，也就是被称作"国家前官员"的人来担任。不过在 4 世纪晚期提名护卫官的权力不再仅为地方议会所有，而是为国家前官员、土地所有人和城市议员所共有。充当选举委员会的是一个全部由定居在一城之领土范围内且具有一定地位和影响力的人组成的会议组织。在现代研究领域，这些参会者被统称为"显要"。[81]

　　皇帝的委任状加上较高的地位，使得护卫官在城市中享有极大的影响力。因此护卫官立刻成为受人热捧的保护人。谁要想求人保护自己不受某个城市精英伤害，那么去找护卫官便是明智之举。正因如此，很快护卫官就在皇帝的支持下获得了其他的任务：他们参与到了城市土地的管理、施工规划和登记法律事务等工作中；他们监督城市议会和各类团体，并接手了所有治安任务。马约里安皇帝曾在 458 年授予护卫官某种全权代理权。皇帝宣布，护卫官应保护城中人民，或为了公共福祉采取看上去适当的措施，或给予人民以建议。此外，护卫官还应有权随时接触皇帝手下的官员，并向皇帝本人汇报其不了解的各行省情况，"因为皇帝手头有大量更需要操心的事"。[82]

　　人们必须在上述发展背景下阅读卡西奥多为任命护卫官所作的模板，因为在这份模板中护卫官的职责只是以暗示的方式被描述出来。

　　　因此，我应你乡邻的请求，承认你为那城的护卫官，拥有此名的你不得企图行腐败邪恶之事。要根据时代要求，依照公正适度原则规范公民的贸易行为。要将你命令过的事当作定例来维护，因为努力做生意的目的并非捞取钱财，而是尽量公道地维护定下的物价。当你既不允许你的乡邻受到法律的压迫，也不允许他们的财产因物价上涨而被耗尽时，你就确实是在履行一名好护卫官的职责。[83]

　　这份模板强调控制物价和司法审判是护卫官的两大主要任务。护卫官的职权与监察官的职权部分重合。不过一城之政府的真正首脑是护卫官。在护卫官和监察官中，只有护卫官出现在了王室书记处写给城市的书信的收信人中，并且始终排在城市议员之前，但位列国家前官员和土地所有人之后。在拉文纳的各类文书中，护卫官引领着一批市政官员。不过，卡西奥多的模板还表明，哥特人统治的意大利的护卫官的任期被缩短到了一年。护卫官举足轻重的地位揭示了其任期被缩短的原因：没有任何一个其他官职如同护卫官一般这样受人追捧，因此人们不希望因为漫长的任期而减少其他人担任该官职的机会。同时，短暂的任期还巩固了选出护卫官的那些人的地位。[84]

与传统的城市行政机关（即政府）一同开展工作的一城之领导层得到了正式承认，这在现代研究界被解读为作为自治公民社群的古典时代城市的衰落。城市是一个由拥有特定权利及义务的市民组成的社群，中央将一批不受制于城市议会管理规则的人定为联系人，这就促进了城市的衰落。地方精英为自己生活的城市做事的意愿也就因此降低了。人们有理由反对上述解读模式，护卫官跃升为古典时代晚期城市被选举出的首脑，使得新旧精英联合在了一起。选举机关有一定的存在期限，这就避免了个别国家前官员权力过大。同时，护卫官的选举方式能保证议员对护卫官的任命施加巨大的影响。这种新形式的政府也并非全然不受规范，一城之显要会为了共同议事和进行决策而碰头。不过，各项任务在城市领导层内部的分配情况十分不均，这一点一直都没错。在面对中央的时候，只有城市议会成员才负责税收工作。[85]

在哥特人统治的意大利，有一名哥特军官加入了当地显要之列，此人也拥有法官的职权。当哥特移民与罗马民众起冲突时由这名哥特长官而非护卫官负责。人们很容易由此猜测，城市上层会觉得这名军官是闯入者，并因此而更紧密地团结在一起。曾有一座青铜雕像在科莫消失得无影无踪，于是狄奥多里克委托科莫城的哥特长官查明雕像的下落，但不让该城的各大行政机构以任何形式参与此案，这说明该城的民事行政机关和军队合作得并不是十分顺利。狄奥多里克去世后，叙拉古的显要和护卫官一同控告了负责该城的哥特长官。卡塔尼亚（Catania）的显要却也看似和谐一致地请求上面能允许他们使用从剧院拆下的石料，用以修建城墙。然而，一座城市中的不属于议会的显要并不总是同议员和谐共处。在部分情况下，一城的议员会以自己的名义去找国王，而我们看不出当地显要参与到了其中。如果一城精英内部的矛盾激化，也会被移交至王室中央机构。例如，狄奥多里克有一回吩咐君主私产管家塞纳留斯，要他前去调查并终结坎帕尼亚韦利亚城（Velia）议员和土地所有人之间的诉讼。[86]

当王室行政机构要通知一座城市什么事的时候，它通常会面向居住在该城的所有显要。用于向一座城市宣布任命某名城市长官的公文模板是写给国家前官员、土地所有人和城市议员的，任命叙拉古城市长官的公文模板就是如此。弗利的国家前官员、土地所有人和城市议员要负责将木材运送到一条附近的河流旁，而帕尔马的国家前官员、土地所有人和城市议员则要负责清理下水道。费尔特雷的土地所有人接到命令，要参与建设距离当地 80 千米远的特伦托地区的一处设防居住区。同样，清理拉文纳城中高架引水渠里的水草的命令也被下达给了该城的土地所有人。不过，在这一过程中王室行政机构并不会遵循某项严格的体系，如为赫鲁利人前往宫廷准备一艘船只并配备好物资的任务被交给了帕维亚城的哥特长官、罗马护卫官和城市议员。[87]

对于城市的底层我们知之甚少。可以清楚的是，城市底层包括不同群体。城市精英家中的仆役主要由非自由人组成，这些男女作为奴隶，没有人身权利，但作为仆役又是主人家庭的一部分。除了当地上层人士家中的仆役，城市中还生活着手工业者和小商贩，他们或拥有一间小店铺，或有一座手工作坊，有自己的家庭生计，这个阶层大多由拥有自由的法律地位的人组成。但他们绝不因此与精英拥有同等的法律地位。确切地说，在刑法方面，长期以来，区分低阶层者（humiliores）和高阶层者（honestiores）的做法十分普遍。低阶层者通常会比高阶层者受到更严酷的惩罚，并且他们不享有免于体罚的权利。一部分手工业者和经商者联合在一起组成了联合会（collegia），这类联合会有义务为城市提供服务，因此会受到监管。加入这类联合会的前提条件是要拥有土地，并且会员身份由父传子。一份戴克里先时代（284~305 年）拉文纳的某职业联合会的成员名单记录了 55 名"师傅"（magistri），而在他们之前是来自城市上层的 13 名保护人和 12 名"赞助人"（amatores）。这类协会在哥特人统治时期依然存在，但没有史料能够证实这些协会的保护人的出身及地位。[88]

中央行政机关之所以会对城市手工业者和小商贩感兴趣，主要是因为每五年就可以从他们的经营性资产中征收一笔税款。这笔税款被称为"金税"，因为是以黄金的形式上缴。此外，因售卖商品而产生的流转税（也即西里克税）的一半要由商品卖家来承担。该职业群体中的成员从未以个人的身份出现在国王的书信中。狄奥多里克的宫廷只在财政方面对那些在意大利行省中的各个城市做自己营生的铁匠、陶匠、木匠、泥瓦匠、鞋匠、皮匠、面包师、屠夫、酒馆老板和杂货商感兴趣。[89]

在供商品转运的地方，货物往来由受托征收商品流转税的包税商监管。不过在其他情况下，市场监管是城市行政机关的工作。罗马和拉文纳在这个问题上属于例外。一个名叫弗洛伦提乌斯（Florentius）的人在 548 年以 72 岁之龄去世，他的后人数十年之后还怀着强烈的自豪感称其为"狄奥多里克国王

451

的面包师之父"。负责管理罗马面包师的是由国王任命的粮务官（praefectus annonae）。罗马的石灰窑受官名为石灰总管（praepositus calcis）的王室官员管辖，一部分砖瓦厂则为国有。国有军工厂被分散在多座城市。有一批行业，如紫色颜料生产、采矿和制盐，由国家垄断。在拉文纳，棺椁生产也属于垄断行业。把持着这一行业的是个名叫达尼埃尔的人，狄奥多里克曾警告他在定价的时候要适可而止。这项措施符合城中富有居民的利益，因为只有这些人才会想到在死后用这种昂贵的方式来下葬。[90]

给军队和宫廷供应食品的任务被分派给了商人，合同的有效期为五年。军队供货商会从王室中央机构获得一定数量的黄金，为此他们要将物资运送到哥特军队在北意大利的驻扎地，此外也要运送到拉文纳和罗马，这些物资包括小麦、奶酪、肉类和马匹所需的干草。当购买和运送物资的开销少于支付给商人的钱财时，这项任务显然是有利可图的，或者至少可能如此。在罗马哥特战争初期曾因为这类任务的分配问题爆发过争执。此前没能参与生意的人在有影响力的支持者的帮助下，成功使宫廷终止了旧合同，或使宫廷不再续约，接着他们自己在更加有利的条件下获得了订单。身为总督府长官的卡西奥多原本要负责此事，但人们直接越过了他。不过，卡西奥多成功让王室立刻收回了这项成命。同时他还设法使供货商能够低价购买食品。由于当时农业歉收，物价剧烈上涨。通常在这种情况下供货商是要亏本的。供货商竞标时是按照更低的粮食价格来进行估算的。因此差价要由卖粮食的人来承担。[91]

在部分沿海城市有一些远洋贸易商定居，这些人大多来自东方，如埃及、叙利亚和希腊。他们中间也有犹太人，但其不占大多数。有一个名叫安条克（Antiochos）的从叙利亚来的移民商人在那不勒斯获得了财富和名望，他可能属于某个在当地做生意的犹太人群体。丝绸商人格奥尔吉奥斯（Georgios）是一个来自叙利亚安条克的名叫尤利安努斯的人之子，作为"杰出者"的他在拉文纳属于城市上层人士。在 6 世纪前 30 年里，一位名叫尤利乌斯的银行家在拉文纳获得了一份财产，这使得他能够资助圣维大理圣殿（S. Vitale）的建造。这座建筑于 521 年开工，据说耗资 26000 枚金币。哥特人在拉文纳的统治终结后，尤利乌斯还资助修建了另外两座教堂，即克拉赛港的圣亚坡理纳圣殿和阿非利基斯科（Africisco）的圣米迦勒堂（S. Michele）。不过，我们不知道尤利乌斯提供的贷款被用在了什么地方。这些贷款可能是政府订单，也可能供私人从事贸易，还可能被用来彰显地位和消费。在拥有土地的上层人士眼里，做生意并不光彩。商人有着行为不端、生活方式不道德的名声。卡西奥多认为，每个商人都应被判刑，因为他们都追求低价买进、高价卖出。这一点自然也适用于所有手工业者。因此，那些过分追求利润，并为此造假的人会遭到人们的厌恶。[92]

38
城市性的丧失：变革中的城市面貌

　　虽然存在种种差异，帝政时代中期意大利的城市网络的特点是制度上和行政中心的基础设施方面高度统一。许多小城市都拥有一座中心广场，即被议会、大教堂和神庙等公共建筑环绕的会场。这些建筑构成了政治交往和宣示身份的特殊空间。雕像和铭文纪念了本城的慈善家，还记录了城市与帝国精英和皇帝之间的关系。城市的面貌受到了被悉心养护的铺石主路的深刻影响。人们维护着公共温泉浴场和游乐场，几乎每座城市都有一座剧院，不少地方还有一座供人与人角斗或斗兽的竞技场，少数地方甚至还有赛马场。生者与死者的区域被严格分开，墓地都坐落在居住区之外。一座无法满足上述城市标准的城市在帝政时代中期会被视为一处未开化的废墟。[93]

　　一直积累到 3 世纪的建筑资产在大多数意大利城市中很大程度上被保留到了 4 世纪。不过带有世俗特征的新建筑变得较为少见了，这是因为在许多地方维护现有的建筑就需要费尽全力了。在资源有限的情况下，人们会有限保留有实际用途的建筑，如浴场、高架引水渠和城墙。在已经拥有了城墙的城市中，城墙会被翻修或加固，而其他城市则首次拥有了能包围住整个城市的城墙。基督教的传播使得旧神祇的庙宇到了 5 世纪几乎全部关闭。这些庙宇要么垮塌，要么被挪作他用。基督教社区起初是在边缘地区建造自己的教堂，但从 4 世纪晚期起便逐渐开始将教堂建在市中心。

  城市面貌一直缓慢地发生着变化，然而到了 5 世纪，这一进程开始显著加快。到了 6 世纪末，意大利城市的设施和外观发生了根本性变化。即便城市与城市的变化过程各不相同，但人们依然可以总结出基本趋势。石制建筑的材料几乎都是从别的建筑上取下的东西，如旧建筑的立柱、横梁、柱头或方形石料等部件。将这些部件进行再利用能够达到一种意识形态上的目的，例如人们会将从庙宇上拆下的部件安在一座教堂的显眼位置，但这种做法往往还有纯实用主义的原因，比起生产新的建筑部件，使用从旧建筑上拆下的部件既简单又价格低廉。公共广场被弃置不用，部分空间被盖上了其他建筑；广场周边的纪念建筑或被私人使用，或逐渐垮塌。之所以会出现这样的发展趋势，是因为会场已经失去了它作为宣示身份的空间的重要性：用雕像来纪念有功勋的公民、城市的保护人和皇室成员的做法在 4 世纪中叶的意大利北部已经消失。在南部这种做法则延续到了 5 世纪早期，只有在罗马才持续到 5 世纪末。与雕像一同消失的还有纪念性文字，过去人们将这些文字写在雕像的基座上。会场被交付给私人使用后，用于公共目的的场地和供人们居住、进行商品交易或从事工商业的区域之间的严格界限消失了。城市由此放弃了其昔日的政治中心。政治中心的职能如今部分转移到了其他空间，这些地方通常围绕着主教座堂分布。最后，过去生者与死者所在区域之间的严格界限也消失了，从 5 世纪起，越来越多的遗体被安葬在城墙之内的区域。[94]

  同样，许多地方的游乐场所也被废弃了，因为人们再也用不上它们了。在狄奥多里克的王国中，只有在罗马和其他少数城市的剧院还在定期演出。大多数竞技场已经无法使用了。角斗士的角斗活动早在一百年前就已经停止了。只有极少数城市还有能力举办斗兽活动，如罗马、拉文纳和米兰。相反，许多

455

地方的人还在继续想办法维护供水设施。这是得以继续经营公共浴场的基本前提。[95]

5 世纪和 6 世纪的大部分新建筑都是教堂。除了狄奥多里克在拉文纳资助建造的教堂（我们在本书其他地方还会再谈到它们）之外，那里还出现了多座由私人资助修建的属于天主教团的大型教堂。在罗马，教宗斐理克斯四世（Felix IV，526~532 年在位）得到了国王的许可，将和平广场旁的一幢建筑改建到了圣葛斯默和达弥盎圣殿（Kirche SS. Cosma e Damiano）中。各省的其他许多地方也在资助下修建了教堂，如奥斯塔［Aosta，当时叫奥古斯塔禁卫军城（Augusta Praetoria）］、科莫、帕多瓦、特伦托（当时叫特里登图姆）、维琴察［Vicenza，当时叫维切提亚（Vicetia）］、的里雅斯特［Triest，当时叫特尔格斯特（Tergeste）］、普拉［Pula，当时叫波拉（Pola）］和帕伦佐 / 波雷奇［Parenzo/Poreč，当时叫帕伦提乌姆（Parentium）］。资助者一般是"光荣者"家族的成员，也有城市显要和僧侣。在地中海诺里库姆行省（即今天的克恩顿）的圣彼得木教堂（St. Peter im Holz，在今特尔尼亚），"高贵者"乌尔苏斯（Ursus）和妻子乌尔莎（Ursa）一同捐赠了一座会堂中的马赛克地砖。[96]

在 450 年到 600 年这段时间里，意大利各城市物质上的贫困化是基本趋势，伴随而来的便是人口数量的缩减。不过，大多数城市依然继续存在着，并保留了自身作为一区域之中心地区的职能，各地受城市中心管理。在上述时间段的末期，城市的外在形象发生了深刻的变化。许多 4 世纪的典型城市特征已经消失了。建筑技术水平下降了。私人建筑不再用石料，而是用木材建成，城市中的豪宅被后来加入的结构切分成了多间小型住宅。如果人们用前几个世纪的标准来衡量 600 年前后意大利的城市，那么便会发现，消失的并非城市，而是城市生活的特殊形式以及与此相应的城市建设框架——城市性丧失了。[97]

由于上述发展过程最多只能精确到前后 50 年时间，我们无法据此说明，当狄奥多里克获得在意大利的统治权时某个特定地方已经变化到怎样的程度了。能够被清楚确定的只有 600 年前后达到的那个阶段，那是在罗马哥特战争已经摧毁了意大利的大部分地区之后。因此，要准确描述狄奥多里克时代一座意大利城市的建设情况一如既往地艰难。只有在个别情况下才有可能在一些如今还有人居住的城市里开展考古发掘工作。本书的其他地方已经探讨过拉文纳的情况：狄奥多里克在拉文纳扩大了宫殿的规模，并在宫殿外围建了一座列柱大厅，此外他还紧邻着宫殿建造了"宫廷教堂"（即今天的新圣亚坡理纳圣殿）和如今已经消失的赫拉克勒斯大教堂（Basilica Herculis）。狄奥多里克还修缮了拉文纳的高架引水渠。狄奥多里克继任者在位期间，拉文纳城也享受着国王的照顾。狄奥达哈德在城墙前挖了一条沟渠，加强了城市的防御能力。

457

帕维亚也是狄奥多里克的都城，国王似乎在那里的建筑上也投入了大笔金钱，不过人们目前没有找到相应的考古证据，例如宫殿、温泉浴场、竞技场或"新建的"城墙。那里的竞技场明显在狄奥多里克死后才修建完成，这是因为狄奥多里克的外孙阿塔拉里克曾下令在那里面安上了座位。帕维亚坐落在一座横跨波河的桥边，该城防御坚固，是哥特长官的驻地。在罗马哥特战争的第二阶段，帕维亚城与维罗纳城并立为哥特人最重要的据点，托提拉在帕维亚守护着国王的财宝。[98]

我们并不了解狄奥多里克是否会将米兰的旧皇宫当作住所。他在附近的蒙扎修建了一处行宫这一事实更说明了相反的问题。上文中勾勒的狄奥多里克在位期间城市面貌的变迁，在402 年之前一直充当帝都且除了剧院和竞技场之外还拥有一座赛马场的米兰，也已经充分展开了。5 世纪初竞技场被拆除，

458

到了 5 世纪末，位于城市东南方的一条装饰有列柱的大街［柱廊大街（Via Porticata）］也被拆除。不过位于市中心的纪念性建筑部分被保留到了 6 世纪。此外，米兰是除了罗马之外唯一一座在狄奥多里克统治时期仍时不时地举行赛马活动的城市。537 年，米兰脱离了哥特人的统治，被围困了很长一段时间之后，又于第二年被哥特人夺回，并遭到了严重损毁。[99]

维罗纳比米兰要小得多，哪怕那座被保存到今天的帝政时代的竞技场最多能够容纳 3 万名观众。早在 490 年，狄奥多里克就占领了维罗纳，这座城市一直到哥特政权终结时都是哥特人统治意大利的一处据点。狄奥多里克位于圣彼得山（Colle di S. Pietro）上的宫殿后来被拆除，不过一幅 10 世纪的城市景观画对其进行了描摹，这就是人们所说的《拉特里亚图志》。作为罗马殖民地的维罗纳自公元前 89 年建城起便被一座环形城墙环绕，而这座城墙在 3 世纪得到翻修。狄奥多里克加固了这座城墙，并将其延长到了阿迪杰河对岸，这样狄奥多里克的宫殿就被城墙所包围。在维罗纳城区域内的考古发掘工作（这在维罗纳城中是逐步开展的）表明，这里的公共建筑和空间也失去了其昔日的功能：会场在 5 世纪就已经被部分废弃，元老院在 6 世纪初已被拆除；竞技场被当成了工地；一排奢华联排别墅被隔成了一个个小的居住单位。《无名的瓦莱西亚努斯》指责狄奥多里克毁掉了圣司提反大殿（Basilika S. Stefano）的祭坛，而该教堂今天依然存在。这座大教堂虽然坐落于城墙之外，但它紧挨着宫殿，因此人们猜测，在上述指责的背后隐藏着这样一个事实，即这座教堂被用来举行相像派信仰的仪式：圣司提反大殿因为其地理位置，很适合被当作某种宫廷教堂来使用。[100]

奥古斯都皇帝在位时，布雷西亚（Brescia）作为罗马殖民地被建成，它和维罗纳一样，属于少数古典时代晚期的、发

459

460

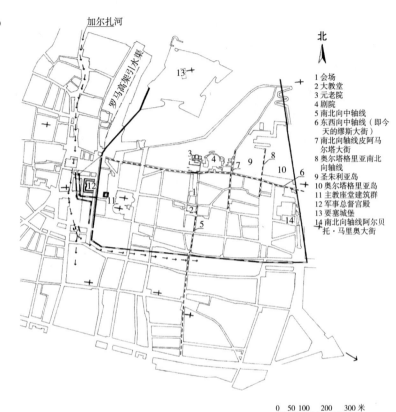

1 会场
2 大教堂
3 元老院
4 剧院
5 南北向中轴线
6 东西向中轴线（即今天的缪斯大街）
7 南北向轴线皮亚马尔塔大街
8 奥尔塔格里亚南北向轴线
9 圣朱利亚岛
10 奥尔塔格里亚岛
11 主教座堂建筑群
12 军事总督宫殿
13 要塞城堡
14 南北向轴线阿尔贝托·马里奥大街

图 24　中世纪早期布雷西亚地图

展状况得到考古学家充分研究的意大利北部城市。与维罗纳一样，直到狄奥多里克王国终结，布雷西亚一直为哥特人所统治。自弗拉维王朝（69~96 年）起，布雷西亚便有了一处宏伟的城市中心，那里有元老院和大教堂，附近有一座剧院和多处温泉浴场。5 世纪初，这片区域失去了它那庄严的外表及政治上的功能。会场上出现了木制建筑。围墙环绕的部分区域被废弃，南边的豪宅倒塌了。不过，哥特人统治期间高架引水渠还依然在使用，环形城墙虽然规模变小，但也得到了加固。城市西边出现了一片宏伟的大教堂建筑群，充当了新的城市中心。[101]

波河平原构成了哥特人在意大利政权的所谓权力中心的同时，阿奎莱亚则处于一个边缘地带。作为罗马殖民地，这座城市于公元前 181 年在一条距离格拉多（Grado）潟湖数千米的可以行船的河边被建立。戴克里先皇帝将意大利划分为数个行省时，阿奎莱亚便成为威尼提亚和希斯特里亚行省的总督驻地。3 世纪和 4 世纪晚期，该城曾多次接待皇帝，为此有一座宫殿和一座竞技场被保存了下来。城中的大教堂是整个意大利最早的教堂之一。然而到了 452 年，阿奎莱亚被阿提拉的军队包围和占领。这座城市没能从这一系列破坏中恢复过来，这是因为在随后动荡的数十年里，其与多瑙河地区的贸易规模急剧缩减。人们废弃了会场和旁边的商场，在环形城墙中间横贯了一道墙，使得城墙规模被大大缩减。自此，宏伟的城市中心便到了城墙之外。与此相反，大教堂建筑群得到了修缮，渐渐发展成了新的城市中心。哥特人统治时期，阿奎莱亚似乎又获得了一座城墙。在同查士丁尼作战期间，哥特军队从阿奎莱亚辖区征用了葡萄酒和小麦。不过，没有迹象表明当地曾有哥特驻军，阿奎莱亚在罗马—哥特战争中没有起到什么作用。战争结束后不久，阿奎莱亚的海港格拉多便一跃成为"新阿奎莱亚"。[102]

上述例子证明了国王会关照那些被自己当作居住地的城市。不过，中央机构会为了维护普通行省城市中的基础设施而采取哪些措施呢？由《杂录》及其他文本记载的案例组成的清单比较短。狄奥多里克下令修缮了帕尔马的高架引水渠。在他死后，帕尔马城的显要又接到了以他外孙阿塔拉里克的名义发布的命令，要求他们清理堵塞的下水道。狄奥多里克曾委托建筑师阿洛伊奥苏斯（Aloiosus）修缮位于帕尔马附近阿巴诺（Abano）的温泉浴场。斯波莱托城（Spoleto）则获得了狄奥多里克下拨的用于维护温泉浴场的额外资金。该城的一座不再具有公共用途的列柱大厅则被他转让给了自己的御医赫尔皮迪乌斯（Helpidius），前提条件是该御医要将其修缮一新。最后，狄奥多里克敦促韦尔切利（Vercelli）主教埃米利安努斯完成韦尔切利城高架引水渠的建设工作。对于这项工程的资金来源情况我们一无所知。[103]

上述所有案例都涉及保障水源供应的措施。这些措施仅限于意大利北部的少数城市，并且只在极少数情况下才涉及资金投入问题。王室中央机构积极开展工作的第二个领域是防御工事的建造和加固。阿尔勒被占领后，国王很可能下拨了资金来修缮城墙和塔楼。在叙拉古，哥特长官曾为了维修城墙征收过赋税，可是这笔资金被挪用了。而在卡塔尼亚，城中显要人士请求国王允许他们从城中已经垮塌的剧院建筑上取用石料修缮城墙，国王批准了这一请求，但该计划似乎没有被执行。[104]

自 5 世纪起，阿尔卑斯山北部就受到一条由城堡组成的防线保护。其中一部分是位于战略要地旁的只配备有 30~50 名士兵的哨点，还有一部分是规模达到 50 公顷的防御工事，战时可以容纳许多人。这条防线在哥特人统治时期得到了维护和巩固。这就解释了为何会有一道命令被下达给居住在没有设防的城市托尔托纳［古称德尔托纳（Dertona）］中的哥特人和罗马人，该命令要求他们将附近的一座城堡扩建为某种避难所，而类似的命令也被下达给了费尔特雷的哥特人和罗马人。关于后一道命令，有文献明确记载，一名哥特特派员承担起了监督施工的职责。特伦托附近的一处被称为城市的设防居住区的建设也服务于军事目的，可惜卡西奥多没有透露这处居住区的名称。施工任务由周边的几座城市承担，不过这些城市应该是获得了相应的报酬。作者姓名不详的《拉文纳世界志》（*Kosmographie von Ravenna*）诞生于 700 年前后，我们全

然不知书中记载的地名"狄奥多里克都"（Theodericopolis）
指的是哪里。有人认为这个地方是第二拉埃提亚行省的库
尔［Chur，古称库里亚（Curia），该地位于今天的格劳宾登
（Graubünden）］，后来按照国王的名字改了名，也有人认为
这个地方在博登湖附近。所以在这种情况下我们也不能说哪一
方具有绝对的话语权。[105]

最后我们还需要再看一眼罗马。500 年前后，罗马依旧是
地中海西岸规模最大、人口最多的城市。这里是最富裕的元老
的正式住所，也是拥有最多财富的主教的驻地。同样，这座城
市多多少少丧失了一些昔日的光彩。卡西奥多带着一种怀旧的
口吻这样描绘罗马——

463

> 众所周知，罗马的居民规模曾经是多么庞大，那时
> 人们会看到，这些人甚至要靠着从非常遥远的地方运来的
> 货物才能得到满足，这样周边行省才能有足够的食品来养
> 活其他地方的人，而进口来的大量商品则可以留给这些行
> 省自己使用。无论是谁在掌管着世界，罗马的人口都从来
> 不是个小数目。恢宏的城墙、能容纳大批人群的游乐场
> 所、规模大得令人惊叹的温泉浴场和数目庞大的磨坊（这
> 显然是专门为了满足人们的生活所需而建）见证了成群的
> 市民。如果这些设施没有变得让人习以为常，就不会被视
> 为必需品，因为它们既不能用于装饰，又不适合作其他用
> 途。如同给身体穿的华服，这些建筑是城市的象征，因为
> 没有人会在清楚自己需要付出高昂代价的情况下依然勉强
> 去制造多余之物。[106]

卡西奥多将 6 世纪初的罗马比作一个撑不起自己旧衣服的
人。城墙环绕的面积过大，温泉浴场和游乐场所规模甚巨，磨

坊对于现在的人口而言数量太多。事实上，到了 5 世纪末，罗马居民人口数已经下降很多：过去至少有 50 万人，5 世纪末只有 5 万到 10 万人。奥勒良皇帝在位期间（270~275 年）修建、霍诺留皇帝时期（395~423 年）再次得到加固的规模庞大的城墙内想必有一些城区只有少量人口居住。那里的房屋空置，房顶塌陷，空地成了垃圾场。[107]

外围地区的衰败情况必定更加严重，然而即使是那些过去受到元老偏爱的居住区也不可避免地走向衰落。小梅拉尼娅（jüngeren Melania）的宫殿在 410 年只不过是西里欧山（mons Caelius）上众多贵族的住宅之一，到了 5 世纪下半叶，这里已经基本上人去楼空了。在俄比安山（mons Oppius）上，一片坟场将莉薇娅门廊（Porticus Liviae）给覆盖了，这是一处由奥古斯都皇帝的妻子莉薇娅资助修建的大型列柱大厅。维护城中心的纪念性建筑变成了一项沉重的负担。罗马广场上位于元老院大楼旁的艾米利大圣堂（Basilica Aemilia）在 5 世纪初的一场大火后只重建了外立面。5 世纪 70 年代，城市总督夸德拉提亚努斯（Quadratianus）曾"用一笔很小的预算"，"这是城市恰好能拨付的为数不多的资金"，出色地修缮了因荒废和内战而衰败的君士坦丁大帝的温泉浴场，并且他认为应当将这件事情用铭文记载下来。马约里安皇帝曾严厉惩治通过拆毁公共建筑来为私人目的获取建筑材料的做法。他在一部法令中规定，将来要想拆除一座公共建筑，只能由他本人批准，并且只有经过元老院细致查验，确定无法对该建筑进行修缮时，方允许拆除。[108]

人们对 500 年前后的罗马的评价十分明确，它曾有过美好的时光。尽管如此，现存的纪念性建筑依然引人入胜。城中心元老家族的住宅依然如同宫殿一般。人们想尽了一切办法来维护昔日的建筑遗产。一批官员被派去视察公共建筑。"供水管道长官"（comes formarum）负责监督供水管道。任务是防止数目庞大的雕塑受到损害或是遭到盗窃的官员名称为"罗马长官"（comes Romanus）。"建筑官"（architectus）负责总管市容市貌。然而，这些官员难以完成自己的任务。510年，狄奥多里克不得不将"高贵者"约翰以特派员的身份派到罗马，因为有人向狄奥多里克报告公共纪念碑上的青铜和铅遭人盗窃，高架引水渠中的水被引到了私人磨坊和花园中。同样，在当时一直有类似火警的机构，隶属于治安长官。此外，国王还任命了一名长官充当罗马两个港口——波尔都斯港和奥斯提亚港（Ostia）的专员。负责保护时常被淹没的台伯河岸和清理下水管道的台伯河河床和河岸暨罗马城下水道保佐人（curator riparum et alvei Tiberis et cloacarum）这一官职似乎在哥特人统治时期已不再设立。该任务在这一时期很可能被外包给了一些生意人。但由于时常接到投诉，前文提到的特派员也要负责这件事。[109]

国王很关注罗马公共建筑的维护工作，为此他也会动用自己的钱财。"我的心中一直怀着对罗马城的关心。我的何种职责能比重建那些能够维护我的国家的光彩之物更有价值？"卡西奥多曾以国王的名义致信罗马城总督阿尔戈里库斯（Argolicus）。当狄奥多里克在500年亲自来到罗马时，他赠给了罗马城12万舍非尔粮食用于救济穷人，每年还预备提供200磅黄金用于修缮宫殿和城墙。不过，这笔钱要从城市总督的酒库中支取。对建筑基金管理不当的控告传到狄奥多里克耳中之后，他便下令调查控告内容是否属实。他委托"贵族官"辛玛古去修缮即将倒塌的庞培剧院（Theater des Pompeius），并从自己的"私房账"中拨了一笔钱给辛玛古。除此之外，狄奥多里克还下令再次开放罗马城中的一座仓库，用于存放砖石，该仓库每年要提供25000块砖用于修理房顶。邻近的一些由私人占有的仓库也要被用于同样的用途。砖石本身是由租赁了王家陶土矿和砖窑的厂家生产。人们在罗马发现了大量瓦片，上面印了狄奥多里克的名字，这些瓦片高度集中在山上圣马丁圣殿［S. Martino ai Monti，该教堂位于埃斯奎利诺山（Esquilin）上］与圣葛斯默和达弥盎圣殿（该教堂位于和平广场旁）旁，而这两座教堂在辛玛古教宗和斐理克斯三世教宗时期得到修缮和改建。狄奥多里克参与了出资，他提供了瓦片。[110]

466   不过从整体上讲，狄奥多里克还是将维护罗马公共建筑看作元老的职责。他很愿意鼓励元老去做这件事，并同意衰败的建筑私有化，只要建筑的接收人允诺修缮这些建筑。"贵族官"阿尔比努斯（493 年执政官）获得了曲形门廊作私用，而"贵族官"保利努斯（498 年执政官）则得到了因为不再为国家所需要，而年久失修的国有粮仓。然而国王必然会发现，接收人并不总是遵守诺言，例如神庙及其他建筑被转给私人后，并没有得到修缮，而是直接被拆毁。但当狄奥多里克要装饰自己的都城拉文纳的时候，他本人并不避讳将一座属于王室所有的宫殿——平齐亚纳之家用作采石场。[111]

人们保护城中心建筑的意愿更加明显。在奥多亚克或狄奥多里克统治时期，不少纪念性建筑是在其历史上最后一次得到修缮。城市长官德西乌斯·维南提乌斯在 484 年一次地震之后维修了角斗场的指挥台和竞技场地。狄奥多里克在位时，这座角斗场还被用来斗兽，然而在它的四周已经埋有尸首，哪怕国王在诏书中曾多次明确强调不得在罗马城墙内埋葬死者的古老禁令。大竞技场在 6 世纪中叶依然在使用；最后一次史料可查的修缮工作在 5 世纪末进行，由一名不知名的城市长官承担。城市长官瓦莱里乌斯·弗洛里安努斯（Valerius Florianus）曾下令对元老院进行维修。一段铭文根据"我们的主人"（domini nostri）、"永垂不朽的皇帝"（perpetuus Augustus）阿纳斯塔修斯，以及"享有无比盛名且战无不胜之人"（gloriosissimus ac triumfalis vir）狄奥多里克之名来给此次建设工作纪年。狄奥多里克在位时，在巴尔布斯地穴（Crypta Balbi），人们对一座位于战神广场（Marsfeld）的三面封闭的空地设施开展了修缮工作，该设施在 5 世纪开始垮塌，并且被当成了垃圾场。上述所有例子都有相应的铭文公开地将其修缮工作永远记录了下来。[112]

467

　　无论从哪个角度看，罗马在狄奥多里克王国中都是一个特例。在那里，国王不仅会为了维护残存的纪念性建筑投入资金，最重要的是，他会准备一大笔钱来保障平民的食品供应。自 3 世纪起，罗马民众不仅会免费获得面包和酒，还可以得到猪肉。同过去一样，负责组织粮食发放工作的是由国王任命的粮务官。罗马依然存在教授"自由艺术"（artes liberales），即文法和修辞的讲席，它们得到了公共资金的资助。不过，我们只能确定一位修辞学家获得了这一教职；另外两名修辞学家可能是家庭教师。此外，在狄奥多里克时代首次被证实有法律的公开教职，但这很难说是由狄奥多里克设立的。狄奥多里克死后，王室中央机构曾想趁任命新人担任教职之机降低薪水，但经过元老院抗议之后又收回了降薪的决定。上述机构是独一无二的，即使在米兰和拉文纳，6 世纪时高等级课程也是以私塾的形式进行传授。[113]

39

国王和他的土地：
狄奥多里克是否推行经济政策？

面对农业人口，狄奥多里克政府整体上是在延续罗马帝国晚期皇帝曾推行的政策。和罗马皇帝一样，狄奥多里克政府试图维护现有的社会秩序。税收体系的基础是农业生产。不过，狄奥多里克政府比罗马帝国晚期的皇帝更加迎合大地主，它允许地主将承租了土地的奴隶和依附于土地的农民转让给他人，同时又可以保留土地。在狄奥多里克的诏书中有如下的内容——

468

> 每个主人都允许从自己根据现行法律实际拥有的地产上将男女农奴送到他拥有权利的地方，或者让他们去为城市服务，哪怕这些农奴是（依附于土地的）原住农。这样，农奴也可以被购买去耕种土地，他们的确按照主人的意愿搬到了这些地产上，被当作城市中的仆役。由于实际存在的情况和上述规定，即使以原出身地为由提出抗议，也不会启动司法调查。主人还可以凭书面证明，将拥有上述法律身份且不占有任何一块土地的人转让、售卖或赠送给自己选择的人。[114]

大部分农村人口与国王和他的宫廷没有直接联系。对于奴隶和依附于土地的永佃农而言，王室中央机构只能通过中间的保护人，经由大佃农、主管人和地主才可以联系上。不过王室行政机关也会因此想办法保护小地主不被更强大的邻居侵犯。曾有一个名叫卡斯托里乌斯（Castorius）的人控告，总督府长官福斯图斯·尼格尔非法侵占了他的地产，于是国王委托哥特特派员特里维拉和特使费洛钦克图斯（Ferrocinctus）想办法让这名"光荣者"阶层的元老交出这处地产，并加上一块同等价值的土地。有一部分写给拥有中小规模地产的地主的文书也保存了下来。王室书记处借机强调自己尤为关注对低阶层人民的保护。两名罗马人控告，一个名叫汤卡（Tanca）的哥特人非法侵占了他们的小田庄，还剥夺了他们的自由，于是阿塔拉里克政府借机派出身份高贵的库尼加斯特（Cunigast）去调查此事。在另外三起案件中，王室书记处写信给了被控非法侵占私人土地的几名主教。与此相反，没有任何一封写给农民的书信流传下来。在农村地区，以王室书信收信人身份出现的往往只有大地产的主管人（如果忽略王室地产管理部门的话），这些人受雇于"高贵者"或"光荣者"阶层的元老。[115]

469

　　罗马帝国晚期的国家是一个重要的经济因素。这一点也适用于哥特人统治的意大利。大部分可用于农业生产的土地都属于国王所有，而国王又将自己的土地分派给了大佃农。王室行政机关会征税，税款以黄金的形式上缴，并被用于支付宫廷和军队的费用。通过给文官支付薪水，给军人发放赠礼，供应给军队大批食品，为罗马城和王都购置大宗物资，王室行政机关对资源进行了再分配，此举不仅会影响各阶层的生活水平（对于一部分人来说是积极影响，而对于另一部分人而言又是消极影响），还会对地区生产的专门化造成影响。它会按照自己的需要，制造需求和购买力。此外，王室行政机关会将高利润的订单派给为军队和宫廷供货或是为国王征收税款的商人。另外，罗马帝国晚期的国家会为经济行为提供制度性框架，该框架促使人们相信商业能够顺利开展，从而促进了商品交换，主要方式是稳定币制，建立成熟的法律机构，提供法律争端调停服务，以及保护人们免受暴力侵犯，只是这种保护相当不充分。[116]

在罗马帝国晚期，国家本身就是一个活跃的经济活动参与者，并且为减少交易成本提供制度性框架，这一事实并不意味着国家推行了类似经济政策的方针——如果所谓经济政策指的是国家试图调控和促进经济总体进程。无论是狄奥多里克还是罗马帝国晚期的皇帝，都缺乏这方面的意愿和手段。王室行政机关虽然会高度关注物价的发展，这是因为税款主要是以黄金的形式征收，但大部分税款被用来购置食品了。如果人们想要避免物价波动变成国家的负担，就必须了解人们在市场上支付的价格。在这个意义上，古罗马帝国晚期行政机关完全具备经济思维，但人们并没有兴趣估算经济总量，也即国民生产总值，并且人们也没有能力做到这一点。

当然，王室行政机关的出发点是，如果收成很好，那么可以多征税。经验也告诉人们，停战会促进农业生产。卡西奥多曾说明了在西西里提高税收的理由，而在此之前增税决定曾被撤销。他的理由是，长时间的和平使得人们可以不受打扰地耕作，进而导致人口数量增加。然而人们一直都清楚，农业产量不会一直上涨，这是因为劳动生产率的提高只能在有限的程度内实现。增长之所以会粗放，主要原因是人们是通过扩大种植面积来实现增长的。因此，人们并不认为让经济总效率不断增长是统治者的任务。没有人会要求国家为企业提供贷款，没有人会把一地的文化教育水平当作影响经济的地区因素。同样，政府应当通过从强势地区转移税收资金至弱势地区从而支援弱势地区的想法也不存在，从这个意义上看也不存在结构调整政策。[117]

但不管怎么说，罗马帝国晚期国家的确会刺激投资，只要国家愿意将休耕地转让给私人，而私人有义务为此缴纳税款，被称为十九段的、位置在特里蓬提乌姆和泰拉奇纳之间的沼泽就属于这一情况。在另一个案例中，两名"高贵者"有义务给斯波莱托境内的沼泽排水，当其中一人没有履行自己的那部分义务时，另外一人就可以要求占有整片土地。同样的情况也发生在不能再被使用的公共建筑上。不过国王直接参与的情况很少见。一篇铭文曾歌颂了狄奥多里克派人在都城拉文纳排干沼泽的水，并在上面开辟了一片果园，此事给了恩诺迪乌斯写作一篇颂词的素材。[118]

471

国王通过证明自己是法律秩序的庇护人，来对同样可以方便货物交换的框架条件的维护工作予以支持。此外，国王还设法创制一种为人们所普遍接受的货币。狄奥多里克及其继任者下令用金银和铜铸造了钱币，并对其额定价值进行担保。制作假币和降低货币成色会受到严厉惩罚。王室中央机构只在特殊情况下才会干预市场活动，那就是当粮食歉收或者战争导致食品短缺现象可能出现或是已经出现的时候。在这种情况下，王室中央机构会下令降低物价，这并非出于经济考虑，而是出于道德立场——一名好国王不会让自己的臣民挨饿。在都城拉文纳有严格的价格控制措施，这是因为在这里国王必须在每天的行为中证明自己是位体恤民情的统治者。正如卡西奥多曾记载的那样，在其他情况下，适用的规则是："食品价格（必须）遵从暂时性的波动，以使盈余时期不至于祈盼高价，而物价上涨时期又不至于渴求低价。"[119]

进出口行为要被征税，但只在极少数情况下才会得到限制。普罗旺斯战争期间，王室书记处禁止猪油出口，这东西看来是军队需要的。出口禁令的执行被委托给了流转税"西里克税"的包税商，也就是私人商家，这些人在港口城市经营着办公室。鉴于这一情况，狄奥多里克提醒总督府长官福斯图

斯·尼格尔，在国家的需求被充分满足之前，不允许从任何
一个行省出口粮食。然而国家干预市场活动的范围也已经被限
定了。狄奥多里克没有推行经济政策，也没有推行社会福利政
策，他没打算按照某个样板来构建意大利的社会秩序和经济体
制。恰恰相反，一旦狄奥多里克成功地在意大利的土地上给他
手下的哥特人带来稳定的收入，他的一切意愿和行为就只有一
个目的，那就是维护以此实现的状态。狄奥多里克并非"改
革者"。[120]

第十章

异端为王：宗教多样性和正统信仰的戒律

40
"哥特律法教堂"

　　狄奥多里克用来攻占意大利的军队主要由自认为是哥特人的战士组成。这些战士之所以与意大利的居民不同，不仅是因为他们具有能够影响生活方式及外在仪表的军事职能，还是因为他们的语言和宗教不同。和狄奥多里克一样，他手下的战士通常说哥特语，并且他们也和狄奥多里克一样，所属教会的信仰一个世纪以来在意大利都被视为异端。对于大多数意大利居民而言，这些属于该信仰团体的人都是阿里乌派信徒，也即亚历山大城长老阿里乌（Areios，拉丁语中写作"Arius"）的追随者，阿里乌的教条曾在 325 年召开的尼西亚公会议上遭到谴责，从此便被视为异端的化身。[1]

　　事实上，狄奥多里克和大多数哥特战士所属教会的信条与阿里乌的教条相似之处甚少，这些信条主要是基于 360 年在君士坦丁堡召开的一次公会议上作出的决议。那时候，人们将圣父与圣子之间的关系定义为"相像"（希腊语为"homoios"），但并没有进一步明确其具体含义，而是采用了"根据《圣经》相像"的说法。正因如此，现代研究界将这种信仰称为相像派，并将其信徒称为相像派教徒。哥特神学家乌尔菲拉将这种妥协的表达形式解读为圣父同从属于自己的圣子的统一。他的教条经其学生奥克森提乌斯（Auxentius）之手，以拉丁文的形式流传至今，为我们所知。

我，乌尔菲拉，主教与认信者（confessor），一直都是如此信仰，并怀着这唯一的真信皈依我主。我相信，只有一个上帝——那不被生出、不可得见的圣父；还信仰他的独子，我们的主和上帝，一切创造者和生育者，没有任何与他相像的。因此，万物之上帝，即圣父，也是我们上帝的上帝；还信仰圣灵，那光明而神圣的力量，正如基督复活后对自己的门徒说道："看啊，我要将我父所应许的降在你们身上，你们要在城里等候，直到你们领受从上头来的能力。"（《路加福音》24：49）"圣灵降临在你们身上，你们就必得着能力。"（《使徒行传》1：8），降临的既不是上帝也不是我们的主，而是基督的仆人……他从属于圣子，并听命于他……2

在罗马帝国，相像派教义于 381 年在君士坦丁堡召开的一次公会议上遭到了审判，并被至今在所有基督教派中都适用的尼西亚—君士坦丁堡信条取代。在此之后，皇帝狄奥多西一世下令将相像派主教从他们的教会中驱逐，其信众被排挤到了地下。相像派教义在罗马帝国被宣布为异端之前不久，为弗里蒂根手下的哥特人所接受。这批哥特人没有参与到皇帝的宗教政策转向中，并且在 381 年君士坦丁堡公会议之后也坚持了相像派信仰。哥特传教士迅速将该信仰传到其他说日耳曼语的族群中。在这一过程中，这些传教士将《圣经》翻译成哥特语，使得《圣经》在日耳曼语共同体中可以直接被理解。汪达尔人则早在迁徙到北非之前就已经接受了相像派信仰。史料没有记载相像派信仰是什么时候传到 5 世纪中叶逗留在潘诺尼亚的哥特人中间的。不过可以肯定的是，狄奥多里克是以基督徒的身份长大成人，并且他的军队有基督教神父陪同。3

500 年前后，西哥特人和东哥特人，此外还有格皮德人、苏维汇人、勃艮第人和汪达尔人都追随相像派信仰。该教派的信徒将自己看作一个普遍和持正统信仰的基督教会的一部分。按照相像派教徒的自我理解，他们是正统的、信仰天主教的，因为对于那个时代的人而言，那些在今天用来描述特定基督教派的常用概念没有其他的任何含义。由于相像派僧侣同他们的反对者一样都相信，正统信仰是基督教会身份的必要前提，在这些相像派僧侣看来，所有那些拒绝他们所持信仰的基督徒都是异端。在 500 年前后，这种所谓的异端分子是罗马帝国境内及境外的大多数基督徒，包括那些与罗马主教有关系的并且从今人的视角看被称为罗马天主教徒的人。[4]

马赛的一名长老——萨尔维安在 400 年前后撰写了一篇文章，目的是要证明罗马人对抗哥特人和汪达尔人之所以失败，是因为他们理应受到上帝的惩罚。此文用如下文字描述了信仰相像派的蛮族与信仰天主教的罗马人之间的关系——

> 他们是异端，但他们并不知道。简而言之，在我们看来他们是异端，在他们看来他们不是。因为他们认为自己是天主教徒，以至于他们会诽谤我们，称我们是异端。我们认为他们是什么，他们就认为我们是什么。我们能够肯定他们对上帝之见证行了谬误之事，因为他们称圣子比圣父要低微。那些人认为，我们对圣父行了谬误之事，因为我们相信，圣父与圣子是相像的。[5]

奥克森提乌斯是乌尔菲拉的一个学生，关于他的老师他曾这样记载：乌尔菲拉曾在布道文和自己的学说中宣称"所有的异端都不是基督徒，他们是基督之敌；他们并不虔诚，他们是不信上帝的；他们并不信仰正教，他们没有宗教；他们心中没有对上帝的敬畏，他们是毫无廉耻的；他们并不满怀希望，他们是没有希望的；他们并不是上帝的崇拜者，他们没有上帝；他们不是师者，他们是引诱者"。在其他地方，乌尔菲拉曾这样教导：只有一个基督教会和一个基督教团，其他任何教团都"不是上帝的教会，而是撒旦的集会"。[6]

在这样的前提下，有着其他信仰的基督徒组成的教团是不可想象的。相像派僧侣认为，只有当洗礼是由他们中的一位执行时，才可得到承认，并获得效力。因此，如果一名基督徒想要皈依相像派信仰，那就要再次进行洗礼。[7]

在教会日常生活中，哥特国王和汪达尔国王统治的国家中的相像派信徒也与周围的人相隔开来，这是因为他们的礼拜仪式通常是用哥特语进行的。不久前我们获得了一则与此有关的案例：几年前，人们在博洛尼亚（Bologna）发现了一些用哥特语写成的布道文残篇，哥特人的统治结束后，这篇布道文被一段奥古斯丁的文字覆盖了。此外，当相像派僧侣在用拉丁语布道时，他们也会援引哥特语《圣经》。为此，人们制作出了哥特语—拉丁语双语版本的《圣经》读本。在汪达尔人统治的北非，人们发现了写成哥特语的《垂怜经》（kyrie eleison）标题：froja arme。在乌尔菲拉翻译的《圣经》残卷中，我们可以读到哥特语的主祷文；该文以如下文字为开头（以下是现代转写法，"ei"读成长音"i"，"ai"读成短音"e"，"þ"发音同英语中的"th"）——

477

atta unsar þu in himinam / weihnai namo þein, qimai þiudinassus þeins, wairþai wilja þeins / swe in himina jah ana airþai.

我们在天上的父，愿人都尊你的名为圣。愿你的国降临，愿你的旨意行在地上，如同行在天上。[8]

此外，相像派教徒遵守的是自己的节历。从一份现存的殉道者名录残片中可以看到，5世纪前30年的哥特相像派教徒除了崇拜十二使徒和意图在整个帝国境内推行相像派信仰的君士坦丁大帝之外，还会在一年中的特定日子里敬拜哥特殉道者。最后，相像派的仪式还在一个关键性问题上同尼西亚信条追随者普遍采用的仪式有差别：尼西亚信条追随者在赞美上帝时使用的话是"荣耀归于圣父、圣子和圣灵"，而在相像派那里，这段祷文则是"荣耀经圣灵中的圣子归于圣父"。[9]相像派神学家拒绝作出无法由《圣经》中的说法证实的表述，他们批评用古希腊罗马哲学家使用过的概念来表述基督福音的尝试。在哥特和汪达尔国王的权力范围内也出现了用哥特语和拉丁语写成的神学著作，根据相像派神学《圣经》的基本特点，重点并不在于诠释，而是在于各部著作是否成体系。人们尤为注意将《圣经》文本翻译成其他语言时出现的问题。在相像派看来，基督信条的发展过程已经完结。就我们目前所看到的来说，相像派神学家既不再参与东方对基督的神性和人性的争论，也不再参与由贝拉基和奥古斯丁引发的、在西方展开的关于人的自由意志及神的恩典的讨论。[10]

相像派教会在日耳曼诸王国的组织结构与在罗马帝国境内产生的教会有着显著区别：虽然在相像派中也存在圣职，从诵经员（负责朗读《圣经》的年轻人）到助祭和长老，最高到教区的首领——主教，但是与罗马帝国教会不同——在罗马帝国通常每个城市都有自己的主教——那些由信仰同源的日耳曼战士组成的教区的主教，并非与某个城市不可分割地联系在一起。只要主教所服务的信徒仍在频繁改变他们的行动地和居住地，那么让主教归属于某个地区的举动就既没有意义，也无法实现。因此在相像派那里，神职人员和教众之间的纽带是以人际关系而非地域为基础的，僧侣是整个机动组的一部分。皇帝手下信仰天主教的士兵可以相信，他们自己在罗马帝国的行动地通常能够找到基本的宗教设施，因此只在少数情况下需要专门的随军神职人员，而与这些天主教士兵不同，主要由相像派教徒组成的军队会带着自己的僧侣。不过在这种迁徙阶段，对于整个部队而言，只要存在足够数量的长老可以与规模更小的队伍一同完成礼拜仪式，那么一个主教也就足够了。[11]

　　日耳曼战士在后罗马时代的诸王国中并未完全定居下来。在定居之后，对神父和主教的需求会显著增加。然而即使是在日耳曼诸王国中，相像派主教的数量也不足以构建一张能够覆盖某位国王整个统治区域的密集的网络。当然，在那些国王偏好的居住地会有一名相像派主教任职，这名主教会因为较近的空间距离而获得类似宫廷主教的角色，也许在其他一些有相像派教众的城市也有主教。我们偶然得知了一位名叫维克塔里克（Wictharic）的相像派神父或是主教，此人在西哥特国王阿拉里克二世在位的时候在阿让（Agen，位于阿基坦境内）的领地内拥有土地。然而在许多城市既没有相像派僧侣，也没有相像派主教，这是因为在那些地方没有他们可以服务的相像派教众。[12]

　　在上述情况下，像罗马帝国教会那样全年都举行省级宗教会议是没有必要的。相像派主教似乎会定期前往国王的宫廷。由于人数有限，并且在主流社会中根基较浅，日耳曼诸王国中的相像派主教对国王恩宠的依赖程度比他们的天主教对手要高得多。正因如此，相像派主教不会构成一支能够对抗政治权力的单独的力量。史料从未把他们置于与统治者对立的位置也就毫不意外了。虽然相像派信众自认为是一个世界性教会的一部分，但实际上他们是以"地方教会"的形式存在的，需要对接各自所依附的统治者。相像派主教的关系极少超出赞助该主教并期待主教无条件服从自己的那名国王的统治区域。他们同罗马帝国教会的天主教派各个主教或者罗马主教没有联系。此外，也没有迹象表明他们同其他王国内同信仰的主教有关联。相像派主教的行动及交往空间受制于单个国王的统治区域，在相像派所在的区域，政治和宗教边界在很大程度上是重合的。出于这一原因，信仰相像派的国王不会召集本教派的主教前来召开全国性的宗教会议。6世纪初，这种类型的"国家级宗教会议"只在那些日耳曼国王意图将自己王国境内的天主教派主教集合为有组织的统一体的地方召开：506年召开于阿拉里克二世统治的西哥特王国，地点在阿格德；511年召开于克洛维统治的法兰克王国，地点在奥尔良；516年召开于西吉斯蒙德统治的勃艮第王国，地点在埃帕奥（Epao）。在天主教的势力范围内，后罗马时代西方在政治上的分裂也导致了教会的碎片化，但在狄奥多里克时代这一现象才真正显现，并且没有造成对外完全封闭的局面。[13]

　　从381年起，相像派信仰在罗马帝国境内遭到了禁止，并逐渐淡出了各大城市，但该信仰仍然顽固地留在了皇帝的军队中，并一直存续到了6世纪。由于罗马皇帝有时会在帝国之外的日耳曼诸族中招募士兵，皇帝们必须容忍军队中存在罗马非军事平民禁止信仰的教派。而在5世纪才陆续在西罗马帝国的土地上建立的各个日耳曼王国，相像派信仰受到国王保护，可以自由发展，不过出于政治原因，人们只在极少数情况下才会积极传播相像派信仰，这是因为那些帮助日耳曼诸王实施统治从而享受特权的那些信仰相像派的战士在这些国家内也只是少数派，他们面对的绝大多数居民是信仰天主教的本地人。在这样一种格局下，信仰对立深刻影响着族裔身份，因为在这两个人群之间存在的民族和宗教界限在很大程度上是重合的。那些身在其中的人们也认识到了这一现象，特别是那些直到5世纪才接受基督教的日耳曼族群，这些人有意识地抵制在帝国境内被认可的信仰，并接受了一种在组织上独立于帝国教会的基督教派。[14]

　　与罗马帝国其他地区一样，相像派教徒在 5 世纪也被排挤在社会生活之外。但在这里，相像派信仰也是活跃于军队中。西罗马帝国的末代皇帝非常依赖日耳曼士兵和军官，以至于他们无法像自己的先辈那样拒绝让这些日耳曼军人拥有自己的教堂。例如，皇帝瓦伦提尼安二世曾在米兰主教安布罗修斯的影响下于 387 年拒绝了哥特人获得自己的教堂的请求，而皇帝阿卡迪乌斯则在君士坦丁堡牧首约翰［此人以"金口"（Chrysostomos）之名广为人知］的逼迫下于 400 年作出了同样的决定。5 世纪 60 年代，大元帅李希梅尔在位于罗马中心地带的维米那勒山（Viminal）支持修建了一座教堂，以供相像派教徒做礼拜用，该教堂以哥特之神圣阿加塔教堂之名被保留到了今天。这一时期很可能还建成了第二座相像派教堂，很久之后，这座教堂被教宗格列高利一世侵占，供天主教徒做礼拜。从 425 年起皇帝的宫廷就经常驻扎在拉文纳，而在那个时候拉文纳的相像派教徒可能也有了一座自己的教堂，但这一点尚未得到确证。[15]

　　当奥多亚克在 476 年废黜了皇帝罗慕路斯时，政权就被转移到了一位在天主教会看来属于异端的人的手上。在古典时代晚期意大利的历史上，一国之君第一次置身于大部分人口信仰的教派之外。这样的格局酝酿着冲突。教宗杰拉斯一世（492~496 年在位）在奥多亚克死后将他称为信仰异端的野蛮人，并夸口自己拒绝服从那些在他看来有违天主教信仰的命令（杰拉斯没有说明具体是什么命令）。不过杰拉斯并没有做得太绝，他没有直接称奥多亚克是基督徒迫害者。同样，恩诺迪乌斯在他的《致狄奥多里克颂词》中也没有对奥多亚克发起过类似指责，当然除此之外他并没有说过奥多亚克什么好话。事实上，奥多亚克似乎十分尊重天主教僧侣。恩诺迪乌斯还在其他文本中提到，奥多亚克很乐意接待来使的天主教派主教，并对当时正在担任米兰主教的伊皮法纽表示过自己的恩宠。[16]

教宗辛朴力西乌斯去世后，罗马爆发了主教职位之争，奥多亚克通过手下的总督府长官巴西利乌斯插手了此次争端。巴西利乌斯在一次主要是平信徒参与的会议上宣布，辛朴力西乌斯曾规定不得在没有同巴西利乌斯商量的情况下就决定自己的继任者。同时，巴西利乌斯还以自己的名义禁止出售教会的不动产，并下令归还在两代人时间以前仍归罗马教会所有但后来被出售的地产。这样的干预行为或许在罗马城中的僧侣看来是非法的，但这很可能符合罗马城中平信徒赞助人的愿望，这些人希望限制罗马主教对教会财产的支配权。接替辛朴力西乌斯职位的助祭斐理克斯究竟是巴西利乌斯定的人选，还是奥多亚克定的人选，还是说是这两人共同决定的，对此我们已经几乎无法判定了。但不管怎么说，斐理克斯都是第一个祖先担任过元老的教宗。[17]

关于奥多亚克同意大利境内相像派教众的关系，目前没有可靠的信息留存下来。奥多亚克死后许久，《无名的瓦莱西亚努斯》才宣称这位国王曾庇护过相像派教徒，但这种说法模棱两可，并且说这番话的动机是进行论战，同时我们也不清楚奥多亚克是否充当过教会的赞助人。人们猜测，奥多亚克曾在拉文纳资助修建了很久之后才被史料证明存在的圣塞维里努斯修道院。事实上，奥多亚克曾应允了塞维里努斯书面提出的宽恕一个名叫安布罗修斯的人的请求。不过，奥多亚克还在位的时候不可能建一座供奉塞维里努斯的教堂，这是因为这位 482 年去世的圣徒的遗骸是在很久之后，也就是在狄奥多里克在位时期，才被运到了意大利。[18]

狄奥多里克终其一生都声称自己属于推崇相像派信仰的教

482

会。恩诺迪乌斯在狄奥多里克去世后曾称赞他从小就接受基督教信仰的教育。至于是谁给狄奥多里克提供了这样的教育，教育的内容是什么，我们就不得而知了。我们难以确定狄奥多里克改宗天主教的母亲所扮演的角色，这是因为其母改宗的时间不详。当狄奥多里克以人质的身份生活在君士坦丁堡时，当地有一批相像派信众，阿斯帕尔和他的儿子也属于这个教派。王子狄奥多里克很可能加入了他们的行列，但对此我们一无所知。不管怎么样，作为国王，狄奥多里克总是有能力去引用《圣经》中的段落。不过他没有明显表露出对神学争端有兴趣。在这个问题上，狄奥多里克与和他同时代的人并不相同。例如，汪达尔国王特拉萨蒙德，此人曾向天主教派主教及神学家富尔根蒂尤发起挑战，辩论上帝的本质。此外还有勃艮第国王贡都巴德，他曾与天主教派的维埃纳主教阿维图斯就教义、释经和伦理问题通过书信。我们没有获得关于狄奥多里克本人的483 虔诚度的信息。因此我们不知道他是否像西哥特国王狄奥多里克二世那样每天祈祷，更不知道他是怎样祈祷的。同样，我们也不清楚他参加礼拜仪式的频率。[19]

毫无疑问的是，狄奥多里克大力支持了自己王国境内的相像派教会。不过相关证据都集中在有计划地被国王扩建为"君王之城"的拉文纳。但拉文纳并不是唯一一座在狄奥多里克时代有相像派主教的城市。同样，在狄奥多里克统治时期，罗马城中的相像派教众也有自己的主教，早在奥多亚克在位时就是如此。刻有狄奥多里克花押字的瓦片证明，维米那勒山上的相像派教堂（即今天的哥特之神圣阿加塔教堂）的屋顶在狄奥多里克在位时得到修缮。此外，在卡西奥多的《杂录》中出现了拥有哥特名字的主教，他们显然是相像派教徒，但无法确定他们属于哪座城市。[20]

在拉文纳，并且似乎也只有在那里，狄奥多里克曾以大

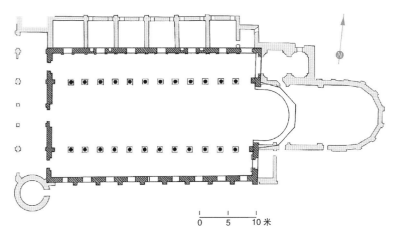

图 25　新圣亚坡理纳圣殿（拉文纳）的平面图

型教堂赞助人的身份出现，这些教堂被相像派教众用于举行仪式。除了给自己建造宫殿，狄奥多里克还下令建造了一座教堂，用华丽的马赛克砖进行了装饰，并将教堂献给了救世主基督，这座教堂以新圣亚坡理纳圣殿之名被保留至今。由于地理位置靠近宫殿，人们可以猜测，狄奥多里克的宫廷成员会更喜欢造访这座教堂。在这个意义上，人们可以说这是一座宫廷教堂。不过，我们并不清楚是不是宫廷中的所有成员都会跟随国王来到这座教堂，或是只有那些信仰相像派的人才会来。我们绝不能排除天主教徒到祈祷结束后才离开礼拜仪式现场的可能性，这是因为在那个时候信仰宣认并不是宗教仪式的固定组成部分。反过来，狄奥多里克曾在 500 年造访过罗马的圣彼得大教堂。

　　可惜的是，这座"宫廷教堂"最初的图像程式再也无法被完整地修复，这是因为一部分马赛克砖在哥特人统治结束后被改动过，而教堂的后殿在 7 世纪或 8 世纪被一场地震所毁。教堂侧面的墙上镶嵌着马赛克砖画，被分割为三块依次叠

484

加的区域。最高处的区域展示了耶稣生平的场景，以连贯叙
述的方式展开；北边展示的是耶稣所行的奇迹；南边展示的是
他的受难和复活场景；下方位于窗户之间的区域绘有 32 名使
徒和先知。如今，最下方区域的北边是 26 名男圣徒，他们正
迈步走向基督，南边则是 22 名女圣徒，正由朝着怀抱圣婴的
圣母走去的东方三博士带领着。不过，描绘这两列队伍的马赛
克画制作于 6 世纪 60 年代，当时的马克西米安主教下令拆除
了部分最初的装饰，这是因为在哥特人的统治结束后，这些装
饰显得有失体统了。最初画上只有拉文纳和克拉赛的城市景
观，这两座城市分别是两支队伍出发的地方。但是人们在修改
壁画时去掉了画中站在克拉赛城墙前和拉文纳宫殿正前方立柱
之间的人。种种迹象表明，图中原本可能描绘的是哥特宫廷和
阿马尔家族的成员（或是只有阿马尔家族的成员），在宫殿正
485　　面的中间可能是狄奥多里克的一幅肖像。看来这片区域最初描
绘的是国王宫廷中一支按照性别来分组的队伍，这支队伍行进
的目的地是基督和圣母身边。因此，教堂最初的图像程式是完
全根据狄奥多里克、他的家族和他的随从量身打造的。教堂后
殿房檐上的异端纪念铭文中提到这名国王是教堂的赞助人，而
这名国王想要在声名远扬的地点给自己和自己的宫廷建一座
纪念碑，并且期望这座纪念碑能够永垂不朽。[21]（见彩图页，
图 5）

此外，狄奥多里克在拉文纳资助修建的可能还有一座相像
派主教座堂，这座教堂以圣灵大教堂之名也被保存到了今天，
但我们并不清楚这座教堂最初供奉的是谁。这座教堂包括一座
浸礼堂，其穹顶上描绘了耶稣受洗的场景。画面的正中间站着
一名裸体的年轻男子，他的右边站着施洗者约翰，左边坐着一
名头发花白的老者，他是约旦河（Jordan）的拟人化形象，耶
486　　稣的头上盘旋着一只鸽子，这是圣灵的象征。在这里，基督被

图 26 拉文纳的相像派主教座堂（即今天的圣灵大教堂）
与所谓的阿里乌派教徒的浸礼堂（右侧）

塑造成了有肉身的人。不过这样的表现方式展现出的对基督的理解绝非相像派所特有，无论这种表现方式在古典时代晚期是否罕见。更确切地说，此前它早已出现在拉文纳的天主教派主教座堂的浸礼堂中。[22]（见彩图页，图 6）

不过在哥特人统治时代末期，拉文纳及其周边依然存在着许多相像派教会的教堂，这些教堂随着时间的推移已经消失，但在拉文纳的阿格内鲁斯（Agnellus）所作的《主教书》（*Bischofsbuch*）中曾经被提到过。然而，几乎总是缺少关于这些建筑受资助情况的信息，只有在谈到一座教堂时提到过赞助人是主教胡尼蒙德。但假如狄奥多里克没有稍微帮他一把，此人是很难筹集到资金的。多亏了国王的慷慨大方，在哥特人统治的意大利境内，拉文纳是唯一一座相像派教众拥有的纪念性建筑的规模不亚于天主教徒的城市。[23]

拉文纳教会也是唯一一个我们能从史料中了解其组织结构

的相像派教会。这多亏了一份草拟于551年的文书。在这份文书中，一座教堂的"全体僧众"将一座价值180枚金币（单位是苏勒德斯）的水池或鱼塘转让给了一个名叫彼得的人，此人曾在16年前，也就是该城还是哥特诸王的都城的时候，借给了该教堂120枚金币（单位是苏勒德斯），而这群僧众的教堂自称"圣阿纳斯塔西亚哥特教堂"（ecclesia gotica sanctae Anastasiae）或"圣阿纳斯塔西亚的哥特律法教堂"（ecclesia legis Gothorum sanctae Anastasiae），差额部分将以现金补足。这里指的可能是拉文纳的相像派主教座堂，当这份合同被登记在案时，这处教区的主教职位还是空缺的状态。可是在551年，这个教区不仅没有主教，甚至还陷入了经济危机。正因如此，该教堂不得不变卖地产。由于这份文件包含了一份名单和一份签名表，人们可以重构这座教堂的人员规模和构成情况。根据这份文件，拉文纳最重要的相像派教堂之一的成员除了主教之外，还有两名长老、一名助祭和一名副助祭，以及五名在狭义上被称为"教士"（clerici）的人，这几个人至少在一定程度上算是诵经员。如果包括主教，那么在这座教堂中共有十名有圣职的僧侣在服务。此外还有其他十个人，这些人也算是"僧众"，只不过他们没有获得圣职，包括五名门房（ustiarii），一名行政护卫僧（defensor），以及四名属于庶务修士团的成员，他们的称谓从希腊语派生而来，即"spodei"。此外，这四名庶务修士中的两人还以哥特语的形式被称为"缮写士"（bokareis），也就是说，这座教堂还配备有一个缮写室，专门生产供教会使用的手稿。在这个缮写室中，人们可以用哥特语书写装裱华丽的福音书，这部福音书最初有336页，有188页被保存了下来。由于这部福音书是用银墨水写在被染成紫红色的羊皮纸卷上的，其被称作《银色圣经抄本》（*Codex argenteus*）。[24]（见彩图页，图7）

这份文件不仅让我们知道了与教堂职务及等级有关的信息，还使我们能够推断出僧侣对自我的理解及受教育水平。共计 20 个签名者，其中的大部分拥有哥特名字。第一个签名的是一个名叫乌菲塔哈里（Ufitahari）的人，此人被称为"爸爸"（papa），在这里是"长老"的同义词。其他的名字几乎都出自《圣经》，如彼得（Petrus）、保罗（Paulus）和但以理（Daniel）。不过，即使哥特名字是主流，我们也不能由此推断，这些僧侣不懂得拉丁语。虽然有一名长老、一名助祭和两名缮写士都是用一句哥特语来完成签名的，但还有六人使用拉丁语签名。另有八人是画押，这是因为他们要么眼盲，例如第二名长老，要么像那五名门房一样根本不会写字。属于拉文纳相像派主教座堂的人员受教育水平差异极大，既有缮写士，又有文盲；这座教堂有十名教士和十名庶务修士，而正如我们在后文将会看到的那样，其人员规模比拉文纳的天主教派主教座堂小得多。

与"宫廷教堂"一样，这座相像派主教座堂拥有的不动产规模不详，而这些不动产应该是由国王赏赐的。561 年，一部由查士丁尼皇帝颁布的诏令宣布，这些财产将与居住在拉文纳的哥特人的所有财产一同被转让给天主教会。至少相像派僧众中受过教育的那一部分人是掌握了两种语言的，但是这些人更看重自己的哥特身份，于是他们通过哥特语签名来对此进行强调。在狄奥多里克的王国肯定存在由相像派改宗天主教的情况，但只要哥特人还在继续执政，这就只能是例外情况。我们只知道两个这样的例子，主人公都是妇女。其中一人因为改变信仰遭受了巨大的财产损失。当普罗科匹厄斯笔下的哥特使臣说改宗天主教的哥特人没有被控告时，我们并不能由此推断这些人没有遭受任何的损失。[25]

拉文纳圣阿纳斯塔西亚教堂的全称比其他任何事物都清楚

地表明，相像派信仰对于意大利的哥特人而言是同他们的身份不可分割的。正因如此，圣阿纳斯塔西亚教堂不仅叫作"哥特教堂"，也叫作"哥特律法教堂"。"律法"（lex）是基督教义的常用名称，它被视为生活和信仰的准则。也就是说，"哥特律法"这一说法将基督教中的相像派信仰看作对哥特人具有约束力的一种基督教形式。[26]

41

受到容忍的大多数：天主教会

在狄奥多里克的 600 万名意大利臣民中，绝大多数人所属的教派不仅自认为是天主教派，并且在现代研究界也被归为天主教派。该教派的制度基础是由主教管区组成的、遍布整个国家的密集网络。500 年前后，意大利 200 多座城市差不多同时还是主教的驻地，当然也时常会出现主教职位空缺的情况。大约三分之二的主教驻地位于意大利南部（也即意大利罗马管辖区），在这一地区城市数量很多，但大多规模较小，只有三分之一的主教驻地位于意大利北部。部分城市（主要是罗马和拉文纳）除了天主教派主教之外还有相像派主教，但通常天主教派主教是当地唯一的教区首领。[27]

在所有地方，主教都是教区的精神首脑，他会布道，会举行礼拜仪式。同时他还领导着一个拥有一批领受薪水的人员，并掌握了自己的资源的教会组织。虽然僧众和平信徒之间并非泾渭分明，但长老、助祭、副助祭和诵经员的等级被视为教会职位晋升体系的一部分，年轻人进入该晋升体系后从诵经员开始，然后一步步地通往主教职位。当地的主教控制着一直到长老级别的职位晋升，但他有义务在没有其他反对理由的情况下按照服务年限来进行提拔。长老负责礼拜仪式和牧灵方面的工作；助祭负责管理教会财产，并监督济贫工作；诵经员则负责朗读《圣经》中的段落。除了严格意义上的僧众，还有其他一些人，他们大多是平信徒，包括襄礼员（acoluthi）、门房、行政护卫僧和唱诗员。

490   不过各主教管区之间的差异非常大。在意大利南部的小城市，担任主教职位的人很可能只能获得一份微薄的收入。相应地，长老、助祭和诵经员的收入还要更少。然而，一名僧侣的收入并不完全取决于他在教会等级体系中的位置，还取决于他所在的教堂收入有多少，这是因为教堂一年的收入多的能有几千枚金币，少的则只有 10 枚金币。在使用教堂收入的时候有一个固定分配比例：四分之一给主教，四分之一给其他僧侣，还有四分之一用来维护教堂建筑，剩下四分之一用于接济穷人。从原则上看，只有那些在组织上独立于主教的教堂情况才有所不同，这是因为这些教堂拥有自己的僧众和收入，但这种情况主要出现在农村。教宗杰拉斯一世曾要求只能给那些设施齐全的教堂举行落成典礼，同时他还试图阻止那些资助教堂修建的平信徒享受特权。[28]

    主教座堂的财产主要由不动产组成，其中最主要的是君士坦丁大帝时代之后通过捐赠和遗嘱分配得到增加的地产，还有仪式用的法器，例如银质烛台或银碗。教会地产通常会像世俗地主的地产一样被租赁出去，并在或多或少无人身自由的劳动力（其中一部分是奴隶）的帮助下得到经营。各个主教管区的财政能力有很大差别。在那些本地上层人口较少且不太富裕的地方，教堂通常只能获得较少的捐赠，因此这些教堂只能靠微薄的资金维持运转。而在有富裕赞助人居住的大城市，主教座堂会拥有一大笔财产和可观的收入。其中最为富有的要数罗马教会，4 世纪罗马教会的地产遍布罗马帝国全境，而到了 500

491 年前后，其地产就只集中在意大利中部、南部和西西里了。不过米兰和拉文纳的教会也得到了大量的捐赠，它们在西西里也拥有土地。不过只有拉文纳天主教会的财产数据被保留了下来，教宗斐理克斯四世在位的时候，其年收入共计 12000 苏勒德斯，约合 160 磅黄金。此外还有以实物形式上缴的地租。6
世纪中叶，拉文纳教会每年的实物收入为 888 只母鸡、266 只
小鸡、8800 枚鸡蛋、3760 磅猪肉和 3450 磅蜂蜜。[29]

拉文纳天主教派主教的年薪为 3000 枚金币，另外 3000 枚
金币则被支付给他手下的僧侣。这笔钱要分配的人员规模比拉
文纳相像派教会的人员规模大许多倍：我们之所以能够知道拉
文纳天主教会的人员规模和人员构成情况，是因为在狄奥多里
克死后，拉文纳的主教埃克斯里修斯（Ecclesius）与他手下
的一部分僧侣之间爆发了一场关于教会财产使用方式的争吵，
最终此次争吵不得不由教宗斐理克斯四世来调停。以教宗信函
的形式撰写的调解协议列举了共计 61 人的名字，这 61 人都来
到了罗马出席此次仲裁法庭。其中有 11 名长老、11 名助祭、
5 名副助祭、12 名襄礼员、12 名诵经员、4 名唱诗员、3 名行
政护卫僧（其中 1 人同时还是书记员）、2 名守陵人（decani）
和 1 名仓库管理员（orrearius）。

这份名单肯定不完整，这是因为教堂的所有人员几乎不可
能全体前往罗马，例如门房就没有出现在这份名单中，人们不
能让拉文纳的教堂无人看守。即使不可能准确地进行比较，这
些数字也清楚地说明了问题：这份调解协议只列举了 27 名长
老、助祭和副助祭。相比之下，拉文纳的相像派主教座堂只有
2 名长老、1 名助祭和 1 名副助祭。它不需要仓库管理员，也
没有襄礼员、唱诗员或守陵人。同样重要的还有名字方面的对
比，在这份调解协议中几乎没有出现哥特名字。

正如罗马天主教会的财产超过其他所有意大利教区那样，
罗马天主教会的僧侣数量也是遥遥领先。早在 3 世纪中叶，罗
马城的教会就已经拥有了 46 名长老、7 名助祭、7 名副助祭、
42 名襄礼员，以及 52 名驱魔员、诵经员和门房，总计 154
人。直到 500 年，这个数字大约翻了一番，长老的人数上升

492

到了 80 余人。据统计，6 世纪末共有 19 名助祭。长老和助祭构成了按照等级高低进行组织的委员会，领导长老的是大长老（archipresbyter），领导助祭的是助祭长（archidiaconus）。长老要负责罗马城中所有教宗下属的教堂，也即所谓的领衔堂区（tituli）的礼拜工作，因此长老会散布在整座城市中，只有在举行大型教会节庆的时候才会聚在一起。相反，负责管理教会财产、组织济贫工作的助祭会在教宗身边开展工作，并且会频繁地同有影响力的平信徒接触。此外，助祭相互之间也很熟悉。正因如此，助祭比长老更有机会成为教宗。440 年至535 年被选为教宗的 15 人中，有 12 人曾担任过助祭长或助祭，只有 2 人曾是大长老或长老。

罗马教会的人员中还包括大量的平信徒。不过，在罗马这些人的数量尤其多，这是因为罗马教会比其他任何一个教会拥有更多财产，可以雇用更多人，资助更多的穷人。正因如此，教宗的管理机构从规模到复杂程度都仅次于王室行政机构，教宗的管理机构位于拉特朗（Lateran）。有数量庞大的办事员在为教宗工作，这些人组成了一个由主管领导的部门。办事员负责教会的会计工作和书信往来，在涉及一些常见的流程和业务时，他们会使用模板，这些模板在 7 世纪被编成了一部集子，名为《日录》（*Liber diurnus*）。罗马教会的行政护卫僧会监督分散在各地的教会地产的租赁和经营情况。这些地产在 6 世纪上半叶被整合成了一个个地方经济联合体，被称作"私产"，并由经理来经营。经理或者将土地租赁给会将土地继续转租出去的"大佃农"，或者同农民签订租赁合同。教会会以教宗的名义出具租金收据。[30]

任命主教的流程被僧侣及民众称为"选举"。不过有选举权的群体并不固定。通常只有一个规模相对较小的僧侣群体会全员参与选举。至于更多其他阶层的民众是否会起到一定的作用则要视具体情况而定。不管怎么说，如果城中显要同意的话，提出让民众参与选举的要求就已经足够了。同样，是要根据数量还是根据权重来计算选票，对此人们很难达成一致意见，但人们会尽力达成一致意见。所以，通过鼓掌喝彩，选举行为会同选举结果的宣布同时发生。如果人们无法达成一致意见，那么选举人群就会分裂，从而导致教会大分裂。[31]

古典时代晚期意大利的主教通常出身于城市上层，他们往往会与在市议会中拥有席位的家族有血缘关系。因此他们接受过行使主教职能所必需的教育，同时他们足够熟悉"上层圈子"的人际交往方式，从而能够在面对地方精英的时候代表教会的利益。不过有超过一半的主教并非来自他们长大的城市，只要他们不得不在一个新环境里做事，他们就不可能以主教的身份直接利用自己与生俱来的社会关系。人们并不期待主教过苦修生活，6 世纪末之前，意大利的普通僧侣很少有被选为主教的，并且有不少主教结了婚。不过独身的愿望还是足够强大，神职人员的家族一直都是例外情况，在任何时候几乎都没有某名主教的儿子也当上了主教的情况。因此，在 536 年，也就是狄奥多里克死后十年，教宗何尔米斯达的一个儿子西尔维（Silverius）在国王狄奥达哈德的运作下登上了"圣彼得的宝座"，此事引起了轰动。

对于元老阶层的成员而言，地方行省的主教职位少有吸引力，这是因为这类主教的影响圈子只限于一个单独的甚至往往地理位置偏远的城市领土范围内，这就要求主教终其一生投身于在大多数情况下范围较小的环境之中，因而这样的主教职位回报率相对较小。但在大型城市，500 年前后，主教职位也开始对元老产生吸引力了。在米兰、阿奎莱亚或拉文纳这样的主教管区，在选举主教继任者的时候，人们为了购买选票付出了大笔金钱，在罗马更是如此。按照教会的理

494

念，出钱购买圣职是不被允许的，该行为也因此以"买卖圣职罪/西门罪"（Simonie）之名多次被禁止。当术士西门试图从彼得那里购买降下圣灵的能力时，他难道没有受到强烈的斥责吗？（《使徒行者》8：5~24）然而在古典时代晚期，谋求圣职者的代言人和选举人依然不顾教会的一切禁令，大肆进行金钱交易，能够影响人事决策的人希望这项职能也能在物质上得到回报。因此，在罗马共和国时期被用于指称公民投票权的"suffragium"一词，在教会和世俗领域都获得了"替人说情"的意思。[32]

尽管如此，在古典时代晚期的意大利，出身于元老家族的主教依然十分少见。在罗马城，教会和世俗精英之间的界限尤为分明，这是因为罗马的地方精英阶层就等同于帝国中的非军事精英。5世纪和6世纪的教宗通常是来自普通家庭且在服务教会的过程中逐渐得到晋升的男性。483年，第一次有一个拥有元老先祖的人被选举为教宗，他就是斐理克斯三世，但一直到教宗格列高利一世时代他一直都是个例外。

495　　主教在自己所在的城市中有多种权力来源。主教在当地代表了唯一而普遍的教会，他们举行升入天堂前所必需的仪式——圣礼，用一种对本教区有约束力的方式来解读上帝的话语。他们会布道、施行洗礼和开除他人教籍。此外，主教还会免费对民事案件实施仲裁，即所谓的"主教裁定"。只要某个主教多少能够满足本教区的期待，那么他的职位就会赋予他一定的权威。主教会在许多情况下出现在公共场合，因此他还会扮演名流的角色，这使得他能在世俗上层人士身边拥有一席之地。而他对当地的僧侣本来就有指挥权。[33]

同样，济贫活动也会给主教带来权力。作为乞丐的保护人，主教在所有依赖教会施舍的群体中赢得了一批听命于他本人的拥趸。如果某处教会得到了丰厚的捐赠，那么主教就能够通过修建教堂和修道院来获得巨大的影响力。最后，主教彼此之间的联系也相对密切，他们每年都会聚集在罗马或其他地方召开宗教会议，相互间也保持着书信联系。部分主教管区，特别是罗马主教管区（不过它并非唯一）掌握的关系甚至超出了狄奥多里克王国的疆域。[34]

因此，古典时代晚期意大利的天主教派主教虽然属于城市精英群体，但在地方一级绝不是支配性力量。主教只是众多政治行为人中的一个，他只在少数情况下才会参与到城市行政管理程序中，通常都是由城市官员来负责这些事。只有在个别情况下主教才会以本教区甚至本行省代言人的身份出现。例如，米兰主教伊皮法纽就先在奥多亚克面前、后在狄奥多里克面前代表了利古里亚行省。有时主教也会承担起外交任务。伊皮法纽曾在皇帝安特米乌斯和大元帅李希梅尔之间进行过调解，此外他曾受皇帝尤利乌斯·尼波斯之托去图卢兹面见西哥特国王尤里克，又受狄奥多里克之托与都灵主教维克托一同前往里昂面见勃艮第国王贡都巴德。意大利的大多数主教都远离政治中心的是非。因此，将意大利的主教想象成"城市的主人"是错误的，500 年前后的罗马主教从未对自己所在的城市施加过类似于统治权的影响。同样，在高卢，教会精英与世俗精英之间的融合程度被过去的研究界过分夸大。那里的主教职位也绝不是被元老家族垄断。在意大利，天主教派主教构成了一支独立的社会力量，他们以多种方式同世俗精英联系，但不会同他们融合在一起。[35]

在意大利的众主教中间，有一位主教鹤立鸡群，那就是罗马主教，他视自己为使徒彼得的继任者，自教宗大利奥时代起又以彼得在世俗的代理人身份在基督教世界的其他所有主教中享有优先地位。大利奥在他即位周年纪念日所作的一系列布道中阐明了这样一种观点，即自己应当领导整个基督教世界，这是因为彼得在他的体内发挥着作用，而基督将天国的钥匙托付给了彼得。其中一篇布道文这样说道：

> 在整个世界上只有彼得被选中成为一切被呼召的民族、所有使徒和教会所有神父的头领。因此，虽然存在众多神职人员，在神的子民中有着诸多牧人，但在真正意义上彼得依旧是所有首先受基督统治的人的领导。[36]

利奥一世不仅为自己争取在教会和信仰问题方面的最高裁决人的角色，他的权力要求还蔓延到了整个教会，也因此涵盖了整个罗马帝国，还包括了西欧的日耳曼诸王国。斐理克斯三世在位时期，这种权力要求转变成了面对帝国教会的实际策略，教宗曾宣布同所有接受芝诺皇帝在 482 年颁布的《联合诏令》（*Henotikon*）的主教断交。颁布《联合诏令》的目的是缓和卡尔西顿公会议（451 年）的众多反对者同认可此次公会议结果的帝国教会主教之间的关系。卡尔西顿公会议上决定的并受到利奥一世支持的教义是：耶稣基督的身上有一种人性和一种神性，彼此之间并未融合，但同时又不可分割地联合在了一起。这条教义主要在埃及、巴勒斯坦和叙利亚遭到了激烈的反对。不过，此次公会议的反对者彼此之间也未能达成一致。许多人认为，二性说将基督撕裂成了一个人的部分和一个神的部分。这些人的观点是：救世主只拥有一个单一的神人性（physis）。因此这些信徒在现代研究领域被称为"基督一性主义者"（Monophysiten/Miaphysiten）。此次争端将广泛的群体煽动了起来，引发了暴动，整个地方行省都有脱离皇帝控制的危险。芝诺皇帝想要让帝国教会重新统一，于是他委托君士坦丁堡牧首阿卡奇乌斯草拟一段信经，这段信经要排除掉那些存在争议的点，也即卡尔西顿公会议作出的决议。皇帝希望，

497

这段妥协性的信经能够为大部分信仰基督教的权威人士，特别是主教，以及僧侣所接受。[37]

斐理克斯三世坚决反对这种通过妥协来进行调解的政策。事情的起因是一场关于亚历山大牧首之位继承问题的争端，芝诺皇帝在482年任命彼得·蒙戈斯（Petros Mongos）①为亚历山大牧首，而此人是卡尔西顿公会议决议的反对者，也因此遭到了审判。蒙戈斯承认《联合诏令》后，阿卡奇乌斯同意由蒙戈斯担任亚历山大牧首。而罗马主教则成了在亚历山大牧首继承问题上被彼得所击败于是逃亡到了罗马的约翰·塔莱亚（Johannes Talaia）的支持者。斐理克斯三世质疑君士坦丁堡牧首，认为他无权在没有得到彼得继承人的允许的情况下就将一名受到审判的异教徒重新接纳入教会。阿卡奇乌斯与在罗马被视为异端的主教为伍，这就使得他自己也脱离了正统教会。阿卡奇乌斯这边不允许任何人插手此事，于是斐理克斯三世在罗马召开了一次宗教会议，将阿卡奇乌斯逐出了教会。帝国教会中所有不愿意同阿卡奇乌斯划清界限的主教也被革除了教籍。通过这种方式，斐理克斯三世在西方及帝国教会的众主教中间制造了大分裂，这种分裂状况持续到519年。根据草拟了《联合诏令》的阿卡奇乌斯之名，此次事件被称作"阿卡奇乌斯教会大分裂"。教宗利用了意大利脱离皇帝统治的局面所造成的结果，来对抗皇帝和罗马帝国境内的大多数主教，芝诺没有能力在奥多亚克的王国境内强制推行自己的方针。[38]

杰拉斯一世曾担任斐理克斯三世的助祭长，他在此次表态中起到了决定性作用，并在自己担任教宗期间重申了斐理克斯三世的立场。面对阿纳斯塔修斯皇帝，他继续强化了罗马主教的特权要求，他声称，主教和皇帝代表了上帝赐予的两种权

498

---

①　"Mongos"在希腊语中意为"口吃者"。

力，一个负责宗教领域，一个负责国家领域。狄奥多里克获得独立领导权后不久，杰拉斯一世在一封写给阿纳斯塔修斯的书信中对这一以"两权论"①之名著称的理论有如下阐述：

> 尊贵的陛下，世界主要是受两个事物统治：一个是主教的神圣权威，一个是君王的权力。其中，主教的负担更重，因为他们也要在神的法庭前对人的君王负责。你知道，仁慈的孩子，虽然你因自己尊贵的身份领导着世人，你依然要臣服于神之事物的领导，期待他们告诉你得救的方法。你也知道，在接受天上的奥秘并将其恰当地进行分配的时候，你要臣服于宗教的秩序，而不是去主导它，也就是说，在这些事务上你受制于宗教秩序的评判，而不是让它来服务于你的意志。当涉及与公共秩序有关的问题时，即使是宗教的领导也要服从于你的律法，以便在这些问题上避免任何形式的隔阂和冲突，因为他们知道，皇权在神的吩咐之下得到传达。我请求你想想，你应当怀着何种热情，臣服于那些受命传达值得尊崇的奥秘之人呢？ 39

这段经过细致考量的话表明，将自己视为彼得在尘世的代理人的杰拉斯在涉及基督教信仰问题的时候要求享有决定权，而且在任何地方都是如此，包括在罗马帝国境内。不过教宗对特权的要求与现实情况之间存在着较大的撕裂。在皇帝的领土内，杰拉斯只能说动少数主教支持自己，这些主教的管区位于说拉丁语的边境行省。说希腊语的行省的主教承认罗马主教的荣誉特权，这是因为罗马教会是由使徒彼得和保罗建立的，但这些主教在教义或纪律问题上不愿意承认罗马主教为最高领

---

① Zweigewaltentheorie，又称"双剑论"（Zweischwerterlehre）。

导。他们认为君士坦丁堡、安条克、亚历山大和耶路撒冷的主教与罗马主教具有同等地位，在他们看来，信仰问题只能由公会议来决定。

早在奥古斯丁时代（354~431 年），北非教会就走上了自己的发展道路。从 484 年起，汪达尔王国的天主教派主教便遭到了国家的压制，他们大多与意大利断了联系。在高卢的日耳曼诸王国则产生了实际上自治的地方教会。辛玛古教宗试图通过任命阿尔勒主教凯撒里乌斯为自己的副手来阻挡这种发展趋势，但他失败了。即使是在意大利，罗马主教也没能在整个区域范围内实现自己领导整个教会的要求。

只有在拥有众多小型城市的意大利南部，上述权力才得到了普遍承认。在这一地区，教宗监督神职人员的授职仪式和主教的选举，在有人违规时会出手干预。此外，他每年会邀请自己管区内的主教在 6 月 25 日来罗马参加使徒彼得和保罗节，也会在特殊契机下举行宗教会议。在 495 年 3 月 13 日召开的这样一次宗教会议上，除了罗马教会的 58 名长老和 7 名助祭之外，还有来自意大利南部的 45 名主教一同出席。在意大利南部，罗马主教会参与到各种日常事务中，其庞杂程度令人咋舌。他会关心教会财产的管理情况和教堂的奠基。最重要的是，当有人起诉神职人员时，罗马主教总是会被叫去充当裁决人，如果不能在罗马进行协商，罗马主教会授权自己信任的主教前去调查此事。[40]

相反，在意大利北部，许多地方都不承认罗马主教有干预本地事务的权力。500 年前后在这个地区有三个主教管区，其主教行使的是大主教的职能。这些主教管区中最古老也是最重要的是米兰（位于利古里亚行省），到了 5 世纪中叶又有阿奎莱亚（位于威尼提亚和希斯特里亚行省）和拉文纳（位于艾米利亚行省）加入。米兰、阿奎莱亚和拉文纳大主教会在自己的

500

教区给主教授职，因此他们能够对主教的选举工作施加一定的影响。米兰和阿奎莱亚大主教无须罗马的参与便可任职，这是因为这两个大主教是彼此之间相互选举产生的。与之相反，拉文纳教会与罗马教会的关系十分紧密。在 5 世纪后 30 年里，教宗曾多次出手干涉，并反对当地的主教。正如我们所看到的那样，当后来人们就教会财产的使用问题发生争执时，拉文纳的僧众便要求教宗斐理克斯四世来充当仲裁人。[41]

同样在意大利，罗马主教也自视为正统信仰的守护人，并且他会仔细注意不让自己的羔羊偏离正确的信仰。不过从 476 年起，教宗便再也不能要求皇帝出手相助，采取强迫的手段让那些不赞同天主教会的基督徒放弃自己的思想。当教宗杰拉斯得到消息，417 年被教宗英诺森（Innocentius）判为异端的神学家贝拉基的学说在达尔马提亚和皮西努姆行省得到了传播时，他立刻写信给萨罗纳主教霍诺留，要求他同达尔马提亚的其他主教一同想办法对付这些危险的异端邪说。不过霍诺留无法容忍自己遭到这样的斥责，于是他解释说杰拉斯得到了错误的消息，并且霍诺留还要求他说出诋毁者的名字。皮西努姆行省的众主教则被杰拉斯指责放任一名神父传播贝拉基的异端邪说，却不对其进行惩罚。这名神父宣称，人生来没有罪孽，可以通过自己的力量得到福祉。此外，他还诋毁反对贝拉基学说的奥古斯丁的思想。奥古斯丁认为，每个人生来就带着原罪，因此只能通过上帝的恩典方能升入天堂。不过史料没能记载下来这些主教是如何回应的。[42]

如果信仰相像派的基督徒是军人，那么他们在皇帝的眼皮底下也能开展本教派的宗教活动。最晚在皇帝安特米乌斯在位期间（467~472 年），他们甚至被允许在罗马拥有自己的教堂。教宗希莱尔（Hilarius，461~468 年在位）绝不乐见此事，但他无法阻止，即便他很可能在 467 年迫使安特米乌斯允诺，不

501

批准在其他史料中未曾出现过的主教菲罗特乌斯（Filotheus）的申请，此人请求皇帝赐予信仰其他教派的基督徒自己的教堂。在意大利帝制消亡后，教宗不得不更加小心。公开打击"阿里乌异端"如今已经不可能了，因为该教派现在也是意大利统治者的信仰。天主教徒本身没有受到骚扰，人们就应该满足了。[43]

　　如果我们看一下西哥特人和汪达尔人的诸王国，就可以理解为什么当时意大利的天主教派主教会担心了。在高卢西南部，474年至少有9座城市没有了主教，这是因为尤里克国王阻止新人接管主教职位空缺的主教管区。因此，从471年起担任克莱蒙费朗主教的希多尼乌斯·阿波利纳里斯将当时的局势与以色列民族的巴比伦之囚相比。同样，尤里克的继任者阿拉里克二世继续推行了压制天主教的政策。北非的局势则更加动荡：早在盖萨里克在位期间（428~477年），汪达尔王国的核心地区——阿非利加行省（今突尼斯地区）就出现了针对天主教派教堂和僧侣的暴力袭击事件，主教被驱逐，人们禁止任命新人担任主教。后来国王命他们交出法器和《圣经》，最后甚至全面禁止集会。在此期间，迫害活动的程度曾有所减弱，而到了国王胡内里克（Hunerich）在位时期（479~484年），迫害活动又达到了高潮。这名国王在一份日期为484年2月24日的诏令中威胁自己的臣民，如果他们不改宗相像派，那么就要接受罗马帝国的异端需要接受的惩罚。数千名僧侣被驱逐或流放，许多人从北非逃到了高卢或意大利。484年底继承伯父胡内里克的王位并统治到496年的国王贡塔蒙德，虽然废除了胡内里克的迫害诏令，但在很大程度上将前任国王的反天主教措施维持了整整10年，即一直维持到494年。[44]

　　在意大利，人们并没有张开双臂去接纳从北非逃来的难民。教会怀疑这些人在逃亡之前曾与迫害者串通一气，就算他

502

们私下里并不是摩尼教徒也十分可疑，而摩尼教徒是伊朗宗教创始人摩尼（Mani）的追随者，在教宗大利奥的主使下，摩尼教徒曾在罗马和意大利遭到残酷迫害。487年，教宗斐理克斯三世在罗马召集了一次宗教会议，意图针对重新接纳那些受"阿里乌派"神职人员洗礼的难民确定规则。这些规则极其严苛，没有遭遇外部压力便重新接受洗礼的平信徒、低级神职人员和僧侣必须忏悔12年，而那些被迫重新接受洗礼的人则要忏悔3年，只有儿童才可以免于忏悔。此次宗教会议判处主教、长老和助祭终身忏悔，他们只有在临死前才能重新领受圣餐，并且只能以平信徒的身份领受。43名集合在斐理克斯三世身边的主教无一例外地认为改宗相像派是一项重罪。与相像派神职人员有交往就已经被视为污点了。474年帕维亚主教伊皮法纽出使位于图卢兹的西哥特宫廷时，他曾编造了一个理由，以便能够不接受尤里克国王的邀请前去参加一场晚宴，这是因为按照恩诺迪乌斯的说法，尤里克的宴会"被他的僧侣玷污了"。[45]

奥多亚克和狄奥多里克发动的内战让意大利的天主教派主教面临着一个艰难的选择。米兰主教劳伦蒂乌斯很早就站到了狄奥多里克一边，而当奥多亚克夺回米兰后他也为此付出了代价。帕维亚的伊皮法纽则行事更为谨慎，据说他成功地同两名军事领袖都维持了友谊。狄奥多里克起先让自己手下战士的家属住进了帕维亚，后来又让与自己结盟的鲁基人部落进驻帕维亚。[46]

战争结束后，狄奥多里克剥夺了所有曾用种种方式支持过奥多亚克的人订立遗嘱的权利，于是伊皮法纽与劳伦蒂乌斯一同承担起了以利古里亚行省的名义请求国王收回这一成命的任务。正如上文所提到的那样，狄奥多里克充分满足了他们的愿望，他只流放了那些被认为犯了罪的奥多亚克的追随者，其他所有人都免于受罚。狄奥多里克国王不仅愿意接受天主教派主教担任自己新臣民的来使，还交给伊皮法纽一个符合公共利益的重要任务。他委托伊皮法纽与都灵主教维克托一同去访问勃艮第国王贡都巴德的宫廷，目的是就与奥多亚克作战期间被强掳至勃艮第王国境内的俘虏的赎身问题进行商讨。两名主教在494年春天前往里昂面见贡都巴德。在那里他们得到了允诺，那些战前逃来的人不用支付赎金就可以返回自己的故乡，而那些战争期间被俘的人要支付赎金。随后，使团便周游了贡都巴德和他的弟弟哥德吉塞尔的领土，用狄奥多里克交给他们的黄金来为俘虏赎身。据说有 6000 多名难民和数量不明的俘虏返回了意大利。伊皮法纽返回后又再一次去往拉文纳，目的是为利古里亚行省争取减税；这一次伊皮法纽也成功了，这位国王将下一年的地产税减少了 2/3。[47]

伊皮法纽的例子表明，北意大利主教中有影响力的代表不会迟疑太久，会很快把带着皇帝的授权来到意大利的狄奥多里克作为国家的合法统治者来对待，他们不仅以求情者的身份前去面见国王，还以使臣的身份为国王所用。即使是教宗杰拉斯也毫不犹豫地承认狄奥多里克为意大利的新任统治者。他一再写推荐信给狄奥多里克，并请求狄奥多里克信仰天主教的母亲埃蕾列乌瓦让自己的儿子捐助穷人。杰拉斯不仅称呼狄奥多里克为国王，还称他为"我的主人"或"我们的主人"。[48]

有一件事情可以说明杰拉斯究竟对自己在狄奥多里克面前的影响力多么自信。他曾威胁一名哥特宠臣，如果他不停止为难一名罗马教会的行政护卫僧，他就要到国王面前去告状。

　　　　阁下，我们严正告诫您，请您赏脸，不要插手教会争端和事务，请您让宗教的规则不受阻挠地得到遵守，因为您毫无疑问地属于另一个教团，您个人不应该插手与您无

504

505 　关的事，无论您的意图是什么。否则您将迫使我们，正如
我们在前面所说过的那样，针对所有这些事向我们的主人
和国王，我的孩子狄奥多里克提交书面报告，而他本人十
分明智，绝不愿意妨碍教会事务，因为只有接受他统治的
人模仿那杰出的国王所做的事，不违背国王的意志行事，
才是公正合理的。[49]

　　杰拉斯写给狄奥多里克的现在已经遗失的一封信中有一句
话时常被引用：如果国王命令众人在进行人际交往的时候要遵
守罗马皇帝的律法，那么只有当罗马皇帝的律法是在恭敬地对
待圣彼得的情况下得到遵守，国王说的这番话才算正确。事实
上，狄奥多里克保留了所有罗马皇帝曾给与天主教会的税收和
法律方面的特权。教会保留了自己的资产和收入，主教则继续
免于对自己家乡履行义务，并享有优先的法律裁判权。曾有两
名诺拉（Nola）教会的神职人员向国王起诉他们的主教，而当
国王得知他们并非平信徒之后，便立刻将他们的案子转给了罗
马主教。与汪达尔国王贡塔蒙德和特拉萨蒙德等人的王国境内
的情况不同，天主教派僧侣在狄奥多里克的国中无须为自己和
自己的教区担忧，甚至他们会得到礼遇。当然，人们不会期望
从一位"阿里乌派"国王那里获得对天主教会的资助，人们也
不指望在为正统信仰而战的时候得到国王的帮助，但教会的地
位和举行礼拜仪式的自由能够得到保障。因此，如果理性地考
虑自身利益，对于意大利的天主教会主教而言，除了同国王和
异教徒狄奥多里克合作之外再没有别的选择。米兰僧侣恩诺迪
乌斯曾在一封在普罗旺斯被并入狄奥多里克的王国之后撰写的
书信中十分清楚地提到了这种合作关系的基础。[50]

506 　　在上天的支持下，这得到了补偿，即虽然他本人追

随某种其他的信仰，但在他的治下我们的信仰处于安全的
港湾之中。多么令人赞叹的宽容之心啊，虽然他坚持自己
的意愿，但他并未遮蔽其他（意愿）的光芒！即使事关我
等教会的财产，如果财产被交还（给我们）时数量没有增
加，他也会悲叹。就这样，穷人丰富的财产得到了保留，
占有中等数量资产的人获得了最大数量的财富。他崇敬神
父天生的美德，而在他没有发现美德的地方他会将美德灌
输进去。[51]

恩诺迪乌斯将狄奥多里克赞颂为一名保障天主教徒信仰自
由、保护天主教会财产和尊重天主教会神职人员的统治者。同
时他还暗示，这种行为并不是理所当然的，因为狄奥多里克本
人信仰的是另一教派。想必有许多人（哪怕并非意大利的大多
数主教）会像恩诺迪乌斯这样想。然而杰拉斯清楚，自己之所
以能够横眉冷对阿纳斯塔修斯皇帝，只是因为皇帝不能把手伸
向意大利。因此，面对一名在自己的帝国内运用权势支持某种
异端的皇帝，一位本身就信仰异端但同时又宽容的国王是在恶
心皇帝。这种情况可以从神学方面得到解释，狄奥多里克不像
阿纳斯塔修斯那样要求自己成为教会的一部分，而杰拉斯自认
为是教会的首脑，因此教宗可以认为自己无须对国王负责，在
上帝和众人面前他不需要承担对一名公开的异端信徒的责任。
狄奥多里克愿意倾听天主教派主教的意见，这一点在杰拉斯看
来也是值得称赞的。然而就是这样一种美德对于彼得的代理人
来说也有可疑的一面，这是因为这种美德给了教宗身边的主教
施加影响力的可能性，这可能会削弱教宗的权威。正因如此，
杰拉斯试图阻止天主教派众主教与意大利新任统治者之间的直
接联系。有一次，沃尔泰拉主教埃尔皮迪乌斯（Elpidius von
Volterra）前往拉文纳之前没有获得教宗的允许，于是杰拉斯

507 严厉地斥责了这名主教，没有任何主教可以在没有获得教宗允许的情况下去拜访狄奥多里克的宫廷。[52]

自从单独执政以来，甚至早在对奥多亚克发动内战期间，狄奥多里克就在竭力谋求意大利天主教派主教的支持。他没有兴趣与他们对抗，因为他手下的新臣民中的绝大部分信仰天主教。为了巩固自己在意大利的统治，狄奥多里克需要教会精英的配合。由于国王属于相像派教会，他不会像罗马皇帝要求的那样，通过承担起天主教会保护人的职能来实现这一目标。狄奥多里克更多的是宣扬自己不干涉教会事务的原则，前提是这些事务不触及公共秩序。他曾在一批聚集在罗马召开宗教会议的主教（我们还将在后文继续谈到此次会议）面前宣布，他并不认为在教会事务中作出决策是自己的任务。教义争端和戒律冲突应在没有他参与的情况下得到解决。国王只有在以法律维护者的身份接到诉讼时，或是在公共秩序受到威胁的情况下才会出手干预。在这种情况下，他会在罗马皇帝订立的律法框架内严格公正地行事。

实际上，狄奥多里克的确长期遵守了上述原则。王室书记处以他的名义或在他的委托之下写给主教和僧侣的文书并不在意收信人的教派归属，一律采用恭敬的口吻，他们都被称为"阁下"。一位名叫劳伦蒂乌斯的长老曾被指控盗墓，而狄奥多里克却以"应当尊重神职人员的声誉"为理由，完全不打算惩罚他。如果这名长老被证明有罪，那他就要交出赃物，但无须接受惩罚。如果国王收到了涉及天主教会事务的诉讼，并被要求对此作出裁决，那他更愿意将决定权留给主教。有一个名叫格尔曼努斯（Germanus）的人曾提出上诉。此人宣称，主教彼得非法侵占了父亲留给自己的一部分财产，于是狄奥多里克将诉状移交给了被指控的主教所在的法庭。同样，当一个名叫尤利安努斯的人控告，主教奥里金内斯（Aurigenes）手下的人无理侵占了自己的妻子和财产时，狄奥多里克也做了同样的事。同时他还告诫僧侣要牢记自己的身份，要严格遵守处事原则。不过，狄奥多里克是在亲自裁决一宗案件的时候才发出的上述倡议。狄奥多里克曾要求萨罗纳主教雅努阿里乌斯（Ianuarius）立刻结清一笔购买 60 桶灯油的账单。司提反（Stephanus）曾提出控告，波拉主教安东尼乌斯（Antonius）夺走了属于自己的土地，于是狄奥多里克作出裁定：这名主教要么交出土地，要么找一名辩护人前往国王的法庭来为自己辩护。[53]

有明显的迹象表明，狄奥多里克会将现有的法律运用到自己所属的相像派教会事务上。例如，他曾吩咐总督府长官福斯图斯·尼格尔，对于翁斯基拉（Unscila）主教的教会，只有国王授予了免税特权的部分产业才可免缴补充税，对于那些此后才得到的财产，该教会也要像其他地主一样缴纳赋税。当主教古迪拉被萨尔西纳城指控，称他保护了那些有义务服务自己家乡的议员时，国王便警告了该主教，要他或者把这些僧侣逐出僧团，或者委托一名辩护人带着辩护词前往国王的法庭。在西哥特贵族的运作下，狄奥多里克还将身为神父，或者也可能是主教的维克塔里克从西班牙驱逐到了意大利，不过我们不知道他这么做的理由。[54]

狄奥多里克认为自己有义务保护天主教派僧侣和教会不受攻击，甚至愿意给部分教区提供额外的恩惠。狄奥多里克曾保护了米兰天主教会在西西里的财产不受"任何族裔"之人的侵害，并免除了天主教会商人中一人的贸易税。国王甚至还会时不时地将一些与公共利益有关的特别任务委托给天主教派主教。他曾要求刚开始维修一处高架引水渠的主教埃米利安努斯立刻完成这项工作。一个名叫塞维鲁且主管教区不详的主教曾受托在自己的行省将 1500 枚金币分发给那些因国王的军队过

509

境而遭受损失的人。当都灵主教被指控出卖了自己的城市的时候，狄奥多里克委托米兰主教欧斯托焦调查此事，并认可了欧斯托焦作出的无罪宣告。然而从总体上看，狄奥多里克绝不会完全不让天主教派主教出现在自己的法庭上。曾有人向狄奥多里克控告阿尔勒主教凯撒里乌斯浪费教会财产，于是狄奥多里克将这名主教传唤至拉文纳，但在这之后还是在拉文纳宣布该主教无罪。[55]

狄奥多里克将相像派和天主教派看作两种基督教团体，也就是现代意义上的"教派"的代表，而这两个教派都需要他的保护。在这个意义上狄奥多里克称他们为"我们和你们宗教的主教们"。事实上，在狄奥多里克的王国境内存在着两个教派并立的状态。这种状态存在的基础并非两种教派之间达成了一致，而是有赖于一名本身属于较弱一方教派的统治者的默许。由于狄奥多里克及其继任者的宗教默许态度与两个"教派"的期待都背道而驰，人们无法公开昭告或宣传宗教默许态度。要在古典时代晚期放弃对异教徒采取积极的行动尤其需要正当的理由。因此，狄奥多里克唯一一次明确承认自己对某个不同信仰采取默许的态度是在一封书信中，在这封信中他解释了自己为什么在不赞同犹太人信仰的情况下依然同意维修一座犹太教堂："我不能对这个宗教发号施令，这是因为没有人会违背自己的意愿去信仰任何宗教。"[56]

510　　　这种处事原则不能同现代宽容思想混淆。宽容的前提是承认一种基于信仰自由的不可或缺的基本权利。狄奥多里克绝对谈不上是这样的。这位国王称强迫信仰是不现实的，而不是不合法的。他所指出的并不是自己的权力在法律或伦理方面的边界，而是在现实中的边界。信仰无法强迫，即使是统治者也做不到。此外，狄奥多里克并没有想过将宗教默许态度的基本原则拓展到所有宗教派别上。异教迷信继续被禁止，摩尼教徒如同帝政时代那样继续受到迫害。狄奥多里克在位期间，曾多次有人在罗马被送上法庭，这些人被指控为摩尼教徒。被认定为摩尼教徒者会被判处流放。摩尼教著作被没收并被公开焚烧。即使迫害建议总是由杰拉斯、辛玛古和何尔米斯达等教宗发起，这些审判也只能由元老院和城市总督执行。因此，对摩尼教徒的迫害是在国王的许可下进行的。[57]

由于相像派教会在意大利有着种种劣势，狄奥多里克的宗教政策符合他对于自己利益的理性考量。不过这种政策并不是理所当然的。北非汪达尔人王国中的教派格局也差不多，但胡内里克和贡塔蒙德两位国王却在同一时期推行同一种对抗性的政策，有时甚至会公开实施迫害。狄奥多里克会推行另一种政策，这很可能是出于个人原因。他的母亲埃蕾列乌瓦是天主教徒，而他的御医赫尔皮迪乌斯是一名天主教僧侣。因此狄奥多里克能够尊敬信仰其他教派的人，但也期待这些人能够承认他自己的信仰存在的权利。[58]

对于信仰其他教派的基督教徒的默许态度使得狄奥多里克同勃艮第国王贡都巴德有了联系，贡都巴德与狄奥多里克一样，也是一名相像派教徒，但他的大多数臣民都是天主教徒，同时这种默许态度也将狄奥多里克同当时许许多多其他统治者区别开来，尤其是罗马皇帝，如芝诺、阿纳斯塔修斯、查士丁和查士丁尼，同时还有一些汪达尔国王，如胡内里克、贡塔蒙德和特拉萨蒙德。不过这种态度首先违背了所有基督教派的神学教义。无论是对于相像派一方而言还是对于天主教一方而言，在神学上提出一个两种基督教派别共存的理由都是不可想象的。从这两个教派的角度看，宗教默许态度不过是一种不利环境逼迫下的妥协。也就是说，狄奥多里克国中两种教派共存的局面并非经过理论性论证，并就宽容原则达成一致意见后才得到稳固的。

511

直到狄奥多里克去世后数年，卡西奥多才受狄奥达哈德国王的委托，以国王的名义表达出了一种类似于对宽容进行神学论证的思想。事情的起因是一个名叫拉尼尔达（Ranilda）的女子，此人很可能在狄奥多里克在位时放弃相像派信仰，改宗天主教，因此她遭受了物质损失。几年后，查士丁尼皇帝关照了这名女子，并要求狄奥达哈德补偿她。狄奥达哈德表示愿意，并宣称自己不愿意妄自对信仰问题作出评判。为了论证这一点，他解释称，基督教派的多样化符合上帝的意志，因此人不应当对此进行干预。即使这些观点表达的并不是某个教会的立场，而是一名熟悉柏拉图哲学的哥特国王的观点，我们也有必要在此全文摘录这些观点。

> 针对拉尼尔达一事，尊贵的陛下您屈尊敦促我关照此事，即便此女早已受我的亲属的统治，我也依然认为有必要让她得到我的慷慨补偿，以使她不会因为改变信仰（religio）一事发生什么不快。我不敢妄加评判我没有受到特别委托之事。如果上帝允许不同信仰（religiones）存在，那么我不敢偏向任何一教。我记得曾读到过，我们要甘心献祭给上帝（《诗篇》53：8），而不是受命于某个逼迫我们去做这事的人。试图行事不同者显然有违天命。您的虔诚正确地将我指引到神之旨意已规定好的地方。[59]

信仰的多样性符合上帝的意志，这种思想在那个时代是独树一帜的，它突破了基督教神学的视野。因此，当时的人花了大量力气来用言语总结两种基督教派别的共存关系。王室书记处将"religio"一词当作天主教派和相像派的上位概念，这样一来，王室书记处便给予了这个词"教派"的意思。而在天主教一方，人们尚未准备好走出这一步。当然人们会避免通过公开质疑国王信仰的基督教来激怒国王。杰拉斯教宗在面对狄奥多里克的时候会采用"您的基督教意识中展现的虔诚"（Christianae mentis vestrae pietas）的说法，恩诺迪乌斯则称狄奥多里克是"最高的神的崇敬者"（summi dei cultor）。然而人们没有办法将国王信仰的教派称为"religio"。杰拉斯称相像派教会为"另一个团体"（altera communio）。恩诺迪乌斯则称狄奥多里克追随的是一种"陌生的意图"（propositum alienum）。两种教派共存的局面迫使双方高度克制。国王期待大家能够表示忠诚，并放弃教派纷争和宣传鼓动。相像派教会依赖国王的保护。反之，天主教会能够接受一个异端分子为王，前提只能是国王充分保障了他们的权利。要想掌控这种矛盾重重的格局，只能是所有身在其中者都能行为得体、善于斡旋。在狄奥多里克的统治终结后，这样的意愿便开始消退了。[60]

42
罗马双教宗：
劳伦蒂乌斯教会大分裂

　　从476年起意大利就由不信仰天主教派的国王统治，因此罗马主教就可以公开反对芝诺皇帝和阿纳斯塔修斯皇帝的宗教政策了。斐理克斯三世和杰拉斯一世从奥多亚克和后来的狄奥多里克为他们提供的安全庇护所中探出头来唱对台戏。不过也正是因为如此，对领导整个教会的要求依然停留在纯粹的理论层面。教宗的最高权力在意大利绝非无可争议。再者，帝制在意大利的消亡所造成的结果是，元老如今对他们所在的罗马城的主教管区有了强大的影响力。虽然拥有普遍的领导权，但教宗首先曾是罗马城的主教。他在这里任职，和其他任何一位主教一样也是在这里选举产生，也就是说，没有其他教区的代表参与到主教选举工作中。居住在罗马的元老之所以会对罗马主教之位的任职情况抱有极大的兴趣，是因为他们作为教区的赞助人会对教会财产的增加贡献良多。赞助人关心的是自己的名字是否能够长久地与他们的捐赠联系在一起，因此他们一般会反对出售教会财产。与之相反，想要以自己的名义修建建筑或是救济穷人，从而提高自己的声望、壮大自己追随者队伍的教宗，则必须利用教会财产来筹措额外的资金。因此，教宗感兴趣的是给出售教会财产禁令松绑。

　　身为赞助人的元老和教廷之间的对立关系首次被暴露出来，是在483年奥多亚克手下的总督府长官巴西利乌斯宣布了一项严格的教会财产出售禁令的时候，这种对立关系随后持续了数十年。然而，这并非唯一一条存在冲突的路线。更准确地说，斐理克斯三世和杰拉斯一世对帝国教会和皇帝持有的妥协态度在罗马绝对不会得到一致赞同，无论是在元老中间还是在僧侣群体中，都有不少人对此表示反对。杰拉斯的继任者、罗马助祭阿纳斯塔修斯二世（Anastasius II，496~498 年在位）对待阿纳斯塔修斯皇帝的态度更加温和，不过他仍然坚持要求皇帝应当阻止被罗马处罚的主教的名字，尤其是阿卡奇乌斯的名字在礼拜仪式上被宣读。很有可能阿纳斯塔修斯二世派出了一个使团口头暗示了谅解的可能性，这支使团于 497 年同最高级别的元老费斯图斯一同前往君士坦丁堡。不管怎么说，阿纳斯塔修斯二世都曾在罗马接待了塞萨洛尼基主教手下的一名助祭，该主教同帝国教会保持着联系，也就是站在罗马的角度来看，他与真正的教会分开了。如果阿纳斯塔修斯二世真的有意结束与帝国教会分裂的局面，那么他最后也没能实现这一想法，因为他在 498 年 11 月 19 日，也就是上任后不到两年就去世了。三天后，也就是 11 月 22 日，在罗马的相隔不过数百米的两个地方，同时有两名继任者被指定：罗马神职人员中的大多数在君士坦丁大教堂（basilica Constantiniana），也即拉特朗圣约翰大殿（S. Giovanni in Laterano），将助祭辛玛古推选为彼得的继任者，而在圣马利亚大教堂（basilica sanctae Mariae），也即圣母大殿（S. Maria Maggiore）则是大长老劳伦蒂乌斯被选举为教宗。虽然选举劳伦蒂乌斯为教宗的僧侣数量较少，但元老院的大多数成员支持他，领头的是前执政官费斯图斯和普罗比努斯。他们这样做的动机多多少少能够被推断出来：选劳伦蒂乌斯为教宗的人希望能同皇帝和帝国教宗达成和解，同时他们还想巩固平信徒在罗马教会中的影响力。相反，辛玛古则主张消除平信徒的影响，并且他不愿意对皇帝和帝国教宗作出任何让步。[61]

514

515

　　某名主教去世后爆发争端绝非闻所未闻之事，这是因为神职人员和民众无法就继任者问题达成一致。即使是在罗马主教管区，曾经也出现过同时选举产生两名主教的情况：在教宗佐西玛（Zosimus）于 418 年 12 月 26 日去世后，曾同时选举出助祭长优拉利（Eulalius）和长老卜尼法斯（Bonifatius）为教宗。当时信仰异教的城市总督辛玛古向皇帝霍诺留做了汇报，霍诺留起先决定由优拉利担任教宗，然而这个决定后来又被收回，经过几番周折之后，最后认定卜尼法斯为罗马主教。这一次，人们也一致请求统治者来充当仲裁人。在这个问题上，人们遵循了一种在罗马内外都已经被多次使用的行为模式。[62]

　　然而与 418 年的这一次双重选举不同，原本应当调停此次信仰内争端的统治者不属于本信仰群体。要就合法继承人及彼得代理人最终人选问题作出裁决的偏偏是一名异端分子。这条道路之所以能行得通，唯一可能的原因是元老和僧侣都相信狄奥多里克在这个问题上能够不偏不倚。事实上，国王用合乎程序的理由来论证了自己的裁决结果。在 499 年春天，狄奥多里克认可辛玛古为教宗，理由是辛玛古被选举的时间更早，并且大多数人站在他那一方。这个理由很难被驳倒，哪怕是劳伦蒂乌斯的支持者后来强调，辛玛古为了赢得宫廷的好感，曾一掷千金。[63]

　　接着，辛玛古从拉文纳返回罗马，而劳伦蒂乌斯则被任命为努凯里亚城（Nuceria）的主教。由此，险些发生的教会大分裂被幸运地阻止了。499 年 3 月 1 日，辛玛古在圣彼得大教堂得到了 72 名主教的祝福，这些主教用矫揉造作的喝彩祝福辛玛古和狄奥多里克长命百岁。此次宗教会议颁布了一则教宗选举条例。条例规定，在某个教宗还在世的时候就以任何形式确定自己为教宗继任者的长老和助祭将失去圣职。一年后，当狄奥多里克为了庆祝自己登基三十周年而首次（也是唯一一次）前往罗马的时候，是辛玛古带领天主教全体教众前去迎接他的。[64]

然而，这种和平局面却极具迷惑性。即使得到了狄奥多里克的认可，辛玛古在自己的城市中依然饱受争议，有影响力的元老和许多僧侣都拒绝承认他。人们指责这名教宗生活方式伤风败俗，还浪费教会财产。501 年，辛玛古在 3 月 25 日就开始庆祝复活节，而实际上复活节应该按照帝国教会常用的亚历山大历在 4 月 22 日庆祝，于是人们更为愤怒，这是因为罗马教会不与其他基督徒一同庆祝纪念救世主被钉在十字架上和复活升天的节日，这一点在许多人看来是难以忍受的。元老和僧侣又一次去找国王，并对辛玛古提起了诉讼。随后，狄奥多里克将教宗叫到了拉文纳，要他解释自己为什么不遵守复活节日期的正确计算方式。此事导致了一系列事件的发生，进而造成罗马教会大分裂事件的爆发，此次分裂问题直到 514 年才得到解决。这次分裂被称为"劳伦蒂乌斯教会大分裂"，这是因为最后胜利的是辛玛古。由此，在后世看来，劳伦蒂乌斯成了"敌对教宗"，此人因为自己的固执己见，造成了教会大分裂。

关于这一系列事件的发展，目前留存有两份截然不同的记录。一份是由一名或多名辛玛古的追随者写成，它是教宗生平事迹辑录的一部分，题名为《教宗志》（*Liber pontificalis*），该名录以彼得为开端，以辛玛古作终结。另一份记录更加明显地怀着对劳伦蒂乌斯的同情来叙述这一系列事件，该记录最初也是一部教宗生平事迹辑录的一部分，然而其中只有劳伦蒂乌斯的部分被完整保存了下来，因此人们称其为《劳伦蒂乌斯残篇》（*Laurentianischen Fragment*）。

根据《劳伦蒂乌斯残篇》的说法，辛玛古踏上前往拉文纳的路，并在里米尼［古称阿里米努姆（Ariminum）］等待召

516

见。在里米尼，有一次辛玛古来到海滩边散步，遇到了一群被狄奥多里克叫去拉文纳与辛玛古对峙的妇女。虽然对辛玛古的指责是恶意中伤，但可以肯定的是，辛玛古从里米尼返回了罗马，并在圣彼得大教堂内躲了起来。罗马教会长老、助祭和其他僧侣则继续前往拉文纳，并在那里对自己的主教提出了严厉谴责，称他违反 483 年颁布的禁令，将教会地产出售。元老和僧侣恳请国王召开宗教会议，以查明上述指责是否属实，国王同意了他们的请求。502 年，狄奥多里克邀请意大利的主教来到罗马，开庭审理辛玛古的案件；同时狄奥多里克在辛玛古案件调查期间暂停了辛玛古的职务，并任命阿尔蒂努姆主教彼得为罗马教会巡视员（visitator），此人应代理罗马主教职责。国王没有想过把该案件拿到自己的法庭上审理，而是认为自己的任务是召开宗教会议，由宗教会议来调查此事，并作出裁决。[65]

502 年春，100 多名意大利主教齐聚尤利亚巴西利卡（Basilica Iulia）。一支来自意大利北部的团体事先造访了国王在拉文纳的宫廷，并对诉讼程序的合法性表示了质疑。他们提出，此前没有任何彼得继任者接受其他主教判决的先例。然而狄奥多里克打消了这些疑虑，他指出，辛玛古本人已通过书面形式同意走诉讼程序。事实上，辛玛古出现在了由米兰主教劳伦蒂乌斯、阿奎莱亚主教马色里亚努（Marcellianus）和拉文纳主教彼得主持的这次宗教会议上。教宗表示自己愿意服从主教的裁决，不过他提出了两个前提条件：一是巡视员彼得必须离开罗马；二是他本人必须重新获得对手下教会的支配权。与会人员将这些要求传达给狄奥多里克，而狄奥多里克拒绝了这些要求。即便如此，辛玛古仍表示自己愿意出席在耶路撒冷圣十字圣殿（Santa Croce in Gerusalemme）召开的第二次宗教会议。然而，在从梵蒂冈穿过整座城市前往耶路撒冷圣十字圣殿的路上，辛玛古和他的追随者遭到了劳伦蒂乌斯的追随者的攻击，结果爆发了斗殴，造成了人员伤亡。辛玛古仓皇逃回圣彼得大教堂，拒绝再次出席宗教会议。⁶⁶ [518]

从这一刻起，宗教会议便在被告没有出席的情况下召开。虽然人们宣读了起诉书，并做了记录，但人们不敢在无法审问辛玛古本人的情况下就作出谴责。但反过来，如果辛玛古没有摆脱所有的指控，那么许多元老和罗马教会的僧侣便不会愿意重新接纳他。参加宗教会议的人员，包括元老和僧侣，没能达成一致意见，而一大批主教已动身离开，于是人们再一次去找狄奥多里克。参会人员请求狄奥多里克在拉文纳召开宗教会议，并请他本人出席会议。然而，国王在一封落款日期为8月8日的书信中拒绝了这一要求，并敦促劳伦蒂乌斯、马色里亚努、彼得和其他还留在罗马的主教立刻裁决此案。为此，狄奥多里克宣布在9月1日召开此次宗教大会的第三次会议。与此同时，为了避免此次会议同样无疾而终，狄奥多里克还允诺会亲临罗马。⁶⁷

两周后，也就是8月27日，国王再次强烈要求各位主教这一次务必解决此事，如果必要的话，可以不调查对辛玛古提起的诉讼。

> 若诸位愿意在不经过讨论的情况下解决这一交给诸位的事务，那么诸位和上帝应当知道，正如诸位享有相应的权利，只有经过诸位的指示，罗马的僧侣、元老院和人民方能重获和平。在上帝和众人的面前，我怀着我的良知，而这良知也理所应当地是澄明而纯粹的，因为我任凭诸位作出裁决。诸位只需表明，此次事件能够经过正义的指示得到了结，不和者能重归一致。在一切都因上帝的安排而得到安宁后，只有罗马未能获得我等面对外敌时依然

在享受的祥和（只因是上天的眷顾在保卫着我等），这一点令人无法忍受，而将我等联结在一起的对君王之城的爱也不能容许这样的疏忽。罗马人的国度在靠近万民的边境平静地统治着，然而在城市内部却是混乱不堪，以致在拉丁姆的城堡中那井井有条的法律秩序业已不再，而它在靠近外敌之处却安然无恙，这是一种将带来耻辱和震惊的反差。[68]

由于辛玛古声称自己如果再次出现在会议现场恐有性命之忧，狄奥多里克便在同一封书信中告知与会人员，自己会派出三名高等级的哥特人，即古迪拉、贝德伍尔夫和阿里戈恩前往罗马，此三人将发誓保障辛玛古的人身安全。狄奥多里克相信，这样的允诺将不会给辛玛古留有其他任何选择，他必须接受宗教会议的质询。

然而，国王错误地估计了形势，他的期望落空了。正如主教在一封详细的书信里所汇报的那样，即使狄奥多里克的代理人已经到达，辛玛古也不愿意再次出席其他主教召开的庭审。大多数主教还是无法在辛玛古不在场的情况下对针对他的指控展开调查，但主教也拒绝因辛玛古藐视法庭而对他实施处罚。在这种进退两难的局势下，主教能想到的出路便是建议国王亲自"按照上帝的意愿，承担起重建教会和罗马公民群体，重建各大行省的重任"。主教无法作出决定，因此请求国王允许他们返回自己的教会。[69]

10月1日，狄奥多里克以不耐烦的口吻回复了主教的请求，他命令主教立刻作出裁决，从而了结此次争端。他斥责主教又跑来咨询自己，并提醒主教，虽然自己有权亲自作出裁决，但他经过了慎重考虑，决定放弃这项权力。

　　我讶异于自己再次接到咨询，因为假使我曾有意通 520
过宫廷对这样的事务作出裁决，我定会咨询手下的贵胄
（proceres），并在上帝的支持下，为了探寻真理，最终成
功寻找到一条公义之路，而这条公义之路想必既不会激怒
当下的时代，也不会招致未来的不满。我实际上认为，在
教会事务上作出任何裁决不是我的任务，因此我派人将诸
位从各个省份召集过来，希望整个存在分歧的诉讼能够在
诸位的干预下，怀着对神之判决的敬畏得到了结，在诸位
的努力下，带着上帝的恩典，我的城市能够重获期盼已久
的和谐。[70]

　　在给将上述命令从拉文纳带往罗马的王室使臣的指令中，
国王再三强调，主教无须考虑自己的意见，也不要害怕任何人
的恐吓，并且指出，案件事先未经过调查就作出裁决会树立一
个坏的榜样。

　　请诸位不要担心我，诸位将会在主的面前作出解释。诸
位将和平的气息释放到元老院、僧众和人民中间，并书面告
知我诸位作出了何种裁决，这一点才是最重要的。……诸位
不应当顾忌任何人，尽管当有人试图暴力胁迫诸位去做不
义之事时，诸位仍必须放弃自己的利益，以维护公义。无
论是在诸位的教派还是在我的教派，都有许多主教因为上
帝的事被驱逐出自己的教会和领地，但他们依然活着。我
不仅命令，还请求诸位去做上帝命令的那些事，去做诸位
在福音书和《使徒行传》中读到的那些事。如果诸位能讨
论此案，哪怕带着某种不快，诸位都能将此案处理得更
好。若诸位不经过讨论就结案，那么诸位就给僧众树立了
一个彼此之间错误交往的例子。[71]

由于狄奥多里克不愿意免除宗教会议的责任，谈判又重新开始了。然而元老院依然固执己见，认为只有当辛玛古能够反驳他人对自己的指责时，他才能够重新担任教宗。不过只有少数与会人员能够接受这一立场。大多数人依然拒绝在辛玛古不在场的情况下调查对他发起的指控。只有当辛玛古的反对者离开了宗教会议后，人们才能达成一致意见。留下来的主教一致决定重新任命辛玛古为教宗，但不对那些针对辛玛古发起的具体指控作出裁决。辛玛古免于遭受谴责，"只要这些谴责是由人发起的"，这是因为人根本不能对使徒宝座的领导者作出任何裁决，而是要由上帝来亲自证明这些指控的真实性，并作出裁决。

辛玛古借许多自己的追随者在罗马的机会，打算在不到一周之后，也就是 502 年 11 月 2 日，在圣彼得大教堂召开一次有 79 名主教参与的宗教会议。此次宗教会议宣布 483 年颁布的罗马教会财产不可出售的法令为无效，因为平信徒在没有征得主教的意见的情况下无权作出裁决。在辛玛古的运作下，此次宗教会议颁布了一条只适用于罗马的法令。在这条法令中，禁止出售的教会财产仅限于地产，而出售城市中的房屋明确得到允许。

事实上，宣告辛玛古无罪的决议并没有获得人们的一致同意。落款日期为 10 月 23 日的会议完结报告由 76 名主教和 37 名罗马教会长老签署。有记录表明，参加此次"棕榈宗教大会"的最初有 115 名主教，因此人们可以推断出有多少名主教在作出对辛玛古的无罪宣判前就已经离开了。在这些离开的主教中就包括阿奎莱亚主教马色里亚努，而米兰的劳伦蒂乌斯和拉文纳的彼得直到最后一刻都站在辛玛古一边。罗马僧侣中间的反对声更加激烈，签署了会议报告的长老共 37 人，连僧侣总数的一半都不到。此外，有势力的元老一如既往地反对辛玛古。这些元老与反对辛玛古的僧侣一起向狄奥多里克递交了一份请愿书，在这份请愿书中他们请求国王允许当时正在拉文纳的劳伦蒂乌斯返回罗马。狄奥多里克同意了这一请求，为了保证劳伦蒂乌斯能够顺利返回罗马，还让他掌控罗马城内除拉特朗圣约翰大殿之外的所有重要教堂。[72]

在随后的四年里（502~506年），罗马有两名教宗：一个是经"棕榈宗教大会"重新得到任命的辛玛古，但他只得到了位于罗马城之外的教堂以及拉特朗圣约翰大殿中僧侣的承认；另一个是在元老阶层的庇护人费斯图斯和普罗比努斯的帮助下控制着城内各大教堂的劳伦蒂乌斯。两大阵营在这四年时间里爆发了多次激烈的巷战，还有人为此丧生。辛玛古一派撰写的《教宗志》是这样描述这段历史的——

> 与此同时，前执政官、元老院之首费斯图斯和前执政官普罗比努斯开始在罗马城内同其他元老，特别是前执政官福斯图斯斗争起来。僧侣中间发生了因恨而起的谋杀和致死事件。那些正确地同圣辛玛古结盟之人，如果在城中被人发现，就会被公开用剑刺死。同样，那些发了贞洁誓的妇女也被这些人追捕，他们将贞女们从修道院或住所中赶出，剥光了这些女子的衣服，用棍子击打她们。每一天，这些人都在城中与教会对抗。他们还杀死了许多僧侣，其中包括圣彼得镣铐教堂（San Pietro in Vincoli）和圣约翰与圣保罗堂的长老第格尼西姆斯（Dignissimus）和戈尔迪安努斯（Gordianus），他们被人用木棍和剑杀害了。许多基督徒被杀害了，因此无论是白天还是黑夜，都没有任何一位僧侣能够安全无虞地在城中行走。只有前执政官福斯图斯在为了教会而战。[73]

即使上述记载存在片面之处，因为它仅指责对方动用了暴力，但它仍然生动地向我们传达了一个印象，即劳伦蒂乌斯派和辛玛古派之间的斗争是怀着多么大的仇怨。在那个时候，双方都一再试图说动国王出手干预，但很长时间都没能成功。直到 506 年秋季，狄奥多里克才终于被说服，决定干预此事。在辛玛古派出的一支由出身于亚历山大的助祭狄奥斯库鲁（Dioscorus）领导的使团的请求下，狄奥多里克命令劳伦蒂乌斯最热心的支持者、前执政官费斯图斯罢免劳伦蒂乌斯，并将罗马领衔堂区移交给辛玛古。劳伦蒂乌斯没有表示任何异议就服从了国王的命令，他退守到了自己的庇护人费斯图斯的一处庄园里，在那里又生活了几年。[74]

这样一来，罗马便只有一个教宗了，但这名教宗还是没有得到普遍承认。许多僧侣，还有部分像卡西奥多这样的元老，即使在劳伦蒂乌斯被废黜后依然拒绝接受辛玛古。对于这些人来说，教会大分裂直到 514 年辛玛古去世后才结束。拒绝接受辛玛古的还包括城外圣保罗大教堂（San Paolo fuori le mura）的僧侣，教会大分裂期间，人们在这座教堂中挂上了彼得所有继任者的画像，这些继任者都是以合法的方式坐上使徒宝座的。这处画廊被保留至 1823 年，这一年教堂被一场大火烧毁了大部分，劳伦蒂乌斯的画像就位于这处画廊。17 世纪的一份复制品让我们见识了劳伦蒂乌斯的画像。

即使在罗马之外，人们对"棕榈宗教大会"的判决结果也有着不同的反应。人们之所以一致决定判辛玛古无罪，是因为那些不同意这一无罪决议的人提前离开了。辛玛古的平信徒反对者（他们很可能属于元老阶层）发表了一篇题为《反荒谬赦罪之宗教会议》（Adversus synodum incongruae absolutionis）的文章。该文的原件已经遗失，人们只能大概还原文中的信息，这是因为与米兰主教劳伦蒂乌斯一样支持

图 27 城外圣保罗大教堂（罗马）中的
劳伦蒂乌斯教宗之像

辛玛古的米兰助祭恩诺迪乌斯撰写了一篇题为《反对悍然撰文对抗宗教会议者》（Gegen diejenigen, die sich angemaßt haben, gegen die Synode zu schreiben）的文章，这篇文章被保存到了现在。宗教会议的反对者认为，在没有调查起诉缘由的情况下作出无罪判决，这违背了世俗及教会法律的一切原则。即使是罗马主教，当有人严厉谴责他时，他也要走上法庭受到同僚的审判，否则使徒宝座带来的特权也就包括犯罪的自由了。

　　恩诺迪乌斯承担起了反驳上述观点的任务。这位米兰助祭再三保证辛玛古是无辜的，但他避免直面那些针对辛玛古发起的具体指控。恩诺迪乌斯辩称，罗马主教不可以接受任何人

524

审讯，他只能接受上帝的问责。教宗是彼得的继任者，而上帝
将领导整个教会的任务托付给了彼得，因此教宗不能受人的审
判，也不能受某个宗教会议的审判。早有同时代的人将这一
立场总结为一句简短的话：首席不受人审判（Prima sedes a
nemine iudicatur）。数百年后，这个基本原则成了教会法中的
一个固定组成部分。教宗格列高利七世（Gregor VII，1073~
1085 年在位）在主教叙任权之争期间就曾援引过这一原则。

恩诺迪乌斯根据古典修辞术规则撰写了一部宣传册，其主
要针对的读者是元老阶层。辛玛古的其他支持者则想要触及更
大范围的民众，他们杜撰了一些以前教宗的诉讼案，还为这些
杜撰的诉讼案伪造了卷宗，并将其四处传播。这种按照案件卷
宗风格撰写的文本在当时是一种深受喜爱的读本，这种形式将
戏剧性和可信的表象结合了起来。伪造者的目的是要通过赋予
"首席不受人审判"这一基本原则一种令人敬畏的漫长历史，
为这一基本原则辩护。由于这些人出现在辛玛古身边，人们称
这种做法为辛玛古派伪造行动。

其中一份这样的文本记载，戴克里先在锡纽萨（Sinuessa，
该地位于拉丁姆和坎帕尼亚交界处）进行宗教迫害期间，一次
宗教会议传讯了教宗马色里亚努，人们指控他将熏香当作祭
品，但同时人们也多次宣布只有教宗本人才能对自己作出判
决。马色里亚努承认自己有罪，于是他受到了谴责。他的继任
者米欧提阿德（Miltiades）这样评价此次事件："他是通过自
己的口对自己作出判决，这很公正，从未有人审判过教宗，这
是因为首席不受人审判。"在一次被杜撰为瓦伦提尼安三世在
位期间对教宗西斯克特三世（Xystus III，432~440 年在位）
发起的审判的卷宗中记载，有元老起诉西斯克特三世诱拐了一
名修女。为此，皇帝起初召集了一个由元老和僧侣组成的法
庭，但他承认了不得对教宗作出判决的基本原则，后来起诉人

后悔了，强烈乞求教宗原谅他们的罪孽，然而却失败了。自由
处理历史文献的另一个类似例子是上文提到的《教宗志》。其
最早的版本是以辛玛古的生平传记为结尾。由于没有留下什么
与彼得最早一批继任者有关的文献，传记作者可以通过自由的
杜撰来填补这些空缺，从而将辛玛古描绘成一条由彼得合法继
任者组成的链条中的最后一环。相反，在劳伦蒂乌斯派的教宗
传中，教宗史的高潮是劳伦蒂乌斯，而这一视角也在上文提到
的城外圣保罗大教堂画廊中得到了表达。[75]

526

　　大多数围绕在 472 年执政官普斯图密乌斯·费斯图斯
（Postumius Festus）和 489 年执政官佩特罗尼乌斯·普罗比
努斯（Petronius Probinus）身边的元老都长期支持劳伦蒂乌
斯。只有 490 年执政官福斯图斯·尼格尔似乎自始至终支持的
都是教宗辛玛古。我们并不清楚 485 年执政官辛玛古什么时候
开始成为与他同名的这位教宗的庇护人，有史料证实他开始扮
演这一角色是在 502 年。几年后，"贵族官"利贝留也出现在
了辛玛古派的阵营里。终其一生都拒绝支持辛玛古的阿奎莱亚
的马色里亚努死后，恩诺迪乌斯祝贺利贝留为教宗继承人作出
的选择。也就是说，利贝留支持了一个姓名不详但是让辛玛古
派感到满意的人。尤其棘手的一点是，我们不知道费斯图斯和
普罗比努斯在什么时候放弃他们对福斯图斯和辛玛古的敌意。
我们只知道他们在 512 年之前就已经这样做了，这是因为在这
一年这四个人都以和睦的姿态出现在了恩诺迪乌斯的作品中。
不过思想的转变可以在几年前就完成，因为在狄奥多里克决定
选择辛玛古之后，劳伦蒂乌斯就已经无望取胜了。[76]

　　史料中没有体现出这些元老最终是如何抛弃劳伦蒂乌斯
的。人们大多会以外部政治环境发生变化为理由来对此作出解
释。505 年，狄奥多里克国王和阿纳斯塔修斯皇帝之间不宣而
战。在这种局势下，如果狄奥多里克支持了能够确保不对皇帝

527 作出任何妥协的那名教宗，那么他就建立起了清晰的战线。这种解释之所以不可靠，是因为其前提条件是劳伦蒂乌斯在此之前就已经失去了元老的支持，否则废黜劳伦蒂乌斯更有可能造成的结果是战线被瓦解。相反，毋庸置疑的是，劳伦蒂乌斯被废黜之后，元老在想方设法巩固自己作为教会财产赞助人的影响力。在元老的强烈要求下，狄奥多里克确认了无差别的禁止出售教会财产的法令。一封狄奥多里克用于向元老院宣布这一决定的书信被保存了下来。

> 弗拉维乌斯·狄奥多里克国王致罗马城元老院，寰宇之征服者，自由之领导与重建者。
>
> 诸位元老，我收到一份关乎教会利益的报告，诸位所召开会议作出的决定让我心绪愉快，也令我感动。即使在经过可敬的宗教会议作出此类决议之后只需要诸位的评判意见，我依然要通过这封书信对诸位的质询作出如下回复。任何教会的领袖都不允许缔结任何出卖财产的合约。在确保公正的情况下，教会领袖们当然可以保障自己的收益权。一件归一切其他人所有的，或者是转交给教会的物品，不得仅凭某位主教或某名神职人员的意愿被破坏。如果有私人篡取的是某件物品的所有权合约而不是收益权，而该物品根据合约的意愿应当属于教会所有，那么还有何事比伤害馈赠者的意愿更不圣洁的呢？因此，若有人胆敢可耻地做这被禁止之事，意图将某件主教或僧侣赠与他，但是他却将只有收益权的物品据为己有，那么这件被他人占有之物应立刻同其带来的收益，由可敬的代理人没收。……77

在所有问题上，狄奥多里克扮演的角色不是那么的一目了

然。在此次争端中，国王插手三次：第一次是在 498 年选举出
两名教宗后应双方的要求插手；第二次是 501 年，这一次他是
应辛玛古对手的要求，却是在辛玛古的同意下在罗马召集宗教
会议；第三次是 506 年应辛玛古追随者的请求，那时他执行了
四年前由"棕榈宗教大会"作出的判决结果。也就是说，狄奥
多里克从来没有在未受到他人请求的情况下介入过天主教会事
务。国王本人也曾拒绝亲自调查那些针对辛玛古发起的诉讼，
并且他坚持要由主教来作出判决。他的行为符合自己宣称的不
插手教会事务的基本原则。不过这样的宣称不应当被误解为现
代国家与教会分离的原则，这在那个时候是无法想象的。在
498 年双重选举之后，狄奥多里克选择了辛玛古；四年后，他
告知在罗马召开的宗教会议与会人员，他自愿放弃将辛玛古的
案子揽到自己手上。

　　由于辛玛古不愿意对阿纳斯塔修斯皇帝作出任何让步，人
们或许会认为国王从一开始就偏向辛玛古。可事实上狄奥多里
克从未逼迫在罗马召开的宗教会议给辛玛古脱罪。恰恰相反，
狄奥多里克的态度就好像已经要去追捕辛玛古，好像对辛玛古
的指责已经得到了调查。辛玛古的反对者甚至宣称国王站在他
们这边。此外，狄奥多里克有足足四年之久没有执行"棕榈宗
教大会"的判决，还允许劳伦蒂乌斯返回罗马。即使辛玛古的
强硬态度受到狄奥多里克欢迎，但他在劳伦蒂乌斯大分裂问题
上的态度也不仅仅取决于对外政策方面的考量。

　　阿纳斯塔修斯皇帝不赞同为辛玛古脱罪。在一封写给教
宗的书信中（该信件只保存下了一份复制品），皇帝似乎咒骂
教宗为摩尼教徒。辛玛古以尖锐程度毫不逊色的口吻作出了回
应，他通过援引杰拉斯的两权论，否认皇帝拥有干预教会事务
的权力。同时辛玛古还将摩尼教徒的指责回敬给了皇帝：皇帝
作为摩尼教徒的庇护人迫害天主教徒。这样一来双方就几乎不

可能达成进一步谅解了，皇帝和教宗互斥对方为异端。[78]

529 　　相反，在后罗马帝国的西边，辛玛古的威望在"棕榈宗教大会"之后提高了。维埃纳主教阿维图斯曾以勃艮第王国天主教诸位主教的名义致信教宗辛玛古的庇护人、元老福斯图斯·尼格尔和辛玛古，以表明自己乐于看到事情最终有了这样的结果。在他看来，辛玛古被宣布无罪是整个教会的胜利，因为罗马主教是所有天主教派主教之首："若其他主教那里有所动荡，那可以得到弥补；但若永恒之城的教宗被质疑，那世人将看到的可不仅是一个主教，而是整个主教群体被撼动。"[79]

　　辛玛古于 514 年 7 月 19 日去世，被埋葬在圣彼得大教堂中。一天之后，人们便任命助祭何尔米斯达为辛玛古的继任者。在何尔米斯达的任期内，在处理同帝国教会之间的分裂问题时，又一次发生了动荡。事情的起因是阿纳斯塔修斯皇帝手下的一名联军统帅，此人叫维塔利安（Vitalianus），是卡尔西顿信经的坚定拥护者。维塔利安在色雷斯掌握着一支劲旅，他率军逼近君士坦丁堡，以此强迫阿纳斯塔修斯请何尔米斯达于 515 年 7 月 1 日前来参加宗教会议，会议召开的地点是皇帝统治区域腹地，即欧罗巴行省境内的赫拉克利亚城。教宗应当作为中间人来到这里调停就正统信仰问题在斯基泰各行省爆发的争端。何尔米斯达随后在信中表明了自己促进和平的意愿，并要求告知计划召开的宗教会议的日程。[80]

　　教宗在实施下一步行动之前会瞻前顾后。他首先向人们征求在罗马召开宗教会议的同意意见。接着教宗便前往拉文纳。在国王给出自己的同意意见之后，何尔米斯达才派出一支使团前往君士坦丁堡，使团成员包括当时升任帕维亚主教的恩诺迪乌斯、卡塔尼亚主教福图纳图斯（Fortunatus）和三名罗马教会的僧侣。在一封写给阿尔勒主教凯撒里乌斯的信中，何尔米 530 斯达也告知了高卢诸主教他们的任务。教宗的使节会带着精确的指示上路。核心内容是承认卡尔西顿公会议以及在会议上宣读的大利奥教义书信［即《利奥大卷》（*tomus Leonis*）］，并谴责阿卡奇乌斯和所有与阿卡奇乌斯结盟者。帝国教会的主教一方面要公开在教众面前宣布自己的同意意见，另一方面要在一份在罗马草拟的声明上签字，对自己的同意意见作出保证，这份声明被称为"何尔米斯达公约"。签署了这份声明的人要明确宣布自己不会以任何方式远离彼得继任者始终如一维护的信仰，并谴责一切罗马主教施加过绝罚令的人。在一份写给皇帝的私人附函中，何尔米斯达拒绝了要教宗本人亲自前往的请求，但他没有排除未来在有利于重建信仰的情况下离开自己教区的可能性。[81]

意大利和高卢的人们紧张地等待着谈判的结果。维埃纳主教阿维图斯想办法从拉文纳和罗马探听到了消息。帝国教会诸主教被要求无条件服从罗马主教意愿，然而这一要求在君士坦丁堡遭到了坚决抵制。不过阿纳斯塔修斯并没有因此放弃与教宗和解的计划。皇帝致信教宗，称在自己帝国境内适用的《联合诏令》并没有违背卡尔西顿公会议精神，并且他指出自己没有办法在不让活人之间彼此残杀的情况下消灭人们对已故的阿卡奇乌斯的怀念。516 年 7 月又有一支皇帝的使团来到意大利。除去一封皇帝写给教宗的书信，使团还带来了一封写给罗马元老院的信。阿纳斯塔修斯请求元老到狄奥多里克面前说情，从而使帝国的两个部分修复关系和获得福祉，也就是结束教会大分裂。我们并不清楚元老是如何看待这番请求的。他们是否希望自己能够以教宗、国王和皇帝的中间人的身份发挥作用？如果事情就是如此，那么因为狄奥多里克的拒绝，皇帝的愿望就化为了泡影，这是因为在元老给阿纳斯塔修斯的回复中指出，国王命令他们执行教宗的任务。但或许元老也会很高兴自己可以躲在国王的身后，而国王会保护他们和教宗免遭阿纳斯塔修斯的攻击。不管怎么说，东西双方彼此之间没有更进一步，因为何尔米斯达进一步要求皇帝宣布同那些被教宗谴责过的人脱离关系。[82]

517 年 4 月，教宗的使团又一次踏上了前往君士坦丁堡的旅途。使团此前也同狄奥多里克约定好了此行的任务。然而，从表面上看这一次的任务是要达成谅解，何尔米斯达的使者受命在君士坦丁堡和帝国东部各行省的神职人员、僧侣和平信徒中间争取教宗立场的支持者，为了实现这一目标，他们除了给皇帝带去一封信之外，还随身携带了不少于 19 份挑战书（contestationes），准备在教宗反对者的圈子中散发。当此事传出去后，皇帝便立刻终止了谈判，他下令将教宗的使者轰了出去，并立刻用船将他们遣送回罗马。阿纳斯塔修斯后来给他们寄了一封落款日期为 517 年 7 月 11 日的信，并在信中宣布谈判结束。他提醒教宗注意基督的谦卑，并以如下话语作结："然而从现在起，我不再提要求，因为我认为去请求那些怀着高傲的拒绝之态不愿意被人请求之人是非理性的。我可以忍受被侮辱和被轻视，但我不容许他人来对我发号施令。"[83]

随着这封信的发出，东西教会共同体的重建似乎又遥不可及了。狄奥多里克对此作出了自己的贡献，因为教宗的外交使团已经同他达成了协议。当狄奥多里克手下信仰天主教的臣民同皇帝之间出现了一道深邃的鸿沟时，正中他的下怀。教会大分裂确保元老和主教都能效忠于狄奥多里克，而在元老和主教看来，一名"信摩尼教的"皇帝势必要比一名"信阿里乌派的"但又能容忍天主教派的国王危险得多。不过上述局面是否能够长期存在，这一点并不能确定，阿纳斯塔修斯当时已经超过 80 岁了。谁将会成为他的继承人，仍无定数。

43

在国王的庇护下：犹太人

据说在狄奥多里克统治的意大利境内只有两支民族，即哥特人和罗马人。该国的人口按照族裔标准被分成了两个群体，哪怕这两个群体之间的界限在很大程度上（不是完全）同天主教徒和相像派教徒之间的界限是重合的。没有办法被纳入这两极格局的最庞大和最有影响力的群体是犹太人。犹太人对自己的定义首先是以色列民族成员，而在他们获得了罗马公民权后也如此自我定义。帝政时期，犹太人的宗教在整个帝国境内，特别是在城市中有数不清的信徒。虽然在有教养的人看来这种宗教是迷信，并且遭到了周围一部分异教徒的强烈抵制，但由于皇帝给予了他们特权，犹太人可以自由开展宗教活动。到了古典时代晚期，虽然基督教的传教者会警告信众当心同犹太人交往会产生恶劣的影响，然而上述情况也没有发生多少改变。皇帝起初在很大程度上保留了犹太人原有的特权。直到5世纪初，犹太人的境遇才明显恶化，那时在帝国的东部和西部，犹太人都被禁止加入民事部门和军队为皇帝服务。同样，新建和扩建已有的犹太教堂也不再被批准了。尽管如此，皇帝仍然继续强调犹太人受到保护，并且允许犹太社区处理自己的内部事务。在古典时代晚期信仰基督教的罗马帝国，犹太教是唯一非基督教的、官方允许其开展宗教活动的宗教。[84]

犹太社区在意大利的历史可以追溯到公元前1世纪。有证据表明，在500年前后，意大利许多城市中出现了犹太社区，如罗马、那不勒斯、拉文纳、米兰、热那亚和韦诺萨（Venosa）。这些教区有能力表达和支持集体的利益，但彼此之间没有组织上的联系。同时，自从皇帝狄奥多西二世在429年废除了耶路撒冷的犹太教区后，就再不存在一个能让所有犹太人都听命于它的宗教权威机构。犹太教区只在宗教仪式方面同周围的其他教区有区别。犹太教会中似乎极少存在专有的职位或是特殊的服饰。社区生活的中心是犹太教堂，这里早已不仅仅是一个祈祷室，除了配有一个用于诵经和祈祷的大厅，犹太教堂还拥有餐厅、储藏室和居住区。人们在诵读《妥拉》①时广泛使用的是希伯来语，但这并非唯一的用语。查士丁尼皇帝曾在哥特王国灭亡（即553年）之后不久下令，要诵读《妥拉》，除了使用希伯来文原典，还可以使用希腊语和拉丁语译本。拉比掌握了与《妥拉》和被称为《密什那》的宗教规章总集有关的知识，因而被视为社区的教师。除了拉比，还有一些男性也扮演着领导者的角色，这些人被称为"长老"（presbyteroi），但也拥有其他头衔。[85]

针对犹太人，狄奥多里克延续了在他之前在位的罗马帝国晚期皇帝的政策。在一份诏书（第143条）中有如下文字：

> 在犹太人问题上，已赋予的特权应当借法律得到保障，当他们彼此发生争执，并依照他们的律法去生活时，他们必须以那些在本群体祭仪的问题上充当教师之人为判官。

当狄奥多里克明确向居住在热那亚的犹太人证实，自己会维持"古时候"（antiquitas）赋予犹太各机构的所有法律

---

① 即犹太教的宗教经典。

上的特权时，这一切符合了上述逻辑。该声明将撒玛利亚人（Samaritaner）也包括了进来，这些人虽然和犹太人一样，也自认为是以色列民族的后裔，并且也以摩西五书为经典，但早在数个世纪前他们就已经形成了自己的社区。罗马教会的代理律师曾起诉，一名撒玛利亚人要求把教宗辛朴力西乌合法获得的一座建筑交给他们用作教堂，于是狄奥多里克指示当时以全权代理人身份逗留在罗马的阿里戈恩前去仔细调查此事，再由狄奥多里克来对此次争端作出裁决。[86]

不过由西罗马皇帝的律法缔造的法律状态也划定了一道狄奥多里克也不愿意跨越的界限。热那亚的犹太人曾请求狄奥多里克允许他们翻修自己的教堂，狄奥多里克同意了他们重新给房屋铺设屋顶的请求，但他明确禁止他们扩建或美化房屋，为此他援引了"皇帝的指令"（constituta divalia）。同时我们明显可以看出，狄奥多里克为了不让他人指责自己是因为同情犹太人才这么做而作出了如下解释——

> 你们在追求什么？而这本是你们应当逃离的。虽说我给予了你们许可，但我以值得赞许的方式拒绝了走上歧途者的愿望。我不能对宗教发号施令，这是因为没有人会违背自己的意愿去信仰任何宗教。[87]

类似保持距离的努力还体现在一封国王在自己统治末期写给米兰犹太人的书信中，此前米兰的犹太人曾请求国王保护他们不受教会人士的攻击。首先，卡西奥多受国王之托，以国王的名义坚持认为，即使是那些迄今为止在信仰问题上误入歧途者也不能被剥夺公义。接着，卡西奥多用如下话语总结了国王的决定——

535 你们宣称自己被一些人的狂妄所伤，你们的教堂所应得的权利被压缩，因此我体恤民意，将给予你们所要求得到的保护和帮助，以使任何教会的代表都不能暴力侵占你们的教堂在法律的规定下所应得之物，不让他们以闻所未闻的强硬手段干预你们的事务。正如他们会分开从事宗教活动那样，他们在日常交往和行动问题上也应当彼此分开。不过我承认统治者好意的帮助有其局限性，即便是你们也不会尝试通过不被允许的方式，去触碰那些依照法律毫无疑问属于上述教会或信徒所有之物。[88]

对于犹太人而言，国王的庇护十分重要，这是因为在一个自认为属于基督教的社会中，他们作为一个信仰异端且孤僻的少数群体，往往会成为集体暴力的靶子。犹太人在遭遇偷窃、纵火、人身伤害和谋杀时，只能希望国王补偿他们，并惩罚罪犯。事实上，国王曾处理过这样一桩案件，507 年至 511 年间一座犹太教堂被人纵火。即便是纵火的起因不详（很可能是此前有信仰基督教的奴隶因为谋杀了他们的犹太主人而被处死），但人们可以清楚地看到，国王绝不会容忍这种行为。在哥特长官阿里戈恩告知了事情的经过之后，国王委托元老院去调查此事，并严厉惩处罪犯。与此同时，国王还委托元老院去调查犹太人是否存在充当从犯的情况。[89]

意大利的犹太人很感激狄奥多里克给他们提供的保护。狄奥多里克的继任者也坚持了这一路线。相反，自 527 年起，查士丁尼皇帝针对自己统治区域内的犹太人采取了一系列压迫措施。帝国军事统帅贝利萨留摧毁汪达尔王国后（535 年），坐落在那里的犹太教堂被改造成了基督教堂。因此，在那不勒斯被贝利萨留包围时，犹太人在随后的一年里，会逗留在哥特人统治的地方也就毫不奇怪了。[90]

犹太人和基督徒之间的冲突使得信仰基督教的统治者陷入了一种艰难的境地。当皇帝保护犹太人时，他们也要承受为自己辩护的压力，因为基督教主教和僧侣会期待皇帝旗帜鲜明地支持正统信仰。狄奥多西大帝和米兰主教安布罗修斯之间曾争论过这样一个问题，即被基督徒摧毁的幼发拉底河畔的卡利尼库姆［Kallinikon，即今天的拉卡（ar-Raqqa）］犹太教堂是否应该由基督徒重建，此次争论只是最著名的一个事例。在当时（即388年），皇帝退让了，他放弃惩罚罪犯，没有对受害者作出补偿。[91]

然而对于一个像狄奥多里克那样本身就属于基督教中少数派的统治者而言，犹太人和天主教徒之间的冲突却尤为棘手，这是因为无论如何人们都硬说相像派教徒偏向犹太人。上述言论在许多天主教徒看来是可以理解的，因为无论是犹太人还是相像派教徒都被指责，称他们否认基督和基督之父一样都是神。人们的论据是，相像派虽然不像犹太人那样公开将基督称为纯粹的人类，但他们拒绝承认基督拥有完整的神性。在天主教派发起的论战中，上述两种观念都是一种反对基督的充满敌意的行为。因此，狄奥多里克必须小心行事，以免天主教徒将他为保护犹太人而采取的措施理解为在包庇基督的敌人，以及一种隐秘的他与犹太人拥有共同理念的证据。从北非被驱逐到撒丁岛多年，并且同罗马诸元老保持着密切联系的天主教神学家富尔根蒂尤曾这样表述过天主教会的信条：无论犹太人还是相像派教徒，"不仅是所有异教徒，还有所有在天主教会之外终其一生的犹太人、所有异端和教会分裂分子，都要堕入为魔鬼及其手下准备好的永恒火焰之中"。[92]

事实上，狄奥多里克在统治末期曾陷入了这样的派系斗争之中，当时拉文纳在狄奥多里克离开的时候爆发了针对犹太社区的骚乱。如果《无名的瓦莱西亚努斯》中的记载可信的话，犹太人曾在一次游行中将圣餐饼投入水中，以嘲弄基督徒。随后，"百姓们"聚集起来，点燃了犹太教堂。犹太人连忙赶到当时狄奥多里克所在的维罗纳，在最高司库大臣特里古阿的支持下挑唆国王对付基督徒。最后狄奥多里克决定，拉文纳的罗马居民必须自费重建犹太教堂。交不出钱的人要遭受毒打和游街，同时这些人的名字会由一名传令官大声念出。国王委托自己的女婿，同时可能还是其继承人的欧塔里克，以及拉文纳的天主教派主教彼得去执行此事。《无名的瓦莱西亚努斯》将狄奥多里克这一完全符合法律规定的行为总结为"阿里乌教徒"与犹太人之间的秘密结盟，可见这部作品或许想要表达的是一种在天主教会圈子中流行的观念。后来甚至有人污蔑国王，称他在自己去世前三天下令由"阿里乌教徒"接管所有的天主教堂。人们又一次声称，是一名犹太人为狄奥多里克代笔发布这项命令的。[93]

第十一章

从合作到冲突：狄奥多里克最后的岁月

44
欧塔里克和王位继承办法的流产

507 年，恩诺迪乌斯在给《致狄奥多里克颂词》结尾时提出了这样一个愿望，即祝愿国王能获得一个继承人。

> 愿你有一名身着紫袍的后裔让我们黄金时代的福祉得到增进！愿一名王国的继承人能在你的膝下承欢，愿有一名神圣的男童会向我们索要这份由我呈献给你的语言的供品——作为类似喜悦之见证！[1]

在这个地方，恩诺迪乌斯表达出了一种狄奥多里克众多臣民都共同怀有的愿望。当时这位国王已经年逾五旬，但没有可以继承自己王位的儿子。由于当时没有相关法律条文规定在这种情况下应该采取什么措施，人们完全不清楚狄奥多里克死后应该怎么办。王位继承人的缺席引起了那些从狄奥多里克身上受益颇多之人的恐慌，也激起了那些不满于自身地位之人的幻想。结束这种不确定状态最稳妥的方式是建立起一个由王室家族统治的王朝。父位子承能够确保统治权的顺利移交，保证延续性和稳定性。对于狄奥多里克手下的罗马臣民而言，比起争权夺利的内战，一个由王室家族统治的王朝会是一个可接受的选项。此外哥特人还忠诚地依附着狄奥多里克本人，这是因为人们普遍相信个人的品质是可以被继承的，儿子会被视为父亲的复刻。针对哥特人这样一个战斗群体，统治权就曾成功地从

父亲手上被移交给了儿子：狄奥多里克本人就是在 474 年继承
了自己父亲对潘诺尼亚哥特人的统治权。

人们希望狄奥多里克与法兰克国王克洛维的妹妹奥德弗蕾
达成婚后能产下一子，但这个愿望落空了。生于 495 年前后
的阿玛拉逊莎是这段婚姻唯一的产物，她是狄奥多里克三个女
儿中年纪最小的。二十年后，由于生子无望，狄奥多里克最终
只能通过其他方式调整继承顺序：他将阿玛拉逊莎嫁给了一个
名叫欧塔里克的西哥特人，并且为了这桩婚事，狄奥多里克特
意将此人从西班牙叫到了意大利。此前意大利人从未听说过的
欧塔里克被狄奥多里克有计划地安排成了王位继承人。婚礼在
515 年举行。一年后，阿玛拉逊莎给丈夫生下了一个儿子，起
名为阿塔拉里克。不久后阿玛拉逊莎又生下一个女儿，起名为
玛莎斯温塔。[2]

狄奥多里克选择欧塔里克会让许多哥特人和罗马人感到惊
讶，这或许不仅仅是因为意大利人不认识这个人。在狄奥多里
克的家族中也有其他人选，狄奥多里克的妹妹阿玛拉弗里达有
一个儿子，他当时的年纪已经足以统治一个国家了。狄奥多里
克的这个外甥名叫狄奥达哈德，他有很高的文化修养，但也以
不善战著称。他不参加骑射活动，而是喜欢研究哲学和神学。
因此，他完全不符合狄奥多里克对继承人的设想。狄奥达哈德
不得不长期屈居于宫中次席，还会被自己的舅舅公开斥责。比
起留在舅舅宫中，他更喜欢生活在托斯卡纳，在那里他拥有大
量财产，并且还在靠着侵吞邻居的财产不断扩大自己产业的规
模。狄奥达哈德在托斯卡纳可以自己做主，拥有多处行宫，部
分还建有防御工事，他还笼络了一批追随者，其中包括罗马
元老。[3]

对于狄奥多里克的臣民而言，欧塔里克就是一张白纸。而
对于狄奥多里克而言，欧塔里克的西班牙出身是个优势，因为

这使得欧塔里克能够顺利继承狄奥多里克的衣钵，以国王身份统治东西哥特人。然而在王朝内部，欧塔里克对于王位继承权的要求并不是那么理直气壮，其原因是他是因为同阿玛拉逊莎结婚才被纳入王室家族中。为了弥补这一不足，人们立刻炮制了一个族谱，这份族谱表明欧塔里克是狄奥多里克的远亲，属于阿马尔家族。

不过狄奥多里克很清楚，只有当欧塔里克的王位继承权也得到了皇帝承认之后才能得到巩固。事实上，518 年 7 月阿纳斯塔修斯皇帝去世，查士丁继承皇位后，狄奥多里克也实现了这一目标。查士丁表示自己愿意任命欧塔里克为 519 年执政官，并与欧塔里克共同担任此职。此外，查士丁还通过递交武器的仪式，将这名哥特人收为军中义子。欧塔里克能够与皇帝共同担任执政官，这在当时是一个闻所未闻的殊荣，特别是此人都不是罗马人。即使这两人从未见过面，也没有共事过，西罗马和东罗马分别用这两人的名字来纪年的事实也表明，罗马帝国的两个部分之间的关系较为和睦。

在狄奥多里克的王国内，欧塔里克的任职得到了隆重的庆祝，庆祝活动办得十分奢华。这些庆祝活动标志着自狄奥多里克 500 年造访罗马之后他统治的第二个高潮，只不过这一次狄奥多里克本人留在了拉文纳，只让女婿一人前往罗马。元老院和人民为欧塔里克准备了一场隆重的接待仪式。卡西奥多在其中扮演了举足轻重的角色，他在元老院发表了一篇对王位继承人的颂词，颂词的部分内容被写在莎草纸上保存了下来。[4]

面对元老，卡西奥多首先赞颂了不在场的狄奥多里克国王的统治带来的福祉。

> 这处圣殿——此处指的是元老院——被他用诸位的荣耀所填满，人民被他用固定的花费来养育，各行省被他以

541

正大清明的公义来平定，傲慢的诸民族被他用命令来驯服。这一切似乎混乱不堪，但事实上在他治下从未出现过混乱的状况。孜孜不倦的胜利者，你有福了！经过你的斗争，国家那疲软的肢体再次得到了恢复，古老的安乐回到了我们这个时代。

然而，卡西奥多接着又恳请臣民效忠于欧塔里克，并要求欧塔里克对狄奥多里克这位哥特国王施加影响。他高呼欧塔里克为罗马元老的主人，并将他描绘成君主狄奥多里克的顾问。

> 所以说，最为仁厚的主人——此处指的是欧塔里克——人民不会愿意让你离开，所有人都渴望你的到来。不被你看见的生活是令人厌倦的。那些因事被迫离开的人们，无法忍受待在自己住所。因此，所有人理应渴望着你的到来……而你，主人，请向聪慧无比的君主提出作为陛下的你应给出的建议吧：人的愿望无法预见到自己应当做何选择。请你费心，让他能够，如你所知，一直做造福于所有人之事。[5]

542　　　然而，卡西奥多的角色并不仅限于在元老院为国王和他可能的继承人唱赞歌。此外，卡西奥多还借着这个机会受欧塔里克之托撰写了《编年史》，这部书的内容从创世起始，讲述了四个世界帝国诸君主和罗马诸执政官的事迹，一直写到欧塔里克担任执政官的时代：现在的时代被呈现为罗马史，也就是世界史胜利的完结。

狄奥多里克想方设法让女婿的出场符合众人对于统治者造访罗马时所怀有的期待。没有离开君士坦丁堡的皇帝将一名使臣派到了现场，欧塔里克分别在大竞技场和角斗场举行了赛

车和斗兽比赛。为了斗兽比赛，人们花费高价从北非运来了野
兽。逗留罗马期间，欧塔里克以狄奥多里克的名义给圣彼得大
教堂捐赠了两座重达 70 磅的银质烛台，这或许是为了向罗马
主教表示敬意。总之，欧塔里克授予元老要职，慷慨地向哥特
人和罗马人分发了礼品。一反常态的是，上述这些铺张的活动
后来在拉文纳又举行了一遍，只有赛车比赛没有举办，这是因
为拉文纳没有赛车场，而在第二次执政官就职庆典上，狄奥多
里克也与自己的女婿兼可能的继承人一同出现在了哥特人和罗
马人面前。

519 年执政官就职庆典以恢宏的方式展现了狄奥多里克统
治的基本原则：哥特人与罗马人之间和谐共处，以及国王与皇
帝彼此相安无事。罗马元老院和人民与哥特人主导的拉文纳社
会一样得到了取悦。古老的大都会"不可战胜的罗马"与新的
大都会"幸运的拉文纳"一样，都得到了恰当的关注。狄奥多
里克和欧塔里克头戴冠冕、携手出场的画面，似乎象征着哥特
王权在意大利世代绵延。

然而，欧塔里克无法承担起安排给他的角色，因为他死
在了狄奥多里克之前，时间很可能是在 520 年至 523 年之间。
我们不清楚准确的死亡时间，并且我们也不知道欧塔里克去
世时的具体年龄。[6] 似乎唯一可以确定的是，他比自己的岳父
狄奥多里克要年轻一些。据约达尼斯记载（《哥特史》第 298
节，此处约达尼斯以卡西奥多的记载为基础），欧塔里克聪明
能干，身强力壮。《无名的瓦莱西亚努斯》（第 80 章）则将欧
塔里克描绘得冷酷无情，并说他是天主教信仰的敌人。史料中
记载的唯一一个被加于欧塔里克头上的具体行为可以告诉我
们上述说法指的是什么意思。狄奥多里克离开拉文纳出远门期
间，在 519 年至 520 年之交，天主教派的基督徒将拉文纳的犹
太教堂烧毁了。正如前文中提到的那样，国王委托欧塔里克负

543

责此事，让天主教派主教彼得的教众重建犹太教堂，人们也照做了。从《无名的瓦莱西亚努斯》的视角来看，重建犹太教堂是一个充满敌意的、反天主教派基督徒的行为。不过此举完全符合狄奥多里克及在狄奥多里克之前统治罗马的皇帝的官方路线，他们都保护犹太人不受他人随意的暴力侵害。欧塔里克因为做了狄奥多里克交给他的事，才受到了别人的指责，被斥为天主教信仰的敌人。[7]

对于狄奥多里克而言，欧塔里克的死是一场灾难，因为此前他所做的一切确保王位能够得到继承的努力都付诸东流了。现在情况已是迫在眉睫了，因为狄奥多里克已经七十岁了，而在拉文纳的城墙外已经开始修建一座陵墓，这儿将会成为国王的安息之所。狄奥多里克死后将何去何从，必然会牵动许多人的心，无论是在哥特贵族中还是在罗马元老中情况都是如此。双方都有可能遭受重大损失。对于那些享受着前统治者的宠信的人来说，每一次统治者更替都隐藏着危险，而这可能会给那些同前统治者关系较远的人带来一些机会。同时，人们也无法肯定狄奥多里克推行的哥特人和罗马人之间分离与合作的政策会在他死后继续得到推行。事实上，的确有迹象表明，罗马元老正在狄奥多里克的继承人问题上动脑筋，而国王则心怀猜忌，密切盯着这些人。

45

元老院中的谋反？对阿尔比努斯、波爱修斯和辛玛古的审判

　　安尼修斯·塞维里努斯·曼利乌斯·波爱修斯不仅是当时最著名的学者，还出身于古老的元老家族，他的家族拥有丰厚的财富和极高的声望。他的父亲弗拉维乌斯·马里乌斯·曼利乌斯·波爱修斯（Flavius Marius Manlius Boethius）曾多次担任西罗马帝国最高职务，并获得了"贵族官"的头衔，最后成为487年执政官。虽然父亲早逝，但波爱修斯还是被485年执政官昆图斯·奥勒留·门缪斯·辛玛古的家族收留，两家的关系通过波爱修斯与辛玛古的女儿鲁斯蒂奇亚娜结婚得到了巩固。和他的父亲及岳父一样，波爱修斯也得到了一名元老所能获得的最高荣誉。虽然此前他从未担任过任何职务，因为比起在国王宫中承担行政领导职务，他更偏爱清闲的学术研究，但他还是获得了510年执政官的职务，还得到了"贵族官"的头衔。12年后，波爱修斯又一次得到了狄奥多里克的嘉奖，这甚至引起了轩然大波。522年初，波爱修斯的两个儿子（他们的名字很典型，分别叫辛玛古和波爱修斯）一同在罗马成为执政官。波爱修斯想必亲身体会到了这两个年轻人是如何在群众的掌声下被元老从家中领到了位于罗马广场的元老院。两个年轻人在那里的执政官办公室落座后，波爱修斯亲自发表了一篇对在位统治者的颂词，这是一项义务。接着，波爱修斯与自己的儿子一起为在大竞技场举行的赛车活动举行开幕式，并借此机会慷慨地向罗马人民分发赠礼。[8]

按照元老阶层的标准，这样的一个时刻必然是世俗命运的顶点，所有旁观者都清楚，多亏了国王的宠信，波爱修斯才有了这样的好运。事实上，此前一直远离所有宫廷职务的波爱修斯在此后不久便担任了政务总管这一要职，该职务的核心职责是领导王室书记处。然而在523年秋，波爱修斯被起诉，接着被判处了死刑，在被监禁许久后最终被处死，他的财产落到了国王手里。不久后波爱修斯的岳父辛玛古也遭遇了同样的命运，当时他是"元老院之首"，位居元老群体的最高等级，他也被判处了死刑，最后被处死。[9]

那么，这些元老是如何从这样高处不胜寒的幸运之巅悲惨地跌落至深渊的呢？《无名的瓦莱西亚努斯》对此有如下说法——

> 当时正担任汇报官，后来又成为神圣（赠礼）长官和（政务）总管的西普里亚努斯在贪欲的驱使下指控"贵族官"阿尔比努斯，称他给查士丁皇帝去信，反对国王的统治。被要求作出解释的阿尔比努斯否认自己曾做过这事，于是政务总管波爱修斯便当着国王的面说道："西普里亚努斯的指控是错的。如果阿尔比努斯做了这事，那么我和整个元老院便也怀着同一个目的做了这事。我的主人和国王，这项指控是错的。"对此，西普里亚努斯起先迟疑了一会儿，但后来他便不只指控阿尔比努斯，而是也指控了阿尔比努斯的辩护人波爱修斯，还找来了作伪证的人。国王则对罗马人放了一支暗箭，自问可以怎样杀死他们：比起元老，他更相信那些作伪证的人。于是，阿尔比努斯和波爱修斯被带到教堂的浸礼堂中关押起来。国王则派城市总督尤西比乌（Eusebius）前往提西努姆（即今天的帕维亚），并在没有听波爱修斯为自

己辩护的情况下对他作出了判决。[10]

　　根据上述内容，导致波爱修斯被判刑的控诉最初完全不是针对他的，而是针对另一名位高权重的元老，即阿尔比努斯，此人是"贵族官"，30 年前（493 年）曾是西罗马帝国第一个由狄奥多里克委任的执政官。阿尔比努斯被国王手下的一名汇报官西普里亚努斯指控给查士丁皇帝写了一封信，信的内容被判定为谋反。波爱修斯在狄奥多里克面前保护阿尔比努斯免遭指控，结果也遭到了控告。国王没有听波爱修斯的解释就相信了作伪证者的话，这是因为他不过是在等待一个伤害罗马人的机会。[11]

　　只有在这个案件中，被告才有一次机会能够得到倾听，这是因为波爱修斯在被关押起来等待行刑期间写了一篇题为《哲学的慰藉》（De consolatione philosophiae）的文章，在这篇文章中，他阐述了人类存在的基本问题，但也为自己所遭受的指控进行了辩护。上述被告对自我的描述基本上符合《无名的瓦莱西亚努斯》中的记载。波爱修斯也专门提到了西普里亚努斯是控告两名元老的人。不过与此同时，这位哲学家还提到了一些作了不利于自己的伪证的人的名字，其中有巴西利乌斯、高登提乌斯（Gaudentius）和奥皮利奥（Opilio），另外还有一批同自己为敌的狄奥多里克的宫臣。不过最主要的是，波爱修斯为了给自己辩护，还给出了人们对他提出的诉讼的具体内容。文中提到的有三点：第一，元老院曾被指控谋划推翻国王的统治，而波爱修斯曾试图阻止起诉文件的递交；第二，波爱修斯曾在书信中表达自己希望"罗马之自由"能够得到重建，因此他犯下了叛国罪；第三，波爱修斯曾为了提升自己的地位而实施了巫术，从而犯下了亵渎罪。波爱修斯愤怒地否认了这三个指控，辛酸地控诉了那些因为这全然站不住脚的指控而给

547

自己判刑的元老同僚。也就是说，作出死刑判决的并不是狄奥多里克，而是元老。不过我们无法确定的是，审判波爱修斯的法庭是由五名元老组成，也即所谓的"五人法庭"，并由罗马城市总督领导，还是由充当陪审团的整个元老院组成。[12]

现代研究界总体上相信波爱修斯的无罪宣言，特别是这一点得到了《无名的瓦莱西亚努斯》的确认。波爱修斯被指控施行巫术，对此，元老院成员都表示不赞同，这种行为在当时绝不是什么光彩的事，一个名叫巴西利乌斯的元老就曾因为这个原因于 511 年在罗马城中央被活活烧死，偏偏只有长期远离宫廷的波爱修斯被指控曾试图用这种方式获得地位和影响力，这样的指控听起来很不可思议，也是错误的。而针对人们指控自己曾对狄奥多里克发表过叛逆的言论，波爱修斯予以坚决驳斥，而且在这个时候他已经不再奢望能够获得宽恕了，否则他也不会在《哲学的慰藉》中谴责国王为暴君了。总之，死刑判决很可能是不公正的，波爱修斯有充分的理由去抱怨自己的命运。[13]

人们更加无法一致肯定的问题是，审判是如何进行的，在这个过程中国王又扮演了怎样的角色。《无名的瓦莱西亚努斯》称西普里亚努斯是出于贪欲才对阿尔比努斯发起了指控，波爱修斯则称自己的对手腐化堕落、毫无廉耻。我们没有办法通过现在的手段证实或反驳这些指责，宫臣会追求权势和财富，这一点的确符合人们的经验，但这并不能说明为了达到这一目的任何手段都是可取的。不过历史分析可以表明，在两名被告和他们的对手之间存在社会等级的差异：阿尔比努斯和波爱修斯出身于定居罗马的家族，他们的家族世世代代都有元老院的成员；而西普里亚努斯和他的兄弟奥皮利奥则是因为效力于狄奥多里克才飞黄腾达的，二人甚至都曾学过哥特语，这种行为在元老中罕见。同样，高登提乌斯肯定也不属于古老的罗马贵族家庭。此外，波爱修斯在狄奥多里克宫中有势力的哥特人中间有敌人，尤其是神圣宫舍总管特里维拉时常与波爱修斯这位哲学家发生争吵。在这种背景下，原本只是起诉阿尔比努斯谋反，当波爱修斯站出来保护与自己同等级的同僚时，这一指控会波及波爱修斯，也就可以理解了。狄奥多里克身边有许多有势力的人，他们没有理由为波爱修斯这样的人说话，甚至他们乐意看到波爱修斯这样的人垮台。不过，这样的解释自然还不够，因为最终决定开庭审理的是国王。那么是什么促使他相信西普里亚努斯提出的证人和证据的呢？

对于《无名的瓦莱西亚努斯》来说，事情很简单。狄奥多里克正在寻找一个伤害罗马人的机会，最终他找到了，这是因为魔鬼迷住了他的心窍。与撒旦纠缠不清的人必定会找出旁证来支持自己的观点，毫无疑问，无论是阿尔比努斯还是波爱修斯，都犯下了谋逆的罪行。波爱修斯的岳父辛玛古也被指控犯下了这一罪行。在阿尔比努斯的案子中，指控的基础是一封他写给查士丁皇帝的书信，人们不关心信的真实性，只关心如何去解释这封信。同样在波爱修斯的案子中，人们也拿出了一封信，这封信的内容明显有谋反意图，然而根据被告的说法，这封信是伪造的。但狄奥多里克却在没有给波爱修斯反驳的机会的情况下就接受了起诉人的说法，甚至他根本就不器重那些对波爱修斯作出不利证词的人。

因此，人们很难不得出这样一个结论，那就是狄奥多里克并不信任那些遭到起诉的元老。在想到元老同皇帝通信时，为什么国王会感到不安？从官方层面看，狄奥多里克和查士丁之间的关系是高度融洽的。有消息暗示，被认为是由波爱修斯写的那封书信中表达了这名哲学家有重建"罗马之自由"的愿望。狄奥多里克已经要求保障罗马人这样的自由，因此他可以甚至必定会认为上述表述是在攻击自己的统治。特别是当这些书信触及了一个在狄奥多里克看来尤其敏感的话题时，狄奥多里克的不安更是很有道理了，这个问题便是：谁将会继承王位。原定的继承人欧塔里克的死将狄奥多里克的计划彻底推翻，使得未来变得很不确定。狄奥多里克的毕生事业眼看就要毁于一旦。人们可以想象，当人们给这位老国王呈上这些书信，当他得知那些得到他特殊褒奖的高等级元老却在背着他同皇帝通信，谈论自己的败绩时，这位老国王会是多么恼怒。

狄奥多里克将对波爱修斯案件的审理工作交给了一个元老法庭，这表明他完全清楚这件事有多么劲爆。针对显贵阶层的前执政官的谋反审判最终可能会以妥协告终，这种妥协关系此前一直是哥特国王和罗马贵族之间合作关系的基础。阿尔比努斯和波爱修斯的敌人很可能不只在狄奥多里克的宫廷，他们在罗马的元老同僚中大概也有敌人。罗马的城市贵族也并非一个整齐划一的群体，而是分裂成了多个阵营，与元老同僚并肩斗争或者与他们相互斗争是元老生活的一部分。然而当元老阶层的特权受到威胁时，人们便会团结起来，他们对于死刑判决和没收财产的反应尤为激烈。狄奥多里克相信，只要自己不担任法官，那么便可借此推卸死刑判决的责任。因此他想方设法确保在自己没有参与的情况下作出判决。认为波爱修斯有罪的法庭是由五人组成还是包括整个元老院，这一点已经不是那么重要了。然而这一招并没有起到作用，因为即便是在同时代的人看来，人们显然也不可能在违背国王意愿的情况下作出判决。元老中间或许有部分人希望国王能够宽恕波爱修斯。这样的愿望并非完全没有理由。在出现明显谋反迹象之后，狄奥多里克本可以通过宽恕波爱修斯来证明自己拥有统治者所应具备的宽厚之美德。然而狄奥多里克不需要证明自己的宽厚，甚至他都没有把这位哲学家的财产留给他的孩子们。正因如此，狄奥多里克必须为波爱修斯的死负责。狄奥多里克下令执行死刑后，

550

人们便再也不能怀疑死刑判决符合他的意愿了。当狄奥多里克一年后又下令处死波爱修斯的岳父辛玛古时，这样的印象又得到了强化。

我们手上的资料没有说明对阿尔比努斯、波爱修斯和辛玛古案件的审理以及对他们作出的死刑判决对国王和元老院之间的关系产生了怎样的影响。如果纯粹从表面上看，几乎没有发生什么变化。然而元老对哥特国王的信任遭受了严峻的考验。死刑判决进入了元老阶层的集体记忆之中，成为狄奥多里克的一大罪状，东罗马史学家及元老普罗科匹厄斯是这么看的，后来的教宗格列高利一世也是这么看的，这位教宗出身于古老的元老家族，并且他在成为神职人员之前也曾担任过罗马的城市总督。部分迹象表明，狄奥多里克事后将处决波爱修斯和辛玛古看作政治上的错误。不管怎么说，人们传言国王后悔了。狄奥多里克死后，阿玛拉逊莎减轻了狄奥多里克对波爱修斯后代的惩罚，她将被查抄的财产归还给了波爱修斯的孩子们。[14]

46

权力的较量：狄奥多里克和教宗
约翰一世及斐理克斯四世

　　除了元老，天主教派诸主教也是狄奥多里克在意大利统治的支柱。他们接受狄奥多里克国王为世俗当权者，甚至当教会内部发生争端时会请求他来担任仲裁人。反过来，狄奥多里克承认意大利天主教会的所有特权，并满怀敬意地对待天主教会的代表。这种带有合作特征的关系早在杰拉斯担任教宗的时候（492~496年）就已经开始了，并在何尔米斯达在位期间（514~523年）得到了延续。狄奥多里克虽然密切关注着何尔米斯达为了结束罗马和君士坦丁堡之间存在的教会分裂状态所做的努力，但他并未出手阻止。当518年罗马与东部的帝国教会达成谅解时，狄奥多里克明确对此表示了同意。国王对圣彼得大教堂进行了一次捐赠，这象征了"信仰阿里乌派的"国王同他臣民中信仰天主教的大多数人的精神领袖之间的和睦关系。当523年8月6日何尔米斯达去世时，人们几乎无法预见到情况很快便会发生变化。何尔米斯达的继任者仅仅过了一周便上任了，他的名字叫约翰，是第一个叫这个名字的教宗。关于此人的出生情况，《教宗志》（第55章第1节）中仅记载，他来自托斯卡纳，父亲名叫君士坦提乌斯。然而有些记载认为此人与助祭约翰是同一人。这有据可考，助祭约翰自512年起便服务于罗马教会，并被视为理论权威，他写了一封长信，目的是向"光荣者"塞纳留斯解释天主教的洗礼仪式，并且他同波爱修斯就基督教神学问题保持着密切的思想交流。如果这种对应是正确的话，那么教宗约翰便是一个通晓理论的人，并同元老群体保持着密切的关系。[15]

约翰一世在位 32 个月，只有唯一的一个事迹流传了下来，那就是 525 年秋天或 526 年初他在狄奥多里克的委托下出使君士坦丁堡。这一事件引起了轰动，因为此前从未有任何一个罗马主教为了前往博斯普鲁斯海峡旁的皇帝宫廷而离开自己的城市。更加少见的是教宗肩负的使命：这位彼得的继任者要去找查士丁皇帝，要他收回先前对东罗马帝国境内"信仰阿里乌派"异端采取的措施。这个任务从根本上同罗马主教对自我的理解是冲突的，在罗马主教看来，自己手中最高尚的任务便是同异端作斗争。同样值得注意的是，当约翰于 526 年 5 月返回意大利，并在拉文纳向国王汇报的时候所受到的待遇。据《无名的瓦莱西亚努斯》（第 93 章）记载，狄奥多里克"怀着恶意"接待了约翰，这说明教宗在国王那里"不受宠"。几天后，教宗便去世了。《教宗志》（第 55 章第 6 节）甚至宣称约翰被狄奥多里克逮捕，以殉道者的身份在狱中死去。

上述事件引出了许多问题：狄奥多里克向查士丁皇帝派出使团的目的究竟是什么？为什么狄奥多里克要强迫教宗去做一件违背自己保卫正统信仰的自我认知的事，从而损害教宗的威信？而教宗又为什么会去做这样的事？最后，为什么狄奥多里克会对自己派出的教宗使臣不满？对上述问题试图作出的所有解答都以《无名的瓦莱西亚努斯》为基础。

现在国王返回了拉文纳，在那儿，他的行事作风不再像上帝之友，而是犹如神法之敌。他忘记了上帝的一切善行，忘记了上帝对其展现出的一切恩典，只相信自己臂膀的力量。由于他相信查士丁皇帝畏惧自己，于是他让使徒宝座之首领约翰前往拉文纳，对他说："去君士坦丁堡见

552

553 查士丁皇帝。"此外还告诉他，他应该让被重新统一到天主教信仰中的人恢复到他们之前的状态。约翰教宗给予他如下回答："国王陛下，你想做的就快做吧！看，我就站在你的面前。要我去做这事，我不会答应，我也不会向查士丁皇帝转达这些话。但你交给我的其他事，我会在上帝的帮助下到皇帝那里去办成一些。"16

　　《无名的瓦莱西亚努斯》将狄奥多里克描述成上帝的敌人，他利用教宗，将已经被争取去投身正统信仰的皇帝的臣民推回到堕落的异端信仰中。上述记载的笔触十分细腻，直接引语的使用使得整个描述非常生动，让人感觉作者亲自获得了关于对话的信息。《无名的瓦莱西亚努斯》借约翰之口说出了《约翰福音》（13：17）中耶稣对犹大说的话，暗示了狄奥多里克离弃了上帝，迫害了信仰正统教派的信徒。这种带有倾向性的描述的实质或许是，狄奥多里克"此外还"要求教宗到皇帝那里去想办法，让那些被迫从"阿里乌派"改信天主教的人回到从前的信仰。教宗虽然坚决拒绝接受这一任务，但他表示愿意做其他任何事。

　　那么，教宗愿意做的其他事都有哪些？《教宗志》最早的版本可以回答这个问题。书中（第55章第3节和第5节）说，狄奥多里克要求归还从信仰"阿里乌派"的异端手中夺走的教堂，事实上皇帝也同意了教宗的这一请求。如果将两份记录合并在一起看，那么便会得出这样一个结论，那就是约翰虽然不愿意去想办法让已经皈依天主教的人回到自己曾经的信仰，但他愿意将教堂还给信仰"阿里乌派"的教众。

　　从天主教派的视角来看，上述行为非常危险，因为人们很难想象教宗会去听从这样的差遣，除非他受到了巨大的压力。
554 事实上许多文献都曾提到狄奥多里克曾威胁要处死教宗。使

团的人员组成也更加让人觉得这件事对于狄奥多里克来说十分
紧急。除了教宗之外，加入这支使团的还有四名主教，其中包
括拉文纳天主教派主教埃克斯里修斯。不过，加入这支使团的
绝不只有神职人员。准确地说，还有四名高等级元老加入了使
团。其中三人是拥有"贵族官"头衔的前执政官，他们是狄奥
多鲁斯（505 年执政官）、因波图努斯（509 年执政官）和阿
加皮图斯（517 年执政官），第四个人也叫阿加皮图斯，我们
很难将他同另一位同名者区分开来。狄奥多鲁斯和因波图努斯
是德西乌斯家族的成员，他们恰好是两年前被指控谋反的阿尔
比努斯的兄弟。[17]

　　由于狄奥多里克让教宗和首都拉文纳的主教与受人尊敬
且势力颇大的元老院代表一同前往君士坦丁堡，人们便很难回
避这样一个问题，即对皇帝统治区域内的狄奥多里克教友的处
理问题究竟是不是使臣要与查士丁交涉的唯一问题。我们可以
想象，狄奥多里克曾试图争取皇帝能够同意自己死后宣布的继
承办法，但由于史料对此避而不谈，这只能是我们的一种猜测
了。即便使团带给查士丁皇帝的指示内容要比人们从史料中看
到的更多，我们仍然可以确定，当狄奥多里克委托使团去维护
皇帝统治区域内的"阿里乌派"教徒的地位时，实际上是缺乏
政治智慧的，这是因为狄奥多里克此举侮辱了教宗，从而把自
己同天主教派诸主教之间的谅解关系视为儿戏，而这种谅解
关系正是狄奥多里克此前能够同天主教主教群体保持良好关
系的基础。特别是定居在罗马的元老视罗马主教为他们的精神
牧人，因此罗马主教也可能具有政治影响力。此外，狄奥多里
克插手天主教，还激怒了皇帝，而皇帝自视为正统信仰的守护
者，并且以这一形象示人。狄奥多里克的行为从任何角度看都
是不明智的，至少狄奥多里克当时的工作重心是争取让人们承
认自己的外孙阿塔拉里克为王位继承人，他的这种行为便显得

555

越发欠考虑了。

人们很难从政治谋略的角度去解释约翰所参加的使团的动机。是在向意大利的元老和主教宣示自己的权力？如果是这样，狄奥多里克便会有针对性地选择教宗和有影响力的元老，以便强迫他们证明自己的忠诚。或者国王是将自己看作一切相像派教徒的保护人，无论他们生活在何方？皇帝下令对狄奥多里克国王的教友采取强制措施，而天主教徒却能在狄奥多里克的国中不受阻碍地实践自己的信仰，这一点想必会令狄奥多里克感到不公，从而激怒他。可是，他真的会愿意为此去激怒教宗、元老院和皇帝吗？天主教派的维埃纳主教阿维图斯曾在十年前预测，如果勃艮第王国境内的相像派教徒受到了排挤，狄奥多里克绝不会坐视不管。如今这样做的风险要大得多，如果526年的狄奥多里克真的是出于良心才这么做，那么他是在冒着巨大的政治风险。[18]

当人们想要理解狄奥多里克为什么在教宗返回后表现得很不高兴时，同样的问题也会出现。因为约翰并未表现出气恼的样子，而是按照狄奥多里克的要求，去向查士丁皇帝要求归还此前属于"阿里乌派"教众的教堂。皇帝则应允了这一请求，下令将教堂归还给自己统治区域内的"阿里乌派"教徒。这样狄奥多里克在罗马帝国境内的教友又能够自由地实践自己的信仰了，在538年北非被汪达尔人夺回后，他们的教堂重新被夺走，而这一次他们是永远失去教堂。[19]难道这样的成功不足以让狄奥多里克对约翰和其他使臣满意吗？事情显然不是这样，因此我们要从别的角度来解释狄奥多里克的愤怒。

原因似乎要从约翰逗留在君士坦丁堡期间的行为方式中寻找。我们可以从史料中得知，教宗在博斯普鲁斯海峡旁的帝都受到了隆重的接待。人们出城十二里地去迎接这位彼得的继任者，皇帝本人则通过谦卑的姿态（不知是亲吻还是鞠躬）来

向教宗表示自己的敬意。复活节那天，约翰在圣索菲亚大教堂
（Hagia Sophia）不仅坐在了皇帝右边的尊位上（君士坦丁堡
牧首则只能将就着坐在皇帝的左边），还亲自主持了一场弥撒
圣祭，以庆祝被钉在十字架上的神子的复活，而且他采用的是
罗马的仪式。在这次礼拜仪式中，皇帝为了显示自己的谦卑而
取下了自己的皇冠，罗马主教则获得了重新给皇帝戴上皇冠的
特权。此举虽然不像人们所认为的那样是"第一次教宗给皇帝
的加冕"，但这的确是皇帝与教宗之间一次令人印象深刻的和
谐关系的展示，这两种力量提出了一种普遍的、不局限于某个
特定区域的领导权要求。[20]

　　人们完全可以想象，狄奥多里克会认为上述形势极具威胁
性，因此他会认为约翰的行为是不忠的。人们或许可以猜测，
有人向国王汇报了这些情况。不过，虽然狄奥多里克有理由认
为教宗在君士坦丁堡越过了他身为狄奥多里克的臣属所应当遵
守的界限，但人们依然要重提一个问题，即国王惩罚上述行为
的方式是不是能够巩固自己的统治，还是说他的做法恰好起了
反作用。

　　对上述问题的评判之所以很困难，是因为我们不能准确
地知道国王是如何表达自己的不满的。根据《教宗志》的记
载（第 55 章第 4 节），狄奥多里克不仅下令逮捕了约翰，还
将整个使团的成员，包括三名返回意大利的元老都抓了起来，
据说要将他们统统杀死。将所有返回的使臣逮捕的说法很可
能是恶意造谣，正如有人宣称狄奥多里克想要他们的命一样，
然后这三名元老在后文中一次也没被提到过。《无名的瓦莱西
亚努斯》只提到国王在拉文纳收回了自己对教宗的宠信。按
照这部书的说法，狄奥多里克虽然宣布约翰不再受法律保护，
但并未把他当作囚犯来对待。宣布教宗不再受国王保护的声
明更多的是在邀请约翰的敌人在必要的时候用暴力去迫害他

557

们的目标。

当人们把视线转向教宗的死所带来的结果时，或许才能重新得出准确的结论。约翰教宗的尸体被立刻运到了罗马，并于526年5月27日，也就是在他死后仅仅一周，被葬在了罗马的圣彼得大教堂内。关于出殡的时候发生的事，《无名的瓦莱西亚努斯》有如下记载：

> 百姓们正走在他的尸首前，突然人群中有一人被恶灵附体，扑倒在地。而当人们用尸架扛着教宗，走到这人身边时，此人忽又健健康康地爬了起来，走到了送葬队伍的前面。百姓和元老看到这一幕，便开始从教宗的衣服上取下各种遗物。就这样，百姓们怀着巨大的喜悦，将教宗的躯体抬到了城外。[21]

上述记载让人们感受到，约翰的葬礼演变成了一场演示罗马人同已故主教之间团结关系的群众集会活动。一个发生在送葬途中的简单的奇迹让人们更加相信，死去的并非一名普通的主教。据说在葬礼举行的过程中，人们就已经开始抢夺那些因为接触了教宗的躯体而获得了神力的物品。约翰死后三个月，狄奥多里克便因病去世，由此便形成了一个完整的证据链：上帝公正地对基督徒的迫害者施加了惩罚。被国王侮辱的约翰在死后不久就通过这种方式变身成了一名为了自己的信仰而死的殉道者。约翰的殉道进入了罗马教会的集体记忆之中，并从这里传播到更为广阔的群体之中。约翰的墓志铭就称他为上帝的一位主管，作为基督的献祭羔羊牺牲了。教会的人创作的约翰生平传记成为《教宗志》的一部分，在这里，约翰以因信仰问题遭受异端分子狄奥多里克迫害，最终遭到杀害的殉道者的身份出现。写作于哥特人在意大利的政权结束后的《无名的瓦莱西亚努斯》中的记载也没有太大区别。6月底，教宗格列高利一世曾讲道，约翰教宗和"贵族官"辛玛古为了惩罚狄奥多里克，解掉了狄奥多里克的腰带，脱去了他的鞋子，将他的双手捆起，把他投入了人们想象中的地狱的入口——利帕里岛（Lipari）的火山口。在同一时期的高卢，图尔主教格列高利说，狄奥多里克下令逮捕约翰，这是因为约翰反对血腥迫害意大利的基督徒。教宗被囚禁期间遭到了酷刑折磨，并因此死去。[22]

约翰死后便迎来了一段前所未有的漫长的大空位时期，圣彼得的宝座有长达两个月的时间是空置的。在这段时间里势必出现了罗马主教职位之争。约翰的继任者于526年7月12日即位，他叫斐理克斯，来自萨莫奈行省，这是一片位于亚平宁山脉南麓的土地。斐理克斯曾担任罗马教会的助祭，519年受教宗何尔米斯达的委托前往君士坦丁堡。斐理克斯是第一个，也是唯一一个由狄奥多里克明确下令任命的教宗。人们能够从卡西奥多在狄奥多里克去世后不久为他的继承人阿塔拉里克草拟的一封写给元老院的信中读到，斐理克斯在狄奥多里克的帮助下成功击败了另一名候选人，而至少有一部分元老是支持这名候选人的。这封书信中称，阿塔拉里克很高兴元老院肯定了狄奥多里克的判断，狄奥多里克虽然属于另一个宗教，但他选出的教宗不会让任何人不满意。元老有了斐理克斯，就有了一个以荣耀的方式受到神的恩典，并通过了国王的考验，获得国王的赞赏的人。因此，即使"一个人被移走"，信徒们也没有损失，因为他们拥有了自己渴求的圣职。[23]

我们并不清楚那个必须"被移走"，以确保斐理克斯能够得到普遍认可的人是谁，并且我们也无法准确再现狄奥多里克出手干预的具体情景。在与约翰爆发冲突之后，狄奥多里克或许会坚持让接替教宗之位的可能的候选人在选举前来见自己。

然而我们同样可以想象，此前曾出现了双重选举的情况，正如
498年曾经发生过的那样。在这一次，对立双方或元老院很可
能直接请求狄奥多里克出手干预。不过毋庸置疑的是，狄奥多
里克选择斐理克斯的决定在元老院遭到了反对，而斐理克斯也
被僧侣看作狄奥多里克的人。正因如此，狄奥多里克国王与元
老院的关系又重新陷入了危机，哪怕狄奥多里克很可能是应他
人的请求才去干预教宗选举的。上述写给元老院的书信表明，
在狄奥多里克去世的时候，依然不是所有元老都对斐理克斯担
任教宗表示满意。

47

光荣孤立？狄奥多里克及其盟友

在同克洛维和贡都巴德交战的过程中，狄奥多里克夺取了普罗旺斯和伊比利亚半岛。借此，他继续将法兰克和勃艮第诸王阻隔在了地中海区域之外，还控制了各大港口，并对进口商品征税。勃艮第王国始终在法兰克人的各个分封小国和狄奥多里克的王国之间构成一片缓冲地带。贡都巴德在501年杀害了自己的兄弟哥德吉塞尔之后，便将自己的儿子西吉斯蒙德立为了共治国王，但贡都巴德在世期间一直处于更加强势的地位。西吉斯蒙德最初也和他的父亲一样信仰相像派，但他在与阿拉里克二世开战前改信了天主教，阿维图斯曾在一封写给辛玛古教宗的欢欣鼓舞的信中提到了此事。自此，在勃艮第人的王国内有一名在日内瓦的天主教国王与一名在维埃纳的相像派国王并肩统治。贡都巴德通过充满象征意味的行为，在自己的疆域之外公开宣告此次改宗：他以朝圣者的身份前往罗马，此后便有了一批日耳曼国王先后追随他的脚步。西吉斯蒙德则在罗马向辛玛古教宗表达了自己的忠诚，教宗赠送给了他贵重的圣髑。西吉斯蒙德返回后在日内瓦捐建了一座献给使徒彼得的教堂，并准备把这座教堂当作自己的安葬地，此外他还请求罗马赠给自己更多的圣髑。年事已高的贡都巴德对此没有反对，他本人还与阿维图斯就富有争议的信仰问题交换过意见，并让两个教派的代表在自己宫中进行讨论。不过贡都巴德始终坚持相像派信仰，并坚持要自己的儿子同自己一同庆祝复活节。[24]

后来贡都巴德于 516 年去世。西吉斯蒙德按照计划独立继
承了王位，他的兄弟戈多马尔则被排除在了统治权之外。西吉
斯蒙德不再给自己王国境内的相像派教会提供支持。不久后，
国中的天主教各主教聚集在了埃帕奥［这个地方很可能就是位
于维埃纳南部的圣罗曼达尔邦（Saint-Romain-d'Albon）］，
以便给这个新的天主教阵营出谋划策。被邀请的有维埃纳主教
阿维图斯和里昂主教维文蒂奥鲁斯（Viventiolus），这二人
一同主持此次会议。我们不能据此认为国王会封禁相像派教
会，并将相像派教会排挤至地下，因此参加此次宗教会议的成
员已经做好准备要经历一段较为漫长的过渡期。他们避免任何
形式的耀武扬威，行为做派温和而实际。那些曾被"异端"神
职人员邀请赴宴的天主教神职人员，如果已经年老，就要被革
除教籍一年，如果尚年轻，就要挨一顿打。曾接受相像派信
仰、背离正统信仰的人，首先要忏悔两年，之后可以重回教会
怀抱。在当时，如果犯下这些错误，惯常的规矩是要忏悔七
年、十年、十二年不等，相比之下，此次宗教会议的惩罚打了
一个大大的折扣。"异端分子"的教堂不会遭到侵犯，除非是
那些通过暴力手段从天主教徒手中夺走的教堂。参会人员解释
称，这些建筑已经不洁了。但这并不意味着政治动机在其中没
有起任何作用。在一封写给格勒诺布尔主教维克托的信中，阿
维图斯直截了当地阐释了相关的政治动机。首先，人们并不清
楚西吉斯蒙德的儿子，也即继承人，是否同他的父亲拥有同样
的信仰。阿维图斯担心，西吉斯蒙德与狄奥多里克的女儿奥丝
特萝哥托所生的儿子西格里克（Sigerich）会再次推翻父亲的
决定。其次，人们担心，当"遵守另一种法则的邻国国王"看
到自己在勃艮第王国的教友被自己所不赞同的方式对待时，会
报复本国的天主教徒。这个邻国国王不是别人，正是狄奥多里
克。也就是说，阿维图斯把狄奥多里克视为相像派教徒的庇护

者，他相信，如果勃艮第王国的相像派教徒遭到了折磨，那么狄奥多里克便会报复意大利的天主教徒。因此，阿维图斯建议不要去效仿那些毫无廉耻的异端分子从天主教徒手中夺走教堂的做法，而是最好避开他们的神庙，就像避开"奴隶们的劳动场"一样。[25]

然而，宗教政策并不是狄奥多里克对自己的勃艮第女婿不满意的唯一原因。早在 515 年之前，西吉斯蒙德就从皇帝那里获得了"贵族官"的头衔。父亲死后，西吉斯蒙德开始独立裁决王国的对外政策。他立刻向君士坦丁堡派出一支使团，以通知皇帝此事。在一封阿维图斯为西吉斯蒙德草拟的书信中，西吉斯蒙德强调了自己对阿纳斯塔修斯的服从，并点明了自己和先祖从皇帝那里获得的军事荣誉头衔：他坚信，当自己在统治百姓的时候，是皇帝的一名士兵，他为皇帝管理着皇帝无法亲自前往的偏远地区。人们不能把这些话当真，西吉斯蒙德国王很清楚，皇帝无法在勃艮第王国发号施令。不过这封信表明，西吉斯蒙德谋求的是同东罗马紧密合作。皇帝很赏识他的这种态度，因为他在西罗马需要依靠盟友，于是他允诺会恩宠西吉斯蒙德。然而，皇帝并没有像至今为止的研究结果所认为的那样，任命西吉斯蒙德为大元帅。这样的职位不会给西吉斯蒙德带来任何额外的权限或资源，并且其地位也在"贵族官"之下。[26]

狄奥多里克想必会将西吉斯蒙德与阿纳斯塔修斯的联盟视为潜在的威胁。虽然我们不知道狄奥多里克是否知道，或是如何知道上文所提及的书信的内容，但可以肯定的是，要将这封信带到君士坦丁堡的使团在意大利被扣下了，随后在没有完成任务的情况下返回了西吉斯蒙德的宫廷。途中这支使团可能在拉文纳稍作停留，并打算从这里走海路继续前行。不久后，一支皇帝的使团前来拜访西吉斯蒙德，以祝贺他开始独立治国，于是西吉斯蒙德便乘机向阿纳斯塔修斯抱怨狄奥多里克。皇帝没能更早地收到西吉斯蒙德的书信，责任全在狄奥多里克，此人堵住了西吉斯蒙德使团的去路。阿维图斯以勃艮第国王的名义继续写道，上述行为却让人们清楚地看到狄奥多里克对阿纳斯塔修斯的忠诚度究竟如何。西吉斯蒙德派出使团之前——

> 先得到了确证，说意大利的统治者会公开赞成您的和平条件，同时有谣言传开，称东部重新对意大利的统治者表示了恩宠。因此，业已踏上的通信之途便被关闭、被封禁。意大利统治者本人必然会看到，这种虚假的真相会对皇帝的喜悦产生何等影响。如果人们不愿意那些自己宣称会尊敬的人被他人尊敬，那么上述情况传达的友谊信号似乎微乎其微；但怀着恰当的崇敬之情仰望着您的我们必然想要所有人都同样仰望您。如果有人借着可以自由行事，去想方设法让其他人行为不恭，那么这人本身也显示不出多少恭敬之意。27

5 6 3　　在这里，阿维图斯用尖锐的讽刺暗示狄奥多里克与西吉斯蒙德不同，他对皇帝的忠诚不过是伪装。但人们也知道狄奥多里克不需要对皇帝表现出像西吉斯蒙德那样臣服的意思，并且他也没有想过要争夺皇帝在意大利的统治权。在同一时间，阿纳斯塔修斯在狄奥多里克的首肯下请求罗马元老院帮助调停罗马主教和君士坦丁堡主教之间的分裂。阿纳斯塔修斯在信中公开明确承认了狄奥多里克在意大利的统治，他不仅称狄奥多里克为"最富荣光的国王"（glorississimus rex）和"崇高的国王"（excelsus rex），还提到狄奥多里克获得了统辖元老院的职权和责任。此外，阿纳斯塔修斯还使用了"两个国家的肢体"（utriusque rei publicae membra）的说法。也就是说，阿纳斯塔修斯采用了狄奥多里克的书记处用来描述狄奥多里克王国同罗马帝国之间关系的用语。正如我们已经看到的那样，阿纳斯塔修斯的继任者查士丁接受了欧塔里克成为狄奥多里克的继承人。[28]

西吉斯蒙德的妻子奥丝特萝哥托死后，狄奥多里克与女婿之间的关系就已经变得有些紧张了。不久后，西吉斯蒙德便娶了已故妻子的一名侍女。几年后，也就是在522年，西吉斯蒙德命人杀害了自己同奥丝特萝哥托所生的儿子西格里克。据说西格里克的继母怂恿丈夫做了这样的恶事，她诬陷继子想要夺取王位。这个故事显然遵循了恶毒继母的母题。这很可能是凭空捏造的，但也有可能不是：在王室家族中，父子冲突有时会以杀戮的形式收场。不过可以肯定的是，西吉斯蒙德曾公开对自己的行为表示过悔恨：他在自己不久前（515年）建造的阿高努姆圣莫里斯修道院（Saint-Maurice d'Agaune）进行了忏悔。后来人们认为，此次忏悔促成了永恒赞美仪式（laus perennis）被引入这座修道院。[29]

对于狄奥多里克而言，杀害外孙的行为是一种挑衅。狄奥多里克想必早就不对女婿在政治上的忠诚抱希望了。但此刻他作为战士的荣耀已快丧失。对近亲和被保护人的攻击行为必须受到报复，不为这种血海深仇复仇的人会被人指责为胆小。狄奥多里克无法忍受这一点，于是他准备对勃艮第王国开战。然而国土紧邻勃艮第王国的法兰克国王克罗多米尔抢先一步。图尔的格列高利提供了唯一一份相关记载，他称此次战争的动机也是复仇：传说克洛维的寡妻克罗德希尔德要求自己的儿子为自己被贡都巴德杀害的双亲报仇。不过这个说法不是那么有说服力，因为这场谋杀已经是20多年前的事了。因此更为可信的猜测是，克罗多米尔召集军队是因为他得知狄奥多里克即将出兵，而这既有可能是因为这位法兰克国王想要自己动手，也有可能是他同狄奥多里克说好了。但不管目的是什么，克罗多米尔的军队最终战胜了勃艮第的军队。西吉斯蒙德想要逃到圣莫里斯修道院内，但被自己的随从交给了敌人。克罗多米尔起先把他和他的家人关在奥尔良，不久后就将他们杀害。

　　由于战胜的法兰克人带着成千上万的俘虏返回了家乡，被打败的勃艮第人又得以团聚。他们拥立西吉斯蒙德的兄弟戈多马尔为国王。最迟在这个时候，狄奥多里克与克罗多米尔结成了军事同盟。据普罗科匹厄斯记载，两位国王约定，每人率领一支军队前去攻打勃艮第人。如果有一人在没有另一人的帮助下战胜了勃艮第人，那么没有参加战争的一方要付给另一方一笔钱，而被占领的土地要平分。因此，狄奥多里克命令自己手下的将领坐等战争结束，在法兰克人获胜之后占领了勃艮第一半的领土。在图尔的格列高利笔下，故事却呈现出另一番面565　貌。这位法兰克主教及史学家说，克罗多米尔的哥哥提乌德里克参加了克罗多米尔对勃艮第王国的第二次进攻，两支军队在维埃纳附近的韦兹龙斯（Vézéronce）会合，一同战胜了戈多马尔的军队，接着占领了整个勃艮第。两名作者一致提到法兰克人取得了胜利。然而，我们从其他的资料中看到，普罗科匹厄斯和格列高利编造并散布了一段法兰克的虚假历史。事实上，克罗多米尔阵亡了，戈多马尔抵抗成功了，溃败的法兰克军队返回了家乡。不过普罗科匹厄斯对狄奥多里克行为的描述是准确的。卡西奥多在几年后强调，图卢因在对勃艮第人的战争中"没有流一滴血"就为狄奥多里克赢得了胜利。狄奥多里克成功将自己的疆域从迪朗斯河流域扩张到伊泽尔河流域，有十座城市因此成为高卢大区的一部分，其中包括韦松、奥朗日和阿维尼翁。[30]

　　狄奥多里克对西吉斯蒙德宣战，因为他想要为外孙报仇，并且他不得不这么做。然而当这个目的达到之后，他并未停止战争。狄奥多里克与克罗多米尔结盟的目标是扩张疆域，这个目标他也同样实现了，并且他手下的士兵无须投身战场。不过我们依然要问以下问题：狄奥多里克对此次军事冲突的结果是否满意？或者说，他能不能够对此满意？通过扩张，狄奥多里克削弱了一个力量，但如果他想要顶住墨洛温家族（Merowingern）造成的压力，那么他又必须希望这支力量强大，同时狄奥多里克失去了自己作为墨洛温家族的敌人想要拥有的一切信誉。此时，狄奥多里克几乎已经没有可能同勃艮第王国组成反法兰克同盟了，哪怕戈多马尔必然会预见到法兰克一方会继续进攻自己，因此他试图提升自己王国的军事能力。然而狄奥多里克不信赖墨洛温家族。虽然狄奥多里克在世的时候墨洛温家族表现得仍较为冷静，但523年克洛泰尔和希尔德贝特又重新发动战争，此次战争在几年后以戈多马尔被驱逐以及戈多马尔王国的灭亡告终。[31]

汪达尔王国在这些年的发展也逐渐让狄奥多里克陷入忧虑。特拉萨蒙德通过支持盖萨莱克来获得对西班牙的影响的企图失败了，因而他放弃了独立自主的外交政策，接受了狄奥多里克安排给他的、附庸于狄奥多里克而存在的盟友角色。抵御骚扰自己王国边境的摩尔人各部落就够特拉萨蒙德忙了。他继续推行前辈采取的压迫性宗教政策。天主教徒希望被驱逐的主教得到赦免，被没收的财产和被撤销的特权被归还，以及被允许举行宗教会议，但这些愿望都落空了。所以说，狄奥多里克似乎不需要担心汪达尔王国这边会发生什么变化。

然而，这些都是骗人的表象，因为汪达尔人的王国有固定的王位继承法规。根据盖萨里克的一则命令，王位应当传给国王最年长的男性亲属。因此狄奥多里克必然会据此推断，继承特拉萨蒙德王位的会是胡内里克国王和皇帝的女儿欧多西娅

566

（Eudocia）所生的儿子锡尔德里克。这个锡尔德里克以反对自己的叔叔特拉萨蒙德的政治路线著称，他并不强调罗马人和汪达尔人之间的隔阂，而是主张二者应当同化，拒绝以压迫手段为宗教政策，意图同皇帝结盟，以摆脱狄奥多里克的影响。正因如此，锡尔德里克必须起誓，如果他做了国王，便不得将天主教堂和特权交还给天主教徒。当然，当特拉萨蒙德在 523 年夏季去世后，锡尔德里克找到了一个规避这一誓言的方法。被驱逐的主教回来了，被关闭的天主教堂得以重新开放。锡尔德里克给君士坦丁堡送去了丰厚的礼品，并申明自己对皇帝的友谊和服从。狄奥多里克的妹妹阿玛拉弗里达在丈夫死后便逃到了摩尔人那里。阿玛拉弗里达认识锡尔德里克多年，而她认识锡尔德里克时，后者已经是一个有一点年纪的男子了，因此阿玛拉弗里达有充分的理由担忧自己在宫廷中的地位，甚至是自己的性命。如果阿玛拉弗里达像自己 500 年到达迦太基时那样掌握着那么多全副武装的随从，那么她就能够镇定自若地对付这名新国王了。然而，随着时间的推移，这批随从要么返回了意大利，要么被解散。只有少数忠实的随从还伴随在阿玛拉弗里达左右。所以，阿玛拉弗里达到摩尔人在卡普萨（Capsa）的王国去避难，也许她希望借摩尔人之手推翻锡尔德里克。然而这一计划失败了。双方打了一仗，阿玛拉弗里达被俘，她的哥特随从被杀。从此，这位王后成了阶下囚，很可能在 526 年末去世。[32]

阿玛拉弗里达的遭遇标志着狄奥多里克和汪达尔王国之间的联盟破裂，此事表明狄奥多里克已经失去了自己最后一个重要的盟友。同时，狄奥多里克妹妹的垮台和死亡意味着狄奥多里克的荣誉遭受了巨大的损害。同时代的人就已经不得不发问：为什么狄奥多里克不去帮助自己受到排挤的妹妹？根据普罗科匹厄斯的说法，狄奥多里克之所以不去复仇，是因为他认为自己没有能力派出一支强大的舰队前往北非。事实上，虽然狄奥多里克在波河上维持着一定数量的小型船只，但他并没有足够的可以用来航海的船只。[33]

然而，缺少舰队并不是狄奥多里克无法下决心进行军事干预的唯一原因。正如我们所看到的那样，狄奥多里克得知阿玛拉弗里达逃走的消息时，他的军队正被调去攻打西吉斯蒙德。年迈的国王不想两线作战。

即使经过这些事后，狄奥多里克依然是地中海西岸最强大的统治者。但他在对外政策方面处于被孤立的状态，哪怕希尔德里克也许并没有正式宣布特拉萨蒙德20多年前缔结的和约失效。克洛维的儿子意在劫掠财物和占领土地，勃艮第人和图林根人的诸王力量太弱，无法抵御法兰克人。自从查士丁皇帝接受欧塔里克为狄奥多里克的继承人之后，与皇帝的关系似乎也归于正常，但后来欧塔里克去世了，于是狄奥多里克的继承人问题再一次悬而未决。促使狄奥多里克在525年开始推进军事行动的契机很可能是上述危急的局面，此次军事行动的规模在狄奥多里克在位时期可以说是史无前例。国王下令建设一支大规模的舰队，并为这支舰队配备相应的人员。总督府长官阿布恩丹提乌斯受命执行这项命令。出于这一目的写给阿布恩丹提乌斯的书信被保留了下来，里面写道——

568

　　由于我一直烦扰于意大利没有船只，而此地却有大批可供建筑用的木材，甚至可以应其他行省的需求出口，于是在上帝的激励下，我决定开始建造1000艘快速帆船。这些船只一方面可以为国家运输粮食，另一方面在必要的情况下可以抵御敌船。然而我相信，在阁下的操劳下，这样一件重要的事务可以得到妥善处理。[34]

狄奥多里克的舰队规模应该不小于1000艘快速帆船。这种船只当时刚刚出现，其龙骨扁平，船桨排布简单，带有桅杆，上面可容纳20~30名船员，一块甲板可保护船员免遭敌人射击。快速帆船比古希腊诸王和罗马共和国用来发动海战的战舰要小得多。快速帆船可以在河流上以及沿着海岸线行驶。建造1000艘快速帆船并为其配备船员所耗费的人力物力巨大。要给船只配备人员，需要20000~30000人，这大约相当于整支哥特军队的规模。用于建造船只的木材要被砍伐下来，接着被运往可以建造船只的地方。阿布恩丹提乌斯也接到了与此有关的详细指示：

569

> 因为这个缘由，你去派出工匠在意大利全境搜寻适合这一任务的木材。如果在距离河岸较近的地方寻得柏树或松树，应当支付给树木的所有人一笔合适的钱财作为补偿。因为只有这种树木可以被估值，其他的树种价值相对较低，无须估价。但为了使我的命令不会在中途遭到背弃，我命令你现在在上帝的帮助下准备好相应数目的船夫。如果我需要的人中有他人的奴隶，那么此人要将这名奴隶租给我，让他在舰队服役，或者如果此人愿意，也可将自己对该名奴隶的产权转让给国家，并获得一笔合适的钱财。但假如被选为船夫的人享有人身自由权，那么他应知道，如若服役，便可获得一笔金额为五枚金币的津贴，和一笔合理的佣金。[35]

这个舰队建设工程需要高昂的投入。要为此提供资金势必会掏空国王的钱袋子。造船用的木材要以合适的价格去购买，要支付金钱来招募、租赁桨手或是给桨手赎身，此外还要给他们发薪水。招募船员的开销极大，特别是渔夫因为对于食品供

图 28　《罗马维吉尔抄本》中的快速帆船，第 77 页正面

应链意义重大，不可以被征召。狄奥多里克在这个时候（525　570
年）下令在西西里提高土地税的剩余估值并非偶然。由于西西
里生产的粮食有富余，狄奥多里克或许希望能够用这种方式满
足增加的财政需求。虽然期待之中的额外收入可能要到下一年
（526 年）年末才能拿到（而实际上这个目标从未实现），但这
项野心勃勃的舰队建设工程至少有部分内容能够得到兑现。不
管怎么说，过了一段时间后，狄奥多里克给阿布恩丹提乌斯颁
发了一份奖励证书。

　　你突然将一片由船只组成的森林拉到我的眼前，那

是可以漂浮的房屋，是军队的双脚，它们不会因疲劳而失灵，而是会坚定地将人们带往目的地，它是一种如三桨座战船一般的交通工具，只会暴露出桨手的数目，能遮住人们的面部。正如我曾经读到过的那样，这样一种交通工具最初是由阿尔戈号上的英雄引入。它既适合战士用，也可用来运送货物，所以希望能看到异国那种舰队的我即刻便可威慑其他行省，并以这些船只来装点那里了！你丰富了国家的财富，国家因你的措施而得到了恢复。再也没有什么能让希腊人指责我，或者让阿非利加人侮辱我了。他们怀着嫉妒之情，看着这一切在我这里开花结果，而他们要花费许多金钱才能满足自己的愿望。[36]

也就是说，阿布恩丹提乌斯真的向国王交出了一大批快速帆船。然而原计划建造 1000 艘船的目标还远没有达到。强行购买数量如此巨大的木材的行为遭遇了人们的反抗，而且可供支配的造船工人的数目也不够。因此，人们只能在国王私人所有的森林中伐木，在王室领地上寻找造船工人。然而还缺少船员和武器，尤其缺少帆具。阿布恩丹提乌斯接到指令，负责在 526 年 6 月 13 日将可以投入使用的舰队拉到克拉赛。然而这项命令从来都没能实现。当十年后罗马—哥特战争爆发时，狄奥多里克的继任者手上并没有任何舰队。[37]

是什么促使狄奥多里克去推行这么一项花费高昂的措施呢？写给阿布恩丹提乌斯的书信让人们看到，这支舰队需要满足双重职能。一个明确的目的是运输国家的，也就是王室行政机关以实物税收形式要求上缴的粮食。充当运输通道的是可供船只行驶的河流，主要是波河，还有台伯河和阿尔诺河。因此国王下令将这些河流中阻碍船只通行的渔网悉数除去。也就是说，重点是要将货物，也有人员，通过水路更简便更快速地从一个地方运送到另一个地方。这提升了税收管理工作的灵活性，也提高了军队的机动能力。另一个明确的目的是抵御敌人的进攻。王室书记处明确地描述了潜在的危险：希腊人——这里指的是皇帝，阿非利加人——这里指的是汪达尔国王锡尔德里克。无论狄奥多里克望向何处，所能看到的只有种种威胁。[38]

48
堆积的难题和信任危机：
狄奥多里克生命中最后的日子

在狄奥多里克生命中的最后几年里，许多地方扎堆出了问题，这些问题彼此强化，使得国王再也无法解决。自从汪达尔人的王国在特拉萨蒙德国王死后转向了一条亲拜占庭的路线后，狄奥多里克在对外政策方面就基本处于孤立无援的状态了。虽然狄奥多里克从法兰克人的扩张行动中多次获益，但是在 523 年以后的地中海西岸已经再也没有什么可以支持他的力量了。不过狄奥多里克怕皇帝进攻自己，因此想拥有一支可以抵御海上进攻的舰队。此外，伊比利亚半岛上的哥特王国与意大利的哥特王国之间的关系一直都没能稳定下来。虽然狄奥多里克将西班牙看作自己王国的一个行省，并试图在那里推行自己的意志，但"地方代理长官"狄奥迪斯不愿意服从国王要他本人来拉文纳的决定。

在国家内部，虽然在狄奥多里克死后同当地精英之间的谅解关系并未被取消，但这层关系也承受着巨大的压力。诚然，大多数元老仍一如既往地愿意与哥特国王合作，并且除了合作也没有其他现实的可能性，因为意大利的所有武装力量都紧密地团结在狄奥多里克的身后，然而在这平静的表面之下却是暗潮涌动。舰队建设工程会耗费巨资，需要靠提高西西里的税收来筹措到足够的资金。在西西里有大量土地的元老绝不会乐见此事。对阿尔比努斯、波爱修斯和辛玛古的谋逆审判严重损害了想要以罗马自由之庇护人自居的国王的威望，因为自由在元老看来就是充分而不受威胁地享受自己的特权。侮辱约翰教宗的行为不仅挑起了罗马教会成员对狄奥多里克的不满，还使得元老群体陷入了内心的矛盾之中。同样，无论狄奥多里克怀着怎样的动机，选择助祭斐理克斯为约翰的继任者的决定也没能得到元老院成员的普遍认可。498 年双重选举之后，人们请求狄奥多里克担任就彼得合法继任者人选进行裁定的仲裁人。狄奥多里克统治末期有流言传播开来，称国王曾计划迫害天主教徒：阿里乌派教徒将会占领所有的天主教堂。难道国王不是已经让人将位于维罗纳宫殿附近的圣司提反教堂（S. Stefano）"推倒"了吗？[39]

内部紧张局势的形成原因与狄奥多里克生前没能确定继承人有关。已指定的王位继承人的死造成了人们的不确定感，也唤起了部分人的野心。对哥特人在意大利王权的未来的猜测和谣言营造出了一种不信任的氛围，而这种氛围会对国王与其手下罗马臣民之间的关系产生一种沉重的压迫。狄奥多里克再也无法肯定自己能否依赖意大利元老和主教无条件的支持了。反过来，狄奥多里克的行为使得人们越来越怀疑他能否随时随地尊重天主教会和罗马元老院的特权。诚然，人们必然会认可的一点是，狄奥多里克只是在有限的程度上将在他生命中最后的日子里陷入窘境的外交发展态势给控制住，然而在内政方面，他的余地无疑要大一些。如果信任是维持一个君主国稳定运转的必要资源，而这种资源需要不断更新，那么人们必然会得出这样的结论，即在狄奥多里克最后的日子里折磨着他的那些问题，部分是他咎由自取。

573

第十二章
狄奥多里克之后意大利的哥特王国

49
艰难的王位继承：阿塔拉里克、
阿玛拉逊莎和狄奥达哈德
（526~535 年）

526 年 8 月 30 日，狄奥多里克大王在他 33 年前开始以国王身份独立统治哥特人和罗马人的地方，也就是在拉文纳去世。人们将他安葬在位于城市东北处的一个墓地内，那是他自己委托建造的陵寝。这座拥有两层楼的建筑高 15.41 米，全部用石灰岩建成，看上去笨重而紧凑。十角形的基层上方耸立起一层楼，一条带有钳形装饰的横饰带沿着其外部延展开来。圆顶仅由一块石料建成，这块石料直径为 10.36 米，重 230 吨。建筑外沿有 12 个"耳"，上面分别写有十二使徒的名字。该建筑没有留下人形装饰物，也有可能从未存在过这种类型的装饰物。

狄奥多里克的陵寝坐落在城墙之外，高耸的金属栅栏将其同周围的环境隔离开来。选择这个地点意义重大，信仰基督教的皇帝的陵寝总是同教堂在一起。在君士坦丁堡，人们会将皇帝葬在紧邻圣使徒教堂（Apostelkirche）的地方，而狄奥多西王朝的家族陵寝则紧挨着罗马的圣彼得大教堂。与此相反，狄奥多里克的陵寝却是一座独立的建筑。国王一方面希望能靠近使徒，另一方面却在死亡的时候维护着自己独立于教会的身份。如果真的存在下葬仪式，那么它的举办地很可能是在建筑的基层。早年的研究试图证明这座陵寝的外形表现出了墓主人的哥特身份，但这样的努力失败了。虽然钳形横饰带并未模仿

图 29 狄奥多里克陵寝（拉文纳）

罗马风格，但也与传统的哥特风格无关。狄奥多里克为自己的
陵墓选取了一种脱离了族裔归属的混合风格。如果他的陵墓要给
后世传达某种信息，那这个信息会是墓主人的突出地位，这名墓
主人为自己，或许也为自己的后代要求一种独一无二的个性。[1]

虽然狄奥多里克生前就已经下令建造一座雄伟的陵墓，但
自从女婿欧塔里克突然去世后，关于继承人的决定便一再推
迟。假如约翰教宗也曾在君士坦丁堡就此事进行了谈判，那么
此次谈判也是无疾而终。当教宗于526年6月初返回拉文纳时，
国王似乎仍很健康。一个月后，国王依然有能力对罗马主教区
的职位空缺情况作出处理。狄奥多里克的健康状况似乎是突然恶
化的，时间或许是在他8月30日去世前的几周或是几天。根据
史料记载，狄奥多里克在弥留之际召集了手下的哥特人和罗马
人，并向他们表示，自己要立阿玛拉逊莎的儿子、外孙阿塔拉里
克为继承人。接着，在场的人立刻向新国王宣示效忠。[2]

如今我们已经无法验证上述说法是否属实。由于现存的记载都直接或间接地来自狄奥多里克死后流传开来的官方说法，我们不排除这样一种可能性，即人们将国王本人完全没有办法作出的一项决定，通过在他死后安在他头上的方式，来将这一决定合法化。

即使让阿塔拉里克继承王位的确是狄奥多里克的遗愿，这个决定想必也让不少人感到惊讶，因为当时阿塔拉里克才十岁，完全没有能力亲政。此前曾一再出现过孩子以皇帝的名义统治的情况。罗马元老没有忘记，瓦伦提尼安三世曾在 425 年以六岁的年纪登上皇位，一直到 437 年都在母亲加拉·普拉西提阿（Galla Placidia）的监护之下。然而对于狄奥多里克手下的哥特人而言，由一个孩子来继承王位是件新鲜事，因为在此之前，证明自己骁勇善战是得到战士的认可，从而被拥立为王的一个不可或缺的前提条件。对于哥特人而言尤其闻所未闻的是，阿塔拉里克继承王位就意味着他的母亲要摄政，实权被掌握在丈夫死后就没有再婚的阿玛拉逊莎手中。[3]

要促成一个孩子继承狄奥多里克的王位可不是一件容易的事，因为还存在其他一些因为这个孩子而没有被考虑的候选人。狄奥多里克的外甥狄奥达哈德这次也空手而归。众所周知，狄奥多里克认为狄奥达哈德不适合继承王位。但狄奥多里克的外孙，507 年阵亡的西哥特国王阿拉里克二世与提乌迪哥托所生的儿子阿马拉里克也没有继承王位的份，哪怕他在 526 年已经达到了在时人看来可以统治的年纪，很有可能阿马拉里克在狄奥多里克去世的时候正在西班牙，远离事件发生的地方。不过被视为狄奥多里克可能的继承人的群体并不仅限于阿马尔家族，哪怕狄奥多里克曾不遗余力地为自己家族对王权的独立占有权造势，尤其是哥特人会支持狄奥多里克手下久经考验、战功赫赫的将领图卢因登基。

人们最终会在拉文纳一致同意由阿塔拉里克继承王位，要归功于阿玛拉逊莎同宫中的哥特人和元老组成的同盟，这个同盟在其他远在异地的人出手干预之前就采取了行动。该同盟之所以能够建成，是因为图卢因宣誓效忠新国王，由此便放弃了同新国王较量。不过假如图卢因没有为此得到丰厚的赏赐，他是不会这么做的。图卢因得到了对哥特军队的最高指挥权，相应地还受封"显贵大元帅"。这个职位在狄奥多里克在世的时候一直是空缺的，因为国王本人掌握着军队最高指挥权；如今这个职位必须得有人占据了，因为无论是阿塔拉里克还是阿玛拉逊莎，都不能承担起这项职能。我们能够列出部分大力支持阿玛拉逊莎摄政的元老的名字：扮演了决定性角色的是当时正担任政务总管的卡西奥多，以及代理意大利总督府长官阿布恩丹提乌斯。此外，同阿玛拉逊莎关系密切的圈子中还包括安布罗修斯和奥皮利奥：王室私产管家安布罗修斯将这一令人欣喜的消息带到了罗马，不久后便升任圣殿司法官；奥皮利奥就是那个在对波爱修斯的审判中以原告身份出现的人，他在利古里亚传播了继承人的消息，一年后得到了神圣赠礼长官的职位。以顾问的身份被派到图卢因身边的阿拉托尔（Arator）和担任了城市总督的雷帕拉图斯（Reparatus）很可能也参与其中。[4]

由于狄奥多里克的继承人被确定之前没有征求罗马的元老院、意大利的哥特人或君士坦丁堡的皇帝的意见，阿玛拉逊莎和她的追随者势必会预料到，阿塔拉里克的王位继承权并不会顺利地得到认可。人们认为东罗马会进行军事干预，因此军队被派到了亚得里亚海岸。卡西奥多受命负责军队的补给工作。同时，卡西奥多还以阿塔拉里克的名义给查士丁皇帝写了一封信，在信中他祈求和平，并且希望按照给狄奥多里克的条件来重新同皇帝确立睦邻友好关系。卡西奥多在信中写道：仇恨与愤怒应当同死者一起被埋葬。新政府坚决主张，哥特王国作为两个"政体/国家"之一，与罗马帝国牢不可分，但在其他情况下是独立自主的。

比获得皇帝的认可和与罗马帝国重新确立睦邻友好关系更为紧迫的任务是，为狄奥多里克的外孙在狄奥多里克的臣民中间争取尽可能广泛而强有力的支持。在使团前往君士坦丁堡面见皇帝的同一时间，人们在狄奥多里克的整个王国境内散布了这样一个消息：国王驾崩了，他的外孙及继承人阿塔拉里克万岁！为了达到这一目的，卡西奥多草拟了一批经过细致润色的书信寄给一些人和群体，而新国王正需要得到他们的支持。被保存下来的书信是写给罗马元老院、罗马人民、意大利的罗马人、达尔马提亚的罗马人、意大利的哥特人、利贝留、高卢总督府长官、高卢诸行省的哥特人和罗马人及帝国境内的天主教会诸主教的。这些书信的内容和表达方式会根据收信人的不同来作出调整，但所有的书信都有一个统一的主旨，那就是：人们以阿塔拉里克的名义，恳请两个民族，即哥特人与罗马人，和谐共处，并允诺会坚持狄奥多里克的执政原则。[5] 在写给罗马人民的信有如下内容——

> 我吩咐这些信使，在对上帝的祈祷下向诸位起誓，我愿意在上帝的帮助下保卫那滋养诸民族的公义和一视同仁的宽厚，发誓将在我的统治之下使共同的法制适用于哥特人和罗马人；哥特人与罗马人之间不应有嫌隙，哪怕哥特人为了共同的利益，需要辛苦作战，而诸位却可不受滋扰地居住在罗马城中，生生不息。[6]

在所有书信中，要臣民对国王宣誓效忠的命令都伴随着国王对臣民的誓言，这个誓言是由信使以国王的名义来作出。相互起誓的目的是通过一种带有高度道德纽带效应的公开仪式，让那些需要为阿塔拉里克的王权争取到的、非常不同的人和群体承担起对新任统治者的义务。这种相互起誓的行为没有先例，因此这尤为清楚地表明，王权绝不是畅通无阻地从狄奥多里克手上传到阿塔拉里克那里的。狄奥多里克的遗愿也不是都能那么成功地得到执行。

意大利、达尔马提亚和普罗旺斯的哥特人和罗马人都承认阿塔拉里克为狄奥多里克的继承人，不过人们赞同的动机和程度全然不同。罗马元老将家族内部的王位更迭首先视为一种稳定因素，但对于意大利的哥特人而言，对狄奥多里克及其家族的追随，还有对图卢因的认可，都在其中起到了关键性作用。

580 如果只涉及意大利的哥特王权，只要无须担心遭受损失或遭到迫害，那么天主教会诸主教便不会有什么强烈的倾向。相反，在伊比利亚半岛，人们不愿意在事后赞同狄奥多里克选择阿塔拉里克为继承人的决定。在那里，人们推举狄奥多里克的外孙阿马拉里克为国王，从而完成了同意大利的哥特王国的决裂。我们对此次事件的过程和背景知之甚少。但不管怎么样，两个国家的分裂以和平的方式进行，并通过签订协议得到了确定。罗讷河被宣布为两个王国之间的界河，被狄奥多里克运到意大利的西哥特国王的财宝回到了西班牙。此外，娶了西哥特女子为妻的东哥特男子可以依照自己的意愿留在阿马拉里克的王国，并且据普罗科匹厄斯记载，许多人因为选择留在阿马拉里克的国中而获得了好处。由于阿塔拉里克还失去了狄奥多里克之前从伊比利亚半岛上的臣民那里征收的税款和贡赋，此次分裂严重削弱了意大利的哥特王国。[7]

阿玛拉逊莎以自己儿子的名义推行的对外政策的重要特点是竭力避免军事冲突。针对狄奥多里克的妹妹阿玛拉弗里达被汪达尔国王锡尔德里克杀害一事，拉文纳的反应是无力地抗议。先前一直担心的东罗马的军事干预没有发生，狄奥多里克

的舰队建设项目随之被中止。阿玛拉逊莎希望与皇帝和解。要
实现这样的愿望，前提或许并非东罗马政府同意哥特人谈和或
是重新签订友好协议的请求。史料对此未置一词，这更可能暗
示了君士坦丁堡拒绝正式承认阿塔拉里克。8

　　查士丁尼自527年4月起便以奥古斯都的身份正式参与统
治，同年8月，他的舅舅查士丁去世，于是他开始独立执政。
面对那些想要对未成年国王施加影响力的哥特贵族，狄奥多里
克的女儿有意寻求他人的帮助，因此她愿意对查士丁尼的要求
作出较大让步。大约在530年的多瑙河畔，哥特军队同蒙多　　581
的军队之间爆发了冲突，蒙多在狄奥多里克在世的时候曾是哥
特盟友，但后来又同查士丁尼结盟。然而阿玛拉逊莎做了一切
努力，以防止事态发展到同皇帝公开决裂。当533年6月查士
丁尼派出自己的将领贝利萨留率一支舰队前去攻占汪达尔王国
时，狄奥多里克的女儿也友好地提供了帮助，她让皇帝的舰队
在西西里补充给养。与之相反，她完全不愿意接待汪达尔国王
盖利默（Gelimer）派出的一支使团。不过她并没有因此得到
感谢：当汪达尔王国灭亡后，阿玛拉逊莎要求拿回作为阿玛拉
弗里达的嫁妆并入汪达尔王国的利利俾，可查士丁尼却派使臣
亚历山德罗斯（Alexandros）来表示抗议。9

　　阿玛拉逊莎在对外政策方面的妥协源自她内在的软弱。她
的摄政角色从未以任何制度化的形式得到确定；虽然事实上统
治的是阿玛拉逊莎，但在法律上她只不过是国王的母亲。她作
出的一切决策都是以阿塔拉里克的名义颁布。与加拉·普拉西
提阿不同的是，阿玛拉逊莎甚至都不曾拥有过统治者头衔。一
幅530年制作的执政官双联画上的画像委婉地暗示了上述格局：
画上有两幅盾形人像，十字架的左边是身着丘尼卡和宽大礼服
的小国王阿塔拉里克，但他没有统治者标识物；十字架的右边
是他的母亲阿玛拉逊莎，她身着带有镶钻衣领的长袍，带着珍

582

图30　530年执政官欧瑞斯特的执政官双联画

珠项链和一顶珍珠绲边的头饰，该头饰究竟是什么尚不明确，
学界对此的猜测包括冠冕、弗里吉亚式帽、女式便帽或一种特
殊的发型。[10]

　　面对哥特贵族，阿玛拉逊莎只因是名妇女，就已经处境艰难了。罗马元老可以暂时接受由一名女性来进行事实上的统治，因为他们心目中的统治者的首要特征并不是战斗力。然而站在哥特人的角度看，这种状况几乎是难以忍受的。过去曾服务过狄奥多里克的人想要接受一名骁勇善战的国王的统治，如果狄奥多里克没有了继承人，那么他们中的一部分人会坚信自己完全有资格继承王位。

583

　　阿玛拉逊莎和哥特贵族之间的冲突通过王位继承人的教育问题之争得到了表现。阿玛拉逊莎想要按照罗马模式来对阿塔拉里克进行自己曾获得过的文学教育。哥特贵族却担心，如果阿塔拉里克按照罗马方式接受教育便会疏远他们，于是他们要求采用狄奥多里克的教育模式，狄奥多里克一直反对哥特人上学。阿玛拉逊莎不得不作出让步，王位继承人结束了自己拉丁语文学的学习，以便今后可以与同龄的哥特人一同消磨时间。[11]

　　在国家内部，阿玛拉逊莎重新采用了自己的父亲一直到去世前不久都在推行的与本地精英合作的政策。她通过象征性的姿态，同狄奥多里克偏离上述基本路线的措施保持着距离：她将被查抄的家族财产归还给波爱修斯和辛玛古的孩子们，借此表明在她儿子的治下不会再出现处决元老的情况。阿玛拉逊莎坚持哥特人和罗马人职权分离的原则，将王权视为一种将两个民族联系起来的机制。在一份狄奥多里克去世后不久颁布的诏令中，阿玛拉逊莎认为自己对国家的福祉负有义务，并允诺会保护意大利各城市议会成员不受王室官员任意欺压。[12]

　　在拉文纳，阿玛拉逊莎允许天主教信众修建纪念性的教堂。圣母大殿和圣维大理圣殿在主教埃克斯里修斯的主持下分别于526年和532年开始修建，克拉赛的圣亚坡理纳圣殿的修建由拉文纳主教乌尔西奇努斯（Ursicinus）主持修建，此人

584

图 31　圣维大理圣殿（拉文纳），东北角

的任期是 532 年到 536 年。[13] 在罗马，教宗斐理克斯四世似乎
完全满足了狄奥多里克对他的期待，由他主持修建的和平广场
旁的圣葛斯默和达弥盎圣殿的屋顶被铺上了写有狄奥多里克名
字的瓦片。[14]

　　然而在元老和僧侣的反对下，斐理克斯没能在在世的时候
确定自己的继任者。斐理克斯 530 年 9 月 22 日去世后，又出
现了双重选举的局面：大多数僧侣选择了助祭狄奥斯库鲁，此
人来自亚历山大城，已经在罗马教会内部承担重要角色几十年
了；少数人选择了助祭长卜尼法斯，斐理克斯本人也倾向于让
他来继承自己的衣钵。由于狄奥斯库鲁在被选举为教宗后三个
星期就过世了，摄政的阿玛拉逊莎便无须出手干预了。卜尼法
斯是一个名叫西吉巴尔德（Sigibald）的日耳曼人的儿子，他
试图强化自己作为教宗的权威，于是他让给自己投了反对票的
60 名神职人员在一次宗教会议上签署了一份认罪书。可当他

试图在自己在世的时候指定继承人，让罗马诸僧侣对助祭维吉里（Vigilius）宣誓效忠时，他就像自己的前任斐理克斯那样失败了。卜尼法斯不得不在也有元老参加的宗教会议上宣布撤销此次继承人提名。卜尼法斯死后出现了两个半月的空位期，直到533年1月2日圣克雷芒圣殿（S. Clemente）长老以约翰为名接替了使徒彼得的代理人之位，其在位时间一直到535年。在约翰二世在位期间，阿玛拉逊莎批准了元老院的一项决议，即在教宗选举中禁用不正当手段，并且规定如果国王在教宗双重选举中作出了裁决，就要向国王支付一定的费用。圣彼得大教堂前院中树立起了一座大理石碑，上面刻着这份决议的副本。[15]

　　6世纪30年代初，阿玛拉逊莎的处境开始迅速恶化。哥特贵族中有人要求这位女摄政搬出宫殿。她的敌人指出，法兰克人正在继续扩张，势不可当。克洛维的四个儿子之一希尔德贝特于531年击败了狄奥多里克的外孙及西哥特国王阿马拉里克，不久后阿马拉里克被杀害。同一时期，希尔德贝特同父异母的哥哥提乌德里克灭了图林根人的王国，国王赫尔米纳弗里德被俘，他的妻子、狄奥多里克的外甥女阿玛拉贝尔加逃到了意大利。532年，勃艮第国王戈多马尔在欧坦附近的一场战役中被击败，他的王国在534年被三名法兰克国王（克洛泰尔一世、希尔德贝特一世和提乌德贝尔特一世）瓜分。[16]

　　外部的威胁加剧了施加在女摄政身上的内部压力。她愿意用一切手段捍卫自己的地位。首先，阿玛拉逊莎将三名很有势力的哥特贵族调离了宫廷，他们被派到意大利边境去指挥军队。原本阿玛拉逊莎希望可以借此削弱反对派，但这一打算落空了，于是她暗中下令将这三名远离宫廷的将领统统杀掉。这三名哥特人的名字没有被记载下来。不过拥有最高军事指挥权的图卢因很可能也在其中，因为他在被封为"显贵大元帅"之后就从史料中消失得无影无踪了。由于阿玛拉逊莎无法确定暗杀行动是否成功，她还与查士丁尼国王取得了联系，要求在东罗马帝国面见皇帝。她先行派出了一艘装载着40000磅黄金的船，并让这艘船在底拉西乌姆港等着自己。直到她得到消息，自己最危险的敌人成功被除掉，她才下令让船只返回拉文纳。[17]

谋杀三名哥特人（这几个人很可能属于狄奥多里克的"老战友"）的行为看上去削弱了阿玛拉逊莎反对者的势力，但她却在亲族中给自己树了敌，这些人满腔怒火。此时的阿玛拉逊莎更加需要争取元老院和天主教派诸主教的支持。522年，阿玛拉逊莎不顾众人的强烈反对，将527年之后便远离宫廷的卡西奥多任命为意大利总督府长官。与此同时，她还封当时正以高卢总督府长官的身份在宫廷活动的利贝留为"显贵大元帅"，并交给他哥特人图卢因之前掌握的最高军事指挥权。在一封发布给所有行省的大诏书中，阿玛拉逊莎以自己儿子的名义再一次向臣民允诺，为了维护现有法律，会对滥用职权和腐败行为采取严厉措施。[18]

卡西奥多就任的时候给教宗约翰二世和一些有名望的天主教派主教写了信，在信中他鼓励教宗和主教积极参政议政。与此同时，卡西奥多还给元老院写了一封长信，信中包含了一篇对阿玛拉逊莎的形式规整的颂词。在这篇颂词中，卡西奥多打破了此前用来形容国家政权之代表的一切惯用标准，他将一名甚至都没有王后头衔的妇女赞颂为掌控着一切权力之缰绳的博学的女君主。这篇颂词独一无二，它塑造了一名不仅具有象征意义，还拥有实际统治权的理想女性形象。因此有必要在此引用几段——

　　啊，这个时代的命运是多么美好！在一位尚未承担起职责的君主之下是母爱在统治。通过母爱，一切都得到规范，人们可以感受到自己正被一种大爱庇佑着。那个所有人和事都为之服务的人也服从于她；在他能够亲政之前，她会通过一种绝妙的和谐适度，借助自己的品行修养，先行开展统治……我们要将这种奇迹归功于二位的品行：王母陛下是如此高贵，因此必须有一名外国君主来亲自为她服务。她完全应该受到所有王国的爱戴。见到她意味着荣耀，聆听她的谈话是一件美妙的事。有哪一种语言没有被她掌握得炉火纯青？她精于灿烂的阿提卡修辞，在罗马演说的光芒中闪耀，夸耀自己掌握了母语中丰富的修辞方法。如果熟练掌握本地语言能表明一个人十分聪慧，那么熟练而清晰地掌握了形式如此多样的语言的智慧又该如何评判呢？

587

接着，卡西奥多赞扬了阿玛拉逊莎的统治，称她懂得保护王国免遭外来威胁，她将查士丁尼皇帝和法兰克诸王都控制住了，勃艮第国王不战而向她屈服。她在战争中功勋卓越，而她在和平局面下的事迹则更加光辉。阿玛拉逊莎集先辈所拥有的一切美德于一体——

> 当她那出身王室的一队队亲族们看到她时，就像在一面明镜之中看到对自己的赞美一般。哈玛鲁斯（Hamalus）的闪耀是因其幸运，奥斯特罗哥塔是因其耐心，阿塔拉（Athala）是因其宽厚，维尼塔里乌斯（Winitarius）是因其公正，乌尼蒙杜斯（Unimundus）是因其外貌，托里斯穆特（Thorismuth）是因其纯洁，瓦拉梅尔（Walamer）是因其忠诚，提乌迪米尔是因其虔诚，而她那著名的父亲，正如诸位已经看到的那样，是因

其智慧。他们必然会各自在这里认出自己的一切美德，但他们会愿意承认自己的美德已被超越，因为对单个（美德）的赞颂必定无法同多种美德组成的集群相提并论。19

元老不太可能被这些颂歌打动。他们很清楚，外部局势十分不妙。一年后，勃艮第王国便被墨洛温家族占领。但最主要的是阿玛拉逊莎无法无限制地继续自己的摄政地位。当卡西奥多写下上文引用的关于未承担起职责的君主让自己的母亲代替自己处理政务的句子时，阿塔拉里克已经 17 岁了。狄奥多里克的外孙究竟还要被自己的母亲监护多久？此外，人们完全有理由担心阿塔拉里克是否有能力履行自己作为统治者的职责。根据普罗科匹厄斯的说法，阿塔拉里克同酒鬼和妓女厮混，从而损害了自己的健康。在这番描述的背后必然不只是恶意诽谤，即使上述情况的原因（是交友不慎、人生失意还是患有糖尿病？）已经无从确认。需要注意的是，卡西奥多避免明确赞颂年轻国王的生活作风。

事实上，阿塔拉里克在 534 年 10 月 2 日去世，死时年仅 18 岁。对于哥特贵族而言，应该由谁来继承王位的问题又一次变得悬而未决。可阿玛拉逊莎不愿意交出自己从 526 年便开始行使的权力，从而听凭一个由他人指定的王位继承人的处置。准确地说，狄奥多里克的这个女儿开始鲁莽行事，她在拉文纳自立为女王。接着她把狄奥达哈德立为共治国王，却没有同他结婚。在此之前，她让狄奥达哈德发誓不干涉自己的统治。这样令人惊诧的事必定会在宫廷之外引发诸多不满甚至愤怒。在此之前，阿玛拉逊莎并没有咨询罗马元老院或是皇帝的意见，查士丁尼和罗马元老顶多是在事后才通过卡西奥多为阿玛拉逊莎和狄奥达哈德写的书信了解了此事。同样没有任何迹象表明哥特人参与到了此次事件中。20

一对不存在婚姻关系的男女并立为王的现象是一场前所未有的试验，选择狄奥达哈德为共治国王在许多人看来很难理解。阿玛拉逊莎不敢以女王的身份独立实施统治并不奇怪，因为无论是哥特人还是罗马人都期待扮演统治者角色的是一名男性。然而，她为什么偏偏选择已经两次没有被考虑为王位继承人的狄奥达哈德？这个问题对于许多同时代的人来说是个谜，虽然狄奥达哈德也不是没有支持者。站在阿玛拉逊莎的角度看，之所以会选择狄奥达哈德，是因为一方面他的生活方式和接受的教育符合元老对君主的设想，另一方面作为阿马尔家族成员的狄奥达哈德在哥特人面前有资格拥有统治权。此外，与阿玛拉逊莎不同，狄奥达哈德有一个儿子，名字是提乌德吉塞尔（Theudegisel），能够保证王朝的延续。与阿玛拉逊莎共治的狄奥达哈德不好战的天性对她而言是一个优势，因为狄奥达哈德没有能力以军事统帅的身份出现在哥特人中间，从而获取阿玛拉逊莎作为女性无法获得的声望。但是，只有当狄奥达哈德满足于长时间躲在狄奥多里克女儿的身后时，阿玛拉逊莎领导下的双王共治制度才可以有效运转。很快人们就会看到，上述前提只不过是一厢情愿。[21]

589

50

帝国的反击：维蒂吉斯投降前的罗马—哥特战争（535~540 年）

527 年 8 月 1 日，在舅舅查士丁去世后，查士丁尼获得了对东罗马帝国的独立统治权。首先，查士丁尼主要在帝国内部开展了多种活动。他颁布了一部大型的罗马法典，该法典分多个阶段编撰，一直到 534 年才编撰完成。此外，他还颁布了禁止迫害异端分子、撒玛利亚人和异教徒的法律，并试图让卡尔西顿公会议的支持者和反对者亲近起来，卡尔西顿公会议颁布的教条主要是在埃及和叙利亚遭到抵制。532 年 1 月，查士丁尼在君士坦丁堡镇压了一场群众起义，其间有上万人丧生，城市的大部分变为废墟。由于查士丁尼借此机会同那些反对自己统治的元老算了账，经过此次起义，他的皇位反而坐得更稳了（见彩图页，图 8）。

在对外政策方面，皇帝主要对付的是波斯人。530 年，万王之王喀瓦德（Kavad）入侵东罗马帝国，但被查士丁尼手下的将领贝利萨留在达拉（Dara，该地位于美索不达米亚平原北部）附近击败。然而在一年后，罗马人在幼发拉底河附近的卡利尼库姆附近遭遇了失败。在此之后风向又立刻发生了转变，因为喀瓦德去世，他的儿子及继承人霍斯劳（Chosrau）首先要全力对付内部的敌人。于是在 532 年夏季，两个帝国签订了和平协议，该协议基本上恢复了战前的状态。这份协议是一直有效的，因此该协议又被称为"永久和平"协议。[22]

过去的研究大多认为，查士丁尼从开始独立统治时便谋划重建完整的罗马帝国。根据这一解释，查士丁尼在位的最初几年推行的措施都是为了今后进攻蛮族建立的西方诸王国所做的准备。实际上，君士坦丁堡一直都不满西罗马帝国落入脱离了皇帝有效控制的蛮族统治者之手。但我们不能因此推断出东罗马会将收复西罗马帝国失地看作一个近在咫尺的目标，甚至在为此制订具体的计划。夺回北非的最后尝试在 468 年遭遇了惨痛的失败。自此，人们才有了其他需要操心的事。事情的发展经过也不符合这样一种看法，即查士丁尼是从 527 年起便有目的地制订先摧毁汪达尔王国再摧毁东哥特王国的计划。可以对北非进行军事入侵的机会来源于哈斯丁王室（Hasdingi）内部的一次冲突，此次冲突最终导致 530 年夏季锡尔德里克国王被盖利默废黜。随后盖利默自立为王。与锡尔德里克交好的查士丁尼拒绝给予盖利默认可，而是要求恢复锡尔德里克的王位。然而皇帝花了两年时间，才最终决定采用武力讨伐的方式来对此施压。[23]

591

　　此次军事行动开始于 533 年 6 月，由贝利萨留指挥。出乎意料的是，此次行动在短短数个月里就灭亡了汪达尔王国。迦太基早在 533 年 9 月就落入了罗马人之手，此前贝利萨留在阿德底斯姆（Ad Decimum）附近获得了一场光辉的胜利，锡尔德里克则在此前不久就已经被处决。534 年 1 月，盖利默在特里卡麦伦（Tricamarum）附近被第二次击败后投降了。几个月后，在赛马场举办的一场胜利庆典上，盖利默被拉到了君士坦丁堡的民众面前，在那里，他匍匐了查士丁尼面前。普通的汪达尔士兵也被抓来编入了东罗马军队。相反，士兵的家属都留在了北非，妇女被强迫嫁给了皇帝的士兵。北非汪达尔王国的历史由此终结。

　　北非几乎是毫不费力地被夺回，这给了查士丁尼及其顾问一个契机，使他们思考应该如何让罗马帝国重新控制意大利的哥特王国。在意大利的哥特王国并不缺少发生政变的兆头：不管怎么说，女摄政阿玛拉逊莎也一度考虑过要从自己的国中逃到皇帝那里躲一段时间。533年夏季，查士丁尼派出了一支使团，来抗议发生在帝国与哥特王国边境地区的一系列骚乱。不过查士丁尼重点强调了帝国两个部分的同属关系，他在534年6月1日颁布了一部法令，并同时发给了君士坦丁堡和罗马的元老院。[24]

然而，促使东罗马帝国对意大利哥特王国进行军事干预的契机并不是由皇帝本人造成的。534年10月2日，阿塔拉里克去世，接着阿玛拉逊莎和狄奥达哈德双双即位为王。阿玛拉逊莎相信，或者至少她希望，狄奥达哈德会满足于自己在王权体系中扮演的跑龙套角色。然而即位之后不久，狄奥达哈德便下令将女王关押起来，流放到了博尔塞纳湖（Bolsener See）的一座岛上。一支使团受命去告知皇帝阿玛拉逊莎被废黜，但是要对阿玛拉逊莎被囚禁的事绝口不提。为了完成这一棘手的任务，狄奥达哈德选择了两名在他看来忠诚度毋庸置疑的元老：一个是利贝留，此人服侍哥特国王已有40多年之久，领导高卢总督府已有25年，并且从533年起又开始担任最高军事统帅；另一个是奥皮利奥，此人直到狄奥多里克死后才获得了"光荣者"头衔。奥皮利奥遵守了自己得到的指令。然而利贝留却告诉了查士丁尼到底发生了什么事，并且在此之后他明智地放弃了返回意大利。他留在了君士坦丁堡，而查士丁尼不顾他年事已高，后来依然多次让他担任重要职务，并委以重任。皇帝得知阿玛拉逊莎被囚禁后，便派出已经身在意大利的使臣彼得，让他宣布女王受到皇帝的保护。皇帝允诺提供保护的举动并没有阻止阿玛拉逊莎的倒台，反而加速了她的毁灭。女王在535年4月30日被杀害。先前在阿玛拉逊莎的命令下被杀害的三名哥特贵族的亲属得到了狄奥达哈德的命令，或至少得到了狄奥达哈德的允许，冲进了阿玛拉逊莎的牢房，在那里用残忍的手段报了仇。彼得显然已经预料到此事，因为他立刻告知狄奥达哈德，这场谋杀会开启他同皇帝之间的战争。不久后，查士丁尼便下令进攻哥特王国。就这样，535年6月查士丁尼皇帝对意大利哥特王国的战争开始了，此次战争在17年后导致了意大利哥特王国的覆灭。[25]

　　罗马的作战计划是从两边夹击哥特王国：大元帅蒙多受命入侵达尔马提亚，而贝利萨留则受命率一支舰队攻占西西里。与此同时，一支使团前往高卢说服法兰克诸王入侵意大利，法兰克诸王也答应了。皇帝的军队起初是按计划展开行动，蒙多占领了萨罗纳，贝利萨留几乎不费一兵一卒就占领了西西里。535年12月31日，贝利萨留在叙拉古隆重地卸任自己年初在君士坦丁堡就任的总督职位。[26]

594

　　狄奥达哈德之所以能够成为国王，不过是因为狄奥多里克的女儿不相信自己作为女性可以在没有男性的帮助下以自己的名义统治哥特人。一旦狄奥达哈德除掉了阿玛拉逊莎，那么先前支持狄奥达哈德的那两伙人的目标便无法得到调和了。一小撮将狄奥达哈德看作罗马化的哥特人的元老，与因为想要一名能够上战场的国王而反对妇女统治的哥特贵族针锋相对。狄奥达哈德试图扩大自己的权力基础，他将一名阿马尔家族的妇女嫁给了安尼修斯家族的马克西穆斯为妻，后者曾担任523年执政官，并赠予他大量土地。应元老院的要求，狄奥达哈德宣誓保卫罗马的安全，并将哥特军队驻扎在罗马城墙之外。而当元老院又抱怨驻军带来的负担时，狄奥达哈德便保证会按市场价来购买供应给军队的食品，同时他命令自己手下的高级门客瓦切斯（Wacces）去禁止军队的不法行为。

　　与此同时，哥特王国继续与皇帝互派使臣。在阿玛拉逊莎被杀害后的几个月里，狄奥达哈德继续向君士坦丁堡派出使团，卡西奥多则为其草拟附函。当派出的使团也没能起到作用

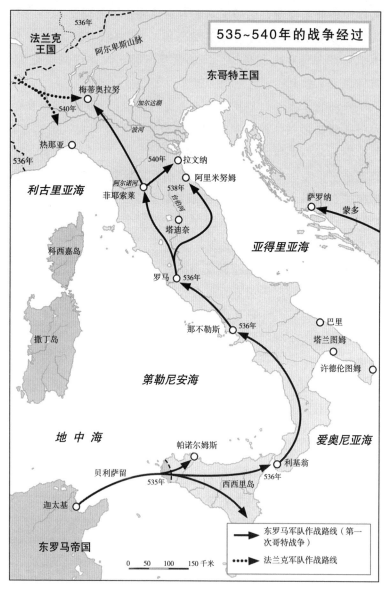

地图16　535~540年罗马—哥特战争形势

后，535 年秋末，狄奥达哈德威胁元老和罗马主教，如果他们不想办法结束战争，那他就会将他们及其家人统统处决。于是卡西奥多以元老院的名义写了一封信给查士丁尼皇帝，希望说服皇帝停止对哥特王国的敌对行动。承担起在皇帝面前亲自代表狄奥达哈德国王这一任务的是教宗阿格丕（Agapetus），此人于 535 年 3 月 13 日继承了约翰二世的教宗之位。阿格丕是一个家境富裕且很有修养的人，与卡西奥多交好，他们有意共同在罗马成立某种类似基督教大学的机构。战争毁掉了这个计划。与十年前的约翰一世一样，阿格丕也接受了一名哥特国王的命令前往君士坦丁堡，并且和约翰一世一样，没能完成自己的使命。阿格丕于 536 年 4 月 22 日去世，死前没能说动查士丁尼停止军事行动。在这个时候，狄奥达哈德已经在罗马了，因为他与自己的整个宫廷在深冬时节经弗拉米尼亚大道来到了台伯河畔，并通过一座为了让狄奥达哈德过河而特意修建的浮桥横渡了台伯河。536 年 1 月，狄奥达哈德搬进了位于帕拉蒂尼山上的罗马皇帝的宫殿，35 年前狄奥多里克也曾住在这里，狄奥达哈德在这座宫殿中一直住到了去世前不久。[27]

这个时候的查士丁尼还没有下定决心用军事手段摧毁哥特王国。因此，他在 535 年与 536 年之交再一次派彼得前往意大利，意图与狄奥达哈德签订停战协议。然而和平是要付出代价的。狄奥达哈德要将西西里割让给皇帝，并且每年给皇帝支付 300 磅黄金的贡赋。此外，狄奥达哈德还有义务应皇帝的要求提供 3000 名哥特士兵，还不得对元老和僧侣处以死刑，也不得授予元老和僧侣显赫的头衔。另外，人们永远都要先向皇帝欢呼，并且在给国王塑像的同时必须在右边再给皇帝塑一尊像，从而凸显皇帝的优先地位。虽然这些条件意味着要损失一个供应罗马物资所必需的经济强省，也意味着公开承认自己的从属地位，但狄奥达哈德还是接受了查士丁尼的条件。[28]

彼得刚一离开罗马去向皇帝报告，狄奥达哈德便起了疑心，他怀疑皇帝是否真的愿意以此为基础缔结和约。看来狄奥达哈德担心短时间内战争会以皇帝的胜利而结束，他想要确定不会产生对他本人不利的事。所以狄奥达哈德令人把彼得叫回罗马，询问他是否相信皇帝会认可草拟的和约内容。彼得暗示没办法保障这一点，于是狄奥达哈德便委托彼得先将双方约定好的和约草案呈交给皇帝。假如皇帝否决了上述草案，并且只有在皇帝表示否决的情况下，彼得才要解释狄奥达哈德愿意放弃王位，但他要为此得到"贵族官"的头衔，以及一笔金额为 1200 磅黄金的年金。假使彼得没有立刻告知皇帝全部实情，那他就不算是皇帝忠实的臣仆了。因此，彼得得到了查士丁尼的命令，同一个名叫阿塔纳修斯（Athanasios）的人一起返回了意大利，去妥善解决狄奥达哈德退位之事。[29]

当两位使臣于 536 年 4 月向狄奥达哈德提出退位要求时，狄奥达哈德却再一次改变了主意，他不再愿意放弃统治权了。国王又汲取到了新的勇气，这是因为罗马人停止了进攻：统帅蒙多在萨罗纳附近的一场战役中阵亡后，皇帝的军队便撤出了达尔马提亚。北非发生了一场暴动，迫使贝利萨留出手干预，从而没能渡海朝着意大利南部进发。因此，狄奥达哈德干脆拒绝退位，甚至下令逮捕皇帝的使臣。不久后，狄奥达哈德又想办法让法兰克诸王允诺武力支援自己对抗皇帝，而他会付给法兰克诸王 1000 磅黄金，并将属于哥特人的一部分普罗旺斯领土割让给法兰克人。此时的狄奥达哈德觉得自己又一次变强了。当他得到教宗阿格丕去世的消息后，他违背罗马教会的意愿，立副助祭西尔维为继任者。西尔维于 536 年 6 月 8 日加冕为教宗，他应该是最后一位在哥特国王的影响下继承圣彼得宝座的教宗。[30]

图 32 狄奥达哈德发行的铜币，正面和背面（放大图）

狄奥达哈德的乐观主义很快就被证实是没有道理的。536年 6 月，当一支皇帝的军队从海上进攻萨罗纳时，哥特军队的统帅格里帕斯（Gripas）仓皇撤离达尔马提亚，返回了拉文纳，居住在达尔马提亚的哥特人加入了皇帝一方的军事统帅君士坦提亚努斯（Constantianus）的阵营。在南边，贝利萨留又一次发动进攻，北非的暴动很快被瓦解了。哥特军队的统帅、狄奥达哈德的女婿埃布里穆德（Ebrimud）率部投靠了皇帝，并得到了查士丁尼的慷慨奖赏后，贝利萨留渡过了墨西拿海峡（Straße von Messina），几乎不费一兵一卒就占领了卢卡尼亚和布鲁提亚行省（即今天的卡拉布里亚）。贝利萨留的军队沿着海岸线继续进军，沿途没有遇到任何反抗。只有那不勒斯拒绝投降。面对围困，哥特驻军在当地犹太人的帮助下进行了长达 20 天的艰苦卓绝的抵抗。536 年 11 月，那不勒斯城因为一场阴谋而被夺取，居民遭到了血腥屠杀。[31]

对于贝利萨留的进攻，狄奥达哈德无动于衷，由此他失去了哥特战士的一切支持。那不勒斯事件引发了倒戈潮。一支驻扎在罗马附近的军队将自己看作哥特族群中的武装力量，于536 年 11 月在雷加塔（Regata，即泰拉奇纳附近）宣布废黜

597

狄奥达哈德，并推举出维蒂吉斯来取代他，被推举的维蒂吉斯虽然与阿马尔家族没有血缘关系，却给自己争取到了勇士之盛名。当时的维蒂吉斯已经 60 岁了，他曾在攻占锡尔米乌姆的战役（504 年）中立下了赫赫战功。阿玛拉逊莎统治时期，维蒂吉斯以持剑近侍（spatharius）的身份被吸收进了国王的近卫军中，并且直到她去世后都保留着这个职位，因此他是狄奥达哈德身边的近臣，并被狄奥达哈德任命为统帅。当狄奥达哈德得知维蒂吉斯叛变的消息后，他试图从罗马逃往拉文纳，然而他没有达到这一目的。一个名叫奥普塔里斯（Optaris）的人因为曾被狄奥达哈德损害过荣誉而要找他报仇，奥普塔里斯接到维蒂吉斯的指令前去追赶狄奥达哈德，并在距离拉文纳15 罗马里处追上了他。奥普塔里斯从背后将狄奥达哈德扑倒在地，割破了他的喉咙。就这样，出身阿马尔家族的最后一个国王死去了。[32]

维蒂吉斯觉得自己的装备不足以同皇帝的军队作战，因此他想尽快前往拉文纳，从那里调集更多资源。大部分哥特军队驻扎在意大利北部。在前往拉文纳的途中，维蒂吉斯在罗马作了停留。在那里他收到了狄奥达哈德的死讯，于是他派人将狄奥达哈德的儿子提乌德吉塞尔关了起来。提乌德吉塞尔很可能没比父亲多活多久，但不管怎么说，姐妹狄奥德南达（Theodenanda）让他有了一处体面的墓地。维蒂吉斯只在罗马待了很短的时间，当他再一次离开罗马时，他留下了一支由4000 名哥特人组成的驻军，以保护罗马城，军队由罗伊德里斯（Leuderis）领导。离开之前，维蒂吉斯让教宗西尔维和罗马民众宣誓效忠自己。不过维蒂吉斯不会相信这样的誓言，因此他强迫一大批元老陪同他前往拉文纳，这些元老被他当作人质，从而确保其他元老不做出越轨的行为。[33]

599

图 33　维蒂吉斯发行的刻有查士丁尼画像的银币，正面和背面（放大图）

　　维蒂吉斯采取了一系列措施，以保障自己的统治不受内部和外部威胁。在一封又一次由卡西奥多草拟出来写给所有哥特人的通函中，维蒂吉斯呼吁大家支持自己，他说，自己不像狄奥达哈德那样，"在逼仄的寝宫中"获得王位，而是"按照先祖的方式"，在战场中央被众人用一面盾牌托举起来而得到的王位。

　　　　诸位应知晓，我不是在逼仄的寝宫中，而是在空旷的战场上被推举出来。我不是在奉承者那畏首畏尾的喋喋不休之中，而是在嘹亮的军号声中被选出，被这军号声驱使，希望获得先祖力量的哥特民众，借此为自己找寻到了一位骁勇善战的君王。若非如此，在战火的炙热中成长起来的勇猛男儿，究竟还会忍受一名未经受过试炼的君主多久，从而受这君主的名声所累，哪怕他们可以依靠自己的力量？[34]

　　维蒂吉斯提到了哥特军队的意愿和自己的作战能力，同时他还允诺会像狄奥多里克那样实施统治，因为任何一个君主只要重视狄奥多里克的决定，都应当被视为优秀的君主。为了与狄奥多里克及他的女儿搭上亲戚关系，维蒂吉斯抛弃了自己的发妻，迎娶了阿玛拉逊莎的女儿玛莎斯温塔，然而此举看上去违背了玛莎斯温塔的意愿。此次婚礼是哥特国王能够在拉文纳举行的最后一场盛大的典礼，卡西奥多在此次婚礼上发表了贺词。对于维蒂吉斯而言，与狄奥多里克外孙女的结合之所以有好处，不仅是因为她能够替自己在哥特人中间争取到支持者，还因为维蒂吉斯试图借此让皇帝对自己开恩。在一封写给查士丁尼的信中，维蒂吉斯国王极力主张战争已经是多余的了，因为他已经为被谋杀的阿玛拉逊莎报了仇，并迎娶了她的女儿玛莎斯温塔。他在拉文纳下令铸造银币，正面刻有查士丁尼皇帝的像，背面刻着他自己的缀有国王头衔的名字，并用桂冠将名字环绕。[35]

　　不过，维蒂吉斯绝不相信查士丁尼愿意停止敌对行动。他召集起了一大支军队，给它提供马匹和武器等，准备继续作战。当然，许多哥特人依然组成了边防军，在科蒂安阿尔卑斯山脉地区抵御着法兰克人。为了能够在同皇帝作战时不腹背受敌，此时的维蒂吉斯真的愿意履行狄奥达哈德作出的将普罗旺斯割让给法兰克人的承诺。维蒂吉斯国王在一次作战会议上确定了哥特贵族会支持自己作出上述妥协后，他便派出使臣准备完成领土交接，并将允诺给法兰克人的黄金带去。此外，维蒂吉斯国王还正式放弃哥特人对阿勒曼尼人的庇护权，而阿勒曼尼人早已被法兰克人所统治。相应地，三名墨洛温王朝的国王——希尔德贝特（511~558 年在位）、克洛泰尔（511~561年在位）和提乌德贝尔特（533~547 年在位）也允诺会帮助哥特人抵御皇帝，但他们不能公开做这件事，因为他们早已通过和约与皇帝结盟。所以，他们不能派法兰克人去见维蒂吉斯，但可以派出其他受法兰克人管辖的族裔成员。阿勒曼尼贵族布提林（Butilin）和洛伊塔林（Leuthari）立刻表示自己愿意领导前去面见维蒂吉斯的使团。由于维蒂吉斯同意了所有条件，他可以将哥特军队从阿尔卑斯山界处撤离。这支军队接到命令，要在指挥官马尔西亚斯（Markias）的率领下到国王身边去。[36]

当维蒂吉斯正忙着召集一支大军时，更多的噩耗正在传向拉文纳。不仅仅是没有哥特人居住的卡拉布里亚和阿普利亚行省向贝利萨留投降了，536 年与 537 年之交，驻守在萨莫奈行省的哥特人也归顺了贝利萨留。而早在 536 年 12 月 9 日，也就是维蒂吉斯刚离开不久，皇帝的军队就进入了罗马。由于罗马人害怕被围困后会遭遇同那不勒斯人一样的命运，元老菲德利斯（Fidelis）向贝利萨留和平交出了罗马城。哥特驻军认为反抗毫无意义，于是立刻撤离了罗马。在贝利萨留的士兵穿过亚西那里亚城门（Porta Asinaria）进入罗马城的同时，哥特人正通过弗拉米尼亚城门（Porta Flaminia）离开罗马。贝利萨留奖赏了菲德利斯，将他任命为意大利总督府长官，还立刻修缮了罗马的防御工事，给城里准备了储粮。此举让罗马的居民十分恐惧，因为他们原本想要避免罗马城被围困。虽然贝利萨留的军队规模在那个时候不超过 5000 人，但他还是将军队派往图西亚和翁布里亚行省（即今天的托斯卡纳），而这支军队成功占领了纳尔尼（Narni）、斯波莱托和佩鲁贾（Perugia）等城市。[37]

鉴于贝利萨留取得的成果，维蒂吉斯不得不采取行动。在马尔西亚斯将边境的部队从阿尔卑斯山地区带回来之前，维蒂吉斯向达尔马提亚派出了陆军部队和一支舰队，其任务是将那里的皇帝的军队赶走。不久后（在这期间马尔西亚斯已经赶到），维蒂吉斯亲自率一支大军来到罗马城外，他后悔放弃了罗马城。根据普罗科匹厄斯的记载，当时来了 15 万名骑士，他们中的大多数以及他们的马匹都身披铠甲。15万这个数字肯定是太夸张了。维蒂吉斯国王的军队规模根本不足以完全包围罗马城。根据现代测算结果，当时兵力为25000人至30000人。但不管怎么说，维蒂吉斯的军队规模要比贝利萨留的军队规模大得多，哪怕贝利萨留的军队后来获得了增援。围城开始于537年2月，一直持续到538年3月。在这十几个月里，围城的兵力和守军之间爆发了不少于69次的武装冲突。由于罗马居民在此期间不得不承受物资方面的匮乏，人们开始对所谓的解放者有了反对情绪。难道坚持留在哥特人阵营不是更好吗？贝利萨留当时正居住在苹丘（Pincio）上的一座宫殿里，据说教宗西尔维与敌人密谋，因此他被革除了教宗的职位，助祭维吉里替代了他，此人早在530年就差不多已经是彼得的继任者了。

602

虽然尽了一切努力，但维蒂吉斯依然没能夺取罗马城，他的军队受到敌人的渗透，并且感染了瘟疫，因而遭受了严重损失，此外军队还因粮食供应不足在忍受着饥馑。因此，537年12月，维蒂吉斯向贝利萨留提出割让西西里和坎帕尼亚，并且每年缴纳贡赋，但只换取到了为期三个月的休战期，而休战期也很快被打破。由于在此期间食品和援军通过海路进入罗马城内，贝利萨留军队的实力在538年春季变得很强，甚至他可以派军进入皮西努姆地区，那里生活着许多哥特家属，对于进攻毫无招架之力。罗马将领约翰（他是维塔利安的甥侄）一直进攻到里米尼，那里的哥特驻军撤回到了距离里米尼只有一天路程的拉文纳。由于约翰的进攻会威胁到哥特人聚居区的核心地带，还会威胁到王权统治的中心，维蒂吉斯在538年3月停止围困罗马，率领军队越过亚平宁山脉返回拉文纳，此后便一直留在了那里。[38]

在罗马城外遭遇的失败极大地损害了国王在哥特人中间的

威信。人们之所以会拥护维蒂吉斯为国王，是因为需要一位能
干的军事统帅，如今人们却断定，虽然装备精良，但维蒂吉斯
比他的前任，也就是被视为废物从而被废黜的狄奥达哈德好不
到哪儿去。大多数元老在贝利萨留率军入城的时候就已经投靠
了皇帝的阵营；那些跟着维蒂吉斯去了拉文纳的人中，在哥特
军队开始围困罗马几周之后，还没来得及逃走的人就被国王下
令杀死了。此次大屠杀意味着对整个元老阶层宣战，这摧毁了
未来哥特人与元老群体重新亲近的任何希望。卡西奥多在狄奥
多里克死后首先服侍了阿玛拉逊莎，后来又服侍了杀害阿玛拉
逊莎的狄奥达哈德，他比大部分出身高贵的元老都坚持了更长
时间。当维蒂吉斯成了国王，杀死了狄奥达哈德后，他依然在
担任官职。不过在屠杀充当人质的元老之后不久，538 年春天，
卡西奥多便不再担任意大利总督府长官。

　　此外，维蒂吉斯的统治正在遭受沉重压力的另外一个原因
是，战争导致 538 年春季粮食歉收，致使饥荒爆发，首先受到
冲击的便是城市与乡村各地的罗马非军事平民。意大利第二大
城市米兰在 538 年 6 月背叛了哥特人，紧接着米兰便被一支由
乌莱亚斯（Uraias）率领的哥特军队包围，而不久后，墨洛温
王朝的国王提乌德贝尔特又派出了大约 10000 名勃艮第人加入
了这支哥特军队。米兰被围困了九个月。在多次试图增援无果
之后，539 年 3 月，米兰城陷落。战争中的暴力滥用现象在此
次攻城行动中得到了最大限度的彰显，由于遭到了漫长且艰苦
卓绝的抵抗，攻城的部队杀死了大部分男性居民，妇女和儿童
都成了奴隶。[39]

　　从 538 年起，皇帝军队的胜利进程开始放缓，因为各个
指挥官无法达成一致的行动意见。这是一次阵地战和消耗战，
从未发生过会战，双方都在争夺城池和堡垒，各有输赢。然
而哥特人没有进行过反攻，维蒂吉斯甚至都没有能力将皇帝

603

的军队赶出里米尼，也没有办法为驻扎在奥西莫和菲耶索莱（Fiesole）的哥特人解围。539年春季，一支法兰克军队在提乌德贝尔特国王的率领下出现在了波河平原，它同皇帝的军队一样，将哥特人当作了敌人。几个月后，这支军队满载着战利品返回了高卢。539年秋季，当菲耶索莱和奥西莫的哥特驻军投降后，整个意大利中部都落入了皇帝之手。现在的贝利萨留可以开始围攻拉文纳了，并且是从两个方向夹击。

604

皇帝的军队开始围困拉文纳的时候，一支使团前来面见维蒂吉斯，使团以法兰克诸王的名义主动提出向意大利派出大军，以驱逐皇帝的军队。然而对法兰克人的恐惧要甚于对皇帝的恐惧。[40] 在与哥特贵族达成一致意见后，维蒂吉斯拒绝了这一建议，转而去同贝利萨留谈判。此时的国王正承受着巨大的时间压力，因为被围困的拉文纳已经与外界断了联系。由于一把火毁了城中粮仓的大批储粮，饥荒开始了。540年春季，终于有两名元老以皇帝使臣的身份来到了拉文纳城外，他们先拜访了贝利萨留。接下来发生的事情则成为意大利哥特王国那谜团一般的历史上最令人看不透的一段。

据当时正在贝利萨留大本营的普罗科匹厄斯记载，皇帝的使臣交给贝利萨留一份和平条约的草案。这份和约的计划是，如果维蒂吉斯放弃波河以南的整个意大利地区以及东哥特王室财宝的一半，那他就可以继续以国王的身份统治波河以北的地区。随后，使臣继续前往拉文纳，而无论是哥特人还是维蒂吉斯都很高兴能在这样的条件下缔结和约。然而贝利萨留相信他们即将占领整个意大利，因此他拒绝签署这份和约草案。接着，最有身份的哥特人通过使臣向贝利萨留提出，请贝利萨留接受哥特人将其推举为专制统治者，在希腊语中所用的词是"basileus"，这个词可以同时用来指代蛮族国王和罗马皇帝。正如普罗科匹厄斯信誓旦旦地保证的那样，贝利萨留表面上同意了这一条件，而维蒂吉斯也赞同了这样的解决方案。哥特人停止了任何形式的反抗，贝利萨留则率领自己的军队进入了拉文纳城。[41]

普罗科匹厄斯见证了罗马军队进入拉文纳城，他只知道用超自然力量（daimonion）施加的影响来解释哥特人的行为。

> 哥特人在数量和实力方面胜于他们的对手，另外自他们定居在拉文纳以来就没有打过仗，也从未在自信心方面有所动摇。即便如此，他们却被实力更弱的对手俘虏，也不把自己的屈服视为有损名誉之事。然而，听到哥特男子将敌人形容得身材高大且数量上远胜于己方的哥特妇女，却一同啐那些在她们眼皮底下蹲在城中各处的男人们，用手指着战胜者，咒骂他们是胆小鬼。[42]

605

就这样，540 年 5 月，维蒂吉斯的王国灭亡了。他和妻子玛莎斯温塔以及一批哥特贵族很快被送到了君士坦丁堡。在那里，被废黜的国王被以礼相待，两年后以罗马显贵的身份去世。他的遗孀玛莎斯温塔后来嫁给了查士丁尼的一个甥侄格尔曼努斯。[43]

普罗科匹厄斯的记载向我们抛出了许多问题。为什么维蒂吉斯的王国就这样悄无声息地毁灭了？哥特贵族本打算让谁来取代维蒂吉斯的位置？换言之，人们原本是想推举贝利萨留为西罗马帝国的皇帝或哥特人的国王吗？现代研究结果无法在这个问题上达成一致意见，原因在于我们手上掌握的关于维蒂吉斯王国灭亡过程的唯一文献记载的特点。一方面，普罗科匹厄斯显然在竭力为自己的上司贝利萨留的专制行径开脱，后者在没有得到皇帝首肯的情况下既不可以被推举为蛮族国王，更不能当皇帝。另一方面，普罗科匹厄斯用希腊语"basileus"一词来称呼哥特人安排给贝利萨留的位置。这个词既可以指罗马皇帝，也可以指某个蛮族的统治者。普罗科匹厄斯曾用类似的表达方式来描述狄奥多里克和维蒂吉斯的地位，这表明"basileus"指的是第二种意思。此外，擅自推选西罗马皇帝的做法根本不能结束与东罗马帝国的战争。不过，人们在这个问题上并不能得出肯定的结论，因为哥特人此前从来没有将一个没有被承认为本群体成员的人推选为他们的国王。

被困在拉文纳的哥特人强烈要求立刻结束围城，他们身处的困境可以解释他们这样做的原因。不过他们愿意废黜维蒂吉斯，并接受贝利萨留的领导，必定还有其他原因。如果一名国王被废黜，那么王国就会被当作一个可以受到随意支配的机构来对待。由此可以看出，哥特国王的认可度是多么依赖于国王所取得的成就。人们对狄奥多里克家族表示忠诚，从不意味着身为阿马尔家族的成员就可以顺利地继承王位。阿玛拉逊莎就曾被迫同那些不愿意接受妇女统治的反对派斗争。狄奥达哈德被废黜的原因是他没有能力与皇帝的军队作战，维蒂吉斯也是类似的情况。哥特军人的行为尤其受这样一种愿望主导，即他们想要维持自己意大利特权地主的地位。汪达尔军人的命运，即他们被拉到了东方，以赤裸裸的雇佣兵的身份帮助皇帝同波斯人作战，犹如不祥之兆一般历历在目。意大利的哥特人绝不愿意失去自己的家人和财产。为了实现这一目标，一旦到了紧要关头，国王也必须被换掉。

51
令人惊惧的终结：
托提拉和泰亚（541~552年）

540年，意大利的哥特王国看似已经完结了。贝利萨留俘虏了维蒂吉斯、玛莎斯温塔和大批哥特贵族，释放了其他愿意居住在波河以南的哥特人，但他们只能住在自己的庄园内，贝利萨留在进入罗马之前已经通过和约保障了哥特人对这些庄园的所有权。此后不久，威尼提亚的哥特驻军也向贝利萨留投降。然而并非所有居住在波河以北的哥特人都愿意投降，维罗纳和帕维亚依然有哥特驻军，他们的指挥官在静待事态的发展。当有消息传开，贝利萨留并不打算真的行使人们献给他的统治权，而是准备尽快返回君士坦丁堡时，哥特人的情绪开始发生变化，因为随着贝利萨留回到皇帝身边，哥特人最害怕的事情很可能就要成为现实，那就是他们会被迫离开意大利。无法接受此事的身份高贵的哥特人聚在了一起，接着一同前往帕维亚，目的是请维蒂吉斯的甥侄乌莱亚斯继承王位。然而乌莱亚斯拒绝亲自当国王，他建议推举当时正在指挥维罗纳哥特驻军的希尔德巴德为国王。希尔德巴德是狄奥迪斯的甥侄，狄奥迪斯则在531年作为阿马拉里克的继承人成为西哥特人的国王。乌莱亚斯的这一建议得到了普遍认可。人们急忙请来了希尔德巴德，给他穿上了紫袍，将他当作新国王来敬拜。不过，希尔德巴德接受王位的条件是，人们首先应该再请贝利萨留接受对意大利哥特人和罗马人的统治权。于是，人们派出一支使团前往拉文纳，但使团最终无功而返，因为贝利萨留坚持拒绝王位，很快便离开了拉文纳前往君士坦丁堡。皇帝的官员已经开始将意大利征收税款和贡赋的方式按照东罗马模式改造，因为能够获得尽可能多的利益，此举很快令意大利的新主人变得不得人心，于是一批不愿意听命于远在天边的皇帝的人团结在了希尔德巴德周围。起初追随希尔德巴德的只有大约 1000 名军人，但在希尔德巴德在特雷维索（Treviso）取得第一场胜利［此次战胜的是皇帝军队的统帅维塔利乌斯（Vitalius）］之后，追随者的数量迅速增加了。[44]

然而，希尔德巴德的统治仅仅持续了不到一年。541 年 5 月，这名国王在一次宴会上被人从背后杀死。刺客是一个名叫维拉斯（Velas）的格皮德人，此人因为曾受过希尔德巴德侮辱，所以想要报仇。就这样，意大利的哥特人在政治和军事上再一次群龙无首。行动最为迅速的是鲁基人，他们同狄奥多里克来到意大利，虽然从官方层面看被列为哥特人，但他们仍保留了自己的身份认同。鲁基人推举了一个他们族群的人为王，此人名叫埃拉里克（Erarich）。然而，埃拉里克得到了其他哥特人的强烈反对，因为他没有想办法继续同罗马人作战，而是向查士丁尼派出了一支使团，这支使团得到官方命令，要在 540 年制定的和约草案的基础上缔结和约。如果这一目标无法达成，那么埃拉里克就要为自己争取到一笔金额合适的年金，以及"贵族官"的头衔。[45]

这支使团还未出发，那些对埃拉里克不满的哥特贵族就已经在 542 年初达成一致，将王位献给希尔德巴德的一个甥侄托提拉，此人当时正在指挥特雷维索的驻军。托提拉在此之前不久曾向罗马人表示，如果罗马人可以对自己宽宏大量，那么他就愿意把军权交给罗马人，而他接受王位的条件是先将埃拉里克杀死。人们接受了这个条件，埃拉里克被阴谋杀害。就这样，鲁基人埃拉里克的王权在开始之后五个月就结束了。[46]

托提拉在正式场合自称巴德维拉（Badvila），随着他的即位，罗马—哥特战争进入了第二个阶段，这一阶段持续到了552年。虽然托提拉手上最初只有5000名士兵，但他很快就取得了对查士丁尼手下将领的一系列胜利。在短时间内，托提拉就为哥特人夺回了意大利的大片地区，不过拉文纳仍被牢牢掌握在皇帝手中。托提拉夺取了那不勒斯（543年），并在托斯卡纳和皮西努姆占领了许多城市（545年）。546年12月，在包围罗马一整年之后，他甚至成功夺回了罗马。这一系列成就给托提拉带来了大批追随者，很快就有20000人至25000人前来追随他，其中包括许多从皇帝军中叛逃的人，此外还有无人身自由的罗马人。不过托提拉军队的核心力量还是哥特人，他们是善于作战的军人，实践证明，这些哥特军人不逊于那些皇帝从世界各地招募来的精英士兵，甚至在有些情况下还要胜过他们。[47]

托提拉是一位年轻的国王，他通过自己的作战能力，赢得了朋友和敌人的尊重。他不顾个人安危，身先士卒地投入了战争。与此同时，托提拉还是一位精明的谋略家和组织者。因此，长期缺乏精明强干的领导的哥特人的战斗力能够从542年起重新被调动起来，可以算是托提拉的功劳。然而，假如查士丁尼没有在维蒂吉斯投降后削减支付给意大利驻军的军饷，那么托提拉几乎不可能获得这一系列成功，因为从540年起，东罗马又发动了一场对波斯人的战争。此外，从541年起，帝国境内的大片地区瘟疫肆虐，夺走了数十万人的生命。瘟疫最终引发了饥荒，此次饥荒一直持续到546年。对于皇帝而言，这一切意味着他必须想办法用急剧减少的税收来应付所需。在这种情况下，查士丁尼决定将自己手上的资源都集中到帝国东部。由于没有给意大利驻军支付军饷，军队的士气立刻变得涣散。此外，罗马军队的作战能力遭到削弱，因为查士丁尼不再让整个意大利驻军接受统一领导。就这样，皇帝手下不同将领之间总是爆发争端，他们无法达成一个统一的作战计划，即使是 544 年返回意大利的贝利萨留也很难改变这一状况。虽然贝利萨留成功在 547 年为皇帝夺回罗马，但在 548 年他又被调离了意大利，因为他没能取得决定性、持久性的胜利。

然而，托提拉却没有能力从对手在军事上的弱势中获取政治资本。他的政策过于矛盾和反复无常。虽然托提拉试图通过公开演绎的方式向被占领城池的居民展示仁厚，以期重新赢得业已失去的人民的信任，但与此同时他又拆毁了城墙，因为他不愿意相信罗马人会对自己忠诚。同样充满矛盾的还有他对罗马城的态度。544 年，托提拉给罗马人和罗马元老院写了多封信件，目的是说服他们投靠哥特人。可当他在 547 年占领罗马时，却下令将自己在罗马城中发现的元老逮捕，并送到坎帕尼亚。这位国王用公开演绎的方式展示仁厚，但他又行事残暴，就连僧侣也不放过。他曾造访圣彼得大教堂，却无法让各个地下墓穴和各座教堂免于被毁的命运。[48]

当托提拉除了要求罗马地主缴纳赋税之外，还要求他们缴纳地租时，与元老和解的希望便破灭了。这样的措施犹如剥夺元老的财产，因此这必然会遭到那些主要依靠土地获取财富的元老的坚决抵制。当然，上述措施并非源自某种社会革命纲领，更多的是为了在意大利复杂的赋税体系因战争的影响开始崩溃的情况下，为战争的继续开展提供经济保障。由于托提拉无法通过一个运转情况良好的机构来征收税款和贡赋，他的军队逐渐回归到了狄奥多里克的军队被塑造为常备军之前的状态，他们变成了一个通过强征和掠夺来为自己提供物质保障的暴力团体。在意大利境内征战的过程中，托提拉手下的哥特人主要依靠自己在作战地能够找到并暴力抢占的东西过活。因此，托提拉军队的作战行动高度依赖眼下的需求和突发奇想，

图 34　托提拉发行的铜币，正面和背面（放大图）

因为他们往往会立刻失去抢夺来的物资。短短几周之后，罗马再一次落入皇帝军队之手。拉文纳没有办法夺回，而皇帝的军队在阿普利亚最重要的基地奥特朗托（Otranto）过于遥远。[49]

此外，我们也无法从托提拉的外交政策中看到清晰的路线。托提拉将科蒂安阿尔卑斯山脉地区和威尼提亚割让给了墨洛温王朝的提乌德贝尔特，以便能够借此制造一个抵御皇帝的军队从达尔马提亚进攻的缓冲地带。不过更重要的是，托提拉一直在努力说服查士丁尼结束战争。甫一即位，托提拉便下令铸造了刻有查士丁尼肖像的钱币。543 年以后，托提拉又将查士丁尼的画像替换为曾通过协议承认了狄奥多里克地位的阿纳斯塔修斯的画像。即使托提拉现在不再忠于在位的皇帝，他依旧忠于帝国。在 547 年重新夺回罗马后，托提拉派使臣罗马教会助祭贝拉基前去面见查士丁尼，贝拉基带去了一则和平的讯息，但假若查士丁尼拒绝，那么托提拉便威胁要摧毁罗马城、屠杀元老，并入侵伊利里库姆。550 年，即托提拉第二次占领罗马后，他又一次去找查士丁尼，这一次托提拉提出要让出西西里和达尔马提亚，并向东罗马缴纳年赋，以及用军队的阵地去交换任意哥特人的敌人。直到这样的条件也被拒绝后，托提拉才最终与君士坦丁堡决裂，他在钱币上铸上了自己的画像，无论是铜币还是银币都是如此。[50]

在第一次夺回罗马后（547年），托提拉便下令拆毁了大片罗马城墙。当他在550年1月16日第二次占领罗马时，他对待罗马的方式就好像他回到了自己的都城一样。他命令落入自己之手的元老去修缮那些垮塌或受损的建筑，还在大竞技场举行赛车比赛，而这或许是那里举行的最后几场赛车活动。几个月之后，托提拉便去了意大利南部，接着渡海前往西西里，并像对待敌国那样洗劫了西西里，但在年底又离开了这座岛屿。[51]

在君士坦丁堡，长期以来，罗马元老就在教宗维吉里（此人从547年初开始便被迫留在了博斯普鲁斯海峡旁的这座城）的支持下强烈要求对意大利再次发动进攻。哥特人对西西里的入侵行动使得元老的请求更有分量了。550年夏季，查士丁尼将年事已高的利贝留派往叙拉古。但叙拉古正遭到哥特人的围困，因此利贝留继续前往巴勒莫（Palermo），几个月后，第二支舰队将在阿尔塔巴内斯（Artabanes）的指挥下到达这里。在利贝留经海路前往西西里的同时，格尔曼努斯受皇帝之命在色雷斯和伊利里库姆召集了一支大军，准备率领这支军队从陆路进攻哥特王国。由于格尔曼努斯已经迎娶了维蒂吉斯的遗孀玛莎斯温塔为妻，那些希望能够在意大利维持哥特人与罗马人之间谅解关系的人都对格尔曼努斯抱有厚望。然而，在格尔曼努斯启程前往意大利之前，他便在550年秋季因病去世。[52]

格尔曼努斯死后，纳尔塞斯（Narses）的时代到来了，此人是一个亚美尼亚裔的太监，从很早的时候就已经成为皇帝的亲信。他曾在538年到539年掌握过军队指挥权，此时他获得的则是军队的最高指挥权。纳尔塞斯很清楚自己接受此项任务将会面临的风险，因此他坚持要获得足够的资金，以便能召集

地图 17　551~552 年罗马—哥特战争形势

一支有战斗力的军队。纳尔塞斯的这一请求得到了查士丁尼的
应允，因此除了格尔曼努斯已经招募到的罗马军队之外，他还
让大批伦巴底人、赫鲁利人和匈人为自己所用。

　　纳尔塞斯在551年4月离开了君士坦丁堡，却几乎用了
一年的时间来准备进攻。在同一时间，哥特人一方则一直在海
上行动，并不时地取得一些胜利。一支由300艘战舰组成的哥
特舰队于551年春季进攻了爱奥尼亚海上的科孚岛（Korfu），
洗劫了岛屿和附近的沿海地区，特别是行省首府尼科波利斯
（Nikopolis），并攻占了多艘罗马船只。相反，在意大利，哥
特舰队于551年夏季在安科纳附近遭遇了一次彻底的失败，失
去了所有的37艘船。551年秋，撒丁岛和科西嘉岛又被一支
哥特舰队所占领。[53]

　　纳尔塞斯的准备工作结束后，552年4月，他率军从萨罗
纳出发前往威尼提亚。然而，居住在威尼提亚的法兰克人拒绝
让纳尔塞斯的军队通过，经过维罗纳的道路又被哥特将领泰亚
阻断，于是纳尔塞斯令军队沿着海岸线走浮桥前进。6月6日，
纳尔塞斯到达拉文纳，不久后又到了里米尼。由于哥特人拆毁
了阿里米努斯河（Ariminus）上的石桥，纳尔塞斯命人在河上
建起了一座木桥。他并没有受到哥特驻军的骚扰，因为这支军
队在一场小规模的战斗中失去了统帅，随后纳尔塞斯转而取道
弗拉米尼亚大道，这条路经亚平宁山脉通往罗马。[54]

　　当托提拉意识到阻断纳尔塞斯去路的企图失败后，他开始
采用直接对抗的手段来与纳尔塞斯一决高下。托提拉先强迫意
大利各城名流提供300名人质，接着他出了罗马城，迎着纳
尔塞斯这位皇帝军队的统帅所在的方向而去，在翁布里亚境内
的塔迪奈（Tadinae）附近建起了一处营地。在这个地方，也
就是在一处被称为"高卢人之墓"（Busta Gallorum）的地
方，两军于552年6月底开战。托提拉的军队人数不及皇帝的

军队，于是他命令手下的骑兵只使用长矛攻击对方的阵形。很
明显，托提拉希望可以在马背上碾压皇帝的军队。相反，纳
尔塞斯让手下的骑兵下马按兵不动，因为他相信自己弓箭手的
实力。在铺天盖地的箭雨中，哥特人的攻势瓦解了，大约有
6000 名哥特人死在了战场上，连托提拉本人也丢了性命。托
提拉虽然成功从战场上逃脱，但他在逃亡路上在一处叫作卡普
莱（Caprae）的地方死去了。关于托提拉的死流传着两种说
法：一种说法是，托提拉在战争中被一支箭射伤，却在几天之
后才死去；另一种说法是，托提拉在逃亡过程中被格皮德人阿
斯巴德（Asbad）追上，并被他用长矛刺死。唯一可以肯定的
是，托提拉被几名忠臣草草掩埋，然而墓穴又被罗马人给挖
开，因为人们想要确定这位哥特国王是否真的已经死去。在人
们确定国王死后，便将他那镶嵌有宝石的头盔和被鲜血浸染的
长袍当作战利品送往君士坦丁堡。纳尔塞斯得胜后立刻继续朝
着罗马进发，而此时罗马已经第三次落入了皇帝之手，并且在
此后的 200 年里一直都由皇帝控制。⁵⁵

615

即使经过了塔迪奈战役灾难性的失败，也并非所有哥特
人都愿意臣服于皇帝。几周后，在部分托提拉拥有的王室财宝
的所在地帕维亚，一个名叫泰亚的人被一群哥特战士推举为国
王。我们不清楚这些哥特战士为何选择泰亚，并且关于泰亚的
家族我们只知道他有一个兄弟名叫阿利格恩（Aligern），此人
曾受命看守大部分哥特王室宝藏。

在这一时期，意大利南部也有部分地方仍被掌握在哥特人
手中。在那不勒斯湾的库迈（Cumae）存放着由阿利格恩看
守的那部分王室宝藏。泰亚想要将自己的军队同兄弟的军队合
并，于是他率军朝着坎帕尼亚方向进发。路上，泰亚不仅下令
杀死了前文所述的 300 名人质，还杀死了落入他之手的元老，
因为这些元老相信自己在托提拉死后能够重新回到罗马。泰亚

616

图35 泰亚发行的铜币，正面和背面（放大图）

在前往南方的路上必定走了不少弯路，因为纳尔塞斯的军队一再阻断他前进的路。最终泰亚进入了维苏威火山南边的一处阵地，显然他的目的是要经海路攻占库迈。在这里，泰亚的军队同纳尔塞斯的军队对峙了两个月之久。然而在哥特舰队的统帅投靠了纳尔塞斯之后，泰亚的阵地就守不住了。于是，泰亚便率领自己的部众退到了附近的奶山（Mons Lactarius）。[56]

就在这处山区，552年10月底，大决战爆发了。关于战争的经过，我们能准确掌握的信息并不多。普罗科匹厄斯只是通过道听途说才了解到此次战役的情况，他的记载虽然很详尽，但十分片面，并且在细节问题上并不可信。这位史学家将泰亚塑造成了并不骁勇善战的查士丁尼的对立者，他按照《荷马史诗》的模式，将这位哥特国王描绘成了一位英雄。泰亚扛着护盾，只在少数忠臣的陪伴下冲在阵前，抵挡了罗马一方的箭雨数小时。直到他将已被12支敌军的长矛刺穿的护盾换下，从而有一瞬间没能成功防守，就在这时，一支敌军的长矛刺中了他，当场将他杀死。他的尸首落入了皇帝军队之手，他的头颅被砍下，并被插在了一支长矛上。为了打击哥特人的士气，激发罗马人的斗志，罗马人扛着这件战利品穿梭在敌军之中。虽然国王已经去世，但哥特人依然不愿放弃。他们一直战斗到夜幕降临，第二天又重新投身战场。然而在第二天快要结束时，哥特贵族却走进了罗马人的营帐，请求投降。根据普罗科匹厄斯的说法，纳尔塞斯以签订协议的方式作出保证，幸存者可以离开意大利定居帝国疆域之外。然而在这个问题上阿伽提亚斯的记载更为可信，根据阿伽提亚斯的说法，被击败的哥特人获准返回自己的庄园。[57]

　　奶山战役的失败意味着哥特王国的终结，但这并不意味着哥特人在意大利的终结。553 年春季，一支由阿勒曼尼人和法兰克人组成的军队在可能获得的战利品的诱惑下翻过了阿尔卑斯山，于是北意大利的哥特人又一次宣布脱离皇帝，接受了布提林和洛伊塔林的领导。这支联军一路烧杀抢掠，一直走到了意大利南部海岸，随后在返程的路上分道扬镳。一部分队伍因为感染瘟疫而失去了大批人马，另一部分则在 554 年秋季在卡普亚（Capua）附近迎战纳尔塞斯，结果被全歼。此次失败使得幸存下来的哥特人不再有勇气从自己的队伍中推举出一名国王，因为泰亚的兄弟阿利格恩早在 553 年与 554 年之交就已经投靠了皇帝。随后，据说他从切萨纳（Cesana）城墙上对经过的法兰克人喊话，他说，任何想要重建哥特王国的努力都是徒劳的，因为王室财宝，包括所有统治者象征物，都已经落入罗马人之手。555 年春天，一部分参加了洛伊塔林和布提林劫掠行动的哥特人在康普萨（Compsa）向纳尔塞斯投降，接着加入了皇帝的军队。部分抵抗军的据点还坚持了多年。在维罗纳，哥特长官维丁（Widin）直到 562 年才投降，随后以俘虏的身份被押到了君士坦丁堡。在此之后依然有被视为哥特人的群体继续生活在意大利。直到中世纪中期，他们的踪迹才消失。[58]

第十三章

狄奥多里克大王：一个形象的变迁

52

从拉文纳到维瓦里乌姆：
遁入空门之后的卡西奥多

  580年，93岁的卡西奥多为自己的最后一本书《论正字法》（*De Orthographia*）写下了一段前言。关于写这本书的动机，卡西奥多是这样说的，在一次针对自己关于使徒之作为与书信的著作《注释》（*Complexiones*）的讨论中，"他的"僧侣曾大呼："如果我们根本不知道应该用何种方式来书写，那么认识古人所写的内容，或者准确了解您的聪明才智试图补充的内容，又对我们有什么用处呢？我们也没有能力口头复述那些书面上无法理解的东西。"

  卡西奥多回答，一定不能放弃对古代作家作品的研究，这样人们便无法冒充从他人那里获得的教义的创始人。因此，他会从十二名古代作家的作品中整理汇编一些可以针对正字法进行教学的文字，这样校对员和誊写员今后就不会陷入混乱了。在上面这段文字中，在半个多世纪前曾在狄奥多里克宫中担任高官的卡西奥多将自己塑造成一名某群致力于研究和誊写《圣经》及神学文本的僧众的精神领袖。这群僧众生活在一座名叫维瓦里乌姆的修道院中，而这座修道院是由卡西奥多本人建立的。该修道院坐落在斯奎拉切（位于卡拉布里亚）附近，卡西奥多的家族世代居住在那里，这座修道院受一位院长的领导，与它存在紧密联系的另外一座修道院里面生活着一些隐士，这些隐士也接受一名院长的领导，过着严格的与世隔绝的生活。[1]

  史料没有记载卡西奥多如何建立的这两座修道院。也许在他还在服务哥特国王的时候他就已经捐助修建了这两座修道院。狄奥多里克死后不久，卡西奥多就从政务总管的职位上卸任，但在533年，他应阿玛拉逊莎的请求开始领导总督府，并在这个位置上服务了不少于四任君主，其中有两人因为谋杀而丧命。他首先服务的是阿塔拉里克，接着是阿玛拉逊莎和狄奥达哈德，然后只有狄奥达哈德一人，最后还有维蒂吉斯。直到538年前后，也就是维蒂吉斯下令杀害充当人质的元老之后，卡西奥多结束了在哥特宫廷的服务。此后他再也没有担任政治职务。

当卡西奥多撰写关于正字法的著作的时候，意大利的哥特王国已经是很久远的事情了。查士丁尼的将领纳尔塞斯在522年战胜了最后一位哥特国王泰亚。两年以后，皇帝应教宗维吉里的请求推行了一系列措施，即所谓的《国事诏书》，以重建托提拉在位之前的社会和政治状况。托提拉的所有命令都被清零。被其他领主占有的奴隶和佃农应被归还给原主人。罗马的特权也得到了查士丁尼的认可：食品支出，公共建筑的维护费用，以及文法、修辞、医学和法学等专业教授的工资将来也由皇帝支付。对狄奥多里克时代的一项革新是，查士丁尼将军事法庭的职权重新限制在了那些仅对士兵发起的诉讼中，而在哥特人统治时期，军事法庭会负责所有士兵参与的案件。此外，皇帝还赋予城市显要和主教选举本行省总督的权利，还允诺元老可以自由出入皇帝的宫廷。然而，这些规定和允诺成了一纸空文。事实上，在查士丁尼565年去世后很久，意大利的整个行政管理部门都受将领纳尔塞斯领导。经过17年的战争，意大利的广大地区一片荒芜，罗马和米兰已沦为废墟。[2]

那些希望查士丁尼将意大利视为与东罗马帝国具有同等地位的政治体，也就是视为西罗马帝国的元老，最终发现自己错了。查士丁尼从来没有想过要重新任命西罗马帝国宫廷各个职位，让意大利的元老去接替这些职位。他从君士坦丁堡派出了一名总督到拉文纳去管理意大利。这名不久后获得"Exarch"①头衔的总督在 580 年前后并没能统管整个意大利半岛，因为查士丁尼去世后仅仅几年，伦巴底人便在他们的国王阿尔博因（Alboin）的率领下翻过了阿尔卑斯山，并在短时间内控制了意大利北部。569 年维罗纳和米兰陷落，572 年帕维亚也陷落了。其他伦巴底小分队攻入意大利中部，还建立了一批自己的政权，这些政权的中心是斯波莱托和贝内文托（Benevent）。由此，旧哥特王国的核心地带就落到了皇帝的统治区域之外，不过阿尔博因早在 572 年就被谋杀，两年后他的继承人也沦为一次谋杀的牺牲品。³

以上并不是查士丁尼的政策给意大利元老带来的唯一一件失望的事。在试图为闹崩了的东罗马基督徒调解的过程中，544 年皇帝在一部敕令中谴责了三名已经过世的神学家的教义（或曰"章"），而这些教义在卡尔西顿公会议的反对者看来特别有失体统，这就是所谓的"三章"，并且皇帝还要求所有长老，包括教宗，都赞同他的决议。维吉里起先拒绝了这一无理要求。然而，在维吉里被暴力押往君士坦丁堡后，他终于在 548 年宣布自己也对"三章"表示谴责。此次立场的转变在北非和意大利的大部分主教看来是对正统信仰的背叛，550 年在阿非利加召开的一次宗教会议对维吉里施加了绝罚令。553 年在君士坦丁堡召开的，并在今天被算作第五次基督教公会议的那次大规模宗教会议，只会加剧分裂。维吉里在 555 年去世，他没能来得及返回罗马。他的继任者贝拉基（556~561 年在位）曾努力争取获得北意大利各主教的承认，但是他失败了。573 年，米兰主教再次同罗马联合起来，但阿奎莱亚的主教在

621

---

① 即东罗马帝国的总督职位名。

很长时间里依然坚持孤立状态。580 年前后，意大利不仅在政治上四分五裂，而且其教会也处于分裂状态。⁴

卡西奥多是以何种方式经历这些事件的？这很难说，因为在卡西奥多退出政坛后，关于他的生平就只留下了很少的信息。当他在编撰《杂录》的时候，他似乎还相信罗马元老在未来有望同哥特诸王继续合作。正如他所说，不久后，他便在友人的催促下写了一篇题为《论灵魂》（Über die Seele）的小文章，并将这篇文章附在了《杂录》的第十二卷之后作为第十三卷。然而还在拉文纳的时候，卡西奥多便计划为《圣经·诗篇》作评注，这项工作会耗费他整整十年时间，至少一直做到 547 年。在这部作品关于正字法的前言中，卡西奥多称这部注释是自己准备皈依教会那段时间的第一项工作。接着他列举了另外六个作品题目，即一部两卷的《圣俗学识入门》以及一系列注释及文法著作。相反，在那些皈依教会之前撰写的大批著作中，他没有称赞任何一部，连提都没有提过，无论是《杂录》还是《哥特史》。在卡西奥多漫长的一生即将结束的时候，他不再给予这些作品任何重要意义了。

然而人们要小心，不要妄自推测，认为卡西奥多在 538 年一下子就彻底告别了俗世，哪怕这位 92 岁的老人在回顾自己的一生时可能会这样认为。在皈依教会之后，卡西奥多绝对没有斩断所有同自己先前生活过的那个世界有联系的桥梁。准确地说，他是搬到了博斯普鲁斯海峡旁的帝都，时间大概在维蒂吉斯投降后，在那里，卡西奥多同逃到君士坦丁堡那里避难，并且一直催皇帝果断重新开战的元老保持着紧密联系。当时卡西奥多手上还有一份《哥特史》的样书，可以借给约达尼斯。卡西奥多也绝非完全没有参与到"三章"之争中。他同其他四人一起在 549 年复活节和 550 年 3 月试图说服两名反对谴责"三章"，并因此宣布同教宗维吉里脱离关系的罗马教会助祭，要他们服从大牧首，但卡西奥多等人的努力失败了。这支前去劝说助祭的代表团中还包括另一位来自意大利的高等元老，那就是"贵族官"凯特古斯，此人曾被狄奥多里克任命为 504 年执政官。[5]

在宣布革去两名拒不服从的助祭职位的书信中，教宗维吉里称卡西奥多为"宗教的世俗人"（religiosus vir），也就是过着模范基督徒生活方式的平信徒。也就是说，将自己的《诗篇评注》献给维吉里的卡西奥多属于教宗的追随者。尽管如此，卡西奥多并不是"三章"的坚定反对者，因为他在《诗篇评注》中也称赞了赫尔米安纳的法昆多（Facundus von Hermiane），后者当时恰好在君士坦丁堡撰写一篇给"三章"辩护的文章。卡西奥多一如既往地坚信古典教育的价值，不过现在他只是把古典教育当作阐释《圣经》的一个不可或缺的辅助手段。在《诗篇评注》中，卡西奥多系统地采用了古典修辞学方法，逐篇逐篇地将其运用到了一部《圣经》文本中。基督教教义和古典教育似乎借此成了一个完整的统一体。卡西奥多很可能在君士坦丁堡还撰写了一部《世俗学识入门》（*Einführung in die weltlichen Wissenschaften*），后来他将这卷书的修订本与题为《神圣学识入门》（*Einführung in die geistlichen Wissenschaften*）的第二卷合订在一起。[6]

史料同样没有记载卡西奥多是何时返回意大利的。也许当公会议召开时他还在君士坦丁堡，在这次会议上，查士丁尼狠狠地羞辱了不在场的维吉里，他令人宣读了一批文字，证明教宗早在公会议召开前就向皇帝允诺要谴责"三章"。在自己位于卡拉布里亚的两座修道院中，卡西奥多因为是赞助人，并且十分博学，所以享有很高的威望，哪怕掌握领导权的是两位院长。卡西奥多为自己的僧侣撰写了一份学习大纲，包括神圣和世俗"学识"，并将其写在了《圣俗学识入门》的新版中。在

623

前言中，卡西奥多回顾了与教宗阿格否一同在罗马成立某种类似于基督教大学的机构的计划，而这一计划最终失败。"意大利王国境内激烈的战争、争斗与混乱使我无法实现自己的愿望。"文中这样说道。于是卡西奥多认为自己有必要在上帝的帮助下代替教师来撰写这部入门读物，以便将《圣经》的一系列文本与世俗学识中的基本知识进行调和。在第一卷中，卡西奥多以加注的文献目录形式推荐僧侣去阅读《圣经》中的单独卷目，还推荐了一批当时已有的注释本，并从基督教史学著作、同时代的神学著作、地理及医学著作中挑选了一些作品作为补充。第二卷简要介绍了"七艺"方面的入门知识，即文法、修辞、雄辩、算术、音乐、几何与天文。这七种艺术，或曰学科，共同构成了在卡西奥多看来充分理解《圣经》文本所不可或缺的知识的基础。

对于年迈的卡西奥多而言，理想中的生活方式是一种兼为《圣经》的阅读者和书写者的学者的生活方式。这样的学者能够充分理解《圣经》的意思，因为他掌握了语文学的工具，能够辨别出错误的阅读方式。通过确定并写下正确的字句，卡西奥多为上帝之言的传播作出了贡献。书写者类似于传道士——

> 我得坦率地说，在诸位会考虑去承担的一切身体的劳碌中，誊写员的工作（只要他们能够完全不出错地书写）无疑是最让我喜爱的。因为誊写员会通过反复阅读《圣经》，以疗愈的方式启发他们自己的精神，通过抄写在各地传播主的律令。用书写的双手去传道，让言语从十指中流淌而出，静默着把福祉传给终有一死之人，用笔杆和墨水去抵御魔鬼那禁忌的低声怂恿，是多么幸运的冒险，多么值得赞颂的激情啊！ [7]

卡西奥多死后不久，维瓦里乌姆修道院似乎立刻衰败了，格列高利一世是最后一个提到维瓦里乌姆修道院的人。卡西奥多的藏书很可能被送到了罗马，由于教宗的慷慨，这些藏书流散到了世界各地。被保存到今天的手稿中，只有大约六部可以大概肯定与维瓦里乌姆修道院有直接或间接的关系。这些手稿通常包括所谓的"阿米提奴抄本"（Codex Amiatinus），这是最古老的《圣经》全本手抄本之一，该手抄本于 700 年前后在泰恩河畔纽卡斯尔（Newcastle upon Tyne）附近的雅罗（Jarrow）境内的圣保罗修道院写成。其中一幅华丽的装饰画展示了犹太祭司以斯拉（Esra）在一座敞开的书架前阅读和书写，书架上有《圣经》诸卷。人们猜测，这幅画的灵感是卡西奥多，不过这一点只得先搁置不谈了。可以确定的是，这幅画展示出了一位曾是狄奥多里克"书记长"的人在高龄的时候最看重的是什么，那就是对基督教《圣经》的研究，以及以无谬误的方式来对其进行传播。[8]（见彩图页，图 9）

53

无处是英豪:
狄奥多里克在 21 世纪

　　没有任何一部古代文本能像卡西奥多的《杂录》那样深刻影响了狄奥多里克在现代的形象。卡西奥多为了满足哥特国王的需求,并且大部分是以哥特国王名义撰写的这些文字的启发力量极大。然而,21 世纪与狄奥多里克及意大利哥特王国的时代存在很大的时空距离,这足以使我们在回顾时摆脱卡西奥多的视角。在当时看来值得追求的目标,以及当时订立的标准,已经不再是我们的目标和标准了。我们给自己提出的问题,与王室书记处想要回答的问题并不相同。

　　如果仔细去审察狄奥多里克的发迹,那么人们显然会看到他是一群武装人员的首领,他们在摆脱匈人的统治之前跟随着阿提拉横扫了整个西欧地区。狄奥多里克在很年轻的时候就已经证明自己是一名出色的战士,474 年在他父亲去世后便获得了对这支靠战利品、津贴和贡赋过活的军队的领导权。狄奥多里克耗费了差不多 15 年去徒劳地使皇帝在法律上将自己的军队认定为盟军。在这段时间里,狄奥多里克率领手下的人在巴尔干地区来回穿梭,他的部众有时会出现大规模萎缩的情况。对手狄奥多里克·斯特拉波的死使得狄奥多里克能够将巴尔干半岛上的绝大部分哥特人都统一到自己麾下,但同样在此之后,他手下的哥特人的物质条件一直都十分艰苦。

　　直到占领意大利,狄奥多里克才有条件获取资源,能够将一支无家可归的队伍变成一支常备军,而这支常备军的成员可

以靠地租生活。狄奥多里克通过承认特权和委以重任，成功说
服了被占领地的世俗精英与自己合作。他为实现自己的目的，
缔造了一个双重国家，在这个国家中，民事管理机构由罗马人
领导，军事机构则由哥特人领导。他通过保障天主教会开展
活动所必要的空间，争取到了天主教会诸主教的支持。尽管如
此，身为意大利统治者的狄奥多里克一直是哥特人的国王。帮
助他在一场为期四年的战争中击败奥多亚克的那些人的支持一
直是他统治的重要基础。狄奥多里克从未完全抛弃自己早年的
军阀身份。

我们必须将狄奥多里克的统治理念理解为对一些占领意大
利之后必须解决的紧迫问题的回答。国王需要解决的一项任务
是，奖励那些帮助自己取得胜利的军队。因此，狄奥多里克将
庄园赠给了那些与自己一同来到意大利的军人，庄园的产出可
以保证这些军人有一笔不错的收入。狄奥多里克将这支军队定
义为持武装的哥特族裔，这使得他手下的军人会以军事职能精
英的身份出现在罗马人身边，这批精英拥有特殊的生活方式，
因此会保有自己的文化特性。这样的政策意味着借分成合。与
此同时，狄奥多里克认识到，如果自己想要利用那些对意大利
这样一片土地的统治权所能提供的可能性的话，就需要当地精
英的支持。因此，狄奥多里克基本上没有改变自己来到意大利
后接手的民事管理机构。这样的国家机构会给他带来持续的收
入，其数额足够让他给士兵发军饷，为民事管理机构的运转提
供资金，用各种建筑物来装饰自己的都城，维持奢华的宫廷，
慷慨地奖赏那些忠实的臣仆。[9]

从狄奥多里克的天性来看，这样的统治理念是保守的。狄
奥多里克通过将自己的军队定义为哥特族群，确定了外来者与
本地人之间的分工，这种分工的前提条件是哥特人与罗马人走
的是不同的发展道路。人们绝不希望哥特人在文化上被身边的

627 罗马人同化，哪怕在日常生活中这种同化无法完全避免。哥特人和罗马人的社会融合与上述统治理念水火不容。狄奥多里克绝不会想到去有计划地改变或是"改革"自己刚到来时意大利的社会状况，他想要将因哥特人定居而产生的状态长久地维持下去。

在其统治意大利的第一阶段，狄奥多里克试图通过与日耳曼诸位统治者签订和约和联姻的方式来巩固自己的王国。当他巩固了自己的统治后，他便在时机成熟的时候采取军事手段来壮大自己的王国。他原本意图避免同西哥特人埃拉里克和法兰克人克洛维交战。这一意图落空后，他便借机将普罗旺斯并入了自己的意大利王国。很快，狄奥多里克还将势力范围延伸到了西班牙的哥特王国。在6世纪20年代，狄奥多里克便达到了权力的巅峰。当皇帝查士丁与狄奥多里克的女婿欧塔里克一同担任519年执政官的时候，继承人似乎也得到了确定。

在那个时候，没有其他任何一个生活在同一时期的蛮族统治者取得的成就能够与狄奥多里克媲美。汪达尔国王特拉萨蒙德一直到523年去世都在想办法阻止本国王权的衰败，但这一努力失败了。法兰克国王克洛维从482年起就在不断发动战争，最终控制了高卢大部分地区。然而克洛维的王国被地中海阻断，在他511年去世后，王国被四个儿子瓜分。勃艮第、图林根、赫鲁利或伦巴底国王就更加不能同狄奥多里克相提并论了。

然而上述成功史只是硬币的一面。存在于另一面的事实是，狄奥多里克缔造的意大利哥特王国只存在了两代人的时间。在生命的末期，狄奥多里克在外交上处于孤立状态。因为欧塔里克的早逝，王位继承办法被废除，直到狄奥多里克死期将近，才被迫采取行动。让阿塔拉里克继承王位不过是权宜之

628 计，而这遭到了哥特贵族的反对。阿玛拉逊莎与狄奥达哈德的

双王并立格局很快就被打破了。阿玛拉逊莎遭到谋杀，这给了查士丁尼机会，使他有了充分的理由开始对意大利哥特王国发动战争，17 年后（552 年），这次战争以狄奥多里克带到意大利的哥特军队的瓦解结束。对于意大利而言，此次毁灭性的战争是一场深刻的转折。罗马元老院作为机构已经失去了全部价值，到了 7 世纪初，罗马元老院的踪迹便无处可寻了。从此以后，再也没有任何一个组织能够代表意大利政治上的统一了。随着罗马元老院一同消失的还有这样一种理念，即可以存在另一个与君士坦丁堡并立的罗马帝国第二个政治中心。[10]

想要正确评价狄奥多里克，就要首先根据他所追求的和已经达到的目标来衡量他的成就。随后要考虑的是狄奥多里克政权的范围和持续时间。从这个角度看，每名统治者维护自身权力的基本利益就与臣民和平生活的基本利益是重合的。狄奥多里克的统治的确让意大利的居民享受了 33 年基本和平的时光。直到罗马—哥特战争开始前，城乡居民都能免遭敌军进攻、围困和洗劫，即便遭遇进攻，也是极少数例外情况。这一点给国内的所有居民带来了很大好处，哪怕他们的生存机会、财产、权势和声望存在不同。经历过罗马—哥特战争带来的恐惧的那些人，想必会因此缅怀狄奥多里克的统治。

只有当狄奥多里克的行动目标是在地中海西岸地区缔造并维持一个稳固的和平秩序时，人们才能说他推行了一种和平政策。然而，这一点最多只适用于狄奥多里克统治意大利的前半阶段。诚然，狄奥多里克最初采取了和平手段，让自己在意大利的王国免于外部势力的威胁。在这一阶段，狄奥多里克通过婚姻，与后罗马时代西方的日耳曼诸王建立了家族关系。这些同盟关系会阻碍反狄奥多里克王国力量的形成。然而，当克洛维因为战胜了阿拉里克（507 年），从而有染指普罗旺斯地区的危险之后，狄奥多里克毫不犹豫地采取了军事措施。此后，

629

狄奥多里克对外政策的基本目标便是阻止法兰克人向高卢扩张, 以及增强自己的力量, 这样的目标必然包括领土扩张。狄奥多里克确保自己可以控制西班牙哥特王国, 并将其同自己的王国合为一体。后来他也参与了瓜分勃艮第王国。尽管如此, 在能够自由支配意大利的资源后, 战争对于狄奥多里克而言就不再是获得和巩固政权的优先手段了。由于狄奥多里克手下的哥特人有地租和赠礼收入, 他不再需要像克洛维和他的儿子那样时不时地将哥特人带到战场上去抢夺战利品了。

到了 19 世纪, 人们时常会问这样一个问题: 某位统治者是否是"政治家"? "政治家"要强于"政客", 一名"政治家"不应当像"政客"那样, 只是不择手段地维护自己的个人权力, 而是要通过奉行长期目标来服务于公共的福祉。因此, 要评价一位被认为奉行了上述目标的统治者, 就有赖于人们如何看待这些目标了。如果人们认为这些目标是应该实现的, 那么就需要探察一番这些目标从总体上看是不是能够实现的, 或者至少当这些目标没有实现或者没有完全实现的时候就要这么去做。如果人们赋予这些目标以很高的价值, 哪怕某位统治者没能成功实现这些目标, 那么人们便喜欢将这种失败称为"悲剧性的"。在狄奥多里克的案例中, 自 19 世纪初期起, 人们一再提出这样一个关键性的问题, 那就是狄奥多里克国王意图如何构建哥特人与罗马人之间的关系。他是在谋求两个族裔的融合, 还是意在保持哥特人与罗马人相互分隔的状态? 如果两族融合的结果是日耳曼少数族裔消散在族裔规模更大的罗马人中, 从而失去了自身的特色, 那么带有德意志民族思想、德意志民族主义思想甚至是种族主义思想的人必定不希望两族融合。

630 如果站在上述立场, 那么一个以将哥特人同化为罗马人为目标的政策必定会被看作错误的政策, 或者最多会被视为"浪漫的理想主义"［费利克斯·达恩（Felix Dahn）语］。然而长期以来人们一直在争论，狄奥多里克国王事实上究竟有没有谋求两族融合。自爱德华·吉本起就一直有人持这样一种观点，即狄奥多里克实际上是意图阻止两族融合。有上述想法的人必须问一问自己以下问题：哥特人和罗马人之间相互隔离的状况是否能够维持得下去？征服者和被征服者之间的融合从长期看难道不是无法避免的吗？

从上述角度出发，无论是在过去还是在现在，狄奥多里克都时常会被拿来同克洛维比较。克洛维通过改宗天主教，破除了横亘在本国法兰克人和罗马人之间的宗教隔阂，使得两个群体间的社会融合成为可能。相反，狄奥多里克通过坚持相像派信仰，阻碍了本国境内两族在宗教上融合的进程，或者至少使这一进程变得更加缓慢。因此，他试图去阻止必然发生的事，也就是说他逆"历史潮流"而上。有这样一种说法，即克洛维的决策是"充满前景的"，因为现代的观察者知道，到了6世纪末，天主教信仰占领了地中海西岸的所有基督教王国。对于当时的狄奥多里克而言，这样的发展走向还十分遥远。诚然，狄奥多里克的连襟克洛维在兰斯洗礼的行为树立了一个榜样。在勃艮第国王贡都巴德的宫廷会开展与宗教有关的对话，而狄奥多里克可能的继承人，即狄奥多里克的女婿西吉斯蒙德，则早就接受了天主教信仰。由于西哥特人和汪达尔人还在坚持相像派信仰，上述例子在很长时间里都是特例。

在狄奥多里克看来，不试着在身为大多数群体的罗马人中间去积极传播身为少数群体的哥特人的相像派信仰，是一种必要的政治智慧。对于狄奥多里克自己和他手下的哥特人而言，坚持相像派信仰是赋予哥特人和罗马人不同任务和生活方式的统治理念的一部分。信仰相像派的哥特人与信仰天主教派的罗马人在宗教上的分隔会防止意大利的哥特人消散到身边的罗马

631

人中，也可以防止哥特人受到天主教派主教的影响。

狄奥多里克是以平等的态度来对待这两个基督教派别的。事实上，在哥特人统治的意大利，占主导地位的是一种被称为"双教派并立"的状态。狄奥多里克国王会任命那些与自己不拥有同一个信仰的基督徒为官，会保护那些被基督徒迫害的犹太人，这使得他在任何时代都会获得那些怀有开明思想的人的高度评价。在这个方面，狄奥多里克与皇帝阿纳斯塔修斯、查士丁和查士丁尼都不相同，后者一直都在殚精竭虑地试图将基督徒统一起来，却徒劳无功。今天比以往任何时候都更需要宗教宽容。尽管如此，人们还是要问：狄奥多里克的默许态度会不会也是一种软弱的信号？在当时，所有派别的基督徒都期待有一位统治者能够支持正统信仰。狄奥多里克绝对没有能力去推行一个以按照基督教理念来整顿社会为目标的政策，正如查士丁尼皇帝所贯彻的政策那样。由于狄奥多里克信仰的是一种势力较小的教派，他没有办法按照自己的意愿来操控自己国内规模最大、最具影响力的宗教团体。[11]

哥特军人与罗马非军事人口之间的社会与文化隔阂状态不会无限地继续下去，这一点是显而易见的。哥特外来移民只构成当地人口的一小部分，并且他们的居住地十分分散。在这种条件下很难保持语言与文化上的封闭状态。此外，从长期看，军事精英与非军事精英都倾向于不顾生活方式及价值体系的差异，通过婚姻的手段将自己在社会声望、权力和财富方面的资本相互融合起来。狄奥多里克在位的时候就已经初现端倪。反过来，很难回答的一个问题是：如果哥特王国不是被战争摧毁，那么狄奥多里克的统治理念能够持续多久？在西哥特王国，国王雷卡雷德（Rekkared）于587年皈依了天主教；两年后，在托莱多宗教会议上，雷卡雷德正式完成了改宗天主教的仪式。从西哥特人418年定居在阿基坦以来过去了不少于六代人的时间。随着托莱多宗教会议的召开，王权开始了神圣化的进程，这使得西哥特国王在 7 世纪成了基督的世俗代言人。与此同时，雷卡雷德因为改宗，获得了支配天主教众主教的可能性。国王可以主持宗教会议和决定议题。反过来，国王要颁布由主教会议倡议的反犹法案。在狄奥多里克的王国，王权与天主教众主教之间如此紧密合作的局面是无法想象的。[12]

人们一再宣称，哥特人与罗马人分立的政策是否削弱了意大利哥特王国的军事反抗能力，从而导致意大利哥特王国过早衰落，这个问题就不在此处讨论了。的确，抵抗查士丁尼军队的战争主要是由哥特军人开展，哪怕托提拉从 542 年开始招募有意愿参战的罗马人进入军队，而情况允许的话，许多元老会在皇帝一方作战。不过在东罗马帝国，非军事人口和军人之间的界限也同在意大利一样分明。阿纳斯塔修斯和查士丁尼也不会招募新兵上战场，而是在帝国境内和境外招募战争方面的专家。除此之外，哥特人反击的时长和激烈程度也坚决驳斥了认为哥特人从一开始就失利的观点。托提拉有时会把皇帝的军队逼到失败的边缘。很显然，意大利的哥特王国的统治基础要比北非的汪达尔王国坚实得多，贝利萨留只打了两年的仗，就为皇帝夺下了汪达尔王国。

当然，狄奥多里克的王国并不是无懈可击的：哥特人和罗马人之间的谅解关系并非永久成立，而是需要不断维护。哥特军人和罗马非军事人口之间的关系天然就是充满张力的。哥特贵族渴望荣誉和声望，元老则怀着嫉妒之情守卫着自己的特权。对于天主教派主教而言，相像派教徒的平等地位就是眼中钉、肉中刺。狄奥多里克在去世前的所作所为也动摇了元老和天主教派僧侣对他的信任。处死波爱修斯和辛玛古就是一个不祥之兆，被侮辱的教宗约翰之死使国王蒙上了基督徒迫害者的名声。但狄奥多里克王国迅速衰落的原因要到在很大程度上不

633

受他影响的领域去寻找。欧塔里克的早逝破坏了所有与王位继承有关的计划。人们大可指责狄奥多里克，说他任凭由此产生的不安定状态持续存在，直至他去世。可是谁会知道自己大限将至呢？

阿玛拉逊莎的执政削弱了王权，从而使王国的对外政策难以运作。对于意大利的哥特人而言，这种被削弱的状况是灾难性的，因为这发生在查士丁尼皇帝一直在寻找机会征服曾属于西罗马帝国的哥特诸王国的时候。在西班牙的哥特人独立（526年）、勃艮第王国剩余领土被法兰克人征服（532年）和贝利萨留攻占汪达尔王国（535年）之后，意大利的哥特人只能以法兰克人为抵御查士丁尼的盟友了。然而，墨洛温王朝诸王恰恰从未想过让自己为他人所用。就这样，哥特人在抵抗查士丁尼的战争中只能依靠自己的力量了。

在人口、经济和军事技术方面，意大利哥特王国都不及罗马帝国。就此而言，人们可以将哥特人的失败归为结构上的原因。但人们要尽量避免认为哥特人的失败是必然的，因为在6世纪，军事上的成功更加取决于各种偶然因素，比起技术装备战和使用大规模杀伤性武器的时代，更加依赖于"战场上的运气"或其他不可控因素。塔迪奈战役（522年）也很可能出现其他结局，没有人可以肯定地说查士丁尼随后不会再派一支这样规模的军队前往意大利。

狄奥多里克不属于那种用自己的行为影响许多人的生活长达数个世纪的统治者。他在意大利的王国只延续了两代人的时间。他没有缔造在自己的王国终结之后还依然长期存在的政治传统。贝尔恩的迪特里希（Dietrich von Bern）将日耳曼人的中世纪与自己捆绑在了一起，然而这位传说中的英雄与作为历史原型的哥特国王，也就是狄奥多里克没什么相似之处。因此，狄奥多里克大王无法与君士坦丁大帝和查理大帝相比。不

634

过，对于 6 世纪的所有统治者来说都是如此。

　　意大利的哥特王国在 21 世纪的观察者看来首先是遥远而陌生的。然而细致观察便会发现，一些狄奥多里克及其继任者面临的问题却具有令人惊讶的现实意义。罗马帝国晚期的意大利社会既不古朴单纯，也绝非静止不动，它的主要特点是社会差异极大，同时在文化、宗教和民族方面存在多样性。元老阶层的精英经历了一个看似颠扑不破的政治秩序的大变革，他们生活在对一个伟大过去的感知之中。从如下角度看，意大利哥特王国获得了一种示范性意义：一个武装少数群体的首领，如何能够控制住人口中的大多数群体，从而建立起长达三十余年的统治？借分成合和双教派并立是这些在我们看来十分熟悉的问题可能的解决方案，哪怕曾经出现在意大利哥特王国的这些问题存在的条件如今已不复存在。同样，实施暴力的能力和意愿在何种条件下会促使社会群体产生和聚合？这个问题直到今天依然没有丧失其意义，哪怕我们会因为这种现象仍然存在而深表遗憾。

54
堕入地狱和拉本之战：
狄奥多里克在中世纪

在西欧，狄奥多里克和意大利的哥特王国从未被完全遗忘。然而，关于这些事情的记载很快分化为两个分支。一个基于拉丁语文本，由掌握了拉丁语的人掌管，通常是僧侣。流传最为广泛的是格列高利一世的《对话录》。人们在格列高利一世的笔下读到，公正的惩罚是如何突然降临到做出了无耻行径的国王的头上：他罪行的无辜的受害者，教宗约翰和"贵族官"辛玛古，将他推入了一个火山口。这一"堕入地狱"的场景进入了中世纪几乎所有的史料中，深刻影响了狄奥多里克"异端国王"的形象。不受教会阐释模式影响的对狄奥多里克形象的接受是个例：查理大帝似乎给狄奥多里克塑造了一个完全不同的形象，因为他命人将狄奥多里克的雕像从拉文纳运到了亚琛（Aachen）。这座雕像促使查理大帝的继任者虔诚的路德维希（Ludwig der Fromme）在位时期学识渊博的僧侣瓦拉赫弗里德·斯特拉波（Walahfrid Strabo）写下了一篇题为《谈狄奥多里克像》（De imagine Tetrici）的攻击狄奥多里克的檄文，在这篇文章中，狄奥多里克是个贪婪虚荣的统治者、渎神者和基督徒迫害者。[13]

在意大利的部分地方，人们出于地方利益才开始追忆狄奥多里克。830年前后，拉文纳僧侣阿格内鲁斯在关于本城主教的论著中收录了一些很可能出自地方文献记载的与狄奥多里克有关的见闻。12世纪初在维罗纳附近的橄榄山修道院（Mons

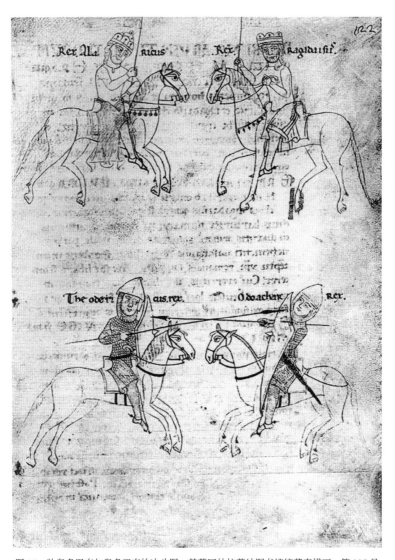

图 36 狄奥多里克与奥多亚克的决斗图，梵蒂冈帕拉蒂纳图书馆馆藏素描画，第 927 号

Olivetus）出现了一部历史文集，该文集由《无名的瓦莱西亚努斯》和约达尼斯的《哥特史》拼凑而成。手稿中包含了一幅狄奥多里克和奥多亚克的决斗图，图中的二人身着 12 世纪的装备。

在日耳曼语区则发展出了一种与懂得书写的环境中产生的拉丁文记载平行存在的口头传统，该传统记载了一位名叫迪特里希的无家可归的国王的故事，这就是所谓的"迪特里希传说"。人们传说，很久以前，有一位国王被赶出了自己在意大利北部的王国后，逃到了匈人王埃策尔（Etzel，即阿提拉）的宫中。这个王国的中心是贝尔恩，而这个名称不过是"维罗纳"在发音上的变体。在埃策尔的帮助下，贝尔恩的迪特里希试图夺回自己的王国。为此，他打了一场仗，人们认为这场战役发生在拉本（Raben，即拉文纳）附近，这就是拉本之战。将这些故事联系在一起的所有共同点就只有这些了。迪特里希的对手甚至名字都一直没能统一：在口头传统早期阶段，迪特里希的对手还像那位被历史上的狄奥多里克战胜并杀死的那位国王一样名叫奥多亚克，到了后来，这名对手的名字就成了埃尔门里克（Ermenrich）或埃尔姆里克（Ermrich），就像那位根据约达尼斯的说法在 375 年战死的哥特国王埃尔马纳里克的名字一样。总之，"迪特里希传说"将意大利的征服者狄奥多里克变成了一位被人从自己在意大利的王国驱逐出去的国王，并且将这名国王同其他一些历史人物糅合在一起，而事实上这些人物在狄奥多里克战胜奥多亚克的时候早已经去世了。

历史上的狄奥多里克如何变形为传说中的迪特里希？这是一个尚未解决，并且很可能永远无法解决的谜团。直到 13世纪，"迪特里希传说"才形成了连贯的文本。迪特里希完整的生平故事只出现在一份 13 世纪中叶的挪威散文体叙事文本中，即所谓的《狄德雷克萨迦》（*Thidrekssaga*），该文本的基础是用低地德语写成的材料。这部书讲述了迪特里希（在这里他叫狄德雷克）从少年时代一直到去世的事迹，并且在这部书中，迪特里希经过一次又一次的尝试，终于回到了自己的王国。不过有迹象表明，在此之前很久就已经出现了关于一位流亡国王的故事。诞生于 830 年前后的用古高地德语写成的《希尔德布兰特之歌》（*Hildebrandslied*）虽然只有 68 行诗被保留了下来，但这首诗的背景似乎就是迪特里希的故事，产生于同一时期的古英语诗歌《迪奥尔的悲歌》（*Deors Klage*）也是如此。同样，在这一时期的斯堪的纳维亚地区，狄奥多里克似乎也广为人知，因为同样被认为是制作于 9 世纪初的著名的洛克如尼石刻（Runenstein von Rök，该石刻位于瑞典南部）就提到过狄奥多里克，此人坐在一匹"哥特骏马"上，被称为"麦林根人（Märinger）的英雄"。然而，即使是这些相对较早的记载，其产生时间也比狄奥多里克在拉文纳去世的时间晚了足足三个世纪。[14]

638

13 世纪有多部用中古高地德语写成的史诗流传下来，这些史诗在现代研究界被统称为"迪特里希历史叙事长诗"（historische Dietrich-Epik），因为这些作品的材料都是取自上文简述的"迪特里希传说"。篇幅最长的是史诗《迪特里希的逃亡》（*Dietrichs Flucht*），共计 10000 组连韵对句。《迪特里希的逃亡》的主题是不幸的胜利，而这个主题在不同版本的故事中得到了刻画：迪特里希不得不一再逃到匈人那边，哪怕他多次战胜了埃尔门里克，因为埃尔门里克总是会通过阴谋，成功从军事上的败绩中攫取到一些战略上的利益。用 1100 多段六行诗节叙述的"拉本之战"也讲述了迪特里希试图夺回王国但是未果的故事。在这里，迪特里希没能利用自己的胜利达到目的，因为埃策尔的儿子和他自己的兄弟迪特尔（Diether）被叛徒维特格（Witege）杀害了。在这些史诗被迅

639

图 37　因斯布鲁克（Innsbruck）宫廷教堂中的狄奥多里克像

速遗忘的同时，《尼伯龙人之歌》却在 19 世纪初通过卡尔·西姆罗克（Karl Simrock）的改写，进入了德国市民阶层的必读书目中，并且在今天跳出了专业学者的圈子，为大众所熟知。在《尼伯龙人之歌》中，迪特里希的流亡状况也是情节开展的前提条件：迪特里希当时正在埃策尔的宫廷，他警告勃艮第人当心克里姆希尔德（Kriemhild）的怒火，然而失败了，当希尔德布兰特告诉迪特里希他的随从都战死之后，他才加入了勃艮第人与匈人之间的殊死搏斗之中。后来，迪特里希战胜了勃艮第人贡特尔（Gunter）和哈根（Hagen），把他们交给了克里姆希尔德，并请求克里姆希尔德饶他们一命。在克里姆希尔德命人杀死贡特尔，并亲手砍下哈根的头颅后，迪特里希和少数幸存者一起不知所措地哭泣着留了下来。

除了这些"迪特里希历史叙事长诗"之外，在中世纪晚期还涌现出了另一种叙事传统，在这里，迪特里希会同形形色色的并且大多拥有超自然力量的对手交战，从而完成各种各样的历险（Aventiuren）。因此，在现代研究界，人们将这类诗歌统称为"迪特里希历险叙事长诗"（aventiurehafte Dietrichepik）。这位英雄与历史上的狄奥多里克除了名字之外几乎没有什么共同之处。[15]

用民间语言写成的传说中的迪特里希是一位无家可归、斗争不息且隐忍的英雄，他需要得到人们的尊重，也理应得到同情。在这样的传统中，这位国王抛却了一切与族群或家族的纽带，因此他从未被称作哥特人。人们心目中的贝尔恩的迪特里希是一个远古的形象，而他们不能或者不愿意将这个形象归于某个特定的族群。在中世纪，贝尔恩的迪特里希存在于任何一个用日耳曼人的语言讲故事的地方，他是一个典范性的人物，但他不再是哥特人了。[16]

似乎从 16 世纪末起，贝尔恩的迪特里希的声望便开始

640

逐渐消失了。宗教改革时期的他依然十分有名，马丁·路德（Martin Luther）一再提到他。皇帝马克西米利安一世（Maximilian I，1483~1519 年在位）将狄奥多里克像纳入了自己的青铜雕塑收藏中，而在马克西米利安一世去世 30 年后，这些雕塑被放置在了他位于因斯布鲁克宫廷教堂的陵墓旁。[17]这尊由阿尔布雷希特·丢勒（Albrecht Dürer）设计，并于1513 年由老彼得·菲舍尔（Peter Vischer der Ältere）在纽伦堡（Nürnberg）铸造而成的雕塑，将狄奥多里克描绘成了一位蓄着胡须、身着锁子甲、面甲被掀开的骑士，基座上的铭文称他为"狄奥多里克国王 / 神"。这座雕塑周围环绕着 27 尊其他的塑像，它们是王朝自我展示的一部分。其中，哈布斯堡王朝（Habsburger）的马克西米利安以整个欧洲的基督教诸侯及君主的后裔及继承人的形象出现在世人面前。

55

国王和他的"书记长"：从人文主义时期到启蒙时代之间的狄奥多里克

1529 年，罗马出版了卡西奥多《杂录》的第一个印刷本，该版本仅包含了一些根据业务范围整理出的选段，这是一份给英国的亨利八世（Heinrich VIII，1509~1547 年在位）的君鉴，该书是献给他的。书的出版人是人文主义者及神学家约翰内斯·科赫洛伊斯（Johannes Cochläus），此人是马丁·路德最激烈的反对者之一。15 年后，已经成为布雷斯劳（Breslau）大教堂教士会成员的科赫洛伊斯出版了题为《狄奥多里克传》（*Vita Theoderici*）的第一部现代狄奥多里克传记。在共计 19 章的篇幅中，科赫洛伊斯援引了卡西奥多的记载，塑造了一个极为正面的国王形象，他的功勋只因其对待教宗约翰一世及"贵族官"波爱修斯和辛玛古的态度而受到影响。这部《狄奥多里克传》只得到了小范围传播，在长达 250 年的时间里它都是唯一一部研究狄奥多里克的书。虽然从 16 世纪起瑞典学者就说自己的哥特人先祖从斯堪的纳维亚地区出发占领了半个欧洲，从而借此来抬高本民族的身价，瑞典的古斯塔夫二世·阿道夫（Gustav II Adolf，1611~1632 年在位）就曾在三十年战争中要求重建昔日哥特人的荣耀，然而这种"哥特主义"对生于匈牙利、死在意大利的狄奥多里克没有多少兴趣。但不管怎么说，1699 年，瑞典学者约翰·佩林斯科尔德

（Johannes Peringskiöld，1654~1720 年）在斯德哥尔摩出版了科赫洛伊斯《狄奥多里克传》的第二版，也即扩充版，其中加入了更多材料。[18]

一直到反宗教改革运动爆发，人们才被鼓励去批判地、带有距离感地看待记载意大利哥特王国的资料。人们意图去伪存真，将确定的事情与不可靠的内容区分开来，以便能够令人信服地保护史料的权威性免遭新教人士攻击。在当时，毛禄会士，也即圣毛禄（heiliger Maurus）修士团中有学养的本笃会修士，会研究卡西奥多的生平和著作，因此他们也不可避免地被吸引到狄奥多里克那里去。1679 年，毛禄会士让·加雷（Jean Garet，1627~1694 年）在鲁昂（Rouen）将当时已被人们所知道的所有卡西奥多的作品汇成了一个集子出版，并附上了一篇简短的《卡西奥多传》（Vita Cassiodori）。加雷将这部直到 19 世纪末还在被人们使用的文集献给了路易十四当时的国务秘书米歇尔·勒泰利埃（Michel le Tellier），并将勒泰利埃与卡西奥多相比。15 年后（即 1694 年），时任巴黎圣日耳曼德普雷修道院（Kloster Saint-Germain-des-Prés）图书管理员的毛禄会士德尼·德·圣马尔特（Denis de Sainte-Marthe，1650~1725 年）出版了一部用法语写成的长篇卡西奥多传记，题为《卡西奥多传：狄奥多里克大王之书记长及首相》（*La vie de Cassiodore, chancelier et premier ministre de Théodoric le Grand*）。圣马尔特将这部书献给了路易·布舍拉（Louis Boucherat），此人那时已接替了勒泰利埃的国务秘书之职。圣马尔特通过将法国国王在自己的国内已使用很久的别名——"大王"（le Grand）赋予狄奥多里克，使卡西奥多和受赠这部传记的人完全等同起来，狄奥多里克大王就这样与路易大王并肩而立。与此同时，圣马尔特不仅呈现了卡西奥多作为狄奥多里克"书记长"的所作所为，还提供了第一份关于意大利哥特王国的连贯叙述，后来的叙述都可以以此为基础。[19]

假使毛禄会士［另外还有杨森会士（Jansenisten）］没有为爱德华·吉本准备好写作其恢宏的叙事著作所必需的辅助材料，爱德华·吉本不可能写出《罗马帝国衰亡史》。在吉本看来，狄奥多里克的伟大功绩在于给意大利带来了长达30年的和平："狄奥多里克在壮年就获得常胜英名，但他竟能收起手中兵刀，这对蛮族而言倒是少见的事，特别值得称赞。"（参见吉本原文第538页）吉本也赞许狄奥多里克的宗教态度：在没有放弃祖先信仰的情况下，这位国王将自己视为中立的"公众祭仪的保护人"，并且在他的内心深处怀有"政治家或哲学家那般有益的漠不关心的态度"。不过，吉本又有所保留：然而，这位国王并非立法者或改革者，他不过是模仿了君士坦丁及其继承人创设的带有严重错误的政治体制。在吉本看来，狄奥多里克的政策基础是分离原则：国王给哥特人和罗马人规定了不同的任务，一方的任务是从事战争的艺术，另一方的任务是从事和平的技艺。基于上述分工的两族联盟是充满冲突的，并且无法长期持续下去，因为大多数罗马人都对哥特征服者的出身和不同信仰表示不满。恰恰是他的宽容态度引发了信仰天主教的罗马人的反感。在生命的最后时刻，国王已经准备要迫害天主教徒了，此外他还作出了不公正的死刑判决。[20]

吉本对狄奥多里克的评价方式衍生自启蒙主义的政治信条，因此与日耳曼有关的范畴没有起到任何作用。同样，吉本几乎没有想过将狄奥多里克的王国解读为意大利民族国家的雏形。对于吉本而言，狄奥多里克就是一名值得人们肯定的蛮族国王，因为他维护了和平，保障了臣民的宗教信仰自由。然而，他没能改革罗马帝国晚期的国家体制，最终在被征服者的反对中失败了。因此，吉本从未想过赋予狄奥多里克"大王"的称谓。

56

狄奥多里克在意大利：
19世纪欧洲的历史书写

　　1808年，巴黎的法兰西学会宣布将奖励能够回答以下问题的人："在东哥特人统治时期，意大利诸民族的公法及私法状况是怎样的？狄奥多里克及其继任者立法的基本原则是什么？最重要的是，他们规定的战胜者和被战胜者之间的区别是什么？"对于那个时代的人而言，这些问题的现实意义

再明显不过了。1808年，拿破仑的继子欧仁·德·博阿尔内（Eugène de Beauharnais）成为意大利的副王。拿破仑颁布的法典，即《民法典》（Code Civil），被引入了意大利王国及欧洲的其他许多国家内。在当时，如何塑造征服者和被征服者之间的关系对于整个欧洲而言都是一个现实政治领域的问题。有不少于6篇文章被寄到了巴黎的法兰西学会，以回答上述有奖问题，其中两篇最终在1810年得了奖。获得一等奖的是哥廷根历史学教授格奥尔格·萨托里乌斯（Georg Sartorius，1765~1828年）的文章《试论东哥特人执掌意大利时期的统治，兼论战胜者与国中被战胜者之间的关系》（Versuch über die Regierung der Ostgothen während ihrer Herrschaft in Italien, und über die Verhältnisse der Sieger zu den Besiegten im Lande），该文在一年以后又出版了德译本。获得二等奖的是约瑟夫·诺代（Joseph Naudet，1786~1878年），此人当时是巴黎拿破仑高中的教师，不过他后来成为法兰西公学院拉丁文学教授，并在1830~1840年担任了公共教

育事务总监。诺代的文章题为《意大利哥特君主国的建立、发展与衰亡史》（Histoire de l'établissement, des progrès et de la décadence de la monarchie des Goths en Italie），同样在 1811 年出版。[21]

萨托里乌斯对意大利的哥特政权作出了善意的评价，该政权没有以任何方式改变"意大利诸民族"的公法及私法状况。根据萨托里乌斯的说法，"战胜者和被战胜者之间的区别"主要在于，"哥特人只负责包围领土和服兵役，而罗马人似乎完全没有能力从事这些工作"（参见原文第 240 页）。狄奥多里克对外维护了和平，对内保障了法制与正义，因此，狄奥多里克在国外很受尊重。萨托里乌斯将哥特王国的失败归因于意大利罗马人的"骄傲"："如果罗马人能与哥特人结合，能彼此交融，并且从这种联合中可以产生出一支全新的民族，正如高卢地区发生的那样，那么他们就可以变成意大利人，而不会一直是罗马人：这样他们会为自己的后代省下多少眼泪啊！"（参见原文第 242 页）

诺代对狄奥多里克的批评比萨托里乌斯要激烈得多。虽然诺代承认狄奥多里克在意大利重建了法律与秩序，并保护了意大利免遭"其他蛮族"的入侵，而且他认为狄奥多里克促进了艺术与科学的发展，但他指责狄奥多里克没能使哥特人和罗马人融合为一个民族。他本应该让哥特人去上罗马人的学校，并让罗马人去服兵役。最重要的是，他应该消除哥特人和罗马人之间存在的宗教对立，他本人也应当改信天主教。由于这样的疏忽，狄奥多里克只能通过他本人的存在来将两个民族黏合在一起。当他去世后，哥特人的统治就开始遭到厌恶，以至于罗马人转而投靠了第一个最出色的征服者。[22]

同样，约翰·卡斯帕尔·弗里德里希·曼佐（Johann Kaspar Friedrich Manso，1759~1826 年）1824 年出版的

645

《意大利东哥特王国史》（*Geschichte des Ost-Gothischen Reiches in Italien*）也属于上述系列。曼佐长期担任布雷斯劳的新教抹大拉的马利亚文理中学（Maria-Magdalenen-Gymnasium）校长，那时的他因为著述颇丰很有名望，特别是在古代历史方面的造诣很高。曼佐的著作在语言的精确度方面要胜过萨托里乌斯的著作，但在主题精神的贯彻力度上不如后者。曼佐在书的一开始就承认，东哥特人的历史之所以值得关注，是因为这个民族产生的影响逐渐消散了。他称东哥特人是"一支被送出的或是自己流散出的植物般的民族，它零星地定居在陌生的土地上，在必要的情况下，或者在有利可图的时候，它会限制当地人的行动，并且在还没真正扎下根的情况下，又消失得无影无踪"（原文第 1 页）。尽管如此，这个"匆匆一闪而过的幽灵……既不缺乏吸引人的多样性，也不缺少富有启发性的意义"（原文第 1~2 页）。对于曼佐而言，主题的示例意义在于这样一个道理："在国家的操控下，虽然有些事依靠运气，其他的则跟着大众走，但大多数事情还是受制于某个个人，受制于那个领导着整体的人。"（原文第 2~3 页）狄奥多里克在判断力和宽厚仁慈方面胜过同时代所有的征服者。只要他还活着，哥特人在意大利的统治就是稳固的。然而，在他软弱的继承人的统治下，王国立刻土崩瓦解。虽然曼佐称赞了狄奥多里克的干劲，并因此称呼他为"大王"，但他并不是对狄奥多里克的政策毫无批评的。他指责狄奥多里克只满足于"为他的族群谋得安定的居所和舒适的生活，而这个族群可以被看作一支从外面迁移而来由战士组成的团体"。国王没能"通过有效的体制，使哥特人接近罗马人，使罗马人接近哥特人，没能让哥特人变得高贵，让罗马人变得强健，尤其没能让两个族群将意大利当作共同的祖国，逐渐对它产生热爱之情，从而让哥特人将自己看作发号施令的保护人，而让罗马人将自己看作得到赦免的被保护人"（原文第 170~171 页）。

曼佐已经开始大大方方地称哥特人为德意志人了。尽管如此，他的著作依然不存在民族主义情绪。曼佐的理想是哥特人与罗马人在意大利和谐共生。但在拿破仑统治的作用之下，这种观念在德意志诸国慢慢地但同时又彻底地发生了变化。位于雷根斯堡（Regensburg）附近的多瑙施陶夫（Donaustauf）的英灵殿记录了这样的转变。早在 1807 年，当拿破仑的统治似乎在欧洲已无可撼动的时候，巴伐利亚王储路德维希就计划"为光荣而杰出的德意志人修建这座祖国的荣誉殿堂"。然而，在路德维希 1825 年成为巴伐利亚国王后，这座建筑才于 1827 年开始修建。1842 年 10 月 18 日，在落成开幕的时候，英灵殿收藏了 96 尊胸像，以及 64 块为肖像不明者制作的碑刻。作为捐赠者的路德维希国王本人在一部附书中以《英灵殿的同志们》（Walhalla's Genossen，1842 年）为题阐述了这一项目。众英灵以切鲁西人（Cherusker）阿尔米尼乌斯［Arminius，又名赫尔曼（Hermann）］为领头，此人被称为"罗马人的战胜者"，以约翰·沃尔夫冈·歌德（Johann Wolfgang Goethe）为终结，差不多延续到现代。环绕着天花板的横饰带讲述了基督诞生前日耳曼人的史前史。在这个族谱中，"东哥特人的王狄奥多里克大王"紧随"法兰克人的王克洛维"之后。与克洛维不同，狄奥多里克被赋予了"大王"的头衔，从而超越了克洛维和其他所有"德意志史前时代"的统治者。关于克洛维的说法是，他"以军事统帅的身份著称，此外做的恶比善要多得多"，而关于狄奥多里克的说法是，他是"一位伟大的、在大多数情况下仁厚的统治者"。到了 19 世纪下半叶，"大王"在德语区已经成为狄奥多里克的固定修饰语。普鲁士史学家奥托·欣策（Otto Hintze，1860~1940 年）曾在一篇为了有计划地授予皇帝威廉一世（Wilhelm I）"大帝"称号而撰写的机密备忘录中梳理了一番拥有"大王"或"大帝"头衔的名人，他坚定地认为，狄奥多里克作为"与罗马皇帝并肩而立的日耳曼诸部族的首领"，属于拥有"大王"或"大帝"头衔的君主之列。同样，在天主教教会史学家格奥尔格·普法伊尔席夫特（Georg Pfeilschifter，1870~1936 年）看来，狄奥多里克的伟大也是毋庸置疑的，此人在 1910 年出版了一部狄奥多里克的传记。普法伊尔席夫特认为狄奥多里克是在有意识地将哥特人和罗马人分离开来，因为民族混杂会导致哥特人的灭亡。狄奥多里克不会愿意让这种情况发生，"因为他有一种强烈的哥特自尊，并且他怀有哥特民族主义思想"（原文第 37页）。由于看到了民族混杂会导致哥特人的衰弱，狄奥多里克试图"将日耳曼各兄弟部落整合为一个强大的联盟系统"（原文第 97 页）。他的对内政策使得他更担得起"大王"的称号，因为他"懂得创造持久的文化价值"（原文第 98 页）。相反，在德意志之外，只有极少数人会称狄奥多里克为"大王"。在英美、意大利和法国，无论是过去和现在，当人们要将狄奥多里克同与他同名的西哥特国王和法兰克国王区别开来时，人们都称他为"（东）哥特人狄奥多里克"。[23]

在对过去进行考量时，愈演愈烈的民族主义解读模式不只是一个德意志现象，还是一个全欧洲都存在的现象。在意大利北部，自由主义市民阶层谋求从奥地利独立、教宗国解体，以及所有意大利人都能被统一在一个国家中。由于人们想要在历史中为一个统一的意大利寻找祖先，于是此前一直被视为黑暗的异族统治的狄奥多里克及其继任者的时代，似乎被投上了另一种光芒：随着哥特王国的灭亡，分裂的历史开始了，而现在人们想要结束这样的历史。1848 年革命失败前不久，拉文纳图书管理员保罗·帕维拉尼（Paolo Pavirani，1804~1855年）在一部两卷本的《意大利哥特王国史》（*Storia del regno*

648

dei Goti in Italia）中为被指责要对古典文化的衰落负责的狄奥多里克及其继任者辩护。早在 1846 年，时任法国国民议会代表的鲁尔侯爵（Marquis du Roure，1783~1858 年）就在法国出版了一部两卷本的《意大利国王狄奥多里克大王传》（*Histoire de Théodoric le Grand, roi d'Italie*），该书意图表明，哥特王国的衰落绝不是狄奥多里克国王推行的政治理念必然会导致的结果。他曾努力促成哥特人和罗马人之间的融合，但他却因为天主教派诸主教及一部分元老短视的抗议而失败了。在鲁尔侯爵看来，卡西奥多这样的人是为意大利谋求国家独立的先驱。[24]

鲁尔侯爵和帕维拉尼的著作远远没达到当时人们开始对科学的历史著作提出的要求，因此他们的著作很快被人遗忘。然而，他们看待意大利哥特王国的视角却很有代表意义。深受意大利统一运动理念影响的还有两部 19 世纪出版的最重要的史学著作：怀有自由主义倾向的东普鲁士人费迪南德·格雷戈罗维乌斯（Ferdinand Gregorovius，1821~1891 年）的《中世纪罗马城市史》（*Geschichte der Stadt Rom im Mittelalter*），该书在罗马写成并立刻被翻译成了意大利语；英国银行家及贵格会教徒托马斯·霍奇金（Thomas Hodgkin，1831~1913 年）在 1880 年到 1899 年间以《意大利及其入侵者》（*Italy and her Invaders*）为题出版的同样为八卷本的意大利古典时代晚期及中世纪早期历史。格雷戈罗维乌斯和霍奇金都是从未获得过学术职位的民间学者。

格雷戈罗维乌斯看待狄奥多里克及其王国时，关注的是他为欧洲文化的诞生作出了何种贡献。这种文化被格雷戈罗维乌斯解读为日耳曼和罗曼元素的综合："在狄奥多里克的英雄形象中，日耳曼人首次尝试在帝国的废墟之上建立起那种新的世界秩序，这种秩序必然会逐渐从北方蛮族与罗马文化及民族性

649

的结合中产生。"格雷戈罗维乌斯认为狄奥多里克有计划"像一位皇帝那样将所有德意志及拉丁族群都统一在一个由众多采邑组成的帝国中"（参见原文第 155 页）。然而，由于教派对立，狄奥多里克缺乏天主教会的支持，这一"大胆的计划"失败了。此外，当时的"西方"还没能从"拜占庭的帝国强权"中解放出来。格雷戈罗维乌斯认为，意大利从古代到中世纪的过渡期正是发生在哥特人统治意大利的时候："哥特人站在两个时代的交界处，他们在历史上具有不朽的名望，即他们是欧洲古典文化在罗马世界处于最后时刻的守护者。"（参见原文第 219 页）同时，格雷戈罗维乌斯还强调，哥特王国的衰亡摧毁了意大利的"民族统一"。他列举的哥特王国失败的原因有哥特人人数稀少以及他们同"拉丁人的民族性和宗教"存在对立。

格雷戈罗维乌斯称哥特人是一个"未掺假的原初民族"，它"孺子可教，宽厚而又具有男子气概"，但格雷戈罗维乌斯对狄奥多里克及其王国的评价源于一种对欧洲的自由主义信仰（不过这种信仰排除了斯拉夫人）。最重要的是，格雷戈罗维乌斯认为，狄奥多里克是查理大帝的先驱，狄奥多里克的伟大之处在于维护了古典文化，以及他所谓的将日耳曼民族与罗曼民族结合起来的计划。这种立场类似于 20 多年后利奥波德·冯·兰克（Leopold von Ranke，1795~1886 年）在其未完成的《世界史》（*Weltgeschichte*）中所秉持的立场。不过区别在于，兰克认为狄奥多里克对于欧洲的诞生所作的贡献要比查理大帝的低得多。因此，兰克属于德意志帝国极少数没有赋予狄奥多里克"大王"称号的史学家之一。[25]

650　　　与格雷戈罗维乌斯一样，霍奇金也从 1870 年意大利民族统一之前的经历中为自己创作鸿篇巨著获得了灵感。他在《意大利及其入侵者》第三卷（1885 年）中探讨了意大利的

哥特王国后，又在几年后专门为狄奥多里克出版了一部题为
《文明的蛮族捍卫者狄奥多里克》(*Theoderic the Barbarian
Champion of Civilisation*)的传记。他在前言中说，1848 年
革命失败之后，对狄奥多里克治下统一的意大利的追忆能让人
们保持对生活的希望，期待这个国家在当代能再次实现民族统
一，变得强大而充满幸福。因此，在霍奇金看来，意大利的哥
特王国是一个被错过的机会，是"'原本可能会发生的'历史
大事件之一"(原文第 vii 页)。狄奥多里克已经认识到当时
的欧洲，特别是意大利需要的是什么，即在一个社会巨变的时
代，以正义和法律为基础的秩序能够得到维护。这个计划得到
了承认，哪怕实施这项计划的时机尚未成熟。霍奇金认为，假
使狄奥多里克成功实现了自己的目标，那么欧洲就能够少承受
三个世纪的悲惨命运。霍奇金称颂狄奥多里克为一位变成了和
平君主的"条顿战士"。抛开奥古斯都和俾斯麦不谈，这样一
种"非凡的变身"在历史上极为罕见。狄奥多里克公正地治理
着意大利，将增进各个阶级的福祉作为自己努力的目标，怀着
宗教般的献身精神和热爱为了"文明"，为了秩序、开化和教
育而孜孜不倦。他鼓励贸易和手工业，促进农业发展，重建城
市。霍奇金认为，对波爱修斯和辛玛古的死刑判决是他辉煌的
执政期内唯一的污点。在恩诺迪乌斯之后，还从未有人像霍奇
金这样热忱地称赞过狄奥多里克在意大利的统治。因此，在霍
奇金看来，狄奥多里克王国的衰落只能被解释为一个外部事
件，即拜占庭的入侵带来的可能的结果。[26]

57

从"日耳曼民族的国王"到
"西方的开路者"：德意志帝国
到联邦德国早期的狄奥多里克

　　在德语区，哥特人开始受到民族主义审视的转折点与费
利克斯·达恩（1834~1912 年）这样一个名字有着紧密的
联系。费利克斯·达恩的小说《罗马之战》（*Ein Kampf um
Rom*）出版于 1876 年，即 1871 年德意志帝国成立后没过
几年，直到 1914 年该书出版了 126 次，持续影响了德语区
许多代人心目中的哥特历史。《罗马之战》也被翻译成了英
语，1968 年被改编成了电影，导演是罗伯特·西奥德梅克
（Robert Siodmak），该片首先在德国电影院上映，几年后又
登陆美国院线，直到今天依然能在德国书店中找到该书。除了
《罗马之战》，达恩还创作了大量其他小说、戏剧和诗歌，其
素材大多取自民族大迁徙时代。然而，达恩的主业是法学教
授，最初他在维尔茨堡（Würzburg）任职，后来去了柯尼斯
堡（Königsberg），最后是在布雷斯劳。他在年轻的时候就专
攻日耳曼诸王国法律与制度史。1909 年，也就是在达恩去世
前三年，他出版了自己最重要的研究著作《日耳曼人的诸王》
（*Die Könige der Germanen*）的第 11 卷，也即最后一卷，他
花费了半个世纪的时间来撰写这部著作，前两卷于 1861 年出
版。该书的标题或许会让人觉得这部著作是以人为中心的，但
这并不是实情。达恩撰写的内容是政治及法律制度的历史。

达恩在分别出版于 1861 年和 1866 年的《日耳曼人的诸王》第 2 卷和第 3 卷中研究了东哥特人。不过早在数年前，达恩就已经在一篇题为《贝尔恩的迪特里希》（Dietrich von Berne）的文章中用尖锐的形式简要勾勒了自己观点的主线。达恩认为，狄奥多里克的毕生之作是"一个天才的、理想主义的错误"。这个错误可以通过"他那高尚心灵对古典教育的盛赞"来得到解释。国王低估了"古典世界无可救药的腐朽"，他不相信日耳曼人的"天职"，不相信日耳曼人能够"从自己民族性格那不高雅的宝藏中汲取新颖的材料，并将其投入世界历史中"。狄奥多里克意图让哥特人去适应"意大利人"，并试图借助一个模范的政权将"意大利人"争取到自己这边，但是他失败了。由于哥特人人口较少，以及"意大利人的民族厌恶和反对日耳曼人的统治"，狄奥多里克的毕生努力被判失败。相反，墨洛温王朝之所以能够成功坚守，是因为它从日耳曼尼亚"不断获得新鲜的自然力量作为补给"。此外，达恩还盛赞狄奥多里克政权带来的福利，而他明确将狄奥多里克对信仰教派不同的基督徒和犹太人怀有的"容忍"和"宽厚"都列入了福利之中。这样的观点以学术程度较轻的形式贯穿在达恩的代表性研究著作中。在达恩的影响下，一种本质主义的民族观念和生物学的隐喻进入了日耳曼人的研究领域。由此，达恩为民族主义的历史观照铺平了道路，哪怕他本人坚信，历史发展遵循的是无情的法则，这会导向一种不问政治的宿命论。[27]

同样，小说《罗马之战》也表达了一种被达恩本人视为悲剧英雄主义的世界观：意大利哥特王国的衰落被描绘成"一个伟大历史悲剧的终幕"（原文第 7 卷第 5 章）。在这个过程中，命运和民族是核心要素：临终的狄奥多里克被这样一种思想折磨着，他认为自己过去对罗马人太过宽容了（第 1 卷第 6 章）。他的女儿阿玛拉逊莎看重罗马文化，甚至与敌人结盟。不过，

652

她后来后悔自己曾被"蒙住了双眼"，她想要控诉自己的罪行，并通过自己的死来拯救哥特人于危难之中（第 4 卷第 4 章）。反过来，理想主义者托提拉消除了哥特人与罗马人和解的妄想。泰亚虽然预见了自己的失败，但他依然愿意为自己的民族牺牲生命和幸福。在这个晦暗的世界，只有两个命令在主宰：一个是忍受命运，另一个是服从于自己的民族。

653　　在 19 世纪，对意大利哥特王国历史研究作出最大贡献的是德语学者，这些人在那个时代是政治上的边缘人。自由主义法学家和古典史学家特奥多尔·蒙森（1817~1903 年）在 1882 年出版了约达尼斯的《罗马史》和《哥特史》，蒙森编辑的版本直到今天依然是奠基性的，不过其版本的基本原则有待商榷，即我们在现存手稿中发现的错误的语法形式要由作者本人来负责。12 年后（1894 年），蒙森出版了一个到今天为止依然难以超越的、从任何角度看都是样板的卡西奥多《杂录》的版本，该版本的编辑得到了拉丁语文学者路德维希·特劳伯（Ludwig Traube）鼎力相助。伴随着这些著作的出版，蒙森还在一篇题为《东哥特研究》（Ostgothische Studien，1889 年）的文章中简明扼要地分析了意大利哥特王国的国家结构。这篇文章得到了部分人的肯定，也遭到了一些人的拒绝，它深刻影响了一个世纪的研究，直到今天，这篇文章还因为其简洁精确的表述而被视为科学散文的标杆。蒙森将狄奥多里克在意大利的统治解读为早在他之前奥多亚克就已经占有的地位的不间断的延续：二者"一方面是罗马官员，另一方面又是那些虽然定居在罗马帝国，却不享有罗马公民权的蛮族的酋长"（原文第 477 页）。在蒙森看来，帮助狄奥多里克占领意大利的哥特人不是一个族裔统一体，而是一个政治统一体，即一个"本身就群龙无首的日耳曼部落组成的联盟"。狄奥多里克一方面要面对有着上述特性的哥特人，另一方面要面对罗马人，而蒙森将他的双重身份等同于那些被罗马帝国皇帝授予阿拉伯行省永久军事指挥权的阿拉伯部落酋长的身份。这样的类比方式伤害了所有那些将狄奥多里克和他手下的哥特人看作德意志人的人，伤害了他们最为神圣的情感，而蒙森本人无疑很清楚这一点。他关心的是确定狄奥多里克的统治在罗马帝国毁灭史中应有的地位，在这个过程中，他不会去考虑人们狂热的日耳曼情感。[28]

　　除了蒙森之外还需要提一下卢多·莫里茨·哈特曼，此人于 1887 年在柏林获得博士学位，不久后又在维也纳获得了教授资格。由于哈特曼是犹太裔，并且是社会民主主义的支持者，直到哈布斯堡王朝终结前他都只能担任罗马史及中世纪史编外讲师。在这段时期，哈特曼撰写了《意大利中世纪史》（*Geschichte Italiens im Mittelalter*），不过该著作未完成；第四卷于 1915 年出版，探讨的内容是 1004 年海因里希二世（Heinrichs II）加冕为皇帝之前的这段历史。1897 年出版的第一卷论题是"意大利王国"。在哈特曼看来，狄奥多里克和他手下的哥特人是蛮族，并且一直都是蛮族，但哈特曼却谅解了这位国王，因为他为意大利带来了三十年的和平期："人民感谢他提供了比此前很长时间曾经享有过的还要更加全面的保护，感谢他提供的司法保障，以及因为严格监管而比此前的各个时代都必然更加出色的行政管理。"（原文第 228 页）然而在哈特曼看来，狄奥多里克的政策是失败的，因为他没有能力超过自己所在的时代思考问题，他只是"熟悉了罗马国家的组织形式，并希望给这个国家添上一群无组织的蛮族人"（原文第227 页）。然而，他误判了罗马帝国晚期国家内部存在的缺陷，这个国家将广大农村人口束缚在土地上，从而使他们对政治漠不关心。由于狄奥多里克从未想过"将不同阶层或将哥特人和罗马人融合起来，或是在一个新的基础上彻底缔造一个全新的国家"(原文第 125 页),由他建立的王国无法抵御拜占庭的侵略。[29]

第一次世界大战结束后,怀有民族主义思想的群体时常将狄奥多里克抬出来。1920 年,出版人维利·帕斯托尔(Willy Pastor)将狄奥多里克描绘成与腓特烈大王和俾斯麦一样伟大的德意志人,称他们"创造了历史",并且可以作为榜样被用于德意志"复兴"。然而,想要将狄奥多里克用于民族主义目标并不容易,因为他的双重国家并不符合理想中的日耳曼王国形象。对于反犹主义者而言,狄奥多里克国王保护自己国内的犹太人的做法是一件令人恼火的事。因此,民族社会主义者在面对狄奥多里克的时候有些难做。1933 年以后,一些宣传小册子会传播一位日耳曼民族的国王的形象,此人在意大利的视角下领导着一个英明的政权。画家弗朗茨·荣格-伊尔森海姆(Franz Jung-Ilsenheim)曾为学校画了一幅壁画,在这幅画上,年迈的狄奥多里克背对着观众,背景是地中海地区的景色。从这幅画上看不到任何"北欧英雄气概"。最符合纳粹意识形态的是作家威廉·舍费尔(Wilhelm Schäfer,1868~1952 年),此人在 1944 年被收录到"帝国民族启蒙和宣传部"编制的所谓"天才名录"中。在小说《狄奥多里克:西方之王》(*Theoderich. König des Abendlandes*,1939 年)中,舍费尔强行给这位哥特国王安了一个"符合人种要求的",也就是反犹的基督教信仰:有人向狄奥多里克呈递了宫廷教堂壁画的设计方案,该方案打算从《旧约》中选取一些场景,狄奥多里克对此大发雷霆,问道:"建这庙宇的是犹太人还是哥特人?"(原文第 162 页)然而,学术圈却拒绝这样拙劣的捏造历史的行为。格哈德·费特尔在自己题为《狄奥多里克和东哥特人》(*Theoderich und die Ostgoten*,1938 年)的博士学位论文中花了大量的力气来证明狄奥多里克拥有"健康的种族意识"，但他也承认，当狄奥多里克国王建立自己的意大利王国时，他离"北欧刚毅之人的力量源泉"还十分遥远。而对于狄奥多里克同犹太人的关系，费特尔完全没有深入。费特尔的"种族主义"历史研究视角并非没有受到过反驳。当时已是日耳曼人研究领域资深专家的路德维希·施密特（1862~1944年）毫无畏惧地将费特尔的书斥为"政治倾向文"，这在学术行话中是"不科学的"一词的同义词。古典史学家亚历山大·申克·冯·施陶芬贝格伯爵（Alexander Graf Schenk von Stauffenberg）和威廉·恩斯林都曾在"第三帝国"时期强调狄奥多里克的"罗马使命"。[30]

恩斯林的狄奥多里克传记正是诞生在这个时期，该书第一版出于1947年。恩斯林是一位怀着德意志民族思想的保守派历史学家。拥有这样身份的恩斯林除了强调狄奥多里克的"日耳曼本质"（这一点在他看来是毋庸置疑的）之外，还会突出狄奥多里克的"罗马特征"，从而用手中的笔来反对纳粹意识形态。恩斯林认为，狄奥多里克是"最后一位被罗马精神所触动，为古老的罗马世界投入日耳曼民族力量，并且自身也为此付出的日耳曼人"。在恩斯林看来，狄奥多里克国王做得十分成功，在他的治下，意大利经历了一个"黄金时代"。对外他总是表现出英明的自制力，寻求的是一种"以让大家都满意为目标的平衡体系"。恩斯林认为，导致上述政策失败的主犯是法兰克人克洛维，此人"虽然变成了天主教徒，但他毫无顾忌地背离了罗马传统，扩充自己的势力"。恩斯林的书基于对罗马帝国晚期行政管理史的细致研究，从中能够看出作者查阅了大量资料。该书出版的时候被各方奉为权威性著作，1959年没有经过任何修订便再版。经历过二战的一代人在这部书中发现的形象一方面让人感到十分熟悉，另一方面又是人们经过政治和道德灾难后所渴望的诸多事物的化身。他是一位想要守护古典文化的日耳曼英雄，他以意大利国王的身份与自己的民族紧密结合在一起，但他依然增加了所有臣民的财富，对外致力于维护和平，促进西欧各统治者之间的谅解。谁若是期待看到西方的开路者，就可以去看看恩斯林笔下的狄奥多里克。[31]

附　录

致　谢

　　笔者是在十多年前开始写作本书的。在这段漫长的岁月里，笔者得到了多方支持，在此要表示感谢。这项工作始于苏黎世大学教授克里斯蒂安·马雷克（Christian Marek）的学术小组。后来这项工作从吉森大学"武装团体"研究小组获得了重要启发。笔者永远忘不了这个小组中英年早逝的"精神领袖"特鲁茨·冯·特罗塔（Trutz von Trotha）。在埃尔朗根大学，笔者找到了一群志同道合的同事，对于古典时代晚期，他们与我有着共同的兴趣。本书的撰写工作在慕尼黑取得了重大进展，2015~2016学年度在那里开设的历史学讲习班为笔者提供了理想的工作条件。

　　本书是在同海内外同事和友人的密切交流下诞生的，多年来，这些同事和友人无私地向我提供了帮助：他们回答了笔者提出的问题，与笔者展开讨论，或者对部分章节作出了评论。他们中的一些人差不多阅读了整部书的原稿。能够拥有这样的朋友和同事，笔者自觉十分幸运。

　　在搜集文献和图片的过程中，马丁·安德烈·弗兰克（Martin Andre Frank）、扎比内·黑尔德（Sabine Held）、费利克斯·施穆特勒（Felix Schmutterer）博士和克里斯蒂娜·施托尔夫（Christina Storf）给予了鼎力支持。马丁·安德烈·弗兰克和萨宾娜·瓦尔特（Sabina Walter）与笔者一同阅读和修订了此书，伯恩哈德·克雷默（Bernhard

Kremer）博士协助笔者编制了人名地名索引表。

笔者很高兴这部书能在贝克出版社面世。笔者的编辑兼好友施特凡·冯·德尔·拉尔（Stefan von der Lahr）怀着极大的热情伴随着笔者一直到本书出版，并提出了不少很好的建议。在面对如此浩瀚的修订工作和如此密集的会面商谈工作的情况下，安德烈亚·摩根（Andrea Morgan）和安格莉卡·冯·德尔·拉尔（Angelika von der Lahr）依然能够心平气和地把控着全局。

埃尔朗根—纽伦堡大学联盟为本书提供了一笔可观的出版经费。

笔者将这部书献给伟大的学者沃尔夫·利波许茨。从他的著作中笔者获益良多。

家族世系表

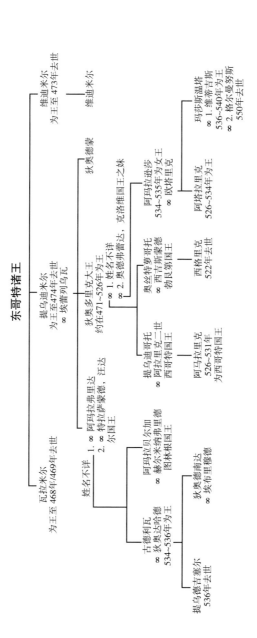

西哥特诸王

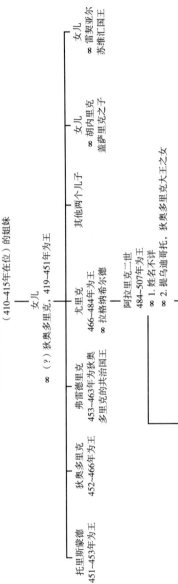

阿拉里克一世，392~410年为王 ∞ 王（姓名不详，阿陶尔夫国王，410~415年在位）的姐妹，419~451年为王

女儿 ∞（？）狄奥多里克

托里斯蒙德 451~453年为王

狄奥多里克 452~466年为王

弗雷德里克 453~463年为狄奥多里克的共治国王

尤里克 466~484年为王 ∞ 拉格纳希尔德

其他两个儿子

女儿 ∞ 雷契亚尔，苏维汇国王

阿拉里克二世 484~507年为王 ∞ 1. 姓名不详 2. 提乌迪哥托，狄奥多里克大王之女

盖萨莱克 507~511年为王

阿马拉里克 526~531年为王

女儿 ∞ 胡内里克，盖萨里克之子

勃艮第诸王

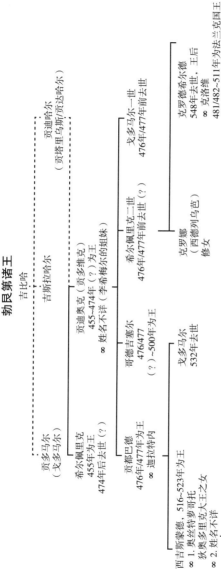

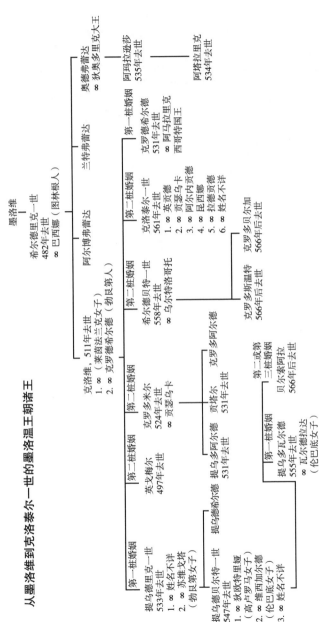

从墨洛维到克洛泰尔一世的墨洛温王朝诸王

图王I-VIII: 罗马数字指出了诸王的继位顺序
（1）及以上：阿拉伯数字给出了兄弟姐妹的排序

汪达尔诸王

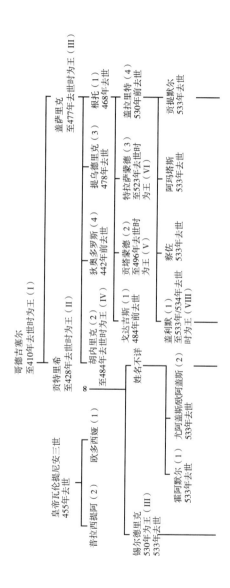

资料来源说明

出于篇幅限制，内容已精简至必要部分。完整性无法实现，且并非所有情况下均追求完整。T 代表"文本"（Text），Ü 代表"翻译"（Übersetzung），K 代表"注释"（Kommentar）。所用缩写均列于缩写表中。

Die Angaben wurden aus Platzgründen auf das Unentbehrliche reduziert. Vollständigkeit war unerreichbar und wurde auch nicht in allen Fällen angestrebt. T steht für Text, Ü für Übersetzung und K für Kommentar. Die verwendeten Abkürzungen sind im Abkürzungsverzeichnis aufgelöst.

ACO = *Acta Conciliorum Oecumenicorum*, 17 Bde., ed. E. Schwartz u. a. (1914–1984, T).

Agath. = Agathias, *Historiae*, edd. R. Keydell, in: CFHB 2 (1967, T); J. Frendo, in: CFHB 2A (1975, engl. Ü).

Agn. = Agnellus, *Liber Pontificalis ecclesiae Ravennatis*, edd. T. Mommsen, in: MGH GPR I 1 (1898, T); A. Testi Rasponi (1924, T, K); C. Nauerth, in: FC 21 (1996, T, dt. Ü, K).

Ambr. *Ep.* = Ambrosius, *Epistulae*, edd. O. Faller, M. Zelzer, 4 Bde., in: CSEL 82, 1–4 (1966–1996, T); W. Liebeschuetz (2005, engl. Ü, K).

Ambr. *Off.* = Ambrosius, *De officiis ministorum*, ed. M. Testard, in: CUF (1984–1992, T, frz. Ü).

Ambr. *Spir.* = Ambrosius, *De spiritu sancto*, ed. O. Faller, in: CSEL 79 (1964, T).

Ambr. *Virg.* = Ambrosius, *De Virginibus*, ed. P. Dückers, in: FC 81 (2009, T, dt. Ü, K).

Amm. = Ammianus Marcellinus, *Res gestae*, edd. W. Seyfarth, 4 Bde. (1968–1971, T, dt. Ü, K); W. Seyfarth u. a., in: BT (1978, T); J. Fontaine u. a., 6 Bde., in: CUF (1968–2002, T, frz. Ü, K).

Anon. *Rav.* = Anonymus Ravennas, *Cosmographia*, ed. J. Schnetz (1940, T + 1951, dt. Ü, K).

Anon. *Val.* = Anonymus Valesianus, edd. T. Mommsen, in: MGH.AA IX 306–328 (1892, T); J. Moreau, in: BT (1968, T); I. König (1997, T, dt. Ü, K).

Anth. *Lat.* = Anthologia Latina, edd. F. Buecheler u. a., in: BT (1895–1926, T); E. Wolff (2016, T, frz. Ü)

App. *Maxim.* = Appendix Maximiani, edd. A. Baehrens, in: PLM 5 (1883, T); F. Spaltenstein (1983, T, K) ; W. C. Schneider (2003, T, dt. Ü); B. Goldlust (2013, frz. Ü).

Auct. *Haun.* = Auctarium Havniense, ed. T. Mommsen, in: MGH.AA IX 317–333 (1892, T).

Auct. *Haun. ord. post.* = Auctarium Havniense ordo posterior, ed. T. Mommsen, in: MGH.AA IX 307–313 (1892, T).

Auct. *Haun. ord. post. margo* = Auctarium Havniense ordinis posterioris margo, ed. T. Mommsen, in: MGH.AA IX 307–311 (1892, T).

Auct. *Haun. ord. pr.* = Auctarium Havniense ordo prior, ed. T. Mommsen, in: MGH.AA IX 307–313 (1892, T).

Auct. *Marcell.* = Auctarium Marcellini comitis, ed. T. Mommsen, in: MGH.AA XI 105–108 (1894, T).

Aug. *Civ.* = Augustinus, *De civitate dei*, edd. B. Dombart, A. Kalb, in: BT

(1981⁵, T); G. Bardy, in: BAug 33–37
(1959f., T, frz. Ü, K).

Aug. *Ep.* = Augustinus, *Epistulae*, edd.
A. Goldbacher (ep. 1–270), in: CSEL
34/44/57 (1895–1911, T); J. Divjak
(ep. 1*–29*), in: CSEL 88 (1981, T);
J. Divjak u. a., in: BAug 46B (1987, T,
frz. Ü, K).

Aux. *Ep.* = Auxentius, *Epistola*, ed.
R. Gryson, in: SC 267 (1980, T,
frz. Ü) + CCL 87 (1982, T).

Avell. = *Collectio Avellana*, ed. O. Günther,
in: CSEL 35 (1895–1898, T).

Avit. *Ep.* = Avitus, *Epistulae*, edd.
R. Peiper, in: MGH.AA VI 35–103 (1911,
T); D. Shanzer, I. Wood, in: TTH 38
(2002, engl. Ü).

Boeth. *C.Eut.* = Boethius, *Contra
Eutychen et Nestorium*, edd.
H. F. Stewart, E. K. Rand, S. J. Tester
(1973, T, engl. Ü); M. Elsässer
(1988, T, dt. Ü).

Boeth. *Cons.* = Boethius, *Consolatio
Philosophiae*, edd. L. Bieler, in: CCL 94
(1957, T); E. Gegenschatz, O. Gigon
(1962², T, dt. Ü).

Boeth. *In Categ. comm.* = Boethius, *In
Categorias commentaria*, ed. J.-P. Mig-
ne, in: PL 64, 159–294 (1833, T).

Boeth. *Mus.* = Boethius, *De Musica*, edd.
G. Friedlein, in: BT (1867, T); O. Paul
(1872, dt. Ü).

Boeth. *Top.* = Boethius, *In Topica
Ciceronis*, edd. J.-P. Migne, in: PL 64,
1040–1174 (1833, T); E. Stump (1988,
engl. Ü, K).

Caes. *Ep.* = Caesarius Arelatensis,
Epistulae, ed. G. Morin (1937–1942, T).

Caes. *Serm.* = Caesarius Arelatensis,
Sermones, edd. G. Morin, in:
CCL 103 f. (1953, T); M. J. Delage,
in: SC 175/243/330 (1971–1986, T,
frz. Ü).

Caes. *Test.* = Caesarius Arelatensis,
Testamentum, edd. G. Morin
(1937–1942, T); W. Klingshirn,
in: TTH 19 (1994, engl. Ü).

Cand. *Frag.* = Candidus, *Fragmenta*, ed.

R. C. Blockley, in: FCHLR II 465–473
(1983, T, engl. Ü).

Cass. *Anim.* = Cassiodorus, *De anima*,
edd. J. W. Halporn, in: CCL 96, 501–575
(1973, T); L. Helbling (1965, dt. Ü);
J. W. Halporn, M. Vessey, in: TTH 42
(2004, engl. Ü, K).

Cass. *Chron.* = Cassiodorus, *Chronica*, ed.
T. Mommsen, in: MGH.AA XI 109–161
(1894, T).

Cass. *Gramm.* = Cassiodorus, *De
orthographia*, ed. H. Keil, in: GL 7,
143–210 (1880, T).

Cass. *Exp. Ps.* = Cassiodorus, *Expositio
Psalmorum*, edd. M. Adriaen, in: CC
97–98 (1958, T); P. G. Walsh, in: ACW
51–53 (1991, engl. Ü).

Cass. *Inst.* = Cassiodorus, *Institutiones*,
edd. R. A. B. Mynors, in: OCT (1937, T);
W. Bürsgens, in: FC 39 (T, dt. Ü, K);
J. W. Halporn, M. Vessey, in: TTH 42
(2004, engl. Ü, K); A. Pronay (2014,
dt. Ü, K).

Cass. *Lib.* = Cassiodorus, *Libellus*, edd.
H. Usener (1877, T, K); T. Mommsen, in:
MGH.AA XII, p. V-VI (1894, T);
A. Galonnier (1991, T, frz. Ü, K);
S. J. B. Barnish, in: TTH 12 (1992,
engl. Ü).

Cass. *Or.* = Cassiodorus, *Orationes*, ed.
L. Traube, in: MGH.AA XII 457–484
(1894, T).

Cass. *Var.* = Cassiodorus, *Variae*, edd.
T. Mommsen, in: MGH.AA XII 1–385
(1894, T); A. Fridh, in: CCL 96 (1973,
T); S. J. B. Barnish, in: TTH 12 (1992,
engl. Ü, Auswahl); A. Giardina u. a.,
6 Bde. (2014–2018, T, it. Ü, K).

CCH = G. Martínez Díez/F. Rodríguez
(Hrsg.), La collecciòn canónica hispana,
6 Bde. (1966–2002, T).

Chron. Caesaraug. = *Chronica Caesarau-
gustana*, ed. T. Mommsen, in: MGH.AA
XI 221–223 (1894, T).

Chron. Gall. = *Chronica Gallica*, ed.
T. Mommsen, in: MGH.AA IX 615–666
(1892, T).

Chron. Gothan. = *Historia Langobar-*

dorum codicis Gothani, ed. G. Waitz, in: MGH.SRL 1–7 (1878, T).

Chron. Pasch. = *Chronicon Paschale*, edd. L. Dindorf, in: CSHB 11/12 (1832, T); M. u. M. Whitby, in: TTH 7 (1989, engl. Ü).

Chrys. *Hom.* = Johannes Chrysostomus, *Homiliae*, ed. J.-P. Migne, in: PG 47–64 (1862f., T, lat. Ü).

C.Eur. = *Codex Euricianus*; edd. K. Zeumer, in: MGH.LNG I 1–32 (1902, T); E. Wohlhaupter, in: Germanenrechte 11 (1936, T, dt. Ü); A. d'Ors (1960, T, sp. Ü, K).

CJ = *Codex Justinianus*, ed. P. Krüger (1877, T).

CTh = *Codex Theodosianus*, edd. T. Mommsen (1904, T); C. Pharr (1952, engl. Ü).

Coll. Aug. c. Pasc. = *Collatio Augustini cum Pascentio*, edd. H. Müller u. a. (2008, T, dt. Ü).

Conc. Agath. = *Concilium Agathense a. 506 habitum*, ed. C. Munier, in: CCL 148, 189–228 (1968, T).

Conc. Araus. = *Concilium Arausicanum a. 529 habitum*, ed. C. de Clercq, in: CCL 148A, 53–76 (1963, T).

Conc. Arel. = *Concilium Arelatense a. 524 habitum*, ed. C. de Clercq, in: CCL 148A, 42–46 (1963, T).

Conc. Aurel. = *Concilium Aurelianense a. 511 habitum*, ed. C. de Clercq, in: CCL 148A, 3–19 (1963, T).

Conc. Carp. = *Concilium Carpentocratense a. 527 habitum*, ed. C. de Clercq, in: CCL 148A, 47–52 (1963, T).

Conc. Epaon. = *Concilium Epaonense a. 517 habitum*, ed. C. de Clercq, in: CCL 148A, 20–37 (1963, T).

Conc. Gerun. = *Concilium Gerundense a. 517 habitum*, ed. G. Martínez Díez, F. Rodríguez, in: CCH 4 = MHS.SC 4, 283–290 (1984, T).

Conc. Mass. = *Concilium Massiliense a. 533 habitum*, ed. C. de Clercq, in: CCL 148A, 84–97 (1963, T).

Conc. Tarrac. = *Concilium Tarraconense a. 516 habitum*, ed. G. Martínez Díez, F. Rodríguez, in: CCH 4 = MHS.SC 4, 269–281 (1984, T).

Conc. Tolet. II = *Concilium Toletanum II a. 531 habitum*, ed. G. Martínez Díez, F. Rodríguez, in: CCH 4 = MHS.SC 4, 345–366 (1984, T).

Conc. Tolet. III = *Concilium Toletanum III a. 589 habitum*, ed. G. Martínez Díez, F. Rodríguez, in: CCH 5 = MHS.SC 5, 49–159 (1992, T).

Conc. Vas. = *Concilium Vasense a. 529 habitum*, ed. C. de Clercq, in: CCL 148A, 77–81 (1963, T).

Cons. Const. = *Consularia Constantinopolitana*, edd. T. Mommsen, in: MGH. AA IX 197–247 (1892, T); R. W. Burgess (1993, T, engl. Ü); M. Becker u. a., in: KFHist.G 1–4 (2016, T, dt. Ü, K).

Const. Porph. *Cer.* = Constantinus Porphyrogenitus, *De Cerimoniis*, edd. J. J. Reiske, in: CSHB (1829f., T); M. Moffat, M. Tall, in: Byzantina Australiensia 18 (2012, T, engl. Ü.)

Const. Sirm. = *Constitutiones Sirmondianae*, edd. T. Mommsen, in: CTh I 907–921 (1904, T); C. Pharr, 477–486 (1952, engl. Ü).

Cyrill. *Cat.* = Cyrillus Hierosolymitanus, *Catecheses*, ed. G. Röwekamp, in: FC 7 (1992, T, dt. Ü).

Damasc. *V.Isid.* = Damascius, *Vita Isidori*, edd. C. Zintzen (1967, T); P. Athanassiadi (1999, T, engl. Ü, K).

Dex. *Frag.* = Dexippus, *Fragmenta*, edd. G. Martin (2006, T, dt. Ü); L. Mecella (2013, T, it. Ü, K).

Dio = Cassius Dio, *Historiarum Romanarum quae supersunt*, edd. U. P. Boissevain, 5 Bde. (1895–1931, T); O. Veh, 5 Bde. (1985, dt. Ü).

Dionys. Exig. *Praef.* = Dionysius Exiguus, *Praefatio*, ed. F. Glorie, in: CCL 85 (1972, T).

Drac. *Satisf.* = Dracontius, *Satisfactio*, ed. C. Moussy, in: CUF (1988, T, frz. Ü).

Ed. Theod. = *Edictum Theoderici*, edd.

F. Bluhme, in: MGH.LNG V 145–179
(1889, T); P. L. Falaschi (1966, T).
Ennod. *Carm.* = Ennodius, *Carmina*,
edd. W. Hartel, in: CSEL 6, 507–608
(1882, T); F. Vogel, in: MGH.AA VII
(1885, T).
Ennod. *Dict.* = Ennodius, *Dictiones*, edd.
W. Hartel, in: CSEL 6, 423–506 (1882,
T); F. Vogel, in: MGH.AA VII (1885, T).
Ennod. *Ep.* = Ennodius, *Epistulae*, edd.
W. Hartel, in: CSEL 6, 1–260 (1882, T);
F. Vogel, in: MGH.AA VII (1885, T);
S. Gioanni, 2 Bde., in: CUF (2006–
2010, T, frz. Ü).
Ennod. *Lib.* = Ennodius, *Libellus adversus
eos qui contra synodum scribere
praesumpserint*, edd. W. Hartel, in:
CSEL 6, 287–330 (1882, T); F. Vogel, in:
MGH.AA VII 48–67 (1885, T).
Ennod. *Op.* = Ennodius, *Opuscula*, edd.
W. Hartel, in: CSEL 6, 261–422 (1882,
T); F. Vogel, in: MGH.AA VII (1885, T).
Ennod. *Pan.* = Ennodius, *Panegyricus*,
edd. W. Hartel, in: CSEL 6, 261–281
(1882, T); F. Vogel, in: MGH.AA VII
203–214 (1885, T); Ch. Rohr (1995, T, dt.
Ü); S. Rota (2002, T, it. Ü, K).
Ennod. *V.Ant.* = Ennodius, *Vita Antonii*,
edd. W. Hartel, in: CSEL 6, 383–393
(1882, T); F. Vogel, in: MGH.AA VII
185–190 (1885, T).
Ennod. *V.Epif.* = Ennodius, *Vita
Epiphanii*, edd. W. Hartel, in: CSEL 6,
331–383 (1882, T); F. Vogel, in: MGH.AA
VII 84–109 (1885, T).
Ep. Arel. = *Epistulae Arelatenses*, ed.
W. Gundlach, in: MGH.Epp. III 1–83
(1898, T).
Ep. Austr. = *Epistolae Austrasicae*,
edd. W. Gundlach, in: MGH.Epp. III
110–153 (1898, T); E. Malaspina
(2001, T, it. Ü, K).
Ep. Theod. Var. = *Epistulae Theodericianae
Variae*, ed. T. Mommsen, in: MGH.AA
XII 387–392 (1894, T).
Euagr. *Hist.* = Euagrius Scholasticus,
Historia ecclesiastica, edd. J. Bidez,
L. Parmentier (1898, T); M. Whitby, in:

TTH 30 (2000, engl. Ü, K); A. Hübner,
in: FC 57 (2007, T, dt. Ü).
Eug. *V. Sev.* = Eugippius, *Vita Sancti
Severini*, edd. H. Sauppe, in: MGH.AA I
1–30 (1877, T); T. Mommsen, in: MGH.
SS rer. Germ. 26 (1898, T); R. Noll
(1963, T, dt. Ü); F. Régerat, in: SC 374
(1991, T, frz. Ü).
Eun. *Frag.* = Eunapius Sardianus,
Fragmenta, ed. R. C. Blockley, in:
FCHLR II 1–150 (1983, T, engl. Ü).
Eus. *Hist. eccl.* = Eusebius, *Historia
Ecclesiastica*, edd. E. Schwartz (1952⁵,
T); G. Bardy, in: SC 31/41/55/73
(1952–1960, T, frz. Ü.)
Eus. *V.Const.* = Eusebius, *De vita
Constantini*, edd. F. Winkelmann, in:
GCS 1,1 (1991², T); B. Bleckmann,
H. Schneider, in: FC 83 (2007, T, dt. Ü).
Eust. Epiph. = Eustathius Epiphaniensis,
Fragmenta, ed. C. Müller, in: FHG IV
138–142 (1868, T, lat. Ü).
Eutr. = Eutropius, *Breviarium*, edd.
H. Droysen, in: MGH.AA II 8–182
(1879, T); C. Santini, in: BT (1979, T);
H. W. Bird, in: TTH 14 (1993, engl. Ü,
K); J. Hellegouarc'h, in: CUF (1999, T,
frz. Ü).
Exc. Sang. = *Excerpta Sangallensia*, ed.
T. Mommsen, in: MGH.AA IX 274–336
(1892, T).
Fasti Vind. post. = *Fasti Vindobonenses
posteriores*, ed. T. Mommsen, in: MGH.
AA IX 274–298 (1892, T).
Fasti Vind. pr. = *Fasti Vindobonenses
priores*, ed. T. Mommsen, in: MGH.AA
IX 274–336 (1892, T).
Felix III. *Ep.* = Felix III. Papa, *Epistulae*,
edd. A. Thiel, in: ERPG (1868, T);
S. Wenzlowsky, in: BPS VI 201–329
(1878, dt. Ü).
Felix IV. *Ep.* = Felix IV. Papa, *Epistulae*,
ed. J.-P. Migne, in: PL 65, 11–23
(1892, T).
Ferr. *V.Fulg.* = Ferrandus Carthaginiensis,
Vita Fulgentii, ed. G. G. Lapeyre
(1929, T, frz. Ü).
Frag. Laur. = *Fragmentum Laurentianum*,

edd. L. Duchesne, in: *Lib. pont.* I 44-46 (1886; T); T. Mommsen, in: MGH. GPR I 1, IX-XI (1898, T); R. Davies, in: TTH 6, 103-106 (2000², engl. Ü).

Fulg. *Dicta reg. Thras.* = Fulgentius Ruspensis, *Dicta regis Thrasamundi et contra eum responsionum liber unus*, ed. J. Fraipont, in: CCL 90, 65-94 (1968, T).

Fulg. *Ep.* = Fulgentius Ruspensis, *Epistulae*, ed. J. Fraipont, in: CCL 90, 187-444; 90A, 445-629 (1968, T); D. Bachelet, in: SC 487 (2004, T, frz. Ü).

Fulg. *Fid.* = Fulgentius Ruspensis, *De fide ad Petrum*, ed. J. Fraipont, in: CCL 91A, 709-760 (1968, T); L. Kozelka, in: BKV² 10 (1934, dt. Ü).

Fulg. *Ad Thras.* = Fulgentius Ruspensis, *Ad Thrasamundum*, ed. J. Fraipont, in: CCL 90, 95-185 (1968, T).

Gaud. *Serm.* = Gaudentius Brixiensis, *Sermones*, edd. A. Glück in: CSEL 68 (1936, T); S. L. Boehrer (1965, engl. Ü, K); C. Truzzi (1996, ital. Ü, K).

Gelas. *Ep.* = Gelasius, *Epistulae*, edd. A. Thiel, in: ERPG (1868, T); G. Löwenfeld (1885, T); S. Wenzlowsky, in: BPS VII 7-538 (1880, dt. Ü); B. Neil, P. Allen (2014, engl. Ü) .

Gelas. *Frag.* = Gelasius, *Fragmenta*, edd. A. Thiel, in: ERPG (1868, T); S. Wenzlowsky, in: BPS VII 7-538 (1880, dt. Ü); B. Neil, P. Allen (2014, engl. Ü).

Gelas. *Tract.* = Gelasius, *Tractatus*, edd. A. Thiel, in: ERPG (1868, T); S. Wenzlowsky, in: BPS VII 7-538 (1880, dt. Ü); B. Neil, P. Allen (2014, engl. Ü).

Gest. sen. a. 438 = ed. Th. Mommsen, in: *CTh* I 2, 1-4 (1905, T).

Greg. Magn. *Reg.* = Gregorius Magnus, *Regula pastoralis*, edd. B. Judic u. a., in: SC 381/382 (1992, T, frz. Ü).

Greg. Magn. *Dial.* = Gregorius Magnus, *Dialogi*, edd. U. Moricca, in: FSI 57 (1924, T); A. de Vogüé, P. Autin, in: SC 251/260/265 (1978-1980, T, frz. Ü); J. Funk, in BKV² 3 (1933, dt. Ü).

Greg. Magn. *Ep.* = Gregorius Magnus, *Epistulae*, edd. P. Ewald, L. Hartmann,

in: MGH.Ep . I (1887-1891, T;); II (1892-1899, T).

Greg. Thaum. *Ep. can.* = Gregorius Thaumaturgus, *Epistula canonica*, ed. J.-P. Migne, in: PG 10, 1019-1048 (1857, T).

Greg. Tur. *Glor. conf.* = Gregorius Turonensis, *Liber in gloria confessorum*, edd. W. Arndt, B. Krusch, in: MGH. SRM I 2, 744-820 (1885, T); R. van Dam, in: TTH 5 (2004², engl. Ü).

Greg. Tur. *Glor. mart.* = Gregorius Turonensis, *Liber in gloria martyrum*, edd. W. Arndt, B. Krusch, in: MGH. SRM I 2, 484-561 (1885, T); R. van Dam, in: TTH 4 (2004², engl. Ü).

Greg. Tur. *Hist.* = Gregorius Turonensis, *Historiae*, edd. B. Krusch, W. Levison, in: MGH.SRM I 1² (1937-1951, T); R. Buchner, in: AQDGMA 1/2 (1955 f., T, dt. Ü).

HA = *Historia Augusta*, edd. E. Hohl, in: BT (1965²⁻³, T); E. Hohl (1976-1985, dt. Ü); A. Chastagnol (1994, T, frz. Ü).

Hdt. = Herodotus, *Historiae*, edd. H. B. Rosen, in: BT (1987-1997, T); J. Feix (1995², T, dt. Ü).

Herod. = Herodianus, *Historiae*, edd. C. M. Lucarini, in: BT (2005, T); C. R. Whittaker, in: LCL (1969-1970, T, engl. Ü).

Hieron. *Ep.* = Hieronymus, *Epistulae*, ed. I. Hilberg, in: CSEL 54-56 (1910-1918, T); J. Labourt, 8 Bde., in: CUF (1949-1963, T, frz. Ü).

Hieron. *Quaest. hebr. in Gen.* = Hieronymus, *Liber hebraicarum quaestionum in Genesim*, ed. P. de Lagarde, in: CCL 72, 1-56 (1959, T).

Horm. *Ep.* = Hormisdas Papa, *Epistulae*, ed. O. Günther, in: CSEL 35/2, 495-742 (1898, T).

Hyd. = Hydatius Lemicus, *Continuatio chronicorum Hieronymianorum*, edd. T. Mommsen, in: MGH.AA XI 1-36 (1894, T); A. Tranoy, in: SC 218-219 (1974, T, frz. Ü, K); R. W. Burgess (1993, T, engl. Ü).

Isid. *Etym.* = Isidorus Hispalensis,
Etymologiae, ed. W. M. Lindsay, in:
OCT (1911, T, engl. Ü).

Isid. *Hist. Goth.* = Isidorus Hispalensis,
*Historia Gothorum Vandalorum et
Sueborum*, edd. T. Mommsen, in:
MGH.AA XI 267–303 (1894, T);
C. Rodríguez Alonso (1975, T, sp. Ü, K).

Joh. Ant. *Frag.* = Johannes Antiochenus,
Fragmenta, edd. U. Roberto (2005, T, it.
Ü); S. Mariev, in: CFHB 47 (2008, T,
engl. Ü).

Joh. Bicl. *Chron.* = Johannes Biclarensis,
Chronica, edd. T. Mommsen, in: MGH.
AA XI 211–220 (1894, T); J. Campos
(1960, T, sp. Ü, K); K. Baxter Wolf, in:
TTH 9 (1999², engl. Ü).

Joh. Lyd. *Mag.* = Johannes Lydus, *De
magistratibus populi Romani*, edd.
R. Wünsch, in: BT (1903, T); M. Du-
buisson, J. Champ, in: CUF (2006, T,
frz. Ü).

Joh. Nik. = The Chronicle of John of
Nikiu, ed. R. H. Charles (1916, engl. Ü).

Joh. Ruf. *Pleroph.* = Johannes Rufus,
Plerophoriae, ed. F. Nau, in: PO 8 (1912,
T, frz. Ü).

Jord. *Get.* = Jordanes, *De origine
actibusque Getarum*, edd. T. Mommsen,
in: MGH.AA V 1, 53–138 (1882, T);
C. C. Mierow (1915², engl. Ü, K);
F. Giunta, A. Grillone, in: FSI 117
(1991, T).

Jord. *Rom.* = Jordanes, *De summa
temporum vel origine actibusque gentis
Romanorum*, ed. T. Mommsen, in:
MGH.AA V 1, 1–52 (1882, T).

Jos. Styl. = Josua Stylites, *Chronicon*, edd.
W. Wright (1882, T, engl. Ü); A. Luther
(1997, dt. Ü, K); F. R. Trombley,
J. W. Watt, in: TTH 32 (2000, engl. Ü, K).

L.Burg. = *Leges Burgundionum*, edd. R.
von Salis, in: MGH.LNG. II 1 (1892, T);
F. Beyerle, in: Germanenrechte 10
(1936, T, dt. Ü).

L.Rom.Vis. = *Lex Romana Visigothorum*,
edd. G. Hänel (1849, T); M. Conrat
(1903, dt. Ü).

L.Vis. = *Leges Visigothorum*, edd.
K. Zeumer, in: MGH.LNG I (1902, T);
K. Wohlhaupter, in: Germanenrechte 11
(1936, T, dt. Ü).

Lat. reg. Vand. = *Laterculus regum
Vandalorum et Alanorum*, edd.
T. Mommsen, in: MGH. AA XIII
456–460 (1898, T); M. Becker,
J.-M. Koetter, in: KFHist.G 6
(2016, T, dt. Ü, K).

Lat. reg. Vis. = *Laterculus regum
Visigothorum*, ed. T. Mommsen, in:
MGH.AA XIII 461–469 (1898, T).

Leo *Ep.* = Leo Magnus, *Epistulae*, edd.
E. Ballerinie, in: PL 54, 593–1218 (1881,
T); S. Wenzlowsky, in: BPS IV + V
(1878, dt. Ü).

Leo *Serm.* = Leo Magnus, *Sermones*, edd.
A. Chavasse, in: CCL 138/138A (1973,
T), R. Dolle, in: SC 22bis/49bis/74/200
(1976²–2008², T, frz. Ü).

Lib. Hist. Franc. = *Liber Historiae
Francorum*, edd. B. Krusch, in:
MGH. SRM II 238–328 (1888, T);
B. S. Bachrach (1973, T, engl. Ü).

Lib. Pont. = *Liber Pontificalis ecclesiae
Romanae*, edd. L. Duchesne, 2 Bde.
(1886–1892, T, K); T. Mommsen, in:
MGH.GPR I 1 (1898, T); R. Davies, in:
TTH 6 (2000²; engl. Ü).

Lib. Or. = Libanius, *Orationes*, ed.
R. Förster, 4 Bde., in: BT
(1903–1908, T).

Libt. Brev. = Liberatus Carthaginiensis,
Breviarium, edd. E. Schwartz, in: ACO
II 5, 98–141 (1936, T); F. Carcione (1989,
it. Ü).

Macr. Sat. = Macrobius, *Saturnalia*, edd.
J. Willis, in: BT (1970, T); R. A. Kaster,
in: LCL (2011, T, engl. Ü).

Malal. = Iohannes Malalas, *Chronica*, edd.
E. Jeffreys u. a. (1986, engl. Ü);
H. Thurn, in: CFHB 35 (2000, T);
J. Thurn, M. Meier (2009, dt. Ü).

Malch. Frag. = Malchus, *Fragmenta*, edd.
L. R. Cresci (1982, T, it. Ü, K);
R. C. Blockley, FCHLR II 404–455
(1983, T, engl. Ü).

Malch. *Test.* = Malchus, *Testimoni*a, edd.
L. R. Cresci (1982, T, it. Ü, K);
R. C. Blockley, in: FCHLR II 402–404
(1983, T, engl. Ü).

Mar. Avent. = Marius Aventicus,
Chronicon, edd. T. Mommsen, in:
MGH.AA XI 225–239 (1893, T);
J. Favrod (1993², T, frz. Ü, K).

Marc. Com. = Marcellinus Comes,
Chronicon, edd. T. Mommsen, in:
MGH.AA XI 37–109 (1894, T); B. Croke
(1995, T, engl. Ü, K).

Mart. Cap. = Martianus Capella, *De
nuptiis Mercurii et Philologiae*, edd.
J. Wilis (1983, T); H. Zekl (2005, dt. Ü).

Maxim. *Eleg.* = Maximianus, *Elegiae*, edd.
F. Spaltenstein (1983, T, K);
W. C. Schneider (2003, T, dt. Ü);
B. Goldlust (2013, frz. Ü).

Merob. *Carm.* = Merobaudes, *Carmina*,
edd. MGH.AA XIV 1–4; 19f. (1905, T);
F. M. Clover (1971, T, engl. Ü, K).

Not. Gall. = Notitia Galliarum, ed.
T. Mommsen, in: MGH.AA IX 552–612
(1894, T).

Nov. Just. = Novellae Justiniani, edd.
R. Schöll, G. Kroll (1928⁵, T).

Nov. Maior. = Novellae Maioriani, edd.
T. Mommsen, in: CTh II 155–178 (1905,
T); C. Pharr, 551–567 (1952, engl. Ü).

Nov. Sev. = Novellae Severi, edd.
T. Mommsen, in: CTh II 197–202 (1905,
T); C. Pharr, 568–569 (1952, engl. Ü).

Nov. Theod. = Novellae Theodosii, edd.
T. Mommsen, in: CTh II 1–68 (1905, T);
C. Pharr, 487–514 (1952, engl. Ü).

Nov. Val. = Novellae Valentiniani, edd.
T. Mommsen, in: CTh II 69–154
(1905, T); C. Pharr, 515–550 (1952,
engl. Ü).

Olymp. *Frag.* = Olympiodorus, *Fragmen-
ta*, ed. R. C. Blockley, in: FCHLR II
151–220 (1983, T, engl. Ü).

Origo gent. Lang. = Origo gentis
Langobardorum, edd. G. Waitz, in:
MGH.SRL 1–6 (1878, T); A. Bracciotti
(1998, T, it. Ü, K).

Oros. = Orosius, *Historia adversus*

paganos, edd. K. Zangemeister (1882, T);
A. T. Fear, in TTH 54 (2010, T, engl. Ü).

P.Italiae = Papyri Italiae, ed. J.-O. Tjäder
(1954–1982, T, dt. Ü, K).

Pall. *Agric.* = Palladius, *Opus agriculturae*,
edd. R. H. Rogers, in: BT (1975, T);
R. F. Martin u. a., in: CUF
(1976–2010, T, frz. Ü, K); K. Brodersen
(2016, T, dt. Ü).

Pall. *Hist. Laus.* = Palladius Helenopolita-
nus, *Historia Lausiaca*, ed. C. Butler
(1898, T, engl. Ü, K).

Pan. Lat. = Panegyrici Latini, edd. R. A. B.
Mynors (1964, T); E. Galletier, 3 Bde.,
in: CUF (1949–1955, T, frz. Ü); C. E. V.
Nixon, B. S. Rodgers (1994, engl. Ü, K);
B. Müller-Rettig, 2 Bde. (2014, T, dt. Ü).

Pasch. Camp. = Paschale Campanum, ed.
T. Mommsen, in: MGH.AA IX 305–334
(1889, T).

Paul. Diac. *Lang.* = Paulus Diaconus,
Historia Langobardorum, edd. G. Waitz,
in: MGH.SRL 12–187 (1878, T);
W. F. Schwarz (2009, T, dt. Ü).

Paul. Diac. *Rom.* = Paulus Diaconus,
Historia Romana, ed. H. Droysen, in:
MGH.AA II 183–224 (1879, T).

Paul. Nol. *Carm.* = Paulinus Nolensis,
Carmina, ed W. Hartel, in: CSEL 30
(1894, T).

Paul. *Sent.* = Paulus, *Sententiae*, ed.
S. Riccobono u. a., in: FIRA II 317–417
(1940, T).

Pelag. *Ep.* = Pelagius I. Papa, *Epistulae*, ed.
P. Gassó (1956, T).

Petr. Chrys. *Serm.* = Petrus Chrysologus,
Sermones, edd. A. Olivar, in: CCL 24 +
24A + 24B (1975–1982, T); G. Banterle
u. a. (1996–1997, T, it. Ü).

Philost. = Philostorgius, *Historia eccle-
siastica*, edd. J. Bidez, F. Winkelmann, in:
GCS (1972, T); B. Bleckmann, M. Stein,
in: KFHist.E 7 (2015, T, dt. Ü, K).

Phot. *Cod.* = Photius, *Codex*, ed. R. Henry,
in: CUF (1959–1991, T, frz. Ü, K).

Polem. *Brev.* = Polemius Silvius,
Breviarium temporum, edd. T. Momm-
sen, in: MGH.AA IX 547 (1892, T);

B. Bleckmann u. a., in: KFHist.B6
(2018, T, dt. Ü, K).

Polem. *Lat.* = Polemius Silvius, *Laterculus*,
edd. T. Mommsen, in: MGH.AA IX
511–551 (1892, T).

Prisc. *Frag.* = Priscus Panita, *Fragmenta*,
edd. P. Carolla, in: BT (2010, T);
R. C. Blockley, FCHLR II 221–400
(1983, T, engl. Ü).

Proc. *Aed.* = Procopius, *De aedificiis*, edd.
J. Haury, in: BT (1964, T); O. Veh (1977,
T, dt. Ü); D. Roques (2011, frz. Ü, K).

Proc. *Bell.* = Procopius, *Bella*, edd.
J. Haury, in: BT (1962f., T); O. Veh (1966,
T, dt. Ü); A. Kaldellis (2014, engl. Ü).

Proc. *Hist. Arc.* = Procopius, *Historia
arcana*, edd. J. Haury, in: BT (1963, T);
H. Leppin, M. Meier (2004, T, dt. Ü, K).

Prosp. *Chron.* = Prosper Tiro, *Epitoma
chronicorum*, edd. T. Mommsen, in:
MGH.AA IX 385–485 (1892, T);
M. Becker, J.-M. Kötter, in: KFHist.G 5
(2016, T, dt. Ü, K).

Ptol. = Ptolemaeus, *Geographia*, ed.
A. Stückelberger, G. Graßhoff
(2006–2009, T, dt. Ü).

Rur. *Ep.* = Ruricius Lemovicensis,
Epistulae, edd. R. Demeulenaere, in:
CCL 64, 303–415 (1985, T); R. W. Mathi-
sen, in: TTH 30 (1999, engl. Ü, K).

Salv. *Gub.* = Salvianus Massiliensis, *De
gubernatione dei*, edd. K. Halm, in:
MGH.AA I 1–108 (1877, T); G. Lagarri-
gue, in: SC 176/220 (1971/1975, T, frz. Ü).

Sid. *Carm.* = Sidonius Apollinaris,
Carmina, edd. F. Luetjohann, in: MGH.
AA VIII 173–264 (1887, T); W. B. An-
derson, in: LCL (1936, T, engl. Ü);
A. Loyen, in: CUF (1960, T, frz. Ü).

Sid. *Ep.* = Sidonius Apollinaris, *Epistulae*,
edd. F. Luetjohann, in: MGH.AA VIII
1–172 (1887, T); W. B. Anderson, in: LCL
(1936, T, engl. Ü); A. Loyen, in: CUF
(1970, T, frz. Ü).

Simpl. *Ep.* = Simplicius Papa, *Epistulae*,
edd. O. Günther, in: CSEL 35, 124–155
(1895, T); S. Wenzlowsky, in: BPS VI
99–200 (1878, dt. Ü).

Socr. = Socrates Scholasticus, *Historia
ecclesiastica*, edd. G. C. Hansen, in: GCS
N. F. 1 (1995, T); P. Périchou, P. Maraval,
in: SC 477/493/505/506 (2004–2007, T,
frz. Ü).

Soz. = Sozomenus, *Historia ecclesiastica*,
edd. J. Bidez, G. C. Hansen, in: GCS
N. F. 4 (1995); G. C. Hansen, in: FC 73
(2004, T, dt. Ü); A. J. Festugière u. a.,
in: SC 306/418/495/516 (1983–2008, T,
frz. Ü).

Strab. = Strabo, *Geographia*, ed. S. Radt
(2002–2011, T, dt. Ü, K).

Symm. *Ep.* = Symmachus Papa, *Epistulae*,
ed. A. Thiel, in: ERPG (1868, T).

Symm. *Ep.* = Quintus Aurelius Symma-
chus, *Epistulae*, edd. O. Seeck, in:
MGH.AA VI 1, 1–278 (1883, T);
J.-P. Callu, 4 Bde., in: CUF (1972–2002,
T, frz. Ü).

Symm. *Rel.* = Quintus Aurelius Symma-
chus, *Relationes*, edd. O. Seeck, in:
MGH.AA VI 1, 279–317 (1883, T);
R. H. Barrow (1973, T, engl. Ü); D. Vera
(1981, T, it. Ü, K).

Syn. *Ep.* = Synesius, *Epistulae*, edd.
A. Garzya, D. Roques, in: CUF (2003²,
T, frz. Ü).

Tac. *Germ.* = Tacitus, *Germania*, edd.
A. Önnerfors, in: BT (1983, T);
A. A. Lund 1988 (T, dt. Ü, K); G. Perl,
in: GLQGM II (1990, T, dt. Ü, K).

Thdt. *Hist.* = Theodoretus, *Historia
ecclesiastica*, edd. L. Parmentier, in:
GCS N. F. 5 (1998, T); L. F. Bouffartigue
u. a., in: SC 501/530 (2006–2009, T,
frz. Ü).

Them. *Or.* = Themistius, *Orationes*, edd.
H. Schenkl, G. Downey, in: BT
(1965–1974, T); R. Maisano (1995, T, it.
Ü);); H. Leppin, W. Portmann
(Staatsreden), in: BGL (1988, dt. Ü);
P. Heather, D. Moncur (Auswahl), in:
TTH 36 (2001, engl. Ü).

Theod. Lect. = Theodorus Lector, *Historia
ecclesiastica*, ed. G. C. Hansen, in: GCS
(1971, T).

Theoph. = Theophanes, *Chronica*, edd. C.

de Boor (1883, T); C. Mango/R. Scott (1997, engl. Ü, K).

V.Abb.Acaun. = *Vitae Abbatum Acaunensium*, ed. B. Krusch, in: MGH.SRM III 174–181 (1896, T) + VII 322–336 (1919f., T).

V.Apollinaris = *Vita Apollinaris Valentinensis*, ed. B. Krusch, in: MGH.SRM III 194–203 (1896, T).

V.Caes. = *Vita Caesarii episcopi Arelatensis*, edd. B. Krusch, in: MGH.SRM III 433–501 (1896, T); W. Klingshirn, in: TTH 19 (1994, engl. Ü); M.-J. Délage, M. Heijmans, in: SC 546 (2010, T, frz. Ü, K).

V.Eptadii = *Vita Eptadii presbyteri Cervidunensis*, ed. B. Krusch, in: MGH. SRM III 186–194 (1896, T).

V.Hilari= *Vita Hilari abbatis Galeatensis*, ed. F. Zaghini (2004, T, it. Ü, K).

V.Lupi = *Vita Lupi episcopi Trecensis*, ed. B. Krusch, in: MGH.SRM III 117–124 (1896, T) + MGH.SRM VII 284–302 (1919f., T).

V.Marciani = *Vita Marciani Oeconomi*, ed. J. Wortley, in: Byzantinische Zeitschrift 103 (2011) 715–772 (T, engl. Ü).

V.Melan.lat. = Gerontius, *Vita Melaniae latina*, edd. M. Rampolla del Tindaro (1905, T, it. Ü, K); P. Laurence (2002, T, frz. Ü, K).

V.Melan.gr. = Gerontius, *Vita Melaniae graeca* = edd. M. Rampolla del Tindaro (1905, T, it. Ü); D. Gorce, in: SC 90 (1962, T, frz. Ü).

V.Sym.syr. = *Vita Symeonis syriaca*, edd. A. S. E. Assemani (1748, T); H. Lietzmann (1908, dt. Ü); R. Doran (1992, engl. Ü).

V.Sigismundi = *Passio sancti Sigismundi regis*, ed. B. Krusch, in: MGH.SRM II 329–340 (1885, T).

V.Vincentii = *Passio sancti Vincentii Aginnensis*, ed. B. de Gaiffier, in: Analecta Bollandiana 70 (1952) 160–181 (T).

Vict. Tunn. = Victor Tunnunensis, *Chronica*, edd. T. Mommsen, in: MGH. AA XI 163–206 (1894, T); A. Placanica (1997, T, it. Ü, K); C. Cardelle de Hartmann, in: CCL 173a (2001, T).

Vict. Vit. *Hist.*= Victor Vitensis, *Historia persecutionis Africanae provinciae*, edd. K. Halm, in: MGH.AA III 1–62 (1879, T); S. Lancel, in: CUF (2007, T, frz. Ü, K); K. Vössing (2011, T, dt. Ü, K).

Vigil. *Ep.* = Vigilius Papa, *Epistulae*, ed. E. Schwartz (1940, T).

Zach. *Hist. eccl.* = Zacharias Mytilenaeus, *Historia ecclesiastica*, edd. E. W. Brooks (1919–1924, T); G. Greatrex, R. R. Phenix, C. B. Horn, in: TTH 55 (2011, engl. Ü, K).

Zon. = Zonaras, *Epitome Historiarum*, ed. T. Büttner-Wobst, in: BT (1897, T).

Zos. = Zosimus, *Historia Nova*, edd. L. Mendelsohn, in: BT (1887, T); F. Paschoud, in: CUF (1971–1989, T, frz. Ü).

缩略词表

ACW = Ancient Christian Writers

AE = L'année épigraphique

ARC = Accademia Romanistica Costantiniana

AQDGMA = Ausgewählte Quellen zur Deutschen Geschichte des Mittelalters

BAug = Bibliothèque Augustinienne

BKV² = Bibliothek der Kirchenväter. 2. Reihe

BPS = S. Wenzlowsky, Die Briefe der Päpste und die an sie gerichteten Schreiben von Ninus bis Pelagius II. (vom Jahre 67–590). 7 Bde. (1878–1880).

BT = Bibliotheca Teubneriana

CCL = Corpus Christianorum. Series latina

CFHB = Corpus fontium historiae Byzantinae

CIL = Corpus Inscriptionum Latinarum

CISAM = Centro italiano di studi sull'alto medioevo

CUF = Collection des Universités de France (Collection Budé)

ERPG = A. Thiel (Hrsg.), Epistulae Romanorum Pontificum Genuinae (1868).

FC = Fontes Christiani

FCHLR = R. Blockley, The Fragmentary Classicising Historians of the Later Roman Empire. Bd. 2: Eunapius, Olympiodorus, Priscus and Malchus (1983).

FIRA = Fontes iuris Romani anteiustiniani

FSI = Fonti per la storia d'Italia

GCS = Die griechischen christlichen Schriftsteller

GL = H. Keil (Hrsg.), Grammatici latini. 7 Bde. (1855–1880).

GLQGM = Griechische und Lateinische Quellen zur Geschichte Mitteleuropas bis zur Mitte des 1. Jahrtausends u. Z.

HJ = K. Herbers/P. Jaffé, Regesta pontificum Romanorum. Bd. 1: A S. Petro usque ad a. DCIV (2016).

HRG = Handwörterbuch der deutschen Rechtsgeschichte

ILCV = Inscriptiones Latinae Christianae Veteres

ILS = Inscriptiones Latinae Selectae

InscrIt = Inscriptiones Italiae

JE = P. Jaffé/P. Ewald, Regesta pontificum Romanorum ab condita ecclesia ad annum post Christum natum 1198. Bd. 2: Ab anno DXC usque ad annum DCCCLXXXII (1888).

JK = P. Jaffé/F. Kaltenbrunner, Regesta pontificum Romanorum ab condita ecclesia ad annum post Christum natum 1198. Bd. 1: A S. Petro ad a. MCXLIII (1885).

KFHist = Kleine und fragmentarische Historiker der Spätantike

LCL = Loeb Classical Library

MAMA = Monumenta Asiae Minoris Antiqua

MGH.AA = Monumenta Germaniae Historica. Auctores Antiquissimi

MGH.Cap. = Monumenta Germaniae Historica. Capitularia regum Francorum

MGH.Ep. = Monumenta Germaniae Historica. Epistulae

MGH.GPR = Monumenta Germaniae

Historica. Gesta Pontificum
Romanorum
MGH.LNG = Monumenta Germaniae
Historica. Leges nationum
Germanicarum
MGH.SRL = Monumenta Germaniae
Historica. Scriptores rerum Lango-
bardicarum et Italicarum
MGH.SRM = Monumenta Germaniae
Historica. Scriptores rerum
Merovingicarum
MGH.SS rer. Germ. = Monumenta
Germaniae Historica. Scriptores rerum
Germanicarum in usum scholarum
separatim editi
MHS.SC = Monumenta Hispaniae Sacra.
Serie Canónica
PCBE II = Prosopographie chrétienne
du Bas-Empire, Vol. II: C. Piétri/
L. Piétri (Hrsg.), Prosopographie
de l'Italie chrétienne. 2 Bde. (1999).
PCBE IV = Prosopographie chrétienne
du Bas-Empire, Vol. IV: L. Piétri/
M. Heijmans (Hrsg.), Prosopographie
de la Gaule chrétienne. 2 Bde. (2013).
PG = J.-P. Migne (Hrsg.), Patrologia.
Series Graeca.

PL = J.-P. Migne (Hrsg.), Patrologia.
Series Latina.
PO = Patrologia Orientalis
PLRE I = A. H. M. Jones/J. R.
Martindale/J. Morris (Hrsg.), The
Prosopography of the Later Roman
Empire, Bd. 1: AD 260–395 (1971).
PLRE II = J. R. Martindale (Hrsg.), The
Prosopography of the Later Roman
Empire, Bd. 2: A. D. 395–527 (1980).
PLRE III = J. R. Martindale (Hrsg.), The
Prosopography of the Later Roman
Empire, Bd. 3: A. D. 527–641, 2 Bde.
(1992).
RAC = Reallexikon für Antike und
Christentum
RAG = Reallexikon der Germanischen
Altertumskunde
RE = Pauly-Wissowas Realencyclopädie
der classischen Altertumswissen-
schaften
RIC = Roman Imperial Coinage
SC = Sources chrétiennes
SEG = Supplementum epigraphicum
Graecum
Suppl. It. = Supplementa Italica
TTH = Translated Texts for Historians

注　释

第一章　走近狄奥多里克大王

1 Belagerung Ravennas: Proc. *Bell.* 5, 1, 13–25; *Anon. Val.* 51–54; *Fasti Vind. pr.* 639–648; *Auct. Haun.* a. 490–493. Dromonen in Porte Lione: *Fasti Vind. pr.* 644; *Auct. Haun.* a. 493; Agn. 39; zum Schiffstyp vgl. unten Kap. XI.4.

2 Verhandlungen: *Fasti Vind. pr.* 646–648; *Auct. Haun.* a. 493; *Anon. Val.* 54; Agn. 39.

3 Joh. Ant. *Frag.* 214a Müller = *Frag.* 307 Roberto.

4 *Anon. Val.* 55 f.; *Fasti Vind. pr.* 649; *Auct. Haun.* a. 493, § 6; Agn. 39. Rache als Motiv: Joh. Ant. *Frag.* 214 Müller = *Frag.* 306 Roberto, Z. 21 f.; Proc. *Bell.* 5, 4, 25; 5, 11, 8; 7, 1, 42 f.

5 *Tricennalia: Anon. Val.* 67 (*per tricennalem triumphans*). Goldene Statue: Isid. *Hist. Goth.* 39. Fulgentius in Rom: Ferr. *V.Fulg.* 9. Bei Ferrandus heißt der Platz *Palma Aurea*. Analyse bei Vitiello 2004; Wiemer 2015a, 167–177.

6 Schonung des Bulgarenkönigs: Ennod. *Pan.* 19. Nach Paul. Diac. *Rom.* 15, 15 tötete Theoderich freilich einen Bulgarenkönig namens Busan. Rache als Motiv für den Krieg gegen Odovakar: Ennod. *Pan.* 25.

7 Odovakar und Bracila: *Auct. Haun.* a. 477; *Fasti Vind. pr.* 622; Marc. *Com.* a. 477; Jord. *Get.* 243. Gundobad und Anthemius: *Chron. Gall.* a. 511, nr. 650; Malal. 14, 45; Joh. Ant. *Frag.* 209 Müller = *Frag.* 301 Roberto. Gundobad und Chilperich: Greg. Tur. *Hist.* 2, 28. Gundobad und Godegisel: Mar. Avent. a. 500; Greg. Tur. *Hist.* 2, 32 f. Chlodwig: Greg. Tur. *Hist.* 2, 27; 2, 40–42 (Sigebert, Chararich, Ragnachar).

8 Zum Laurentianischen Schisma vgl. unten Kap. X.3.

9 Zirkusprogramm: *Anon. Val.* 67 erwähnt nur Wagenrennen; in § 60 heißt es jedoch, Theoderich habe in Zirkus und Amphitheater Spiele veranstaltet. Abneigung Theoderichs gegen Tierhetzen: Cass. *Var.* 5, 42. Zu den Spielen in Rom vgl. unten Kap. VIII.3.

10 Cass. *Chron.* a. 500; *Anon. Val.* 67. Baufonds: Cass. *Var.* 1, 21; 1, 25; 2, 34; 3, 29–31; *Nov.Just.* App. 7, 25. 120 000 *modii: Anon. Val.* 67. 3.000 *medimnoi* («Scheffel») für die Bettler: Proc. *Hist. Arc.* 26, 27. Getreidespenden: Cass. *Or.* 1 (MGH.AA XII, p. 463); *Var.* 8, 3, 2; *Nov.Just.* App. 7, 22. Trajan: *Anon. Val.* 60; vgl. Cass. *Var.* 7, 6, 1; 8, 3, 5.

11 Hochzeit der Amalafrida: *Anon. Val.* 68; Proc. *Bell.* 3, 8, 11–13; Jord. *Get.* 299; Ennod. *Pan.* 70; Cass. *Var.* 5, 43; 9, 1, 1. Audefleda, Ostrogotho, Thiudigotho, Amalaberga: vgl. unten Kap. VIII.1. Hinrichtung Odoins: *Anon. Val.* 68 f.; Mar. Avent. a. 500. Plünderung Roms durch Alarich I.: Leo *Serm.* 74 Dolle = 84 Chavasse; Gelas. *Tract.* 4, 10 = *Avell.* 100, 25a (JK 762 = HJ 1321); Cass. *Chron.* a. 410; *Var.* 12, 20, 4; Meier/Patzold 2014.

12 *Ecclesia Gothorum: Lib. pont.* 66, 5. S. Agata dei Goti: Krautheimer 1937, 2–12; Mathisen 2009; Brandenburg 2013, 237 f.

13 Medaillon von Morro d'Alba: Kraus 1928, 78 f., 82 Nr. 1; Bierbrauer 1975, 292 f. Nr. 19; R.-Alföldi 1978; R.-Alföldi 1988. Datierung auf 500: Metlich 2003, 15 f.; 83 Nr. 3. Grierson 1985 datiert dagegen auf 511. Gotischer Bart: Ennod. *Carm.* 2, 57 mit Ward-Perkins 2005, 72–77; Rummel 2007, 192–196 (dazu kritisch Liebeschuetz 2013, 158 f.); verfehlt Arnold 2013.

14 Mommsen 1889 (ihm folgt jetzt wieder Börm 2013, 129–134); Ensslin 1959 (1. Aufl. 1947), bes. 242 f.; 342–344 (vgl. auch Ensslin 1956); Wolfram 2009 (1. Aufl. 1980), bes. 288–290, 331 f. (vgl. auch Wolfram 1979). Multikulturelle Gesellschaft: C. Schäfer 2001; Spielvogel 2002. Theoderich weströmischer Kaiser: Arnold 2014 (dazu kritisch Wiemer 2015b). Vgl. auch Arnold u. a. 2016; Costambeys 2016.

第二章　同时代文献中的狄奥多里克

1 Kommentierte Ausgaben des Theoderich-Panegyricus: Rohr 1995; Rota 2002. Theoderich als *vindex libertatis*: Ennod. *Pan.* 42; vgl. § 1. *Civilitas*: § 56; 87. *Aureum saeculum*: § 93.

2 Epitaph des Ennodius: CIL V 2, 6464 = ILCV 1046. Leben und Werke des Ennodius: Fontaine 1962; Kennell 2000.

3 Ennod. *Ep.* 9, 31; *Op.* 5, 20. Theoderich *dominus libertatis: Ep.* 4, 26.

4 Zum «Anonymus Valesianus»: Adams 1976 (Überlieferung und Sprache); Barnish 1983 (Tendenz); König 1997 (Übersetzung und Kommentar).

5 *Anon. Val.* 59 f. Die Übersetzung folgt dem Text von Vitiello 2004, 107 f., der näher an der Überlieferung bleibt als Mommsen, Moreau und König. Das Partizip *pergentibus* in § 59 hat die Bedeutung «Reisende», nicht «Nachfolger»: Adams 1976, 111 f.

6 Besetzung aller katholischen Kirchen: *Anon. Val.* 94.

7 *Nov. Just.* App. 7, 8; 7, 22.

8 Leben und Werke Prokops: Av. Cameron 1985 (grundlegend). Die revisionistische Interpretation von Kaldellis 2004 halte ich für mißglückt. Ausgezeichnete Forschungsberichte: Greatrex 2003; Greatrex 2014. Theoderich-Bild: Goltz 2008, 210–266. Barbarenbild: Wiemer 2018b. Informanten: Brodka 2016.

9 Gotische Völker: Proc. *Bell.* 3, 2, 2–7.

10 Gesamtcharakteristik der Herrschaft Theoderichs: Proc. *Bell.* 5, 1, 26–39.

11 Rede der gotischen Gesandten: Proc. *Bell.* 6, 6, 14–22. Erwiderung Belisars: *Bell.* 6, 6, 22–25.

12 Unterlegenheit der Goten in der Feldschlacht: Proc. *Bell.* 5, 27; im Belagerungskampf: *Bell.* 5, 21 f.; in der Seeschlacht: *Bell.* 8, 23. Totilas Menschenfreundlichkeit: *Bell.* 7, 8, 1–3; seine Gerechtigkeit: *Bell.* 7, 8, 12–35. Totilas Ende: *Bell.* 8, 32, 28–30. Tejas Heldentum: *Bell.* 8, 35, 20–29.

13 Cassiodors Leben und Werke: Löwe 1948 (grundlegend); Momigliano 1955; Momigliano 1978; O'Donnell 1979 (dazu kritisch Av. Cameron 1981); Prinz 1992; Bjornlie 2013 (dazu kritisch Wiemer 2013e). Cassiodor nach seiner Konversion: Barnish 1987a. Vgl. unten Kap. XIII.1.

14 Die «Variae»: Krautschick 1983 (Chronologie); Vidén 1984 (Sprache und Stil); Gil-

lett 1998 (Zweck); Barnish 2001b; Kakridi 2004 (ausgezeichnet). Für alle Aspekte grundlegend ist jetzt der italienische Gesamtkommentar von Giardina u. a. 2014–2017.

第三章 谁是东哥特人？

1 Germanenideologie: See 1970; See 1994c; Wiwjorra 2006. Germanisch = deutsch: Beck u. a. 2004.

2 Tacitus' «Germania»: Jankuhn/Timpe 1989; Neumann/Seemann 1992; Timpe 1995.

3 Germania-Rezeption: Muhlack 1989; Lund 1995; Krebs 2012.

4 Germanische Altertumskunde: J. Grimm 1828; W. Grimm 1829; J. Grimm 1835; Zeuß 1837; Müllenhoff 1870; dazu Wyss 1983; Antonsen u. a. 1990.

5 Prähistorie in Deutschland: Kossinna 1912; dazu kritisch Grünert 2002; Steuer 2001. Kritik an der «ethnischen Interpretation» übte bereits Wahle 1941; jetzt Brather 2004 und öfter.

6 Germanenforschung im «Dritten Reich»: Höfler 1934; Vetter 1938; Höfler 1938; Reinerth 1940; Neckel 1944; dazu kritisch Lund 1995; See/Zernack 2004; Wiwjorra 2006; Focke-Museum 2013. Die von dem Tübinger Germanisten Hermann Schneider 1938 herausgegebene «Germanische Altertumskunde» ist dagegen um Distanz gegenüber der Germanen-Ideologie nationalsozialistischer Prägung bemüht; dazu See/Zernack 2004, 17–30.

7 Wenskus 1961 (dazu kritisch Graus 1963); Wolfram 1979/2009. Kritik der Kontinuitätsthese: Graus 1959; Graus 1986; Kroeschell 1986.

8 Gotische Identität: Heather 2007; Kulikowski 2007, 43–70; Liebeschuetz 2011a; Pohl 2018. Ethnizität als soziales Konstrukt: H. M. Chadwick 1907; Weber 1976, 234–244; Barth 1969. Debatte über Ethnogenese: Gillet 2002a; Wolfram 2005, 207–224; Liebeschuetz 2007; Pohl 2013. Ethnizität als «situatives Konstrukt»: Geary 1983.

9 Gotische Sprache: Proc. *Bell.* 7, 2,5; Prisc. *Frag.* 8, 94 Carolla = *Frag.* 11, 2, Z. 407–415 Blockley; *Anth. Lat.* 285 Riese = 279 Shackleton-Bailey; *Lib. gen.* 618 (MGH.AA IX, p. 195); Seebold 1986; Haubrichs 2011; Haubrichs 2012; Kragl 2018.

10 Germanenbild und -begriff der Quellen: Wagner 1986; Timpe 1995; Pohl 2010, 1–44; Wiemer 2018c.

11 Germanenbegriff in der Forschung: Wenskus 1986; Jarnut 2004; Pohl 2010, 45–64. Ausgewogene Gesamtdarstellung aus römischer Sicht: Bleckmann 2009.

12 Geschichte der Westgoten: Claude 1970; Claude 1971a; Heather 1996, 181–215; 276–321; Wolfram 2009, 125–248; Delaplace 2015.

13 Wisigothae: Cass. *Var.* 3, 1 tit.; 3, 3, 2. Trennung der West- und Ostgoten: Proc. *Bell.* 3, 2, 1–7.

14 Skandinavische Herkunft: Jord. *Get.* 25–26. Ostrogothae und Vesegothae: *Get.* 82; 130. Balthen und Amaler: *Get.* 42; vgl. 146.

15 Jord. *Rom.* 1–5; 376–388. Darstellung der Gegenwart: Croke 2005a. Tragödie: *Rom.* 388. Herkunft des Jordanes: *Get.* 316: *nec me quis in favorem gentis praedictae, quasi ex ipsa trahenti originem, aliqua addidisse credat.* Leben des Jordanes: Jord. *Get.* 266; Wagner 1967, 3–59; Liebeschuetz 2011 b.

16 Jord. *Get.* 1–3. Es besteht kein Anlaß, *relegere* hier nicht als «wieder lesen» zu verstehen.

17 Absicht der «Getica»: Liebeschuetz 2011b; anders Momigliano 1955; Goffart 1988,

20-111. «Historia Gothica»: Cass. *Lib.*; *Var.* praef.; *Var.* 9, 25, 4-6; 11, 1, 19; Jord. *Get.* 1.

18 Amaler-Genealogie: Cass. *Var.* 9, 25, 4-6; 11, 1, 19; Jord. *Get.* 78-82; Heather 1989; Christensen 2002, 124-158. Der Name Ostrogotha, der im Amaler-Stammbaum an sechster Stelle steht, ist jetzt für einen gotischen König des 3. Jahrhunderts gesichert (vgl. unten Anm. 34); die Frage, wie er zu einem Vorfahren der Amaler wurde, behandelt Vitiello 2018. *Reges Latini*: Cass. *Chron.* nr. 45-73.

19 Heather 1993; Vitiello 2014b.

20 Antike Ethnographie: K. E. Müller 1968/80; Wiemer 2018b. Altersbeweis: Pilhofer 1990.

21 Gothi = Getae: Hieron. *Quaest. hebr. in Gen.* 10, 2; Aug. *Civ.* 20, 21; Oros. 1, 16, 2.

22 Dicinneus: Jord. *Get.* 39; 67-72; vgl. Cass. *Var.* 9, 24, 8. Dekaineos und Burebista: Strab. 7, 3, 5; 7, 3, 11; 16, 2, 39.

23 Literarische Quellen des Jordanes: Mommsen 1882, XXX-XLIV; Christensen 2002; Vitiello 2018. Symmachus: Jord. *Get.* 83-88. Ablabius: Jord. *Get.* 28; 82; 117; vgl. Cass. *Var.* 10, 22, 2.

24 Völkerkataloge: Jord. *Get.* 24 (*Scandia*); 116 (*regnum Ermanarici*); Svennung 1967. Isolierte Königsnamen: *Get.* 43, vgl. 178 (Vidigoia). Stammbaum eines Nicht-Amalers: *Get.* 113 (Gebericus).

25 Vorethnographisches Material: *Oium*: Jord. *Get.* 27; *belagines*: *Get.* 69; *capillati*: *Get.* 72; *anses*: *Get.* 78; *Gepidoios*: *Get.* 96; *Gepidae*: *Get.* 95; *haliurunnae*: *Get.* 121; *Baltha*: *Get.* 146. Zu den *capillati* des Jordanes vgl. Cass. *Var.* 4, 49, tit. und das gotische Verb *kapillôn*; dazu Green 1998, 203; 233; Rummel 2007, 213-231.

26 Gotische Siege: Jord. *Get.* 26 (*Ulmerugi et Vandali*); 28 (*Spali*); 94-100 (*Gepidae cum Fastida*); 113 f. (*Vandali cum Visimar*); 117 (*Heruli cum Halarico*); 247 (*Anti cum Boz*); 250 (*Suavi et Gepidae*). Ermanarich: Amm. 31, 3, 1 f.; Jord. *Get.* 116-120; 129-130.

27 Gotische Lieder: Jord. *Get.* 28; 38; 43; 72; 214; Amm. 31, 7, 11; dazu das neue Dexippos-Fragment (f. 194 recto), ediert von Grusková/Martin 2014b. Bereits Tacitus (*Germ.* 2, 2) nennt die «alten Lieder» (*carmina antiqua*) die einzige Form historischer Erinnerung bei den Germanen. Heldendichtung Bowra 1952; See 1978; Millet 2008. Zu ihren mündlich überlieferten Stoffen («Heldensage»): See 1981.

28 Vandalarius: Jord. *Get.* 80, 251 f. Vinitharius: *Get.* 79; 246; 248-250; dazu Heather 1989; Heather 1991, 19-28; 34-67; Liebeschuetz 2011a.

29 Oral History: Vansina 1985; Ungern-Sternberg/Reinau 1988.

30 Goten und Skandinavien: Hachmann 1970; Kazanski 1991, 9-28; Bierbrauer 1994, 52-105; Heather 1996, 11-50. Goten im Weichselraum: Strab. 7, 1, 3 (*Gutones*); Tac. *Germ.* 44, 1 (*Gotones*); Ptol. 2, 11, 16; 3, 5, 8.

31 Gotische Ethnogenese im 3. Jahrhundert: Kulikowski 2007, 43-70; dazu kritisch Liebeschuetz 2011a. Halsall 2007, 132-136 geht davon aus, daß gotische Elitekrieger entlang der Bernsteinstraße in den Donauraum wanderten und dort anderen Ethnien ihren Stempel aufdrückten.

32 Quellenprobleme: Bleckmann 1992 (grundlegend); Brecht 1999 (Textsammlung). Histria: HA *V. Maximi et Balbini* 16, 3 = Dex. *Frag.* 20 Jacoby. Argaith und Guntherich: HA *V. Gordiani* 31, 1; Jord. *Get.* 91. Dexippos von Athen: G. Martin 2006; Mecella 2013.

33 Belagerung von Markianopolis: Dex. *Frag.* 25 Jacoby (undatiert); Jord. *Get.* 92 (auf 249 datiert). Eroberung von Philippopolis: Amm. 31, 5, 17; Jord. *Get.* 103.

34 Kniva und Ostrogotha: Grusková/Martin 2014a, 2014b und 2015 (vorläufige Edition der Fragmente aus den «Skythika» des Dexippos). Jord. *Get.* 101 läßt Ostrogotha vor Beginn des Krieges von 250/51 sterben; dazu Vitiello 2018. Über Cniva weiterhin Dex. *Frag.* 22 Jacoby; *Frag.* 26–27 Jacoby; Zos. 1, 23; Jord. *Get.* 101–103; Zon. 12, 20.

35 Gotische Seezüge: Brecht 1999, 237, 250 f.; Berndt 2013, 10–23. Mit den Folgen beschäftigt sich als christlicher Seelsorger Gregor Thaumaturgos in seiner «Epistula canonia». Seezüge der Jahre 255–257: Zos. 1, 31–35; Jord. *Get.* 107 f. mit Paschoud 2003, 154–156 Anm. 59–63. Seezug der Jahre 268/269: Dex. *Frag.* 29 Jacoby; Zos. 1, 42 f.; 45 f. mit Paschoud 2003, 162 f. Anm. 70 f.; 164 f. Anm. 73 f. Seezug des Jahres 276: Zos. 1, 63, 1; Zon. 12, 28.

36 Gotenkriege der Kaiser Claudius und Aurelianus: Amm. 31, 5, 17; U. Hartmann 2008, 297–323. *Ripa Gothica: Anon. Val.* 35. *Gothicus maximus* als Siegesbeiname: Peachin 1990, 86 f. *Germanicus (Maximus):* Kneissl 1969.

37 Burgunder: Zos. 1, 27, 1; 1, 31, 1 mit Kaiser 2004a, 16 f.; vgl. *Pan. Lat.* 11 (3), 17; Jord. *Get.* 97; Agath. 5, 11, 2. Gotische Anführer des 3. Jahrhunderts: Ostrogotha (Dexippos); Argaithus, Cniva, Gunthericus, Respa, Thuruarus, Veduco (Jordanes nach Dexippos); Cannabas/Cannabaudes (HA *V. Aureliani* 22, 2 nach Dexippos). Gotische Anführer im frühen 4. Jahrhundert: Alica; Aoricus; Ariaricus; Gebericus: Die Belege enthält PLRE I.

38 «Germanen» und «Goten» im «Tatenbericht» Schapurs I. (abgekürzt ŠKZ, herausgegeben von Huyse 1999): ŠKZ § 6 der griechischen Fassung. Entlehnung militärischer Termini: *militare* → *militôn* (Militärdienst); *annona* → *anno* (Sold); **capillare* → *kapillôn* (Haare schneiden): Green 1998, 202 f., 233.

39 Greutungen, Tervingen, Vesi und Ostrogothae/Austrogothae: Sitzmann/Grünzweig 2008, 45; 159 f.; 268 f.; 307–310. Da Theoderich eine vor 488 geborene Tochter Ostrogotho nannte, muß der Name Ostrogothae in dieser Gruppe als Selbstbezeichnung verwendet worden sein.

40 Früheste Erwähnung der Tervingen: *Pan. Lat.* 11, 17, 1.

41 Goten im Heer des Galerius: Jord. *Get.* 110. Rausimod: *Anon. Val.* 21; Zos. 2, 21, 3; Theoph. a. m. 5818; Zon. 13, 2, 11. Licinius und die Goten: Eus. *V.Const.* 2, 15; *Anon. Val.* 27; umgekehrt Jord. *Get.* 111. Gotenpolitik Constantins des Großen: Kulikowski 2006b; Bleckmann 2009, 195–209. Gotenfoedus von 332: Eus. *V.Const.* 4, 4; *Anon. Val.* 32; Eutr. 10, 7; Jord. *Get.* 112 (anachronistisch); Brokmeier 1987.

42 Constantius II.: Lib. *Or.* 59, 89–93; Cyr. *Cat.* 10, 19; Amm. 20, 8, 1. Sklavenhandel: Amm. 22, 7, 8; vgl. Aug. *Ep.* 10* Divjak. Julian: Amm. 23, 2, 7; Zos. 3, 25 6. Procopius: Amm. 26, 10, 3; 27, 5, 1; 31, 3, 4; Eun. *Frag.* 37 Müller/Blockley; Zos. 4, 7, 2.

43 Theophilos: Gelzer u. a. 1898, LXIV. Die Angabe ist nicht auf die Krimgoten zu beziehen: Schäferdiek 2007, 292 f. Zu Wulfila vgl. unten Anm. 56.

44 Gotenkrieg des Valens: Amm. 27, 5; Eun. *Frag.* 37 Müller/Blockley; Zos. 4, 10 f.; Lenski 2002, 127–137. Friedensvertrag mit Athanarich: Them. *Or.* 10; Zos. 4, 11, 4.

45 Gotischer Bürgerkrieg: Socr. 4, 33 f. «Hunnensturm»: Amm. 31, 3; Eunapius, *Frag.* 41 Müller/Blockley; Zosimus 4, 20, 3 f.; vgl. unten Kap. IV.1.

46 Donauübergang der Tervingen: Amm. 31, 3; Eun. *Frag.* 42 Müller/Blockley; Zos. 4, 20, 5–22, 3; Jord. *Get.* 131 f.

47 Saphrax und Alatheus: Amm. 31, 4, 12; 31, 5, 3. Sueridus und Colias: Amm. 31, 6, 1–3. Gotische Sklaven: Amm. 31, 6, 5.

48 Schlacht bei Ad Salices: Amm. 31, 7, 6–16. Hunnen und Alanen: Amm. 31, 8, 4. Ende des Farnobius: Amm. 31, 9, 1–5.

49 Ammianus Marcellinus: Rosen 1982 (Forschungsbericht); Matthews 1989; Barnes 1998; G. Kelly 2008. Schlacht von Adrianopel: Amm. 31, 12–13 mit Lenski 2002, 320–367; Brodka 2009. Vergleich mit Cannae: Amm. 31, 13, 19. Besinnung auf altrömische Tugenden: Amm. 31, 5, 10–17. Zeitgenössisches Echo von Adrianopel: Straub 1943; Lenski 1997. Goten-Massaker in Kleinasien: Amm. 31, 16, 8; Zos. 4, 26, 2–9.

50 Athanarich in Konstantinopel: Cons. Const. a. 381; die übrigen Belege in PLRE I Athanarich.

51 Gotenpolitik des Theodosius: Errington 1996; Heather 2010; Leppin 2010. Foedus von 382: Them. Or. 16; Heather 1991, 122–128.

52 Athanarich als iudex: Amm. 27, 5, 6; 31, 3, 4; Ambr. Spir., prol. 17; Aux. Ep. 36; Them. Or. 10, 134c–135a (unrichtige Deutung bei Heather/Matthews 1991, 42 f. Anm. 91); Wolfram 1975; Wolfram 1975/76.

53 Archäologie der Tervingen: Kazanski 1991, 39–59; Heather/Matthews 1991, 51–101; Bierbrauer 1994, 105–134; Heather 1996, 63–93; Harhoiu 1997; Gomolka-Fuchs 1999; Ioniță 2004. lat. cubitus → got. kubitus, vgl. got. ankumbjan «sich niederlegen»: Green 1998, 207–208, 227–229. Schatz von Pietroasa: Harhoiu 1977. Runen: Düwel 2008, 31 f. In einem Frauengrab des 4. Jahrhunderts in der Nekropole von Lețcani bei Jassy im Nordosten Rumäniens fand sich eine Spinnwirtel, die mit Runen beschriftet ist; die Deutung ist jedoch unsicher.

54 Gefolgschaft: Schlesinger 1956; Thompson 1965, 48–60; Bazelmans 1991; Heather 1996, 66–75; Timpe 1998.

55 Thompson 1966, 55–63; Wolfram 2005, 96–111. Bestattungsbräuche: Kazanski 1991, 55 f.; Kulikowski 2007, 94–97.

56 Wulfila: Aux. Ep.; Philost. 2, 5. Annahme des Christentums: Socr. 2, 41, 23; 4, 33; Soz. 6, 37; Thdt. Hist. 4, 33; Jord. Get. 132 f.; 267; Schäferdiek 1979b; Heather/Matthews 1991, 133–154.

57 Maßgebliche Ausgabe der gotischen Bibel-Übersetzung: Streitberg 2000.

58 Übertritt der Tervingen zum Christentum: Thompson 1966, 103–110; Schäferdiek 1979a; Heather 1986; Lenski 1995. Zu den Homöern vgl. unten Kap. X.1.

59 Martyrium des Sabas (griech. Text): Delehaye 1912, 216–221; Knopf/Krüger 1929, 119–124 Nr. 33; engl. Übersetzung: Heather/Matthews 1991, 103–132; dazu Thompson 1966, 64–77; Schäferdiek 1993.

60 «Germanischer Arianismus» K.D. Schmidt 1939, dazu kritisch Brennecke 2002; Brennecke 2014a.

第四章 从阿提拉到狄奥多里克: 巴尔干地区的东哥特人

1 Schlacht am Utus (Vit): Jord. Rom. 331; Marc. Com. a. 447. Friede von 447: Prisc. Frag. 5 Carolla = Frag. 9, 3 Blockley.

2 Valamir und Attila: Damasc. V.Isid. 64; Jord. Get. 199.

3 Schlacht auf den Katalaunischen Feldern: Jord. Get. 192–218; Prosp. Chron. a. 451; Addit. ad Prosp. Haun. a. 451; Chron. Gall. a. 511, nr. 615; Greg. Tur. Hist. 2, 7; Demougeot 1958 (grundlegend). Westgotischer Sieg über Attila: Cass. Var. 3, 1, 1; vgl. Isid. Hist. Goth. 25. Die genaue Lage des Schlachtfelds ist unbekannt. Bundesgenossen des Kaisers: Jord. Get. 191; 198. Schlachtreihe Attilas: Jord. Get. 198 f. Tod Theode-

richs I.: Jord. *Get.* 209; Isid. *Hist. Goth.* 25. Andages war wohl der Vater jenes *magister militum*, dem Jordanes vor seiner *conversio* als Sekretär gedient hatte: Jord. *Get.* 265.

4　Prisc. *Frag.* 8, Z. 83–85 Carolla = *Frag.* 11, 2 Blockley, Z. 356–372. Gräber der hunnischen Königsfamilie: Prisc. *Frag.* 2 Carolla = *Frag.* 6, 1 Blockley. Attilas Lager: Thompson 1945; Pohl 2001, 442–446. Lokalisierung in Muntenien: Browning 1953.

5　Attilas Reich: Maenchen-Helfen 1978, 93–97. Perserfeldzug: Prisc. *Frag.* 8, Z. 137–146 Carolla = *Frag.* 11, 2 Blockley, Z. 586–636. Fränkischer Teilkönig: Prisc. *Frag.* 16 Carolla = *Frag.* 20, 3 Blockley.

6　Hunnenexkurs Ammians: Amm. 31, 2; Matthews 1989, 332–342. Skythen: Hdt. 4, 5–82; Bichler 2000, 69–73. Nomaden-Ideologie: Shaw 1982/83.

7　Ermanarich und Widimir: Amm. 31, 3, 1–3; anders Jord. *Get.* 129 f.

8　Hunnen: Thompson 1948/96; Altheim 1951; Maenchen-Helfen 1978 (grundlegend, aber fragmentarisch); Bona 1991 (archäologische Zeugnisse); Stickler 2002, 85–154; Stickler 2007; C. Kelly 2008; Kim 2013 (dazu kritisch Meier 2017); Rosen 2016 (konventionell). Oktar/Optar: Jord. *Get.* 180; Socr. 7, 30, 6. Gepiden: Pohl 1980. Ru(g)a: PLRE II Rua. Chronologie: Zuckerman 1994.

9　Haliarunnae: Jord. *Get.* 121–122. Das Hinterglied wird von *runa* «Geheimnis, Beschluß» oder *runna «Weg» abgeleitet. Hunnen und Goten: Prisc. *Frag.* 39 Carolla = *Frag.* 49 Blockley; Carolla 2010.

10　Beuteteilung: Prisc. *Frag.* 8 Carolla, Z. 98 f. = *Frag.* 11, 2 Blockley, Z. 425–430.

11　*Logades*: Maenchen-Helfen 1978, 147–149 (mit allen Belegen). Sekretäre und Dolmetscher Attilas: PLRE II Constantius 6; PLRE II Constantius 7; PLRE II Rusticius 2; PLRE II Orestes 2; dazu Wiotte-Franz 2001, 126–129. Sprachen in der Umgebung Attilas: Prisc. *Frag.* 8 Carolla, Z. 94 = *Frag.* 11, 2 Blockley, Z. 407–415.

12　Kämpfe nach dem Tode Attilas: Jord. *Get.* 259–263; Prosp. *Chron.* a. 453; Eug. *V. Sev.* 1, 1; Paul. Diac. *Rom.* 15, 11. Schlacht am Nedao: Jord. *Get.* 261 f.

13　Pannonien in der Spätantike: Mócsy 1974, 339–358; stark abweichend Várady 1969 (dagegen jedoch Harmatta 1970; Nagy 1971). Militäranlagen: Soproni 1985; Borhy 2011.

14　*Foedus* mit Markian: Jord. *Get.* 264; Prisc. *Frag.* 28 Carolla = *Frag.* 37 Blockley.

15　*Gothi minores*: Jord. *Get.* 267. Bigelis: Jord. *Rom.* 336. Ullibos: Joh. Ant. *Frag.* 205 Müller = *Frag.* 297 Roberto. Anagast: PLRE II Anagastes. Ostrys: PLRE II Ostrys. Strabon und die «thrakischen» Goten: PLRE II Theodericus 5; Heather 1991, 251–263. Nach Jord. *Get.* 270 war Strabon bereits Anführer der «thrakischen» Goten, als die «pannonischen» ihr *foedus* mit Markian schlossen, aber diese Darstellung dürfte eine Rückprojektion späterer Zustände sein.

16　Malchos von Philadelpheia: Wiemer 2009; Wiemer 2013a. Maßgebliche Ausgabe: Cresci 1983. Lesetext bei Blockley 1981.

17　Wohnsitze der Goten: Jord. *Get.* 268; Eug. *V.Sev.* 5, 1; Cass. *Var.* 3, 23. Lokalisierung nach Alföldi 1926, 97–104. Archäologische Spurensuche: Kiss 1979; Bierbauer 1994, 134–140; Kiss 1996; Bierbrauer 2010. Städte: Šašel Kos/Scherrer 2003a; Šašel Kos/ Scherrer 2003b. Sirmium: Mirkovic u. a. 1971; Mirkovic 2007; Popović 2007. Fenékpuszta: Heinrich-Tamáska 2011; Heinrich-Tamáska 2013.

18　Hunnensieg Valamirs: Jord. *Get.* 268 f.

19　Das Geburtsdatum Theoderichs ergibt sich daraus, daß er im Jahre 500 seine Tricennalien feierte; das muß sich auf den Sieg über den König Babai beziehen, den er im Alter von 18 Jahren errang; der Sieg fällt folglich ins Jahr 471. Da Theoderich im Alter von sieben Jahren vergeiselt wurde und 10 Jahre in Konstantinopel blieb, führt dies auf 453/454 als Jahr der Geburt. Theodemund: Malch. *Frag.* 18 Cresci, Z. 134; 270–285 = *Frag.* 20 Blockley, Z. 113; 230–242. Ereleuva: *Anon. Val.* 58; Jord. *Get.* 269.

20 Prisc. *Frag.* 28 Carolla = *Frag.* 37 Blockley; Sid. *Carm.* 2, 223–234; Jord. *Get.* 270 f. Valamir hatte möglicherweise 459 Dyrrachium eingenommen, doch ist diese Nachricht schlecht bezeugt: *Auct. Haun.* a. 459.

21 Vergeiselung Theoderichs: Jord. *Get.* 271; Malal. 15, 9; Theoph. a. m. 5977. Der «Anonymus Valesianus» (61; 79) nennt Theoderich *illiteratus*, das heißt «ungebildet» im Sinne spätrömischer Vorstellungen (ähnlich Proc. *Bell.* 5, 2, 16); dazu Ensslin 1940b; Stein 1959, 108; 791 f. Malalas und Theophanes behaupten dagegen, Theoderich habe die übliche literarische Bildung genossen; vgl. auch Ennod. *Pan.* 11.

22 Aspar und Ardabur: Croke 2005b; Stickler 2015; McEvoy 2016; «geehrt wie Kaiser»: *V.Sym.syr.* 133 Lietzmann = 125 Doran (im syrischen Text steht *malkê*, das dem griechischen *basileus* entspricht). Herminerich: PLRE II Herminericus. Patricius: PLRE II Iulius Patricius 15. Allein Cand. *Frag.* 1 = Phot. *Cod.* 79 behauptet, Patricius habe das Massaker überlebt.

23 Ausspruch Aspars: *Anagnosticum regis*, MGH.AA XII, p. 425; Siebigs 2010, 670–678.

24 Tod Valamirs: Jord. *Get.* 276; *Rom.* 347.

25 Schlacht an der Bolia: Jord. *Get.* 277–279. Kaiserliche Unterstützung für die Skiren: Prisc. *Frag.* 35 Carolla = *Frag.* 45 Blockley. Feindschaft mit den Rugiern: Eug. *V. Sev.* 5.

26 Sieg über Babai: Jord. *Get.* 282.

27 Zitat: Jord. *Get.* 283; vgl. *Rom.* 347: *alter Italiam, alter Illyricum suscepit populandum.*

28 Vidimir: Jord. *Get.* 283 f.; *Rom.* 347. PCBE IV Vittamerus identifiziert Vidimir mit einem hochrangigen Brieffreund des Bischofs Ruricius von Limoges namens Vittamer (Rur. *Ep.* 2, 60; 2, 62). Das Vorderglied Vitta- geht jedoch sehr wahrscheinlich auf germ. *wîti-‹Kampf›* zurück, während das Vorderglied Vidi- von germ. *widu-* ‹Wald› abzuleiten ist (Hinweis von Wolfgang Haubrichs).

29 Liebeschuetz 1993, 80–85; Berndt 2011. Teurnia: Eug. *V.Sev.* 17, 4.

30 Lanzen: Jord. *Get.* 261; dazu Wiemer/Berndt 2016, 152–157. Ackerbau: Prisc. *Frag.* 39 Carolla = *Frag.* 49 Blockley. Viehherden: Jord. *Get.* 274; Malch. *Frag.* 15 Cresci = *Frag.* 18, 2 Blockley; *Frag.* 17 Cresci = 18, 4 Blockley. *Exercitus pedestris*: Jord. *Get.* 280. Priester im Heer Theoderichs: Malch. *Frag.* 18 Cresci, Z. 163 f. = *Frag.* 20 Blockley, Z. 136 f.

31 Ansiedlung in Eordaia: Jord. *Rom.* 347; *Get.* 288. Panik in Thessalonike: Malch. *Frag.* 18 Cresci; Z. 6–23 = *Frag.* 20 Blockley, Z. 6–19.

32 Jord. *Get.* 285–287; *Anon. Val.* 42.

33 Triarius: PLRE II Triarius. Strabon: PLRE II Theodericus 5. Kein Amaler: Jord. *Get.* 270; anders Wolfram 2009, 43. Verwandtschaft Strabons mit Aspars Frau: Theoph. a. m. 5964 (Schwester); 5970 (Tante); Malch. *Frag.* 2. Ermanarich: PLRE II Herminericus. Gotisches Gefolge Aspars: Damasc. *V.Isid.* 69; Malal. 14, 40; *Chron. Pasch.* 596 f.; Laniado 2015. Vertrag zwischen Leon und Strabon: Malch. *Frag.* 2.

34 Zenon: Stein 1949, 7–76; Stein 1959, 360–400; Lippold 1973; Kosinski 2010.

35 Strabon und Basiliskos: Malch. *Frag.* 11 Cresci = *Frag.* 15 Blockley; *Frag.* 17 Cresci = *Frag.* 18, 4 Blockley; Theoph. a. m. 5970.

36 Treffen der beiden Theoderiche: Malch. *Frag.* 15 Cresci = *Frag.* 18, 2 Blockley; *Frag.* 16 Cresci = *Frag.* 18, 3 Blockley.

37 Zenons Angebot: Malch. *Frag.* 17 Cresci = *Frag.* 18, 4 Blockley.

38 Panik in Dyrrachium: Malch. *Frag.* 18 Cresci, Z. 125–132 = *Frag.* 20 Blockley, Z. 105–109.

39 Pautalia: Malch. *Frag.* 18 Cresci, Z. 55–73 = *Frag.* 20 Blockley, Z. 46–58. Pautalia war eine befestigte Stadt, deren Mauerring etwa 30 Hektar umschloß: Katsarova 2012. Proc. *Aed.* 4, 11 nennt fünf Kastelle, die sich auf ihrem Territorium befanden. Theoderich und Nepos: Malch. *Frag.* 18 Cresci, Z. 249–260 = *Frag.* 20 Blockley, Z. 212–221. Adamantius: PLRE II Adamantius 2.

40 Zitat: Malch. *Frag.* 18 Cresci, Z. 268–292 = *Frag.* 20 Blockley, Z. 228–248. Sabinianus: PLRE II Sabinianus 4.

41 Strabon und Marcianus: Malch. *Frag.* 19 Cresci = 22 Blockley; Joh. Ant. *Frag.* 211, Z. 3–4 Müller = *Frag.* 303 Roberto, Z. 38–75.

42 Rebellion Theoderichs: Marc. Com. a. 479, 2; a. 481, 2; a. 482, 2; Joh. Ant. *Frag.* 213 Müller = *Frag.* 305 Roberto. Tod Strabons: Marc. Com. a. 481; Jord. *Rom.* 346; Euagr. *Hist.* 3, 25; Joh. Ant. *Frag.* 211 Müller = *Frag.* 303 Roberto, Z. 6–89; Theoph. a. m. 5970. Ermordung der Brüder Strabons: Joh. Ant. *Frag.* 211 Müller = *Frag.* 303 Roberto, Z. 89–91.

43 Heermeisteramt: Marc. Com. a. 483; Jord. *Rom* 348; Malal. 15, 9. Reiterstatue: Jord. *Get.* 289. *Dacia Ripensis* und *Moesia Inferior:* Marc. Com. a. 483.

44 Ermordung des Rekitach: Joh. Ant. *Frag.* 214 Müller = *Frag.* 306 Roberto, Z. 19–24.

45 Theoderich in Novae: *Anon. Val.* 42 (476); 49 (488); Marc. Com. a. 487; Joh. Ant. *Frag.* 214 Müller = *Frag.* 306, Z. 65 Roberto (487); Eug. *V.Sev.* 44, 4 (488); Prostko-Prostyński 2008. Archäologische Befunde: Ivanov 1997, 556–574; Biernacki 2005; Sarnowski 2012. *Primipilarii:* AE 2005, Nr. 1328–1330; Smith/Ward-Perkins 2016, 85 f. Kaiser Justinian verstärkte die Befestigungen: Proc. *Aed.* 4, 6, 1–3.

46 Theoderich gegen Illus: Joh. Ant. *Frag.* 214 Müller = *Frag.* 306 Roberto, Z. 25 f.; Theoph. a. m. 5977; Euagr. *Hist.* 3, 27. Feldzug in Thrakien 486: Joh. Ant. *Frag.* 214 Müller = *Frag.* 306 Roberto, Z. 54 f.; Zach. *Hist.* 6, 6. Feldzug von 487: Marc. Com. a. 487; Joh. Ant. *Frag.* 214 Müller = *Frag.* 306 Roberto, Z. 65 f.; Theoph. a. m. 5977; Malal. 15, 9; Euagr. *Hist.* 3, 27; Proc. *Bell.* 5, 1, 9–11.

47 Theoderichs Mandat: *Anon. Val.* 49: cui (sc. Zenoni) *Theodericus pactuatus est, ut, si victus fuisset Odoacar, pro merito laborum suorum loco eius, dum adveniret, tantum praeregnaret.* Initiative Theoderichs: Ennod. *Pan.* 14; 25; *V.Epif.* 109; Jord. *Get.* 289–292. Initiative Zenons: Proc. *Bell.* 5, 1, 9; Eust. Epiph. *Frag.* 4 Müller = Euagr. *Hist.* 3, 27; Theoph. a. m. 5977; Jord. *Rom.* 348.

48 Angebot von 479: Malch. *Frag.* 18 Cresci, Z. 259 f. = *Frag.* 20 Blockley, Z. 220 f. Rache als Kriegsgrund: Ennod. *Pan.* 25; Joh. Ant. *Frag.* 214a Müller = *Frag.* 307 Roberto.

第五章　西行之路：征服意大利

1 Zur Absetzung des Romulus siehe unten Kap. V.3. Den «Fall Roms im abendländischen Denken» behandelt Rehm 1930. Zur geschichtswissenschaftlichen Debatte umfassend Demandt 2014. Gescheiterte Versuche, das weströmische Kaisertum zu erneuern, erörtert Börm 2008.

2 Gibbon 1776–1788.

3 Seeck 1895–1920 (dazu Leppin 1998); L. M. Hartmann 1910. Spätantike: Liebeschuetz 2003; Liebeschuetz 2004; Meier 2012; Wiemer 2013c; Meier 2017. Der

Kunsthistoriker Alois Riegl (1858–1905) definierte die spätrömische Kunst bereits als eigenständige Epoche, verwendete aber den Begriff Spätantike noch nicht; dazu Elsner 2002; Liebeschuetz 2004, 3–5.

4 Dopsch 1918/20; Pirenne 1937. Über die im Anschluß an Dopschs *opus magnum* geführte Debatte über «Kulturbruch oder Kulturkontinuität im Übergang von der Antike zum Mittelalter» informiert der Sammelband von Hübinger 1968a, doch fehlen darin die postum veröffentlichten Beiträge des Mediävisten Marc Bloch: M. Bloch 1945a; M. Bloch 1945b. Die Auseinandersetzung mit Pirenne dokumentiert Hübinger 1968b. Herausragende Studien neueren Datums sind Claude 1985; McCormick 2001.

5 Wichtige Beiträge versammelt der Band von Christ 1970a; dazu Christ 1970b; Christ 1983. Klimawandel (und Seuchen) als Faktoren von Nidergang und Fall betont jetzt wieder Harper 2017.

6 Organische Metaphern für Geschichte: Demandt 1978, 17–123

7 Programmatisch P. Brown 1971; zu seinem Oeuvre Vessey 1998; Markus 2009; Wiemer 2013c.

8 Goffart 1980, 35: «what we call the fall of the Western Roman Empire was an imaginative experiment that got a little out of hand».

9 Heather 2005. Zeitgenössische Perzeption: Courcelle 1964.

10 Ward-Perkins 2005; Wickham 2005.

11 Ereignisgeschichte: Bury 1923 (395–565); Stein 1949 (476–565); Stein 1959 (284–476); Demandt 2007 (284–565). Kinderkaiser: McEvoy 2013. West- und Ostreich: Stein 1925; Pabst 1986.

12 Stein 1925, 347–364.

13 Bleckmann 1996; Heather 2005, 193–250.

14 *Magister militum et patricius*: Ensslin 1931.

15 *Magistri militum*: Demandt 1970; Generalissimi: O'Flynn 1983. Flavius Constantius: Lütkenhaus 1998. Aëtius: Stickler 2002. Rikimer: MacGeorge 2002, 165–268; Anders 2010.

16 Hochzeit Rikimers mit Alypia: Sidon. *Ep.* 1, 5, 10 f.; 1, 10, 1. Lobrede auf Anthemius: Sidon. *Pan.* 2. Expedition von 468: Stein 1959, 389–391; Henning 1999, 237 f. Kosten: Cand. *Frag.* 2; Joh. Lyd. *Mag.* 3, 43; Proc. *Bell.* 3, 6, 1; Theoph. a. m. 5961.

17 6000 Soldaten Rikimers: Joh. Ant. *Frag.* 207 Müller = *Frag.* 299 Roberto. Vermittlung des Epiphanius: Ennod. *V.Epif.* 51–75. Kampf um Rom 471/72: Malal. 14, 45, 373; Joh. Ant. *Frag.* 209 Müller = *Frag.* 301 Roberto; Theoph. a. m. 5964; Paul. Diac. *Rom.* 15, 3 f. Olybrius: Henning 1999, 47–50.

18 Diokletianspalast: Wilkes 1986. Ein Sarkophag aus Salona trägt eine fragmentarische Inschrift, die nach Kaiser Zenon datiert ist: Gauthier u. a. 2010, Nr. 214.

19 Gundobad: PLRE II Gundobad. Rückkehr ins Burgunderreich: Malal. 14, 45. Glycerius: Henning 1999, 50 f. Iulius Nepos: Henning 1999, 51–55. *Magister militum Dalmatiae: CJ* 6, 61, 5. Orestes und Romulus: Henning 1999, 54–56.

20 Odovakar: Cesa 1994; Henning 1999, bes. 58–70; 178–187; MacGeorge 2002, 269–293. Erhebung zum *rex: Fasti Vind. pr.* a. 476; *Pasch. Camp.* a. 476; *Auct. Haun. ord. pr.* a. 476; *ord. post.* a. 476. Tod des Orestes: Cass. *Chron.* a. 476; *Anon. Val.* 37; Jord. *Get.* 242; *Rom.* 344; Proc. *Bell.* 5, 1, 4–6. Tod des Paulus: *Fasti Vind. pr.* a. 476; *Auct. Haun. ord. post. margo* a. 476. Romulus: Cass. *Var.* 3, 35; vgl. *Anon. Val.* 37 (*cum parentibus suis*).

21 Malch. *Frag.* 10 Müller/Cresci, Z. 1–10; Wiemer 2013a.

22 Herrschaftsinsignien (*ornamenta palatii*): *Anon. Val.* 64; vgl. Cass. *Chron.* a. 476.

23 Zur Bedeutung des Jahres 476 Wiemer 2013a; Meier 2014.

24 Edika: PLRE II Edica. Edica am Hof Attilas: Prisc. *Frag.* 7 Müller; *Frag.* 8 Müller.

25 Schlacht an der Bolia: Jord. *Get.* 277 f. Hunwulf: PLRE II Onoulphus. Hunwulf als Feldherr Odovakars: Eugipp. *V.Sev.* 44, 4 f.

26 Mutter Odovakars: Malch. *Frag.* 8a Müller/Cresci. Odovakar und Severinus: Eug. *V. Sev.* 7. Adovacrius: Greg. Tur. *Hist.* 2, 18–19. Rikimer und Odovakar: Joh. Ant. *Frag.* 209 Müller = *Frag.* 301 Roberto; Proc. *Bell.* 5, 1, 6.

27 Proc. *Bell.* 5, 1, 2–8; vgl. Jord. *Get.* 242; *Rom.* 344; Ennod. *V.Epif.* 95.

28 Zur Ansiedlung ausführlich unten Kap. VI.1.

29 Brachila: *Auct. Haun. ord. pr.* 477; *ord. post.* a. 477; *ord. post. marg*o a. 477; Fast. Vind. pr. a. 477; Marc. Com. a. 477; Jord. *Get.* 243. Adaric: *Auct. Haun. ord. pr.* a. 477; *ord. post.* a. 477; *ord. post. margo* a. 477.

30 Gesandtschaften Odovakars und des Iulius Nepos: Malch. *Frag.* 10. Titulatur Odovakars: *P.Italiae* 10–11, I, Z. 1; 10; II, Z. 11 f.; *Acta synodi III*, § 4, MGH.AA XII, p. 445; vgl. Cass. *Chron.* a. 476; Euagr. *Hist.* 2, 16. Die Annahme, Odovakar habe bis 480 im Namen des Iulius Nepos geherrscht (Kent 1966), beruht auf einer fragwürdigen Datierung von Goldmünzen, die in Italien für Nepos geprägt wurden.

31 *Fasti Vind. pr.* a. 480; Marc. Com. a. 480; *Auct. Haun. ord. pr.* a. 480; *ord. post.* a. 480; *ord. post. margo* a. 480; *Anon. Val.* 36. Glycerius und Nepos: Phot. *Cod.* 78 = Malch. *Test.* 2.

32 Ennod. *Pan.* 23 f.; 51 f.; vgl. 56–59; *V.Epif.* 109; Cass. *Var.* 8, 17, 2; Arnold 2013, 11–56.

33 *P.Italiae* †3; *P.Italiae* 10–11; Delmaire 1989a, 691–694. Es sind nur zwei Amtsinhaber bekannt; beide waren Römer.

34 Bronzemünzen: Kent 1994, 218 f.; Metlich 2004, 47. *Caput senatus*: Mommsen 1889, 428–430; Stein 1920, 236–238. Sitzplatzinschriften: Chastagnol 1966; korrigiert durch Orlandi 2005.

35 Steuerpolitik: Cass. *Var.* 4, 38; Ennod. *V.Epif.* 107. Personelle Kontinuität: PLRE II Cassiodorus 3; PLRE II Liberius 3; PLRE II Opilio 3.

36 Zum Akakianischen Schisma ausführlich unten Kap. X.2. Felix III. über Kaiser Zenon: Felix *Ep.* 4, 1 Thiel = Schwartz 1934, 81 f. Nr. 33 (JK 601 = HJ 1215).

37 Marc. Com. a. 476; dazu Croke 1983; Goltz 2008, 86–115. Watts 2011 macht jedoch wahrscheinlich, daß die Herrschaft des Odovakar im Ostreich schon viel früher als Zäsur betrachtet wurde. Der antichalkedonische Schriftsteller Johannes von Rufus argumentiert, der «Tomus Leonis» sei die Ursache, weshalb Rom unter die Herrschaft der Barbaren gefallen sei, und beruft sich für diese Deutung auf den alexandrinischen Patriarchen Timotheos Ailuros, der bereits am 31. Juli 477 starb: *Pleroph.* 89.

38 Norditalische Chroniken: Wes 1967; Momigliano 1973. Felix III.: Felix *Ep.* 1, 5 Thiel = Schwartz 1934, 69–73 Nr. 21 (JK 591 = HJ 1202). Senatorische Erwartungen: Malch. *Frag.* 10 Müller/Cresci; *Auct. Haun. ord. pr.* a. 476; *ord. post. margo* a. 476.

39 Abtretung der Provence: Proc. *Bell.* 5, 12, 20; Cand. *Frag.* 1 = Phot. *Cod.* 79, p. 165; *Chron. Gall.* a. 511, nr. 657; *Auct. Haun. ord. pr.* a. 476, 1; Jord. *Get.* 244; Hennig 1999, 321–324. Sizilien: Vict. Vit. *Hist.* 1, 14. Dalmatien: Cass. *Chron.* a. 481; *Auct. Haun. ord. pr.* a. 482; *Fasti Vind. pr.* a. 482. Diokletianspalast: Wilkes 1986.

40 Joh. Ant. *Frag.* 214 Müller = *Frag.* 316 Roberto. Severinus von Noricum: Pohl 2001a. Wiedertaufen: Eug. *V.Sev.* 8, 1. Plünderung des Klosters in Favianis: Eug. *V.Sev.* 44, 1 f.

41 Feldzug Odovakars: Cass. *Chron.* a. 487; *Auct. Haun. ord. pr.* a. 487; Eug. *V.Sev.* 44,

4; *Anon. Val.* 48. Feldzug Hunwulfs: Eug. *V.Sev.* 44, 4 f. Räumung Noricums: Eug. *V. Sev.* 44, 5–7. Translation des hl. Severin: Eugipp. *V.Sev.* 45 f.

42 Friderich und Theoderich: Eug. *V.Sev.* 44, 4. Odovakar und Zenon: Joh. Ant. *Frag.* 214 Müller = *Frag.* 306 Roberto, Z. 57–59; McCormick 1977.

43 «The Stanford Geospatial Network Model of the Roman World» (orbis.stanford. edu) kalkuliert die Entfernung von Novae nach Emona auf 1105 Kilometer und die reine Fahrzeit mit Ochsenwagen auf 70 Tage. Thrakische Goten, die Theoderich nicht folgten: Proc. *Bell.* 5, 16, 2 (PLRE II Godigisclus). Goten in der Orientarmee des Anastasios: Theoph. a. m. 5997; Proc. *Bell.* 1, 8, 3 (PLRE II Bessas); Jos. Styl. 71 (PLRE II Ald); 93–96 (Goten in Edessa). Krimgoten: Proc. *Aed.* 3, 7, 13.

44 Theoderichs Heer: Proc. *Bell.* 5, 1, 12; Ennod. *Pan.* 26. Route: Jord. *Get.* 292.

45 Zum Straßenverlauf Miller 1916, 495–510.

46 Ulca = Vuka: Löwe 1961. L. Schmidt 1934, 294 und Ensslin 1959, 64 setzen die Ulca dagegen mit der Save gleich. Thraustila: PLRE II Trapstila.

47 Ennod. *Pan.* 33 f. Nach Paul. Diac. *Rom.* 15, 15 fiel der gepidische Anführer (bei ihm Trapstila genannt) in der Schlacht.

48 Ennod. *Pan.* 34 f. spricht von Kämpfen gegen Sarmaten.

49 Ennod. *Pan.* 37 f.; *Fasti Vind. pr.* a. 490; Cass. *Chron.* a. 489; Jord. *Get.* 293; *Anon. Val.* 50.

50 Ennod. *Pan.* 39–47; Cass. *Chron.* a. 489; Jord. *Get.* 293; *Anon. Val.* 50.

51 Theoderich in Mailand: Ennod. *V.Epif.* 109; *Anon. Val.* 51. Odovakar in Ravenna: *Anon. Val.* 50. Die Nachricht, Odovakar sei nach Rom geflüchtet, dort aber abgewiesen worden (Paul. Diac. *Rom.* 15, 15), kann schon aus chronologischen Gründen nicht richtig sein. Tufas Verrat: Ennod. *V.Epif.* 111; *Anon. Val.* 51 f.

52 Odovakar in Mailand: Ennod. *Dict.* 1, 14 f. Theoderich in Pavia: Ennod. *V.Epif.* 111.

53 Thela: Joh. Ant. *Frag.* 214a Müller = *Frag.* 307 Roberto. Münzen Odovakars: Kraus 1928, 41–64; RIC X, 442; Ehling 1998; Metlich 2004, 11 f.; 25 f.; 35 f.

54 Ligurien: Ennod. *V.Epif.* 136–177; *Pan.* 54; Cass. *Var.* 12, 28, 2 f.; Paul. Diac. *Rom.* 15, 17. Sizilien: Cass. *Chron.* a. 491; Ennod. *Pan.* 70; Cass. *Var.* 1, 3, 3. Westgoten: *Anon. Val.* 53. Vidimir: Jord. *Rom.* 347; *Get.* 283 f. Schlacht an der Adda: *Auct. Haun.* a. 491; Cass. *Chron.* a. 490; Jord. *Get.* 293; *Anon. Val.* 53. Pierius: *Auct. Haun.* a. 491; *Anon. Val.* 53. Grabstein: AE 1993, Nr. 803a. Gesandtschaft des Festus: *Anon. Val.* 53.

55 Lager *Ad Pinetum*: *Fasti Vind. pr.* a. 491; *Auct. Haun.* a. 491; *Anon. Val.* 53 f. Tufa und Friderich: *Fasti Vind. pr.* a. 493; *Auct. Haun.* a. 493; Ennod. *Pan.* 55. Dromonen: *Fasti Vind. pr.* a. 493; *Auct. Haun.* a. 493; Agn. 39.

56 Massaker: Ennod. *Pan.* 51; *Anon. Val.* 56. Proc. *Bell.* 5, 1, 25 spricht von Überlebenden. Hunwulf, Sunigilda und Thela: Joh. Ant. *Frag.* 214a Müller = *Frag.* 307 Roberto; *Chron. Gall.* a. 511, nr. 670. Odovakars Leiche: Joh. Ant. *Frag.* 214a Müller = *Frag.* 307 Roberto.

57 Verwüstung Italiens: Ennod. *Op.* 5, 20; *V.Epif.* 138; Gelas. *Ep.* 6 Thiel (JK 621 = HJ 1255); *Ep.* 14 Thiel (JK 636 = HJ 1270); *Frag.* 35 Thiel (JK 685 = HJ 1326); *Frag.* 9 Thiel (JK 706 = HJ 1364). Goten und Rugier in Pavia: Ennod. *V.Epif.* 111–119. Hungersnot in Rom: *Lib. Pont.* 51, 3; Gelas. *Tract.* 6, 8 Thiel = *Avell.* 100, 8 (JK 627 = HJ 1260). Gefangene der Burgunder: Ennod. *V.Epif.* 172. Gefangene der Goten: Ennod. *V.Epif.* 115 f.

58 Anti-Christ: *Pasch. Camp.* a. 493. Erster Erlass Theoderichs: Ennod. *V.Epif.* 122; Ensslin 1944. Laurentius, Epiphanius und Theoderich: Ennod. *V.Epif.* 123–135.

59 Victor, Epiphanius und Gundobad: Ennod. *V.Epif.* 136–175. Gefangenfreikauf: Klingshirn 1985. Verlobung Sigismunds mit Ostrogotho: Ennod. *V.Epif.* 163; Shanzer 1996/97. Syagria: PLRE II Syagria.

60 Steuernachlaß: Ennod. *V.Epif.* 182–189.

61 Theoderich *patricius: Anon. Val.* 49; 51–54. Erste Gesandtschaft des Festus: *Anon. Val.* 53. Festus: PLRE II Festus 5. *Vestis regia:* Alföldi 1935, 29–31. Die Angabe des Malal. 15, 9, die hohen Beamten Theoderichs seien von Zenon ernannt worden, ist konfus und unglaubwürdig. Gesandtschaft des Faustus Niger: *Anon. Val.* 57; Gelas. *Ep.* 10 Thiel = Schwartz 1934, 16–19 Nr. 7 (JK 622 = HJ 1256). Faustus Niger: PLRE II Faustus 9.

62 *Anon. Val.* 57; Jord. *Get.* 295; Claude 1978b. Wie der Rückverweis auf § 294 zeigt, meint *tertioque, ut diximus, anno ingressus sui in Italiam* das dritte Jahr der Belagerung Ravennas.

63 Proklamation und *praesumptio regni:* Mommsen 1889, 248 Anm. 2 (rechtlich bedeutungslose Proklamation); Ensslin 1959, 70 f. (Ausdehnung des Königtums auf das gesamte Heer); Jones 1962, 129 (wie Mommsen); Wolfram 1967, 45 f.; Wenskus 1977, 484 (wie Ensslin); Claude 1978b (Ausdehnung des Königtums auf Italien); Claude 1980, 155 f.; Kohlhas-Müller 1995, 36 (wie Ensslin); Heather 1996, 220 f. («proclaimed king» by the army); Wolfram 2009, 284–288 («Erhebung zum kaisergleichen Herrscher über Goten und Römer»).

第六章 权力的稳固

1 Die Bevölkerungszahl des antiken Italien ist wegen des Fehlens aussagekräftiger Daten unsicher und umstritten. Ich folge dem niedrigen Ansatz, der für die frühe Kaiserzeit von etwa sechs Millionen Bewohnern Italiens, darunter etwa zwei Millionen Sklaven, ausgeht; eine kurze Zusammenfassung des aktuellen Diskussionsstandes mit weiteren Verweisen bietet Scheidel 2013a. Für die Spätantike wird man aber von geringeren Zahlen auszugehen haben: Vera 2007, 498–500.

2 Wiemer 2013b.

3 Rugier: Proc. *Bell.* 7, 2; Heather 1998; Steinacher 2017, 75–135. Breonen: Cass. *Var.* 1, 11. Heruler: Cass. *Var.* 4, 10 + 4, 11. Gepiden: Cass. *Var.* 5, 10.

4 Juden: vgl. unten Kap. X.4.

5 Doppelstaat Theoderichs: vgl. unten Kap. VII.

6 Fusionspolitik: C. Schäfer 2001; Spielvogel 2002. Alexander der Große: Wiemer 2015c, 158–162; 174–176.

7 Modalitäten der Ansiedlung: Porena 2012a (grundlegend); Porena/Rivière 2012 (Forschungsdiskussion); Wiemer 2019 (knapper Überblick). Vandalen: Modéran 2002; Modéran 2012.

8 Realteilung: Porena 2012a; Porena 2012b. Steueranteile: Goffart 1980, 58–102; Durliat 1988 (widerlegt von Liebeschuetz 1997).

9 Cass. *Var.* 2, 16, 5.

10 Ennod. *Ep.* 9, 23, 5.

11 Liberius: PLRE II Liberius 3; O'Donnell 1981; Dumézil 2012. *Pittacia:* Cass. *Var.* 1, 18.

12 Bierbrauer 1975, 25–41; Bierbrauer 1994, 140–152.

13 *Collatio glebalis:* Delmaire 1989a, 374–386; Barnish 1989. Im Ostreich wurde die *gleba* durch ein Gesetz des Kaisers Markian abgeschafft: *CJ* 12, 2, 2 (455). Sizilien:

Proc. *Bell.* 7, 16, 16 f.; Cracco-Ruggini 1980; Vera 1988. *Tertia* als Sondersteuer: Cass. *Var.* 1, 14; 2, 18; *P.Italiae* 47–48.

14 *Patrimonium* der Amalafrida: Cass. *Var.* 9, 5. Theodahad: vgl. unten Kap. IX. 3. Uraias war mit einer sehr reichen Gotin verheiratet: Proc. *Bell.* 7, 1,37. Gotische Männer mit Grundbesitz: Matza (Cass. *Var.* 1, 15); Butila (Cass. *Var.* 2, 17); Tuluin (Cass. *Var.* 8, 10, 8); Tancan (Cass. *Var.* 8, 28); Aderit (*P.Italiae* 13). Gotische Frauen mit Grundbesitz: Ranilda (Cass. *Var.* 10, 26); Thulgilo (*P.Italiae* 30).

15 Gotischer Adel im Sprachgebrauch des Prokop: *Bell.* 5, 2, 11; 5, 2, 21; 5, 3, 11; 5, 4, 13; 5, 13, 26; 7, 8, 24; 7, 24, 27; 8, 35, 33 (*logimos*); 3, 8, 12; 6, 3, 36; 6, 20, 14; 6, 23, 8; 6, 29, 24 + 41; 7, 1, 1; 37, 8, 13; 7, 18, 26; 8, 23, 10; 8, 26, 4 + 21 (*dokimos*); 5, 13, 15; 6, 9, 8; 6, 20, 2; 6, 28, 29; 7, 1, 46 (*aristos*). Diese Adjektive erscheinen gelegentlich auch im Superlativ: *Bell.* 5, 2, 21 (*logimôtatos*); 8, 23, 1 (*dokimôtatos*). Daneben begegnen Wendungen wie «die Ersten unter den Goten» (*Bell.* 5, 7, 21), «sehr berühmt» (*ouk aphanê*) (*Bell.* 5, 18, 39; 1, 23, 9; 2, 7, 13) oder «der makellose Teil» (*ei ti en autois katharon ên*): *Bell.* 5, 13, 17; 6, 29, 18; 6, 30, 4. Im Einzelfall ist oft schwer zu entscheiden, ob der Aspekt der Tüchtigkeit oder derjenige der Ehre betont wird. Vgl. auch Malch. *Frag.* 18 Cresci, Z. 295–297 = *Frag.* 20 Blockley, Z. 251 f.; Jord. *Get.* 282; 304; Wiemer 2013b, 607 f. Unfreie Goten: Malchus *Frag.* 15 Cresci, Z. 61 f. = *Frag.* 18, 2 Blockley, Z. 52 f.; Proc. *Bell.* 3, 8, 12; Cass. *Var.* 5, 29; vgl. 5, 30 (*onera servilia*).

16 Wohnsitze der Goten: Bierbrauer 1975, 25–41; Christie 2006, 357–364; 451–458; Wiemer 2017.

17 Demilitarisierung der Römer: Liebeschuetz 1996.

18 Bewaffnung und Kampfesweise der Goten: Wiemer/Berndt 2016.

19 Mündigkeit: Cass. *Var.* 1, 38. Aufmarschbefehl: Cass. *Var.* 1, 24, 1 + 3. Zitat: Cass. *Var.* 5, 23.

20 Ennod. *Pan.* 83 f.

21 Proc. *Bell.* 5, 29, 40; Cass. *Var.* 8, 10, 7; Wiemer/Berndt 2016, 184–189.

22 *Millenarius*: Cass. *Var.* 5, 27; Wiemer/Berndt 2016, 182 f. Zitat: Ennod. *Pan.* 69; vgl. 65.

23 *Comes Gothorum*: Tabata 2013, 71–95. *Formula comitivae Syracusanae*: Cass. *Var.* 6, 22. *Formula comitivae Neapolitanae*: Cass. *Var.* 6, 23; vgl. 6, 24; Proc. *Bell.* 5, 3, 15. *Formula de comite insulae Curitanae et Celsinae*: Cass. *Var.* 7, 16.

24 *Formula comitivae Gothorum per singulas civitates*: Cass. *Var.* 7, 3. Die *formula comitivae diversarum civitatum* (*Var.* 7, 26) scheint sich dagegen auf fallweise eingesetzte Sonderbeauftragte mit dem Titel *comes* zu beziehen, die in einer Stadt als Richter tätig wurden. Die Inhaber der *comitiva Romana* (Cass. *Var.* 7, 13) und der *comitiva Ravennas* (Cass. *Var.* 7, 14) hatten offenbar rein administrative Aufgaben.

25 Büro des *comes civitatis*: Cass. *Var.* 6, 25 (*princeps militum Syracusanae civitatis*); *Var.* 7, 28 (*formula principis militum*). Empfehlungsschreiben für den *princeps* eines *comes*: Cass. *Var.* 7, 25 (Zitat § 1). Büro eines *comes provinciae*: Cass. *Var.* 7, 24 (*formula principis Dalmatiarum*); vgl. *Var.* 5, 14, 8 (*domestici comitis Dalmatiae*); Cass. *Var.* 6, 25 (*princeps officii comitis provinciae*).

26 Gildila: Cass. *Var.* 9, 14, 8. Florianus: Cass. *Var.* 1, 5. Marabad: Cass. *Var.* 4, 12; 4, 46 mit Liebs 2002, 276–280. Theodeguna: Cass. *Var.* 4, 37.

27 Einjährige Amtsdauer: Cass. *Var.* 6, 25. *Prior* in Reate und Nursia: Cass. *Var.* 8, 26. Wisibad: Cass. *Var.* 10, 29.

28 *Formula comitis provinciae*: Cass. *Var.* 7, 1.

29 Cass. *Var.* 6, 39 (*Formula tuitionis*).

30 *Saiones*: Morosi 1981a; Maier 2005, 169–181. *Formula edicti ad quaestorem, ut ipse spondere debat qui saionem meretur*: Cass. *Var.* 7, 42. *Saiones* und *comitiaci*: Cass. *Var.* 3, 20; 8, 27. Über die *comitiaci* vgl. unten Kap. VII.3.

31 Sporteln: Cass. *Var.* 9, 14, 4. Amtsmißbrauch: Cass. *Var.* 4, 27; 4, 28.

32 Donativum: Cass. *Var.* 4, 14, 2; 5, 26, 2; 5, 27, 1; 5, 36, 2; 7, 42, 3; 8, 26, 4.

33 *Fabricae*: Cass. *Var.* 7, 18 (*Formula de armifactoribus*); 7, 19 (*Formula ad ppo de armifactoribus*); James 1988; Berndt/Wiemer 2016, 176–180.

34 Proc. *Bell.* 5, 11, 16 (Waffenvorräte in der Provence und in Venetien); Cass. *Var.* 1, 40, 2; 1, 24, 2.

35 Pitzia: Ennod. *Pan.* 12; Jord. *Get.* 300; PLRE II Pitzia. Als Cass. *Var.* 5, 29 geschrieben wurde (523/26), war der dort genannte Pitzia *comes piae recordationis* bereits tot. Petia: *Auct. Haun.* a. 514.

36 Über Theoderichs Außenpolitik vgl. unten Kap. VIII.

37 Keuschheit (*pudicitia*) germanischer Frauen: Tac. *Germ.* 19.

38 Königliche Heiratsvermittlung: Proc. *Bell.* 5, 11, 8 (Theodahat); 7, 1, 42 f. (Hildebad).

39 Ehegesetze Theoderichs: Ed. *Theod.* 36–39; Cass. *Var.* 5, 32; 5, 33; Wiemer 2017c, 281–288. Spätrömisches Eherecht: Arjava 1996, 193–205. Tötung des Ehebrechers straffrei: Cass. *Var.* 1, 37.

40 Frauen in Theoderichs Heer: Malch. *Frag.* 15, Z. 55–72; Proc. *Bell.* 6, 26, 34; vgl. Ennod. *Pan.* 42–45. Frauennamen: Francovich Onesti 2007, 128–136; Haubrichs 2017; Wiemer 2017c, 276–281.

41 Ostgotische Frauen: Wiemer 2017c.

42 Waffenverbot: *Anon.Val.* 83; *Nov.Just.* 85, 4 (539); Wiemer/Berndt 2016, 150 f. Gotischer Bart: Ennod. *Carm.* 2, 57 mit Liebeschuetz 2013, 158 f.

43 Gotisch: Proc. *Bell.* 3, 2, 5; 5, 10, 10; 6, 1, 15 f.; Cass. *Var.* 5, 40, 5; 8, 21, 7; 11, 1, 6. Onomastik: Amory 1997, 102–108; Wagner 1997. Funktionale Bilingualität: Francovich Onesti 2007, 9 f. Homöischer Klerus: vgl. unten Kap. X.2. Angebliches Verbot des Schulbesuchs für Goten: Proc. *Bell.* 5, 2, 14 f. Hildevara: *P.Marini* 85, neu ediert von Tjäder 1988. Hildevara war eine *spectabilis femina*. Ranilo und Felithanc: *P.Italiae* 13. Beide führten das Rangprädikat *sublimis*, Ranilo war zudem die Tochter des (sonst unbekannten) *vir gloriosus* Aderit.

44 Funktionale Bilingualität: Francovich Onesti 2007, 9 f. Bilingualität am Hof Theoderichs: vgl. unten Kap. VII.1.

45 Zitat: Cass. *Var.* 8, 26, 3–4.

46 Theodahad: Proc. *Bell.* 5, 3, 2; Cass. *Var.* 4, 39; 5, 12; 10, 4, 4; vgl. Cass. *Var.* 8, 28 (Tancan). Edikt Athalarichs: Cass. *Var.* 9, 19, 2–6. Justizstillstand in Samnium: Cass. *Var.* 3, 13.

47 Edikt Theoderichs: Dahn 1866; Lafferty 2013 (dazu kritisch Nehlsen 2015). Disziplinprobleme: Cass. *Var.* 2, 8; 3, 38; 5, 10 f.; 5, 26, 2; 6, 25; 7, 4, 3; 12, 5. Entschädigungen: Cass. *Var.* 2, 8.

48 *Lex Burgundionum*: Nehlsen 1978; Liebs 2002, 163–166; Heather 2012. Konfliktlösung in Kriegergesellschaften: Schott 1995; Schott 1996. Reinigungseid: *L. Burg.* 8; 45; 80.

49 Zitat: Cass. *Var.* 3, 24, 3 f. Gerichtlicher Zweikampf: Holzhauer 1986.

50 Blutrache: Proc. *Bell.* 5, 4, 26; 5, 11, 6–9; 7, 1, 37–42; 7, 1, 43–48; 7, 2, 6–13.

51 Liberius als *vir excritualis*: Cass. *Var.* 11, 1. Militärische Akkulturation: Wiemer/Berndt 2016, 152; 156 f.; 175 f.

52 Tuluin: PLRE II Tuluin; Cass. *Var.* 8, 10; 8, 11.

53 Cyprianus: PLRE II Cyprianus 2; Cass. *Var.* 8, 21.

54 Barbara: PLRE II Barbara; Ennod. *Ep.* 8, 16. Amalasvintha: PLRE II Amalasvintha; Cass. *Var.* 11, 1 mit Fauvinet-Ranson 1998. Amalaberga: PLRE II Amalaberga; Cass. *Var.* 4, 1, 2 (*litteris edoctam*). Cassiodors Lob der Tugenden Matasuenthas bleibt vage: Cass. *Or.* 2, MGH.AA XII, p. 479. Theodahad: Cass. *Var.* 10, 3, 4 f.; Proc. *Bell.* 5, 6, 10; 1, 6, 16; vgl. unten Kap. XI.1 f. Theoderichs Interesse für Naturphilosophie: Cass. *Var.* 9, 24, 8.

55 *Anon. Val.* 61; zur Bedeutung von *miser* und *utilis* Adams 1976, 108.

56 Sid. *Ep.* 1, 9, 3 f. Übersetzung nach Helga Köhler. Paulus: PLRE II Paulus 36. Gennadius Avienus: PLRE II Avienus 4. Caecina Decius: PLRE II Basilius 11.

57 Theodorus: Fulg. *Ep.* 6, 2 f. Gewaltbereite Klienten: Cass. *Var.* 1, 27; *Lib. pont.* 53, 5. Cassiodorus pater: Cass. *Var.* 1, 3, 3 f.; PLRE II Cassiodorus 3. Tullianus: Proc. *Bell.* 7, 18, 20–23; 7, 22, 1–5; 7, 22, 20–22; PLRE III Tullianus 1.

58 Über lokale Eliten vgl. unten Kap. IX.6.

59 Senat: La Rocca/Oppedisano 2016; vgl. auch Chastagnol 1992, 345–374. Senatoren: Eich 2018 (grundlegend); vgl. auch Matthews 1981; Barnish 1988; C. Schäfer 1991; Heather 1998; Henning 1999. Die Prosopographien bei C. Schäfer 1991 und Henning 1999 sind durch Orlandi 2005 teilweise überholt. Akklamationen: Wiemer 2004a; Wiemer 2013d.

60 Alte und neue Familien: Eich 2018. Römisches Bistum: vgl. unten Kap. X.3. Landstreitigkeiten: Cass. *Var.* 1, 23. Magieprozess: Cass. *Var.* 4, 23 f. Martianus Capella beschreibt in seiner «Enzyklopädie» zwei Sitzungen des *senatus deorum* unter dem Vorsitz Iuppiters; in der ersten (1, 94) wird der Antrag Iuppiters per Akklamation beschlossen, in der zweiten (9, 888–898) gibt es eine Aussprache: Barnish 1986.

61 Decii: PLRE II Stemma 26; Moorhead 1984; Al. Cameron 2012a, 150–153.

62 Symmachi: PLRE II Stemma 22. Anicii: Al. Cameron 2012a. Faustus Albus: PLRE II Faustus 4. Faustus Niger: PLRE II Faustus 9.

63 Zitat: Cass. *Var.* 3, 6.

64 *Devotio* des Decius Mus: Liv. 8, 9.

65 Acilii Glabriones: Herod. 2, 3; Al. Cameron 2012a, 148–150. Corvini: Macr. *Sat.* 1, 6, 26; Al. Cameron 2012a, 150–153.

66 Senatorischer Grundbesitz: vgl. unten Kap. IX.2. Stadthäuser des 5. Jahrhunderts: *V.Melan. gr.* 14; *V.Melan.lat.* 14, 2; Olymp. *Frag.* 1, 43 Müller = *Frag.* 41, 1 Blockley; *Gest. sen.* a. 438, § 1; Merob. *Carm.* 3; CIL XV 7420 (Bleirohr vom Aventin). Stadthäuser im 6. Jahrhundert: Proc. *Bell.* 7, 21, 26 (*patrikiôn oikiai*); Guidobaldi 1999; Machado 2012a; Machado 2012b. Symmachus: Cass. *Var.* 4, 51, 1 f.; PLRE II Symmachus 9. Albinus: Cass. *Var.* 4, 30; PLRE II Albinus 9. *Philopolides Rhômaioi*: Proc. *Bell.* 8, 22, 5.

67 Kosten der Prätur im 5. Jahrhundert: Olymp. *Frag.* 1, 44 Müller = *Frag.* 41, 2 Blockley mit Al. Cameron 1984. Kosten des Konsulats im 6. Jahrhundert: Cass. *Var.* 3, 39; 5, 42, 11 f.; 6, 1, 7 f. Konsulardiptychon des Boethius: Delbrueck 1929, 103–106 Nr. 7; Volbach 1976, 32 Nr. 6 mit Taf. 3.

68 Urlaub: Cass. *Var.* 3, 21; 4, 48; 7, 36 (*formula commeatalis*). Sitzplätze in Theater und Amphitheater: Cass. *Var.* 4, 42. Colosseum: Chastagnol 1966; Orlandi 2005. Schauspiele: Fauvinet-Ranson 2006a, 379–440; Puk 2014. Patrone der Grünen: Cass. *Var.* 1, 20. Akklamationen: Cass. *Var.* 1, 27; 1, 31, 4; Proc. *Bell.* 5, 6, 4; Al. Cameron 1976; Wiemer 2004a; Wiemer 2013d.

69 Streit um den Pantomimen Helladius: Cass. *Var.* 1, 27; 1, 30–32; C. Piétri 1966; Fauvinet-Ranson 2006a, 319–323.

70 Ennodius und Boethius: Ennod. *Carm.* 2, 132. Bildungswesen Italiens im 6. Jahrhundert: Riché 1995, 28–32;. Lehrstühle in Rom: Cass. *Var.* 9, 21; *Nov. Just.* App. 7, 22. Jura: Liebs 1987, 70–75; 122 f. Ärzte: Cass. *Var.* 6, 19 (*Formula comitis archiatrorum*); Schulze 2005. Griechische Philosophie: Courcelle 1948.

71 Symmachus: Vitiello 2008. Boethius: Matthews 1981; H. Chadwick 1981; Gruber 2011. Kommentar zur Kategorienschrift: Boeth. *In categ. comm.* 2, praef. Cassiodor als Theologe: Schlieben 1974; Schlieben 1979; O'Donnell 1979, 131–176; Barnish 1987a. Faustus Niger als Versificator: Ennod. *Ep.* 1, 6; *Carm.* 1, 7. Maximianus: Barnish 1990; Vitiello 2014b, 83 f.

72 *Paraenesis didascalica*: Ennod. *Op.* 6; Rallo Freni 1981. Ambrosius: Cass. *Var.* 8, 13; 8, 14; 11, 4; 11, 5; 12, 25; PLRE II Ambrosius 3. Beatus: PLRE II Beatus. Asterius: PLRE II Asterius 11. Felix: PLRE III Felix 2. Mavortius: PLRE II Mavortius 2.

73 Cass. *Lib.*; Ennod. *Lib.* 129–138, bes. 132 f. (Zitat). Lupercalien: Gelas. *Tract.* 6 Thiel = *Avell.* 97 (JK 627 = HJ 1260); McLynn 2008.

74 Theologische Interessen: Boeth. *C.Eut.* 1; *Ep. Johannis papae*, in: ACO IV 2, 206–210 Nr. 1 (JK 885 = HJ 1746). Inportunus: Fulg. *Ep.* 6; PLRE II Inportunus. Asketinnen illustren Ranges: Fulg. *Ep.* 2 (Galla); *Ep.* 3+4 (Proba); *Ep.* 7 (Venantia); Dionys. Exig. *Praef.* 10. Vgl. unten Kap. X.3.

75 Konsulardiptychon des Orestes: R. Delbrueck 1929, 148–150 Nr. 32; Volbach 1976, 40 f. Nr. 31 mit Taf. 16. *Libertas*: Moorhead 1987. *Romana libertas*: Ennod. *Ep.* 9, 30,6; Cass. *Var.* 10, 33, 3; 11, 13, 1; Boeth. *Cons.* 1, 4, 26. *Dominus libertatis*: Cass. *Var.* 3, 11, 1; Ennod. *Ep.* 4, 26, 1. *Defensor libertatis*: Cass. *Var.* 3, 43, 2. *Custos libertatis*: CIL X 6850a+b + 6851 = ILS 827. *Atrium libertatis*: CIL VI 40807 = ILS 825. Krise der Jahre 504–508: vgl. unten Kap. VIII.2 f.

76 Zweite Gesandtschaft des Festus: *Anon. Val.* 64; Theod. *Lect.* 461; Theoph. a. m. 5993; vgl. *Avell.* 102. Terminus ante quem ist der Tod des Papstes Anastasius II. am 19. November 498. Nach Olbrich 2013 spielte der Senat bei der Erhebung Theoderichs eine konstitutive Rolle; er beruft sich dafür auf eine singuläre Silbermünze unbekannter Herkunft, die auf der Vorderseite Namen und Bild des Kaisers Anastasios und auf der Rückseite neben der fehlerhaften Legende VICRIA (statt VICTORIA) und der für Silber unsinnigen Qualitätsangabe CONOR (statt CONOB) die rätselhafte Abkürzung TSCR trägt. Daß es sich um eine römische Prägung handelt, ist daher mehr als fraglich, zumal die Auflösung als T(heodericus) s(enatus) c(onsulto) r(ex) allen titularen Konventionen widerspricht. Ich danke Reinhard Wolters für seine Expertise zu dieser Münze, die wohl als barbarische Imitation zu deuten ist.

77 Krönung Tzaths I.: Malal. 17, 9; Chron. Pasch. a. 522; Joh. Nik. 90; PLRE II Ztathius; Greatrex 1998, 133 f. Vgl. Agath. 3, 15 über die Krönung Tzaths II. im Jahre 555; Claude 1989.

78 Purpur: Ennod. *Pan.* 89; Cass. *Var.* 1, 2; 6, 7, 6. Medaillon von Morro d'Alba: oben Kap. I.2. Haarpracht: Ennod. *Pan.* 91. Diadem und Stirnglatze: Polem. *Brev.* 16 (Hinweis von Bruno Bleckmann). Bildnis Justinians in S. Apollinare Nuovo: Agn. 86; Lorentz 1935; Baldini Lippolis 2000. Caesarius von Arles bei Theoderich: *V.Caes.* I 36; vgl. unten Kap. VIII.5. Gotische Königstracht: Jord. *Get.* 246; 278; 295; Agath. 1, 20, 10; Greg. Magn. *Dial.* 2, 14.

79 Athalarich an Justin: Cass. *Var.* 8, 1, 5; vgl. 10, 22, 2. Mommsen 1889, 465–484; ähn-

lich Ensslin 1959, 76–79; dagegen mit Recht Jones 1962; Prostko-Prostyński 1994, 33–62.

80 Titulatur Theoderichs: Prostko-Prostyński 1994, 56–62; Gillet 2002b, 98–100. «Ansippung»: Wolfram 1967, 56–62. Flavius: Keenan 1973/74; Al. Cameron 1988; Prostko-Prostyński 1994, 63–74. Papyri: Bagnall u. a. 1987, 503. *Theodericus vict(or) ac triumf(ator) semper Aug(ustus)*: ILS 827 = Fiebiger/Schmidt 1917, Nr. 193; vgl. Cass. *Var.* 2, 33 f. Basilius Decius: PLRE II Decius 2.

81 Anastasios an den Senat: *Avell.* 113, 3 f.; vgl. 114, 7. Theoderich an Anastasios: Cass. *Var.* 1, 1, 2–4; die Datierung schwankt zwischen 508 (so Krautschick 1983, 50 f.; Moorhead 1992, 45) und 510 oder 511 (so Ensslin 1959, 149 f.; Prostko-Prostyński 1994, 238–241).

82 Vertragsentwurf von 535: Proc. *Bell.* 5, 6, 2–5; Chrysos 1981. Vertrag mit Anastasios: Prostko-Prostyński 1994, 151–212.

第七章　狄奥多里克的二重国家

1 Legitimitätsdiskurs: Mommsen 1889; Ensslin 1940a; Ensslin 1959; Jones 1962; Wolfram 1979; Kohlhas-Müller 1995; Wolfram 2009. Akzeptanz: Flaig 1992.

2 Monarchische Herrschaft im Altertum: Rebenich 2012 (konziser Überblick); Rebenich 2017 (breites Panorama); Rebenich/Wienand 2017 (Zugänge und Perspektiven). Hof: Winterling 1998. *Formula comitivae primi ordinis*: Cass. *Var.* 6, 12; *Consistorium*: Delmaire 1995, 29–45.

3 Ranggesetzgebung und Elitenkonkurrenz: Schmidt-Hofner 2010.

4 Cass. *Var.* 6, 10 (*Formula qua per codicillos vacantes proceres fiant*); *Var.* 6, 11 (*Formula inlustratus vacantis*); *Var.* 7, 37 (*Formula spectabilitatis*); *Var.* 7, 38 (*Formula clarissimatus*).

5 Palast in Pavia: *Anon. Val.* 71; Agn. 94. Palast in Verona: *Anon. Val.* 71. Palast in Monza: Paul. Diac. *Lang.* 4, 21. Galeata: *V.Hilari* 10–13; De Maria 2004.

6 Palast in Ravenna: *Anon. Val.* 71; Agn. 94. «Palastkirche»: Agn. 86 = Fiebiger/Schmidt 1917 Nr. 181 = ILCV 1793. Theoderichs Bauten in Ravenna: Deichmann 1974, 125–190; 209–258; Deichmann 1976, 326–329; Deichmann 1989; Mauskopf Deliyannis 2010, 114–136; 139–187; Jaeggi 2013, 154–217.

7 Baumaterial: Cass. *Var.* 3, 9 (Sestinum?); 3, 10 (*domus Pinciana* in Rom); 5, 8 (Faenza); Deichmann 1989, 273–276 (Kapitelle aus Konstantinopel). S. Andrea dei Goti: Deichmann 1976, 326–329. *Marmorarii*: Cass. *Var.* 1, 6. Garten des Königs: ILS 826 = Fiebiger/Schmidt 1917 Nr. 179 = ILCV 36; Jord. *Get.* 151; Ennod. *Carm.* 2, 111.

8 Rom und Ravenna: Gillet 2001; Wiemer 2015a. Rom und Konstantinopel: Ward-Perkins 2012.

9 Hauptportal des Palastes: Agn. 94 mit Duval 1960, 356–362. *Invicta Roma/Felix Ravenna*: Metlich 2004, 112–144 Nr. 76–78 (Rom); Nr. 81 (Ravenna).

10 Stadtmauer unter Valentinian III.: Agn. 40 mit Jaeggi 2013, 75–77; anders Mauskopf Deliyannis 2010, 52–54 (Honorius). Aquädukt: Cass. *Chron. a.* 502; *Anon. Val.* 71.

11 Bevölkerung Ravennas: Deichmann 1989, 114 f. (5000); Cosentino 2005 (10 000). Bevölkerung Roms im 5. und 6. Jahrhundert: Alle Schätzungen beruhen auf der in Cass. *Var.* 11, 39 genannten Summe für die adärierten Schweinelieferungen aus Lukanien für die *plebs Romana*; zuletzt Lo Cascio 2013; vgl. auch Barnish 1987b, 160–164.

12 Verfassung Ravennas: Stein 1919, 59–71; Ausbüttel 1987; Deichmann 1989, 130–142. Marktaufsicht: Cass. *Var.* 6, 6, 6; vgl. 11, 11. Getreideimporte: Cass. *Var.* 1, 35; 2, 20. Sarkophage: Cass. *Var.* 3, 19. Comes Ravennas: Cass. *Var.* 7, 14. *Praefectus vigilum urbis Ravennatis*: Cass. *Var.* 7, 8.

13 *Cura palatii*: Cass. *Var.* 7, 5.

14 *Cubicularius*: Fiebiger/Schmidt 1917 Nr. 183 = ILCV 226; vgl. Fiebiger/Schmidt 1917 Nr. 205 = ILCV 356. *Praepositus cubiculi*: Ensslin 1956a; Delmaire 1995, 151–160.

15 Triwa: Boeth. *Cons. Phil.* 1, 4, 10; *Anon. Val.* 82; Ennod. *Ep.* 9, 21. Vielleicht ist er mit dem *saio* Triwila identisch, an den Cass. *Var.* 3, 20 gerichtet ist (so PLRE II Triwila).

16 Audofleda: M. Hartmann 2008; Greg. Tur. *Hist.* 3, 31. Ereleuva: PLRE II Erelieva; Gelas. *Ep.* 4, MGH.AA XII, p. 390 = *Frag.* 36 Thiel = (JK 683 = HJ 1312); *Ep.* 5, MGH. AA XII, p. 390 (JK 721 = HJ 1376); Ennod. *Pan.* 42–45.

17 Ostrogotho: PLRE II Areagni. Verlobung mit Sigismund: Ennod. *V.Epiph.* 163. Thiudigotho: PLRE II Theodegotha. Amalafrida: PLRE II Amalafrida. Mutter und Tochter: Ennod. *Pan.* 42. Ostgotische Königinnen: M. Hartmann 2009, 25–36.

18 Amalaberga: PLRE II Amalaberga. Tugendspiegel: Cass. *Var.* 4, 1. Amalasvintha: Ennod. *Ep.* 8, 16; Cass. *Var.* 11, 1, 6–8. Athalarich: Proc. *Bell.* 5, 2, 6–20. Tuluin: Cass. *Var.* 8, 10, 3.

19 Besucher des Hofs: Cass. *Var.* 1, 20, 1 (Zitat); 12, 19, 1. Getreide aus und für Ligurien: Cass. *Var.* 2, 20, 2–3. Getreide aus Kalabrien und Apulien: Cass. *Var.* 1, 35. Delikatessen: Cass. *Var.* 6, 9, 7 (Zitat); 12, 4, 2 (Wein); 12, 18, 1 (*regius apparatus*); 12, 18, 3 (*mensa regia*).

20 Römische Gastmähler: Vössing 2004; Stein-Hölkeskamp 2005. Gastmahl des Kaisers Majorian: Sid. *Ep.* 1, 11, 10–15. Goten beim Gastmahl: Proc. *Bell.* 7, 1, 45–47. Artemidorus: Cass. *Var.* 1, 43, 3. Cassiodor: Cass. *Var.* 9, 24, 8.

21 Gotisches Geschrei beim Gastmahl: *Anth. Lat.* 295 Riese = 279 Shackleton-Bailey; Snædal 2009; Haubrichs 2012, 34 f. Die Deutung der gotischen Brocken ist umstritten; ich folge Haubrichs. Das Epigramm könnte sich auf das gotische Gefolge Amalafridas beziehen. *biberunt ut Gothi*: Greg. Mag. *Dial.* 1, 9, 14 (Hinweis von Mischa Meier).

22 Kithara-Spieler: Cass. *Var.* 2, 40, 1; vgl. 2, 41, 4. Der vandalische König Gelimer sang selbst zur Harfe: Proc. *Bell.* 3, 9, 6. Gotische Tonarten: Boeth. *Mus.* 1, 1. Gotische Lieder: Vgl. oben Kap. III.2 (Anm. 27).

23 Höfische Kultur: Deichmann 1989, 189–224; Hen 2007, 27–58. Hochzeitsrede: Cass. *Or.* 2 (MGH XII, p. 477–484). Cassiodor und Eutharich: Cass. *Chron.*, praef. *Comes archiatrorum*: Cass. *Var.* 6, 19. Medizinische Schriften: Deichmann 1989, 218. Wiemer/Berndt 2016, 165 f. mit Anm. 164. Geographie: Staab 1977.

24 *Evocatoriae*: Cass. *Var.* 7, 34 f. Artemidorus: Cass. *Var.* 3, 22; weitere Beispiele: Cass. *Var.* 2, 6 (Agapitus); 3, 28 (Cassiodor); 5, 28 (Castinus).

25 Kaiser und Zirkus: Al. Cameron 1976; Dagron 2011.

26 Kein Hippodrom in Ravenna: Wiemer 2015a, 204–210. Amphitheater in Pavia: *Anon. Val.* 71; ILS 829 = Fiebiger/Schmidt 1917 Nr. 203 = ILCV 39. Amphitheater in Ravenna: Agn. 2; 129; *Ep. Felicis* apud Agn. 60 (JK 877 = HJ 1711).

27 G*esta municipalia*: Hirschfeld 1904; Classen 1977. *Praedia curialium*: Cass. *Var.* 7, 47. Die häufig vertretene Ansicht, Constantin der Große habe die Ländereien der Städte konfisziert, ist unzutreffend: Biundo 2006; Schmidt-Hofner 2006. Advokaten: Jones 1964, 507–516; Wieling 1997; Barnish 2003.

28 Regierungsstil des römischen Kaisers: Bleicken 1982; Millar 1992; C. Kelly 2004; Wiemer 2006a; Schmidt-Hofner 2008.

29 *Res publica*: Suerbaum 1977, 247–267. *Rei publicae parere*: Cass. *Var.* 2, 24, 5. *Utilitas publica*: Gaudemet 1951. *Devotio*: Conti 1971, 83–121.

30 Die Belege für *pietas, iustitia, aequitas, temperantia, moderatio, mansuetudo, clementia, liberalitas, largitas* und *munificentia* (und verwandte Bildungen) sind so zahlreich, daß der Index der Varien-Ausgabe Mommsens sie nur in Auswahl verzeichnet. Herrschertugenden: Wickert 1954, 2222–2253, Kohlhas-Müller 1995, 106–137. *Pietas*: Roesch 1978, 42 f.; Kohlhas-Müller 1995, 121–126. *Iustitia* und *aequitas*: Kakridi 2005, 329–339.

31 *Civilitas* bei Theoderich: Saitta 1993; Reydellet 1995; Amory 1997, 43–85 (verfehlt); Kakridi 2005, 339–347; im Prinzipat: Wallace-Hadrill 1994; in der Spätantike: Scivoletto 1970; Marcone 1985.

32 *Laus Gothorum est civilitas custodita*: Cass. *Var.* 9, 14, 8. Ennodius: *Pan.* 11; 15; 56; 83; *Ep.* 4, 5, 2; 9, 23, 6; *Dict.* 13, 7.

33 *Libertas*: vgl. oben Kap. VI. 3 (Anm. 75). *Libertas ruitura*: Ennod. *Dict.* 9, 6; *Dict.* 10, 8. Severus und Paterius: Ennod. *Dict.* 13, 7. Ideologie der Restauration: La Rocca 1993; Fauvinet-Ranson 2006a, 267–274. Zitat: Cass. *Var.* 1, 28, 1; vgl. Ennod. *Pan.* 56; 76 f.

34 Edikte Cassiodors: Cass. *Var.* 11, 8; 11, 11; 11, 12; 12, 13. Edikte oströmischer Prätoriumspräfekten: Zachariä von Lingenthal 1843, 249–294. Edikte Theoderichs: *Ed. Theod.*; Cass. *Var.* 2, 25; 2, 36. Edikte Athalarichs: Cass. *Var.* 9, 2; 9, 18.

35 *Codex Theodosianus*: Matthews 2000a. Novellensammlung: Liebs 1987, 188–190. *Lex Burgundionum*: vgl. oben Kap. VI.2. *Codex Euricianus*: d'Ors 1960; Nehlsen 1984; Liebs 2002, 157–163. *Breviarium Alaricianum (Lex Romana Visigothorum)*: Gaudemet 1965; Liebs 2002, 166–176; Matthews 2001.

36 Prätorisches Edikt: Wieacker 1989, 462–485. Die maßgebliche Ausgabe ist Lenel 1927; Text auch in: FIRA I 335–389.

37 Theoderich in Rom: *Anon. Val.* 66. Moderne Ausgaben des *Edictum Theoderici* beruhen auf der *editio princeps* des Pierre Pithou von 1579, der eine heute verlorene Handschrift benutzte: Bluhme 1889; Falaschi 1966. Handschriften, die Teile des Textes enthalten, verzeichnet http://www.leges.uni-koeln.de/lex/edictum-theoderici/. Autorschaft: Nehlsen 1969; Liebs 1987, 191–194; Lafferty 2013, 22–46. Datierung: Ensslin 1959, 232 f.; Lafferty 2013, 37–41. Gegen die Zuweisung an den westgotischen König Theoderich II. bei Vismara 1967 mit Recht Nehlsen 1969. Quellen: Ensslin 1959, 220–236; Lafferty 2013, 54–100 (dazu kritisch Liebs 2015).

38 Die Deutung des «Edictum Theoderici» als einer Art «prätorisches Edikt» verdanke ich Sebastian Schmidt-Hofner. Lafferty 2013 und Ubl 2018 deuten es als Kodifikation. Publikation: Cass. *Var.* 9, 19, 3; 9, 20, 2. *Anon. Val.* 60: *a Gothis secundum edictum suum* [...] *rex fortissimus in omnibus iudicaretur*.

39 Diplomatische Korrespondenz Theoderichs: Gillet 2003, 174–190. *Patrius sermo*: Cass. *Var.* 4, 2, 4; vgl. 12, 9, 1 (*patrios sermones*).

40 Anduit: Cass. *Var.* 5, 29. Theodahad: Cass. *Var.* 3, 15.

41 Brandila und Patzen: Cass. *Var.* 5, 33 f. mit Wiemer 2017, 281–288; 297 f.

42 *Formula de matrimonio confirmando et liberis legitimis faciendis*: Cass. *Var.* 7, 40. *Formula aetatis veniae*: Cass. *Var.* 7, 41. *Formula qua consobrinae matrimonium legitimum fiat*: Cass. *Var.* 7, 46.

43 Adila: Cass. *Var.* 2, 29. Gesandtschaftsreise des Agnellus: Cass. *Var.* 1, 15.

44 *Formula de competitionibus*: Cass. *Var.* 7, 44; Ward-Perkins 1984, 207 f. Bronzestatue in Como: Cass. *Var.* 4, 24.

45 Steuerflucht der Senatoren: Cass. *Var.* 2, 24 f. Steuerflucht von Goten: Cass. *Var.* 4, 24 (*Picenum et Tusciae*); vgl. 1, 19 (*Adria*).

46 Trient: Cass. *Var.* 2, 17. *Formula qua census relevetur ei qui unam casam possidet praegravatam*: Cass. *Var.* 7, 45.

47 Vgl. oben Kap. VI.3.

48 Reisen des Hofs: Cass. *Var.* 2, 20; 12, 18 f. Pavia: Cass. *Var.* 4, 45. Noricum: Cass. *Var.* 3, 50. Venetien und Ligurien: Cass. *Var.* 5, 10 f. Tortona: Cass. *Var.* 1, 17. Kastell Verruca: Cass. *Var.* 3, 48. *Civitas* bei Trient: Cass. *Var.* 5, 9. Feldsteine: Cass. *Var.* 2, 7. Die Reparatur der Stadtmauer von Catania ging dagegen auf städtische Initiative zurück (Cass. *Var.* 3, 49), wurde aber anscheinend nicht ausgeführt oder abgeschlossen: Proc. *Bell.* 7, 40, 21 (*polis ateichistos*).

49 Flottenbau: Cass. *Var.* 5, 16–20; vgl. unten Kap. XI.4.

50 Reaktionen auf Beschwerden aus Provinzen: *Pannonia*: Cass. *Var.* 3, 23 f. (Colosseus). *Siscia vel Savia*: Cass. *Var.* 4, 49 (Fridibad). *Savia*: Cass. *Var.* 5, 14 f. (Severinus). *Dalmatia et Savia*: Cass. *Var.* 9, 8 f. (Osuin und Severinus). *Sicilia*: Cass. *Var.* 9, 10 f. Beschwerden aus der Provinz *Hispania* sind der Gegenstand eines Briefs an die dort zuständigen Amtsträger Ampelius und Livirit: Cass. *Var.* 5, 39; vgl. unten Kap. VIII.6.

51 *Formula comitivae primi ordinis*: Cass. *Var.* 6, 12. *Silentiarii*: Proc. *Hist. Arc.* 26, 28. *Formula notariorum*: Cass. *Var.* 6, 16.

52 *Referendarii*: Cass. *Var.* 6, 17; 8, 21, 6; 8, 25; *Anon. Val.* 85 f.; Maier 2005, 140–142. Cyprianus: PLRE II Cyprianus 2. Zitate: Cass. *Var.* 5, 40, 2–4; 5, 40, 4.

53 *Maiores domus*: Maier 2005, 147–159. Ibba: PLRE II Ibba. Pitzia: Ennod. *Pan.* 12; Jord. *Get.* 300; PLRE II Pitzia. Als Cass. *Var.* 5, 29 geschrieben wurde (523/526), war der dort genannte Pitzia *comes piae recordationis* bereits tot. Petia: *Auct. Haun.* a. 514.

54 Arigern: PLRE II Arigernus. *Disciplina*: Cass. *Var.* 4, 16, 2; 4, 23, 1. Abordnung nach Gallien und Ermahnung der Senatoren: Cass. *Var.* 4, 16.

55 Tuluin: PLRE II Tuluin. Zitat: Cass. *Var.* 8, 11, 3.

56 *Comitiaci*: Cass. *Var.* 6, 14 (*Formula magistri scrinii quae danda est comitiaco quando permilitat*); Morosi 1981b. Nach Maier 2005, 186–196 gehörten die *comitiaci* hingegen zum *officium* des Königs.

57 *Magister officiorum*: Cass. *Var.* 6, 6; Clauss 1980; Delmaire 1995, 75–96. *Princeps officii*: Stein 1920, 195–239; Morosi 1979/80; Clauss 1980, 30–39. Kontrolle und Verantwortlichkeit von *officiales*: Haensch 2010.

58 Zitat: Cass. *Var.* 6, 5, 1 f.

59 *Quaestor (sacri) palatii*: Cass. *Var.* 6, 5; Harries 1988; Delmaire 1995, 57–63. Konzept und Ausfertigung: *Praeceptio regis*, MGH.AA XII, p. 424 Nr. 4; *Anagnosticum regis*, MGH.AA XII, p. 425 f. Nr. 5; Ensslin 1949.

60 *Sacrae largitiones*: *CTh* 6, 30, 7 = *CJ* 12, 23, 7; Cass. *Var.* 6, 7; Delmaire 1989a, 1–593; Delmaire 1989b (Prosopographie); Delmaire 1995, 119–140.

61 *Collatio auri lustralis*: Cass. *Var.* 2, 26, 5; 2, 30, 3; Delmaire 1989a, 347–374. *Siliquaticum*: Delmaire 1989a, 299–301; *Nov.Val.* 15; Cass. *Var.* 2, 4; 2, 30, 3; 3, 25, 1; 3, 26, 1, 4, 19; 5, 31. *Comes siliquatariorum*: Cass. *Var.* 2, 12; 3, 25. *Collatio binorum et ternorum*: Cass. *Var.* 3, 8; 5, 16; 7, 20–22 (*Formulae binorum et ternorum*); Stein 1925, 388–394; Delmaire 1989a, 344 f.

62 Münzwesen: Kraus 1928, 1–25; Hahn 1973, 77–91; Metlich 2004. *Formula qua moneta committitur*: Cass. *Var.* 7, 32.

63 *Comes rei privatae*: Cass. *Var.* 6, 8; Delmaire 1989a, 597–702; Delmaire 1995, 140–145. Tancila: Ennod. *Ep.* 2, 23. Interessenkonflikt: Cass. *Var.* 1, 22.

64 *Comes patrimonii*: Cass. *Var.* 6, 9; Delmaire 1989a, 691–694; Delmaire 1995, 145 f.

65 Die im frühen 6. Jahrhundert interpolierte Fassung des «Laterculus» des Polemius Silvius (MGH.AA IX, p. 535–537) verzeichnet diese 15 Provinzen sowie Korsika und Sardinien. Die Gliederung mag jedoch auch in ostgotischer Zeit gewechselt haben, wie das früher häufig der Fall war. Zu den Provinzen des spätantiken Italien und ihren Statthaltern: Chastagnol 1963 (mit Fasten 284–536); Ausbüttel 1988, 95–104; Cecconi 1994 (mit Fasten ca. 200–476); Cecconi 1998. Zur Provinzialverwaltung unter gotischer Herrschaft Arnold 2016; Gračanin 2016 (Dalmatien). Die Zuordnung und Verwaltung von *Noricum Mediterraneum* ist unklar: Cass. *Var.* 3, 50; Prostko-Prostyński 2002.

66 Zur gallischen Präfektur vgl. unten Kap. VIII.5.

67 *Praefectus praetorio*: Cass. *Var.* 6, 3; Ensslin 1954, 2426–2502; Morosi 1975/76. Zitat: Cass. *Var.* 6, 3, 3 f.

68 Edikte: Cass. *Var.* 11, 8; 11, 11; 11, 12; 12, 13; 12, 28. Advokaten: Jones 1964, 507–516; Wieling 1997; Barnish 2003. *Numerus clausus*: *Nov.Theod.* 10, 2; *CJ* 2, 7, 8.

69 Munizipale Steuererhebung: Cass. *Var.* 2, 17; 2, 25; 9, 4, 2 f. *Exactores*: Cass. *Var.* 2, 24, 2; 5, 39, 13; 11, 7, 2; 11, 8, 4; 11, 16, 3; 12, 8, 2; 12, 14, 1; Delmaire 1996.

70 Veranlagung der *Annona*: Cerati 1975. *Horrea publica*: Proc. *Bell.* 6, 28, 25 (Ravenna); Cass. *Var.* 3, 41 (Marseille); *Var.* 10, 27 (Pavia, Tortona, Trento, Treviso); *Var.* 12, 26 (Aquileia, Concordia, Forlì); *Var.* 12, 27 (Pavia, Tortona); Vera 2008. *Coemptio*: Cass. *Var.* 1, 35, 2; 2, 26; 9, 14, 9; 10, 18, 2; 12, 4, 3; 12, 14, 6; 12, 22–24; 12, 26, 3. Klagen: Cass. *Var.* 9, 14, 9; Ennod. *V.Epif.* 104; Boeth. *Cons.* 1, 4, 12. Im Ostreich wurde die *coemptio* im Jahre 498 durch Kaiser Anastasios umfassend geregelt: *CJ* 10, 27, 2; Karayannopulos 1958, 96–99.

71 Steuerniveau: Cass. *Var.* 2, 16, 4 (Liberius); 4, 38, 1 (Faustus). *Supraindictiones*: Cass. *Var.* 1, 16, 2; 5, 14, 6; 9, 9, 3. Steuernachlaß bei naturbedingten Mißernten: Cass. *Var.* 4, 50 mit Leopold 1986; *Var.* 12, 26. Steuernachlaß bei Feindeinwirkung: Cass. *Var.* 12, 7.

72 *Tertia*: Cass. *Var.* 1, 14; 2, 17; *P.Italiae* 47–48; Porena 2012a, 209–227.

73 *Praefectura praetorio Orientis*: Joh. Lyd. *Mag.* 3, 1–43. *Praefectura praetorio Africae*: *CJ* 1, 27, 1.

74 Organisation: Stein 1922; Jones 1964, 586–590; Morosi 1977.

75 Korpsgeist: C. Kelly 2004, 18–63. Formulare für die Beförderung von Präfekturbeamten: Cass. *Var.* 11, 17–32.

76 Gehaltsklassen: Stein 1922, 74 f.; Jones 1964, 590 f.; Morosi 1977, 139.

77 *Sportulae*: Jones 1964, 602–605; C. Kelly 2004, 64–104; Haensch 2015.

78 Kollektivstrafen: Noethlichs 1981, 222–228; Cass. *Var.* 2, 26, 3; *Ed. Theod.* 4; 55.

79 Amtspflichten der Statthalter: Cass. *Var.* 11, 9, 4 f.

80 Faustus: PLRE II Faustus 9; Cass. *Var.* 1, 35; 2, 26; 3, 20, 4 (*notus ille artifex*).

81 Amtsbezeichnungen und Rangtitel der Statthalter im spätantiken Italien: Chastagnol 1963; Ausbüttel 1988, 107–115; Cecconi 1994, 49–82; 209–224 (Fasten); Cecconi 1998, 172–179.

82 Advocaten: Jones 1964, 507–516; Wieling 1997; Barnish 2003.

83 *Formula rectoris provinciae*: Cass. *Var.* 6, 21. Itinerar: *Nov. Maior.* 7, 17; Cass. *Var.* 5,

14, 7; 12, 15, 7. Statthaltersitze: Haensch 1997; Lavan 1999; Lavan 2001. Reparatur des *praetorium* von Syrakus: AE 1946, Nr. 207.

84 *Officia* der Statthalter: *CJ* 1, 27, 13; 12, 57, 9; *Nov. Just.* 102, 2; Jones 1964, III 175 Anm. 73; Palme 1999. *Commentariensis*: Haensch 1995. Statthalterarchive: Cass. *Var.* 5, 14, 9; 5, 39, 2 (*polypticha publica*); Haensch 1992; Haensch 2013.

85 Einjährige Amtsdauer: Cass. *Var.* 7, 2; 9, 20, 1. Flavius Pius Maximus: CIL X 4859 mit Cecconi 1994, 218.

86 *Epigraphic habit*: Smith/Ward-Perkins 2016, 43–55. Bauinschriften von Statthaltern Siziliens im späten 5. oder frühen 6. Jahrhundert: AE 1946, Nr. 207 (Syrakus, Flavius Gelasius Busiris); AE 1956, Nr. 259 (Catania, Merulus). Cassiodorus pater: Cass. *Var.* 1, 3, 3–5. Cassiodorus Senator: Cass. *Var.* 11, 39, 5 (hier könnte auch die Präfektur gemeint sein). Venantius: Cass. *Var.* 3, 8; 3, 46, 2; *P.Italiae* 47–48, A, Z. 22. Tullianus: Proc. *Bell.* 7, 18, 20.

87 Keine Statthalterschaft in der Heimatprovinz: Dio 71, 31, 1; *CJ* 1, 41; 9, 29, 3; Syn. *Ep.* 42; 73. Städtepatronat: Krause 1987b. Cassiodor an Valerianus: Cass. *Var.* 12, 5, 2.

88 Besoldung der Statthalter: Jones 1964, III, 89 f. Anm. 65; Palme 1999, 112 f.

89 *Cancellarii* beim Statthalter: Cass. *Var.* 11, 36; 12, 1; 12, 3; 12, 10. *Canonicarii* beim Statthalter: Cass. *Var.* 11, 38; 12, 4, 7.

90 *Dux Raetiarum*: Cass. *Var.* 7, 4. Servatus: Cass. *Var.* 1, 11. *Comes provinciae*: Cass. *Var.* 7, 1. *Comes Dalmatiae*: Cass. *Var.* 1, 40; 3, 26; 4, 9 (Osuin). *Comes Saviae*: Cass. *Var.* 4, 49 (Fridibad). *Comes Dalmatiarum et Saviae*: Cass. *Var.* 9, 8; 9, 9. *Comes Pannoniae Sirmiensis*: Cass. *Var.* 3, 23; 3, 24; 4, 23 (Colosseus). *Consularis Dalmatiae*: Cass. *Var.* 5, 24 (Epiphanius); 7, 24 (*princeps officii*). *Iudex Romanus* in der Provinz Savia: Cass. *Var.* 5, 14, 7.

91 Armenhilfe als Sache der Bischöfe: Cass. *Var.* 2, 30, 2 (*pauperes*); 3, 37, 2 (Zitat); 9, 15, 6 (*pauperes*); 11, 3, 5 (Witwen und Waisen); 12, 27, 2 (*egentes*); Gelas. *Frag.* 38 (JK 683 = HJ 1312); Finn 2006, 34–89; vgl. unten Kap. X.2. Witwen und Waisen: Krause 1995.

92 Zitat: Ennod. *Pan.* 58; vgl. 76 f.; *Anon. Val.* 72 f.; ähnlich zuletzt Arnold 2103, 175–294. Torwächter: Cass. *Var.* 7, 29. Getreidepreise im spätantiken Italien: *Nov.Val.* 13, 4; *Anon. Val.* 53; Cass. *Var.* 10, 27 (25 *modii* pro *solidus*); 12, 27; 12 28; (Cracco)-Ruggini 1961, 361; 368–371.

93 Die kritisierte Lesart findet sich bei Lafferty 2010; Lafferty 2013; dazu kritisch Ubl 2018.

94 Provence: Cass. *Var.* 3, 17; vgl. die *interpretatio* zu *Nov. Val.* 32, 6. *Pannonia Sirmiensis*: Cass. *Var.* 3, 23 f. Hispanien: Cass. *Var.* 5, 39. *Dalmatia et Savia*: Cass. *Var.* 9, 8 f. Sizilien: Cass. *Var.* 9, 14. Theodahad: Cass. *Var.* 3, 15; vgl. unten Kap. IX.3 und Kap. XI.1. Agnellus: Cass. *Var.* 1, 15; PLRE II Agnellus.

第八章　违背意愿的扩张？狄奥多里克的对外政策

1 Chlodwig: Zöllner 1970, 44–73; Rouche 1996 (mit Dossier der Quellen); Becher 2011. Tolosanisches Reich der Westgoten: Claude 1970, 28–53; Wolfram 1990, 178–248; Heather 1996, 181–215 (die beste Analyse); Delaplace 2015, 165–282.

2 Theoderich an Alarich II.: Cass. *Var.* 3, 1; Zitat: § 4 (*qui maligne gaudent alieno certamine*). Außenpolitische Konzeption Theoderichs: Claude 1978a. Senarius: Ennod. *Ep.* 5, 15; 5, 16; Gillet 2003, 172–219, bes. 206–212.

3 Theoderich an Gundobad: Cass. *Var.* 3, 2, 1 f.
4 Theoderich an die Könige der Heruler, Warnen und Thüringer: Cass. *Var.* 3, 3. Die Existenz der sogenannten West-Heruler (dafür L. Schmidt 1941, 548–564, bes. 558–561) bezweifelt mit Recht Steinacher 2017, 72–74. Von Herulern an der Nordsee spricht allein Sid. *Ep.* 8, 9, 31–33. Warnen: Cass. *Var.* 5, 1; Proc. *Bell.* 8, 20, 1–41 (vgl. 6, 15, 2; 7, 35, 15); L. Schmidt 1938, 22–32; Springer 2006. Thüringer: L. Schmidt 1938, 314–344; Springer 2005.
5 Theoderich an Chlodwig: Cass. *Var.* 3, 4. Zitat: § 3 f. *Aliena malignitas*: § 5.
6 Schlacht von Vouillé: Proc. *Bell.* 5, 12, 33–45; *V.Caes.* I 28; Greg. Tur. *Hist.* 2, 37; *Chron. Caesaraug.* a. 507; *Chron. Gall.* a. 511, nr. 688–691; Isid. *Hist. Goth.* 36 f. Zur Lokalisierung des Schlachtfelds Mathisen 2013b.
7 Syagrius: Greg. Tur. *Hist.* 2, 18; 2, 27; *Lib. Hist. Franc.* 8 f.; PLRE II Syagrius 2; Henning 1999, 293–303; MacGeorge 2002, 69–164. Ob Syagrius den Titel *rex Romanorum* führte, wie Gregor von Tours suggeriert, ist umstritten.
8 Vandalenreich in Nordafrika: Merrils/Miles 2010; Vössing 2014; Steinacher 2016. L. Schmidt 1942 ist für die politische Geschichte immer noch brauchbar. Vandalische Seemacht: Courtois 1955, 205–209. *Pax* zwischen Gunthamund und Theoderich: Cass. *Chron.* a. 491; vgl. Ennod. *Pan.* 70. Seesieg Gunthamunds: Drac. *Satisf.* 211–214. Francovich Onesti 2002, 58 f. deutet «wentilseo» im althochdeutschen «Hildebrandslied» als «Wandalen-Meer». Diese Deutung ist jedoch aus inhaltlichen und sprachgeographischen Gründen abzulehnen (Hinweis von Wolfgang Haubrichs).
9 Hochzeit zwischen Thiudigotho und Alarich: *Anon. Val.* 53; Jord. *Get.* 297; Proc. *Bell.* 5, 12, 22. Vidimir: Jord. *Rom.* 347; *Get.* 283 f.
10 Theoderich und Audofleda: *Anon. Val.* 63; Jord. *Get.* 297; Greg. Tur. *Hist.* 2, 31; Becher 2011, 164–167. Chlodwig und Gundobad: *V.Eptadii* 8 f. Chlodwig und Chrodechilde: Greg. Tur. *Hist.* 2, 28 f.; Becher 2011, 167–173.
11 Reich der Burgunder: Favrod 1997; Kaiser 2004a. Burgunder in Ligurien: Ennod. *V. Epif.* 136–177; *Pan.* 54; Cass. *Var.* 12, 28, 2 f.; Paul. Diac. *Rom.* 15, 17. Verlobung zwischen Sigismund und Ostrogotho: Ennod. *V.Epif.* 163; Shanzer 1996/97. Hochzeit: *Anon. Val.* 63; Jord. *Get.* 297; Greg. Tur. *Hist.* 3, 5.
12 Amalafrida und Thrasamund: *Anon. Val.* 68; Proc. *Bell.* 3, 8, 11–13. *Foedus*: Ennod. *Pan.* 54; Vössing 2015, 26 f.
13 Chlodwig vs. Alarich: Greg. Tur. *Hist.* 2, 27 (Auslieferung des Syagrius); 2, 35 (Friede von Amboise); *Auct. Haun.* a. 496 (gotische Rückeroberung von Saintes); a. 498 (fränkische Eroberung von Bordeaux). Godegisel vs. Gundobad: Mar. Avent. a. 500; Greg. Tur. *Hist.* 2, 32 f.; *V.Sigismundi* 2; Kaiser 2004a, 59–63.
14 Fränkische Gesellschaft im 6. Jh.: Grahn-Hoek 1976; Wickham 2005, 178–184. Fränkisches Kriegertum: Bodmer 1957; Jaeger 2017. Märzfeld: Greg. Tur. *Hist.* 2, 27.
15 Verfassung der Alamannen im späten 5. Jahrhundert: Claude 1995 («Großkönigtum»); dagegen Geuenich 2005, 72–77; vermittelnd Drinkwater 2007, 334–363. Gibuldus: Eug. *V.Sev.* 16; wahrscheinlich identisch mit dem Alamannenkönig Gebavultus in der *V.Lupi* 10.
16 Taufgelöbnis und Alamannen-Schlacht Greg. Tur. *Hist.* 2, 31.
17 Schlacht bei Zülpich: Greg. Tur. *Hist.* 2, 37.
18 Quellen zur Taufe Chlodwigs: Avit. *Ep.* 46; *Ep. Austr.* 8; Greg. Tur. *Hist.* 2, 30 f. Wichtige Studien: von den Steinen 1933; Rouche 1996, 253–286; Schäferdiek 2004; Becher 2011, 174–203. Spätdatierung: Weiss 1971 (dagegen Schäferdiek 1973); Wood 1985; Shanzer 1998. Chlodwig kann jedoch vor der Taufe in Reimes nicht

Homöer gewesen sein, denn die Katholiken lehnten die Wiedertaufe ab. Remigius von Reims: Schäferdiek 1983; PCBE IV Remigius 2.

19 Theologie des Sieges: McCormick 1987.

20 Avit. *Ep.* 46. Übersetzung nach Wolfram von den Steinen (mit kleinen Veränderungen). Avitus von Vienne: PCBE IV Avitus 2.

21 Cass. *Chron.* a. 505; Ennod. *Pan.* 60 f.; Cass. *Var.* 8, 10, 4 (Tuluin); Jord. *Get.* 300. Ennodius war dem *vir illustris* Erduic 503 in Pavia begegnet (Ennod. *Ep.* 2, 3). *Pannonia Sirmiensis:* Cass. *Var.* 3, 23; 3, 24; 4, 13. Thraustila: PLRE II Thrapstila. Thrasarich: PLRE II Thrasericus. Thrasarichs Grabstein: SEG 2009, Nr. 728. Colosseus: PLRE II Colosseus.

22 Kaiser Valentinian III. hatte Sirmium anläßlich der Hochzeit mit Eudoxia (438) formell an das Ostreich abgetreten: Cass. *Var.* 11, 1, 9 f.; zu Kontext und Datierung Stein 1925, 356 f.; Ensslin 1948, 2236; Demougeot 1981. *Sirmiensis Pannonia quondam sedes Gothorum:* Cass. *Var.* 3, 23, 2.

23 Krieg gegen Sabinianus: Ennod. *Pan.* 61–69; Marc. Com. a. 505; Jord. *Get.* 300 f.; *Rom.* 387. Wie Croke 1982 gezeigt hat, sind PLRE II Mundo und PLRE IIIB Mundus ein- und dieselbe Person. Es gibt jedoch keinen Beleg für die Behauptung, man habe die Gefolgsleute Attilas als Attilani bezeichnet, denn die Form *Attilanis* in Jord. *Get.* 301 ist mit Mommsen als Gen. Sg. des Personennamens *Attila* aufzufassen. Sabinianus: PLRE II Sabinianus 5.

24 Perserkrieg des Anastasios: Greatrex 1998, 73–119.

25 Cass. *Var.* 2, 41, 2.

26 Ennod. *Pan.* 72: *Alamanniae generalitas intra Italiae terminos sine detrimento Romanae possessionis inclusa est.* Formula des *dux Raetiarum*: Cass. *Var.* 7, 1; vgl. *Var.* 1, 11. Alamannen in Noricum: Cass. *Var.* 3, 50. Witigis und die Alamannen: Agath. 1, 6. Stein 1949, 349 schreibt die *incursio Sueborum* in Ligurien, von der bei Cass. *Var.* 12, 7, 1 (536/37) die Rede ist, den Alamannen zu, aber Proc. *Bell.* 5, 12, 21 unterscheidet die beiden Völkerschaften.

27 Zitat: Cass. *Var.* 2, 41, 2.

28 Quellen zur Schlacht von Vouillé: vgl. oben Anm. 7. Flucht Amalarichs: Greg. Tur. *Hist.* 2, 37; *Lib. Hist. Franc.* 17. Kampf um die Provence: L. Schmidt 1941, 154–158; Ewig 1952, 124–127 (mit anderer Chronologie); Favrod 1997, 395–404; Delaplace 2000. Referat der Quellen bei Sirago 1987.

29 Vorzeitiges Losschlagen Alarichs: Proc. *Bell.* 5, 12, 37–39.

30 Oströmische Diplomatie: Meier 2009, 228–230. Chlodwigs Einzug in Tours 508: Greg. Tur. *Hist.* 2, 38 mit Wiemer 2015a, 192–201. Klientelkönig: Becher 2011, 235–239; Mathisen 2013a.

31 Gesandtschaft nach Karthago: Cass. *Var.* 1, 15. Rudolf: Jord. *Get.* 24; Cass. *Var.* 4, 2; vgl. Proc. *Bell.* 6, 14, 11–22; *Origo gent. Lang.* 4; Paul. Diac. *Lang.* 1, 20.

32 Plünderung der Adria-Küste: Marc. Com. a. 508; Jord. *Rom.* 356; vgl. Cass. *Var.* 1, 16; 1, 25; 2, 38. Die Expedition begann 507 und endete 508: Krautschick 1983, 50 f. Thrasamund und Anastasios: Proc. *Bell.* 3, 8, 14.

33 Belagerung von Arles: *V.Caes.* I 28–32; Cass. *Var.* 3, 32; 3, 44; 8, 10, 6 f.; Klingshirn 1994, 106–110; Heijmans 2004, 76 f. Franken-Sieg: Cass. *Chron.* a. 509; Jord. *Get.* 302. Mammo: Mar. Avent. a. 509.

34 Kriegspropaganda Chlodwigs: Greg. Tur. *Hist.* 2, 37; *Chlodowici regis ad episcopos ep.*, MGH.Cap. I, Nr. 1. Gallo-römische Senatoren: Greg. Tur. *Hist.* 2, 37. Schäferdiek 1967, 32–42.

35 Zitat: Caes. *Serm*. 70, 2.

36 Steuernachlässe: Cass. *Var*. 3, 32 (Arles); 3, 40 (gallische Provinzen); vgl. *Var*. 4, 26 (Marseille). Freikauf von Gefangenen: Avit. *Ep*. 10 (an Eustorgius von Mailand); *Ep*. 12 (an Maximus von Pavia); *Ep*. 35 (an Liberius); *V.Eptadii* 12 f.; *V.Caes*. I 32 f. (Arles); I 36 f. + 43 (Ravenna); *Lib. pont*. 53, 11; Graus 1961; Klingshirn 1985.

37 Avignon: Cass. *Var*. 3, 38. Getreideimporte für das Heer: Cass. *Var*. 3, 41; 3, 42; 3, 44. Narbonne: Cass. *Var*. 4, 17. Siliquaticum: Cass. *Var*. 4, 19. Arles: Cass. *Var*. 3, 44. Unigis: Cass. *Var*. 3, 43. *Postliminium*: Cass. *Var*. 3, 18.

38 Zitat: Cass. *Var*. 3, 17, 5. Auch das Ernennungsschreiben für Gemellus ist erhalten: Cass. *Var*. 3, 16.

39 Gesalech: Proc. *Bell*. 5, 12, 43; Chron. *Caesaraug*. a. 508; Isid. *Hist. Goth*. 36; Vössing 2016a. Anerkennung Gesalechs durch Theoderich: Cass. *Var*. 5, 43, 2. Goiaricus: *Brev. Alar*. praef.; Chron. *Caesaraug*. a. 510. Veila: Chron. *Caesaraug*. a. 511.

40 Gesalechs Flucht und Rückkehr: Cass. *Var*. 5, 43; *Chron. Gall*. a. 511, nr. 690; Chron. *Caesaraug*. a. 510; 513, 2; Proc. *Bell*. 5, 12, 46; Isid. *Hist. Goth*. 36 f. Der «Laterculus regum Visigothorum» (MGH.AA XIII, p. 465) gibt Gesalech vier Regierungsjahre, von denen er eines im Verborgenen verbracht habe; sein Ende fällt daher ins Jahr 511.

41 Vormundschaft Theoderichs für Amalarich: Chron. *Caesaraug*. a. 513, 2; *Lat. reg. Vis*. (MGH.AA XIII, p. 465); Proc. *Bell*. 5, 12, 46. Fünfzehn Regierungsjahre Theoderichs in Hispanien: Chron. *Caesaraug*. a. 513; *Lat. reg. Vis*. (MGH.AA XIII, p. 465); Isid. *Hist. Goth*. 37. Synodalprotokolle: vgl. unten Anm. 79.

42 Cass. *Var*. 5, 43, 1–3.

43 Theoderich an Thrasamund: Cass. *Var*. 5, 44. Hilderich: Proc. *Bell*. 3, 1, 9; Ferr. *V.Fulg*. 25; Vict. Tunn. a. 523, 1 + 2.

44 Könige der rheinischen Franken: Greg. Tur. *Hist*. 3, 40–42. Palast und Apostelkirche in Paris: Brühl 1975, 6–33; Dierkens/Périn 2000. *Lex salica*: Ubl 2009; Ubl 2014; Ubl 2017. Konzil von Orléans: Conc. *Aurel*. a. 511, CCL 148A, p. 3–19. Königliches Veto bei Laienordinationen: can. 4. Bei Bischofswahlen: Conc. *Aurel* a. 549, CCL 148A, 147–161, can. 10.

45 Teilung von 511: Ewig 1952, 114–128; Ewig 2001, 31–33. Vier Residenzen: Greg. Tur. *Hist*. 4, 22.

46 *Infatigabilis triumphator*: Cass. *Or*. 1, MGH.AA XII, p. 466. Arcadius Placidus Magnus Felix: Mathisen 2003. Die drei Schreiben: Cass. *Var*. 2, 1 (an Anastasios); 2, 2 (an Felix); 2, 3 (an den Senat; Zitat: § 1).

47 Cass. *Var*. 4, 1; vgl. *Anon. Val*. 70; Jord. *Get*. 299; Proc. *Bell*. 5, 12, 22; 5, 13, 2; Greg. Tur. *Hist*. 3, 4. Herminafrid und seine Brüder: Greg. Tur. *Hist*. 3, 4.

48 Gepiden: Jord. *Get*. 113 f.; Proc. *Bell*. 6, 14, 25–27; 6, 15, 36; L. Schmidt 1941, 534 f.; Pohl 1980, 276–278; Pohl 1998c, 134 f.; Steinacher 2017, 130–132; 161 f. Furcht vor den Goten: Proc. *Bell*. 7,34, 10. Gepiden in Gallien: Cass. *Var*. 5, 10; 5, 11. Gescheiterte Rückeroberung von Sirmium: Cass. *Var*. 11, 1, 10; Proc. *Bell*. 5, 3, 15 f.

49 Heruler: Proc. *Bell*. 6, 14 f.; 7, 33, 13 f.; Jord. *Rom*. 364; Malal. 18, 6; 18, 14; Theoph. a. m. 6020. L. Schmidt 1941, 548–564; Steinacher 2017, 139–160. Niederlage und Tod Rudolfs: Proc. *Bell*. 6, 14, 11 f.; *Origo gent. Lang*. 4; Paul. Diac. *Lang*. 1, 21; Stein 1949, 150 f. (Datierung). Ansiedlung auf Reichsboden: Marc. Com. a. 512, § 11; Proc. *Bell*. 6, 14, 28. Heruler in Pavia: Cass. *Var*. 4, 32.

50 Langobarden: Proc. *Bell*. 6, 14; 7, 33; *Origo gent. Lang*. 4; Paul. Diac. *Lang*. 1, 20 f.; L. Schmidt 1941, 565–626; Pohl 2001b. Wacho: PLRE III Vaces. Ehefrauen: *Origo gent. Lang*. 4; Paul. Diac. *Lang*. 1, 21; PLRE III Austrigusa, Ranicunda + Salinga. Pa-

last in Böhmen: *Chron. Gothan.* 2. Töchter: PLRE III Vuldetrada + Wisegardis. Bündnis mit dem Kaiser: Proc. *Bell.* 6, 22, 11 f.

51 Gesandtschaften: Gillett 2003, 172–219, bes. 174–189; 231–238. Loblied auf Senarius: Cass. *Var.* 4, 3 (Zitat: § 2); vgl. *Var.* 4, 4. *Epitaphium Senarii:* MGH.AA XII, p. 499 = Fiebiger 1944, 10 Nr. 8; Gillett 2011, 194–198; 290.

52 Skandinavien: Jord. *Get.* 10–26; Proc. *Bell.* 6, 15; Steinacher 2017, 149–152. Zentrale Plätze in Dänemark: Høilund Nielsen 2014. Goten auf der Krim: Proc. *Bell.* 8, 4, 7 – 8, 5, 22; *Aed.* 3, 7, 13–17; Bierbrauer 2010. Esten: Cass. *Var.* 5, 2; vgl. Tac. *Germ.* 45; Jord. *Get.* 36; 120; Schmid 2001. Witigis und die Perser: Proc. *Bell.* 2, 2, 1–12; 6, 22, 13–20. Perser am Hof Theoderichs II. in Toulouse: Sid. *Ep.* 8, 9, 5. 45 ff.

53 Cass. *Var.* 3, 17, 1.

54 Gallische Präfektur: Claude 1997b, bes. 361–379.

55 Provence in der Spätantike: Buchner 1933; Guyon/Heijmans 2013. Städte: *Not. Gall.* XI, XV-XVII; Beaujard 2006. Fernhandel: Claude 1985, 134–160; Wickham 2005, 746–759. Marseille: Loseby 1992; Bonifay/Piéri 1995.

56 Arles: Heijmans 2004. Wagenrennen: Sid. *Ep.* 1, 11, 10; Caes. *Serm.* 61, 3; Proc. *Bell.* 7, 33, 5; Heijmans 2004, 239–243. Theater und Amphitheater: Klingshirn 1994, 174–176; Heijmans 2004, 238 f. Kathedrale: Guyon/Heijmans 2013, 173–179.

57 *Concilium septem provinciarum: Ep. Arel.* 8. Eurichs Tod: *Chron. Gall.* a. 511, nr. 666; Jord. *Get.* 245.

58 Gallische Senatoren: Stroheker 1948. Bildung: Buchner 1933, 60–85; Riché 1995, 153–173.

59 Gallischer Isolationismus: Matthews 1975; Mathisen 1992.

60 Arigern in Gallien: Cass. *Var.* 4, 16, 1. Briefe an Liberius als PPO Galliarum: Ennod. *Ep.* 9, 23; 9, 29; vgl. 8, 22; Avit. *Ep.* 35. Avignon: Cass. *Var.* 3, 38 (*comes* Wandil). Marseille: Cass. *Var.* 3, 34; 4, 12; 4, 46 (*comes* Marabad). Arles: *V.Caes.* I 48 (*comites civitatis*); Greg. Tur. *Glor. mart.* 77 (*dux* Ara).

61 Maßnahmen zum Wiederaufbau: vgl. oben Anm. 60. Immunitäten: Cass. *Var.* 4, 26 (Marseille); Ennod. *Ep.* 9, 29, 4 (ad personam). *Iuridici mores:* Cass. *Var.* 3, 17. «Fragmenta Gaudenziana»: MGH.LNG I 469–472; Buchner 1933, 25 f.; Vismara 1968; Liebs 2002, 179–181.

62 Archotamia und Aetheria: Cass. *Var.* 4, 12; 4, 46; Liebs 2002, 276–280. Archotamia: PLRE II Archotamia; PCBE IV Archotamia. Aetheria: PLRE II Aetheria 2; PCBE IV Aetheria 1. Disziplinprobleme: Cass. *Var.* 3, 38, 2; *V.Caes.* I 48. Archidiakon aus Nîmes: Greg. Tur. *Glor. mart.* 77.

63 Narbonne: Cass. *Var.* 4, 17. Arles: *V.Caes.* I 20; Caes. *Test.* 8. Brief an einen südgallischen Bischof (Caesarius?): Ennod. *Ep.* 9, 3 = [Caes.] *Ep.* 1 mit Hasenstab 1890, 21–26.

64 Caesarius in Ravenna: *V.Caes.* I 36–41. Caesarius in Rom: *V.Caes.* I 42; Symm. *Ep.* 14 Thiel = [Caes.], *Ep.* 6 = *Ep. Arel.* 25 (JK 765 = HJ 1461); Symm. *Ep.* 15 Thiel = [Caes.], *Ep.* 7 = *Ep. Arel.* 27 (JK 764 = HJ 1460).

65 Anklage vor Alarich II.: *V.Caes.* I 21. Konzil von Agde: *Conc. Agath.* a. 506, CCL 148, 189–228; Caes. *Ep.* 3; Rur. *Ep.* 2, 33 = [Caes.] *Ep.* 4; Schäferdiek 1967, 55–65. Vorwurf des Hochverrats: *V.Caes.* I 29. Frauenkloster in Arles: *V.Caes.* I 35. Caesarius in Ravenna: *V.Caes.* I 36–41. Caesarius in Rom: *V.Caes.* I 39.

66 Primatsansprüche von Arles: Caspar 1930, 440–452; Langgärtner 1964, 18–106; Schäferdiek 1967, 68–75; Mathisen 1989, 141–172; Klingshirn 1994, 65–69; L. Piétri 2001b, 238–243. Leo I. gegen Hilarius von Arles: Leo *Ep.* 10 (JK 407 = HJ 911);

Nov. Val. 17. Teilung der *Viennensis* als Kirchenprovinz: Leo *Ep.* 66 = *Ep. Arel.* 13 (JK 450 = HJ 971). Bestätigung durch Symmachus: Symm. *Ep.* 3 Thiel (JK 754 = HJ 1423).

67 Pallium: *V.Caes.* I 39; Symm. *Ep.* 15 Thiel = [Caes.] *Ep.* 7 = *Ep. Arel.* 26 (JK 764 = HJ 1460); vgl. Symm. *Ep.* 14 Thiel = [Caes.] *Ep.* 6 = *Ep. Arel.* 25 (JK 765 = HJ 1461).

68 Apostolischer Vikariat in Gallien und Hispanien: Symm. *Ep.* 16 = [Caes.] *Ep.* 8 = *Ep. Arel.* 28 (JK 769 = HJ 1466). Langgärtner 1964, 118–149; Schäferdiek 1967, 68–75; Klingshirn 1994, 127–132; L. Piétri 2001c, 386–390. Hispanien ≠ Septimanien: Schäferdiek 1967, 73 f. Anm. 18; anders z. B. Langgärtner 1964, 136–138.

69 Reformprogramm des Caesarius: Klingshirn 1994, 146–243; L. Piétri 2001c, 390–398. Konzilien: *Conc. Arel.* a. 524, CCL 148A, 42–46 (14 Bischöfe); *Conc. Carp.* a. 527, CCL 148A, 47–52 (15 Bischöfe); Felix IV. *Ep.* 1 = [Caes.] *Ep.* 11 = *Ep. Arel.* 31 (JK 874 = HJ 1707); *Conc. Araus.* a. 529, CCL 148A, 53–76 (13 Bischöfe); *Conc. Vas.* a. 529, CCL 148A, 77–81 (11 Bischöfe); *Conc. Mass.* a. 533, CCL 148A, 84–97 (14 Bischöfe).

70 Vertrauensverhältnis: *V.Caes.* II 10–15. Apollinaris in Arles: *V.Apollinaris* 10; PCBE IV Apollinaris.

71 Konzil von Valence: *V.Caes.* I 60; PCBE IV Iulianus 9. Konzil von Orange: *Conc. Araus.* a. 529, CCL 148A, 53–76; Klingshirn 1994, 140–143. Gallische Diskussionen um Augustins Gnadenlehre («Semipelagianismus»): Markus 1989.

72 Liberius in Gallien: O'Donnell 1981; Dumézil 2012. Herrschaftssicherung der Eidesleistung: Cass. *Var.* 8, 1; 8, 2. *Patricius praesentalis*: Cass. *Var.* 11, 1; Const. Porph. *Cer.* 87. Grabstein des Liberius: CIL XI 382. Agretia: *V.Caes.* II 12–15.

73 Amalarich: PLRE II Amalaricus. Mündigkeit: Cass. *Var.* 1, 38.

74 Sueben: Claude 1970, 122–128; Thompson 1982, 161–187; Díaz 2011. Rechimund: Hyd. 226. Kriegszüge zur Zeit Eurichs: *Chron. Gall.* a. 511, no. 651 f.; Isid. *Hist. Goth.* 34; Fiebiger 1944, 12 f. Nr. 13 = ILER 363 (Mérida); Stroheker 1937, 21–26; 70f.; Thompson 1982, 188–194; Kulikowski 2004, 203–209; Delaplace 2015, 268–279. Hispanische Revolten gegen Alarich: *Chron. Caesaraug.* a. 496 f. (Burdulenus); 506 (Petrus). Gotische Einwanderung in Hispanien: *Chron. Caesaraug.* a. 494; a. 497 (vgl. *V.Vincentii* 6); Heather 1996, 198–210; Sasse 1997. Gotischer Exodus aus Gallien nach 531: Proc. *Bell.* 5, 13, 13.

75 Westgoten in Spanien: Thompson 1969; Claude 1970, 75–121; Heather 1996, 277–321; Collins 2001; Díaz u. a. 2007, 259–612. Ostgotisches Interregnum: García Iglesias 1975; Kulikowski 2004, 256–276; Díaz u. a. 2007, 335–346. Suebischer König: Hyd. 119; 137; PLRE II Rechila. *Comites civitatis*: *C.Eur.* 322. Verbreitung des «Breviarium Alaricianum»: *Commonitorium Alarici regis*, MGH.LNG I 465–467. Das «Prozeßkostengesetz» des Theudis von 546 ist an alle *rectores* und *iudices* adressiert: MGH.LNG I 467–469; Zeumer 1898. Westgotische *duces* in Städten: Fiebiger 1944, 12 f. Nr. 13 = ILER 363 (Mérida); *Auct. Haun.* a. 498 (Bordeaux).

76 Städte: Sanchéz Albornoz 1943 (Munizipalverfassung); Kulikowski 2004, bes. 209–255; Wickham 2005, 656–665; Kulikowski 2006b; Eger/Panzram 2006; Panzram 2014; Panzram 2015. Die wichtigste Quelle für die Agrargeschichte Hispaniens im 6. Jahrhundert ist das Testament des Bischofs Vincentius von Huesca: Corcoran 2003 (mit englischer Übersetzung). Handel: Wickham 2005, 741–758. Barcelona: Gurt/Godoy 2000; Bonnet/Beltrán de Heredia 2000. Tarragona: Gómez Fernández 2001; Panzram 2014, 466–471. Mérida: Mateos 2000; Gómez Fernández 2003; Kulikowski 2004, 209–214; Panzram 2014, 463–466. Toledo: Velázquez/Ripoll 2000; Panzram 2014, 471–476.

77 Theudis: Proc. *Bell.* 5, 12, 5–54; Jord. *Get.* 302; PLRE II Theudis. Ampelius und Livi-rit: Cass. *Var.* 5, 29; 5, 35. Ampelius war nach Claude 1997b, 364–369 *praefectus (praetorio) Hispaniarum*, nach Mancinelli 2001 *vicarius Hispaniarum*. Stephanus: *Chron. Caesaraug.* a. 529. Livirit *vicedominus*: Mancinelli 2001. *Patrimonium*: Del-maire 1989a, 691–694; Delmaire 1989b, 291–299.

78 Cass. *Var.* 5, 39, eingehend kommentiert von Mancinelli 2001.

79 *Episcopalis audientia*: *Conc. Tarrac.* a. 516, *can.* 4 + 10. Provinzialsynoden unter Theoderich: *Conc. Tarrac.* a. 516; *Conc. Gerun.* a. 517. Gebet für Amalarich: *Conc. Tolet.* II a. 531, p. 45 Vives. In einem Brief, der diesem Protokoll beigefügt ist, droht der präsidierende Metropolit, Montanus von Toledo, einem einflußreichen Laien namens Toribius mit dem Appell an den König: p. 51 Vives = PL 54, 341 f. Zur Da-tierung vgl. unten Anm. 81. Religiöse Toleranz des Theudis: Isid. *Hist. Goth.* 41.

80 Caspar 1933, 765 f.; Schäferdiek 1967, 75–81; Panzram 2015, 650–658. Hormisda 517 an Johannes und alle hispanischen Bischöfe (517): Horm. *Ep.* 24 (JK 786 = HJ 1529); *Ep.* 25 Thiel (JK 787 = HJ 1530); *Ep.* 30 Thiel (JK 788 = HJ 1531). Als Bistum des Johannes werden in der Überlieferung sowohl Elche (bei Alicante) als auch Tar-raco genannt. Hormisda 519 an Johannes: Horm. *Ep.* 88 Thiel (JK 828 = HJ 1600); vgl. *Avell.* 159; 160. Hormisda 521 an Sallustius von Sevilla und die Bischöfe der Pro-vinz Baetica: Horm. *Ep.* 142 Thiel (JK 855 = HJ 1659); *Ep.* 143 Thiel (JK 856 = HJ 1660). Verleihung des Vikariats an Zenon von Sevilla: Simpl. *Ep.* 21 Thiel (JK 590 = HJ 1193).

81 Westgotischer Adel: Claude 1971a. Gefolgschaften: *C.Eur.* 310 f.; *L.Vis.* 5, 3, 1–4. Die Gesetzgebung unterscheidet zwischen *buccellarii* und *saiones*: Claude 1971a, 40–43; King 1972, 187–189. Nach *V.Vincentii* 6 wurde, der homöische *sacerdos* Wictharic auf Betreiben gotischer *principes* aus Hispanien nach Italien verbannt.

82 Ostgotisches Heer in Hispanien: Proc. *Bell.* 5, 12, 47–54. Gemischte Ehen: ebd. 5, 13, 6–8.

83 Isid. *Hist. Goth.* 39 behauptet, Amalarich sei bereits zu Lebzeiten Theoderichs König geworden, und ein Teil der modernen Forschung (z. B. Collins 2001, 41) folgt ihm. Das zweite Konzil von Toledo, das im fünften Jahr der Regierung Amalarichs statt-fand, kann jedoch nicht ins Jahr 527 datiert werden, wie die Ärenzahl 565 sugge-riert, denn alle Quellen geben Amalrich, der 531 starb, nur fünf Regierungsjahre: Schäferdiek 1967, 85 Anm. 48. Niederlage und Tod Amalarichs: *Chron. Caesar-aug.* a. 531; Isid. *Hist. Goth.* 40. Theudis: PLRE II Theudis.

第九章 "黄金时代"? 哥特人统治下的意大利

1 Palladius: R. Martin 1976, VII–XX; Vera 1999b; Grey 2007b, 364–367. Palladius hieß mit vollem Namen Rutilius Taurus Aemilianus Palladius; er war zu Lebzeiten unter dem Namen Aemilianus bekannt: Cass. *Inst.* 1, 28, 6 mit Al. Cameron 1985, 173 f. Die Datierung schwankt zwischen dem frühen und dem späten 5. Jahrhundert; derzeit herrscht in der Literatur die Spätdatierung vor (Martin, Vera), doch findet auch eine Identifkation mit Rutilius Claudianus Namatianus nach wie vor Anhänger; vgl. Mathisen 1993, 60 f.

2 Mortalität: Saller 1994, 9–69. Gesundheitsprüfung vor Landkauf: Pall. *Agric.* 1, 3 f. Seuchen: Stathakopoulos 2004 (dazu kritisch Wiemer 2004b); Harper 2017. Seuche

in Rom und Umgebung (unter Papst Simplicius?): Gelas. *Tract.* 6, 23 = *Avell.* 100, 23 (JK 672 = HJ 1321). Die «Justinianische» Beulenpest erreichte Italien im Jahr 543 und brach ca. 569 erneut aus: Marc. Com. a. 543, 2; Mar. Avent. a. 569–571; Paul. Diac. *Lang.* 2, 4; 2, 26; dazu Leven 1987; Harper 2017, 218–235.

3 Vier Faktoren: Pall. *Agric.* 1, 2; vgl. Cass. Var. 9, 3, 1; Regionale Vielfalt Italiens: Tichy 1985; vgl. Wickham 1981, 1–8. Hirten: Cass. *Var.* 12, 12, 1; Volpe 1996, 276–280; Vera 2002. Fischer: CIL VI 41382 (Rom, 400); Cass. *Var.* 5, 16, 5 (Po); 5, 17, 6; 5, 20, 3; 12, 24, 5 f. (Histrien); vgl. *Var.* 9, 6, 3 f.; 12, 4, 1 (Bruttium). Die schriftlichen Zeugnisse für regionale Spezialisierungen bei Hannestad 1962, 28–37.

4 Greg. Mag. *Ep.* 2, 38 (JE 1186 = HJ 2222), p. 139.

5 Wassermühlen: Pall. *Agric.* 1, 41; M. Bloch 1935; Marano 2015, 161–164. Straßen: Claude 1996, 49 f. (zu negativ); Esch 1997; Esch 2011, bes. 13–16. *Via Flaminia*: Cass. *Var.* 11, 12; 12, 18. *Via Appia*: Proc. *Bell.* 5, 14, 6–11. Decemnovium: Cass. *Var.* 2, 32 f.; CIL 6850–6852 = ILS 827; Fauvinet-Ranson 2006a, 68–78.

6 Transportkosten: Jones 1964, 841 f.; McCormick 2001, 64–122. Kalabrien: Cass. *Var.* 8, 31, 5; vgl. Proc. *Bell.* 6, 20, 18; Joh. Lyd. *Mag.* 3, 61. Po: Cass. *Var.* 2, 20; 5, 18; 5, 20. Tiber: *Nov. Val.* 29 (450); Cass. *Var.* 5, 17, 6; 5, 20, 3; Proc. *Bell.* 5, 26, 7–13; 6, 7, 5. Mincio, Oglio, Serchio und Arno: Cass. *Var.* 5, 17, 6; 5, 20, 3.

7 Settefinestre: Carandini/Ricci 1985. Römische Agrarschriftsteller: Flach 1990 (dazu kritisch Jördens 1993).

8 Weber 1896; dazu Deininger 1988.

9 M. Bloch 1947.

10 Finley 1980, 123–149; de Ste. Croix 1981, 205–277. Bilanzen der Diskussion bei Whittaker 1987; Whittaker/Garnsey 1998; Harper 2011, 3–32.

11 Sklaverei im spätantiken Italien: Nehlsen 1972, 123–127; Vera 1992/93; Vera 2007; vgl. Harper 2011, 33–200. Fronden: *P.Italiae* 3; Percival 1969; Vera 1986b, 425–430. Wandel der Agrarstruktur: Wickham 1984; Vera 1995. Sklaven in der Landwirtschaft: *P.Italiae* 10–11 (*inquilini sive servi*); *P.Italiae* 13 (*mancipia*); Cass. *Var.* 8, 33, 4 (*servi*); Proc. *Bell.* 7, 16, 25; Pelag. *Ep.* 84 (JK 956 = HJ 2008); *V.Caes.* I, 61 (*mancipia et clientes*); Greg. Magn. *Dial.* 1, 1; Greg. Magn. *Ep.* 4, 21 (JE 1293 = HJ 2340) (*mancipia*); *Ep.* 9, 10 (JE 1534 = HJ 2632) (*mancipia*); *Ep.* 9, 233 (JE 1760 = HJ 2879) (*pueri et alia mancipia*). Schollengebundene Bauern: Ennod. *V.Epif.* 138 (*universa Italiae loca originariis viduata cultoribus; agricolae*); 172; *Ep.* 9, 20 (*originarii*); Gelas. *Ep.* 20 Thiel (JK 651 = HJ 1297) (*homines*); *Ep.* 22 Thiel (JK 658 = HJ 1302) (*originarii*); Greg. Magn. *Ep.* 5, 7 (JE 1323 = HJ 2374); *Ep.* 9, 203 (JE 1730 = HJ 2847).

12 Bauernwirtschaft (peasant economy): Tschajanow 1923; Tschajanow 1924; Chayanov 1966. Für das antike Rom grundlegend Garnsey 1976.

13 Cass. *Var.* 6, 8, 1 f. Keine Sklaven als Kleriker: Gelas. *Ep.* 10 Loewenfeld (JK 653 = HJ 1299).

14 Versklavung eines Freien strafbar: *Ed. Theod.* 78 f. Rechtsstatus der Mutter entscheidend: *Ed. Theod.* 65–67. Zivilklage wegen Tötung eines Sklaven: *Ed. Theod.* 152; Nehlsen 1972, 132 f.

15 Die «fiskalische» Interpretation des spätrömischen Kolonats ist durch Carrié 1982 und Carrié 1983 zur herrschenden Meinung geworden; im Grundsatz ähnlich indessen bereits Jones 1958. Eine gute Synthese bietet Grey 2007b. Die Forschungsdebatte referieren Marcone 1985; Vera 2007; Vera 2012b. *Colonatus* unter Justinian: Sirks 2008.

16 *Ed. Theod.* 84; vgl. *CTh* 6, 1, 4; Nehlsen 1972, 130 f.

17 *Ed. Theod.* 146; vgl. Paul. *Sent.* 2, 31, 30.
18 *Formula qua census relevetur ei qui unam casam possidet praegravatam*: Cass. *Var.* 7,
   45. Bäuerliche Kleineigentümer (peasant freeholders) in Italien: Pall. *Agric.* 1, 6, 6;
   Cass. *Var.* 3, 14; 3, 20 (*praedium*); 3, 37; 4, 44 (*casa*); 8, 28 (*agellum*); 9, 5 (*medio-
   cres*); Ennod. *Ep.* 6, 14; Pelag. *Ep.* 84 (JK 956 = HJ 2008); *P.Italiae* 35 (*agellarius*);
   Greg. Magn. *Ep.* 5, 38 (JE 1351 = HJ 2409). Kuriale Grundeigentümer: Salv. *Gub.* 4,
   20, 30 f.; 5, 38 f.; Caes. *Serm.* 154, 2; *P.Italiae* 35.
19 Königlicher Grundbesitz: vgl. oben Kap. VI.3. Senatorischer Grundbesitz: Vera
   1986b; Vera 1988. Grundbesitz des Symmachus: Vera 1986a. Grundbesitz der Mela-
   nia Iunior: *V.Melan.lat.* 18–21; Pall. *Hist. Laus.* 61, 5. 60 Dörfer (*villae*): *V.Melan.lat.*
   18, 4; in der griechischen Fassung sind es 62 *epoikia*: *V.Melan.gr.* 18. Kirchlicher
   Grundbesitz: vgl. unten Kap. X.2.
20 Gutshof des Palladius: Pall. *Agric.* 1, 7–42. *Casae*: Cass. *Var.* 2, 12; 3, 43; 3, 52; 4, 14;
   5, 14; 12, 8.
21 *Massa fundorum*: Vera 1999a (mit Liste aller Belege). Grundrente: Vera 1986b.
   Signia: *P.Italiae* 17. Via Appia: Greg. Magn. *Ep.* 14, 14 (JE 1991 = HJ 3080).
22 Lauricius: *P.Italiae* 1.
23 Odovakar: *P.Italiae* 10–11.
24 Theodahad: Proc. *Bell.* 5, 3, 2 f.; 4, 1–3; Cass. *Var.* 4, 39 (*homines*); 5, 12 (*homines*); 8,
   23; Vitiello 2014b, 31–37. Patrimonium Amalafridae: Cass. *Var.* 8, 23. Theodosius:
   Var. 10, 5. Pension: Proc. *Bell.* 5, 6, 19; vgl. Olymp. *Frag.* 1, 44 Müller = *Frag.* 41, 2
   Blockley mit Al. Cameron 1984.
25 *Conductores*: Cass. *Var.* 1, 16; 5, 16 f.; Ennod. *Ep.* 6, 10; Gelas. *Frag.* 28 Thiel (JK 738
   = HJ 1395); *Ep.* 3 Loewenfeld (JK 631 = HJ 1262); Pelag. *Ep.* 84 (JK 956 = HJ 2008).
   Actores: *P.Italiae* 10–11, I, Z. 2; III, Z. 2, 6; IV, Z. 9; Gelas. *Ep.* 20 Thiel (JK 651 = HJ
   1297); *Ep.* 22 Thiel (JK 658 = HJ 1302); *Ep.* 31 Thiel (JK 666 = HJ 1280); Cass. *Var.* 2,
   21; 3, 29; 4, 35.
26 Sklaven als *conductores*: Gelas. *Frag.* 28 Thiel (JK 738 = HJ 1395); Pelag. *Ep.* 84 (JK
   956 = HJ 2008). Unfreiheit der Verwalter: Krause 1987a, 148 f. Lustsklaven: Pall.
   Agric. 1, 6, 18.
27 Versorgung von Heer und Hof: Cass. *Var.* 10, 28 mit Vera 2011. *Conductores* in Apu-
   lien: Cass. *Var.* 1, 16. *Negotiatores Apuliae sive Calabriae*: Cass. *Var.* 2, 26. *Negotiato-
   res Siponti*: Cass. *Var.* 2, 38. *Navicularii Campaniae, Lucaniae sive Tusciae*: Cass.
   Var. 4, 5.
28 Private *horrea*: Symm. *Ep.* 4, 68; *P.Italiae* 1, Z. 34 f.; ILCV 590; Cass. *Var.* 3, 29; 6, 11,
   2; Vera 2008. Vgl. auch Olymp. *Frag.* 1, 44 Müller = *Frag.* 41, 2 Blockley.
29 Zitat: Cass. *Var.* 8, 33, 3.
30 Pachtformen: Krause 1987a, 100–112; Vera 1997.
31 Risikostreuung: Grey 2007b, 363–367. Fruchtwechsel und Brache: Ambr. *Virg.* 3,
   16 f.; Pall. *Agric.* 3, 1 f.; 3, 6; 3, 10, 1. Mist als Dünger: Pall. *Agric.* 1, 33. Rinder:
   Pall. *Agric.* 4, 11; *Ed.Theod.* 150; Cass. *Var.* 3, 50 (Noricum); 12, 5, 5 (Bruttium); vgl.
   Var. 5, 10 (Venetien und Ligurien); Greg. Mag. *Ep.* 2, 38 (JE 1198 = HJ 2220) (Sizi-
   lien); vgl. *Ep.* 9, 233 (JE 1760 = HJ 2879) (Ochsen, Kühe, Schafe). Fruchtfolge: Pall.
   Agric. 2, 4 (Januar); 4, 3 (März); 10, 2 (September).
32 Mißernten und Hungersnöte in der Antike: Garnsey 1988. Fallstudien bei Wiemer
   1995 (Antiocheia in Syrien, 362/63); Wiemer 1997 (Antiocheia in Pisidien, 92/93);
   Wiemer 2006b (Edessa, 499–501).
33 Zitat: Cass. *Var.* 9, 5, 1.

34 Hirseernte: Pall. *Agric.* 10, 12. Mißernten und Hungersnöte im spätantiken Italien: Ambros. *Off.* 3, 37–41; Gaud. *Serm.* 13, 23; *C.Sirm.* 5 (419); *Nov. Val.* 31 (450); Petr. Chrys. *Serm.* 122; Ennod. *Opusc.* 5, 20; Cass. *Var.* 9, 5; 10, 27; 12, 26–28; (Cracco-) Ruggini 1961, 466–489.

35 Zitat: *Ed.Theod.* 94.

36 Verkauf von Kindern in die Sklaverei: Aug. *Ep.* 10*; *Ep.* 24*; *Nov. Val.* 31; Cass. *Var.* 8, 33, 4 (Zitat); Greg. Magn. *Ep.* 5, 38 (JE 1351 = HJ 2409); *Ep.* 8, 33 (JE 1522 = HJ 2611).

37 *Colonus* des Venantius in Samnium: Greg. Mag. *Dial.* 1, 1. Saisonarbeiter und Tagelöhner: Ambr. *Ep.* 36, 12; 62, 3 (*mercennarius*); Paul. Nol. *Carm.* 20, 312 f.; Petr. Chrys. *Serm.* 170, 8 (*operarii*). Besitzunterschiede: Greg. Magn. *Ep.* 1, 42 (JE 1112 = HJ 2128), p. 65 (*pauperes* vs. *divites*); *Ep.* 13, 37 (JE 1902 = HJ 3049). *Opus agrale*: Eug. *V.Sev.* 14.

38 Dörfer: Wickham 2005, 442–590 (grundlegend); vgl. auch Grey 2011. Ländliche Siedlungsformen: Volpe 1996, 147–196 (Apulien); Christie 2006, 401–441 (Überblick); Costambeys 2009, 102–107 (Toskana, Latium, Lombardei, Abruzzen); De Vingo 2011 (Piemont); Christie 2018 (Norditalien); Vaccaro 2018 (Sizilien). «Estate-based identity»: Wickham 2005, 470–473.

39 Sklaven und Kolonen auf demselben Landgut: Symm. *Rel.* 38; *P.Italiae* 11; 13; *V.Caes.* I, 61 (*mancipia et clientes*); Greg. Magn. *Ep.* 9, 10 (JE 1534 = HJ 2632); *Ep.* 9, 233 (JE 1760 = HJ 2879).

40 Jüdische Kolonen: Greg. *Ep.* 4, 21 (JE 1293 = HJ 2340).

41 Ehen zwischen Freien und Sklaven: *Ed. Theod.* 64–68; Pelag. *Ep.* 64 (JK 1022 + 1023 = HJ 1976); *Nov. Just.* App. 7, 15.

42 Ennodius und Faustus: Ennod. *Ep.* 1, 7; 3, 19. Laconius: *Ep.* 3, 16.

43 Aufnahme von Unfreien: *Ed.Theod.* 84–87; Krause 1987a, 164–183. Unfreie als Kleriker: Gelas. *Ep.* 20 Thiel (JK 651 = HJ 1297); *Ep.* 21 Thiel (JK 653 = HJ 1299); *Ep.* 22 Thiel (JK 658 = HJ 1302); *Ep.* 4 Loewenfeld (JK 644 = HJ 1293). Kirchenasyl für Sklaven: *Ed.Theod.* 70; Ennod. *Ep.* 1, 7; 3, 1.

44 Sklavenflucht im Provence-Krieg: Cass. *Var.* 3, 43. Sklavenflucht im römisch-gotischen Krieg: *P.Italiae* 13, Z.11 f.; Proc. *Bell.* 7, 16, 14–15; 7, 22, 4 (Rede Totilas). Kriegsgefangene in Italien: *Nov. Just.* App. 7, 15 f.; *V.Caes.* 10; 12; *V.Caes.* 12; + 43 (Ravenna); *Lib. pont.* 53, 11. Pragmatische Sanktion: *Nov. Just.* App. 7, 15 f.

45 Ländliche Gewalt: Krause 2014, 58–78. Grundstücksgrenzen: *Ed.Theod.* 104. Viehdiebstahl: *Ed.Theod.* 56–58; 88; Cass. *Var.* 4, 49; 7, 1, 3. Bewaffneter Überfall: *Ed.Theod.* 16; 75. Brandstiftung: *Ed.Theod.* 77; 97. Banditen: Shaw 1984; Pottier 2006. Fahndung nach Straftätern: Cass. *Var.* 7, 3, 1; 8, 32, 5; 8, 33, 1–3; Krause 2014, 189–220. Kollusion: *Ed.Theod.* 75; 77; 104; vgl. Cass. *Var.* 8, 33, 2 (*aliquis rusticoum sive cuiuslibet loci homo*).

46 Patronage auf dem Land: Krause 1987a, 88–202. Königsbauern: Cass. *Var.* 6, 9, 2. Goten als Patrone: *Ed.Theod.* 43 f.

47 Bauernunruhen in Bruttium: Cass. *Var.* 12, 5, 3–5. Tullianus: Proc. *Bell.* 7, 18, 20–23; 7, 22, 1–5; 7, 22, 20–22; PLRE III Tullianus 1. Der Vater Cassiodors soll 493 Sizilien für Theoderich gewonnen haben: Cass. *Var.* 1, 3, 3 f.; PLRE II Cassiodorus 3.

48 Reggio di Calabria: Cass. *Var.* 12, 14, 1–3. Squillace: Cass. *Var.* 12, 15, 5; vgl. Ennod. *Ep.* 1, 4, 3 (*laus terrae divitis*). Landwirtschaftliche Metaphern: Cass. *Var.* 5, 39, 1; 6, 14, 1 f. Lexicon of snobbery: Cass. *Inst.* 1, 32, 2; vgl. *Var.* 2, 13, 2 (*praesumptio tru-*

culentium rusticorum); 6, 9, 2; 8, 31, 4 (*rusticitas*); 8, 32, 4 (*insidiae rusticorum*); 12, 5, 4 (*agreste hominum genus*); Ennod. *V.Ant.* 15 (*avari cultores*); *Ep.* 6, 10 (*rustica te-meritas*); *Ep.* 9, 18, 1 (*rusticae voces*) Dict. 6, 6 (*rusticitas*); Caes. *Serm.* 136, 2; Le Goff 1966.

49 Grundbesitzer als Stifter von Kirchen: C. Piétri 1981, 428–432; Krause 1987a, 119–126; Pack 1998, 1177–1182; Bowes 2012, 125–188. Trygetius: Gelas. *Ep.* 35 Thiel (JK 680 = HJ 1357) mit PLRE II Trygetius 3. Faustus Albinus: Lib. *Pont.* 53, 10. Weitere Beispiele für private Oratorien: Gelas. *Ep.* 34 Thiel (JK 679 = HJ 1316); *Ep.* 2 Löwen-feld (JK 630 = HJ 1276). Pelag. *Ep.* 36 Thiel (JK 995 = HJ 1935) erwähnt eine Basilika in *possessione filii et consiliari nostri viri magnifici Theodori* (PLRE III Theodo-rus 24). Die *spectabilis femina* Magetia bestattete auf ihren Besitzungen in Sora (Frosinone) Verstorbene und ließ dort Totenmessen lesen: Gelas. *Ep.* 33 Thiel (JK 709 = HJ 1315). San Vincenzo al Volturno: Sfameni 2006, 247–251. San Giusto: Sfa-meni 2006, 251–255. Päpstliche Genehmigung für die Weihung von Kirchen: Gelas. Ep. 14 Thiel (JK 636 = HJ 1270), § 25; *Ep.* 25 Thiel (JK 643 = HJ 1292);

50 Eug. *V.Sev.* 12 (Heuschrecken); 18 (Getreiderost).

51 Heiden in Sardinien: Greg. Magn. *Ep.* 5, 38 (JE 1351 = 2409); vgl. Greg. Magn. *Ep.* 4, 23 (JE 1295 = HJ 2342); *Ep.* 4, 25 (JE 1297 = HJ 2344); *Ep.* 4, 26 (JE 1298 = HJ 2345); *Ep.* 4, 27 (JE 1299 = HJ 2346); *Ep.* 4, 29 (JE 1302 = JK 2348); *Ep.* 9, 204 (JE 1731 = HJ 2848); *Ep.* 11, 12 (JE 1802 = HJ 2929). Heidentum in Tyndaris (Sizilien): Greg. Magn. *Ep.* 3, 59 (JE 1263 = HJ 2308).

52 Ländliche Religion in der Provence: Klingshirn 1994, 201–243. Donnerstag (*dies Iovis*): Caes. *Serm.* 13, 5; 52, 2. Mondfinsternisse und Neumond: *Serm.* 13, 5; 52, 3. Wahrsager und Heiler: *Serm.* 13, 3–5; 52, 5 f.; 54, 3; 184, 4. Neujahr: *Serm.* 192; 193; Arbesmann 1979. *Daemonium quod rustici Dianam appellant*: *V.Caes.* II, 18.

53 Zitat: Caes. *Serm.* 53, 1. Baumkult: *Serm.* 19, 4; 54, 5 f.

54 Caes. *Serm.* 54, 3.

55 Caes. *Serm.* 33, 1.

56 Haine: Cass. *Inst.* 1, 32, 2. Leucothea in Lukanien: Cass. *Var.* 8, 33 mit Barnish 2001a. Baumkult in Terracina: Greg. Mag. *Ep.* 8, 19 (JE 1507 = HJ 2595).

57 Abwehr von Hagel: Pall. *Agric.* 1, 35, 1 + 14 f. Schädlingsbekämpfung: Pall. *Agric.* 1, 35 (Zitat: § 16); vgl. 4, 9, 14. Magische Tiermedizin: Pall. *Agric.* 14, 17; vgl. 14, 65: Bei Durchfall soll man am Schwanz des Tieres einen Zauberspruch befestigen.

58 *Aureum saeculum*: Ennod. *Pan.* 93. Zitat: *Pan.* 56.

59 Ideologie der Restauration: La Rocca 1993; Fauvinet-Ranson 2006a, 255–281; Fau-vinet-Ranson 2006b. Zitate: Cass. *Var.* 1, 25, 1; 1, 28, 1; *Chron.* s. a. 500.

60 *Anon. Val.* 70 f.

61 Bauerhaltung und Infrastrukturmaßnahmen: Lenski 2002, 393–401 (Katalog für die Zeit der Kaiser Valens und Valentinian I.).

62 Niedergangsbewußtsein: Freund 1957, 1–40; Näf 1990. Estuni: Cass. *Var.* 3, 9. Die Identifkation mit Sestinum (75 Kilometer nordöstlich von Arezzo) geht auf Momm-sen zurück; in Frage kommt auch Historium (Vasto) in den Abruzzen. *Domus Pinciana*: Cass. *Var.* 3, 10.

63 Blüte Italiens: L. Schmidt 1941, 392; Ensslin 1959, 244; Johnson 1988, 74; Kohlhas-Müller 1995, 199–202; Hen 2007, 29; Mauskopf-Deliyannis 2010, 111 f.; Arnold 2013, 175–230.

64 Italien in der Spätantike: Pack 1998; Humphries 2000. Städte Italiens in Spätantike und Frühmittelalter: Augenti 2006; Ghilardi u. a. 2006; Christie 2006, 183–280.

Aosta, Aquileia, Brescia, Mailand und Verona: Haug 2003. Norditalien: Ward-Perkins 1999; Witschel 2001; Witschel 2018.

65 Zur Diskussion um das «Ende der antiken Stadt»: Lepelley 1996b; Liebeschuetz 2001 (dazu kritisch Lavan 2003); Haug 2003, 142–320; Krause/Witschel 2006; Liebeschuetz 2006b; Witschel 2008. Osimo: Proc. *Bell.* 6, 27, 2. Urbino: Proc. *Bell.* 6, 19, 2.

66 Städtenetz: Witschel 2001, 113 f., 143–149; Witschel 2008, 24 f.; 32–47; Witschel 2018. Nivellierung der Stadtrechte: Lepelley 2001.

67 Getreideexport aus Kalabrien und Apulien: Cass. *Var.* 1, 34 f. Export von Getreide, Wein und Öl aus Histrien: Cass. *Var.* 12, 22, 2; vgl. 12, 13. Getreideexport nach Gallien: Cass. *Var.* 4, 5, 2. Getreidexport nach Nordafrika: Cass. *Var.* 5, 35. Schweinefleisch: Cass. *Var.* 2, 12. Bauholz: Cass. *Var.* 5, 16, 2; Greg. Magn. *Ep.* 6, 58 (JE 1442 = HJ 2517); *Ep.* 7, 37 (JE 1483 = HJ 2565); *Ep.* 8, 28 (JE 1517 = HJ 2606); *Ep.* 10, 21 (JE 1790 = HJ 2914). Sklaven: *V.Caes.* I, 21. *Exceptio annalis Italici contractus: CJ* 7, 40, 1; Lenel 1906. Italische Händler in Konstantinopel: Proc. *Hist. Arc.* 25, 8–10; Claude 1985, 149 f.

68 Papyrus: Cass. *Var.* 11, 38. Architekturteile: Cass. *Var.* 10, 8, 2; 10, 9, 2. Warenhaus in Classe: Malnatti u. a. 2007. Garum: Cass. *Var.* 12, 22, 4.

69 *Siliquatarii: Nov. Val.* 15; Cass. *Var.* 2, 4; 2, 30, 3; 3, 25, 1; 3, 26, 1, 4, 19; 5, 31. *Comes siliquatariorum*: 2, 12; 3, 25.

70 Regionale Keramik: Wickham 2005, 708–741, bes. 728–741. Schweinezucht in Lukanien: *Nov. Val.* 36 (452); Pall. *Agric.* 12, 13, 5 f.; Cass. *Var.* 11, 39; Barnish 1987b; Volpe 1996, 297 f. Königliche Domänen: Gelas. *Ep.* 3 Löwenfeld (JK 633 = HJ 1263); Cass. *Var.* 1, 2; 1, 16; 5, 9; 5, 10; Volpe 1996, 351–356. Getreide für Ravenna: Cass. *Var.* 1, 35; vgl. 2, 26.

71 *Quid enim fortunatius quam agrum colere et in urbe lucere*: Cass. *Var.* 6, 11, 2. Villen am Comer See: Cass. *Var.* 11, 14, 3 (dazu Fauvinet-Ranson 2012/13); Ennod. *Ep.* 1, 6, 4. Spätantike Villen in Italien: Sfameni 2006. Ende der Villen im Westen: Ripoll/Arce 2000.

72 Zitat: Cass. *Var.* 8, 31, 7 f.; dazu Lepelley 1990.

73 Lib. *Or.* 11, 212–218 mit Wiemer 2003; vgl. auch CIL III 352 = 7000 = ILS 6091 = MAMA VII 305 (Orkistos, Phrygien); CIL III 6866 = ILS 6090 = MAMA IV 236 (Tymandos, Pisidien); CIL XI 5265 = ILS 705 (Hispellum, Umbrien); Proc. *Aed.* 6, 13–16; Witschel 2008, 24–31.

74 Liebeschuetz 2001, 124–127; Cecconi 2006b.

75 Präsenz senatorischer Familien in Provinzstädten vor dem 4. Jahrhundert: Eck 1980.

76 *Curiales esse nervos rei publicae ac viscera civitatum*: Nov. *Maior.* 7, princ.; zitiert in Cass. *Var.* 9, 2, 6.

77 *Formula ad PPO ut sub decreto curialium praedia venundentur*: Cass. *Var.* 7, 47.

78 Athalarichs Edikt: Cass. *Var.* 9, 2 mit Lepelley 1996a. Abstieg in den Kreis der Possessoren: Cass. *Var.* 9, 4, 2 f. *Quot curiales, tot tyranni*: Salv. *Gub.* 5, 18 mit Lepelley 1983. Armer Nachbar: Caes. *Serm.* 154, 2.

79 *Curiales* und städtische Magistrate: *Ed. Theod.* 52 f.; *P.Italiae* 31 (540, Faenza); *P.Italiae* 4–5 (552, Ravenna). Ravenna: Ausbüttel 1987; Deichmann 1989, 130–142

80 *Formula curatoris civitatis*: Cass. *Var.* 7, 12. Entstehung des Amtes: Burton 1979. *Curatores civitatis* im gotischen Italien: AE 2008, Nr. 524 (Tarquinia); CIL IX 268 (Ravenna, Titel ergänzt); CIL IX 2074 (Beneventum).

81 *Defensor civitatis*: CTh 1, 29, 1–3; Frakes 2001; Schmidt-Hofner 2011, 154–164

(grundlegend); Schmidt-Hofner 2014. Die Obergrenze von 50 *solidi* fehlt im Exzept des «Codex Theodosianus» (1, 29, 2), findet sich aber in der Kopie des «Codex Justinianus»: 1, 55, 1. Justinian hob die Obergrenze auf 500 *solidi* an: *Nov. Just.* 15, 3.

82 *Nov. Maior.* 3. Justinian erklärte den *defensor* im Jahre 535 formell zum Oberhaupt der Stadt: *Nov. Just.* 15.

83 *Formula defensoris cuiuslibet civitatis*: Cass. *Var.* 7, 11 (Zitat in § 2).

84 *Defensores*: Cass. *Var.* 2, 17; 3, 9; 3, 49; 4, 45; 5, 14; 9, 10; *P.Italiae* 4–5, B, V, Z. 11–13 (Ravenna, 552); *P.Italiae* 31, II, Z. 6 (Ravenna, 539); *P.Italiae* 32, Z. 1 f. (Faenza, 540).

85 Einjährige Amtszeit: Cass. *Var.* 7, 11, 2 (*per indictionem illam*). Justinian verkürzte die Amtszeit des Defensors im Jahre 535 auf zwei Jahre: *Nov. Just.* 15, 1. Steuererhebung durch munizipale Amtsträger: Cass. *Var.* 2, 17; 9, 4; 12, 8; Delmaire 1996. Steuerhaftung: Cass. *Var.* 2, 25, 2.

86 Syrakus: Cass. *Var.* 9, 10 f.; 9, 14. Como: Cass. *Var.* 2, 35; 2, 36. Catania: Cass. *Var.* 3, 49. Vgl. *Var.* 9, 5 (*possessores* einer ungenannten Provinz); 11, 14 (*possessores* von Como). Kuriale Initiative: Cass. *Var.* 1, 19 (*Adriana civitas*). Velia: Cass. *Var.* 4, 11.

87 *Comes civitatis*: Cass. *Var.* 6, 24. *Comes* von Syrakus: Cass. *Var.* 7, 27. Feltre: Cass. *Var.* 5, 9. Forlì: Cass. *Var.* 4, 8; Cecconi 2006b, 62–64. Parma: Cass. *Var.* 8, 29 f. Ravenna: Cass. *Var.* 5, 38; vgl. 12, 17. Pavia: Cass. *Var.* 4, 45.

88 Mitgliederliste aus Ravenna: AE 1977, Nr. 265b. *Corpora*: Cracco-Ruggini 1971, bes. 134–193. Patronat über Handwerker und Gewerbetreibende: Clemente 1972; Krause 1987a, 203–232.

89 *Collatio lustralis*: Cass. *Var.* 2, 26, 5; 2, 30, 3. *Collegia*: *Nov. Sev.* 2 (465); *Ed.Theod.* 62 (*collegiati*); Cass. *Var.* 6, 18 (*pistores* in Rom); CIL XI 317 = Fiebiger/Schmidt 1917, Nr. 184 (*pater pistorum regis Theoderici*); *P.Italiae* 36, Z. 40 + 64 (*ex praeposito pistorum* in Ravenna, 575/591); Greg. Magn. *Ep.* 9, 113 (JE 1639 = HJ 2741) (*saponarii* in Neapel). Spezialisierung des spätrömischen Handwerks: Petrikovits 1981.

90 *Praefectus annonae*: Cass. *Var.* 6, 18; Vitiello 2002. Ziegeleien in Rom: Cass. *Var.* 1, 25 (*Portus Licinii*); *Var.* 2, 23. *Praepositus calcis*: Cass. *Var.* 7, 17. Baufonds in Rom: Cass. *Var.* 1, 21; 2, 34; *Anon. Val.* 67. *Fabricae*: Cass. *Var.* 7, 19; James 1988, 281–287; Wiemer/Berndt 2016, 176–180. Purpur: Cass. *Var.* 1, 2. Bergbau: Cass. *Var.* 9, 3. Salz: *Nov. Val.* 13, 1 (445); Cass. *Var.* 6, 7, 8; 12, 24, 6. Sarkophage: Cass. *Var.* 3, 19; Kollwitz/Herdejürgen 1979 (Corpus der ravennatischen Sarkophage).

91 Heereslieferanten: Cass. *Var.* 10, 28 mit Vera 2011.

92 Handel und Händler: Claude 1985, 167–244. Auswärtige Händler im gotischen Italien: *Anon. Val.* 73; Proc. *Bell.* 5, 8, 21; 5, 8, 41; Cass. *Var.* 6, 23, 3 f. (Neapel); *Var.* 7, 9, 1; 7, 23 (Portus). Orientalen und Juden: (Cracco-)Ruggini 1959; Claude 1985, 175–193. Georgios: *P.Italiae* 4–5B, V+VI (552). Antiochos: Proc. *Bell.* 5, 8, 21; 5, 8, 41. Iulius Argentarius: Agn. 59; 77; Barnish 1985. Soziales Stigma: Cass. *Exp. Ps.* 7, 15; vgl. Caes. *Serm.* 43.

93 Städte der hohen Kaiserzeit: Kolb 1984, 141–260; Ward-Perkins 1984, 1–13. Hippodrome in Italien (außerhalb Roms): Humphrey 1986, 540–578.

94 Spolien: Ward-Perkins 1999. Wandel des *epigraphic habit*: Witschel 2006 (*Venetia et Histria*); Smith/Ward-Perkins 2016, 43–55 (Italien); 121–135 (Rom); Witschel 2018.

95 Befestigte Städte bei Prokop: Tabata 2013, 169–223 (Liste). Schauspiele: Fauvinet-Ranson 2006a, 379–450; Puk 2014. Theater: Malineau 2006. Amphitheater: Ward-Perkins 1984, 111–116. Circus: Ward-Perkins 1984, 92–118; Humphrey 1986, 613–

625 (Mailand, Aquileia). Aquädukte: Ward-Perkins 1984, 119–154; 250–255 (Rom); Marano 2015, 152–159. Thermen: Ward-Perkins 1984, 127–129; Marano 2015, 159 f.

96 Ravenna: vgl. unten Kap. X.1. Kirchenbauten in Norditalien: Witschel 2001, 146–149; Witschel 2018. Aosta: Padua: CIL V = ILS 1297 = ILCV 1803. Tridentum (Doss Trento): Suppl. Ital. 6, 36. Vicetia: AE 2001, Nr. 412. Tergeste: Suppl. Ital. 10, 37 f. Pola: Caillet 1993, 270–293. Parentium: InscrIt X 2, 81; X 2, 87; Caillet 1993, 291–330. St. Peter im Holz: Caillet 1993, 347–351; Prostko-Prostyński 2002.

97 De-Urbanisierung: Ward-Perkins 1999; Witschel 2001, 113–1118; 157 f.; Ward-Perkins 2005, 87–168; Christie 2006, 268–280; Brogiolo 2007, 117–127.

98 Bauten Theoderichs in Pavia: *Anon. Val.* 71; Agn. 94. *Sedes spectaculi*: CIL V 6418 = ILS 829 = Fiebiger/Schmidt 1917, Nr. 203. Verfassung: Cass. *Var.* 4, 45; 10, 29. Po-Brücke: Proc. *Bell.* 6, 25, 8. Totilas Königsschatz: Proc. *Bell.* 8, 33, 6; 8, 34, 19; Bullough 1966; Cracco-Ruggini 1984; Ward-Perkins 1984, 115 f.; Tabata 2013, 84 f.

99 Mailand: Ward-Perkins 1984, 226 f.; Haug 2003, 65–85 (Stadtgeschichte); 411–456 (Katalog); Leppin u. a. 2010; Tabata 2013, 242–244. Wagenrennen: Cass. *Var.* 3, 39; vgl. 5, 25 (*tribunus voluptatum*). Belagerung und Zerstörung 538: Proc. *Bell.* 6, 7, 35–38; 6, 12, 26–41; 6, 21, 1–42; *Auct. Marcell.* a. 538, § 6; a. 539, § 3; Mar. Avent. a. 538.

100 Bauten Theoderichs in Verona: *Anon. Val.* 71; Ward-Perkins 1984, 219 f.; 224–228; Haug 2003, 118–131 (Stadtentwicklung); 457–484 (Katalog); Tabata 2013, 191–193. Stadtmauer: Cavallieri Manasse 1993. Theoderich in Verona: *Anon. Val.* 81 f. S. Stefano: *Anon. Val.* 83 mit König 1986, 139–142.

101 Brescia: Brogiolo 1993 (grundlegend); Haug 2003, 107–117 (Stadtentwicklung); 382–410 (Katalog). Gotische Garnison: Malal. 18, 140; Theoph. a. m. 6055.

102 Aquileia: Jaeggi 1990 (Stadtentwicklung); Haug 2003, 86–106 (Stadtentwicklung); 325–368 (Katalog); Sotinel 2006, bes. 244–248 (Stadtgeschichte). Wein und Weizen: Cass. *Var.* 12, 26, 2. Grado: Paul. Diac. *Lang.* 2, 10; Sotinel 2006, 338–370; Tabata 2013, 288–294.

103 Thermen und Kloaken von Parma: Cass. *Var.* 8, 29 f. Thermen in Spoleto: Cass. *Var.* 2, 37. Porticus in Spoleto: Cass. *Var.* 4, 24; PLRE II Helpidius 6; PCBE II Helpidius 4. Thermalbad in Abano: Cass. *Var.* 2, 39. Aquädukt von Vercelli: Cass. *Var.* 4, 31; PCBE II Aemilianus 2.

104 Arles: Cass. *Var.* 3, 44. Syrakus: Cass. *Var.* 9, 14, 1 f. Catania: Cass. *Var.* 3, 49; Proc. *Bell.* 8, 40, 21 (*polis ateichistos*).

105 Befestigungslinie an den Alpen: Christie 2006, 331–369; Brogiolo 2007, 114–117; Christie 2018. Tortona: Cass. *Var.* 1, 17; Proc. *Bell.* 7, 23, 5 (*polis ateichistos*). Verruca: Cass. *Var.* 3, 48. Stadt bei Trient: Cass. *Var.* 5, 9. Theodericopolis: *Anon. Rav.* 4, 26. Identifikation mit Curia: Schnetz 1925; Staab 1977, 51 f. Lokalisation im Bodenseeraum: Clavadetscher 1979, 159–162.

106 Zitat: Cass. *Var.* 11, 39, 1.

107 Rom im 6. Jahrhundert: Witschel 2001, 125–129; Marazzi 2007; Behrwald 2018.

108 Petronius Perpenna: CIL VI 1750 = ILS 5703; PLRE II Quadratianus 2; Henning 1999, 98 (Datierung). Mons Caelius und Mons Oppius: Witschel 2001, 124. *Basilica Aemilia*: CIL VI 36962; Machado 2006, 174 f.; vgl. Cass. *Var.* 10, 30 (kaputte Elephanten an der *Via Sacra*). Gesetz Majorians: *Nov. Maior.* 4 (458); vgl. Janvier 1969 zur Baugesetzgebung im «Codex Theodosianus». Bevölkerungszahl Roms um 500: Lo Cascio 2013.

109 *Comes formarum*: Cass. *Var.* 7, 6. *Comitia Romana*: Cass. *Var.* 7, 13. *Architectus in*

urbe Roma: Cass. *Var.* 7, 15. *Praepositus vigilum*: Cass. *Var.* 7, 7. *Comes portus urbis Romae*: Cass. *Var.* 7, 9; Witschel 2001, 135–139. *Curator riparum et alvei Tiberis et cloacarum*: Chastagnol 1960, 46 f. Johannes: Cass. *Var.* 3, 30; 3, 31.

110 Zitat: Cass. *Var.* 3, 30, 1; PLRE II Argolicus 1. Baufonds: Cass. *Var.* 1, 21; 2, 34; *Anon. Val.* 67. *Theatrum Pompeii*: Cass. *Var.* 4, 51; PLRE II Symmachus 9; Fauvinet-Ranson 2000. *Portus Licini*: Cass. *Var.* 1, 25. *Figlinae regiae*: Cass. *Var.* 2, 23. Ziegelstempel: H. Bloch 1959. Ziegel als Baumaterial: Fauvinet-Ranson 2006a, 282–285. S. Martino ai Monti (*Titulus Silvestri*): *Lib. pont.* 53, 8; Brandenburg 2013, 117 f. SS. Cosma e Damiano: ILCV 1784; Krautheimer 1937, 137–143; Brandenburg 2013, 242–251.

111 *Porticus Curva*: Cass. *Var.* 4, 30; PLRE II Albinus 9. *Horreum*: Cass. *Var.* 3, 29; PLRE II Paulinus 11. Abriß statt Reparatur: Cass. *Var.* 3, 31, 5 *Domus Pinciana*: Cass. *Var.* 3, 10; *Lib. pont.* 60, 6 + 8.

112 Colosseum: *Anon. Val.* 60; Cass. *Chron.* a. 500; a. 519; *Var.* 5, 42; CIL VI 1716a-c = CIL VI 32094a-c = ILS 5635; PLRE II Basilius 13. Verbot intermuraler Bestattungen: *Ed. Theod.* 111; vgl. *CTh* 9, 17, 6 (381) = *CJ* 1, 2, 2. Circus Maximus: *Anon. Val.* 67; Cass. *Var.* 3, 51; *Chron.* a. 500; a. 519; Proc. *Bell.* 7, 37; CIL VI 41388; Humphrey 1986, 126–131. *Crypta Balbi*: Manacorda 2001, 44–52; 129 Nr. 27 (= AE 2001, Nr. 508a); Fauvinet-Ranson 2006a, 246 f. Kurie: Cass. *Var.* 9, 7, 2; AE 1953, Nr. 68 = CIL VI 40807; vgl. CIL 41420b = AE 2001, Nr. 219; Delmaire 1989b, 240 f. Nr. 158 (Datierung).

113 *Praefectus annonae*: Cass. *Var.* 6, 18; Vitiello 2002. Lehrstühle: Cass. *Var.* 9, 21; *Nov. Just.* App. 7, 22; Riché 1995, 28–32. Felix: PLRE III Felix 2. Patricius: Boeth. *Top.* praf.; Vitiello 2014b, 83–88. Maximianus: Maxim. *Eleg.* 1, 9 f.; PLRE II Maximianus 7.

114 *Ed. Theod.* 142; Nehlsen 1972, 125 f.

115 Castorius und Faustus: Cass. *Var.* 3, 14. Constans, Venerius und Tanca: Cass. *Var.* 8, 28. Schreiben an Bischöfe: Cass. *Var.* 3, 20; 3, 37; 4, 44. Schreiben an *actores*: Cass. *Var.* 2, 21; 3, 29; 4, 35.

116 Staatsaufträge für Unternehmer: Cass. *Var.* 10, 28; Vera 2011.

117 Die moderne Debatte über die antike Wirtschaft erhielt wesentliche Impulse durch Finley 1985; referiert bei Reden 2015 (unter Absehung von der Spätantike). Maßgeblich für die Wirtschaftsgeschichte der Spätantike ist Wickham 2005 (diskutiert von Haldon 2008). Ökonomisches Wachstum in der Antike: Saller 2002. Friede und Wachstum: Cass. *Var.* 9, 10, 2.

118 Decemnovium: Cass. *Var.* 2, 32 f.; CIL 6850 = ILS 827. Spoleto: Cass. *Var.* 2, 21. *Hortus regis*: CIL XI 10 = ILS 826 (cum add. III, p. CLXXII) = Fiebiger/Schmidt 1917, Nr. 179; Ennod. *Carm.* II 111; Jord. *Get.* 151.

119 *Ratio temporis*: Cass. *Var.* 11, 11, 1; vgl. *Var.* 7, 11, 2 (*qualitas temporum*).

120 Bankiers: Barnish 1985. Münzwesen: Cass. *Var.* 7, 32; *Ed. Theod.* 90; 100. Klage wegen Bezahlung in verschlechterten Goldstücken: Cass. *Var.* 1, 10, 2. Marktpreisüberwachung: Cass. *Var.* 7, 11; 11, 11; 11, 12; 11, 26 f.; Vera 2012a. Ausfuhrverbot für Schweinespeck: Cass. *Var.* 2, 12. Vorrang staatlicher Bedürfnisse: Cass. *Var.* 1, 34. Keine Wirtschaftspolitik: Wolters 1999, 234–258; 395–410; Schmidt-Hofner 2008, 209–216; 344–350.

第十章　异端为王：宗教多样性和正统信仰的戒律

1　Arianischer Streit: Hanson 1988. Homöer vor 381: Löhr 1986; Brennecke 1988.
2　Aux. *Ep.* § 63, p. 308r.
3　Bekehrung der Tervingen: vgl. oben Kap. IV.4. Bekehrung der Ostgoten: Jord. *Get.* 133. Christliche Priester im Heer Theoderichs: Malch. *Frag.* 18 Cresci, Z. 163 f. = *Frag.* 20 Blockley, Z. 136 f.
4　Ausgezeichneter Überblick bei Schäferdiek 1978.
5　Salv. *Gub.* 5, 9.
6　Zitat: Aux. *Ep.* § 49, p. 305v. «Synagogen Satans»: Aux. *Ep.* § 54, p. 306v.
7　Wiedertaufe: Schäferdiek 1967, 159 f.
8　Gotisch als Liturgiesprache: Chrys. *Hom. habita in ecclesia Pauli*, in: PG 63, 499–510, hier: 499 f. mit Schäferdiek 2007; *V.Marciani* 16; vgl. Vict. Vit. *Hist.* 2, 3. Gotische Predigt: Auer/de Vaan 2016. Bilingue Bibelausgaben: Stutz 1984. *Froja arme: Coll. Aug. c. Pasc.* 15 mit Tiefenbach 1991; Reichert 2008.
9　Greg. Tur. *Hist.* 6, 40; *Conc. Tolet.* III a. 589, anathema 16, Ioh. Bicl. *Chron.* a. 580, 2.
10　Gotischer Kalender: Streitberg 2000, 472–474; Heather/Matthews 1991, 125–130 (mit engl. Übersetzung); dazu Schäferdiek 1988. Theologische Literatur: Schäferdiek 2014, 38–41. Ca. 404/410 waren die gotischen, aber dem nizänischen Glaubensbekenntnis anhängenden Mönche Sunja und Fretela mit einer Bearbeitung einer lateinischen Psalmenübersetzung beschäftigt: Hieron. *Ep.* 106.
11　Militärgeistliche in der spätrömischen Armee: Jones 1953; Mathisen 2004. Verfassung homöischer Kirchen: Schäferdiek 1967; Heil 2011, 80–116; Mathisen 2014.
12　Wictharic: *V.Vincentii* 6.
13　Avitus von Vienne (*Ep.* 31) forderte König Sigismund auf, jährliche Versammlungen der «Gegner des wahren Glaubens» in Genf zu unterbinden, wo die Könige Godigisel und Sigismund (bis 516) residierten. Nach Heil 2011, 80–85 sind damit die Homöer gemeint, nach Schäferdiek 1985, 169 f. hingegen die Bonosianer. Synode von Agde (506); vgl. oben Kap. VIII.5. Synode von Orléans (511): vgl. oben Kap. VIII.4. Synode von Epao (517): vgl. unten Kap. XI.4.
14　Homöer («Arianer») im Imperium Romanum nach 381: McLynn 1996; Greatrex 2001. Katholiken (Nizäner) = Romani: Greg. Tur. *Glor. mart.* 24; 78 f.; Ioh. Bicl. *Chron.* s. a. 580, 2; Brennecke 1996.
15　Valentinian II. und Ambrosius: McLynn 1994, 158–219; Leppin 2003, 105. S. Agata dei Goti: Krautheimer 1937, 2–12; Mathisen 2009. Gotische Kirchen in Rom: Greg. Magn. *Ep.* 3, 19 (JE 1223 = HJ 2256); *Ep.* 4, 19 (JE 1291 = HJ 2336); *Dial.* 3, 30; *Lib. Pont.* 66, 4.
16　Gelas. *Ep.* 26, 11 Thiel (JK 664 = HJ 1278); Ennod. *Pan.* 23; 36; 39; 52; *V.Epif.* 101; 109.
17　Die *scriptura* des Basilius ist erhalten, weil sie auf der römischen Synode des Jahres 502 verlesen und zu den Akten genommen wurde: § 4f; 7 f.; 10 f., MGH.AA XII, p. 445–448. Felix III.: PCBE II Felix 28.
18　Begünstigung der *Arriana secta*: Anon. *Val.* 48. Odovakar und Severinus: Eug. *V. Sev.* 7; 32. Kloster des Severinus in Ravenna: Agn. 129; Deichmann 1976, 371 f. Kult des hl. Severinus: Jenal 1995, 157–162.
19　Christliche Erziehung Theoderichs: Ennod. *Pan.* 80. Ereleuva: vgl. oben Kap. VII.1. Homöer in Konstantinopel: Greatrex 2001. Bibelkenntnis Theoderichs: *Anagnosti-*

cum regis, MGH.AA XII, p. 425 f. Nr. 5. Thrasamund und Fulgentius: Fulg. *Dicta reg. Thras.*; *Ad Thras.*; Ferr. *V.Fulg.* 21; Lapeyre 1929, 160–166. Gundobad und Avitus: Wood 2004; Heil 2011, 66 f. Theoderich II.: Sid. *Ep.* 1, 2.

20 Homöischer Bischof in Rom: *P.Italiae* 49; Proc. *Bell.* 7, 9, 21. Ziegelstempel an S. Agatha: Auskunft von Philipp von Rummel. Sarsina: Cass. *Var.* 2, 18 (Gudila): Bischof ohne Ortsangabe: Cass. *Var.* 1, 26 (Unscila).

21 Sant' Apollinare Nuovo: Agn. 86; 119; Deichmann 1974, 125–190; Mauskopf Deliyannis 2010, 146–174; Jaeggi 2013, 168–191.

22 Santo Spirito mit Baptisterium: Agn. 86; Deichmann 1974, 245–258; Mauskopf Deliyannis 2010, 174–187; Jaeggi 2013, 191–200.

23 Homöische Kirchen in Ravenna: Agn. 70; 86. Hunimund: Agn. 86.

24 Urkunde von 551: *P.Italiae* 34 mit Schäferdiek 2009. *Codex argenteus*: Friesen 1927 (Faksimile, auch online verfügbar). 1970 wurde in Speyer ein weiteres Blatt des *Codex argenteus* entdeckt: Thiebes 1987.

25 «Rekonziliation» von 561: Agn. 85; *P.Italiae* 2. Konversionen: Proc. *Bell.* 6, 6, 18; Cass. *Var.* 10, 26, 3; Tjäder 1988 (Hildevara, 523).

26 *Ecclesia legis Gothorum*: *P.Italiae* 33, Z. Z. 1; 7 f.; 10; *P.Italiae* 34, Z. 109; 122. *Lex gotica*: *V.Sigismundi* 4, MGH.SRM II, p. 335 (*omnisque gens Burgundionum legis Goticae videbantur esse cultores*). *Lex nostra*: *P.Italiae* 489, Z. 14; vgl. *Ep. Austr.* 45, MGH.Epp. III, p. 68: *ne se in eclesiae nostre praeiudicio, quippe velut aliene legis, inmisceat* (sc. Totila). *Lex aliena*: Avit. *Ep.* 36, Z. 13; 38, Z. 8.

27 Bistümer in Italien: Sotinel 2006, 5 Abb. 1.

28 Viertelung der Einnahmen: Simpl. *Ep.* 1 (JK 570 = HJ 1166); Gelas. *Ep.* 14, 27 Thiel (JK 636 = HJ 1270). «Eigenkirchen»: Gelas. *Ep.* 14, 25 Thiel (JK 636 = HJ 1270); *Ep.* 25 Thiel (JK 643 = HJ 1292); *Ep.* 34 Thiel (JK 679 = HJ 1316); *Frag.* 21 Thiel (JK 681 = HJ 1324); *Frag.* 22 Thiel (JK 687 = HJ 1328); *Frag.* 33 Thiel (JK 709 = HJ 1315); *Ep.* 29 Löwenfeld (JK 704 = HJ 1362).

29 Mailand: Cass. *Var.* 2, 29. Ravenna: *P.Italiae* 3 (Naturalabgaben); Agn. 31 (*rector patrimonii Siciliae*); 60 (12000 *solidi*).

30 Römischer Klerus: Eus. *Hist. eccl.* 6, 43, 11. Verwaltung des Kirchenbesitzes: Jones 1964, 788–792; Richards 1976, 307–322; C. Piétri 1978, I, 696–728; Recchia 1978. Quittungen: Gelas. *Ep.* 31 Thiel (JK 666 = HJ 1280); *Ep.* 32 Thiel (JK 667 = HJ 1281).

31 Bischofswahlen: Gelas. *Frag.* 4 Thiel (JK 663 = HJ 1306); *Frag.* 5 Thiel (JK 677 = HJ 1340); Norton 2007.

32 Simonie: Gelas. *Ep.* 14, 21 Thiel (JK 636 = HJ 1270). Wahlordnung Athalarichs: Cass. *Var.* 9, 15. *Suffragium*: de Ste. Croix 1954.

33 *Episcopalis audientia*: Selb 1967; Harris 1994, 191–202; Lenski 2001; Schmidt-Hofner 2011, 161–164.

34 Bischöfe als Patrone der Armen: P. Brown 1992, 71–117; P. Brown 2002. Almosen der Bischöfe: Finn 2006, 34–89.

35 Soziale Position der Bischöfe: Sotinel 1997; Sotinel 2006; anders Izdebski 2012. Epiphanius von Pavia: Ennod. *V.Epif.* 79–94 (Eurich); 106 (Odovakar); 122–135 (Theoderich); 136–177 (Gundobad); dazu Gillet 2003, 148–171. «Bischofsherrschaft» in Gallien: Heinzelmann 1976; Baumgart 1995; dazu kritisch Patzold 2014.

36 Zitat: Leo *Serm.* 4, 2 Chavasse = *Serm.* 95, 2 Dolle; Ullmann 1981, 61–87.

37 Text des Henotikon: Schwartz 1927, 52 f.; dazu Brennecke 1997. Akakianisches Schisma: Caspar 1933, 10–81, 130–160; Schwartz 1934, 171–262; Maraval 2001; Kötter 2013. Papsttum und Kaisertum im 6. Jahrhundert: Maser 2009.

38 Felix *Ep.* 6 Thiel = *Ep.* 5 Schwartz (JK 599 = HJ 1214); *Ep.* 8 Thiel = *Ep.* 33 Schwartz
    Thiel (JK 601 = HJ 1215); *Ep.* 10 Thiel = *Ep.* 28 Schwartz (JK 602 = HJ 1216); vgl.
    Ep. 7 Thiel = *Ep.* 26 Schwartz (JK 600 = HJ 1219). Johannes Talaia wurde später
    Bischof von Nola: C. Piétri 1987; PCBE II Ioannes 9.

39 Gelas. *Ep.* 12, 1 Thiel (JK 632 = HJ 1277).

40 Synode von 495: Gelas. *Ep.* 30 Thiel (HJ *1279). Päpstliche Interventionen: Ullmann
    1981, 226–236; Neil/Allen 2016, 5–64 (mit vielen Fehlern).

41 Simpl. *Ep.* 14 Thiel; Agn. 60.

42 Pelagianismus: Gelas. *Ep.* 4 Thiel (JK 625 = HJ 1254); *Ep.* 5 Thiel (JK 626 = HJ 1259);
    Ep. 6 Thiel (JK 621 = HJ 1255); *Tract.* 5 (JK 627 = HJ 1260).

43 Hilarus und Filotheus: Gelas. *Ep.* 26, 11 Thiel (JK 664 = HJ 1278). Filotheus
    wird als *Macedonianus* bezeichnet, bestritt also die göttliche Natur des heiligen
    Geistes.

44 Eurich: Sid. *Ep.* 7, 6; L. Pietri 2001, 220–230. Alarich II.: L. Piétri 2001c, 344–353.
    Verfolgung in Nordafrika: Modéran 2001, 270–283; Modéran 2003. Verfolgungs-
    edikt Hunerichs: Vict. Vit. *Hist.* 3, 12. Gunthamund: Gelas. *Ep.* 9, 2 Thiel (JK 628 =
    HJ 1261); *Ep.* 26, 11 Thiel (JK 664 = HJ 1278); Proc. *Bell.* 3, 8, 6 f.

45 Flüchtlinge: Gelas. *Ep.* 15, 1 Thiel (JK 675 = HJ 1338); Ennod. *Ep.* 2, 14 = Symm.
    Ep. 11 Thiel (JK 762 = HJ 1458); Ferr. *V.Fulg.* 17–25. Manichäerverfolgung in Italien:
    Prosp. *Chron.* a. 443; Leo *Ep.* 7 (JK 405 = HJ 908); *Nov. Val.* 18 (445); Lepelley 1961,
    137–144. Rekonziliation der Wiedergetauften: Felix *Ep.* 13 Thiel (JK 487 = HJ 1021).
    Epiphanius in Toulouse: Ennod. *V.Epif.* 92; vgl. Avit. *Ep.* 38, Z. 9 f.

46 Laurentius: PCBE II Laurentius 15. Laurentius und Odovakar: Ennod. *Dict.* 1, 12–
    19. Epiphanius, Odovakar und Theoderich: Ennod. *V.Epif.* 113–114.

47 Erste Gesandtschaft an Theoderich: Ennod. *V.Epif.* 122–135; Ensslin 1944. Gesandt-
    schaft an Gundobad: Ennod. *V.Epif.* 136–171. Zweite Gesandtschaft an Theoderich:
    Ennod. *V.Epif.* 182–190.

48 Empfehlungsbriefe: *Ep. Theod. Var.* Nr. I (JK 641 = HJ 1282); Nr. III (JK 652 = HJ
    1298). Titulatur: Wiemer 2014, 323 Anm. 142.

49 *Ep. Theod. Var.* Nr. II (JK 659 = HJ 1303).

50 *Ep. Theod. Var.* Nr. V (JK 721 = HJ 1377); Nr. VI (JK 722 = HJ 1378); Nr. VII (JK 723
    = HJ 1379); Nr. VIII (JK 743 = HJ 1400).

51 Ennod. *Ep.* 9, 30 mit Hasenstab 1890, 21–26.

52 Ekklesiologie des Gelasius: Ullmann 1981, 189–198; vgl. 217–226. Elpidius von Vol-
    terra: Gelas. *Frag.* 7 Thiel (JK 735 = HJ 1392).

53 Mailänder Kirche: Cass. *Var.* 2, 29; 2, 30. Germanus vs. Petrus: Cass. *Var.* 3, 37. Iu-
    lianus vs. Aurigena: Cass. *Var.* 3, 14. Iohannes vs. Ianuarius: Cass. *Var.* 3, 7. Stepha-
    nus vs. Antonius: Cass. *Var.* 4, 44.

54 Gudila: Cass. *Var.* 2, 18. Unscila: Cass. *Var.* 1, 26. Wictharic: *V.Vincentii* 6.

55 Grabraub: Cass. *Var.* 4, 18. Aquädukt: Cass. *Var.* 3, 31. Entschädigungszahlungen:
    Cass. *Var.* 1, 8. Bischof von Turin: Cass. *Var.* 1, 9. Caesarius von Arles: *V.Caes.* I, 36;
    vgl. unten Kap. VIII. 5.

56 *Et vestrae et nostrae religionis episcopi*: *Anagnosticum regis*, MGH.AA XII, p. 425.
    Religionem imperare non possumus: Cass. *Var.* 2, 27, 2.

57 Toleranz braucht Rechtfertigung: Schmidt-Hofner 2016. Manichäer in Rom: *Lib.
    Pont.* 51, 1 (Gelasius I.); *Lib. Pont.* 53, 5 (Symmachus); *Lib. Pont.* 54, 9 (Hormisda);
    Lieu 1992, 206 f.; Cohen 2015. Manichäer in Nordafrika: Vict. Vit. *Hist.* 2, 1 f.

58 Ereleuva: *Anon. Val.* 58. Helpidius: PLRE II Helpidius 6; PCBE II Helpidius 4.

59 Ranilda: Cass. *Var.* 10, 26, 4.
60 *Religio*: *Anagnosticum regis*, MGH.AA XII, p. 425; Cass. *Var.* 10, 26, 4. *Christianae mentis vestrae pietas*: *Ep. Theod. Var.* Nr. I (JK 641 = HJ 1282). *Summi dei cultor*: Ennod. *Pan.* 80. *Altera communio*: Gelas. *Ep.* 9 Loewenfeld = *Ep. Theod. Var.* Nr. II (JK 650 = HJ 1310). *Propositum alienum*: Ennod. *Ep.* 9, 30, 7.
61 Anastasius II.: *Frag. Laur.*, MGH.GPR I, p. IX; Theod. Lect. 2, 17. Laurentianisches Schisma: Pfeilschifter 1896, 55–125; Duchesne 1925, 109–155; Caspar 1933, 88–118; Schwartz 1934, 230–237; Picotti 1958; Ensslin 1959, 113–127; C. Piétri 1966, 128–139; Richards 1976, 69–113; C. Piétri 1981, 444–467; Moorhead 1992, 114–139; Wirbelauer 1993. Ich betrachte alle vier in den Akten bezeugten Synodi als «Sitzungen» ein und derselben Synode, die mit der *Synodus Palmaris* ihren Abschluß fand, und setze den Beginn gegen Mommsen, Duchesne und Caspar ins Jahr 502.
62 Doppelwahl von 419: Caspar 1930, 360–365; Chantraine 1988.
63 Doppelwahl von 498: *Frag. Laur.*, MGH.GPR I, p. IX; *Lib. Pont.* 53, 2; *Anon. Val.* 65. Bestechungsgelder: *Frag. Laur.*, MGH.GPR I, p. IX; Ennod. *Ep.* 3, 10; *Ep.* 6, 16; *Ep.* 6, 33.
64 *Acta synodi habitae Romae anno 499*, MGH.AA XII, p. 391–415; *Anon. Val.* 65. Vgl. oben Kap. I.2.
65 *Lib. Pont.* 53, 2; *Frag. Laur.*, MGH.GPR I, p. IX.
66 Audienz bei Theoderich: *Acta synodi palmaris*, MGH.AA XII, p. 426 f.; Ennod. *Lib.* 12; 19. Erste Sitzung: *Relatio episcoporum ad regem*, MGH.AA XII, p. 422 f. Schlägereien: Ennod. *Lib.* 84; *Relatio episcoporum ad regem*, MGH.AA XII, p. 423. Marcellianus von Aquileia: PCBE II Marcellianus 3. Petrus (Iunior) von Ravenna: PCBE II Petrus 30.
67 *Praeceptio regis III missa ad synodum*, MGH.AA XII, p. 419 f. Nr. 1.
68 *Praeceptio regis IIII missa ad synhodum*, MGH.AA XII, p. 421 Nr. 2.
69 Bericht der Bischöfe: *Relatio episcoporum ad regem*, MGH.AA XII, p. 422 f. Nr. 3.
70 *Praeceptio regis*, MGH.AA XII, p. 424 Nr. 4.
71 *Anagnosticum regis*: MGH.AA XII, p. 425 f. Nr. 5.
72 115 Bischöfe: *Lib. Pont.* 53, 4.
73 *Lib. Pont.* 53, 5.
74 Absetzung des Laurentius: *Frag. Laur.*, MGH.GPR I, p. 410; vgl. Theod. Lect. 462. Haltung Cassiodors: Cass. *Chron.* s. a. 514.
75 Symmachianische Fälschungen: Wirbelauer 1993 (mit Edition). *Gesta Xysti*: Wirbelauer 1993, 262–271.
76 Festus: PLRE II Festus 5. Probinus: PLRE II Probinus 2. Faustus Niger: PLRE II Faustus 9. Symmachus: PLRE II Symmachus 9. Liberius, Ennodius und Symmachus: Ennod. *Ep.* 5, 1 (früher Papst Symmachus zugeschrieben: JK 752 = HJ *1418). Faustus und Symmachus: Avit. *Ep.* 34. Faustus, Symmachus, Festus und Probinus: Ennod. *Op.* 6, 19 f.
77 *Praeceptio regis Theoderici*: *Ep. Theod. Var.* Nr. 9, MGH.AA XII, p. 302.
78 Symm. *Ep.* 10 Thiel (JK 761 = HJ 1451). *Dicis me esse Manichaeum*: § 6.
79 Avit. *Ep.* 34, p. 65.
80 Vitalianus: PLRE II Vitalianus 2. Anastasios an Hormisda: *Avell.* 107 (HJ 1503). Hormisda an Anastasios: Horm. *Ep.* 4 Thiel = *Avell.* 108 (JK 771 = HJ 1504).
81 Römische Synode und Genehmigung durch Theoderich: *Lib. Pont.* 54, 2. Oströmische Autoren schreiben die Initiative Theoderich zu, der Vitalian unterstützt habe:

Theod. Lect. 511; Theoph. a. m. 6006; dazu Meier 2009, 310 f. Hormisda an Caesarius von Arles: Horm. *Ep.* 9 Thiel = [Caes.] *Ep.* 10 = *Ep. Arel.* 30 (JK 777 = HJ 1513); vgl. Avit. *Ep.* 41. Instruktionen der Gesandtschaft: Horm. *Ep.* 7 Thiel = *Avell.* 116 + 116a (JK 774 = HJ 1508). Die «Formel des Hormisda» ist in verschiedenen Ausfertigungen überliefert; dazu Caspar 1933, 764 f. Hormisda an Anastasios: Horm. *Ep.* 8 Thiel = *Avell.* 115 (JK 775 = HJ 1509).

82 Avitus an Senarius und Petrus von Ravenna: Avit. *Ep.* 39 + 40. Anastasios an Hormisda: *Avell.* 111. Antwort des Hormisda: Horm. *Ep.* 13 Thiel = *Avell.* 112 (JK 779 = 1518). Anastasios an den Senat: *Avell.* 113. Antwort des Senates: [Horm.] *Ep.* 14 Thiel = *Avell.* 114.

83 Anastasios an Hormisda: [Horm.] *Ep.* 38 Thiel = *Avell.* 138.

84 Juden in Italien: Schürer 1986, 73–84. Juden in der Spätantike: Rabello 1987/88; Noethlichs 2001; de Lange 2005; Cracco-Ruggini 2008. Rechtsstellung der Juden seit Constantin dem Großen: Noethlichs 1996, 100–110; Noethlichs 2001, 62–70. Vgl. bes. *CTh* 16, 8, 24 (Honorius, 418); *CTh* 16, 8, 25 (Theodosius II., 423); *CTh* 16, 8, 26 (Theodosius II., 423); *CTh* 16, 8, 27 + 16, 10, 24 (Theodosius II. 423); *Const. Sirm. 6* (Valentinian III. 425); *CTh* 16, 8, 28 (Valentinian III., 426).

85 Juden und Orientalen im spätantiken Norditalien: (Cracco-)Ruggini 1959. Rom: Cass. *Var.* 4, 43. Ravenna: *Anon. Val.* 81–83. Mailand: Cass. *Var.* 5, 37. Genua: Cass. *Var.* 2, 27; 4, 33. Neapel: Proc. *Bell.* 5, 8. Venosa: Noy 1993, Nr. 42–116. Samaritaner in Rom: Cass. *Var.* 3, 45. Dreisprachigkeit: *Nov. Just.* 146.

86 Samaritaner in Rom: Cass. *Var.* 3, 45. Christliche Sklaven im Besitz jüdischer Herren: Gelas. *Frag.* 43 (JK 742 = HJ 1399); Greg. Magn. *Ep.* 3, 37 (JE 1242 = HJ 2276); *Ep.* 4, 9 (JE 1281 = HJ 2326); *Ep.* 9, 104 (JE 1629 = HJ 2732).

87 Cass. *Var.* 2, 27, 2.

88 Cass. *Var.* 5, 37, 2.

89 Cass. *Var.* 4, 43.

90 Vandalenreich: *Nov. Just.* 37, 8. Neapel: Proc. *Bell.* 5, 8, 41; 5, 10, 24–26.

91 Theodosius und Ambrosius: Ambr. *Ep.* 74; McLynn 1994, 298–309; Leppin 2003, 138–143.

92 Juden und «Arianer» in der katholischen Polemik: Brennecke 2018. Höllenfeuer für Juden, Häretiker und Schismatiker: Fulg. *De fide* 38.

93 Ausschreitungen in Ravenna: *Anon. Val.* 81 f. Das Verbum *frustari* ist hier, wie im späten Latein häufig, im Sinne von *fustari* gebraucht: Adams 1976, 30. Gesetzliche Grundlage: *Ed. Theod.* 97. Die in der Literatur verbreitete Annahme, es sei damals auch in Rom zu Ausschreitungen gekommen, beruht auf einer ungerechtfertigten Änderung des Textes; dazu Picotti 1956, 203 f. *Symmachus scholasticus Iudaeus*: *Anon. Val.* 94.

第十一章　从合作到冲突：狄奥多里克最后的岁月

1 Zitat: Ennod. *Pan.* 93; vgl. *Ep.* 9, 30, 10 (aus dem Jahre 511).

2 Hochzeit: Cass. *Chron.* a. 515; Jord. *Get.* 81; 251; 298. Athalarich 516 geboren: Jord. *Get.* 304; anders Jord. *Rom.* 367; Proc. *Bell.* 5, 2, 1 (Datierung auf 518).

3 Theodahad: Vitiello 2014b, 41–58. *vir spectabilis*: Cass. *Var.* 3, 15 (507/511). Maßregelung: Cass. *Var.* 4, 39; 5, 12. Besitz in der Toskana: Proc. *Bell.* 5, 6, 19 f.; *App. Ma-*

xim. 3 + 4; Marc. Com. a. 536, § 6; AE 1928, Nr. 121 (Bleirohr einer Wasserleitung im Bereich einer Villa am Bolsener See).

4 Cass. *Chron. a.* 519; Cass. *Var.* 9, 25, 2 f.; *Lib.*; *Anon. Val.* 80; *Lib. Pont.* 54, 10 (Stiftung in St. Peter); dazu Vitiello 2005, 71–80. Lobrede Cassiodors auf Eutharich: Cass. *Or.* 1.

5 Cass. *Or.* 1, MGH.AA XII, p. 466 + p. 469 f.

6 Die Angaben über Eutharichs Alter sind vage: Jord. *Get.* 298; Cass. *Var.* 8, 1, 3. Der Beiname Cilliga ist nicht sicher erklärt.

7 Theoderich und die Juden: oben Kap. X.4.

8 Konsulat der Söhne des Boethius: Boeth. *Cons.* 2, 3, 8; dazu Matthews 1981.

9 Hinrichtung des Boethius und Symmachus: *Anon. Val.* 87 (Boethius); 92 (Symmachus); Proc. *Bell.* 5, 1, 34; *Lib. Pont.* 55, 5; Agn. 39. Konfiskation des Vermögens: Boeth. *Cons.* 1, 4, 36; Proc. *Bell.* 5, 1, 34; 5, 2, 5.

10 *Anon. Val.* 85 f.

11 Der Prozeß des Boethius ist häufig analysiert worden; wichtige Beiträge stammen von Picotti 1931; Coster 1935; Barnish 1983; C. Schäfer 1991, 240–262; Moorhead 1992, 219–235; zusammenfassend Goltz 2008, 355–399; seitdem Wojciech 2016.

12 Boeth. *Cons.* 1, 4, 20–36; *Anon. Val.* 86 f.; Proc. *Bell.* 5, 1, 34.

13 Hinrichtung des Basilius: Greg. Magn. *Dial.* 1, 4; Prozeß: Cass. *Var.* 4, 22 f.

14 Proc. *Bell.* 5, 1, 32; Greg. Magn. *Dial.* 4, 31; siehe auch *Lib. Pont.* 55, 5; *Fasti Vind. post.* a. 523; Mar. Avent. a. 525; Agn. 39.

15 Papst Johannes I.: PCBE II Ioannes 26 + 28.

16 *Anon. Val.* 88 f.

17 *Lib. Pont.* 55, 2 + 5; Theoph. a. m. 6016.

18 Avit. *Ep.* 7; dazu unten Kap. XI.4. Avitus von Vienne: PCBE IV Avitus 2.

19 «Arianer» im Ostreich: Greatrex 2001. Endgültige Konfiskation ihrer Kirchen: Malal. 18, 84; Proc. *Hist. Arc.* 11, 16–20.

20 Papst Johannes in Konstantinopel: *Lib. Pont.* 55, 4; Marc. Com. a. 525; *Anon. Val.* 91; Greg. Magn. *Dial.* 3, 2; vgl. auch Ps.-Dorotheos bei *Chron. Pasch.* II, App. VIII, p. 136; Theoph. a. m. 6016: Ensslin 1951; Löwe 1952b; Goltz 2008, 403–424. «Erste päpstliche Kaiserkrönung»: Demandt 2007, 233.

21 *Anon. Val.* 93.

22 Papst Johannes als Märtyrer: F. Schneider 1933, Nr. 8; *Lib. Pont.* 55, 1–6; Greg. Magn. *Dial.* 4, 30; Greg. Tur. *Glor. mart.* 39.

23 Cass. *Var.* 8, 15; *Lib. Pont.* 56, 2.

24 Sigismund: Kaiser 2004b. Konversion: Avit. *Ep.* 8. Pilgerfahrt nach Rom: Avit. *Ep.* 29. Peterskirche in Genf: Avit. *Ep.* 8; *Hom.* 24. Reliquien: Avit. *Ep.* 29. Glaubensdiskussionen: Heil 2011, 62–79. Ostern: Avit. *Ep.* 76 + 77.

25 Akten des *Concilium Epaonense*: CCL 148A, p. 20–37. Einladungsschreiben: CCL 148A, p. 22–24. *Convivia*: Conc. Epaon. can. 15. *Lapsi*: can. 29. *Basilicae haereticorum*: can. 33. Umgang mit homöischen Kirchen: Avit. *Ep.* 7.

26 Sigismund *patricius*: Avit. *Ep.* 9; *V.Abb.Acaun.* 3. Brief Sigismunds an Anastasios: Avit. *Ep.* 93. Brief des Anastasios an Sigismund: Avit. *Ep.* 94. Kein Heermeister: Demandt 1970, 691–699; Favrod 1997, 141–148.

27 Zitat: Avit. *Ep.* 94, p. 101, Z. 26–32.

28 *Avell.* 113, 3 f.; vgl. das Antwortschreiben des Senats: *Avell.* 114, 7.

29 Mord an Sigerich: Greg. Tur. *Hist.* 3, 5; *Glor. mart.* 74; Mar. Avent. a. 522.

30 Zweiter Burgunderkrieg: Proc. *Bell.* 5, 12, 23–32; Greg. Tur. *Hist.* 3, 6; Mar. Avent. a. 523 + 524; *V.Sigismundi* 8 f. Gefangene: RICG 15, Nr. 19. Niederlage und

Tod Chlodomers: Agath. 1, 3, 3; 1, 3, 5 f.; Mar. Avent. a. 524. Tuluin: Cass. *Var.* 8, 10,
8. Favrod 1997, 439–443 meint, Gregor von Tours habe den Frankenkönig Theude-
rich mit Theoderich den Großen verwechselt, bleibt aber zwingende Gründe schul-
dig.

31 Dritter Burgunderkrieg: Cass. *Var.* 11, 1, 13; Proc. *Bell.* 5, 13, 3; Greg. Tur. *Hist.* 3, 11;
Mar. Avent. a. 534. Godomars Reformpolitik: *L.Burg.*, Extrav. 21.

32 Vandalenreich unter Thrasamund und Hilderich: Vössing 2014, 125–130; Stein-
acher 2016, 289–292. Hilderichs Eid: Vict. Tunn. a. 523, 2. Amalafridas Flucht und
Tod: Cass. *Var.* 9, 1; Vict. Tunn. a. 523, 1; Proc. *Bell.* 3, 9, 4. Amalasvintha wies den
comes patrimonii Bergantinus durch Cass. *Var.* 8, 23 an, Theodahad einen Teil der
massae auszufolgen, die zum *patrimonium* seiner verstorbenen Mutter gehörten;
der Rest sollte später folgen.

33 Po-Flotte: Cass. *Var.* 3, 31; 4, 15. 539 werden Secundus *dromonarius* und Andreas
praepositus dromonariorum als bereits verstorbene Grundbesitzer in der Nähe von
Faenza aufgeführt: *P.Italiae* 30, Z. 10–16.

34 Cass. *Var.* 5, 16, 2.

35 Flottenbauprogramm Theoderichs: (Cracco-)Ruggini 1961, 548–552; Cosentino
2004. Dromonen: Proc. *Bell.* 3, 11, 15 f.; Joh. Lyd. *Mag.* 14, 3; Isid. *Etym.* 19, 1, 14;
Pryor/Jeffreys 2006, 7–19; 123–161; Himmler 2011, 126–131.

36 Zitat: Cass. *Var.* 5, 17, 2 f. Steuererhöhung für Sizilien: Cass. *Var.* 9, 10; (Cracco-)
Ruggini 1961, 296–301. Die Steuer für die Indiktion 525/26 konnte nicht in voller
Höhe eingehoben werden; was über die übliche Leistung hinausging, wurde nach
Theoderichs Tod erlassen. Die Nachricht im «Bischofsbuch» des Agnellus von
Ravenna (39), Theoderich habe in seinem 30. Regierungsjahr (523? 500?) ein Heer
aus Ravenna nach Sizilien geführt, die Insel verwüstet und seiner Herrschaft unter-
worfen, ist chronologisch verworren und mit den übrigen Zeugnissen unvereinbar.
Getreidereichtum Siziliens: Proc. *Bell.* 7, 16, 17; vgl. Jord. *Get.* 308; Vaccaro 2018.

37 Laut Cass. *Var.* 5, 18, 5, 19; 5, 20. 537/538 requirierte Cassiodor als Prätoriumsprä-
fekt Treidelschiffe für den Transport von Wein, Öl und Getreide aus Histrien nach
Ravenna: Cass. *Var.* 12, 24. Erst 546 bauten die Goten erneut eine Kriegsflotte: Proc.
Bell. 7, 13, 4–6.

38 Fischreusen: Cass. *Var.* 5, 17, 6; 5, 20, 3.

39 Verfolgung geplant: *Anon. Val.* 94 f. Stephanskirche in Verona: *Anon. Val.* 83. Nach
König 1986 nahm Theoderich die Stephanskirche für den Gottesdienst der
homöischen Gemeinde in Anspruch. Dagegen meint Haug 2003, 474, die Kirche sei
tatsächlich niedergelegt worden, als das linke Ufer der Etsch in den Mauerring ein-
bezogen wurde. An der bis heute bestehenden Kirche sind jedoch keine Spuren von
Zerstörung nachgewiesen.

第十二章　狄奥多里克之后意大利的哥特王国

1 *Anon. Val.* 95; Agn. 39; Heidenreich/Johannes 1971; Deichmann 1974, 211–240;
Mauskopf-Deliyannis 2010, 124–136; Jaeggi 2013, 202–216. Kaiserliche Mausoleen:
Johnson 2009.

2 Cass. *Var.* 8, 2, 7; 8, 3, 3; 8, 4, 2; 8, 5, 1; 8, 6, 2; 8, 7, 3; Jord. *Get.* 304; *Rom.* 367; Proc.
Bell. 5, 2, 1; *Anon. Val.* II 96.

3 Galla Placidia: Cass. *Var.* 11, 1, 9; Oost 1968; Sivan 2011; Busch 2015, 86–109.

4 Tuluin: Cass. *Var.* 8, 10–12; 8, 25; Ensslin 1936. Ambrosius: Cass. *Var.* 8, 13 f. Abundantius: Cass. *Var.* 9, 4. Opilio: Cass. *Var.* 8, 16. Arator: Cass. *Var.* 8, 12. Reparatus: Cass. *Var.* 9, 7.

5 Brief Athalarichs an Kaiser Justin: Cass. *Var.* 8, 1. Küstenschutz: Cass. *Var.* 9, 25, 8–10. Briefe an Untertanen: Cass. *Var.* 8, 2–8. Vgl. Jord. *Get.* 304; *Rom.* 367; *Anon. Val.* 96; Proc. *Bell.* 5, 2, 1.

6 Cass. *Var.* 8, 3, 4.

7 Proc. *Bell.* 5, 13, 4–8. Vermutlich entstammten diese Ostgoten der Gefolgschaft des Theudis. Ehen zwischen einem Westgoten und einer Ostgotin dürften selten gewesen sein.

8 Amalafridas Tod: Cass. *Var.* 9, 1; Proc. *Bell.* 7, 9, 4.

9 Mundo: Cass. *Var.* 11, 1, 10 f.; *Or.* 2 (MGH.AA XII, p. 473–479); Malal. 18, 46; Proc. *Bell.* 5, 3, 15 + 21; Theoph. a. m. 6032; Croke 1982. Unterstützung gegen die Vandalen: Proc. *Bell.* 3, 14, 5 f.; 5, 3, 22–24. Gesandtschaft Gelimers: Malal. 18, 57. Beschwerde Justinians: Proc. *Bell.* 5, 3, 17; 5, 4, 19.

10 R. Delbrueck 1929, I 148 Nr. 32 (phrygische Mütze); Volbach 1976, 40 f. Nr. 31 (Diadem); Rummel 2007, 263 f. (Haube, Schleier oder Frisur).

11 Proc. *Bell.* 5, 2, 5–18.

12 Erstes Edikt Athalarichs: Cass. *Var.* 9, 2.

13 Baubeginn von S. Maria Maggiore: Agn. 57. S. Vitale: Agn. 57; 59; 61; S. Apollinare in Classe: Agn. 63. Als Geldgeber erscheint in allen drei Fällen der Bankier Iulius Argentarius; zu ihm Barnish 1985. Zu den drei ravennatischen Kirchen siehe Deichmann 1976, 50–232 (S. Vitale); 233–282 (S. Apollinare in Classe); 343–348 (S. Maria Maggiore); Mauskopf Deliyannis 2010, 222–250; 259–274; Jaeggi 2013, 224–227; 238–283.

14 SS. Cosma e Damiano: ILCV 1784; Krautheimer 1937, 137–143; Brandenburg 2013, 242–251.

15 *Lib. Pont.* 56 (Felix IV.); 57 (Bonifatius II.); 58 (Johannes II.); die Epitaphien bei F. Schneider 1933, Nr. 9–11. Das übrige bei Harnack 1924. Papstwahlordnung Athalarichs: Cass. *Var.* 9, 15; vgl. 9, 16.

16 Amalarichs Niederlage und Tod: *Chron. Caesaraug.* a. 531; Proc. *Bell.* 5, 13, 7–13; Jord. *Get.* 302; Greg. Tur. *Hist.* 3, 10; *Glor. conf.* 81. Thüringerkrieg: L. Schmidt 1940, 328–334. Burgunderkrieg: Mar. Avent. a. 534; Proc. *Bell.* 5, 13, 1–3; Greg. Tur. *Hist.* 3, 11; Favrod 1997, 457–470; Kaiser 2004a, 72–74.

17 Proc. *Bell.* 5, 2, 19–29.

18 Cassiodor *praefectus praetorio Italiae*: Cass. *Var.* 9, 25. Liberius *patricius praesentalis*: Cass. *Var.* 11, 1, 16; Ensslin 1936. Zweites Edikt Athalarichs: Cass. *Var.* 9, 18; vgl. *Var.* 9, 19 f. Briefe Cassiodors an Papst Johannes II. und den katholischen Episkopat: *Var.* 11, 2 f.

19 Zitat: Cass. *Var.* 11, 1, 4 + 6 + 19; dazu Fauvinet-Ranson 1998.

20 Cass. *Var.* 10, 1–4; Proc. *Bell.* 5, 4, 4–12; Jord. *Get.* 306; Euagr. *Hist.* 4, 19. Zuckerkrankheit: Frye 1995.

21 Theodahad: Vitiello 2014b. Amalasvintha: Vitiello 2017.

22 Justinian: Stein 1949, 219–690; Rubin 1960; Meier 2003; Leppin 2011.

23 Gelimers Machtergreifung: Proc. *Bell.* 3, 9, 8; 3, 17, 12; 4, 5, 8; Vict. Tunn. a. 531 mit Vössing 2014, 129 f.; Vössing 2016b.

24 Gesandtschaft Justinians: Proc. *Bell.* 5, 3, 10–29. Gesetz Justinians: *CJ* 6, 51, 1.

25 Absetzung und Tod Amalasvinthas: Proc. *Bell.* 5, 4, 13–15; 25–31; *Auct. Mar-*

cell. a. 534; Jord. *Get.* 306; *Rom.* 367 f.; Agn. 62 (Todesdatum). Gesandtschaft des Liberius und Opilio: Proc. *Bell.* 5, 4, 15; 5, 21, 21-25; Const. Porph. *Cer.* 87.

26 Proc. *Bell.* 5, 5, 17-19.

27 Maximus: Cass. *Var.* 10, 11 f.; PLRE II Maximus 20. Eid Theodahads: Cass. *Var.* 10, 16 f. Garnison: Cass. *Var.* 10, 18. Gesandtschaften: Cass. *Var.* 10, 19-21; 10, 22-24; Vitiello 2014b, 119-138. Senat an Justinian: Cass. *Var.* 11, 13. Agapetus und Cassiodor: Cass. *Inst.* praef. 1; ILCV 1898; Marrou 1931. Gesandtschaft des Papstes Agapetus: Cass. *Var.* 12, 20; Libt. *Brev.* 21; *Auct. Marcell.* a. 535, § 2; a. 536, § 10; *Lib. pont.* 59, 2-5. Theodahads *adventus* in Rom: Cass. *Var.* 12, 18 f.

28 Vertragsentwurf von 535: Proc. *Bell.* 5, 6, 1-5; Chrysos 1981.

29 Proc. *Bell.* 5, 6, 6-27; Cass. *Var.* 10, 15; 10, 19-26.

30 Abtretung der gotischen Provence: Proc. *Bell.* 5, 13, 14 f.; Greg. Tur. *Hist.* 3, 31; anders Jord. *Get.* 305; *Rom.* 367. Papst Silverius: *Lib. Pont.* 60; *Auct. Marcell.* a. 536, § 5; Libt. *Brev.* 22; vgl. Proc. *Bell.* 5, 11, 26; 5, 14, 4; Hildebrand 1922.

31 Cass. *Var.* 12, 5; Proc. *Bell.* 5, 8-10; *Auct. Marcell.* a. 536, § 3; Jord. *Get.* 308 f.; *Rom.* 370; *Lib. Pont.* 60, 3.

32 Witigis: PLRE III Vitigis. Königserhebung: Cass. *Var.* 10, 31; Proc. *Bell.* 5, 11, 5; *Auct. Marcell.* a. 536, § 4; Jord. *Get.* 309 f.; *Rom.* 372 f. Tod Theodahads: Proc. *Bell.* 5, 11, 6-9; *Auct. Marcell.* a. 536, § 6 (*iuxta fluvium Santernum*); Jord. *Get.* 309 f.; Agn. 62 (*XV. miliario a Ravenna*). Zur Lokalisierung des Ortes Sgubbi 2005, der sich für Bagnacavallo ausspricht.

33 Witigis in Rom: Proc. *Bell.* 5, 11, 6-10; Jord. *Get.* 309. Theudegisel: Proc. *Bell.* 5, 11, 10. Treueid der Römer: Proc. *Bell.* 5, 11, 26. Theodenanda: Proc. *Bell.* 5, 8, 3; Jord. *Get.* 308; *Auct. Marcell.* a. 536; ILS 8990 = ILCV 40 mit F. X. Zimmermann 1953.

34 Cass. *Var.* 10, 31, 2.

35 Mathesuentha: PLRE III Matasuentha. Hochzeit: Proc. *Bell.* 5, 12, 27; *Auct. Marcell.* a. 536, § 7; Jord. *Get.* 311; *Lib. Pont.* 60, 2. Hochzeitsrede: Cass. *Or.* 2 (MGH. AA XII, p. 477-484). Witigis an Justinian: Cass. *Var.* 10, 32; vgl. *Var.* 10, 33-35.

36 Rüstungen: Proc. *Bell.* 5, 12, 28; vgl. 5, 11, 16; 5, 13, 15. Bündnis mit Theudebert, Childebert und Chlotachar: Proc. *Bell.* 5, 13, 17-29; vgl. 5, 11, 16 f. Aufgabe des alamanischen Protektorats: Agath. 1, 6; vgl. 1, 4; Geuenich 2005, 89-94.

37 Verlust Roms: Proc. *Bell.* 5, 14, 4-6 + 12-15; *Auct. Marcell.* a. 536, § 8; Jord. *Get.* 311; *Lib. Pont.* 60, 4. Fidelis: PLRE II Fidelis. Verlust von *Apulia et Calabria* sowie *Samnium*: Proc. *Bell.* 5, 15, 1-4. Heer Belisars: Proc. *Bell.* 5, 5, 2-5; 5, 27, 1-3; *Auct. Marcell.* a. 537, § 2 (Verstärkungen).

38 Erste Belagerung Roms: Proc. *Bell.* 5, 17, 12-6, 10. 150 000 gotische Reiter: Proc. *Bell.* 5, 16, 11. Dauer der Belagerung: Proc. *Bell.* 6, 10, 13. 69 Gefechte: Proc. *Bell.* 6, 2, 37. Geiselmord: Proc. *Bell.* 5, 26, 1 f. Silverius durch Vigilius ersetzt: Proc. *Bell.* 5, 25, 13; *Hist. Arc.* 1, 14; 1, 27; Libt. *Brev.* 22; *Auct. Marcell.* a. 537, § 1; Vict. Tunn. a. 543; *Lib. Pont.* 60, 6-9. Vigilius: PCBE II Vigilius 6.

39 Belagerung Mailands: Proc. *Bell.* 6, 7, 35-38; 6, 12, 26-41; 6, 21, 1-42; *Auct. Marcell.* a. 538, § 6; a. 539, § 3; Mar. Avent. a. 538.

40 Theudeberts Plünderungszug: Proc. *Bell.* 6, 25; Jord. *Rom.* 375; *Auct. Marcell.* a. 539, § 4; Greg. Tur. *Hist.* 3, 32. Verlust von Fiesole und Osimo: Proc. *Bell.* 6, 27, 25-34; *Auct. Marcell.* a. 539, § 2. Fränkische Gesandtschaft: Proc. *Bell.* 6, 28, 7-15.

41 Vertragsangebot Justinians: Proc. *Bell.* 6, 29, 1-3.

42 Proc. *Bell.* 6, 29, 33 f.

43 Witigis' Tod: Jord. *Get.* 313. Mathesuentha und Germanus: Jord. *Get.* 81; 251; 314; Proc. *Bell.* 7, 1, 2.

44 Königserhebung Hildebads: Proc. *Bell.* 6, 30, 16–30; *Auct. Marcell.* a. 540, § 5; Jord. *Rom.* 378. 1000 Gefolgsleute: Proc. *Bell.* 7, 1, 27. Tod Hildebads: Proc. *Bell.* 7, 1, 41–49.

45 Königserhebung Erarichs: Proc. *Bell.* 7, 2, 1–4; Jord. *Rom.* 379; *Auct. Marcell.* a. 541, § 2. Gesandtschaft an Justinian: Proc. *Bell.* 7, 2, 16–18.

46 Tod Erarichs: Proc. *Bell.* 7, 2, 18; *Auct. Marcell.* a. 542 § 2; Jord. *Rom.* 379; Paul. Diac. *Rom.* 16, 22. Königserhebung Totilas: Proc. *Bell.* 7, 2, 10–18; 7, 4, 8 f.; *Auct. Marcell.* a. 542 § 2; Jord. *Rom.* 379; *Lib. Pont.* 61, 7; Paul. Diac. *Rom.* 16, 22. 5000 Gefolgsleute: Proc. *Bell.* 7, 4, 1. Auf den Münzen heißt der König *d(ominus) n(oster) Baduila rex*: Kraus 1928; Metlich 2004.

47 Rückeroberung Italiens: Proc. *Bell.* 7, 6, 3–5; Jord. *Rom.* 379; *Auct. Marcell.* a. 542, § 2. Erste Rückeroberung Roms (Dezember 546): Proc. *Bell.* 7, 18, 9 f.+19 f.; 7, 21, 1–17; *Auct. Marcell.* a. 547, § 5; *Lib. Pont.* 61, 7; Malal. 18, 97; Theoph. a. m. 6039.

48 Totilas Brief an den Senat: Proc. *Bell.* 7, 9, 7–21. Niederlegung von Stadtmauern: Proc. *Bell.* 7, 6, 1 (Benevent); 7, 8, 10 f. (Neapel); 7, 16, 22–24; 7, 22, 6 f. (Rom); 7, 23, 3 (Spoleto); 7, 24, 32 (Tibur); 7, 25, 7–12; *Auct. Marcell.* a. 543, 3; Jord. *Rom.* 379. Gräueltaten und Übergriffe: Proc. *Bell.* 7, 6, 26; 7, 10, 19–22; 7, 12, 19 f.; 7, 15, 14 f.; 7, 20, 34; 7, 26, 26 f.; 7, 31, 20; *Auct. Marcell.* a. 545, § 1; Greg. Magn. *Dial.* 2, 15; 3, 11; vgl. 1, 2; 2, 31; 3, 18; F. Schneider 1933, Nr. 13.

49 Proc. *Bell.* 7, 9, 3; 7, 13, 1; 7, 22, 20. Sklavenflucht: Proc. *Bell.* 7, 16, 14–15; 7, 22, 4; *Nov. Just.* App. 7, § 15 f.

50 Fränkische Eroberungen in Norditalien: Proc. *Bell.* 7, 33, 7-f.; 8, 24, 6–10. Münzprägung Totilas: Kraus 1928, 182–200; Metlich 2004, 33 f., 37; 45; 53–55. Gesandtschaften an Justinian: 1) anno 546: *Auct. Marcell.* a. 547, § 1; 2) anno 547: Proc. *Bell.* 7, 21; 3) anno 550: Proc. *Bell.* 7, 37, 6–8; vgl. 8, 24, 4 f.

51 Zweite Rückeroberung Roms (Januar 550): *Ep. Arel.* 45 (JK 925 = HJ 1841); Proc. *Bell.* 7, 36; Jord. *Rom.* 382; *Exc. Sang.* 704. Wiederaufbau und Wagenrennen: Proc. *Bell.* 7, 37, 1–3. Sizilienexpedition: Proc. *Bell.* 7, 39, 2–5; 7, 40, 19–29; Jord. *Rom.* 382.

52 Weströmische Senatoren in Konstantinopel: Proc. *Bell.* 7, 35, 9 f.; Vigil. *Ep. ad Rusticum et Sebastianum,* in: ACO IV, 1, p. 188 (JK 927 = HJ 1846); *Ep.* 1 Schwartz (JK 931 = HJ 1861); *Lib. Pont.* 61, 7. Liberius: Proc. *Bell.* 7, 39, 6; 8, 24, 1; Jord. *Rom.* 385. Germanus: Proc. *Bell.* 7, 35, 9–10; 7, 37, 24–27; 7, 39, 2–9; Jord. *Get.* 251; *Rom.* 382; 385.

53 Flottenexpedition nach Korkyra und Epirus: Proc. *Bell.* 8, 22, 17–32. Seeschlacht bei Ancona: Proc. *Bell.* 8, 23. Heer des Narses: Proc. *Bell.* 8, 21, 19 f.; 8, 26, 5–17. Eroberung von Korsika und Sardinien: Proc. *Bell.* 8, 24, 31–33.

54 Heer des Narses: Proc. *Bell.* 8, 21, 20; 8, 26, 5–17. Marsch von Salona nach Ravenna: Proc. *Bell.* 8, 26, 5; 8, 26, 18–25; 8, 28; Agn. 62.

55 300 Geiseln: Proc. *Bell.* 8, 34, 7–8. Schlacht bei den Busta Gallorum (Juni 552): Proc. *Bell.* 8, 29–32; Mar. Avent. a. 553; Vict. Tunn. a. 554; *Lib. Pont.* 61, 8; Agn. 62; Malal. 18, 116; Theoph. a. m. 6044. Asbad: Proc. *Bell.* 8, 32, 22–28; sein Epitaphium: *Auct. Haun. Extrema* 2 = Suppl. It. 9, 15. Gewand und *kamelaukion*: Theoph. a. m. 6044 mit Wiemer/Berndt 2016, 170 f.

56 Königserhebung Tejas: Proc. *Bell.* 8, 33, 6; Agn. 62; Mar. Avent. a. 535. Geiselmord: Proc. *Bell.* 8, 34, 8.

57 Schlacht am Milchberg (Oktober 552): Proc. *Bell.* 8, 34–35. Tod Tejas: Proc. *Bell.* 8, 35, 20–29. Vertrag mit den besiegten Goten: Proc. *Bell.* 8, 35, 35; Agath. 1, 1.

58 Butilin und Leutharis: Agath. 1, 1; 1, 5-2, 13. Aligern: Agath. 1, 20. Einnahme Vero-
nas: Malal. 18, 140; Theoph. a. m. 6055; Agn. 79; Paul. Diac. *Lang.* 2, 2 (Widin). Eine
neuere Untersuchung über die letzten Goten Italiens fehlt; zuletzt L. Schmidt 1943.

第十三章　狄奥多里克大王：一个形象的变迁

1 Zitat: Cass. *Orth.* praef. Vivarium: Courcelle 1938; Courcelle 1957; Klauser 1977;
O'Donnell 1979, 177-222; Barnish 1987b; Troncarelli 1998 (dazu kritisch Halporn
2000).

2 Pragmatische Sanktion Justinians: *Nov. Just.* App. 7; L. M. Hartmann 1923, 344-348;
Stein 1949, 612-618; T. S. Brown 1984, 6-14.

3 Langobardische Eroberung: L. M. Hartmann 1900, 34-55.

4 Drei-Kapitel-Streit: Caspar 1933, 234-305; Stein 1949, 623-690; Sotinel 2001b;
Sotinel 2006, 295-370; Leppin 2011, 293-307.

5 Weströmische Senatoren in Konstantinopel: vgl. oben Kap. XII.3 (Anm. 52). Geisel-
mord des Witigis: Proc. *Bell.* 5, 26, 1 f. Cassiodor und Cethegus: Vigil. *Ep. ad Rusti-
cum et Sebastianum*, in: ACO IV, 1, p. 188 (JK 927 = HJ 1846); PCBE II Cethegus
1. Widmung des Psalmenkommentars: Cass. *Ex. Ps.* praef. Lob des Facundus von
Hermiane: Cass. *Ex. Ps.* 137.

6 Psalmenkommentar: Schlieben 1974; Schlieben 1979; O'Donnell 1979, 131-176.
«Institutiones saecularium litterarum» als separates Buch: Troncarelli 1998, 12-21;
Vessey 2004, 39-44.

7 Zitat: Cass. *Inst.* 1, 30, 1; vgl. 1, 15. Studienprogramm: Vessey 2004, 42-79; Ferrari
2011.

8 Gregor der Große und Vivarium: Greg. Magn. *Ep.* 8, 30 (JE 1519 = HJ 2608); *Ep.* 8,
32 (JE 1521 = HJ 2610). Codex Amiatinus: Weitzmann 1977, 24; 126 f. Taf. 48; Ves-
sey 2002, 67-92.

9 Herrschaftskonzept Theoderichs: Wiemer 2013b; Wiemer 2014; vgl. oben Kap. VI.1.

10 Verschwinden des Senats: Stein 1939.

11 Das «christliche Experiment» Justinians: Leppin 2011, 335-354.

12 Synode von Toledo: Schäferdiek 1967, 192-194. Sakralisierung des westgotischen
Königtums: Ewig 1956, 24-37.

13 Karl der Große und Theoderich: Löwe 1952a. «De imagine Tetrici»: H. J. Zimmer-
mann 1972, 148-152; Herren 1991 (Text und Übersetzung); Lienert 2008, 52 f.
Nr. 48.

14 Hildebrandslied: Lienert 2008, 53 f. Nr. 50. Deors Klage: Lienert 2008, 55 Nr. 52.
Runenstein von Rök: H. J. Zimmermann 1972, 152-159; Lienert 2008, 51 Nr. 47;
Düwel 2008, 114-118. Kampf Theoderichs mit Odovakar: H. J. Zimmermann 1972,
111 f.; Lienert 2008, 262 Nr. B6.

15 Dietrichepik: Heinzle 1999; Kragl 2018. Dietrichsage: Haubrichs 2000. Dietrich-
Testimonien des 6. bis 16. Jahrhunderts: Lienert 2008. Nibelungenlied als deutsches
Nationalepos: See 1994b, 83-134.

16 Dietrich von Bern als Erinnerungsfigur: Graus 1975, 39-46.

17 Luther und Dietrich von Bern: Lienert 2008, 225 f. Nr. 313. Innsbrucker Hofkirche:
Schleicher 1986; Lienert 2008, 267 Nr. B21.

18 Cochläus und Cassiodor: Cochläus 1529; Spahn 1898, 29 f.; 58 f.; 108 f. «Vita Theo-
derici»: Cochläus 1544; Cochläus 1699; Spahn 1898, 295 f. Beide Ausgaben be-

spricht ausführlich Hummel 1777, 428–454. Schwedischer Gotizismus: Svennung 1967; Schmidt-Voges 2004. Die deutsche Diskussion über gotische Sprache und Kultur behandelt Brough 1985.

19 Garets Cassiodor-Ausgabe ist in den Bänden 69 und 70 der «Patrologia Latina» (1865) nachgedruckt. Bei Garet fehlten noch die «Complexiones in Epistulas Apostolorum», die erst 1721 von Scipione Maffei veröffentlicht wurden.

20 Gibbon 1788, Kap. XXXIX.

21 Zum Theoderich-Bild in der europäischen Historiographie: Helbling 1954, bes. 59–84; Pizzi 1994/95.

22 Preisschriften des Jahres 1810: Sartorius 1811a, bes. 237–246; Naudet 1811, bes. 188–196: «Jugement sur le système de Théodoric». Beide Bücher bespricht Sartorius 1811b. Die «Geschichte des ostgothischen Königs Theoderich und seiner Regierung» des Schaffhausener Pfarrers Friedrich Hurter (1787–1865), der später zum römisch-katholischen Glauben übertrat, bricht mit dem zweiten Band unvollendet ab und fand kaum Beachtung.

23 Walhalla: Nipperdey 1968. Hintzes Denkschrift: vom Brocke 2006 (dort auch der Text).

24 du Roure 1846, v-xxxi (1847 ausführlich und zustimmend besprochen von dem Diplomaten Émile de Langsdorff); Pavirani 1846/47.

25 Gregorovius 1859, 277–327 (Buch 2, Kap. 2); Ranke 1883, 370–445. Gregorovius und Italien: Esch/Petersen 1993. Theoderich-Bild in der deutschen Historiographie des 19. Jahrhunderts: Cesa 2003.

26 Hodgkin 1885; Hodgkin 1891. Hodgkin und Italien: Bullough 1968.

27 Dahn 1859; Dahn 1861; Dahn 1866. «Ein Kampf um Rom»: Schwab 2003; Reemtsma 2004 (mißglückte «Ehrenrettung»). Völkisch-nationales Denken 1789–1914: See 2001, bes. 142–148.

28 Mommsen und die Spätantike: Croke 1990; Rebenich 1998.

29 Hartmann und die österreichische Geschichtswissenschaft: Fellner 1985.

30 Pastor als vökischer Publizist: Wiwjorra 2001. Broschüren und Traktätchen der NS-Zeit: Reier 1934; Prestel 1935; Eicke 1938; H. Neumann 1939. Historiographie der NS-Zeit: Vetter 1938, 62 f. (dazu kritisch L. Schmidt 1939); Stauffenberg 1938; Stauffenberg 1940; Ensslin 1942.

31 Über Ensslins Leben und Werk Christ 1982, 148–150. Den Anteil der Germanen im allgemeinen und Theoderichs im besonderen an der «Wiedergeburt des Abendandes» betonte zur selben Zeit auch der einflußreiche Mediävist Hermann Aubin (1885–1969): Aubin 1949, 130–139.

参考文献

Adams 1976 = J. N. Adams, The Text and Language of a Vulgar Chronicle (Anonymus Valesianus II).

Alföldi 1926 = A. Alföldi, Der Untergang der Römerherrschaft in Pannonien. Bd. 2.

Alföldi 1935 = A. Alföldi, Insignien und Tracht der römischen Kaiser, in: Röm. Mitteilungen 50, 3–158; auch in: ders., Die monarchische Repräsentation im römischen Kaiserreiche (1980), 120–323.

Altheim 1951 = F. Altheim, Attila und die Hunnen.

Amory 1997 = P. Amory, People and Identity in Ostrogothic Italy, 489–554.

Anders 2010 = F. Anders, Flavius Ricimer. Macht und Ohnmacht des weströmischen Heermeisters in der zweiten Hälfte des 5. Jahrhunderts.

Antonsen u. a. 1990 = E. H. Antonsen/J. W. Marchand/L. Zgusta (Hrsg.), The Grimm Brothers and the Germanic Past.

Arbesmann 1979 = R. Arbesmann, The ‹cervuli› and ‹anniculae› in Caesarius of Arles, in: Traditio 35, 89–119.

Arjava 1996 = A. Arjava, Women in Law in Late Antiquity.

Arnold 2013 = J. J. Arnold, Theoderic's Invincible Mustache, in: Journal of Late Antiquity 6, 152–183.

Arnold 2014 = J. J. Arnold, Theoderic and the Roman Imperial Restoration.

Arnold 2016 = J. J. Arnold, Ostrogothic Provinces: Administration and Ideology, in: Arnold u. a. 2016, 73–97.

Arnold u. a. 2016 = J. J. Arnold/M. S. Bjornlie/K. Sessa (Hrsg.), A Companion to Ostrogothic Italy.

Aubin 1949 = H. Aubin, Vom Altertum zum Mittelalter. Absterben, Fortleben und Erneuerung.

Auer/de Vaan 2016 = A. Auer/M. de Vaan (Hrsg.), Le palimpseste gotique de Bologne. Études philologiques et linguistiques.

Augenti 2006 = A. Augenti (Hrsg.), Le città italiane tra la tarda antichità e l'alto Medioevo: atti del convegno, Ravenna, 26–28 febbraio 2004.

Augenti/Bertelli 2007 = A. Augenti/C. Bertelli (Hrsg.), Felix Ravenna. La croce, la spada, la vela: l'alto Adriatico fra V e VI secolo.

Ausbüttel 1987 = F. M. Ausbüttel, Die Curialen und Stadtmagistrate Ravennas im späten 5. und 6. Jh., in: Zeitschrift für Papyrologie und Epigraphik 67, 207–214.

Ausbüttel 1988 = F. M. Ausbüttel, Die Verwaltung der Städte und Provinzen im spätantiken Italien.

Badel 2006 = C. Badel, Un chef germain entre Byzance et l'Italie: l'épitaphe d'Asbadus à Pavie (Suppl. It., 9, 15), in: Ghilardi u. a. 2006, 91–100.

Bagnall u. a. 1987 = R. S. Bagnall/Al. Cameron/S. R. Schwartz/K. A. Worp, Consuls of the Later Roman Empire.

Baldini Lippolis 2000 = I. Baldini Lippolis, Il ritratto musivo nella facciata interna di
    S. Apollinare Nuovo a Ravenna, in: Atti del VI Colloquio dell'Associazione Italiana
    per lo studio e la conservazione del mosaico: Venezia 20 – 23 gennaio 1999, 463–478.
Barnes 1998 = T. D. Barnes, Ammianus Marcellinus and the Representation of Historical
    Reality.
Barnish 1983 = S. J. B. Barnish, The Anonymous Valesianus II as a Source for the Last
    Years of Theodoric, in: Latomus 42, 572–596.
Barnish 1984 = S. J. B. Barnish, The Genesis and Completion of Cassiodorus' Gothic
    History, in: Latomus 43, 336–361.
Barnish 1985 = S. J. B. Barnish, The Wealth of Iulianus Argentarius: Late antique banking
    and the Mediterranean economy, in: Byzantion 55, 5–38.
Barnish 1986 = S. J. B. Barnish, Martianus Capella and Rome in the Late Fifth Century, in:
    Hermes 114, 98–111.
Barnish 1987a = S. J. B. Barnish, The Work of Cassiodorus after his Conversion, in: Lato-
    mus 48, 157–187.
Barnish 1987b = S. J. B. Barnish, Pigs, Plebeians and potentes: Rome's economic hinter-
    land c. 350–600 A. D, in: Papers of the British School at Rome 54, 157–185.
Barnish 1988 = S. J. B. Barnish, Transformation and Survival in the Western Senatorial
    Aristocracy, c. A. D. 400–700, in: Papers of the British School at Rome 56, 120–155.
Barnish 1989 = S. J. B. Barnish, A Note on the «collatio glebalis», in: Historia 38, 254–256.
Barnish 1990 = S. J. B. Barnish, Maximian, Cassiodorus, Boethius, Theodahad: Literature,
    Philosophy and Politics in Ostrogothic Italy, in: Nottingham Medieval Studies 34, 16–31.
Barnish 2001a = S. J. B. Barnish, *Religio in stagno*: Nature, Divinity, and the Christiani-
    zation of the Countryside in Late Antique Italy, in: Journal of Early Christian Studies
    9, 387–402.
Barnish 2001b = S. J. B. Barnish, Sacred Texts of the Secular: Writing, Hearing, and Rea-
    ding Cassiodorus' *Variae*, in: Studia patristica 38, 362–370.
Barnish 2003 = S. J. B. Barnish, Liberty and Advocacy in Ennodius of Pavia: The Signi-
    ficance of Rhetorical Education in Late Antique Italy, in: P. Defosse (Hrsg.), Hom-
    mages à Carl Deroux. Bd. 5, 20–28.
Barnish/Marazzi 2007 = S. J. B. Barnish/F. Marazzi (Hrsg.), The Ostrogoths. From the
    migration period to the sixth century.
Barth 1969 = F. Barth, Ethnic Groups and Boundaries. The Social Organization of Cultu-
    re Difference.
Baumgart 1995 = S. Baumgart, Die Bischofsherrschaft im Gallien des 5. Jahrhunderts.
    Eine Untersuchung zu den Gründen und Anfängen weltlicher Herrschaft der Kirche.
Bazelmans 1991 = J. Bazelmans, Conceptualizing Early Germanic Political Structures:
    a review of the use of the concept of Gefolgschaft, in: N. Roymans/F. Theuws (Hrsg.),
    Images of the Past. Studies on Ancient Societies in Northwestern Europe, 91–130.
Beaujard 2006 = B. Beaujard, Les cités de la Gaule méridionale du IIIe au VIIe s., in:
    Francia 63, 11–23.
Becher 2011 = M. Becher, Chlodwig I. Der Aufstieg der Merowinger und das Ende der
    antiken Welt.
Beck 1986 = H. Beck (Hrsg.), Germanenprobleme in heutiger Sicht.
Beck u. a. 2004 = H. Beck/D. Geuenich/H. Steuer/D. Hakelberg (Hrsg.), Zur Geschichte der
    Gleichung «germanisch – deutsch». Sprache und Namen, Geschichte und Institutionen.
Becker 2013 = A. Becker, Les relations diplomatiques romano-barbares en Occident au Ve
    siècle. Acteurs, fonctions, modalités.

Behrwald 2018 = R. Behrwald, Die Stadt Rom unter der Herrschaft gotischer Könige, erscheint in: Wiemer 2018a.

Behrwald/Witschel 2012 = R. Behrwald/C. Witschel (Hrsg.), Historische Erinnerung im städtischen Raum: Rom in der Spätantike.

Berndt 2011 = G. M. Berndt, Beute, Schutzgeld und Subsidien, in: H. Carl/H.-J. Bömelburg (Hrsg.), Lohn der Gewalt. Beutepraktiken von der Antike bis zur Neuzeit, 121–147.

Berndt 2013 = G. M. Berndt, Aktionsradien gotischer Kriegergruppen, in: Frühmittelalterliche Studien 47, 7–52.

Berndt/Steinacher 2014 = G. M. Berndt/R. Steinacher (Hrsg.), Arianism: Roman Heresy and Barbarian Creed.

Berschin 1988 = W. Berschin, Greek Letters and the Latin Middle Ages: From Jerome to Nicholas of Cusa. Translated by J. C. Frakes. Revised and expanded edition.

Bichler 2000 = R. Bichler, Herodots Welt. Der Aufbau der Historie am Bild der fremden Länder und Völker, ihrer Zivilisation und ihrer Geschichte.

Bierbrauer 1975 = V. Bierbrauer, Die ostgotischen Grab- und Schatzfunde in Italien.

Bierbrauer 1994 = V. Bierbrauer, Archäologie und Geschichte der Goten vom 1.–7. Jahrhundert, in: Frühmittelalterliche Studien 28, 51–171.

Bierbauer 2007 = V. Bierbrauer, Neue ostgermanische Grabfunde des 5. und 6. Jahrhunderts in Italien, in: Acta Praehistorica et Archaeologica 39, 93–124.

Bierbrauer 2010 = V. Bierbrauer, Goten im Osten und Westen: Ethnos und Mobilität am Ende des 5. und in der 1. Hälfte des 6. Jahrhunderts aus archäologischer Sicht, in: Kölner Jahrbuch 43, 71–111.

Biernacki 2005 = A. B. Biernacki, A City of Christians: Novae in the 5th and 6th C AD, in: Archeologia Bulgarica 9, 53–74.

Biundo 2006 = R. Biundo, Le vicende delle proprietà municipali tra IV e V secolo d. C., in: Ghilardi u. a. 2006, 37–51.

Bjornlie 2013 = M. S. Bjornlie, Politics and Tradition Between Rome, Ravenna and Constantinople. A Study of Cassiodorus and the Variae, 527–554.

Blaudeau 2012 = P. Blaudeau, Le Siège de Rome et l'Orient (448–536). Étude géo-ecclésiologique.

Bleckmann 1992 = B. Bleckmann, Die Reichskrise des III. Jahrhunderts in der spätantiken und byzantinischen Geschichtsschreibung. Untersuchungen zu den nachdionischen Quellen der Chronik des Johannes Zonaras.

Bleckmann 1996 = B. Bleckmann, Honorius und das Ende der römischen Herrschaft in Westeuropa, in: Historische Zeitschrift 265, 561–595.

Bleckmann 2009 = B. Bleckmann, Die Germanen. Von Ariovist bis zu den Wikingern.

Bleicken 1982 = J. Bleicken, Zum Regierungsstil des römischen Kaisers: eine Antwort auf Fergus Millar; auch in: ders., Gesammelte Schriften. Bd. 2 (1998), 843–875.

H. Bloch 1959 = H. Bloch, Ein datierter Ziegelstempel Theoderichs des Grossen, in: Röm. Mitteilungen 66, 196–203.

M. Bloch 1935 = M. Bloch, Avènement et conquête du moulin à eau, in: Annales d'histoire économique et sociale 7, 538–563; auch in: M. Bloch 1963, II, 800–821.

M. Bloch 1945a = M. Bloch, Sur les grandes invasions: quelques positions et problèmes, in: Revue de synthèse historique 60, 55–81; auch in: M. Bloch 1963, I, 90–110.

M. Bloch 1945b = M. Bloch, Une mise au point: Les invasions. Deux structures économiques, in: Annales d'histoire sociale 1, 33–46 + 2, 13–28; auch in: M. Bloch 1963, I, 110–142.

M. Bloch 1947 = M. Bloch, Comment et pourquoi finit l'esclavage antique, in: Annales. Économies, Sociétés, Civilisations 2, 30–44; 161–170; auch in: Bloch 1963, I, 261–285.

M. Bloch 1963 = M. Bloch, Mélanges historiques. 2 Bde.

Bodmer 1957 = J.-P. Bodmer, Der Krieger der Merowingerzeit und seine Welt: Eine Studie über Kriegertum als Form der menschlichen Existenz im Frühmittelalter.

Bona 1991 = I. Bona, Das Hunnenreich.

Bonifay/Piéri 1995 = M. Bonifay/D. Piéri, Amphores du Ve au VIIe s. à Marseille: nouvelles données sur la typologie et le contenu, in: Journal of Roman Archaeology 8, 94–117.

Bonnet/Beltrán de Heredia 2000 = C. Bonnet/J. Beltrán de Heredia, El primer grupo episcopal de Barcelona, in: Ripoll/Gurt 2000, 467–490.

Borhy 2011 = L. Borhy, Die Römer in Ungarn. Mit einem Beitrag von M. Szabó.

Börm 2008 = H. Börm, Das weströmische Kaisertum nach 476, in: H. Börm/ N. Ehrhardt/J. Wiesehöfer (Hrsg.), Monumentum et instrumentum inscriptum. Beschriftete Objekte aus Kaiserzeit und Spätantike als historische Zeugnisse. Festschrift für Peter Weiß zum 65. Geburtstag, 47–69.

Börm 2010 = H. Börm, Herrscher und Eliten in der Spätantike, in: H. Börm/J. Wiesehöfer (Hrsg.), Commutatio et contentio. Studies in the Late Roman, Sasanian, and Early Islamic Near East, 159–198.

Börm 2013 = H. Börm, Westrom. Von Honorius bis Justinian.

Bowes 2012 = K. Bowes, Houses and Society in the Later Roman Empire.

Bowra 1952 = C. M. Bowra, Heroic Poetry.

Brandenburg 2013 = H. Brandenburg, Die frühchristlichen Kirchen in Rom vom 4. bis zum 7. Jahrhundert. Der Beginn der abendländischen Kirchenbaukunst. 3. Aufl. (1. Aufl. 2004)

Brather 2004 = S. Brather (Hrsg.), Ethnische Interpretationen in der frühgeschichtlichen Archäologie. Geschichte, Grundlagen und Alternativen.

Brecht 1999 = S. Brecht, Die römische Reichskrise von ihrem Ausbruch bis zu ihrem Höhepunkt in der Darstellung byzantinischer Autoren.

Brennecke 1988 = H. C. Brennecke, Studien zur Geschichte der Homöer. Der Osten bis zum Ende der homöischen Reichskirche.

Brennecke 1996 = H. C. Brennecke, Christianisierung und Identität – das Beispiel der germanischen Völker, in: U. van der Heyden/H. Liebau (Hrsg.), Missionsgeschichte – Kirchengeschichte – Weltgeschichte, 239–247; auch in: Brennecke 2007, 145–156.

Brennecke 1997 = H. C. Brennecke, Chalkedonese und Henotikon. Bemerkungen zum Prozess der östlichen Rezeption der christologischen Formel von Chalkedon, in: J. van Oort/J. Roldanus (Hrsg.), Chalkedon: Geschichte und Aktualität. Studien zur Rezeption der christologischen Formel von Chalkedon, 24–53; auch in Brennecke 2007, 259–290.

Brennecke 2000 = H. C. Brennecke, Imitatio – reparatio – continuatio. Die Judengesetzgebung im Ostgotenreich Theoderichs des Großen als *reparatio imperii*?, in: Zeitschrift für antikes Christentum 4, 133–148.

Brennecke 2002 = H. C. Brennecke, Der sogenannte germanische Arianismus als «arteigenes» Christentum. Die völkische Deutung der Christianisierung der Germanen im Nationalsozialismus, in: T. Kaufmann/H. Oelke (Hrsg.), Evangelische Kirchenhistoriker im «Dritten Reich», 310–329.

Brennecke 2007 = H. C. Brennecke, Ecclesia est in re publica. Studien zur Kirchen- und Theologiegeschichte im Kontext des Imperium Romanum.

Brennecke 2014a = H. C. Brennecke, Deconstruction of the So-called Germanic Arianism, in: Berndt/Steinacher 2014, 117–130.

Brennecke 2014b = H. C. Brennecke, Zwischen Byzanz und Ravenna. Das Papsttum an der Wende zum 6. Jahrhundert, in: Meier/Patzold 2014, 217–238.

Brennecke 2018 = H. C. Brennecke, «*Ipse Haereticus favens Judaeis*». Homöer und Juden als religiöse Minderheiten im Ostgotenreich, erscheint in: Wiemer 2018a.

Brion 1936 = M. Brion, Theoderich. König der Ostgoten. Aus dem Französischen.

Brodka 2009 = D. Brodka, Einige Bemerkungen zum Verlauf der Schlacht bei Adrianopel (9. August 378), in: Millennium 6, 265–280.

Brodka 2016 = D. Brodka, Prokop von Kaisareia und seine Informanten: Ein Identifikationsversuch, in: Historia 65, 108–124.

Brogiolo 1993 = G. P. Brogiolo, Brescia altomedievale: urbanistica ed edilizia dal IV al IX secolo.

Brogiolo 1999 = G. P. Brogiolo, Ideas of the Town in Italy during the Transition from Antiquity to the Middle Ages, in: Brogiolo/Ward-Perkins 1999, 99–126.

Brogiolo 2007 = G. P. Brogiolo, Dwellings and Settlements in Ostrogothic Italy, in: Barnish/Marazzi 2007, 113–132.

Brogiolo 2011 = G. P. Brogiolo, Dati archeologici e beni fiscali nell'Italia goto-longobarda, in: Díaz/Martín Viso 2011, 87–106.

Brogiolo/Castelletti 1991/2001 = G. P. Brogiolo/L. Castelletti, Archeologia a Monte Barro. 2 Bde.

Brogiolo/Possenti 2000 = G. P. Brogiolo/E. Possenti, L'età gota in Italia settentrionale nella transizione tra tarda antichità a alto medioevo, in: P. Delogu (Hrsg.), Le invasioni barbariche nel Meridione dell'impero: Visigoti, Vandali, Ostrogoti, 257–296.

Brogiolo/Ward-Perkins 1999 = G. P. Brogiolo/B. Ward-Perkins (Hrsg.), The Idea and Ideal of the Town between Late Antiquity and the Early Middle Ages.

Brokmeier 1987 = B. Brokmeier, Der große Friede 332. Zur Außenpolitik Konstantins des Großen, in: Bonner Jahrbücher 187, 80–100.

Brough 1985 = S. Brough, The Goths and the Concept of Gothic in Germany from 1500 to 1750.

P. Brown 1971 = P. Brown, The World of Late Antiquity. London.

P. Brown 1992 = P. Brown, Power and Persuasion in the Later Roman Empire. Towards a Christian Empire.

P. Brown 2002 = P. Brown, Poverty and Leadership in the Later Roman Empire.

T. S. Brown 1984 = T. S. Brown, Gentlemen and Officers: Imperial Administration and Aristocratic Power in Byzantine Italy A. D. 554–800.

Browning 1953 = R. Browning, Where was Attila's Camp?, in: Journal of Hellenic Studies 73, 143–145.

Brühl 1975 = C. Brühl, Palatium und Civitas. Studien zur Profantopographie spätantiker Civitates vom 3. bis zum 13. Jahrhundert. Bd. 1: Gallien.

Buchner 1933 = R. Buchner, Die Provence in merowingischer Zeit. Verfassung, Wirtschaft, Kultur.

Bullough 1966 = D. A. Bullough, Urban Change in Early Medieval Italy: The Example of Pavia, in: Papers of the British School at Rome 34, 82–130.

Bullough 1968 = D. A. Bullough, Italy and Her Invaders (Inaugural Lecture).

Burton 1979 = G. P. Burton, The *Curator Rei Publicae*. Towards a Reappraisal, in: Chiron 9, 465–487.

Bury 1923 = J. B. Bury, History of the Later Roman Empire from the Death of Theodosius I to the Death of Justinian. 2 Bde.

Busch 2015 = A. Busch, Die Frauen der theodosianischen Dynastie. Macht und Repräsentation kaiserlicher Frauen im 5. Jahrhundert.

Büsing u. a. 1993 = H. Büsing/A. Büsing-Kolbe/V. Bierbrauer, Die Dame von Ficarolo, in: Archeologia medievale 20, 303–332.

Büsing-Kolbe/Büsing 2002 = A. Büsing-Kolbe/H. Büsing, Stadt und Land in Oberitalien.

Caillet 1993 = J.-P. Caillet, L'évergétisme monumental chrétien en Italie et à ses marges d'après l'épigraphie des pavements de mosaïques (IVe-VIIe s.).

Al. Cameron 1976 = Al. Cameron, Circus Factions. Blues and Greens at Rome and Byzantium.

Al. Cameron 1984 = Al. Cameron, Probus' Praetorian Games: Olympiodorus Fr. 4, in: Greek, Roman, and Byzantine Studies 25, 193–196; auch in: Al. Cameron 2016, 335–338.

Al. Cameron 1985 = Al. Cameron, Polyonomy in the Late Roman Aristocracy: The Case of Petronius Probus, in: Journal of Roman Studies 75, 164–182; auch in: Al. Cameron 2016, 433–458.

Al. Cameron 1988 = Al. Cameron, Flavius: A Nicety of Protocol, in: Latomus 47, 26–33; auch in: Al. Cameron 2016, 425–431.

Al. Cameron 2012a = Al. Cameron, Basilius and his Diptych Again: Career Titles, Seats in the Colosseum, and Issues of Stylistic Dating, in: Journal of Roman Archaeology 25, 513–530.

Al. Cameron 2012b = A. Cameron, Anician Myths, in: Journal of Roman Studies 102, 133–171; auch in: Al. Cameron 2016, 285–334.

Al. Cameron 2016 = Al. Cameron, Studies in Late Roman History and Literature.

Al. Cameron/Schauer 1982 = Al. Cameron/D. Schauer, The Last Consul. Basilius and his Diptych, in: Journal of Roman Studies 72, 126–143.

Av. Cameron 1981 = Av. Cameron, Cassiodorus Deflated, in: Journal of Roman Studies 71, 183–186.

Av. Cameron 1985 = Av. Cameron, Procopius and the Sixth Century.

Av. Cameron 2012 = Av. Cameron, The Mediterranean World in Late Antiquity, AD 395–700. 2. Aufl. (1. Aufl. 1993)

Av. Cameron/Garnsey 1998 = Av. Cameron/P. Garnsey (Hrsg.), The Cambridge Ancient History. 2nd Edition. Bd. XIII: The Late Empire, A. D. 337–425.

Av. Cameron u. a. 2000 = Av. Cameron/B. Ward-Perkins/M. Whitby (Hrsg.), The Cambridge Ancient History. 2nd Edition. Bd. XIV: Late Antiquity: Empire and Successors, A. D. 425–600.

Carandini/Ricci 1985 = A. Carandini/A. Ricci (Hrsg.), Settefinestre: una villa schiavistica nell'Etruria Romana. 3 Bde.

Carile 1995 = A. Carile (Hrsg.), Teoderico il Grande fra Oriente e Occidente (Ravenna, 28 settembre-2 ottobre 1992).

Carrié 1982 = J.-M. Carrié, Le «colonat du Bas-Empire»: un mythe historiographique?, in: Opus 1, 351–370.

Carrié 1983 = J.-M. Carrié, Un roman des origines: les genealogies du «colonat du Bas-Empire», in: Opus 2, 1983, 205–251.

Caspar 1930 = E. Caspar, Geschichte des Papsttums von den Anfängen bis zur Höhe der Weltherrschaft. Bd. 1: Römische Kirche und Imperium Romanum.

Caspar 1933 = E. Caspar, Geschichte des Papsttums von den Anfängen bis zur Höhe der Weltherrschaft. Bd. 2: Das Papsttum unter byzantinischer Herrschaft.

Cavallieri Manasse 1993 = G. Cavalieri Manasse, Le mura teodericiane di Verona, in: CISAM 1993, 633-644.

Cecconi 1994 = G. A. Cecconi, Governo imperiale e élites dirigenti nell'Italia tardoantica. Problemi di storia politico-amministrativa.

Cecconi 1998 = G. A. Cecconi, I governatori delle province italiche, in: Antiquité tardive 7, 149-179.

Cecconi 2006a = G. A. Cecconi, Crisi e trasformazioni del governo municipale in Occidente tra IV e VI secolo, in: Krause/Witschel 2006, 285-318.

Cecconi 2006b = G. A. Cecconi, Honorati, possessores, curiales: competenze istituzionali e gerarchie di rango nella città tardoantica, in: Lizzi Testa 2006, 41-64.

Cerati 1975 = A. Cerati, Caractère annonaire et assiette de l'impôt foncier au Bas-Empire.

Cesa 1994 = M. Cesa, Il regno di Odoacre. La prima dominazione germanica in Italia, in: B. Scardigli/P. Scardigli (Hrsg.), Germani in Italia, 307-332.

Cesa 2003 = M. Cesa, Il regno di Teodorico nella valutazione della storiografia tedesca dell'Ottocento, in: E. d'Angelo (Hrsg.), Atti della Seconda Giornata Ennodiana, 15-36.

Çetinkaya 2009 = H. Çetinkaya, An Epitaph of a Gepid King at Vefa kilise camii in Istanbul, in: Revue des Études byzantines 67, 225-229.

H. Chadwick 1981 = H. Chadwick, Boethius: The Consolations of Music, Logic, Theology, and Philosophy.

H. M. Chadwick 1907 = H. M. Chadwick, The Origin of the English Nation.

Chantraine 1988 = H. Chantraine, Das Schisma von 418/19 und das Eingreifen der kaiserlichen Gewalt in die römische Bischofswahl, in: Kneissl/Losemann 1988, 79-94.

Chastagnol 1960 = A. Chastagnol, La préfecture urbaine à Rome sous le Bas-Empire.

Chastagnol 1963 = A. Chastagnol, L'administration du diocèse italien au Bas-Empire, in: Historia 12, 348-379; auch in: ders., L'Italie et l'Afrique au Bas-Empire. Scripta Varia (1987), 117-148.

Chastagnol 1966 = A. Chastagnol, Le sénat romain sous le régne d'Odoacre. Recherches sur l'épigraphie du Colisée au Ve siècle.

Chastagnol 1992 = A. Chastagnol, Le Sénat romain à l'époque impériale. Recherches sur la composition de l'Assemblée et le statut de ses membres.

Chayanov 1966 = A. V. Chayanov, The Theory of Peasant Economy.

Christ 1970a = K. Christ (Hrsg.), Der Untergang des Römischen Reiches.

Christ 1970b = K. Christ, Der Untergang des römischen Reiches in antiker und moderner Sicht. Eine Einleitung, in: Christ 1970a, 1-31.

Christ 1982 = K. Christ, Römische Geschichte und deutsche Geschichtswissenschaft.

Christ 1983 = K. Christ, Der Niedergang des römischen Reiches aus der Sicht der neueren Geschichtsschreibung, in: ders., Römische Geschichte und Wissenschaftsgeschichte. Bd. 2: Geschichte und Geschichtsschreibung der römischen Kaiserzeit, 199-233.

Christensen 2002 = A. S. Christensen, Cassiodorus, Jordanes and the History of the Goths. Studies in a Migration Myth.

Christie 2006 = N. J. Christie, From Constantine to Charlemagne: An archaeology of Italy, AD 300-800.

Christie 2011 = N. J. Christie, The Fall of the Western Empire. An Archaeological and Historical Perspective.

Christie 2018 = N. J. Christie, Ostrogothic Italy: Questioning the Archaeology of Settlement, erscheint in: Wiemer 2018a.

Chrysos 1981 = E. Chrysos, Die Amaler-Herrschaft in Italien und das Imperium Romanum: Der Vertragsentwurf des Jahres 535, in: Byzantion 51, 430-474.

Chrysos/Schwarcz 1989 = E. K. Chrysos/A. Schwarcz (Hrsg.), Das Reich und die Barbaren.

CISAM 1956 = CISAM (Hrsg.), I Goti in Occidente. Problemi.

CISAM 1966 = CISAM (Hrsg.), Agricoltura e mondo rurale in occidente nell'alto medioevo.

CISAM 1971 = CISAM (Hrsg.), Artigianato e tecnica nella società nell'alto medioevo occidentale.

CISAM 1993 = CISAM (Hrsg.), Teodorico il Grande e i Goti d'Italia. 2 Bde.

CISAM 2005 = CISAM (Hrsg.), Ravenna da capitale imperiale a capitale esarcale.

Classen 1977 = P. Classen, Fortleben und Wandel spätrömischen Urkundenwesens im frühen Mittelalter, in: ders. (Hrsg.), Recht und Schrift im Mittelalter, 13–54.

Claude 1970 = D. Claude, Geschichte der Westgoten.

Claude 1971a = D. Claude, Adel, Kirche und Königtum im Westgotenreich.

Claude 1971b = D. Claude, *Millenarius* und *thiuphadus*, in: Zeitschrift der Savigny-Stiftung für Rechtsgeschichte: Germ. Abt. 88, 181–189.

Claude 1978a = D. Claude, Universale und partikulare Züge in der Politik Theoderichs des Großen, in: Francia 6, 19–58.

Claude 1978b = D. Claude, Zur Königserhebung Theoderichs des Großen, in: K. Hauck/H. Mordeck (Hrsg.), Geschichtsschreibung und geistiges Leben im Mittelalter. Festschrift für Heinrich Löwe zum 65. Geburtstag, 1–13.

Claude 1980 = D. Claude, Die ostgotischen Königserhebungen, in: Wolfram/Daim 1980, 149–186.

Claude 1985 = D. Claude, Der Handel im westlichen Mittelmeer während des Frühmittelalters.

Claude 1989 = D. Claude, Zur Begründung familiärer Beziehungen zwischen dem Kaiser und barbarischen Herrschern, in: Chrysos/Schwarcz 1989, 25–56.

Claude 1993 = D. Claude, Theoderich der Große und die europäischen Mächte, in: CISAM 1993 I, 22–43.

Claude 1995 = D. Claude, Zu Fragen des alemannischen Königtums an der Wende vom 5. zum 6. Jahrhundert, in: Hessisches Jahrbuch für Landesgeschichte 45, 1–16.

Claude 1996 = D. Claude, Studien zu Handel und Wirtschaft im italischen Ostgotenreich, in: Münstersche Beiträge zur antiken Handelsgeschichte 15, 42–75.

Claude 1997a = D. Claude, Clovis, Théodoric et la maître de l'espace entre Rhin et Danube, in: M. Rouche (Hrsg.), Clovis, histoire et mémoire. Actes du Colloque International d'Histoire de Reims, du 19 au 25 septembre 1996. Bd. 1, 409–419.

Claude 1997b = D. Claude, Niedergang, Renaissance und Ende der Praefekturverwaltung im Westen des römischen Reiches (5.-8. Jahrhundert), in: Zeitschrift der Savigny-Stiftung für Rechtsgeschichte. Germ. Abt. 114, 352–379.

Clauss 1980 = M. Clauss, Der *magister officiorum* in der Spätantike (4.-6. Jahrhundert).

Clavadetscher 1979 = O. P. Clavadetscher, Churrätien im Übergang von der Spätantike zum Mittelalter nach den Schriftquellen, in: J. Werner/E. Ewig (Hrsg.), Von der Spätantike zum frühen Mittelalter. Aktuelle Probleme in historischer und archäologischer Sicht, 159–178.

Clemente 1972 = G. Clemente, Il patronato nei *collegia* dell'impero Romano, in: Studi Classici e Orientali 21, 142–229.

Coates-Stephens 1998 = R. Coates-Stephens, The Walls and Aqueducts of Rome in the Early Middle Ages, in: Journal of Roman Studies 88, 166–178.

Cochlaeus 1529 = J. Cochlaeus, Antiqua regum Italiae Gothicae Gentis Rescripta.

Cochlaeus 1544 = J. Cochlaeus, Vita Theoderici Regis Qvondam Ostrogothorum et Italiae. (2. erweiterte Aufl. 1699)

Cohen 2015 = S. Cohen, Schism and the Polemic of Heresy: Manichaeism and the Representation of Papal Authority in the *Liber Pontificalis*, in: Journal of Late Antiquity 8, 195–230.

Colafemmina 1991 = C. Colafemmina, Gli ebrei in Basilicata, in: Bollettino Storico della Basilicata 7, 9–32.

Collins 2001 = R. Collins, Visigothic Spain 409–711.

Conti 1971 = P. M. Conti, *Devotio* e *viri devoti* in Italia da Diocleziano ai Carolingi.

Corcoran 2003 = S. Corcoran, The Donation and Will of Vincent of Huesca: Latin Text and English Translation, in: Antiquiteé Tardive 11, 215–221.

Cosentino 2004 = S. Cosentino, Re Teoderico costruttore di flotte, in: Antiquité Tardive 12, 347–356.

Cosentino 2005 = S. Cosentino, L'approvvigionamento annonario di Ravenna dal V all'VIII secolo: l'organizzazione e i riflessi socio-economici, in: CISAM 2005, 405–434.

Costambeys 2009 = M. Costambeys, Settlement, Taxation and the Condition of the Peasantry in Post-Roman Central Italy, in: Journal of Agrarian Change 9, 92–119.

Costambeys 2016 = M. Costambeys, The Legacy of Theoderic, in: Journal of Roman Studies 106, 249–263.

Coster 1935 = C. H. Coster, The Iudicium quinquevirale.

Courcelle 1938 = P. Courcelle, Le site du monastère de Cassiodore, in: Mélanges d'Archéologie et d'Histoire de l'École française de Rome, 259–307; auch in: Courcelle 1984, 27–75.

Courcelle 1948 = P. Courcelle, Les lettres grecques en Occident. De Macrobe à Cassiodore. 2. Aufl. (1. Aufl. 1943)

Courcelle 1957 = P. Courcelle, Nouvelles recherches sur le monastère de Cassiodore, in Actes du cinquième congrès d'archéologie chrétienne, Aix-en-Provence 13-19 septembre 1954, 511–528; auch in: Courcelle 1984, 137–154.

Courcelle 1964 = P. Courcelle, Histoire littéraire des grandes invasions germaniques. 3. Aufl. (1. Aufl. 1948)

Courcelle 1984 = P. Courcelle, Opuscula selecta. Bibliographie et Recueil d'articles publiés entre 1938–1980.

Courtois 1955 = C. Courtois, Les Vandales et l'Afrique.

(Cracco-)Ruggini 1959 = L. (Cracco-)Ruggini, Ebrei e Orientali nell'Italia settentrionale fra il IV e il VI secolo d. Cr., in: Studia et Documenta Historiae et Iuris 25, 185–308; auch in: Cracco Ruggini 2008, Nr. II.

(Cracco-)Ruggini 1961 = L. (Cracco-)Ruggini, Economia e società nell'«Italia Annonaria». Rapporti fra agricoltura e commercio dal IV al VI secolo d. C.

Cracco-Ruggini 1971 = L. Cracco-Ruggini, Le associazioni professionali nel mondo romano-bizantino, in: CISAM 1971, 59–193.

Cracco-Ruggini 1980 = L. (Cracco-)Ruggini, La Sicilia e la fine del mondo antico (IV–VI secolo), in: E. Gabba/G. Vallet (Hrsg.), La Sicilia antica. Bd. 2/2, 483–524.

Cracco-Ruggini 1984 = L. Cracco Ruggini, Ticinum: dal 476 d. C alla fine del Regno Gotico, in: Storia di Pavia. Bd. 1: Storia di Pavia. Bd. 1: L'età antica, 271–312.

Cracco-Ruggini 2008 = L. Cracco-Ruggini, Gli ebrei in età tardoantica. Presenze, intolleranze, incontri.

Croke 1982 = B. Croke, Mundo the Gepid: From Freebooter to Roman General, in: Chiron 12, 125–135; auch in: Croke 1992, Nr. XVIII.

Croke 1983 = B. Croke, A. D. 476: The Manufacture of a Turning Point, in: Chiron 13, 81–119; auch in: Croke 1992, Nr. V.

Croke 1987 = Cassiodorus and the *Getica* of Jordanes, in: Classical Philology 82, 117–134; auch in: Croke 1992, Nr. VI.

Croke 1990 = B. Croke, Theodor Mommsen and the Later Roman Empire, in: Chiron 20, 159–189.

Croke 1992 = B. Croke, Christian Chronicles of Byzantine History, 5th–6th centuries.

Croke 2005a = B. Croke, Jordanes and the Immediate Past, in: Historia 54, 473–494.

Croke 2005b = B. Croke, Dynasty and Ethnicity: Emperor Leo I and the Eclipse of Aspar, in: Chiron 35, 147–204.

d'Ors 1960 = A. d'Ors, Estudios visigoticos II: El código de Eurico.

Dagron 2011 = G. Dagron, L'hippodrome de Constantinople. Jeux, peuple et politique.

Dahn 1859 = F. Dahn, Dietrich von Berne (1859), in: F. Dahn, Bausteine. Gesammelte Kleine Schriften. Zweite Reihe (1880), 249–271.

Dahn 1861 = F. Dahn, Die Könige der Germanen. Das Wesen des ältesten Königtums der germanischen Stämme. Bd. 2: Die kleineren gotischen Völker – Die äußere Geschichte der Ostgoten. (2. Aufl. 1911)

Dahn 1866 = F. Dahn, Die Könige der Germanen. Das Wesen des ältesten Königthums der germanischen Stämme und seine Geschichte bis auf die Feudalzeit. Bd. 3: Verfassung des ostgotischen Reiches in Italien.

Dahn 1876 = F. Dahn, Ein Kampf um Rom. Historischer Roman.

Daim u. a. 1985 = F. Daim u. a. (Hrsg.), Die Bayern und ihre Nachbarn. Berichte des Symposions der Kommission für Frühmittelalterforschung vom 25. bis 28. Oktober 1982 im Stift Zwettl, Niederösterreich. 2 Bde.

De Lange 2005 = N. de Lange, Jews in the Age of Justinian, in: M. Maas (Hrsg.), The Cambridge Companion to Justinian, 401–426.

De Maria 2004 = S. De Maria (Hrsg.), Nuove ricerche e scavi nell'area della Villa di Teodorico a Galeata: Atti della giornata di studi, Ravenna 26 marzo 2002.

de Ste. Croix 1954 = G. E. M. de Ste. Croix, *Suffragium*: From Vote to Patronage, in: British Journal of Sociology 5, 33–48.

de Ste. Croix 1981 = G. E. M. de Ste. Croix, The Class Struggle in the Ancient Greek World. From the Archaic Age to the Arab Conquests.

de Vingo 2011 = P. de Vingo, Ländliche Gebiete im zentralen und südlichen Piemont zwischen Spätantike und Frühmittelalter, in: Zeitschrift für Archäologie des Mittelalters 39, 1–36.

Deichmann 1974 = F. W. Deichmann, Ravenna – Hauptstadt des spätantiken Abendlandes. Bd. II: Kommentar, 1. Teil.

Deichmann 1976 = F. W. Deichmann, Ravenna – Hauptstadt des spätantiken Abendlandes. Bd. II: Kommentar, 2. Teil.

Deichmann 1989 = F. W. Deichmann, Ravenna – Hauptstadt des spätantiken Abendlandes. Bd. II: Kommentar, 3. Teil: Geschichte, Topographie, Kunst und Kultur, Indices zum Gesamtwerk.

Deininger 1988 = J. Deininger, «Die sozialen Gründe des Untergangs der antiken Kultur». Bemerkungen zu Max Webers Vortrag von 1896, in: Kneissl/Losemann 1988, 95–112.

Delaplace 2000 = C. Delaplace, La «Guerre de Provence» (507–511), un épisode oublié de la domination ostrogothique en Occident, in: Romanité et cité chrétienne. Permanences et mutations, intégration et exclusion du Ier au VIe siècle, Mélanges en l'honneur d'Yvette Duval, 77–89.

Delaplace 2003 = C. Delaplace, La Provence sous la domination ostrogothique (508–536), in: Les Annales du Midi 244, 479–499.

Delaplace 2015 = C. Delaplace, La fin de l'Empire romain d'Occident. Rome et les Wisigoths de 382 à 531.

H. Delbrück 1921 = H. Delbrück, Geschichte der Kriegskunst im Rahmen der politischen Geschichte, Zweiter Teil: Die Germanen. 3. Aufl. (1. Aufl. 1901)

R. Delbrueck 1929 = R. Delbrueck, Die Consulardiptychen und verwandte Denkmäler. 2 Bde.

Delehaye 1912 = H. Delehaye, Saints de Thrace et de Mésie, in: Analecta Bollandiana 31, 161–301.

Delmaire 1989a = R. Delmaire, Largesses sacrées et res privata. L'aerarium impérial et son administration du IVe au VIe siècle.

Delmaire 1989b = R. Delmaire, Les responsables des finances impériales au Bas-Empire romain (IVe-VIe s). Études prosopographiques.

Delmaire 1995 = R. Delmaire, Les institutions du Bas-Empire romain de Constantin à Justinien. Les institutions civiles palatines.

Delmaire 1996 = R. Delmaire, Cités et fiscalité au Bas-Empire. À propos du rôle des curiales dans la levée des impôts, in: Lepelley 1996b, 59–70.

Demandt 1970 = A. Demandt, Magister militum, in: RE Suppl. XII, 553–790.

Demandt 1978 = A. Demandt, Metaphern für Geschichte. Sprachbilder und Gleichnisse im historisch-politischen Denken.

Demandt 2007 = A. Demandt, Die Spätantike. Römische Geschichte von Diocletian bis Justinian. 284 – 565 n. Chr. 2. Aufl. (1. Aufl. 1989).

Demandt 2014 = A. Demandt, Der Fall Roms. Die Auflösung des Römischen Reiches im Urteil der Nachwelt. 2. Aufl. (1. Aufl. 1984)

Demougeot 1958 = E. Demougeot, Attila et les Gauls, in: Mémoires de la Société d'agriculture commerce sciences et arts du département de la Marne 73, 7–42; auch in: Demougeot 1988, 215–250.

Demougeot 1981 = E. Demougeot, Le partage des provinces de l'Illyricum entre la pars Occidentis et la pars Orientis, de la tétrarchie au règne de Théodoric, in: La géographie administrative et politique, d'Alexandre à Mahomet. Actes du Colloque de Strasbourg (Juin 1979), 229–253; auch in: Demougeot 1988, 17–42.

Demougeot 1988 = E. Demougeot, L'empire romain et les barbares d'Occident (IVe – VIIe siècles). Scripta varia.

Díaz 2011 = P. C. Díaz, El reino suevo (411–585).

Díaz/Martín Viso 2011 = P. C. Díaz/I. Martín Viso (Hrsg.), Between taxation and rent: fiscal problems from late antiquity to early Middle Ages.

Díaz u. a. 2007 = P. C. Díaz/C. Martínez Maza/F. J. Sanz Huesma, Hispania tardoantigua y visigoda.

Díaz/Valverde 2007 = P. C. Díaz/R. Valverde, Goths Confronting Goths: Ostrogothic Political Relations in Hispania, in: Barnish/Marazzi 2007, 353–386.

Dierkens/Périn 2000 = A. Dierkens/P. Périn, Les «sedes regiae» mérovingiennes entre Seine et Rhin, in: Ripoll/Gurt 2000, 267–304.

Dopsch 1918/20 = A. Dopsch, Wirtschaftliche und soziale Grundlagen der europäischen Kulturentwicklung. 2 Bde.

Drinkwater 2007 = J. F. Drinkwater, The Alamanni and Rome 213–496 (Caracalla to Clovis).

du Roure 1846 = L. M. du Roure, Histoire de Théodoric-le-Grand, roi d'Italie, précédée d'une revue préliminaire de ses auteurs et conduite jusqu'à la fin de la monarchie Ostrogothique. 2 Bde.

Dubouloz 2006 = J. Dubouloz, Acception et defense des *loca publica*, d'apres les *Variae* de Cassiodore. Un point de vue sur les cités d'Italie au VIe siècle, in: Ghilardi u. a. 2006, 53–74.

Duchesne 1925 = L. Duchesne, L'Église au VIe siècle.

Düwel 2008 = K. Düwel, Runenkunde. 4. Aufl. (1. Aufl. 1968)

Dumézil 2012 = B. Dumézil, Le patrice Liberius: développement et redéploiement d'un réseau dans la première moitié du VIe siècle, in: A. Gautier/C. Martin (Hrsg.), Échanges, communications et réseaux dans le Haut Moyen Âge. Études et textes offerts à Stéphane Lebecq, 27–44.

Durliat 1988 = J. Durliat, Le salaire de la paix sociale dans les royaumes barbares (Ve-VIe siècles), in: Wolfram/Schwarcz 1988, 21–72.

Duval 1960 = N. Duval, Que savons nous du palais de Théoderic à Ravenne?, in: Mélanges d'Archéologie et d'Histoire de l'Ecole française de Rome 72, 337–371.

Eck 1980 = W. Eck, Die Präsenz senatorischer Familien in den Städten des Imperium Romanum bis zum späten 3. Jahrhundert, in: W. Eck/H. Galsterer/H. Wolff (Hrsg.) Studien zur antiken Sozialgeschichte. Festschrift Friedrich Vittinghoff, 283–322.

Eger/Panzram 2006 = C. Eger/S. Panzram, Michael Kulikowski und die spätrömische Stadt in Spanien. Kritische Anmerkungen zum Fallbeispiel Munigua, in: Ethnographisch-Archäologische Zeitschrift 47, 267–280.

Ehling 1998 = K. Ehling, Wann beginnt die Eigenmünzung Odovacars?, in: Schweizer Münzblätter 190, 33–37.

Eich 2018 = P. Eich, *Quod prosperum nobis utile rei publicae sit*: Senatorische Macht und Ressourcenkontrolle im Italien Theoderichs, erscheint in: Wiemer 2018a.

Eicke 1938 = H. Eicke, Theoderich. König, Ketzer und Held.

Elsner 2002 = J. Elsner, The Birth of Late Antiquity: Riegl and Strzygowski in 1901, in: Art History 25, 358–379 + 419f.

Ensslin 1927/28 = W. Ensslin, Die Ostgoten in Pannonien, in: Byzantinisch-neugriechische Jahrbücher 6, 149–159.

Ensslin 1931 = W. Ensslin, Zum Heermeisteramt des spätrömischen Reiches. Teil III: Der *magister utriusque militiae et patricius* des 5. Jahrhunderts, in: Klio 24, 467–502.

Ensslin 1936 = W. Ensslin, Der *Patricius Praesentalis* im Ostgotenreich, in: Klio 29, 243–249.

Ensslin 1940a = W. Ensslin, Zu den Grundlagen von Odoakers Herrschaft, in: Serta Hoffileriana, 381–388.

Ensslin 1940b = W. Ensslin, Rex Theodericus inlitteratus?, in: Historisches Jahrbuch 60, 391–396.

Ensslin 1942 = W. Ensslin, Das Römerreich unter germanischer Waltung, von Stilicho bis Theoderich, in: H. Berve (Hrsg.), Das neue Bild der Antike. Bd. 2: Rom, 421–432.

Ensslin 1944 = W. Ensslin, Der erste bekannte Erlass des Königs Theoderich, in: Rheinisches Museum 92, 266–280.

Ensslin 1947 = W. Ensslin, Aus Theoderichs Kanzlei, in: Würzburger Jahrbücher für die Altertumswissenschaft 2, 78–85.

Ensslin 1948 = W. Ensslin, Flavius Placidus Valentinianus, in: RE VIIA, 2232–2259.

Ensslin 1949 = W. Ensslin, Zu dem Anagnosticum des Königs Theoderich des Grossen, in: Annuaire de l'Institut de Philologie et d'Histoire Orientales et Slaves 9, 233–245.

Ensslin 1951 = W. Ensslin, Papst Johannes I. als Gesandter Theoderichs bei Kaiser Justinos I., in: Byzantinische Zeitschrift 44, 126–134.

Ensslin 1953 = W. Ensslin, Zur Verwaltung Siziliens vom Ende des weströmischen Reiches bis zum Beginn der Themenverfassung, in: Atti dell'VIII congresso internazionale di studi bizantini, Palermo 3–10 aprile 1951, 353–364.

Ensslin 1954 = W. Ensslin, *Praefectus praetorio*, in: RE 22, 2391–2502.

Ensslin 1956a = W. Ensslin, *Praepositis sacri cubiculi*, in: RE Suppl. 8, 556–567.

Ensslin 1956b = W. Ensslin, Beweise der Romverbundenheit in Theoderichs des Großen Aussen- und Innenpolitik, in: CISAM 1956, 509–536.

Ensslin 1959 = W. Ensslin, Theoderich der Große (1947). 2. Aufl. (1. Aufl. 1947)

Errington 1996 = R. M. Errington, Theodosius and the Goths, in: Chiron 26, 1–27.

Errington 2006 = R. M. Errington, Roman Imperial Policy from Julian to Theodosius.

Esch 1997 = A. Esch, Römische Straßen in ihrer Landschaft. Das Nachleben antiker Straßen um Rom mit Hinweisen zur Begehung im Gelände.

Esch 2011 = A. Esch, Zwischen Antike und Mittelalter. Der Verfall des römischen Straßensystems in Mittelitalien und die Via Amerina.

Esch/Petersen 1993 = A. Esch/J. Petersen (Hrsg.), Ferdinand Gregorovius und Italien. Eine kritische Würdigung.

Ewig 1952 = E. Ewig, Die fränkischen Teilungen und Teilreiche (511–613), in: Akademie der Wiss. in Mainz. Abh. der geistes- und sozialwiss. Klasse 9, 651–715, auch in: Ewig 1976, 114–171.

Ewig 1956 = E. Ewig, Zum christlichen Königsgedanken im Frühmittelalter, in: Mayer 1956, 7–74; auch in: Ewig 1976, 3–71.

Ewig 1976 = E. Ewig, Spätantikes und fränkisches Gallien. Gesammelte Schriften. Bd. 1.

Ewig 2001 = E. Ewig, Die Merowinger und das Frankenreich. 4. Aufl. (1. Aufl. 1988)

Fauvinet-Ranson 1998 = V. Fauvinet-Ranson, Portrait d'une régente. Un panégyrique d'Amalasonthe (Cassiodore, Variae XI, 1), in: Cassiodorus 4, 267–308.

Fauvinet-Ranson 2000 = V. Fauvinet-Ranson, Une restauration symbolique de Théodoric: le théâtre de Pompée (Cassiodore, *Variae* IV, 51), in: M. Sot (Hrsg.), La mémoire de l'Antiquité dans l'Antiquité tardive et le haut Moyen Age, 37–54.

Fauvinet-Ranson 2006a = V. Fauvinet-Ranson, *Décor civitatis, decor Italiae*: monuments, traveaux publics et spectacles au VIe siècle d'après les *Variae* de Cassiodore.

Fauvinet-Ranson 2006b = V. Fauvinet-Ranson, Le devenir du patrimoine monumental romain des cités d'Italie à l'époque ostrogothique, in: Ghilardi u. a. 2006, 205–216.

Fauvinet-Ranson 2012 = V. Fauvinet-Ranson, Le paysage urbain de Rome chez Cassiodore: une christianisation passée sous silence, in: Behrwald/Witschel 2012, 139–154.

Fauvinet-Ranson 2012/13 = V. Fauvinet-Ranson, L'éloge du lac de Côme par Cassiodore (Variae XI, 14): lieux communs, réécriture, échos littéraires (Pline, Ammien Marcellin, Faustus, Ennode), in: Revue des études tardo-antiques 2, 141–173.

Favrod 1997 = J. Favrod, Histoire politique du royaume burgonde.

Fellner 1985 = G. Fellner, Ludo Moritz Hartmann und die österreichische Geschichtswissenschaft. Grundzüge eines paradigmatischen Konfliktes.

Ferrari 2011 = M. C. Ferrari, *Manu hominibus praedicare*. Cassiodors Vivarium im Zeitalter des Übergangs, in: E. Blumenthal/W. Schmitz (Hrsg.), Bibliotheken im Altertum, 223–249.

Fiebiger 1939 = O. Fiebiger, Inschriftensammlung zur Geschichte der Ostgermanen. Neue Folge, in: Denkschriften der Akademie der Wiss. in Wien, phil.-hist. Klasse 70, 3. Abh.

Fiebiger 1944 = O. Fiebiger, Inschriftensammlung zur Geschichte der Ostgermanen. Zweite Folge, in: Denkschriften der Akademie der Wiss. in Wien, phil.-hist. Klasse 72, 2. Abh.

Fiebiger/Schmidt 1917 = O. Fiebiger/L. Schmidt, Inschriftensammlung zur Geschichte der Ostgermanen, in: Denkschriften der Akademie der Wiss. in Wien, phil.-hist. Klasse 60, 3. Abh.

Finley 1985 = M. I. Finley, The Ancient Economy. 2. Aufl. (1. Aufl. 1973)

Finley 1980 = M. I. Finley, Ancient Slavery and Modern Ideology.

Finn 2006 = R. Finn, Almsgiving in the Later Roman Empire. Christian Promotion and Practice, 313–450.

Flach 1990 = D. Flach, Römische Agrargeschichte.

Flaig 1992 = E. Flaig, Den Kaiser herausfordern. Die Usurpation im Römischen Reich.

Focke-Museum 2013 = Focke-Museum Bremen (Hrsg.), Graben für Germanien. Archäologie unterm Hakenkreuz. Unter Mitarbeit von S. Geringer, F. von der Haar, U. Halle, D. Mahsarski und K. Walter.

Fontaine 1962 = J. Fontaine, Ennodius, in: RAC V, 398–421.

Frakes 2001 = R. Frakes, *Contra potentium iniurias*: the *Defensor civitatis* and Late Roman Justice.

Francovich Onesti 2002 = N. Francovich Onesti, I Vandali. Lingua e storia.

Francovich Onesti 2007 = N. Francovich Onesti, I nomi degli Ostrogoti.

Francovich Onesti 2013 = N. Francovich Onesti, Goti e Vandali. Dieci saggi di lingua e cultura altomedievale.

Freund 1957 = W. Freund, Modernus und andere Zeitbegriffe des Mittelalters.

Friesen 1927 = O. von Friesen (Hrsg.), Codex argenteus Upsalensis jussu Senatus Universitatis phototypice editus.

Frye 1995 = D. Frye, Athalaric's Health and Ostrogothic Character, in: Byzantion 65, 249–251.

Fuchs 1944 = F. Fuchs, Kunst der Ostgotenzeit.

García Iglesias 1975 = L. García Iglesias, El intermedio ostrogodo en Hispania (507–549 d. C.), in: Hispania antiqua 5, 89–120.

Garnsey 1976 = P. Garnsey, Peasants in Ancient Roman Society, in: Journal of Peasants Studies, 3, 221–235; auch in: ders., Cities, Peasants and Food in Classical Antiquity. Essays in Social and Economic History (1998), 91–106.

Garnsey 1988 = P. Garnsey, Famine and Food Supply in the Ancient World.

Gaudemet 1951 = J. Gaudemet, Utilitas publica, in: Revue historique de droit français et étranger 29, 465–499.

Gaudemet 1965 = J. Gaudemet, Le Bréviaire d'Alaric et les Epitome.

Gaupp 1844 = E. T. Gaupp, Die germanischen Ansiedlungen und Landtheilungen in den Provinzen des römischen Westreiches in ihrer völkerrechtlichen Eigenthümlichkeit und mit Rücksicht auf verwandte Erscheinungen der alten Welt und des späteren Mittelalters.

Gauthier u. a. 2010 = N. Gauthier/E. Marin/F. Prévot (Hrsg.), Salona IV. Inscriptions de Salone chrétienne IVe-VIIe siècles.

Geary 1983 = P. J. Geary, Ethnic Identity as a Situational Construct in the Early Middle Ages, in: Mitteilungen der anthropologischen Gesellschaft in Wien 113, 15–26.

Geiss 1931 = H. Geiss, Geld- und naturalwirtschaftliche Erscheinungsformen im staatlichen Aufbau Italiens während der Gotenzeit.

Gelzer u. a. 1898 = H. Gelzer/H. Hilgenfeld/O. Cuntz (Hrsg.), Patrum Nicaenorum nomina.

Geuenich 2005 = D. Geuenich, Geschichte der Alemannen.

Ghilardi u. a. 2006 = M. Ghilardi/C. J. Goddard/P. Porena (Hrsg.), Les cités de l'Italie tardo-antique (IVe – VIe siècle): institutions, économie, société, culture et religion.

Giardina 1986 = A. Giardina (Hrsg.), Società romana ed impero tardoantico. Bd. 1: Istituzioni, ceti, economie.

Gibbon 1776/88 = E. Gibbon, The History of the Decline and Fall of the Roman Empire. 6 Bde. (Neuausgabe 1994 in 3 Bde.)

Giesecke 1939 = H.-E. Giesecke, Die Ostgermanen und der Arianismus.

Gillett 1998 = A. Gillet, The Purposes of Cassiodorus' *Variae*, in: A. C. Murray (Hrsg.), After Rome's Fall, 37–50.

Gillet 2001 = A. Gillet, Rome, Ravenna, and the Last Western Emperors, in: Papers of the British School at Rome 69, 131–167.

Gillet 2002a = A. Gillet (Hrsg.), On Barbarian Identity. Critical Approaches to Ethnicity in the Early Middle Ages.

Gillet 2002b = A. Gillett, Was Ethnicity politicised in the Earliest Medieval Kingdoms?, in: Gillett 2002a, 85–122.

Gillet 2003 = A. Gillett, Envoys and Political Communication in the Late Antique West, 411–533.

Goddard 2006 = C. J. Goddard, The Evolution of Pagan Sanctuaries in Late Antique Italy (fourth-sixth centuries A. D.): A New Administrative and Legal Framework. A Paradox, in: Ghilardi u. a. 2006, 281–308.

Goetz u. a. 2003 = H.-W. Goetz/J. Jarnut/W. Pohl (Hrsg.), Regna and gentes. The relationship between late antique and early medieval peoples and kingdoms in the transformation of the Roman world.

Goffart 1980 = W. Goffart, Barbarians and Romans: The techniques of accomodation AD 418–584.

Goffart 1988 = W. Goffart, The Narrators of Barbarian History (AD 550–800). Jordanes, Gregory of Tours, Bede, and Paul the Deacon.

Goffart 2006 = W. Goffart, Barbarian Tides: The Migration Age and the Later Roman Empire.

Goltz 2008 = A. Goltz, Barbar – König – Tyrann. Das Bild Theoderichs des Großen in der Überlieferung des 5. bis 9. Jahrhunderts.

Gómez Fernández 2001 = F. J. Gómez Fernández, Tarraco en el siglo V d. C. Morfología y vitalidad urbana, in: Hispania antiqua 25, 371–392.

Gómez Fernández 2003 = F. J. Gómez Fernández, Augusta Emerita en el transcurso del siglo V. Morfología y vitalidad urbana, in: Hispania antiqua 27, 263–279.

Gomolka-Fuchs 1999 = G. Gomolka-Fuchs (Hrsg.), Die Sîntana de Mures-Cernjachov-Kultur. Akten des Internationalen Kolloquiums in Caputh vom 20. bis 24. Oktober 1995.

Gračanin 2016 = H. Gračanin, Late Antique Dalmatia and Pannonia in Cassiodorus' *Variae*, in: Millennium 13, 211–274.

Grahn-Hoek 1976 = H. Grahn-Hoek, Die fränkische Oberschicht im 6. Jahrhundert. Studien zu ihrer rechtlichen und politischen Stellung.

Graus 1959 = F. Graus, Über die sogenannte germanische Treue, in: Historica 1, 71–122; auch in: Graus 2002, 133–180.

Graus 1961 = F. Graus, Die Gewalt bei den Anfängen des Feudalismus und die «Gefangenenbefreiungen» der merowingischen Hagiographie, in: Jahrbuch für Wirtschaftsgeschichte 2, 61–156.

Graus 1963 = F. Graus, Rezension von Wenskus 1961, in: Historica 7, 185–191.

Graus 1975 = F. Graus, Lebendige Vergangenheit. Überlieferung im Mittelalter und in den Vorstellungen vom Mittelalter.

Graus 1986 = F. Graus, Verfassungsgeschichte des Mittelalters, in: Historische Zeitschrift 243, 529–589; auch in: Graus 2002, 213–258.

Graus 2002 = F. Graus, Ausgewählte Aufsätze (1959–1989).

Greatrex 1998 = G. B. Greatrex, Rome and Persia at War, 502–532.

Greatrex 2001 = G. B. Greatrex, Justin I and the Arians, in: Studia Patristica 34, 73–81.

Greatrex 2003 = G. B. Greatrex, Recent Work on Procopius and the Composition of Wars VIII, in: Byzantine and Modern Greek Studies 27, 45–67.

Greatrex 2014 = G. B. Greatrex, Perceptions of Procopius in Recent Scholarship, in: Histos 8, 76–121 + 121a-e (addenda).

Green 1998 = D. H. Green, Language and History in the Early Germanic World.

Greene 1987 = K. Greene, Gothic material culture, in: I. Hodder (Hrsg.), Archaeology as Long Term History, 117–131.

Gregorovius 1859/72 = F. Gregorovius, Geschichte der Stadt Rom im Mittelalter. Vom V. bis zum XVI. Jahrhundert. 8 Bde.

Grey 2007a = C. Grey, Contextualizing Colonatus: The Origo of the Late Roman Empire, in: Journal of Roman Studies 97, 155–175.

Grey 2007b = C. Grey, Revisiting the Problem of Agri Deserti in the Late Roman Empire, in: Journal of Roman Archaeology 20, 362–382.

Grey 2011 = C. Grey, Constructing Communities in the Late Roman Countryside.

Grierson 1985 = P. Grierson, The Date of Theoderic's Gold Medallion, in: Hikuin 11, 19–26, auch in: ders., Scritti storici e numismatici (2001), 167–174.

Grig/G. Kelly 2012 = L. Grig/G. Kelly/ (Hrsg.), Two Romes. Rome and Constantinople in Late Antiquity.

J. Grimm 1828 = J. Grimm, Deutsche Rechtsaltertümer.

J. Grimm 1835 = J. Grimm, Deutsche Mythologie.

W. Grimm 1829 = W. Grimm, Die Deutsche Heldensage.

Gruber 2011 = J. Gruber, Boethius: Boethius. Eine Einführung.

Grünert 2002 = H. Grünert, Gustaf Kossinna (1858–1931). Vom Germanisten zum Prähistoriker. Ein Wissenschaftler im Kaiserreich und in der Weimarer Republik.

Grusková/Martin 2014a = J. Grusková/G. Martin, ‹Scythica Vindobonensia› by Dexippus (?): New Fragments on Decius' Gothic Wars, in: Greek, Roman and Byzantine Studies 54, 728–754.

Grusková/Martin 2014b = J. Grusková/G. Martin, Ein neues Textstück aus den «Scythica Vindobonensia» zu den Ereignissen nach der Eroberung von Philippopolis, in: Tyche 29, 29–43.

Grusková/Martin 2015 = J. Grusková/G. Martin, Zum Angriff der Goten unter Kniva auf eine thrakische Stadt (*Scythica Vindobonensia*, f. 195v), in: Tyche 30, 35–53.

Gryson 1980 = R. Gryson (Hrsg.), Scolies ariennes sur le concile d'Aquilée. Introduction, texte latin, traduction et notes.

Guerrini 2011 = P. Guerrini, Theodericus rex nelle testimonianze epigrafiche, in: Temporis Signa 6, 133–174.

Guidobaldi 1999 = F. Guidobaldi, Le domus tardoantiche die Roma come ‹sensori› delle transformazioni culturali e sociali, in: W. V. Harris (Hrsg.), The Transformation of Urbs Roma in Late Antiquity, 53–68.

Gurt/Godoy 2000 = J. M. Gurt/C. Godoy, Barcíno, de sede imperial a *urbs regia* en época visigoda, in: Ripoll/Gurt 2000, 425–466.

Guyon/Heijmans 2013 = J. Guyon/M. Heijmans (Hrsg.), L'Antiquité tardive en Provence (IVe-VIe siècle): Naissance d'une chrétienté.

Hachmann 1970 = R. Hachmann, Die Goten und Skandinavien.

Haehling 1988 = R. von Haehling, «*Timeo, ne per me consuetudo in regno nascatur*». Die Germanen und der römische Kaiserthron, in: M. Wissemann (Hrsg.), Roma renascens: Beiträge zur Spätantike und Rezeptionsgeschichte Ilona Opelt gewidmet, 88–113.

Haensch 1992 = R. Haensch, Das Statthalterarchiv, in: Zeitschrift der Savigny-Stiftung für Rechtsgeschichte, Rom. Abt. 100, 209–317.

Haensch 1995 = R. Haensch, *A commentariis* und *commentariensis*. Geschichte und Aufgaben eines Amtes im Spiegel seiner Titulaturen, in: Y. Le Bohec (Hrsg.), La hiérarchie (Rangordnung) de l'armée romaine sous le Haut-Empire, 267–284.

Haensch 1997 = R. Haensch, *Capita provinciarum*. Statthaltersitze und Provinzialverwaltung in der römischen Kaiserzeit.

Haensch 2010 = R. Haensch, Kontrolle und Verantwortlichkeit von *Officiales* in Prinzipat und Spätantike, in: A. Eich (Hrsg.), Die Verwaltung der kaiserzeitlichen römischen Armee. Studien für Hartmut Wolff, 177–186.

Haensch 2013 = R. Haensch, Die Statthalterarchive der Spätantike, in: M. Faraguna (Hrsg.), Archives and Archival Documents in Ancient Societies, 333–349.

Haensch 2015 = R. Haensch, From Free to Fee? Judicial Fees and Other Litigation Costs during the High Empire and Late Antiquity, in: D. Kehoe u. a. (Hrsg.), Law and Transaction Costs in the Ancient Economy, 253–272.

Haensch 2016 = R. Haensch (Hrsg.), Recht haben und Recht bekommen im Imperium Romanum. Das Gerichtswesen der römischen Kaiserzeit und seine dokumentarische Evidenz.

Hahn 1973 = W. Hahn, Moneta imperii Byzantini I: Von Anastasius I bis Justinianus I. (491–565) einschließlich der ostgotischen und vandalischen Prägungen.

Hahn-Groek 1976 = H. Grahn-Hoek, Die fränkische Oberschicht im 6. Jahrhundert. Studien zu ihrer rechtlichen und politischen Stellung.

Haldon 2008 = J. Haldon, Framing transformation, transforming the framework, in: Millennium-Jahrbuch 5, 327–352.

Halporn 2000 = J. W. Halporn, Rezension von Troncarelli 1998, in: The Medieval Review 00.02.25

Halsall 2007 = G. Halsall, Barbarian Migrations and the Roman West, 376–568.

Halsall 2016 = G. Halsall, The Ostrogothic Military, in: Arnold u. a. 2016, 173–199.

Hannestad 1960 = K. Hannestad, Les forces militaires d'après la Guerre Gothique de Procope, in: Classica & Medievalia 21, 136–183.

Hannestad 1962 = K. Hannestad, L'évolution des ressources agricoles de l'Italie du 4ème au 6ème siècle de notre ère.

Hanson 1988 = R. P. C. Hanson, The Search for the Christian Doctrine of God: The Arian Controversy, 318–381 A. D.

Harhoiu 1977 = R. Harhoiu, The Fifth-Century Treasure from Pietroasa in the Light of Recent Research.

Harhoiu 1997 = R. Harhoiu, Die frühe Völkerwanderungszeit in Rumänien.

Harmatta 1970 = J. Harmatta, The Last Century of Pannonia, in: Antiqua Academiae Scientiarum Hungaricae 18, 361–369.

Harnack 1924 = A. von Harnack, Der erste deutsche Papst (Bonifatius II., 530/32) und die beiden letzten Dekrete des römischen Senats, in: Sitzungsberichte der Preußischen

Akademie der Wiss., 24–42; auch in: ders., Kleine Schriften zur Alten Kirche. Berliner Akademieschriften (1890–1930) (1980). Bd. 2, 655–673.

Harper 2011 = K. Harper, Slavery in the Late Roman World, AD 275–425.

Harper 2017 = K. Harper, The Fate of Rome: Climate, Disease, and the End of an Empire.

Harris 1988 = J. Harris, The Roman Imperial Quaestor from Constantine to Theodosius II, in: Journal of Roman Studies 78, 148–172.

Harris 1994 = J. Harris, Sidonius Apollinaris and the Fall of Rome, AD 407–485.

L. M. Hartmann 1900 = L. M. Hartmann, Geschichte Italiens im Mittelalter. Bd. 2: Römer und Langobarden bis zur Teilung Italiens.

L. M. Hartmann 1910 = L. M. Hartmann, Der Untergang der antiken Welt. Sechs volkstümliche Vorträge. 2. Aufl. (1. Aufl. 1903)

L. M. Hartmann 1923 = L. M. Hartmann, Geschichte Italiens im Mittelalter. Bd. 1: Das italienische Königreich. 2. Aufl. (1. Aufl. 1897)

M. Hartmann 2008 = M. Hartmann, Gregor von Tours und arianische Königinnen oder: Hatte Chlodwig I. zwei oder drei Schwestern?, in: Mitteilungen des Institus für Österreichische Geschichtsforschung 116, 130–137.

M. Hartmann 2009 = M. Hartmann, Die Königin im frühen Mittelalter.

U. Hartmann 2008 = U. Hartmann, Claudius Gothicus und Aurelianus, in: K.-P. Johne (Hrsg.), Die Zeit der Soldatenkaiser. Krise und Transformation des Römischen Reiches im 3. Jahrhundert n. Chr., 297–323.

Hasenstab 1890 = B. Hasenstab, Studien zu Ennodius. Ein Beitrag zur Geschichte der Völkerwanderung. Programm München.

Haubrichs 2000 = W. Haubrichs, Ein Held für viele Zwecke. Dietrich von Bern und sein Widerpart in den Heldensagenzeugnissen des frühen Mittelalters, in: W. Haubrichs u. a. (Hrsg.), Theodisca. Beiträge zur althochdeutschen und altniederdeutschen Sprache, 330–363.

Haubrichs 2011 = W. Haubrichs, Ethnizität zwischen Differenz und Identität. Sprache als Instrument der Kommunikation und der Gruppenbildung im frühen Mittelalter, in: Zeitschrift für Literaturwissenschaft und Linguistik 164, 10–38.

Haubrichs 2012 = W. Haubrichs, Nescio latine! Volkssprache und Latein im Konflikt zwischen Arianern und Katholiken im wandalischen Afrika nach der *Historia persecutionis* des Victor von Vita, in: S. Patzold u. a. (Hrsg.), Geschichtsvorstellungen: Bilder, Texte und Begriffe aus dem Mittelalter. Festschrift für Hans-Werner Goetz zum 65. Geburtstag, 13–42.

Haubrichs 2017 = W. Haubrichs, Krieg, Volk und Verwandtschaft. Zur Struktur und kulturellen Signifikanz ostgotischer Frauennamen, in: Archiv für Kulturgeschichte 99, 299–341.

Haug 2003 = A. Haug, Die Stadt als Lebensraum. Eine kulturhistorische Analyse zum spätantiken Stadtleben in Norditalien.

Heather 1986 = P. J. Heather, The Crossing of the Danube and the Gothic Conversion, in: Greek, Roman and Byzantine Studies 27, 289–318.

Heather 1989 = P. J. Heather, Cassiodorus and the Rise of the Amals: Genealogy and the Goths under Hun Domination, in: Journal of Roman Studies 79, 103–128.

Heather 1991 = P. J. Heather, Goths and Romans 332–489.

Heather 1993 = P. J. Heather, The Historical Culture of Ostrogothic Italy, in: CISAM 1993 I, 317–353.

Heather 1994 = P. J. Heather, Literacy and Power in the Migration Period, in: A. K. Bowman/G. Woolf (Hrsg.), Literacy and Power in the Ancient World, 177–197.

Heather 1995 = P. J. Heather, Theoderic, King of the Goths, in: Early Medieval History 4, 145–173.

Heather 1996 = P. J. Heather, The Goths.

Heather 1998 = P. J. Heather, Disappearing and reappearing tribes, in: Pohl 1998, 95–111.

Heather 2003 = P. J. Heather, ‹Gens› and ‹Regnum› among the Ostrogoths, in: Goetz u. a. 2003, 85–133.

Heather 2005 = P. J. Heather, The Fall of the Roman Empire.

Heather 2007 = P. J. Heather, Merely an Ideology? Gothic Identity in Ostrogothic Italy, in: Barnish/Marazzi 2007, 31–59.

Heather 2009 = P. J. Heather, Why Did the Barbarian cross the Rhine?, in: Journal of Late Antiquity 2, 3–29.

Heather 2010 = P. J. Heather, Liar in Winter: Themistius and Theodosius, in: S. Gill u. a. (Hrsg.), From the Tetrarchs to the Theodosians. Essays on later Roman history and culture, 185–214.

Heather 2012 = P. J. Heather, Roman Law in the Post-Roman West: A Case Study in the Burgundian Kingdom, in: I. Fragnoli/S. Rebenich (Hrsg.), Das Vermächtnis der Römer. Römisches Recht und Europa, 177–232.

Heather 2018 = P. J. Heather, The Goths in Italy, erscheint in: Wiemer 2018a.

Heather/Matthews 1991 = P. J. Heather/J. F. Matthews, The Goths in the Fourth Century.

Heidenreich/Johannes 1971 = R. Heidenreich/H. Johannes, Das Grabmal Theoderichs zu Ravenna.

Heijmans 2004 = M. Heijmans, Arles durant l'Antiquité tardive. De la Duplex Arelas à l'Urbs Genesii.

Heil 2011 = U. Heil, Avitus von Vienne und die homöische Kirche im Reich der Burgunder.

Heinrich-Tamáska 2011 = O. Heinrich-Tamáska (Hrsg.), Keszthely-Fenékpuszta im Kontext spätantiker Kontinuitätsforschung zwischen Noricum und Moesia.

Heinrich-Tamáska 2013 = O. Heinrich-Tamáska (Hrsg.), Keszthely-Fenékpuszta. Katalog der Befunde und ausgewählter Funde sowie neue Forschungsergebnisse.

Heinzelmann 1976 = M. Heinzelmann, Bischofsherrschaft in Gallien. Zur Kontinuität römischer Führungsschichten vom 4. bis zum 7. Jahrhundert. Soziale, prosopographische und bildungsgeschichtliche Aspekte.

Heinzle 1999 = J. Heinzle, Einführung in die mittelhochdeutsche Dietrichepik.

Helbling 1954 = H. Helbling, Goten und Vandalen. Wandlung der historischen Realität.

Hen 2007 = Y. Hen, Roman Barbarians: The Royal Court and Culture in the Early Medieval West.

Henning 1999 = D. Henning, Periclitans res publica. Kaisertum und Eliten in der Krise des weströmischen Reiches 454/5–493 n. Chr.

Herren 1991 = M. W. Herren, The ‹De imagine Tetrici› of Walahfrid Strabo: Edition and Translation, in: Journal of Medieval Latin 1, 118–139.

Hildebrand 1922 = P. Hildebrand, Die Absetzung des Papstes Silverius (537), in: Historisches Jahrbuch 42, 213–249.

Himmler 2011 = F. Himmler, Untersuchungen zur schiffsgestützten Grenzsicherung auf der spätantiken Donau: 3. - 6. Jh. n. Chr.

Hirschfeld 1904 = B. Hischfeld, Die Gesta municipalia in römischer und frühgermanischer Zeit. Diss. Marburg.

Hodgkin 1885 = T. Hodgkin, Italy and her Invaders. Bd. 3: The Ostrogothic Invasion. (2. Aufl. 1896, Neuausgabe 2001)

Hodgkin 1891 = T. Hodgkin, Theoderic the Goth, the Barbarian Champion of Civilization.

Höfler 1934 = O. Höfler, Kultische Geheimbünde der Germanen.

Höfler 1938 = O. Höfler, Die politische Leistung der Völkerwanderungszeit, in: Kieler Blätter Ser. NF, Bd. 1, 282–297.

Høilund Nielsen 2014 = K. Høilund Nielsen, Key issues concerning ‹central places›, in: E. Stidsing/K. Høilund Nielsen/R. Fiedel (Hrsg.), Wealth and Complexity. Economically specialised sites in Late Iron Age Denmark, 11–50.

Holzhauer 1986 = H. Holzhauer: Der gerichtliche Zweikampf, in: Karl Hauck u. a. (Hrsg.), Sprache und Recht. Beiträge zur Kulturgeschichte des Mittelalters. Festschrift Ruth Schmidt-Wiegand zum 60. Geburtstag, Bd. 1, 263–283.

Hübinger 1968a = P. E. Hübinger (Hrsg.), Kulturbruch oder Kulturkontinuität im Übergang von der Antike zum Mittelalter.

Hübinger 1968b = P. E. Hübinger (Hrsg.), Bedeutung und Rolle des Islam beim Übergang vom Altertum zum Mittelalter.

Humphries 2000 = M. Humphries, Italy, A. D. 425–600, in: Av. Cameron u. a. 2000, 525–551.

Hummel 1777 = B. F. Hummel, Neue Bibliothek von seltenen und sehr seltenen Büchern und kleinen Schriften. Bd. 2.

Hurter 1807/08 = F. Hurter, Geschichte des ostgothischen Königs Theoderich und seiner Regierung. 2 Bde.

Huyse 1999 = P. Huyse, Die dreisprachige Inschrift Šābuhrs I. an der Ka'ba-i Zardušt (ŠKZ).

Ioniță 2004 = I. Ioniță, Sântana-de-Mureș-Černjachov-Kultur, in: RGA 26, 445–455.

Ivanov 1997 = R. Ivanov, Das römische Verteidigungssystem an der unteren Donau zwischen Dorticum und Durostorum (Bulgarien) von Augustus bis Maurikios, in: Bericht der Römisch-Germanischen Kommission 78, 467–640.

Izdebski 2012 = A. Izdebski, Bishops in Late Antique Italy: Social Importance vs. Political Power, in: Phoenix 66, 158–175.

Jaeger 2017 = D. Jaeger, Plündern in Gallien 451–592. Eine Studie zur Relevanz einer Praktik für das Organisieren von Folgeleistungen.

Jaeggi 1990 = C. Jaeggi, Aspekte der städtebaulichen Entwicklung Ravennas in frühchristlicher Zeit, in: Jahrbuch für Antike und Christentum 33, 158–196.

Jaeggi 2013 = C. Jaeggi, Ravenna. Kunst und Kultur einer spätantiken Residenzstadt. Die Bauten und Mosaiken des 5. und 6. Jahrhunderts.

James 1988 = S. James, The fabricae: State Arms Factories of the Later Roman Empire, in: J. C. Coulston (Hrsg.), Military Equipment and the Identity of the Roman Soldiers, 257–331.

Jankuhn/Timpe 1989 = H. Jankuhn/D. Timpe (Hrsg.), Beiträge zum Verständnis der Germania des Tacitus, Teil I.

Janvier 1969 = Y. Janvier, La Législation du Bas-Empire romain sur les édifices publics.

Jarnut 2004 = J. Jarnut, Germanisch: Plädoyer für die Abschaffung eines obsoleten Zentralbegriffes der Frühmittelalterforschung, in: Pohl 2004, 107–113.

Jenal 1995 = G. Jenal, Italia ascetica atque monastica. Das Asketen- und Mönchtum in Italien von den Anfängen bis zur Zeit der Langobarden (ca. 150/250–604). 2 Bde.

Johnson 1988 = M. J. Johnson, Towards a History of Theodoric's Building Program, in: Dumbarton Oaks Papers 42, 73–96.

Johnson 2009 = M. J. Johnson, The Roman Imperial Mausoleum in Late Antiquity.

Jones 1953 = A. H. M. Jones, Military Chaplains in the Roman Army, in: Harvard Theologcial Review 46, 171–173.

Jones 1958 = A. H. M. Jones, The Roman Colonate, in: Past & Present 13, 1–13; auch in: Jones 1974, 293–307.

Jones 1962 = A. H. M. Jones, The Constitutional Position of Odoacer and Theodoric, in: Journal of Roman Studies 52, 126–130; auch in: Jones 1974, 365–374.

Jones 1964 = A. H. M. Jones, The Later Roman Empire 284–602. A social, economic and administrative survey. 3 Bde.

Jones 1974 = A. H. M. Jones, The Roman Economy. Studies in Anient Economic and Administrative History.

Jördens 1993 = A. Jördens, Überlegungen zur römischen Agrargeschichte. Eine Besprechung des Handbuchs von Dieter Flach, in: Archiv für Papyrusforschung 39, 49–81.

Kaiser 2004a = R. Kaiser, Die Burgunder.

Kaiser 2004b = R. Kaiser, Die Burgunder Sigismund († 523/524): erster heiliger König des Mittelalters und erster königlicher Romfahrer, Bußpilger und Mönch, in: Andreas Meyer u. a. (Hrsg.), Päpste, Pilger, Pönitentiarie: Festschrift für Ludwig Schmugge zum 65. Geburtstag, 199–210.

Kakridi 2005 = C. Kakridi, Cassiodors Variae: Literatur und Politik im ostgotischen Italien.

Kaldellis 2004 = A. Kaldellis, Procopius of Caesarea. Tyranny, History, and Philosophy at the End of Antiquity.

Karayannopulos 1958 = J. Karayannopulos, Das Finanzwesen des frühbyzantinischen Staates.

Katsarova 2012 = V. Katsarova, Pautalia, in: R. Ivanov (Hrsg.), Roman Cities in Bulgaria. Bd. 1, 55–73.

Kazanski 1991 = M. Kazanski, Les Goths (Ier-VIIe s. ap. J. C.).

Keenan 1973/74 = J. G. Keenan, The Names Flavius and Aurelius as Status Designations in Later Roman Egypt, in: Zeitschrift für Papyrologie und Epigraphik 11, 33–63 + 13, 283–304.

C. Kelly 2004 = C. Kelly, Ruling the Later Roman Empire.

C. Kelly 2008 = C. Kelly, Barbarian Terror and the Fall of the Roman Empire.

G. Kelly 2008 = G. Kelly, Ammianus Marcellinus: The Allusive Historian.

Kennell 2000 = S. A. H. Kennell, Magnus Felix Ennodius. A Gentleman of the Church.

Kent 1966 = J. P. C. Kent, Julius Nepos and the Fall of the Western Empire, in: Corolla Numismatica Memoriae Erich Swoboda Dedicata, 146–150.

Kent 1994 = J. P. C. Kent, The Roman Imperial Coinage. Bd. X: The Divided Empire and the Fall of the Western Parts 395–491.

Kim 2013 = H. J. Kim, The Huns, Rome and the Birth of Europe.

King 1972 = P. D. King, Law & Society in the Visigothic Kingdom.

Kipper 2002 = Der Germanenmythos im deutschen Kaiserreich. Formen und Funktionen historischer Selbstthematisierung.

Kiss 1979 = A. Kiss, Ein Versuch die Funde und das Siedlungsgebiet der Ostgoten in Pannonien zwischen 456–471 zu bestimmen, in: Acta Archaeologica Academiae Scientiarum Hungaricae 31, 329–339.

Kiss 1996 = A. Kiss, Die Osthrogoten in Pannonien (456–473) aus archäologischer Sicht, in: Zalai Múzeum 6, 87–90.

Klauser 1977 = T. Klauser, War Cassiodors Vivarium ein Kloster oder eine Hochschule?, in: A. Lippold/N. Himmelmann (Hrsg.), Bonner Festgabe Johannes Straub, 413–420.

Klingshirn 1985 = W. E. Klingshirn, Caesarius of Arles and the Ransoming of Captives, in: Journal of Roman Studies 75, 183–203.

Klingshirn 1994 = W. E. Klingshirn, Caesarius of Arles: The Making of a Christian Community in Late Antique Gaul.

Kneissl 1969 = P. Kneissl, Die Siegestitulatur der römischen Kaiser. Untersuchungen zu den Siegerbeinamen des ersten und zweiten Jahrhunderts.

Kneissl/Losemann 1988 = P. Kneissl/V. Losemann (Hrsg.), Alte Geschichte und Wissenschaftsgeschichte. Festschrift für Karl Christ zum 65. Geburtstag.

Kneissl/Losemann 1998 = P. Kneissl/V. Losemann (Hrsg.), *Imperium Romanum*: Studien zu Geschichte und Rezeption. Festschrift für Karl Christ zum 75. Geburtstag.

Knopf/Krüger 1929 = R. Knopf (Hrsg.), Ausgewählte Märtyrerakten. Neubearbeitung von G. Krüger.

Kohlhas-Müller 1995 = D. Kohlhas-Müller, Untersuchungen zur Rechtsstellung Theoderichs des Großen.

Kolb 1984 = F. Kolb, Die Stadt im Altertum.

Kollwitz/Herdejürgen 1979 = J. Kollwitz/J. Herdejürgen, Die Sarkophage der westlichen Gebiete des Imperium Romanum. Zweiter Teil: Die ravennatischen Sarkophage.

König 1986 = I. König, Theoderich d. Gr. und die Kirche S. Stefano zu Verona, in: Trierer Theologische Zeitschrift 95, 132–142.

König 1997 = I. König, Aus der Zeit Theoderichs des Grossen. Einleitung, Text, Übersetzung und Kommentar einer anonymen Quelle.

Kosiński 2010 = R. Kosiński, The Emperor Zeno. Religion and Politics.

Kossinna 1912 = G. Kossinna, Die deutsche Vorgeschichte, eine hervorragend nationale Wissenschaft.

Kötter 2013 = J.-M. Kötter, Zwischen Kaiser und Aposteln. Das Akakianische Schisma (484–519) als kirchlicher Ordnungskonflikt der Spätantike.

Kötter 2018 = J.-M. Kötter, Katholische Geistliche – homöischer König. Gedanken zu konfessioneller Differenz und politischer Kooperation, erscheint in: Wiemer 2018a.

Kragl 2018 = F. Kragl, (K)Ein Gote? Theoderich und die Heldensage der Germanen, erscheint in: Wiemer 2018a.

Kraus 1928 = F. F. Kraus, Die Münzen Odovakars und des Ostgotenreiches in Italien.

Krause 1987a = J.-U. Krause, Spätantike Patronatsformen im Westen des Römischen Reiches.

Krause 1987b = J.-U. Krause, Der spätantike Städtepatronat, in: Chiron 17, 1–57.

Krause 1995 = J.-U. Krause, Witwen und Waisen im Römischen Reich. 4 Bde.

Krause 2014 = J.-U. Krause, Gewalt und Kriminalität in der Spätantike.

Krause/Witschel 2006 = J.-U. Krause/C. Witschel (Hrsg.), Die Stadt in der Spätantike – Niedergang oder Wandel?

Krautheimer 1937 = R. Krautheimer, Corpus basilicarum christianarum Romae (IV–IX sec.). Bd. 1.

Krautschick 1983 = S. Krautschick, Cassiodor und die Politik seiner Zeit.

Krebs 2012 = C. B. Krebs, A Most Dangerous Book: Tacitus's *Germania* from the Roman Empire to the Third Reich.

Kroeschell 1969 = K. A. Kroeschell, Die Treue in der deutschen Rechtsgeschichte, in: Studi medievali (Ser. 3) 10, 465–490; auch in: Kroeschell 1995, 157–182.

Kroeschell 1986 = K. A. Kroeschell, Germanisches Recht als Forschungsproblem, in: K. A. Kroeschell (Hrsg.), Festschrift für Hans Thieme zu seinem 80. Geburtstag, 3–19; auch in: Kroeschell 1995, 65–88.

Kroeschell 1989 = K. A. Kroeschell, Die *Germania* in der deutschen Rechts- und Verfassungsgeschichte, in: Jankuhn/Timpe 1989, 189–215; auch in: Kroeschell 1995,89–112.

Kroeschell 1995 = K. A. Kroeschell, Studien zum frühen und mittelalterlichen Recht.

Kulikowski 2004 = M. Kulikowski, Late Roman Spain and its Cities.

Kulikowski 2006a = M. Kulikowski, The Late Roman City in Spain, in: Krause/Witschel 2006, 129–152.

Kulikowski 2006b = M. Kulikowski, Constantine and the Northern Barbarians, in: N. Lenski (Hrsg.), The Cambridge Companion to the Age of Costantin. 2. Aufl., 347–376.

Kulikowski 2007 = M. Kulikowski, Rome's Gothic Wars from the Third Century to Alaric.

Kulikowski 2017 = M. Kulikowski, Urban Prefects in Bronze, in: Journal of Late Antiquity 10, 3–41.

La Rocca 1993 = C. La Rocca, Un prudente maschera «antiqua». La politica edilizia di Teoderico, in: CISAM 1993, 451–515.

La Rocca/Oppedisano 2016 = A. La Rocca/F. Oppedisano, Il Senato romano nell'Italia ostrogota.

Lackner 1972 = W. Lackner, Übersehene Nachrichten zur Kirchenpolitik Hunerichs und Odoakars im *Synaxarium ecclesiae Constantinopolitanae*, in: Historia 21, 762–764.

Lafferty 2010 = S. D. W. Lafferty, Law and Society in Ostrogothic Italy: Evidence from the *Edictum Theoderici*, in: Journal of Late Antiquity 3, 337–364.

Lafferty 2013 = S. D. W. Lafferty, Law and Society in the Age of Theoderic the Great. A Study of the *Edictum Theoderici*.

Lamma 1951 = P. Lamma, Teoderico.

Langgärtner 1964 = G. Langgärtner, Die Gallienpolitik der Päpste im 5. und 6. Jahrhundert, eine Studie über den apostolischen Vikariat von Arles.

Langsdorff 1847 = E. de Langsdorff, Théodoric et Boëce, in: Revue des Deux Mondes 17, 827–860.

Laniado 2015 = A. Laniado, Aspar and his *phoideratoi*: John Malalas on a special relationship, in: Roberto/Mecella 2015, 325–344.

Lapeyre 1929 = G.-G. Lapeyre, Saint Fulgence de Ruspe. Un évêque catholique africain sous la domination vandale.

Lavan 1999 = L. Lavan, Residences of Late Antique Governors: a Gazetteer, in: Antiquité Tardive 7, 135–164.

Lavan 2001 = L. Lavan, The *praetoria* of Civil Governors in Late Antiquity, in: L. Lavan (Hrsg.), Recent Research in Late Antique Urbanism, 39–56.

Lavan 2003 = L. Lavan, Christianity, the City, and the End of Antiquity, in: Journal of Roman Archaeology 16, 705–710.

Le Goff 1966 = J. Le Goff, Les paysans et le monde rural dans la littérature du haut Moyen Âge (Ve-VIe siècle), in: CISAM 1966, 723–744; auch in: ders., Pour un autre Moyen Âge (1978), 131–144.

Lenel 1906 = O. Lenel, Zur *exceptio annalis Italici contractus*, in: Zeitschrift der Savigny-Stiftung für Rechtsgeschichte. Rom. Abt. 27, 71–82.

Lenel 1927 = O. Lenel, Das Edictum perpetuum. Ein Versuch zu seiner Wiederherstellung.

Lenski 1995 = N. Lenski, The Gothic Civil War and the Date of the Gothic Conversion, in: Greek, Roman and Byzantine Studies 36, 51–87.

Lenski 1997 = N. Lenski, *Initium mali Romano imperio*: Contemporary Reactions to the Battle of Adrianople, in: Transactions of the American Philological Association 127, 129–168.

Lenski 2001 = N. Lenski, Evidence for the *audientia episcopalis* in the New Letters of Augustine, in: R. W. Mathisen (Hrsg.), Law, Society and Authority in Late Antiquity, 83–97.

Lenski 2002 = N. Lenski, Failure of Empire. Valens and the Roman State in the Fourth Century A. D.

Leopold 1986 = J. W. Leopold, *Consolando per edicta*: Cassiodorus, *Variae*, 4, 50 and Imperial Consolations for Natural Catastrophes, in: Latomus 45, 816–836.

Lepelley 1961 = C. Lepelley, Saint Léon le Grand et la cité romaine, in: Revue des Sciences Religieuses 35, 130–150.

Lepelley 1983 = C. Lepelley, *Quot curiales, tot tyranni*. L'image du décurion oppresseur au Bas-Empire, in: E. Frézouls (Hrsg.), Crise et redressement dans les provinces européennes de l'Empire (milieu du IIIe-milieu du IVe siècle): actes du Colloque de Strasbourg (décembre 1981), 143–156.

Lepelley 1990 = C. Lepelley, Un éloge nostalgique de la cité classique dans les *Variae* de Cassiodore, in: M. Sot (Hrsg.), Haut Moyen Âge: Culture, éducation et société. Études offertes à Pierre Riché, 33–47.

Lepelley 1996a = C. Lepelley, La survie de l'idée de cité républicaine en Italie au début du VIe siècle, dans un édit d'Athalaric rédigé par Cassiodore (*Variae*, IX, 2), in: Lepelley 1996b, 71–83.

Lepelley 1996b = C. Lepelley (Hrsg.), La fin de la cité antique et le début de la cité medievale de la fin du IIIe siècle a l'avènement de Charlemagne.

Lepelley 2001 = C. Lepelley, Le nivellement juridique du monde romain à partir du IIIe siècle et la marginalisation des droits locaux, in: Mélanges de l'Ecole française de Rome. Moyen Âge 113, 839–856.

Leppin 1998 = H. Leppin, Ein «Spätling der Aufklärung»: Otto Seeck und der Untergang der antiken Welt, in: Kneissl/Losemann 1998, 472–491.

Leppin 2003 = H. Leppin, Theodosius der Große. Auf dem Weg zum christlichen Imperium.

Leppin 2010 = H. Leppin, Truppenergänzungen in einer außergewöhnlichen Situation: Theodosius der Große und die Rekrutierungen nach Adrianopel, in: A. Eich (Hrsg.), Die Verwaltung der kaiserzeitlichen römischen Armee. Studien für Hartmut Wolff, 188–201.

Leppin 2011 = H. Leppin, Justinian. Das christliche Experiment.

Leppin u. a. 2010 = H. Leppin/S. Ristow/A. Breitenbach/A. Weckwerth, Mailand, in: RAC 23, 1156–1202.

Leven 1987 = K.-H. Leven, Die «Justinianische» Pest, in: Jahrbuch des Instituts für Geschichte der Medizin der Robert Bosch-Stiftung 6, 137–161; auch in: M. Meier (Hrsg.), Justinian (2011), 216–249.

Liebeschuetz 1993 = J. H. W. G. Liebeschuetz, Barbarians and Bishops. Army, Church, and State in the Age of Arcadius and Chrysostom.

Liebeschuetz 1996 = J. H. W. G. Liebeschuetz, The Romans demilitarised: the evidence of Procopius, in: Scripta Classica Israelica 15, 230–239; auch in: Liebeschuetz 2006a, Nr. XI.

Liebeschuetz 1997 = J. H. W. G. Liebeschuetz, Cities, Taxes and the Accomodation of the Barbarians: the theories of Durliat and Goffart, in: W. Pohl (Hrsg.), Kingdoms of the Empire: the Integration of Barbarians in Late Antiquity, 135–151; auch in: Liebeschuetz 2006a, Nr. XIII.

Liebeschuetz 2001 = J. H. W. G. Liebeschuetz, Decline and Fall of the Roman City.

Liebeschuetz 2003 = J. H. W. G. Liebeschuetz, Late Antiquity, the rejection of «decline», and multiculturalism, in: ARC (Hrsg.), Atti del XIV Convegno, 639–652; auch in: Liebeschuetz 2006a, Nr. XVII.

Liebeschuetz 2004 = J. H. W. G. Liebeschuetz, The Birth of Late Antiquity, in: Antiquité Tardive 12, 253–261; auch in: Liebeschuetz 2006a, Nr. XV.

Liebeschuetz 2006a = J. H. W. G. Liebeschuetz, Decline and Change in Late Antiquity. Religion, Barbarians and their Historiography.

Liebeschuetz 2006b = J. H. W. G. Liebeschuetz, Transformation and Decline: Are the Two Really Incompatible?, in: Krause/Witschel 2006, 463–484.

Liebeschuetz 2007 = J. H. W. G. Liebeschuetz, The Debate about the Ethnogenesis of the Germanic Tribes, in: H. Amirav/B. ter haar Romeny (Hrsg.), From Rome to Constantinople. Studies in honour of Averil Cameron, 341–355; auch in: Liebeschuetz 2015, 85–100.

Liebeschuetz 2011a = J. H. W. G. Liebeschuetz, Making a Gothic History: Does the Getica of Jordanes preserve genuinely Gothic Traditions?, in: Journal of Late Antiquity 4, 185–216; auch in: Liebeschuetz 2015, 101–134.

Liebeschuetz 2011b = J. H. W. G. Liebeschuetz, Why did Jordanes write the Getica?, in: Antiquité Tardive 19, 295–302; auch in: Liebeschuetz 2015, 135–150.

Liebeschuetz 2013 = J. H. W. G. Liebeschuetz, Habitus Barbarus: Did Barbarians look different from Romans?, in: Porena/Rivière 2012, 13–28; auch in: Liebeschuetz 2015, 151–166.

Liebeschuetz 2015 = J. H. W. G. Liebeschuetz, East and West in Late Antiquity. Invasion, Settlement, Ethnogenesis and Conflicts of Religion.

Liebs 1987 = D. Liebs, Die Jurisprudenz im spätantiken Italien (260–640 n. Chr.).

Liebs 2002 = D. Liebs, Römische Jurisprudenz in Gallien (2. bis 8. Jahrhundert).

Liebs 2015 = D. Liebs, Rezension zu Lafferty 2013, in: Zeitschrift der Savigny-Stiftung für Rechtsgeschichte. Rom. Abt. 132, 560–570.

Lienert 2008 = E. Lienert (Hrsg.), Dietrich-Testimonien des 6. bis 16. Jahrhunderts.

Lieu 1992 = S. N. C. Lieu, Manichaeism in the Later Roman Empire and Medieval China. 2. Aufl. (1. Aufl. 1985)

Lippold 1973 = A. Lippold, Theodosius I., in: RE Suppl. XIII, 837–961.

Lizzi Testa 2004 = R. Lizzi Testa (Hrsg.), Le trasformazioni delle élites in età tardoantica. Atti del Convegno Internazionale Perugia, 15–16 marzo 2004.

Lizzi Testa 2016a = R. Lizzi Testa, Bishops, Ecclesiastical Organization and the Ostrogothic Regime, in: Arnold u. a. 2016, 451–479.

Lizzi Testa 2016b = R. Lizzi Testa, Mapping the Church and Asceticism in Ostrogothic Italy, in: Arnold u. a. 2016, 480–502.

Lo Cascio 2013 = E. Lo Cascio, La popolazione di Roma prima e dopo il 410, in: J. Lipps/C. Machado/P. von Rummel (Hrsg.), The Sack of Rome in 410 AD. The event, its context and its impact, 411–422.

Löhlein 1932 = G. Löhlein, Die Alpen- und Italienpolitik der Merowinger im VI. Jahrhundert.

Löhr 1986 = W. A. Löhr, Die Entstehung der homöischen und der homöusianischen Kirchenpartei.

Lorentz 1935 = F. von Lorentz, Theoderich – nicht Iustinian, in: Röm. Mitteilungen 50, 339–347.

Loseby 1992 = S. T. Loseby, Marseille: A Late Antique Success Story?, in: Journal of Roman Studies 82, 165–185.

Löwe 1948 = H. Löwe, Cassiodor, in: Romanische Forschungen 60, 420–446; auch in: Löwe 1973, 11–32.

Löwe 1952a = H. Löwe, Von Theoderich dem Großen bis zu Karl dem Großen, in: Deutsches Archiv für Erforschung des Mittelalters 9, 353–401; auch in: Löwe 1973, 33–74.

Löwe 1952b = H. Löwe, Theoderich der Große und Papst Johann I., in: Historisches Jahrbuch 72, 83–100.

Löwe 1961 = H. Löwe, Theoderichs Gepidensieg im Winter 488/489. Eine historischgeographische Studie, in: K. E. Born (Hrsg.), Historische Forschungen und Probleme. Festschrift für Peter Rassow, 1–16.

Löwe 1973 = H. Löwe, Von Cassiodor zu Dante. Ausgewählte Aufsätze.

Lütkenhaus 1998 = W. Lütkenhaus, Constantius III. Studien zu seiner Tätigkeit und Stellung im Westreich 411–421.

Lund 1995 = A. A. Lund, Germanenideologie im Nationalsozialismus.

MacGeorge 2002 = P. MacGeorge, Late Roman Warlords. Oxford.

Machado 2006 = C. Machado, Building the Past: Monuments and Memory in the *Forum Romanum*, in: W. Bowden/A. Gutteridge/C. Machado (Hrsg.), Social and Political Life in Late Antiquity, 157–194.

Machado 2012a = C. Machado, Aristocratic Houses and the Making of Late Antique Rome and Constantinople, in: L. Grig/G. Kelly 2012, 136–158.

Machado 2012b = C. Machado, Between Memory and Oblivion: the end of the Roman *domus*, in: Behrwald/Witschel 2012, 111–138.

Maczynska 2007 = M. Maczynska, Wielbark-Kultur, in: RGA 34, 1–20.

Maenchen-Helfen 1978 = O. J. Maenchen-Helfen, Die Welt der Hunnen. Eine Analyse ihrer historischen Dimension. Deutschsprachige Ausgabe besorgt von R. Göbl.

Maier 2005 = G. Maier, Amtsträger und Herrscher in der Gothia Romana. Vergleichende Untersuchungen zu den Institutionen der ostgermanischen Völkerwanderungsreiche.

Malineau 2006 = V. Malineau, Le théâtre dans les cités de l'Italie tardo-antique, in: Ghilardi u. a. 2006, 187–203.

Mallan/Davenport 2015 = C. Mallan/C. Davenport, Dexippus and the Gothic Invasions: Interpreting the New Vienna Fragment (Codex Vindobonensis Hist. gr. 73, ff. 192v–193r), in: Journal of Roman Studies 105, 203–226.

Malnati u. a. 2007 = A. Malnati u. a., Nuovi scavi archeologici a Classe: campagne 2004–2005, in: Augenti/Bertelli 2007, 33–38.

Manacorda 2001 = D. Manacorda, Crypta Balbi. Archeologia e storia di un paesaggio urbano.

Mancinelli 2001 = A. Mancinelli, Sul centralismo amministrativo di Teodorico. Il governo della Spagna in età ostrogota, in: XII Convegno Internazionale in Memoria di André Chastagnol, 217–263.

Manso 1824 = J. K. F. Manso, Geschichte des Ost-Gothischen Reiches in Italien.

Marano 2015 = Y. A. Marano, ‹Watered … with the Live-giving Wave›: Aqueducts and Water in Ostrogothic Italy, in: P. Erdkamp/K. Verboven/A. Zuiderhoek (Hrsg.), Ownership and Exploitation of Land and Natural Resources in the Roman World, 150–169.

Maraval 2001 = P. Maraval, Die Rezeption des Chalcedonense im Osten, in: L. Piétri 2001a, 120–157.

Marazzi 2007 = F. Marazzi, The Last Rome: From the End of the Fifth to the End of the Sixth Century, in: Barnish/Marazzi 2007, 279–302.

Marazzi 2016 = F. Marazzi, Ostrogothic Cities, in: Arnold u. a. 2016, 98–120.

Marcone 1985 = A. Marcone, A proposito della «civilitas» nel tardo impero: una nota, in: Rivista Storica Italiana 97, 969–982; auch in: ders., Di tarda antichità. Scritti scelti (2008), 29–40.

Marini 1805 = G. Marini, I papiri diplomatici, raccolti ed illustrati.

Markus 1989 = R. A. Markus, The Legacy of Pelagius: Orthodoxy, Heresy and Concilia-tion, in: R. Williams (Hrsg.), The Making of Orthodoxy: Essays in Honour of Henry Chadwick, 214–234; auch in: ders., Sacred and Secular. Studies on Augustine and Latin Christianity (1994), Nr. XI.

Markus 2009 = R. A. Markus, Between Marrou and Brown: Transformations of Late Antique Christianity, in: Rousseau 2009, 1–14.

Marrou 1931 = H.-I. Marrou, Autour de la bibliothèque du pape Agapit, in: Mélanges d'archéologie et d'histoire 48, 124–169; auch in: ders., Christiana Tempora. Mélanges d'histoire, d'archéologie, d'épigraphie et de patristique (1978), 167–212.

G. Martin 2006 = G. Martin, Dexipp von Athen. Edition, Übersetzung und begleitende Studien.

R. Martin 1976 = R. Martin, Introduction, in: Palladius. Traité d'agriculture. Bd. 1: Livres I et II, VII-LXVII.

Martindale 1980 = J. R. Martindale, The Prosopography of the Later Roman Empire, Vol. II: AD 395–527.

Martindale 1992 = J. R. Martindale, The Prosopography of the Later Roman Empire, Vol. III: 527–641. 2 Bde.

Martínez Jiménez 2011 = A. J. Martínez Jiménez, Monte Barro: An Ostrogothic Fortified Site in the Alps, in: assemblage 11, 34–46.

Maser 2009 = M. Maser, Die Päpste und das oströmische Kaisertum im 6. Jahrhundert, in: K. Herbers/J. Johrendt (Hrsg.), Das Papsttum und das vielgestaltige Italien: Hun-dert Jahre Italia Pontificia, 39–68.

Mateos 2000 = P. Mateos, *Augusta Emerita*, de capital de la *diocesis Hispaniarum* a sede temporal visigoda, in: Ripoll/Gurt 2000, 491–520.

Mathisen 1989 = R. W. Mathisen, Ecclesiastical Factionalism and Religious Controversy in Fifth-century Gaul.

Mathisen 1992 = R. W. Mathisen, Fifth-century Visitors to Italy: business or pleasure?, in: J. F. Drinkwater/H. Elton (Hrsg.), Fifth-century Gaul. A crisis of identity?, 228–238.

Mathisen 1993 = R. W. Mathisen, Roman Aristocrats in Barbarian Gaul: strategies for survival in an age of transition.

Mathisen 1997 = R. W. Mathisen, Barbarian Bishops and the Churches ‹in Barbaricus Gentibus› during Late Antiquity, in: Speculum 72, 664–697.

Mathisen 2003 = R. W. Mathisen, «*Qui genus, unde patres*?». The case of Arcadius Placi-dus Magnus Felix, in: Medieval Prosopography 24, 56–73.

Mathisen 2004 = R. W. Mathisen, Emperors, Priests, and Bishops: military chaplains in the Roman empire, in: D. L. Bergen (Hrsg.), The Sword of the Lord. Military Chaplains from the First to the Twenty-First Century, 29–43.

Mathisen 2009 = R. W. Mathisen, Ricimer's Church in Rome: How an Arian Barbarian Prospered in a Nicene World, in: A. Cain/N. Lenski (Hrsg.), The Power of Religion in Late Antiquity, 307–326.

Mathisen 2013a = R. W. Mathisen, Clovis, Anastasius, and Political Status in 508 C. E.: The Frankish Aftermath of the Battle of Vouillé, in: Mathisen/Shanzer 2013, 79–110.

Mathisen 2013b = R. W. Mathisen, Vouillé, Voulon, and the Location of the Campus Vogladensis, in: Mathisen/Shanzer 2013, 43–62.

Mathisen 2014 = R. W. Mathisen, Barbarian ‹Arian› Clergy, Church Organization, and Church Practices, in: Berndt/Steinacher 2014, 145–192.

Mathisen/Shanzer 2013 = R. W. Mathisen/D. Shanzer (Hrsg.), The Battle of Vouillé: Where France Began.

Matthews 1975 = J. F. Matthews, Western Aristocracies and Imperial Court A. D. 364–425.

Matthews 1981 = J. F. Matthews, Anicius Manlius Severinus Boethius, in: M. Gibson (Hrsg.), Boethius. His Life, Thought and Influence, 15–43; auch in: Matthews 1985, Nr. V.

Matthews 1985 = J. F. Matthews, Political Life and Culture in Late Roman Society.

Matthews 1989 = J. F. Matthews, The Roman Empire of Ammianus Marcellinus.

Matthews 2000a = J. F. Matthews, Laying Down the Law. A Study of the Theodosian Code.

Matthews 2000b = J. F. Matthews, Roman Law and Barbarian Identity in the Late Roman West, in: S. Mitchell/G. Greatrex (Hrsg.), Ethnicity and Culture in Late Antiquity, 31–44; auch in: Matthews 2010, 327–342.

Matthews 2001 = J. F. Matthews, Interpreting the Interpretationes of the *Breviarium*, in: R. Mathisen (Hrsg.), Law, Society, and Authority in Late Antiquity, 11–33; auch in: Matthews 2010, 343–360.

Matthews 2010 = J. F. Matthews, Roman Perspectives. Studies in the social, political and cultural history of the First to Fifth Centuries.

Mauskopf Deliyannis 2010 = D. Mauskopf Deliyannis, Ravenna in Late Antiquity.

Mayer 1956 = T. Mayer (Hrsg.), Das Königtum. Seine geistigen und rechtlichen Grundlagen.

McCormick 1977 = M. McCormick, Odoacer, Emperor Zeno and the Rugian victory legation, in: Byzantion 47, 212–222.

McCormick 1987 = M. McCormick, Eternal victory: triumphal rulership in late antiquity, Byzantium, and the Early Medieval West.

McCormick 2001 = M. McCormick, Origins of the European Economy: Communications and Commerce, A. D. 300–900.

McCormick Schoolman 2013 = E. McCormick Schoolman, Local Networks and Witness Subscriptions in Early Medieval Ravenna, in: Viator 44, 21–42.

McEvoy 2013 = M. E. McEvoy, Child Emperor Rule in the Late Roman West, AD 367–455.

McEvoy 2016 = M. E. McEvoy, Becoming Roman? The Not-So-Curious Case of Aspar and the Ardaburii, in: Journal of Late Antiquity 9, 483–511.

McLynn 1994 = N. McLynn, Ambrose of Milan: Church and Court in a Christian Capital.

McLynn 1996 = N. McLynn, From Palladius to Maximinus: Passing the Arian Torch, in: Journal of Early Christian Studies 4, 477–493.

McLynn 2008 = N. McLynn, Crying Wolf: The Pope and the Lupercalia, in: Journal of Roman Studies 98, 161–175.

Mecella 2013 = L. Mecella, Dexippo di Athene: testimonianze e frammenti.

Meier 2003 = M. Meier, Das andere Zeitalter Justinians. Kontingenzerfahrung und Kontingenzbewältigung im 6. Jahrhundert n. Chr.

Meier 2009 = M. Meier, Anastasios I. Die Entstehung des byzantinischen Reiches.

Meier 2012 = M. Meier, Ostrom – Byzanz, Spätantike – Mittelalter. Überlegungen zum «Ende» der Antike im Osten des Römischen Reiches, in: Millennium 9, 187–254.

Meier 2014 = M. Meier, Nachdenken über ‹Herrschaft›. Die Bedeutung des Jahres 476, in: Meier/Patzold 2014, 143–216.

Meier 2017 = M. Meier, Die Spätantike, zeitlich und räumlich neu gefasst. Eine Zwischenbilanz aktueller Suchbewegungen, in: Historische Zeitschrift 304, 686–706.

Meier/Patzold 2014 = M. Meier/S. Patzold (Hrsg.), Chlodwigs Welt. Organisation von Herrschaft um 500.

Merrils/Miles 2010 = A. Merrills/A. Miles, The Vandals.

Metlich 2004 = M. A. Metlich, The Ostrogothic Coinage in Italy from A. D. 476.

Millar 1992 = F. Millar, The Emperor in the Roman World (31 BC-AD 337). 2. Aufl. (1. Aufl. 1977)

Miller 1916 = K. Miller, Itineraria Romana. Römische Reisewege an der Hand der Tabula Peutingeriana dargestellt.

Millet 2008 = V. Millet, Germanische Heldendichtung im Mittelalter. Eine Einführung.

Mirkovic 2007 = M. Mirkovic, Moesia Superior. Eine Provinz an der mittleren Donau.

Mirkovic u. a. 1971 = M. Mirković/A. Milošević/V. Popović, Sirmium – its history from the 1st century A. D. to 582 A. D.

Mócsy 1974 = A. Mócsy, Pannonia and Upper Moesia. A history of the middle Danube provinces of the Roman Empire.

Modéran 2001 = Y. Modéran, Afrika und die Verfolgung durch die Vandalen, in: L. Piétri 2001a, 264–299.

Modéran 2002 = Y. Modéran, L'établissement territorial des Vandales en Afrique, in: Antiquité tardive 10, 87–122.

Modéran 2003 = Y. Modéran, Une guerre de religion: les deux Églises d'Afrique à l'époque vandale, in: Antiquité tardive 11, 21–44.

Modéran 2012 = Y. Modéran, Confiscations, expropriations et redistributions foncières dans l'Afrique vandale, in: Porena/Rivière 2012, 129–156.

Momigliano 1955 = A. Momigliano, Cassiodorus and Italian Culture, in: Proceedings of the British Academy 41, 207–245; auch in: ders., Secondo Contributo alla storia degli studi classici e del mondo antico (1960), 191–230.

Momigliano 1973 = A. Momigliano, La caduta senza rumore di un impero nel 476 d. C., in: Annali della Scuola Normale Superiore di Pisa. Serie III, vol. III, fasc. 2; auch in: Momigliano 1980, 159–179.

Momigliano 1978 = A. Momigliano, Cassiodoro, in: Dizionario Biografico degli Italiani 21, 494–504; auch in: Momigliano 1980, 487–508.

Momigliano 1980 = A. Momigliano, Sesto Contributo alla storia degli studi classici. 2 Bde.

Mommsen 1882 = T. Mommsen (Hrsg.), Iordanis Romana et Getica.

Mommsen 1889 = T. Mommsen, Ostgothische Studien, in: Neues Archiv 14, 225–249 + 453–544; auch in: Mommsen 1910, 362–484.

Mommsen 1910 = T. Mommsen, Gesammelte Schriften, Bd. 6: Historische Schriften.

Moorhead 1984 = J. Moorhead, The Decii under Theoderic, in: Historia 33, 107–115.

Moorhead 1987 = J. Moorhead, *Libertas* and *Nomen Romanum* in Ostrogothic Italy, in: Latomus 46, 161–168.

Moorhead 1992 = J. Moorhead, Theoderic in Italy.

Morosi 1975/76 = R. Morosi, L'attività del «Praefectus Praetorio» nel Regno Ostrogoto attraverso le «Variae» di Cassiodoro, in: Humanitas 27–28, 71–94.

Morosi 1977 = R. Morosi, L'*officium* del prefetto del pretorio nel VI secolo, in: Romano-barbarica 2, 104–148.

Morosi 1979/80 = R. Morosi, Il *princeps officii* e *la schola agentum in rebus*, in: Humanitas 31–32, 23–70.

Morosi 1981a = R. Morosi, I ‹Comitiaci›, funzionari romani nell'Italia ostrogota, in: Quaderni catanesi di studi classici e medievali 3, 77–111.

Morosi 1981b = R. Morosi, I *saiones*, speciali agenti di polizia presso i Goti, in: Athenaeum 59, 150–165.

Morton 1982 = C. Morton, Marius of Avenches, the *Excerpta Valesiana*, and the death of Boethius, in: Traditio 38, 107–136.

Muhlack 1989 = U. Muhlack, Die «Germania» im deutschen Nationalbewusstsein vor dem 19. Jahrhundert, in: Jankuhn/Timpe 1989, 128–154; auch in: U. Muhlack, Staatensystem und Geschichtsschreibung. Ausgewählte Aufsätze zu Humanismus und Historismus, Absolutismus und Aufklärung (2006), 274–299.

Müllenhoff 1870–1908 = K. Müllenhoff, Deutsche Altertumskunde, 5 Bde.

K. E. Müller 1968/80 = K. E. Müller, Geschichte der antiken Ethnographie und ethnologischen Theoriebildung. 2 Bde.

H. Müller u. a. 2008 = H. Müller/D. Weber/C. Weidmann, *Collatio Augustini cum Pascentio*. Einleitung, Text, Übersetzung.

Näf 1990 = B. Näf, Das Zeitbewusstsein des Ennodius und der Untergang Roms, in: Historia 39, 100–123.

Näf 1995 = B. Näf, Senatorisches Standesbewußtsein in spätrömischer Zeit.

Nagy 1971 = T. Nagy, The Last Century of Pannonia in the Judgement of a New Monograph, in: Acta Antiqua Academiae Scientiarum Hungaricae 19, 299–345.

Naudet 1811 = J. Naudet, Histoire de l'établissement, des progrès et de la décadence de la monarchie des Goths en Italie.

Neckel 1944 = G. Neckel, Vom Germanentum. Ausgewählte Aufsätze und Vorträge.

Nehlsen 1969 = H. Nehlsen, Rezension von Vismara 1967, in: Zeitschrift der Savigny-Stiftung für Rechtsgeschichte. Germ. Abt. 86, 246–260.

Nehlsen 1972 = H. Nehlsen, Sklavenrecht zwischen Antike und Mittelalter: germanisches und römisches Recht in den germanischen Rechtsaufzeichnungen. Bd. 1: Ostgoten, Westgoten, Franken, Langobarden.

Nehlsen 1978 = H. Nehlsen, Lex Burgundionum, in: HRG 2, 1901–1915.

Nehlsen 1984 = H. Nehlsen, Codex Euricianus, in: RGA 5, 42–47.

G. Neumann/Seemann 1992 = G. Neumann/H. Seemann (Hrsg.), Beiträge zum Verständnis der Germania des Tacitus. Teil II.

H. Neumann 1939 = H. Neumann, Theoderich der Große. Der Herr Italiens.

Nipperdey 1968 = T. Nipperdey, Nationalidee und Nationaldenkmal in Deutschland im 19. Jahrhundert, in: Historische Zeitschrift 206, 529–585; auch in: ders., Gesellschaft, Kultur, Theorie (1976), 133–173.

Noethlichs 1981 = K. L. Noethlichs, Beamtentum und Dienstvergehen. Zur Staatsverwaltung in der Spätantike.

Noethlichs 1996 = K. L. Noethlichs, Das Judentum und der römische Staat. Minderheitenpolitik im antiken Rom.

Noethlichs 2001 = K. L. Noethlichs, Die Juden im christlichen Imperium Romanum (4.–6. Jahrhundert).

Norton 2007 = P. Norton, Episcopal Elections 250–600: Hierarchy and Popular Will in Late Antiquity.

Noy 1993 = D. Noy, Jewish Inscriptions of Western Europe, Bd. 1: Italy (excluding the City of Rome), Spain and Gaul.

O'Donnell 1979 = J. J. O'Donnell, Cassiodorus.

O'Donnell 1981 = J. J. O'Donnell, Liberius the Patrician, in: Traditio 37, 31–72.

Offergeld 2001 = T. Offergeld, *Reges pueri*. Das Königtum Minderjähriger im frühen Mittelalter.

O'Flynn 1983 = J. M. O'Flynn, Generalissimos of the Western Roman Empire.

Olbrich 2013 = K. Olbrich, Theodoricus Senatus Consulto Rex. Münzprägung zwischen römischer und deutscher Rechtsgeschichte, in: Jahrbuch für Numismatik und Geldgeschichte 63, 187–197.

Oost 1968 = I. Oost, Galla Placidia Augusta. A Biographical Essay.

Orlandi 2005 = S. Orlandi, Epigrafia anfiteatrale dell'occidente romano. Bd. VI: Roma. Anfiteatri e strutture annesse con una nuova edizione e commento delle iscrizioni del Colosseo.

Pabst 1986 = A. Pabst, *Divisio regni*. Der Zerfall des Imperium Romanum in der Sicht der Zeitgenossen.

Pack 1998 = E. Pack, Italia (landeskundlich), in: RAC XVIII, 1049–1202.

Palme 1999 = B. Palme, Die *officia* der Statthalter in der Spätantike. Forschungsstand und Perspektiven, in: Antiquité Tardive 7, 85–133.

Panzram 2014 = S. Panzram, Die Iberische Halbinsel um 500 – Herrschaft «am Ende der Welt». Eine Geschichte in neun Städten, in: Meier/Patzold 2014, 449–486.

Panzram 2015 = S. Panzram, «Hilferufe» aus Hispaniens Städten. Zur Ausbildung einer Metropolitanordnung auf der Iberischen Halbinsel (4.–6. Jahrhundert), in: Historische Zeitschrift 301, 626–661.

Pastor 1920 = W. Pastor, Theoderich, im Leben, in der Kunst, im Ruhm.

Patzold 2014 = S. Patzold, Bischöfe, soziale Herkunft und die Organisation lokaler Herrschaft um 500, in: Meier/Patzold 2014, 523–544.

Pavirani 1846/47 = P. Pavirani, Storia del regno dei Goti in Italia, 2 Bde.

Peachin 1990 = M. Peachin, Roman Imperial Titulature and Chronology, A. D. 235–284.

Percival 1969 = J. Percival, P. Ital. 3 and Roman Estate Management, in: Latomus 102, 607–615.

Petrikovits 1981 = H. Petrikovits, Die Spezialisierung des römischen Handwerks II (Spätantike), in: Zeitschrift für Papyrologie und Epigraphik 43, 285–306; auch in: ders., Beiträge zur römischen Archäologie und Geschichte. Bd. 2: 1976–1991, 147–168.

Pfeilschifter 1896 = G. Pfeilschifter, Der Ostgotenkönig Theoderich der Große und die katholische Kirche.

Pfeilschifter 1910 = G. Pfeilschifter, Theoderich der Große.

Picotti 1931 = G. B. Picotti, Il senato romano e il processo di Boezio, in: Archivio storico italiano Ser. 7, Bd. 15, 205–228.

Picotti 1956 = G. B. Picotti, Osservazioni su alcuni punti della politica religiosa di Teodorico, in: CISAM 1956, 173–226.

Picotti 1958 = G. B. Picotti, I sinodi romani nello scisma laurenziano, in: Studi storici in onore di Gioacchino Volpe. Bd. 2, 743–786.

C. Piétri 1966 = C. Piétri, Le Sénat, le peuple chrétien et les partis du cirque à Rome sous le Pape Symmaque (498–514), in: Mélanges de l'École française de Rome 78, 123–139; auch in: C. Piétri 1997, 771–787.

C. Piétri 1978 = C. Piétri, Évergétisme et richesses ecclésiastiques dans l'Italie du IVe à la fin du Ve s.: l'exemple romain, in: Ktema 3, 317–337; auch in: C. Piétri 1997, 813–833.

C. Piétri 1981 = C. Piétri, Aristocratie et société cléricale dans l'Italie chrétienne au temps d'Odoacre et de Théodoric, in: Mélanges de l'École française de Rome 93, 417–467; auch in: C. Piétri 1997, 1007–1057.

C. Piétri 1983 = C. Piétri, Les pauvres et la pauvreté dans l'Italie de l'Empire chrétien (IVe siècle), in: Miscellanea historiae ecclesiasticae. Actes du VIe Colloque de Varsovie (1978), 267–300; auch in: C. Piétri 1997, 835–868.

C. Piétri 1987 = C. Piétri, Jean Talaïa, émule d'Athanase au Ve siècle, in: Alexandrina. Hellénisme, judaïsme et christianisme à Alexandrie. Mélanges offerts à Claude Mondésert, 277–295; auch in: C. Piétri 1987, 589–607.

C. Piétri 1997 = C. Piétri, Christiana respublica: éléments d'une enquête sur le christianisme antique. 3 Bde.

L. Piétri 2001a = L. Piétri (Hrsg.), Die Geschichte des Christentums. Religion – Politik – Kultur, Bd. 3: Der lateinische Westen und der byzantinische Osten (431–642).

L. Piétri 2001b = L. Piétri, Die wechselvolle Geschichte der Kirchen im westlichen Abendland. B. Gallien, in: Piétri 2001a, 222–263.

L. Piétri 2001c = L. Piétri, Die Durchsetzung des nizänischen Bekenntnisses in Gallien, in: L. Piétri 2001a, 343–398.

Pilhofer 1990 = P. Pilhofer, *Presbyteron kreitton*. Der Altersbeweis der jüdischen und christlichen Apologeten und seine Vorgeschichte.

Pirenne 1937 = H. Pirenne, Mahomet et Charlemagne.

Pizzi 1994/95 = A. Pizzi, Teoderico nella grande storiografia europea, in: Romanobarbarica 13, 259–282.

Pohl 1980 = W. Pohl, Die Gepiden und die *gentes* an der unteren Donau nach dem Zerfall des Attilareiches, in: Wolfram/Daim 1980, 239–305.

Pohl 1998a = W. Pohl (Hrsg.), Strategies of Distinction. The Construction of Ethnic Communinities 300–800.

Pohl 1998b = W. Pohl, Telling the Difference. Signs of Ethnic Identity, in: Pohl 1998a, 17–69.

Pohl 1998c = W. Pohl, Gepiden § 3: Historisch, in: RGA 2, 131–140.

Pohl 2001a = W. Pohl (Hrsg.), Eugippius und Severin. Der Autor, der Text und der Heilige.

Pohl 2001b = W. Pohl, Langobarden II. Historisches, in: RGA 18, 61–69.

Pohl 2004 = W. Pohl, Die Suche nach den Ursprüngen. Von der Bedeutung des frühen Mittelalters.

Pohl 2005 = W. Pohl, Die Völkerwanderung. Eroberung und Integration. 2. Aufl. (1. Aufl. 2002)

Pohl 2010 = W. Pohl, Die Germanen. 2. Aufl. (1. Aufl. 2004)

Pohl 2013 = W. Pohl, Introduction – Strategies of Identification. A Methodological Profile, in: W. Pohl/G. Heydemann (Hrsg.), Strategies of Identification. Ethnicity and Religion in Early Medieval Europe, 1–64.

Pohl 2018 = W. Pohl, Gotische Identität(en) im gotischen Italien, erscheint in: Wiemer 2018a.

Popa 1997 = A. Popa, Die Siedlung Sobari, Kr. Soroca (Republik Moldau), in: Germania 75, 119–131.

Popović 2007 = I. Popović, Sirmium (Sremska Mitrovica) – Residenzstadt der Römischen Kaiser und Stätte der Frühen Christen, in: U. Brandl/M. Vasić (Hrsg.), Roms Erbe auf dem Balkan. Spätantike Kaiservillen und Stadtanlagen in Serbien, 17–32.

Porena 2012a = P. Porena, L'insediamento degli ostrogoti in Italia.

Porena 2012b = P. Porena, Voci e silenzi sull'insediamento degli Ostrogoti in Italia, in: Porena/Rivière 2012, 227–278.

Porena/Rivière 2012 = P. Porena/Y. Rivière (Hrsg.), Expropriations et confiscations dans les royaumes barbares. Une approche régionale.

Pottier 2006 = B. Pottier, Entre les villes et les campagnes: le banditisme en Italie du IV au VIe siècle, in: Ghilardi u. a. 2006, 251–266.

Prestel 1935 = J. Prestel, König Theoderich.

Prinz 1992 = F. Prinz, Cassiodor und das Problem christlicher Aufgeklärtheit in der Spätantike, in: Historische Zeitschrift 254, 561–580.

Prostko-Prostyński 1994 = J. Prostko-Prostyński, *Utraeque res publicae*. The Emperor Anastasius I's Gothic Policy.

Prostko-Prostyński 2002 = J. Prostko-Prostyński, Ursus: Ein ostgotischer Statthalter in Binnen-Norikum?, in: Zeitschrift für Papyrologie und Epigraphik 139, 297–302.

Prostko-Prostyński 2008 = J. Prostko-Prostyński, Novae in Times of Theodoric the Amal, in: T. Derda/P. Dyczek/J. Kolendo (Hrsg.), Novae. Legionary Fortress and Late Antique Town. A Companion to the Study of Novae, 141–157.

Pryor/Jeffreys 2006 = J. Pryor/E. Jeffreys, The Age of the Dromon: The Byzantine Navy ca. 500–1204.

Puk 2014 = A. Puk, Das römische Spielewesen in der Spätantike.

R.-Alföldi 1978 = M. R.-Alföldi, Il medaglione d'oro di Teodorico, in: Rivista italiana di numismatica e scienze affini 80, 133–142; dt. Fassung in: R.-Alföldi 2001, 204–210.

R.-Alföldi 1988 = M. R.-Alföldi, Das Goldmultiplum Theoderichs des Großen, Neue Überlegungen, in: Rivista Italiana di Numismatica 90, 367–372; auch in: R.-Alföldi 2001, 211–214.

R.-Alföldi 2001 = M. R.-Alföldi, GLORIA ROMANORVM. Schriften zur Spätantike.

Rabello 1987/88 = A. M. Rabello, Giustiniano, ebrei ed samaritani alla luce delle fonti storico letterarie, ecclesiastiche e giuridiche. 2 Bde.

Rallo Freni 1981 = R. A. Rallo Freni, La *Paraenesis didascalica* di Magno Felice Ennodio con il testo latino e la traduzione. 2. Aufl. (1. Aufl. 1970)

Ranke 1883 = L. von Ranke, Weltgeschichte. 4. Teil: Das Kaiserthum in Konstantinopel und der Ursprung romanisch-germanischer Königreiche.

Rebenich 1998 = S. Rebenich, Otto Seeck, Theodor Mommsen und die «Römische Geschichte», in: Kneissl/Losemann 1998, 582–607.

Rebenich 2012 = S. Rebenich, Monarchie, in: RAC XXIX, 1113–1196.

Rebenich 2017 = S. Rebenich (Hrsg.), Monarchische Herrschaft im Altertum.

Rebenich/Wienand 2017 = S. Rebenich/J. Wienand, Monarchische Herrschaft im Altertum. Zugänge und Perspektiven, in: Rebenich 2017, 1–42.

Recchia 1978 = V. Recchia, Gregorio Magno e la società agricola.

Reden 2015 = S. von Reden, Antike Wirtschaft.

Reemtsma 2004 = J. P. Reemtsma, Untergang. Eine Fußnote zu Felix Dahns «Kampf um Rom«, in: Rechtsgeschichte 5, 76–105.

Rehm 1930 = W. Rehm, Der Untergang Roms im abendländischen Denken. Ein Beitrag zur Geschichtsschreibung und zum Dekadenzproblem.

Reichert 2008 = H. Reichert, Die Sprache der Wandalen in Afrika und «Auch Römer dürfen *froia arme* für *domine miserere* sagen», in: H. Müller u. a. 2008, 145–172.

Reier 1934 = H. Reier, Theoderich der Große. Heldische Geisteshaltung im Spiegel römischer Geschichtsschreibung.

Reinerth 1940 = H. Reinerth (Hrsg.), Vorgeschichte der deutschen Stämme. 3 Bde.

Reydellet 1995 = M. Reydellet, Théoderic et la *civilitas*, in: Carile 1995, 285–296.

Richards 1976 = J. Richards, The Popes and the Papacy in the Early Middle Ages.

Riché 1995 = P. Riché, Éducation et culture dans l'Occident barbare, VIe-VIIIe siècles. 4. Aufl. (1. Aufl. 1962)

Ripoll/Arce 2000 = G. Ripoll López/J. Arce Martínez, The Transformation and End of Roman ‹villae› in the West (Fourth-Seventh Centuries): Problems and perspectives, in: G. P. Brogiolo/N. Gauthier/N. Christie (Hrsg.), Towns and their territories between Late Antiquity and the Early Middle Ages, 63–114.

Ripoll/Gurt 2000 = G. Ripoll/J. M. Gurt (Hrsg.), Sedes regiae (a. 400–800).

Roberto/Mecella 2015 = U. Robert/L. Mecella (Hrsg.), Governare e riformare l'impero al momento della sua divisione: Oriente, Occidente, Illirico.

Roesch 1978 = G. Roesch, ONOMA BAΣIΛEΩΣ. Studien zum offiziellen Gebrauch der Kaisertitel in spätantiker und frühbyzantinischer Zeit.

Rohr 1995 = C. Rohr, Der Theoderich-Panegyricus des Ennodius.

Rosen 1982 = K. Rosen, Ammianus Marcellinus.

Rosen 2016 = K. Rosen, Attila. Der Schrecken der Welt.

Rota 2002 = S. Rota, Magno Felice Ennodio: Panegyricus dictus clementissimo regi Theoderico (opusc. 1).

Rouche 1996 = M. Rouche, Clovis. Suivi de vingt et un documents traduits et commentés.

Rousseau 2009 = P. Rousseau (Hrsg.), Transformations of late Antiquity: Essays for Peter Brown.

Rubin 1953 = B. Rubin, Theoderich und Iustinian. Zwei Prinzipien der Mittelmeerpolitik.

Rubin 1960 = B. Rubin, Das Zeitalter Justinians. Bd. 1.

Rubin 1995 = B. Rubin, Das Zeitalter Justinians. Bd. 2, aus dem Nachlaß herausgegeben von C. Capizzi.

Rummel 2007 = P. von Rummel, *Habitus barbarus*. Kleidung und Repräsentation spätantiker Eliten im 4. und 5. Jahrhundert.

Rummel 2018 = P. von Rummel, Materielle Kultur im gotischen Italien, erscheint in: Wiemer 2018a.

Sainte Marthe 1694 = D. de Sainte Marthe, La vie de Cassiodore, chancelier et premier ministre de Theodoric le Grand & de plusieurs rois d'Italie.

Saitta 1993 = B. Saitta, La *civilitas* di Teoderico. Rigore amministrativo, «tolleranza» religiosa e recupero dell'antico nell'Italia ostrogota.

Saller 1994 = R. Saller, Patriarchy, Property and Death in the Roman Family.

Saller 2002 = R. Saller, Framing the Debate over Growth in the Ancient Economy, in: W. Scheidel/S. von Reden (Hrsg.), Ancient Economy, 251–269.

Sanchéz Albornoz 1943 = C. Sánchez Albornoz, Ruina y extinción del municipio romano en España e instituciones que le reemplazan; auch in: ders., Estudios visigodos (1973), 11–145.

Sarnowski 2012 = T. Sarnowski, Novae, an Archaeological Guide to a Roman Legionary Fortress and Early Byzantine Town on the Lower Danube.

Sartorius 1811a = G. Sartorius von Weitersheim, Versuch über die Regierung der Ostgothen während ihrer Herrschaft in Italien, und über die Verhältnisse der Sieger zu den Besiegten im Lande.

Sartorius 1811b = G. Sartorius, Rezension von Naudet 1811 und Sartorius 1811a, in: Göttingische Gelehrte Anzeigen 111, 1097–1112.

Šašel Kos/Scherrer 2002 = M. Šašel Kos/P. Scherrer (Hrsg.), Die autonomen Städte in Noricum und Pannonien/NORICUM.

Šašel Kos/Scherrer 2003a = M. Šašel Kos/P. Scherrer (Hrsg.), Die autonomen Städte in Noricum und Pannonien/PANNONIA I.

Šašel Kos/Scherrer 2003b = M. Šašel Kos/P. Scherrer (Hrsg.), Die autonomen Städte in Noricum und Pannonien/PANNONIA II.

Sasse 1997 = B. Sasse, Die Westgoten in Südfrankreich und Spanien. Zum Problem der archäologischen Identifkation einer wandernden *gens*, in: Archäologische Informationen 20, 1, 29–48.

C. Schäfer 1991 = C. Schäfer, Der weströmische Senat als Träger antiker Kontinuität unter den Ostgotenkönigen (490–540 n. Chr.).

C. Schäfer 2001 = C. Schäfer, Probleme einer multikulturellen Gesellschaft. Zur Integrationspolitik im Ostgotenreich, in: Klio 83, 182–197.

W. Schäfer 1939 = W. Schäfer, Theoderich. König des Abendlandes.

Schäferdiek 1967 = K. Schäferdiek, Die Kirche in den Reichen der Westgoten und Suewen bis zur Errichtung der westgotischen katholischen Staatskirche.

Schäferdiek 1973 = K. Schäferdiek, Ein neues Bild der Geschichte Chlodwigs? Kritische Erwägungen zu einem chronologischen Versuch, in: Zeitschrift für Kirchengeschichte 84, 270–277.

Schäferdiek 1978 = K. Schäferdiek, Germanenmission, in: RAC X, 492–548.

Schäferdiek 1979a = K. Schäferdiek, Zeit und Umstände des westgotischen Übergangs zum Christentum, in: Historia 28, 90–97.

Schäferdiek 1979b = K. Schäferdiek, Wulfila. Vom Bischof von Gotien zum Goten-bischof, in: Zeitschrift für Kirchengeschichte 90, 253–292; auch in: Schäferdiek 1996, 1–40.

Schäferdiek 1983 = K. Schäferdiek, Remigius von Reims. Kirchenmann einer Umbruchs-zeit, in: Zeitschrift für Kirchengeschichte 94, 256–278; auch in: Schäferdiek 1996, 305–328.

Schäferdiek 1985 = K. Schäferdiek, Bonosus von Naissus, Bonosus von Serdika und die Bonosianer, in: Zeitschrift für Kirchengeschichte 96, 162–178; auch in: Schäferdiek 1996, 287–304.

Schäferdiek 1988 = K. Schäferdiek, Das gotische liturgische Kalenderfragment – Bruch-stück eines Konstantinopler Martyrologs, in: Zeitschrift für die neutestamentliche Wissenschaft 79, 116–137; auch in Schäferdiek 1996, 147–168.

Schäferdiek 1993 = K. Schäferdiek, Märtyrerüberlieferungen aus der gotischen Kirche des vierten Jahrhunderts, in: H.-C. Brennecke u. a. (Hrsg.), Logos: Festschrift für Luise Abramowski, 328–360; auch in: Schäferdiek 1996, 169–202.

Schäferdiek 1996 = K. Schäferdiek, Schwellenzeit. Beiträge zur Geschichte des Christen-tums in Spätantike und Frühmittelalter.

Schäferdiek 2004 = K. Schäferdiek, Chlodwigs Religionswechsel: Bedingungen, Ablauf und Bewegkräfte, in: P. Gemeinhardt (Hrsg.), Patristica et oecumenica: Festschrift für Wolfgang A. Bienert zum 65. Geburtstag, 105–121.

Schäferdiek 2007 = K. Schäferdiek, Johannes Chrysostomos und die ulfilanische Kir-chensprache, in: Zeitschrift für Kirchengeschichte 117, 289–296.

Schäferdiek 2009 = K. Schäferdiek, Die Ravennater Papyrusurkunde Tjäder 34, der *Codex argenteus* und die ostgotische arianische Kirche, in: Zeitschrift für Kirchen-geschichte 120, 215–231.

Schäferdiek 2014 = K. Schäferdiek, Ulfila und der sogenannte gotische Arianismus, in: Berndt/Steinacher 2014, 21–44.

Scheidel 2013a = W. Scheidel, Explaining the Maritime Freight Charges in Diocletian's Prices Edict, in: Journal of Roman Archaeology 26, 464–468.

Scheidel 2013b = W. Scheidel, Italian Manpower, in: Journal of Roman Archaeology 26, 678–687.

Schleicher 1986 = E. Schleicher, Das Grabmal Kaiser Maximilians I. in der Innsbrucker Hofkirche, in: Österreichische Kunsttopographie. Bd. 47: Die Kunstdenkmäler der Stadt Innsbruck. Die Hofbauten, 359–426.

Schlesinger 1953 = W. Schlesinger, Herrschaft und Gefolgschaft in der germanisch-deut-schen Verfassungsgeschichte, in: Historische Zeitschrift 176, 225–275; auch in: Schle-singer 1963b, 9–52.

Schlesinger 1956 = W. Schlesinger, Über germanisches Heerkönigtum, in: Mayer 1956, 105–141; auch in: Schlesinger 1963b, 53–87.

Schlesinger 1963a = W. Schlesinger, Randbemerkungen zu drei Aufsätzen über Sippe, Gefolgschaft und Treue, in: Alteuropa und die moderne Gesellschaft. Festschrift für Otto Brunner, 11–59; auch in: Schlesinger 1963b, 286–334.

Schlesinger 1963b = W. Schlesinger, Beiträge zur deutschen Verfassungsgeschichte des Mittelalters. Bd. 1.

Schlieben 1974 = R. Schlieben, Christliche Theologie und Philologie in der Spätantike: Die schulwissenschaftlichen Methoden der Psalmenexegese Cassiodors

Schlieben 1979 = R. Schlieben, Cassiodors Psalmenexegese: eine Analyse ihrer Methoden als Beitrag zur Untersuchung der Geschichte der Bibelauslegung der Kirchenväter und der Verbindung christlicher Theologie mit antiker Schulwissenschaft.

Schmid 1973 = W. P. Schmid, Aisten, in: RGA 1, 116–118.

K. D. Schmidt 1939 = K. D. Schmidt, Die Bekehrung der Ostgermanen zum Christentum. Bd. 1: Der ostgermanische Arianismus.

L. Schmidt 1938/40 = L. Schmidt, Geschichte der deutschen Stämme bis zum Ausgang der Völkerwanderung, Bd. 2: Die Westgermanen. 2. Aufl. (1. Aufl. 1911/18)

L. Schmidt 1939 = L. Schmidt, Theoderich, römischer Patricius und König der Goten, in: Zeitschrift für schweizerische Geschichte 19, 404–414.

L. Schmidt 1941 = L. Schmidt, Geschichte der deutschen Stämme bis zum Ausgang der Völkerwanderung, Bd. 1: Die Ostgermanen. 2. Aufl. (1. Aufl. 1904/10)

L. Schmidt 1943 = L. Schmidt, Die letzten Ostgoten, in: Abhandlungen der Preußischen Akademie der Wiss., phil.-hist. Klasse, Nr. 10, 1–15; auch in: E. Schwartz (Hrsg.), Germanische Stammeskunde (1972), 87–103.

Schmidt-Hofner 2006 = S. Schmidt-Hofner, Die städtische Finanzautonomie im spätrömischen Reich, in: Wiemer 2006, 209–248.

Schmidt-Hofner 2008 = S. Schmidt-Hofner, Reagieren und Gestalten. Der Regierungsstil des spätrömischen Kaisers am Beispiel der Gesetzgebung Valentinians I.

Schmidt-Hofner 2010 = S. Schmidt-Hofner, Ehrensachen. Ranggesetzgebung, Elitenkonkurrenz und die Funktionen des Rechts in der Spätantike, in: Chiron 40, 209–243.

Schmidt-Hofner 2011 = S. Schmidt-Hofner, Staatswerdung von unten. Justiznutzung und Strukturgenese im Gerichtswesen der römischen Kaiserzeit, in: P. Eich/S. Schmidt-Hofner/C. Wieland (Hrsg.), Der wiederkehrende Leviathan. Staatlichkeit und Staatswerdung in Spätantike und Früher Neuzeit, 139–179.

Schmidt-Hofner 2014 = S. Schmidt-Hofner, Der *Defensor civitatis* und die Entstehung des städtischen Notabelnregiments in der Spätantike, in: Meier/Patzold 2014, 487–522.

Schmidt-Hofner 2016 = S. Schmidt-Hofner, Toleranz braucht Rechtfertigung: Zur Funktion des Mailänder Edikts und verwandter Texte des früheren 4. Jh. n. Chr., in: M. Wallraff (Hrsg.): Religiöse Toleranz: 1700 Jahre nach dem Edikt von Mailand, 159–192.

Schmidt-Voges 2004 = I. Schmidt-Voges, *De antiqua claritate et clara antiquitate Gothorum*. Gotizismus als Identitätsmodell im frühneuzeitlichen Schweden.

Schnetz 1925 = J. Schnetz, Theodericopolis, in: Zeitschrift für Schweizerische Geschichte 5, 346–350.

F. Schneider 1933 = F. Schneider, Die Epitaphien der Päpste und andere stadtrömische Inschriften des Mittelalters (IV.- XII. Jahrhundert).

H. Schneider 1928–1934 = H. Schneider, Germanische Heldensage, 3 Bde.

H. Schneider 1938/51 = H. Schneider (Hrsg.), Germanische Altertumskunde. 2. Aufl. (1. Aufl. 1938)

Schott 1995 = C. Schott, Traditionelle Formen der Konfliktlösung in der *Lex Burgundionum*, in: CISAM (Hrsg.), La Giustizia nell'alto Medioevo (Secoli V–VIII), 933–961.

Schott 1996 = C. Schott, *Lex Burgundionum*: Titel 52 – Der Aunegilde-Skandal, in: H. Höfinghoff u. a. (Hrsg.), Alles was Recht war. Rechtsliteratur und literarisches Recht. Festschrift für Ruth Schmidt-Wiegand zum 70. Geburtstag, 25–36.

Schulze 2005 = C. Schulze, Medizin und Christentum in Spätantike und frühem Mittelalter.

Schröder 2007 = B.-J. Schröder, Bildung und Briefe im 6. Jahrhundert. Studien zum Mailänder Diakon Magnus Felix Ennodius.

Schürer 1986 = E. Schürer, The History of the Jewish People in the Age of Jesus Christ (175 B. C.-A. D. 135): A New English Version revised and edited by G. Vermes, F. Millar and M. Goodman. Bd. 3, 1.

Schwab 2003 = H.-R. Schwab, Helden, hoffnungslos. Felix Dahns ‹Ein Kampf um Rom› als gründerzeitliche Schicksalstragödie, in: F. Dahn, Ein Kampf um Rom. Historischer Roman (1876), 1065–1129.

Schwartz 1927 = E. Schwartz, Codex Vaticanus gr. 1431. Eine antichalkedonische Sammlung aus der Zeit Kaiser Zenos.

Schwartz 1934 = E. Schwartz, Publizistische Sammlungen zum Acacianischen Schisma.

Scivoletto 1970 = N. Scivoletto, La *civilitas* del IV secolo e il significato del *Breviarium* di Eutropio, in: Giornale Italiano di Filologia Classica 22, 14–45.

Scivoletto 1986 = N. Scivoletto, Cassiodoro e la «retorica della città», in: Giornale Italiano di Filologia 38, 3–24.

See 1970 = K. von See, Deutsche Germanen-Ideologie. Vom Humanismus bis zur Gegenwart.

See 1978 = K. von See, Was ist Heldendichtung?, in: ders. (Hrsg.), Europäische Heldendichtung, 1–40.

See 1981 = K. von See, Germanische Heldensage. Stoffe, Probleme, Methoden; eine Einführung. 2. Auflage. (1. Aufl. 1971)

See 1994a = K. von See, Germanenbilder, in: See 1994c, 9–30.

See 1994b = K. von See, Das Nibelungenlied – ein Nationalepos?, in: See 1994c, 83–134.

See 1994c = K. von See, Barbar, Germane, Arier. Die Suche nach der Identität der Deutschen.

See 2001 = K. von See, Freiheit und Gemeinschaft. Völkisch-nationales Denken in Deutschland zwischen Französischer Revolution und Erstem Weltkrieg.

See/Zernack 2004 = K. von See/J. Zernack, Germanistik und Politik in der Zeit des Nationalsozialismus. Zwei Fallstudien: Hermann Schneider und Gustav Neckel.

Seebold 1986 = E. Seebold, Die Konstituierung des Germanischen in sprachlicher Sicht, in: Beck 1986, 168–182.

Seeck 1895/1920 = O. Seeck, Geschichte des Untergangs der antiken Welt. 6 Bde.

Selb 1967 = W. Selb, Episcopalis audientia von der Zeit Konstantins bis zur Nov. XXXV Valentinians III., in: Zeitschrift der Savigny-Stiftung für Rechtsgeschichte: Rom. Abt. 84, 162–217.

Sessa 2016 = K. Sessa, The Roman Church and its Bishops, in: J. J. Arnold u. a. 2016, 425–450.

Sfameni 2006 = C. Sfameni, Ville residenziali nell'Italia tardoantica.

Sgubbi 2005 = G. Sgubbi, Sulla località Quinto dove nel 536 d. C. fu ucciso il re dei Goti Teodato, in: Historia 54, 227–232.

Shanzer 1996/97 = D. Shanzer, Two Clocks and a Wedding: Theodoric's Diplomatic relations with the Burgundians, in: Romanobarbarica 14, 225–258.

Shanzer 1998 = D. Shanzer, Dating the baptism of Clovis: the bishop of Vienne vs the bishop of Tours, in: Early Medieval History 7, 29–57.

Shaw 1982/83 = B. D. Shaw, Eaters of Flesh, Drinkers of Milk: the ancient Mediterranean ideology of the pastoral nomad, in: Ancient Society 13/14, 5–31.

Shaw 1984 = B. D. Shaw, Banditry in the Roman Empire, in: Past & Present 105, 3–52.

Siebigs 2010 = G. Siebigs, Kaiser Leo I. Das oströmische Reich in den ersten drei Jahren seiner Regierung (457–460 n. Chr.).

Sirago 1987 = V. A. Sirago, Gli Ostrogoti in Gallia secondo le *Variae* di Cassiodoro, in: Revue des Études Anciennes 89, 63–77.

Sirks 2008 = A. J. B. Sirks, The Colonate in Justinian's Reign, in: Journal of Roman Studies 98, 120–143.

Sitzmann/Grünzweig 2008 = A. Sitzmann/F. E. Grünzweig, Die altgermanischen Ethnonyme. Ein Handbuch zu ihrer Etymologie.

Sivan 2011 = H. Sivan, Galla Placidia: The Last Roman Empress.

Smith/Ward-Perkins 2016 = R. R. R. Smith/B. Ward-Perkins (Hrsg.), The Last Statues of Antiquity.

Snædal 2009 = M. Snædal, The ‹Vandal Epigram›, in: Filologia Germanica 1, 181–214.

Snee 1985 = R. Snee, Valens' Recall of the Nicene Exiles and Anti-Arian Propaganda, in: Greek, Roman, and Byzantine Studies 26, 395–419.

Soproni 1985 = S. Soproni, Die letzten Jahrzehnte des pannonischen Limes.

Sotinel 1995 = C. Sotinel, Les ambitions d'historien d'Ennode de Pavie: La *Vita Epiphanii*, in: La narrativa cristiana antica: Codici narrativi, strutture formali e schemi retorici, 585–605.

Sotinel 1996 = C. Sotinel, L'évergetisme dans le royaume gothique: Le témoignage d'Ennode de Pavie, in: M. Mayer Olivé/M. Miró Vinaia (Hrsg.), Homenatge a Francesco Giunta: Committenza e committenti tra antichità e alto medioevo, 213–222.

Sotinel 1997 = C. Sotinel, Le recrutement des évêques en Italie aus Ive et Ve siècles: essai d'enquête prosopographique, in: Vescovi e pastori in epoca teodosiana. XXV incontro di studiosi dell'antichita cristiana (Roma, 8–11 maggio 1996), 192–202; engl. Übers. in: Sotinel 2010, Nr. VI.

Sotinel 1998 = C. Sotinel, Le personnel épiscopal. Enquête sur la puissance de l'évêque dans la cité, in: E. Rébillard/C. Sotinel (Hrsg.), L'évêque dans la cité: image et autorité; engl. Übers. in: Sotinel 2010, Nr. VII.

Sotinel 2001a = C. Sotinel, Rom und Italien am Übergang vom Römischen Reich zum Gotenreich, in: L. Piétri 2001a, 300–342.

Sotinel 2001b = C. Sotinel, Das Dilemma des Westens: Der Drei-Kapitel-Streit, in: L. Piétri 2001a, 462–490.

Sotinel 2005 = C. Sotinel, Identité civique et christianisme. Aquilée du IIIe au VIe siècle.

Sotinel 2006 = C. Sotinel, Les évêques italiens dans la société de l'Antiquité tardive: l'émergence d'une nouvelle élite?, in: Lizzi Testa 2004, 377–404; engl. Übers. in: Sotinel 2010, Nr. VIII.

Sotinel 2010 = C. Sotinel, Church and Society in Late Antique Italy and Beyond.

Spahn 1898 = M. Spahn, Johannes Cochläus: Ein Lebensbild aus der Zeit der Kirchenspaltung.

Spielvogel 2002 = J. Spielvogel, Die historischen Hintergründe der gescheiterten Akkulturation im Ostgotenreich, in: Historische Zeitschrift 214, 1–24.

Springer 2005 = M. Springer, Thüringer § 2: Historisch, in: RGA 21, 521–530.

Springer 2006 = M. Springer, Warnen, in: RGA 33, 274–281.

Staab 1977 = F. Staab, Ostrogothic Geographers at the Court of Theodoric the Great: A Study of Some Sources of the Anonymous Cosmographer of Ravenna, in: Viator 7, 27-64.

Stathakopoulos 2004 = D. C. Stathakopoulos, Famine and Pestilence in the Late Roman and Early Byzantine Empire. A Systematic Survey of Subsistence Crisis and Epidemics.

Stauffenberg 1938 = A. Graf Schenk von Stauffenberg, Theoderich der Große und seine römische Sendung, in: Würzburger Studien zur Altertumswissenschaft 13, 115-129; auch in: Stauffenberg 1948, 128-142.

Stauffenberg 1940 = A. Graf Schenk von Stauffenberg, Theoderich und Chlodwig, in: P. R. Rohden (Hrsg.), Gestalter deutscher Vergangenheit, 39-53; auch in: Stauffenberg 1948, 143-156.

Stauffenberg 1948 = A. Graf Schenk von Stauffenberg, Das Imperium und die Völkerwanderung.

Stein 1919 = E. Stein, Beiträge zur Geschichte von Ravenna in spätrömischer und byzantinischer Zeit, in: Klio 16, 40-71; auch in: Stein 1968, 1-32.

Stein 1920 = E. Stein, Untersuchungen zum Staatsrecht des Bas-Empire, in: Zeitschrift der Savigny-Stiftung für Rechtsgeschichte. Rom. Abt. 41, 195-251; auch in: Stein 1968, 71-127.

Stein 1922 = E. Stein, Untersuchungen über das Officium der Prätorianerpräfektur seit Diokletian.

Stein 1925 = E. Stein, Untersuchungen zur spätrömischen Verwaltungsgeschichte, in: Rheinisches Museum 74, 347-394; auch in: Stein 1968, 145-193.

Stein 1939 = E. Stein, La disparition du sénat de Rome à la fin du VIe siècle, in: Bulletin de la Classe des Lettres de l'Académie de Belgique 25, 308-322; auch in: Stein 1968, 386-400.

Stein 1949 = E. Stein, Histoire du Bas-Empire. Bd. 2: De la disparition de l'Empire d'occident à la mort de Justinien (476-565).

Stein 1959 = E. Stein, Histoire du Bas-Empire. Bd. 1: De l'état romain à l'état byzantin (284-476).

Stein 1968 = E. Stein, Opera Minora Selecta.

Stein-Hölkeskamp 2005 = E. Stein-Hölkeskamp, Das römische Gastmahl. Eine Kulturgeschichte.

Steinacher 2016 = R. Steinacher, Die Vandalen. Aufstieg und Fall eines Barbarenreichs.

Steinacher 2017 = R. Steinacher, Rom und die Barbaren: Völker im Alpen- und Donauraum (300-600).

Steuer 1987 = H. Steuer, Helm und Ringschwert. Prunkbewaffnung und Rangabzeichen germanischer Krieger, in: Studien zur Sachsenforschung 6, 190-236.

Steuer 2001 = H. Steuer (Hrsg.), Eine hervorragend nationale Wissenschaft. Deutsche Prähistoriker zwischen 1900 und 1995.

Stickler 2002 = T. Stickler, Aëtius. Gestaltungsspielräume eines Heermeisters im ausgehenden weströmischen Reich.

Stickler 2007 = T. Stickler, Die Hunnen.

Stickler 2015 = T. Stickler, Aspar und die westlichen Heermeister: ein Vergleich, in: Roberto/Mecella 2015, 289-306.

Stickler 2018 = T. Stickler, Römische Identität(en) im gotischen Italien, erscheint in: Wiemer 2018a.

Stöber 1886 = F. Stöber, Quellenstudien zum Laurentianischen Schisma (498-514), in: Sitzungsberichte der kaiserlichen Akademie der Wiss. in Wien, phil.-hist. Klasse 112, 269-347.

Straub 1943 = J. Straub, Die Wirkung der Niederlage bei Adrianopel auf die Diskussion über das Germanenproblem in der spätrömischen Literatur, in: Philologus 95, 255-

286; auch in: ders., Regeneratio imperii. Aufsätze über Roms Kaisertum und Reich im Spiegel der heidnischen und christlichen Publizistik. Bd. 1 (1972), 195–219.

Streitberg 2000 = W. Streitberg, Die gotische Bibel. 7. Aufl. bearbeitet von P. Scardigli. 2 Bde. (1. Aufl. 1908/10)

Stroheker 1937 = K. F. Stroheker, Eurich. König der Westgoten.

Stroheker 1948 = K. F. Stroheker, Der senatorische Adel im spätantiken Gallien.

Stroheker 1965 = K. F. Stroheker, Germanentum und Spätantike.

Stutz 1984 = E. Stutz, Codices Gotici, in: RGA 5, 52–60.

Suerbaum 1977 = W. Suerbaum, Vom antiken zum frühmittelalterlichen Staatsbegriff. Über Verwendung und Bedeutung von res publica, regnum, imperium und status von Cicero bis Jordanis. (1. Aufl. 1961)

Sundwall 1919 = J. Sundwall, Abhandlungen zur Geschichte des ausgehenden Römertums.

Svennung 1967 = J. Svennung, Zur Geschichte des Goticismus.

Tabata 2009 = K. Tabata, Città dell'Italia nel VI secolo D. C.

Teillet 1984 = S. Teillet, Des Goths à la nation gothique. Les origines de l'idée de nation en Occident du Ve au VIIe siècle.

Thiebes 1987 = B. Thiebes, Das Speyer-Fragment des Codex Argenteus, Bibel des Ulfilas in Uppsala.

Thompson 1945 = E. A. Thompson, The Camp of Attila, in: Journal of Hellenic Studies 65, 112–115.

Thompson 1948 = E. A. Thompson, A History of Attila and the Huns.

Thompson 1965 = E. A. Thompson, The Early Germans.

Thompson 1966 = E. A. Thompson, The Visigoths in the Time of Ulfila.

Thompson 1969 = E. A. Thompson, The Goths in Spain.

Thompson 1982 = E. A. Thompson, Barbarians and Romans: the Decline of the Western Empire.

Thompson 1996 = E. A. Thompson, The Huns. Revised and with an afterword by P. J. Heather.

Tichy 1985 = F. Tichy, Italien. Eine geographische Landeskunde.

Tiefenbach 1991 = H. Tiefenbach, Das wandalische *Domine miserere*, in: Historische Sprachforschung 104, 251–268.

Timpe 1986 = D. Timpe, Ethnologische Begriffsbildung in der Antike, in: Beck 1986, 22–40.

Timpe 1995 = D. Timpe, Romano-Germanica. Gesammelte Studien zur *Germania* des Tacitus.

Timpe 1998 = D. Timpe, Gefolgschaft, in: RGA 10, 533–554.

Tjäder 1954/82 = J.-O. Tjäder, Die nichtliterarischen lateinischen Papyri Italiens aus der Zeit 445–700. 3 Bde.

Tjäder 1988 = J.-O. Tjäder, Der verlorene Papyrus Marini 85, in: S. Krämer/M. Bernhard (Hrsg.), *Scire litteras*. Forschungen zum mittelalterlichen Geistesleben, 364–375.

Tönnies 1989 = B. Tönnies, Die Amalertradition in den Quellen zur Geschichte der Ostgoten. Untersuchungen zu Cassiodor, Jordanes, Ennodius und den *Excerpta Valesiana*.

Troncarelli 1998 = F. Troncarelli, Vivarium. I libri, il destino.

Tschajanow 1923 = A. V. Tschajanow, Die Lehre von der bäuerlichen Wirtschaft: Versuch einer Theorie der Familienwirtschaft im Landbau.

Tschajanow 1924 = A. V. Tschajanow, Zur Frage einer Theorie der nichtkapitalistischen Wirtschaftssysteme, in: Archiv für Sozialwissenschaft und Sozialpolitik 51, 577–613.

Ubl 2009 = K. Ubl, L'origine contestée de la loi salique. Une mise au point, in: Revue de l'Institut français d'histoire en Allemagne 1, 208–234.

Ubl 2014 = K. Ubl, Im Bann der Traditionen. Zur Charakteristik der Lex Salica, in: Meier/ Patzold 2014, 423–445.

Ubl 2017 = K. Ubl, Sinnstiftungen eines Rechtsbuchs. Die Lex Salica im Frankenreich.

Ubl 2018 = K. Ubl, Das Edikt Theoderichs des Großen. Konzepte der Kodifikation in den post-römischen Königreichen, erscheint in: Wiemer 2018a.

Ullmann 1981 = W. Ullmann, Gelasius I. (492–496): Das Papsttum an der Wende der Spätantike zum Mittelalter. Stuttgart.

Ungern-Sternberg/Reinau 1988 = J. von Ungern-Sternberg/H. Reinau (Hrsg.), Vergangenheit in mündlicher Überlieferung.

Urlacher-Becht 2014 = C. Urlacher-Becht, Ennode de Pavie, chantre officiel de l'Église de Milan.

Vaccaro 2018 = E. Vaccaro, Landscapes, Townscapes and Trade in Sicily AD 400–600, erscheint in: Wiemer 2018a.

Vansina 1985 = J. Vansina, Oral Tradition as History.

Várady 1969 = L. Várady, Das letzte Jahrhundert Pannoniens 376–476.

Velázquez/Ripoll 2000 = I. Velázquez/G. Ripoll, Toletum, la construcción de *una urbs regia*, in: Ripoll/Gurt 2000, 521–578.

Vera 1986a = D. Vera, Simmaco e le sue proprietà: strutture e funzioni di un patrimonio aristocratico del IV secolo d. C., in: F. Paschoud (Hrsg.), Colloque genevois sur Symmaque, 231–276.

Vera 1986b = D. Vera, Forme e funzioni della rendita fondiaria nella tarda antichità, in: Giardina 1986, 367–447 + 723–760.

Vera 1988 = D. Vera, Aristocrazia romana ed economie provinciali nell'Italia tardoantica: il caso siciliano, in: Quaderni catanesi di studi classici e medievali 10, 115–172.

Vera 1992/93 = D. Vera, Schiavitù rurale e colonato nell'Italia imperiale, in: Scienze dell'antichità. Storia archeologia antropologia 6–7, 291–339.

Vera 1993 = D. Vera, Proprietà terriera e società rurale nell'Italia gotica, in: CISAM 1993, 133–166.

Vera 1995 = D. Vera, Dalla «villa perfecta» alla villa di Palladio. Sulle trasformazioni del sistema agrario in Italia fra principato e dominato, in: Athenaeum 83, 189–212 + 331–356.

Vera 1997 = D. Vera, Padroni, contadini, contratti: realia del colonato tardoantico, in: E. Lo Cascio (Hrsg.), Terre, proprietari e contadini dell'impero romano. Dall'affitto agrario al colonato tardoantico, 185–224.

Vera 1999a = D. Vera, *Massa fundorum*. Forme della grande proprietà e poteri della città in Italia fra Costantino e Gregorio Magno, in: Mélanges de l'Ecole française de Rome. Antiquité 111, 991–1026.

Vera 1999b = D. Vera, I silenzi di Palladio e l'Italia: osservazioni sull'ultimo agronomo romano, in: Antiquité tardive 7, 283–297.

Vera 2002 = D. Vera, *Res pecuariae* imperiali e concili municipali nell'Apulia tardoantica, in: K. Ascani (Hrsg.), Ancient history matters. Studies presented to Jens Erik Skydsgaard on his seventieth birthday, 245–257.

Vera 2007 = D. Vera, Essere «schiavi de la terra» nell'Italia tardoantica: le razionalità di una dipendenza, in: Studia historica. Historia antigua 25, 489–505.

Vera 2008 = D. Vera, Gli horrea frumentari dell'Italia tardoantica: tipi, funzione, personale, in: Mélanges de l'Ecole française de Rome. Antiquité 120, 323–336.

Vera 2011 = D. Vera, Dalla liturgia al contratto: Cassiodoro, *Variae* X,28 e il tramonto della città curiale, in: Díaz/Martín Viso 2011, 51–70.

Vera 2012a = D. Vera, Stato, fisco e mercato nell'Italia gotica secondo le *Variae* di Cassiodoro: fra ideologia politica e realtà, in: C. Hasenohr/L. Capdetrey (Hrsg.), Agoranomes et édiles. Institutions des marchés antiques, 245–258.

Vera 2012b = D. Vera, Questioni di storia agraria tardoromana: schiavi, coloni, villae, in: Antiquité tardive 20, 115–122.

Vessey 1998 = M. Vessey, The Demise of the Christian Writer and the Remaking of ‹Late Antiquity›: from H.-I. Marrou's «Saint Augustine» (1938) to Peter Brown's «Holy man» (1983), in: Journal of Early Christian Studies 6, 377–411; auch in: Vessey 2005, 377–411.

Vessey 2002 = M. Vessey, From «cursus» to «ductus»: figures of writing in Western Later Antiquity (Augustine, Jerome, Cassiodorus, Bede), in: P. G. Cheney/F. A. De Armas (Hrsg.), European Literary Careers. The Author from Antiquity to the Renaissance, 47–103.

Vessey 2004 = M. Vessey, Introduction, in: Cassiodorus. Institutions of Divine and Secular Learning and On the Soul. Translated with notes by J. W. Halporn and an Introduction by M. Vessey, 1–101.

Vessey 2005 = M. Vessey, Latin Christian Writers in Late Antiquity and Their Texts.

Vetter 1938 = G. Vetter, Die Ostgoten und Theoderich.

Vidén 1984 = G. Vidén, The Roman Chancery Tradition. Studies in the Language of Codex Theodosianus and Cassiodorus' Variae.

Vismara 1967 = G. Vismara Edictum Theoderici.

Vismara 1968 = G. Vismara, Fragmenta Gaudenziana.

Vitiello 2002 = M. Vitiello, Fine di una magna potestas. La prefettura dell'annona nei secoli quinto e sesto, in: Klio 84, 491–525.

Vitiello 2004 = M. Vitiello, Teoderico a Roma. Politica, amministrazione e propaganda nell'*adventus* dell'anno 500 (Considerazioni sull'"Anonimo Valesiano II'), in: Historia 53, 73–120.

Vitiello 2005 = M. Vitiello, Momenti di Roma ostrogota: adventus, feste, politica.

Vitiello 2006a = M. Vitiello, ‹Cassiodoriana›. Gli *Excerpta Valesiana*, l'*aduentus* e le *laudes* del principe Teoderico, in: Chiron 86, 113–134.

Vitiello 2006b = M. Vitiello, «Nourished at the Breast of Rome»: The Queens of Ostrogothic Italy and the Education of the Roman Elite, in: Rheinisches Museum 149, 398–412.

Vitiello 2008 = M. Vitiello, Last of the Catones. A profile of Symmachus the Younger, in: Antiquité Tardive 16, 297–315.

Vitiello 2014a = M. Vitiello, Theoderic and the Italic Kingdom in Cassiodorus' Gothic History: A Hypothesis of Reconstruction, in: Klio 96, 665–683.

Vitiello 2014b = M. Vitiello, Theodahad: A Platonic King at the Collapse of Ostrogothic Italy.

Vitiello 2017 = M. Vitiello, Amalasuintha: The Transformation of Queenship in the Post-Roman World.

Vitiello 2018 = M. Vitiello, «Anthologizing their successes»: Visions of the Past in Gothic Italy, erscheint in: Wiemer 2018a.

Volbach 1976 = W. F. Volbach, Elfenbeinarbeiten der Spätantike und des Frühen Mittelalters. 3. Aufl. (1. Aufl. 1916)

Volpe 1996 = G. Volpe, Contadini, pastori e mercanti nell'Apulia tardoantica.

vom Brocke 2006 = B. vom Brocke, Über den Beinamen «der Große» von Alexander dem Großen bis zu Kaiser Wilhelm «dem Großen». Annotationen zu Otto Hintzes Denkschrift «Die Bezeichnung ‹Kaiser Wilhelm der Große›» für Friedrich Althoff

(1901), in: W. Neugebauer (Hrsg.), Das Thema «Preußen» in Wissenschaft und Wissenschaftspolitik des 19. und 20. Jahrhunderts, 231–267.

von den Steinen 1933 = W. von den Steinen, Die Taufe Chlodwigs. Eine quellenkritische Studie, in: Mitteilungen des Österreichischen Instituts für Geschichtsforschung, Erg. Bd. 12, 417–501; auch separat: 3. Aufl. 1969.

Vössing 2004 = K. Vössing, *Mensa regia*. Das Bankett beim hellenistischen König und beim römischen Kaiser.

Vössing 2014 = K. Vössing, Das Königreich der Vandalen. Geiserichs Herrschaft und das Imperium Romanum.

Vössing 2015 = K. Vössing, Vandalen und Goten. Die schwierigen Beziehungen ihrer Königreiche, in: É. Wolff (Hrsg.), Littérature, politique et religion en Afrique vandale, 11–38.

Vössing 2016a = K. Vössing, König Gesalechs Sturz (510/511 n. Chr.) und der Anfang vom Ende der ostgotisch-vandalischen Allianz, in: Historia 65, 244–255.

Vössing 2016b = K. Vössing, König Gelimers Machtergreifung in Procop. Vand. 1,9,8; in: RhM 159, 2016, 416–428.

Wagner 1967 = N. Wagner, Getica. Untersuchungen zum Leben des Jordanes und zur frühen Geschichte der Goten.

Wagner 1986 = N. Wagner, Der völkerwanderungszeitliche Germanenbegriff, in: Beck 1986, 130–154.

Wagner 1997 = N. Wagner, Ostgotische Personennamengebung, in: D. Geuenich/ W. Haubrichs/J. Jarnut (Hrsg.), Nomen et gens. Zur historischen Aussagekraft frühmittelalterlicher Personennamen, 41–57.

Wahle 1941 = E. Wahle, Zur ethnischen Deutung frühgeschichtlicher Kulturprovinzen. Grenzen der frühgeschichtlichen Erkenntnis.

Wallace-Hadrill 1994 = A. Wallace-Hadrill, *Civilis Princeps*: Between Citizen and King, in: Journal of Roman Studies 72, 32–48.

Ward-Perkins 1984 = B. Ward-Perkins, From Classical Antiquity to the Middle Ages. Urban Building in Northern and Central Italy AD 300–800.

Ward-Perkins 1997 = B. Ward-Perkins, Continuitists, Catastrophists and the Towns of Post-Roman Northern Italy, in: Papers of the British School at Rome 65, 157–176.

Ward-Perkins 1999 = B. Ward-Perkins, Re-using the architectural legacy of the past, entre idéologie et pragmatisme, in: Brogiolo/Ward-Perkins 1999, 225–244

Ward-Perkins 2000 = B. Ward-Perkins, Land, Labour and Settlement, in: Av. Cameron u. a. 2000, 315–345.

Ward-Perkins 2005 = B. Ward-Perkins, The Fall of Rome and the End of Civilization.

Ward-Perkins 2012 = B. Ward-Perkins, Old and New Rome Compared: The Rise of Constantinople, in: L. Grig/G. Kelly 2012, 53–78.

Watts 2011 = E. Watts, John Rufus, Timothy Aelurus, and the Fall of the Western Roman Empire, in: R. W. Mathisen/D. Shanzer (Hrsg.), Romans, Barbarians, and the Transformation of the Roman World. Cultural Interaction and the Creation of Identity in Late Antiquity, 97–106.

Weber 1896 = M. Weber, Die sozialen Gründe des Untergangs der antiken Kultur (1896), in: ders., Gesammelte Aufsätze zur Sozial- und Wirtschaftsgeschichte (1924), 289–311.

Weber 1976 = M. Weber, Wirtschaft und Gesellschaft. Studienausgabe. 5. Aufl. (1. Aufl. 1922)

Weiss 1971 = R. Weiss, Chlodwigs Taufe: Reims 508. Versuch einer neuen Chronologie für die Regierungszeit des ersten christlichen Frankenkönigs unter Berücksichtigung der politischen und kirchlich-dogmatischen Probleme seiner Zeit.

Weitzmann 1977 = K. Weitzmann, Late Antique and Early Christian Book Illumination.

Wenskus 1961 = R. Wenskus, Stammesbildung und Verfassung: das Werden der frühmittelalterlichen gentes.

Wenskus 1986 = R. Wenskus, Über die Möglichkeit eines allgemeinen interdisziplinären Germanenbegriffs, in: Beck 1986, 1–21.

Wes 1967 = M. A. Wes, Das Ende des Kaisertums im Westen des Römischen Reichs.

Whittaker 1987 = C. R. Whittaker, Circe's Pigs: From Slavery to Serfdom in the Later Roman World, in: M. I. Finley (Hrsg.), Classical Slavery, 88–122.

Whittaker/Garnsey 1998 = C. R. Whittaker/P. Garnsey, Rural Life in the Later Roman Empire, in: Av. Cameron/Garnsey 1998, 277–311.

Wickert 1954 = L. Wickert, Princeps, in: RE XXII, 1998–2296.

Wickham 1981 = C. Wickham, Early Medieval Italy: Central Power and Local Society 400–1000.

Wickham 1984 = C. Wickham, The Other Transition: From the Ancient World to Feudalism, in: Past and Present 103, 3–36.

Wickham 1988 = C. Wickham, Marx, Sherlock Holmes, and Late Roman Commerce, in: Journal of Roman Studies 78, 183–193.

Wickham 2005 = C. Wickham, Framing the Early Middle Ages. Europe and the Mediterranean 400–800.

Wieacker 1989 = F. Wieacker, Römische Rechtsgeschichte. Erster Abschnitt: Einleitung, Quellenkunde, Frühzeit und Republik.

Wieling 1997 = H. J. Wieling, Advokaten im spätantiken Rom, in: ARC (Hrsg.), Atti del XI Convegno Internazionale in Onore di Felix B. J. Wubbe, 419–463.

Wiemer 1995 = H.-U. Wiemer, Libanios und Julian. Studien zum Verhältnis von Rhetorik und Politik im vierten Jahrhundert n. Chr.

Wiemer 1997 = H.-U. Wiemer, Das Edikt des L. Antistius Rusticus: eine Preisregulierung als Antwort auf eine überregionale Versorgungskrise?, in: Anatolian Studies 47, 195–215.

Wiemer 2003 = H.-U. Wiemer, Vergangenheit und Gegenwart im *Antiochikos* des Libanios, in: Klio 85, 442–468.

Wiemer 2004a = H.-U. Wiemer, Akklamationen im spätrömischen Reich. Zur Typologie und Funktion eines Kommunikationsrituals, in: Archiv für Kulturgeschichte 86, 27–73.

Wiemer 2004b = H.-U. Wiemer, Rezension von Stathakopoulos 2004, in: sehepunkte 4, Nr. 6 (URL: http:// www.sehepunkte.de/2004/06/5822.html).

Wiemer 2006a = H.-U. Wiemer (Hrsg.), Staatlichkeit und politisches Handeln im Römischen Reich.

Wiemer 2006b = H.-U. Wiemer, Kaiser und Katastrophe. Zur Bewältigung von Versorgungskrisen im spätrömischen Reich, in: Wiemer 2006a, 249–282.

Wiemer 2009 = H.-U. Wiemer, Kaiserkritik und Gotenbild bei Malchos von Philadelpheia, in: A. Goltz u. a. (Hrsg.), Jenseits der Grenzen. Beiträge zur spätantiken und frühmittelalterlichen Geschichtsschreibung, 25–60.

Wiemer 2013a = H.-U. Wiemer, Malchos von Philadelpheia, die Vandalen und das Ende des Kaisertums im Westen, in: B. Bleckmann/T. Stickler (Hrsg.), Fragmentarisch erhaltene Historiker des 5. Jahrhunderts n. Chr., 121–159.

Wiemer 2013b = H.-U. Wiemer, Die Goten in Italien: Wandlungen und Zerfall einer Gewaltgemeinschaft, in: Historische Zeitschrift 296, 593–628.

Wiemer 2013c = H.-U. Wiemer, Late Antiquity 1971–2011: Positionen der angloamerikanischen Forschung, in: Historische Zeitschrift 296, 114–130.

Wiemer 2013d = H.-U. Wiemer, *Voces populi*. Akklamationen als Surrogat politischer

Partizipation im spätrömischen Reich, in: E. Flaig (Hrsg.), Genesis und Dynamiken der Mehrheitsentscheidung, 173–202.

Wiemer 2013e = H.-U. Wiemer, Rezension von Bjornlie 2013, in: sehepunkte 13, Nr. 11 (http://www.sehepunkte.de/2013/11/22995.html).

Wiemer 2014 = H.-U. Wiemer, Odovakar und Theoderich. Herrschaftskonzepte nach dem Ende des Kaisertums im Westen, in: Meier/Patzold 2014, 157–211.

Wiemer 2015a = H.-U. Wiemer, Rom – Ravenna – Tours. Rituale und Residenzen im poströmischen Westen, in: D. Boschung u. a. (Hrsg.), Raum und Performanz. Rituale in Residenzen von der Antike bis 1815, 167–218.

Wiemer 2015b = H.-U. Wiemer, Rezension von Arnold 2014, in: sehepunkte 15, Nr. 10 (http://www.sehepunkte.de/2015/10/25443.html).

Wiemer 2015c = H.-U. Wiemer, Alexander der Große. 2. Aufl. (1. Aufl. 2005)

Wiemer 2017 = H.-U. Wiemer, Keine Amazonen. Frauen in ostgotischen Kriegergruppen, in: Archiv für Kulturgeschichte 99, 265–298.

Wiemer 2018a = H.-U. Wiemer (Hrsg.), Theoderich der Große und das gotische Königreich in Italien: Gesellschaft, Siedlung und Wirtschaft, Repräsentationen und Identitäten.

Wiemer 2018b = H.-U. Wiemer, Prokopios und die Barbaren im Westen, erscheint in: M. Meier (Hrsg.), Brill's Companion to Procopius.

Wiemer 2019 = H.-U. Wiemer, Ansiedlung, erscheint in: M. Becher/J. Bemman/K. Vössing (Hrsg.), Das Römische Reich und die Barbaren (Der Neue Pauly. Supplement 14).

Wiemer/Berndt 2016 = H.-U. Wiemer/G. Berndt, Instrumente der Gewalt: Bewaffnung und Kampfesweise gotischer Kriegergruppen, in: Millennium 10, 141–210.

Wilkes 1986 = J. J. Wilkes, Diocletian's Palace, Split: Residence of a Retired Roman Emperor.

Winterling 1998 = A. Winterling (Hrsg.), Comitatus. Beiträge zur Erforschung des spätantiken Kaiserhofes.

Wiotte-Franz 2001 = C. Wiotte-Franz, Hermeneus und Interpres: zum Dolmetscherwesen in der Antike.

Wirbelauer 1993 = E. Wirbelauer, Zwei Päpste in Rom. Der Konflikt zwischen Laurentius und Symmachus (498–514).

Witschel 2001 = C. Witschel, Rom und die Städte Italiens in Spätantike und Frühmittelalter, in: Bonner Jahrbücher 201, 113–162.

Witschel 2006 = C. Witschel, Der «epigraphic habit» in der Spätantike: Das Beispiel der Provinz *Venetia et Histria*, in: Krause/Witschel 2006, 359–412.

Witschel 2008 = C. Witschel, Sterbende Städte? Betrachtungen zum römischen Städtewesen in der Spätantike, in: A. Lampen/A. Ozawar (Hrsg.), Schrumpfende Städte. Ein Phänomen zwischen Antike und Moderne, 17–78.

Witschel 2018 = C. Witschel, Die Städte Nord- und Mittelitaliens zwischen ca. 400 und 600 n. Chr., erscheint in: Wiemer 2018a.

Wiwjorra 2001 = I. Wiwjorra, Willy Pastor (1867–1933). Ein völkischer Vorgeschichtspublizist, in: M. Meyer (Hrsg.), «… trans Albim fluvium». Forschungen zur vorrömischen, kaiserzeitlichen und mittelalterlichen Archäologie. Festschrift für Achim Leube zum 65. Geburtstag, 11–24.

Wiwjorra 2006 = I. Wiwjorra, Der Germanenmythos. Konstruktion einer Weltanschauung in der Altertumsforschung des 19. Jahrhunderts.

Wojciech 2016 = K. Wojciech, Die Gerichtsbarkeit des *Praefectus urbis Romae* über Senatoren zur Zeit Theoderichs. Verfahrensrechtliche Kontinuität und politischer Pragmatismus, in: Haensch 2016, 265–298.

Wolfram 1967 = H. Wolfram, Intitulatio I. Lateinische Königs- und Fürstentitel bis zum Ende des 8. Jahrhunderts.

Wolfram 1975 = H. Wolfram, Gotische Studien I. Das Richtertum Athanarichs, in: Mitteilungen des Instituts für Österreichische Geschichtsforschung 83, 289–324; auch in: Wolfram 2005, 114–138.

Wolfram 1975/76 = H. Wolfram, Gotische Studien II + III. Die terwingische Stammesverfassung und das Bibelgothische, in: Mitteilungen des Instituts für Österreichische Geschichtsforschung 83, 1–32 + 84, 239–261; auch in: Wolfram 2005, 66–113.

Wolfram 1977 = H. Wolfram, Theogonie, Ethnogenese und ein kompromittierter Großvater im Stammbaum Theoderichs des Großen, in: K.-U. Jäschke/R. Wenskus (Hrsg.), Festschrift für Helmut Beumann zum 65. Geburtstag, 80–97.

Wolfram 1979 = H. Wolfram, Gotisches Königtum und römisches Kaisertum von Theodosius dem Großen bis Justinian I., in: Frühmittelalterliche Studien 13, 1–28; auch in: Wolfram 2005, 139–173.

Wolfram 2004 = H. Wolfram, Die dauerhafte Ansiedlung der Goten auf römischem Boden. Eine endlose Geschichte, in: Mitteilungen des Instituts für Österreichische Geschichtsforschung 112, 11–35; auch in: Wolfram 2005, 174–206.

Wolfram 2005 = H. Wolfram, Gotische Studien. Volk und Herrschaft im frühen Mittelalter.

Wolfram 2009 = H. Wolfram, Die Goten. Von den Anfängen bis zur Mitte des sechsten Jahrhunderts. Entwurf einer historischen Ethnographie. 5. Aufl. (1. Aufl. 1979)

Wolfram/Daim 1980 = H. Wolfram/F. Daim (Hrsg.), Die Völker an der unteren und mittleren Donau im fünften und sechsten Jahrhundert.

Wolfram/Schwarcz 1988 = H. Wolfram/A. Schwarcz (Hrsg.), Anerkennung und Integration: zu den wirtschaftlichen Grundlagen der Völkerwanderungszeit 400–600.

Wolters 1999 = R. Wolters, Nummi Signati: Untersuchungen zur römischen Münzprägung und Geldwirtschaft.

Wood 1985 = I. Wood, Gregory of Tours and Clovis, in: Revue Belge de philologie et d'histoire 63, 249–272.

Wood 2004 = I. Wood, The Latin Culture of Gundobad and Sigismund, in: D. Hägemann (Hrsg.), Akkulturation: Probleme einer germanisch-romanischen Kultursynthese in Spätantike und frühem Mittelalter, 367–380.

Wood 2013 = I. Wood, The Modern Origins of the Early Middle Ages.

Wyss 1983 = U. Wyss, Die wilde Philologie. Jacob Grimm und der Historismus.

Zachariä von Lingenthal 1842 = K. E. Zachariae von Lingenthal, ANEKDOTA. Theodori scholastici breviarium novellarum […] edicta praefectorum praetorio […] edidit, prolegomenis, versione Latina et adnotationibus illustravit.

Zelzer 1993 = K. Zelzer, Das Mönchtum in Italien zur Zeit der Goten, in: CISAM 1993 I, 425–449.

Zeumer 1898 = K. Zeumer, Das Processkostengesetz des Königs Theudis vom 24. November 546, in: Neues Archiv 23, 73–103.

Zeuß 1837 = J. K. Zeuß, Die Deutschen und die Nachbarstämme.

F. X. Zimmermann 1953 = F. X. Zimmermann, Der Grabstein der ostgotischen Königstochter Amalafrida Theodenanda in Genazzano bei Rom, in: Beiträge zur älteren europäischen Kulturgeschichte. Festschrift für Rudolf Egger. Bd. 2, 330–354.

H. J. Zimmermann 1972 = H. J. Zimmermann, Theoderich der Große – Dietrich von Bern. Die geschichtlichen und sagenhaften Quellen des Mittelalters. Diss. Bonn.

Zöllner 1970 = E. Zöllner, Geschichte der Franken bis zur Mitte des 6. Jahrhunderts.

Zuckerman 1991 = C. Zuckerman, Cappadocian Fathers and the Goths, in: Travaux et Mémoires du Centre de recherche d'histoire et civilisation de Byzance 11, 473–486.

Zuckerman 1994 = C. Zuckerman, L'Empire d'Orient et les Huns. Notes sur Priscus, in: Travaux et Mémoires du Centre de recherche d'histoire et civilisation de Byzance 12, 159–182.

图片来源

正文插图

Abb. 1 http://www.cittaeterritorio.unibo.it/eventi/il-fronte-dei-porti   **Abb. 2** akg-images   **Abb. 3** Ministero dei beni e delle attività culturali e del turismo – Museo Nazionale Romano-Medagliere.   **Abb. 4** Autor   **Abb. 5** https://commons.wikimedia.org/wiki/File:Pietroassa_ring_1875.jpg   **Abb. 6** Aus Timo Stickler, Die Hunnen, München 2007, S. 10   **Abb. 7** © Zsolt Vasáros, Szabolcs Schunk (Namer Épitészeti Studió, Budapest), Orsolya Heinrich-Tamáska (GWZO, Leipzig)   **Abb. 8** Aus Tadeusz Sarnowski et al., Novae, an archaeological guide to a Roman legionary fortress and early Byzantine town on the Lower Danube (Bulgaria), Institute of Archaeology, University of Warsaw, Warschau 2012 S. 92 f.   **Abb. 9** © bpk/The Trustees of the British Museum   **Abb. 10** Aus Richard Krautheimer, Rom. Schicksal einer Stadt, München 1987, S. 44   **Abb. 11** akg/Album/Oronoz   **Abb. 12** Aus Michael A. Metlich, The Coinage of Ostrogothic Italy, London 2004, Taf. II, Nr. 15   **Abb. 13** Nach I Goti. Catalogo della Mostra, Mailand 1993   **Abb. 14, 15** Classical Numismatic Group, Inc., http://www.cngcoins.com   **Abb. 16, 17, 18, 19, 20** Aus O. Seeck, Die Notitia dignitatum, Berlin 1876, S. 144, S. 147, S. 148, S. 154, S. 107   **Abb. 21** Nach H. Çetinkaya, An Epitaph of a Gepid King at Vefa kilise camii in Instabul, in: Revue des Études byzantine 67 (2009), S. 227   **Abb. 22** Musée de Arles antique/Photo: Carole Raddato, Frankfurt https://commons.wikimedia.org/wiki/File:Mus%C3%A9e_de_l%27Arles_antique,_Arles,_France_(16168450176).jpg   **Abb. 23** Aus Bryan Ward-Perkins, From Classical Antiquity to the Middle Ages, Oxford 1984 Abb. 4 (Biblioteca Capitolare, Verona)   **Abb. 24** G. P. Brogiolo, Dwellings and Settlements in Gothic Italy, in: S. J. Barnish/F. Marazzi, The Ostrogoths (2007) 118, Abb. 3–3.   **Abb. 25** Aus: Carola Jäggi, Ravenna. Kunst und Kultur einer spätantiken Residenzstadt: Regensburg 2007, Abb. 103, mit freundlicher Genehmigung der Autorin   **Abb. 26** akg-images/MPortfolio/Electa   **Abb. 27** Aus F. M. Ausbüttel, Theoderich der Große, Darmstadt 2003, S. 104, Abb. 15   **Abb. 28** Aus D. H. Wright, Der Vergilius Romanus und die Entstehung der mittelalterlichen Buchmalerei, Stuttgart 2001, S. 25   **Abb. 29** akg-images/Bildarchiv Steffens   **Abb. 30** https://commons.wikimedia.org/wiki/File:Diptych_Rufus_Gennadius_Probus_Orestes_VandA_139–1866.jpg. Photo: Marie-Lan Nguyen   **Abb. 31** akg-images/Heiner Heine   **Abb. 32, 33, 34, 35** Aus Metlich, a. a. O.; Taf. XI, Nr. 89a; Taf. VII, Nr. 63; Taf. XI, Nr. 93; VII, Nr. 74a   **Abb. 36** https://commons.wikimedia.org/wiki/File:Theoderich_odoaker_bav_cpl_927.jpg BAV Rom, Cod. Pal. Lat. 927, Bl. 122r von 1181   **Abb. 37** https://commons.wikimedia.org/wiki/File:Theoderich_(Vischer).jpg (James Steakley)

彩 图

地 图

家族世系表

Ostgoten-, Westgoten- und Burgunderkönige: Nach Matthias Becher, Chlodwig I. Der Aufstieg der Merowinger und das Ende der antiken Welt, München 2006, S. 394–296

Die Merowinger: Nach Martina Hartmann, Die Königin im frühen Mittelalter, Stuttgart 2009, Stammtafel 5

Vandalische Könige: Aus Konrad Vössing, Die Vandalen, München 2018, S. 60

人名地名索引表

（此部分页码为德文原书页码，即本书页边码）

图书在版编目（CIP）数据

蛮族之王：狄奥多里克与罗马帝国的黄昏 /（德）
汉斯–乌尔里希·维默尔（Hans-Ulrich Wiemer）著；曾
悦译 . -- 北京：社会科学文献出版社，2025.7.
ISBN 978-7-5228-4888-4

Ⅰ . K835.467=2

中国国家版本馆 CIP 数据核字第 2025T7W686 号

审图号：GS (2025) 1937 号

蛮族之王：狄奥多里克与罗马帝国的黄昏

著　　者 /〔德〕汉斯-乌尔里希·维默尔（Hans-Ulrich Wiemer）
译　　者 / 曾　悦

出 版 人 / 冀祥德
组稿编辑 / 段其刚
责任编辑 / 阿迪拉木·艾合麦提
文稿编辑 / 许文文
责任印制 / 岳　阳

出　　版 / 社会科学文献出版社·教育分社（010）59367151
　　　　　地址：北京市北三环中路甲29号院华龙大厦　邮编：100029
　　　　　网址：www.ssap.com.cn
发　　行 / 社会科学文献出版社（010）59367028
印　　装 / 北京盛通印刷股份有限公司

规　　格 / 开　本：889mm×1194mm 1/32
　　　　　印　张：26.125　插　页：0.125　字　数：637 千字
版　　次 / 2025年7月第1版　2025年7月第1次印刷
书　　号 / ISBN 978-7-5228-4888-4
著作权合同
登 记 号 / 图字01-2021-1012号
定　　价 / 159.00元

读者服务电话：4008918866